DIREITOS FUNDAMENTAIS EM CONSTRUÇÃO
Estudos em Homenagem ao Ministro Carlos Ayres Britto

Márcia Rodrigues Bertoldi
Kátia Cristine Santos de Oliveira
Coordenadoras

Prefácio
Valmir Pontes Filho

DIREITOS FUNDAMENTAIS EM CONSTRUÇÃO
Estudos em Homenagem ao Ministro Carlos Ayres Britto

Belo Horizonte

2010

© 2010 Editora Fórum Ltda.

É proibida a reprodução total ou parcial desta obra, por qualquer meio eletrônico, inclusive por processos xerográficos, sem autorização expressa do Editor.

Conselho Editorial

Adilson Abreu Dallari	Floriano de Azevedo Marques Neto
André Ramos Tavares	Gustavo Justino de Oliveira
Carlos Ayres Britto	Jorge Ulisses Jacoby Fernandes
Carlos Mário da Silva Velloso	José Nilo de Castro
Carlos Pinto Coelho Motta	Juarez Freitas
Cármen Lúcia Antunes Rocha	Lúcia Valle Figueiredo (in memoriam)
Clovis Beznos	Luciano Ferraz
Cristiana Fortini	Lúcio Delfino
Diogo de Figueiredo Moreira Neto	Márcio Cammarosano
Egon Bockmann Moreira	Maria Sylvia Zanella Di Pietro
Emerson Gabardo	Oswaldo Othon de Pontes Saraiva Filho
Fabrício Motta	Paulo Modesto
Fernando Rossi	Romeu Felipe Bacellar Filho
Flávio Henrique Unes Pereira	Sérgio Guerra

Luís Cláudio Rodrigues Ferreira
Presidente e Editor

Coordenação editorial: Olga M. A. Sousa
Revisão: Equipe Fórum
Ficha catalográfica: Ricardo Neto – CRB 2752 – 6ª Região
Projeto gráfico: Walter Santos
Formatação: Juliana Vaz
Capa: Derval Braga

Av. Afonso Pena, 2770 - 15º/16º andares - Funcionários - CEP 30130-007
Belo Horizonte - Minas Gerais - Tel.: (31) 2121.4900 / 2121.4949
www.editoraforum.com.br - editoraforum@editoraforum.com.br

D598   Direitos fundamentais em construção: estudos em homenagem ao ministro Carlos Ayres Britto / Coordenadoras: Márcia Rodrigues Bertoldi; Kátia Cristine Santos de Oliveira; prefácio de Valmir Pontes Filho. Belo Horizonte: Fórum, 2010.

440 p.
ISBN 978-85-7700-367-9

1. Direitos fundamentais. 2. Princípio da dignidade da pessoa humana. 3. Novos direitos. 4. Efetividade dos direitos fundamentais e humanos. I. Bertoldi, Márcia Rodrigues. II. Oliveira, Kátia Cristine Santos de. III. Pontes Filho, Valmir.

CDD: 341.27
CDU: 342.7

Informação bibliográfica deste livro, conforme a NBR 6023:2002 da Associação Brasileira de Normas Técnicas (ABNT):

BERTOLDI, Márcia Rodrigues; OLIVEIRA, Kátia Cristine Santos de. *Direitos fundamentais em construção*: estudos em homenagem ao ministro Carlos Ayres Britto. Belo Horizonte: Fórum, 2010. 440 p. ISBN 978-85-7700-367-9.

Sumário

Prefácio
Valmir Pontes Filho 13

Sobre este Livro
Márcia Rodrigues Bertoldi, Kátia Cristine Santos de Oliveira 15

Perfil do Homenageado 21

Parte I

Os Direitos Fundamentais na Promoção da Dignidade Humana

A Releitura da Teoria Jusfundamental no Sistema Constitucional Brasileiro: em Busca de Novos Direitos
Ricardo Maurício Freire Soares 27
1   Considerações iniciais 27
2   A aceitação da aplicabilidade direta e imediata dos direitos fundamentais 28
3   O reconhecimento da fundamentalidade dos direitos sociais de cunho prestacional 30
4   A inadequação do argumento da "reserva do possível" no constitucionalismo brasileiro 32
5   A aceitação da ideia de vedação ao retrocesso no campo dos direitos fundamentais 35
6   A recusa à hipertrofia da função simbólica dos direitos fundamentais 36

A Criança no Neoconstitucionalismo Brasileiro
Karyna Batista Sposato 39
1   Aproximações ao conceito de *constitucionalização* e *neoconstitucionalismo* 39
2   A *constitucionalização* do Direito na Constituição Federal brasileira de 1988 43
3   Criança e Constituição no ordenamento jurídico brasileiro 46
4   Princípios constitucionais do direito da criança e do adolescente: da retórica ao respeito 48
5   Considerações finais 53

A Perspectiva do Idoso na Proteção Decorrente do Sistema de Seguridade Social
Katia Cristine Santos de Oliveira 55
1   Apresentação 55
2   O sistema de seguridade social e a Constituição de 1988 56
2.1 Fundamento de validade do sistema de seguridade social 58
2.2 Elementos do sistema de seguridade social 60
2.3 Princípios embasadores do sistema de seguridade social 61

2.3.1	Universalidade da cobertura e do atendimento	61
2.3.2	Uniformidade e equivalência dos benefícios e serviços devidos às populações urbanas e rurais	63
2.3.3	Seletividade e distributividade dos benefícios e serviços	64
2.3.4	Irredutibilidade do valor do benefício	65
2.3.5	Equidade na forma de participação no custeio	66
2.3.6	Diversidade da base de financiamento	67
2.3.7	Gestão democrática e descentralizada	68
3	Os direitos do idoso à luz da Constituição de 1988	69
4	A perspectiva do idoso na proteção decorrente do sistema de seguridade social	69
4.1	O idoso e o direito à saúde	70
4.2	O idoso e a previdência social	72
4.3	O idoso e a assistência social	73
5	Considerações finais	78

Direitos Humanos das Mulheres: Proteção Internacional e Constitucional

Flávia Piovesan 81

1	Introdução: direitos humanos e igualdade	81
2	Proteção internacional dos direitos humanos das mulheres	83
3	A proteção dos direitos humanos das mulheres no Brasil	87
4	Conclusão	95

A Dignidade da Pessoa Humana e o Testamento Vital no Ordenamento Constitucional Brasileiro

Roberto Dias 99

1	Dignidade, vida e liberdade	99
1.1	A dignidade	99
1.2	O direito à vida	103
1.3	A liberdade	107
2	A morte e o testamento vital	110
2.1	O direito à informação e o consentimento do paciente	112
2.2	A recusa de se submeter a tratamento médico	116
2.3	O testamento vital	118

O Direito ao Desenvolvimento Sustentável e a Biodiversidade

Márcia Rodrigues Bertoldi, Sandra Akemi Shimada Kishi 121

1	Ponto de partida	121
2	O que é desenvolvimento sustentável	122
3	A biodiversidade como indicador do desenvolvimento sustentável	126
3.1	A biodiversidade	126
3.2	A progressiva perda global da biodiversidade: causas e consequências fundamentais	129
3.2.1	As causas e o atoleiro: ainda longe das metas do Relatório Brundtland	129
3.2.2	As consequências e algumas soluções	131
4	A efetivação do desenvolvimento sustentável mediante o indicador biodiversidade	132
4.1	A conservação *in situ* e *ex situ* da diversidade biológica e a utilização sustentável de seus componentes	132

4.2	A identificação e o monitoramento	135
4.3	O programa nacional da biodiversidade	136
4.4	O princípio da precaução	137
4.5	O acesso legalmente constituído ao patrimônio genético para a consumação da prática de distribuir benefícios	140
5	Ponto de chegada	141

A Proteção dos Conhecimentos Tradicionais pelo Direito de Propriedade Intelectual como Consequência da Aceitação do Princípio de que todos são Iguais em Dignidade

Liziane Paixão S. Oliveira, Maria Edelvacy Pinto Marinho 143

1	Introdução	143
2	A influência dos debates internacionais em torno da relevância da proteção dos conhecimentos tradicionais	144
2.1	O direito à autodeterminação	144
3	A construção da relação entre proteção dos conhecimentos tradicionais e a proteção do meio ambiente	146
4	Biopirataria	147
5	O tratamento da proteção dos conhecimentos tradicionais pelo direito de patentes nos fóruns internacionais	149
5.1	As dificuldades de inserção dos conhecimentos tradicionais no sistema de propriedade intelectual	149
6	Cooperação entre os fóruns internacionais em favor da proteção dos conhecimentos tradicionais	153
7	Conclusão	155

A Greve e os Serviços Públicos – da Proibição ao Exercício de um Direito com Responsabilidade

Marcelo Figueiredo 157

1	Introdução	157
2	Os serviços públicos e os serviços essenciais	158
3	A greve no setor privado e nos serviços essenciais e seus limites	160
4	A greve na função pública em alguns países	162
5	A greve no serviço público no Brasil	164
6	Da responsabilidade civil por abuso do direito de greve	166
7	Da responsabilidade civil do Estado	171

Justiça de Transição e Direitos Culturais

Inês Virgínia Prado Soares 175

1	Considerações iniciais: a ligação entre justiça de transição e bens culturais	175
2	Justiça de transição: contextualização no sistema de justiça brasileiro	177
2.1	Justiça de transição: conceito	177
2.2	A justiça de transição e a Constituição brasileira	179
2.3	Direitos culturais, Constituição e democracia	183
3	Justiça de transição e bens culturais	184
3.1	O modelo brasileiro de justiça de transição	184
3.2	Diretrizes constitucionais para a política de proteção de bens culturais ligados à justiça de transição	187

3.3	As iniciativas do Estado brasileiro da justiça de transição sob a vertente dos direitos culturais	188
4	Os bens e instrumentos culturais aptos à justiça de transição	189
4.1	A arqueologia forense	190
4.2	Os documentos dos órgãos repressivos que servem à memória e à revelação da verdade	192
4.3	Memoriais	193
5	Conclusões	195

O Supremo Tribunal Federal Brasileiro e o Direito de Imprensa: Análise da Decisão do STF na ADPF nº 130-DF

Luis Gustavo Grandinetti Castanho de Carvalho 197

	Introdução	197
1	Natureza jurídica do direito de imprensa (informação)	199
2	Possibilidade, ou não, de provimento judicial liminar para cercear a atividade de informação: a questão da ponderação de bens	201
3	A responsabilidade penal dos profissionais de imprensa	203
4	A responsabilidade civil dos meios de comunicação	206
5	Direito de resposta	208
6	Sigilo da fonte	210
	Conclusão	212

Parte II

Mecanismos para a Efetividade dos Direitos Fundamentais

Os Direitos Sociais e o Judiciário: Reflexões a favor de um Olhar Sociológico

Luciano Oliveira 215

Dignidade da Pessoa Humana e Direitos Fundamentais na Jurisprudência do Supremo Tribunal Federal: uma Análise na Perspectiva da Doutrina e Judicatura do Ministro Carlos Ayres Britto

Ingo Wolfgang Sarlet 231

1	Notas introdutórias	231
2	Conceito, dimensões e funções da dignidade da pessoa na perspectiva jurídico-constitucional	232
3	Funções da dignidade da pessoa humana na ordem constitucional brasileira	243
3.1	Dignidade como valor-fonte, fundamento e tarefa (fim) do Estado Democrático de Direito	243
3.2	A dignidade da pessoa humana e a assim chamada "abertura material" do sistema constitucional dos direitos e garantias fundamentais	248
3.3	A dupla dimensão defensiva (negativa) e prestacional (positiva) da dignidade da pessoa humana	253
3.4	Dignidade como limite e limite aos limites dos direitos fundamentais e como parâmetro interpretativo	257
4	Considerações finais	259

Princípio Democrático e Eficácia dos Direitos Fundamentais
Gustavo Ferreira Santos 261

Democracia e Participação como Direito
Verônica Teixeira Marques 267
1 Introdução 267
2 Crise da democracia ou novo paradigma democrático? 268
3 Participação como princípio do novo paradigma democrático 274
4 Representação e novo desenho institucional de governança 279
5 Algumas considerações que não são finais 283

A Realização de Audiências Públicas e o Ativismo Judicial do STF – Revisando a Sociedade Aberta dos Intérpretes da Constituição
Maurício Gentil Monteiro 285
1 Peter Häberle e a sociedade aberta dos intérpretes da Constituição 285
2 As inovações na jurisdição constitucional brasileira – Abertura procedimental 287
3 As audiências públicas realizadas pelo Supremo Tribunal Federal 289
4 As audiências públicas do STF como instrumentos de participação democrática da sociedade na interpretação da Constituição 291
5 O STF como monopolizador da agenda política nacional – Os riscos da proliferação de audiências públicas no contexto do ativismo judicial 294
6 Conclusões 299

Interpretação conforme à Constituição: a Lei Fundamental como Vetor Hermenêutico
Julio de Melo Ribeiro 301
1 Introdução 301
2 Interpretação das leis e hermenêutica 302
2.1 Conceito de interpretação 302
2.2 O mito da lei clara 303
2.3 A diferença entre texto e norma 304
2.4 Interpretação e aplicação do Direito 305
2.5 Outro mito: o da única interpretação correta 307
2.6 O papel da hermenêutica: racionalidade e controlabilidade 308
2.7 O método sistemático e a constitucionalização do Direito 309
3 Fundamentos da interpretação conforme à Constituição 311
3.1 Espécie de interpretação sistemática ou técnica de controle de constitucionalidade? 312
3.2 Outros fundamentos da interpretação conforme à Constituição 315
4 Limites da interpretação conforme à Constituição 317
4.1 A letra da lei como duplo limite à interpretação conforme à Constituição 317
4.2 A vontade do legislador 319
4.3 Decisões corretivas e modificativas 322
    Conclusão 325

A (Ir)racional Atuação do Poder Judiciário: entre a Discricionariedade das Políticas Públicas e a Efetivação dos Direitos Fundamentais

Stefania Becattini Vaccaro 327

1 Introdução 327
2 As transformações do Estado Social 328
3 Nos passos do Judiciário 330
4 O necessário ativismo estatal 335
5 Considerações finais 337

O Mandado de Injunção na Jurisprudência do Supremo Tribunal Federal

Carlos Augusto Alcântara Machado 339

1 Considerações preliminares 339
2 Objeto de incidência: o direito a ser viabilizado 341
3 A norma regulamentadora faltante 346
4 O alcance da decisão no julgamento do Mandado de Injunção e a evolução da jurisprudência do Supremo Tribunal Federal 349
5 Aspectos processuais outros da ação injuncional definidos no direito pretoriano 357

A Justiça Restaurativa e o Acesso à Justiça: em busca da Efetivação dos Direitos Fundamentais

Raffaella da Porciuncula Pallamolla 361

1 Introdução: direitos fundamentais, cidadania e acesso à justiça 361
2 Algumas considerações sobre o contexto brasileiro: a falta de legitimidade do sistema de justiça criminal, a violência e a justiça restaurativa 362
3 A justiça restaurativa e o risco de extensão da rede de controle penal 368
4 A justiça restaurativa, o acesso à justiça e algumas considerações finais 369

A Construção de Novos Cenários para o Direito: Reflexões sobre o Acesso à Justiça

Gabriela Maia Rebouças 377

1 Os desafios do acesso à justiça no estado contemporâneo 377
2 Ampliando o cenário para receber novos atores: perspectivas do conflito 382
3 O espaço da arbitragem 384
4 O espaço da negociação 387
5 Ampliando o espaço da conciliação 389
6 Múltiplos cenários para a mediação 391
7 Considerações finais 396

Criminalização do Preconceito: das Limitações do Poder Punitivo na Efetivação da Tutela da Igualdade

Eliane Peres Degani 397

1 Introdução 397
2 Da tutela penal da igualdade como fruto do expansionismo punitivo 399
3 "A Justiça e o Mal": a violência do preconceito versus a violência da punição 403
4 Da difícil tarefa de "Bem Julgar" os crimes de preconceito no Brasil 406

A Proteção Penal Internacional dos Direitos Humanos
Marcos Zilli 411
1 Introdução 411
2 A reação ao horror. A hora e a vez do Direito Penal Internacional 412
3 Crimes internacionais e a tutela da paz e da segurança mundial 415
3.1 Genocídio 418
3.2 Crimes contra a humanidade 419
3.3 Crimes de guerra 420
4 O Tribunal Penal Internacional como instrumento de proteção dos bens jurídicos internacionais 421
4.1 A complementaridade como fator de incremento da proteção dos bens jurídicos internacionais no plano interno 422
5 A revalorização do papel processual das vítimas 423
6 Conclusão 425

Os Tratados Internacionais de Direitos Humanos e o Novo Posicionamento do Supremo Tribunal Federal
Flávio Crocce Caetano 427
1 Introdução 427
2 Regime jurídico dos tratados internacionais 427
3 Tratados internacionais e a Constituição Federal de 1988 429
4 Tratados internacionais e a EC nº 45/04 430
5 O atual posicionamento adotado pelo Supremo Tribunal Federal 433
6 Conclusão 435

Sobre os Autores 437

Prefácio

Sempre poucos seriam os elogios a Carlos Ayres Britto, seja por suas qualidades de eminente advogado e jurista, que enfim o levaram ao elevado e dignificante posto de Ministro do Supremo Tribunal Federal, seja por suas invejadas qualidades de conferencista talentoso. Ou, ainda, por conta de seus imensos dotes poéticos, a encantarem a tantos e desde muito tempo.

Destaca-se o Ministro Carlos Britto — com quem tive o privilégio de dividir, durante um ano inteiro (ainda no século passado, é bom dizer), as preocupações e estudos próprios do curso de pós-graduação na Pontifícia Universidade Católica de São Paulo — pela inteligência, argúcia e notável competência no trato dos temas jurídicos, sociopolíticos e, muito em especial, quando versa matérias que digam de perto à paixão e ao sentimento. Em prosa ou em verso, ele externa de forma simples, mas com intensidade, seu pensamento sempre lúcido.

Tanto em diversas obras publicadas quanto em memoráveis votos proferidos na nossa Corte Suprema, Ayres Britto ultrapassou, por seus méritos reconhecidos, as fronteiras da excelência. Sua escrita fácil, tocante e carismática, tornou possível a todos nós, em páginas invariavelmente gostosas de ler, o desvendar de um mundo jurídico mais humano e lúdico.

Assim, nada mais justo e merecido que a um grupo tão seleto de mestres e amantes do Direito, sob a segura coordenação das professoras Márcia Rodrigues Bertoldi e Kátia Cristine Santos de Oliveira, haja ocorrido publicar este *Direitos Fundamentais em Construção*, reunindo estudos em homenagem a ele. Preciosos trabalhos, na verdade, a trafegarem por temas que, quando novos, desafiam. E, quando não o são, instigam o raciocínio por conta das desafiadoras abordagens feitas.

Da proteção dos direitos da criança, do idoso, da mulher, do direito ao desenvolvimento sustentável, à greve, à justiça de transição e à liberdade de informação, passa-se, nesta obra, pelo papel do STF, da democracia e da sociologia na efetividade dos direitos fundamentais e na promoção da dignidade humana, pelo acesso à prestação jurisdicional nacional e internacional até chegar ao exame de matérias que tanto relevo têm tido modernamente, como aquelas relativas ao "novo constitucionalismo" e ao papel da Constituição como vetor hermenêutico primordial.

Em passagens memoráveis, os ilustres articulistas revelam, de modo natural, sua formidável cultura científica e humanística, observando linha teórica esmiuçada com mestria.

Causa-me, pois, orgulho, mais do que constrangimento pelo encargo imerecido que me foi dado pelas eminentes organizadoras do livro, prefaciá-lo. Aos leitores, enfim, caberá o prazer de mergulhar em tão belas e profundas reflexões.

Fortaleza, julho de 2010.

Valmir Pontes Filho
Professor de Direito Constitucional da Universidade
Federal do Ceará. Consultor Jurídico em Fortaleza.
Advogado.

Sobre este Livro

O princípio jurídico da dignidade da pessoa humana decola do pressuposto de que todo ser humano é um microcosmo. Um universo em si mesmo. Um ser absolutamente único, na medida em que, se é parte de um todo, é também um todo à parte; isto é, se toda pessoa natural é parte de algo (o corpo social), é ao mesmo tempo um algo à parte.

As palavras do Ministro Carlos Ayres Britto refletem a urgência e tendência do pensamento sistêmico, incluída a visão humanista do Direito. O homem no ambiente e em sociedade é elemento determinante desse processo de transição de pensamento. E os seus direitos como indivíduo e como cidadão se renovam, ressurgem e se transformam; ampliam-se os atores e as demandas. Eis a construção de novos direitos e mecanismos para garanti-los e resolver conflitos.

A ideia desta obra é pensar a construção dos direitos fundamentais e humanos e sua contribuição na promoção do princípio da dignidade humana, da funcionalidade social e da independência do homem, especialmente aqueles denominados novos direitos, os quais nascem na ampliação do rol de direitos oportunizada pela denominada Carta Cidadã. Do mesmo modo, apresenta algumas ponderações sobre as possibilidades de aprimoramento da efetividade de tais direitos, assegurados na Constituição Federal de 1988.

Escolhemos homenagear o Ministro Carlos Ayres Britto por sua brilhante atuação jurídica no Estado de Sergipe que culminou no ingresso na mais alta instância da Justiça brasileira, promovendo um dos principais fundamentos da Constituição de 1988, a dignidade humana, de maneira louvável e com o juízo pautado no pensamento da complexidade e na humanização do Direito.

Nessa ordem, a obra *Direitos fundamentais em construção* está dividida em dois eixos temáticos. No primeiro, intitulado *Os direitos fundamentais na promoção da dignidade humana*, se desenvolvem os trabalhos relativos à realização de alguns dos direitos que foram elevados na Carta Magna de 1988 e integrados ao rol dos Direitos Fundamentais. No segundo eixo, *Mecanismos para a efetividade dos direitos fundamentais*, se examinam os instrumentos capazes de cooperar na concretização desses direitos.

Para iniciar o primeiro eixo, Ricardo Maurício Freire Soares expõe ideias sobre o reconhecimento da força normativa do princípio constitucional da dignidade humana. Em seguimento, afiançada na especificação (modos do homem ser na sociedade) dos sujeitos de direito Karyna Batista Sposato desenvolve a temática do fortalecimento dos direitos da criança e adolescente desde a ótica do neoconstitucionalismo, Katia Cristine Santos de Oliveira estuda o acesso do idoso às políticas públicas de proteção social decorrente do sistema de seguridade social, Flávia Piovesan discute os direitos das mulheres em âmbito constitucional e internacional, e Roberto Dias analisa a viabilidade constitucional da pessoa admitir ou não aceitar, quando inábil para manifestar seus desejos, intervenções médicas. Em atenção ao elemento ambiental biodiversidade e aos conhecimentos tradicionais associados, Márcia Rodrigues Bertoldi e Sandra Akemi Shimada Kishi discutem o direito ao desenvolvimento sustentável a partir da conservação e uso sustentável da biodiversidade, e Liziane Paixão S. Oliveira e Maria Edelvacy Pinto Marinho a questão da proteção dos saberes tradicionais associados das comunidades indígenas e locais pelo direito de propriedade intelectual. Por sua vez, Marcelo Figueiredo questiona o direito fundamental de greve e a responsabilidade do Estado em se tratando da paralisação de serviços públicos, Inês Virgínia Prado Soares aborda os pontos de contato entre os bens culturais e seus mecanismos de tutela aptos a valorizarem a democracia e a contribuírem para a incipiente justiça de transição no Brasil, e Luis Gustavo Grandinetti Castanho de Carvalho avalia as possibilidades de interpretação que o direito positivo atual oferece a não recepção da Lei de Imprensa pela Constituição de 1988.

O segundo eixo é inaugurado por Luciano Oliveira, que apresenta a urgência em aproximar o olhar sociológico à efetividade dos direitos fundamentais num ambiente de recusa à retórica inconclusa por que passa o Direito no Brasil e de aproximação à realidade. Adentrando na aplicação e compreensão do princípio (e regra) da dignidade humana, Ingo Wolfgang Sarlet observa a atuação do Supremo Tribunal Federal nesse sentido. Na continuação, Gustavo Ferreira Santos trabalha a relação entre constitucionalismo e democracia a partir dos direitos políticos, dos direitos fundamentais que condicionam as relações comunicacionais e dos direitos sociais, salientando o diálogo nos planos nacional e internacional. Ainda na temática da democracia como pilar para a efetividade dos direitos fundamentais, Verônica Marques salienta instrumentos para refletir a necessária participação popular como Direito. Por outra parte, Maurício Gentil Monteiro pondera as audiências públicas como instrumentos de participação democrática da sociedade que encerra uma atuação mais estável do STF em se tratando da efetividade dos direitos fundamentais. Em seguimento, Julio de Melo Ribeiro reflete sobre a necessidade de revisão do princípio da separação de poderes no sentido de resguardar não somente a fruição das liberdades públicas, mas também a concretização dos direitos sociais e, na mesma direção, Stefania Becattini Vaccaro apresenta a problemática atuação do Poder Judiciário na realização dos direitos fundamentais. Por sua parte, Carlos Augusto Alcântara Machado aborda a evolução do posicionamento do STF acerca do instituto do Mandado de Injunção, considerado um instrumento relevante para a execução dos direitos consagrados na Carta Magna. No que diz respeito ao acesso à justiça, Raffaella da Porciuncula Pallamolla justifica a necessidade de observar o modelo da justiça restaurativa como alternativa à (re)legitimação do sistema de justiça criminal brasileiro e Gabriela Maia Rebouças propõe não apenas a reestruturação do poder judiciário e dos espaços de resolução, mas também o incremento das arenas de autocomposição de conflitos. Por sua vez, Eliane Peres Degani, atenta para as limitações do poder punitivo para garantir o direito à igualdade em virtude à intolerância ao diferente. Por fim, Marcos Zilli analisa a complementaridade da jurisdição do Tribunal Penal Internacional, nos casos de inércia ou atividade processual fraudulenta de um Estado, às violações de direitos humanos e Flávio Crocce Caetano avalia o atual posicionamento do STF acerca da recepção de tratados internacionais sobre direitos humanos anteriores à EC nº 45/04.

No término desta apresentação, gostaríamos de agradecer a todos que participaram desta construção, que conduz uma idealização do Núcleo de Pós-Graduação em Direito da Universidade Tiradentes (UNIT/SE), cujo objetivo por excelência é oferecer ao leitor diferentes possibilidades para pensar os direitos inerentes à pessoa humana. Decerto, a profusão de elementos que envolvem a temática é demasiado extensa e não seria possível tratá-los em toda sua magnitude. Entretanto, apontamos algumas reflexões e críticas e arriscamos algumas proposições que podem, ao menos teoricamente e em alguns aspectos, avançar a matéria.

Aracaju, julho de 2010.

Márcia Rodrigues Bertoldi
Kátia Cristine Santos de Oliveira

Perfil do Homenageado

Carlos Augusto Ayres de Freitas Britto (Propriá/SE, 18 nov. 1942) é um poeta e jurista brasileiro.

Bacharel em Direito (1966) pela Universidade Federal de Sergipe, é Mestre e Doutor em Direito Constitucional pela Pontifícia Universidade Católica de São Paulo.

Na sua trajetória em Sergipe, desempenhou os cargos de Consultor-Geral do Estado no governo José Rollemberg Leite (1975-1979), Procurador-Geral de Justiça (1983 e 1984) e Procurador do Tribunal de Contas do Estado (1978-1990), além de advogado militante. Foi professor na Universidade Federal de Sergipe, na Universidade Tiradentes e na Faculdade de Direito de Sergipe.

Em 2003 foi nomeado pelo presidente da República, Luiz Inácio Lula da Silva, para o cargo de Ministro do Supremo Tribunal Federal. Presidiu o Tribunal Superior Eleitoral no período de 6 de maio de 2008 a 22 de abril de 2010. Atualmente é vice-presidente do Supremo Tribunal Federal.

É membro da Academia Sergipana de Letras e da Academia Brasileira de Letras Jurídicas e autor de diversas obras jurídicas e de poesia.

Produção bibliográfica

Livros jurídicos

O humanismo como categoria constitucional. 1. reimpr. Belo Horizonte: Fórum, 2010.

Teoria da constituição. 3. tiragem. Rio de Janeiro: Forense, 2006.

O perfil constitucional da licitação. Curitiba: Znt, 1997.

Interpretação e aplicabilidade das normas constitucionais. São Paulo: Saraiva, 1982 (em coautoria com Celso Ribeiro Bastos).

Livros de poesia

Ópera do silêncio. Belo Horizonte: Fórum, 2005.

Varal de borboletas. Aracaju: J. Andrade, 2003.

A pele do ar. Aracaju: J. Andrade, 2001.

Uma quarta de farinha. Curitiba: Znt, 1998.

Um lugar chamado luz. Aracaju: Ed. do Autor, 1984.

Teletempo. Aracaju: Ed. do autor, 1980.

Capítulos de livros publicados

As células-tronco embrionárias e sua formatação constitucional. In: MORAES, Alexandre de. *Os 20 anos da Constituição da República Federativa do Brasil*. São Paulo: Atlas, 2009.

A judicialização da política e a efetividade dos direitos sociais. In: CORDEIRO, Juliana Vignoli; CAIXETA, Sebastião Vieira (Coord.). *Vinte anos da constituição cidadã*. São Paulo: LTr; Associação Nacional dos Procuradores do Trabalho, 2009.

O regime constitucional dos Tribunais de Contas. In: SANTI, Eurico Marcos Diniz de (Coord.). *Curso de direito tributário e finanças públicas*: do fato à norma, da realidade ao conceito jurídico. 2. tiragem. São Paulo: Saraiva; Fundação Getulio Vargas, 2009.

O ato das disposições transitórias na Constituição brasileira de 1988. In: CARLIN, Volnei Ivo (Org.). *Grandes temas de direito administrativo*: homenagem ao professor Paulo Henrique Blasi. Florianópolis: Conceito; Millennium, 2009.

O conteúdo jurídico do princípio da dignidade da pessoa humana em tema de direitos fundamentais e os avanços da Constituição 1988. In: ANAIS – VI Conferência dos Advogados do DF. Brasília: OAB/DF, 2008.

O ato das disposições transitórias na Constituição brasileira de 1988: breves notas. In: ROCHA, Maria Elizabeth Guimarães Teixeira; MEYER-PFLUG, Samantha Ribeiro (Coord.). *Lições de direito constitucional*: em homenagem ao professor Jorge Miranda., Rio de Janeiro: Forense, 2008.

O regime constitucional do Tribunal de Contas. In: CARDOZO, José Eduardo Martins; QUEIROZ, João Eduardo Lopes; SANTOS, Márcia Walquíria Batista dos (Org.). *Curso de direito administrativo econômico*. São Paulo: Malheiros, 2006. v. 2. Direito administrativo do desenvolvimento.

O regime constitucional do racismo. In: FIGUEIREDO, Marcelo; PONTES FILHO, Valmir (Org.). *Estudos de direito público*: em homenagem a Celso Antônio Bandeira de Mello. São Paulo: Malheiros, 2006.

O regime constitucional dos Tribunais de Contas. In: SOUSA, Alfredo José de et. al. *O novo Tribunal de Contas*: órgão protetor dos direitos fundamentais. 2. ed. ampl. Belo Horizonte: Fórum, 2004.

Limitações constitucionais em temas de comunicação social. In: ASPECTOS polêmicos da atividade do entretenimento. Mangaratiba: Academia Paulista de Magistrados, 2004.

O regime constitucional dos Tribunais de Contas. In: FIGUEIREDO, Carlos Maurício; NÓBREGA, Marcos (Org.). *Administração pública*: direito administrativo, financeiro e gestão pública: prática, inovações e polêmicas. São Paulo: Revista dos Tribunais, 2002.

A Constituição e o monitoramento de suas emendas. In: MENDONÇA, Oscar; MODESTO, Paulo (Coord.). *Direito do Estado*: novos rumos. São Paulo: M. Limonad, 2001. v. 1. Direito Constitucional.

Poder constituinte *versus* poder reformador. In: MAUÉS, Antonio Gomes Moreira (Org.). *Constituição e democracia*. São Paulo: M. Limonad, 2001.

A interpretação constitucional e sua necessária especificidade. In: 10 ANOS de Constituição: uma análise. São Paulo: C. Bastos, 1998.

Direito adquirido contra as emendas constitucionais. In: BANDEIRA DE MELLO, Celso Antônio (Org.). *Estudos em homenagem a Geraldo Ataliba*. São Paulo: Malheiros, 1997. v. 2. Direito administrativo e constitucional.

A reforma constitucional e sua intransponível limitabilidade. In: MIRANDA, Jorge (Org.). *Perspectivas constitucionais*: nos 20 anos da Constituição de 1976. Coimbra: Coimbra Ed., 1997.

A reforma constitucional e sua intransponível limitabilidade. In: GARCÍA DE ENTERRÍA, Eduardo; ARÉVALO, Manuel Clavero (Coord.). *El derecho público de finales de siglo*: una perspectiva iberoamericana. Madrid: Fundación BBV; Civitas, 1997.

O aproveitamento do voto em branco para o fim de determinação de quociente eleitoral: inconstitucionalidade. In: DIREITO eleitoral. Belo Horizonte: Del Rey, 1996.

As cláusulas pétreas e sua função de revelar e garantir a identidade da Constituição. In: ROCHA, Cármen Lúcia Antunes (Coord.). *Perspectivas do direito público*: estudos em homenagem a Miguel Seabra Fagundes. Belo Horizonte: Del Rey, 1995.

Artigos publicados em periódicos

O aproveitamento democrático do rescaldo da eleição. *Consulex – Revista Jurídica*, v. 13, n. 297, p. 26-27, maio 2009.

Células-tronco embrionárias e os questionamentos que interessam. *Justiça & Cidadania*, n. 93, p. 30-32, abr. 2008.

A judicatura de contas e seus novos desafios hermenêuticos. *Revista do Tribunal de Contas do Estado de São Paulo*, n. 119, p. 91-99, 2007.

O ato das disposições transitórias na Constituição brasileira de 1988: breves notas. *Revista do Instituto dos Advogados Brasileiros*, v. 35, n. 96, p. 73-79, jul./dez. 2007.

O ato das disposições transitórias na Constituição brasileira de 1988: breves notas. *Revista da Academia Brasileira de Letras Jurídicas*, v. 23, n. 31, p. 71-77, jul./dez. 2007.

Nepotismo no judiciário estadual: voto do Ministro Carlos Ayres Britto. *Ciência Jurídica*, v. 20, n. 127, p. 329-345, jan./fev. 2006.

O elo que falta. *Revista do Tribunal de Contas da União*, v. 36, n. 103, p. 13-15, jan./mar. 2005.

A real interpretação da instituição Tribunal de Contas. *Revista do Tribunal de Contas do Estado de Minas Gerais*, v. 47, n. 2, p. 41-66, 2003.

O regime constitucional dos Tribunais de Contas. *Revista do Tribunal de Contas do Estado de Minas Gerais*, v. 44, n. 3, p. 13-31, jul./set. 2002.

O regime constitucional dos Tribunais de Contas. *Revista do Tribunal de Contas da Paraíba*, v. 1, n. 1, p. 33-46, jan./jun. 2002.

A Lei Federal nº 9.783/99 e suas inconstitucionalidades. *Direito Atual*, v. 1, n. 1, p. 163-205, maio 1999.

A Lei Federal nº 9.783/99 e suas inconstitucionalidades. *Revista Trimestral de Direito Público*, n. 22, p. 220-238, 1998.

O regime constitucional dos proventos da aposentadoria do servidor público efetivo. *Revista de Direito Administrativo*, n. 206, p. 143-163, 1996.

O regime constitucional dos proventos da aposentadoria do servidor público efetivo. *Revista Trimestral de Direito Público*, n. 15, p. 130-146, 1996.

O regime constitucional da correção monetária. *Revista Trimestral de Direito Público*, n. 14, p. 5-18, 1996.

Direito adquirido contra as emendas constitucionais. *Revista do Ministério Público do Estado de Sergipe*, v. 5, n. 9, p. 58-65, 1996.

A privatização das empresas estatais à luz da Constituição. *Revista Trimestral de Direito Público*, n. 12, p. 125-133, 1995.

Concurso público: requisitos de inscrição. *Revista Trimestral de Direito Público*, n. 6, p. 64-73, 1994.

Revisão constitucional: norma de eficácia esvaída. *Revista Trimestral de Direito Público*, n. 6, p. 158-168, 1994.

Inconstitucionalidade do plebiscito sobre a pena de morte. *Revista de Direito Público*, v. 100, p. 28-35, 1991.

Direito de propriedade. *Revista de Direito Público*, v. 91, p. 32-40, 1990.

Direitos subjetivos e prerrogativas constitucionais. *Revista de Direito Público*, v. 90, p. 56-71, 1990.

Distinção entre direitos subjetivos e prerrogativas constitucionais. *Boletim de Direito Administrativo*, v. 5, n. 11, p. 483-489, nov. 1989.

Inidoneidade do Decreto-Lei para instituir ou majorar tributo. *Revista de Direito Público*, v. 74, p. 25-33, 1985.

Desapropriação indireta: inconstitucionalidade. *Revista de Direito Público*, v. 74, p. 33-41, 1985.

A intervenção estatal no domínio econômico, uma nova proposta. *Vox Legis*, v. 15, n.177, p.1-28, set., 1983.

Limitações constitucionais ao poder do BNH, em matéria de reajuste de prestação de casa própria. *Revista de Direito Público*, v. 68, p. 28-34, 1983.

Limitações constitucionais ao poder do BNH, em matéria de reajuste de prestação da casa própria. *Revista de Direito Constitucional e Ciência Política*, v. 1, n. 1, p. 58-87, jul. 1983.

O convívio entre a justiça e os demais valores jurídicos. *Vox Legis*, v. 15, n. 169, p. 39-43, jan. 1983.

Os sentidos do vocábulo "poder" na Constituição brasileira. *Revista de Direito Público*, v. 15, n. 61, p. 60-64, jan./mar. 1982.

A separação dos poderes na constituição brasileira. *Revista de Direito Público*, v. 14, n. 59/60, p. 115-127, jul./dez. 1981.

Os sentidos do vocábulo "poder" na Constituição brasileira. *Vox Legis*, v. 13, n. 145, p. 23-28, jan. 1981.

A supremacia do Poder Executivo da União, na partilha constitucional de competências. *Vox Legis*, v. 12, n. 143, p. 17-25, nov. 1980.

Parte I

Os Direitos Fundamentais na Promoção da Dignidade Humana

A Releitura da Teoria Jusfundamental no Sistema Constitucional Brasileiro: em Busca de Novos Direitos

Ricardo Maurício Freire Soares

Sumário: 1 Considerações iniciais – **2** A aceitação da aplicabilidade direta e imediata dos direitos fundamentais – **3** O reconhecimento da fundamentalidade dos direitos sociais de cunho prestacional – **4** A inadequação do argumento da "reserva do possível" no constitucionalismo brasileiro – **5** A aceitação da ideia de vedação ao retrocesso no campo dos direitos fundamentais – **6** A recusa à hipertrofia da função simbólica dos direitos fundamentais

1 Considerações iniciais

Na atual fase do neoconstitucionalismo ocidental, o reconhecimento da força normativa do princípio constitucional da dignidade da pessoa humana se afigura como um dos mais importantes pilares do conhecimento jurídico, com reflexos diretos no modo de compreender e exercitar o paradigma dos direitos fundamentais dos cidadãos.

Uma vez situado no ápice do sistema jurídico, o princípio da dignidade da pessoa humana exprime as estimativas e finalidades a serem alcançados pelo Estado e pelo conjunto da Sociedade Civil, irradiando-se na totalidade do direito positivo pátrio, não podendo ser pensada apenas do ponto de vista individual, enquanto posições subjetivas dos cidadãos a ser preservadas diante dos agentes públicos ou particulares, mas também vislumbrada numa perspectiva objetiva, como norma que encerram valores e fins superiores da ordem jurídica, impondo a ingerência ou a abstenção dos órgãos estatais e mesmo agentes privados.

Essa mudança paradigmática em matéria de direitos fundamentais se coaduna com a própria natureza do constitucionalismo brasileiro, cuja natureza dirigente implica a admissão da primazia axiológica e da amplitude dos efeitos jurídicos do princípio constitucional da dignidade da pessoa humana, cujo respeito é a base para a realização de um direito justo.

Essa é a concepção esposada, entre outros, por Karl Larenz,[1] ao sustentar que o direito justo é um peculiar modo de ser do direito positivo, que eleva os

---
[1] LARENZ, Karl. *Derecho justo*: fundamentos de ética jurídica. Traducción de Luis Díez-Picazo. Madrid: Civitas, 1993. p. 21.

valores humanos ao patamar de normatividade jurídico-constitucional, uma vez que subjaz à Lei Fundamental o reconhecimento axiológico da dignidade da pessoa humana, sendo atribuídos, para a tutela de uma vida digna, um rol de direitos fundamentais que se relacionam uns com os outros de acordo com o sentido e, por isso, podem tanto complementar-se como delimitar-se entre si.

O princípio da dignidade da pessoa humana permite, assim, reconstruir semanticamente o modo de compreensão e aplicação dos direitos fundamentais no sistema jurídico pátrio, potencializando a realização de novos direitos ao oportunizar a aceitação da aplicabilidade direta e imediata dos direitos fundamentais, o reconhecimento da fundamentalidade dos direitos sociais de cunho prestacional, a inadequação dos conceitos de "reserva do possível" no constitucionalismo brasileiro, a aceitação da ideia de vedação ao retrocesso no campo dos direitos fundamentais e a recusa à hipertrofia da função simbólica dos direitos fundamentais.

2 A aceitação da aplicabilidade direta e imediata dos direitos fundamentais

Um dos desdobramentos mais importantes do novo paradigma dos direitos fundamentais é a reviravolta operada no tema concernente à eficácia jurídica (aplicabilidade) das normas constitucionais. Isso porque, ao se afastar a concepção anacrônica da mera programaticidade das normas principiológicas, baseada na ideia de não obrigatoriedade do Estado e mesmo dos particulares de implementar os direitos fundamentais, abriu-se espaço para que a principiologia constitucional passasse a produzir amplos efeitos no sistema jurídico.

Ancorado na visão de José Afonso da Silva,[2] o pensamento tradicional sustenta uma classificação tricotômica acerca da eficácia das normas constitucionais, marcada pela seguinte distinção: normas constitucionais de eficácia plena; normas constitucionais de eficácia contida; e normas constitucionais de eficácia limitada ou reduzida, que se subdividem ainda em normas de princípio institutivo ou organizativo e normas de princípio programático.

Nessa linha de raciocínio, as normas constitucionais de eficácia plena são aquelas normas constitucionais de aplicabilidade direta, imediata e integral, porquanto, desde a entrada em vigor, incidem direta e imediatamente sobre a matéria que lhes constitui objeto, independentemente de integração legislativa, como, por exemplo, as normas definidoras de direitos e garantias (§1º, art. 5º). As normas constitucionais de eficácia plena precisam ser completas, à medida que apresente todos os elementos e requisitos para que ocorra sua incidência direta e imediata.

As normas constitucionais de eficácia contida incidem, imediatamente, sem a necessidade de ulterior integração legislativa, prevendo, contudo, meios ou conceitos que possibilitam manter sua eficácia contida em certos limites.

---

[2] SILVA, José Afonso da. *Aplicabilidade das normas constitucionais*. 7. ed. São Paulo: Malheiros, 2007. p. 88.

Nesse sentido, as normas constitucionais de eficácia contida são aquelas normas constitucionais de aplicabilidade direta, imediata, mas não integral, porque estão sujeitas a restrições previstas ou dependentes de regulamentação que limite sua eficácia e aplicabilidade, como se verifica, por exemplo, da leitura do art. 5º, XIII.

As normas constitucionais de eficácia limitada ou reduzida demandam a intervenção legislativa para incidirem, porque o poder constituinte não lhes emprestou normatividade jurídica suficiente para isso pelo que sua aplicabilidade é indireta, mediata e reduzida. As normas constitucionais de eficácia limitada ou reduzida podem ser subdivididas em normas de princípio institutivo, que se propõem a estruturar organismos ou entidades (por exemplo, art. 18, §2º), e normas de princípio programático, que veiculam políticas públicas ou programas de governo, que apontam para a realização dos fins sociais do Estado, como, por exemplo, os artigos 196 e 205 da Constituição Federal de 1988.

A classificação proposta por José Afonso da Silva pode ser, no entanto, criticada, pois, ao lume do postulado hermenêutico da máxima efetividade dos direitos fundamentais da Constituição, pois todas as normas constitucionais podem ser diretamente aplicadas pela via jurisdicional, pelo que deve o magistrado aplicar diretamente mesmo uma norma de eficácia limitada, desde que se configure a situação correspondente à prescrição normativa.

Não é outro o entendimento vanguardista de Dirley da Cunha Júnior,[3] para quem, partindo-se da constatação de que a Constituição vincula tanto os órgãos estatais com os cidadãos, dúvidas não podem mais subsistir quanto à natureza jurídica e imperativa das normas de eficácia limitada, como as ditas normas programáticas.

Nesse sentido, as normas programáticas, sobretudo as atributivas de direitos sociais e econômicos, devem ser entendidas como diretamente aplicáveis e imediatamente vinculantes de todos os órgãos dos poderes Legislativo, Executivo e Judiciário.

Decerto, são tão jurídicas e vinculativas as normas programáticas, malgrado sua abertura ou indeterminabilidade, que, na hipótese de não realização destas normas e destes direitos por inércia dos órgãos de direção política (Executivo e Legislativo), caracterizada estará a inconstitucionalidade por omissão.

Todas as normas constitucionais concernentes à estrutura axiológica e teleológica dos direitos fundamentais — inclusive as ditas programáticas — geram imediatamente direitos subjetivos para os cidadãos, não obstante apresentem graus eficaciais distintos. Sendo assim, considerar as normas constitucionais programáticas como meras proclamações de cunho ideológico ou político implica negar a existência delas como categorias normativas.

O Estado Constitucional pós-moderno está submetido ao ideal de uma Democracia substantiva ou material, pelo que as eventuais inércias do Poder Legislativo e do Poder Executivo devem ser supridas pela atuação do Poder Judiciário, mediante mecanismos jurídicos previstos pela própria Constituição

---

[3] CUNHA JÚNIOR, Dirley da. *Controle judicial das omissões do poder público*: em busca de uma dogmática constitucional transformadora à luz do direito fundamental à efetivação da Constituição. São Paulo: Saraiva, 2004. p. 101.

(por exemplo, o mandado de injunção, a ação direta de inconstitucionalidade por omissão e a arguição de descumprimento de preceito fundamental).

Deste modo, a realização da eficácia das normas constitucionais exige o fortalecimento de uma jurisdição constitucional emancipatória e progressista, assumindo o Poder Judiciário um papel fundamental no Estado Democrático de Direito, através de uma hermenêutica criativa e concretizante da essência axiológica e teleológica de uma Constituição, indispensável para a materialização de um direito justo.

3 O reconhecimento da fundamentalidade dos direitos sociais de cunho prestacional

Em que pese a topologia constitucional não privilegiar o entendimento que acolhe os direitos sociais como fundamentais, sua essencialidade reside em sua ligação ao plexo axiológico dos direitos humanos que consubstancia o princípio constitucional da dignidade da pessoa humana.

O reconhecimento da força normativa do princípio constitucional da dignidade da pessoa humana requer o reconhecimento da necessidade de assegurar não somente os direitos individuais dos cidadãos (vida, liberdade, igualdade formal, propriedade, segurança), também conhecidos como direitos de primeira dimensão, cuja concretização demanda a abstenção dos órgãos estatais, mas também implica a necessidade de efetivar, com a maior abrangência possível, os direitos sociais (educação, saúde, trabalho, moradia, assistência social), cuja materialização exige o desenvolvimento de prestações positivas do Estado.

Para Norberto Bobbio,[4] o reconhecimento dos direitos sociais suscita, além do problema da proliferação dos direitos do homem, a indispensabilidade da intervenção estatal. Isso porque que a proteção destes últimos requer uma intervenção ativa do Estado, que não é requerida pela proteção dos direitos de liberdade, produzindo aquela organização dos serviços públicos de onde nasceu o Estado de Bem-estar Social. Enquanto os direitos individuais de liberdade nascem como uma contraposição ao poder do Estado — e, portanto, com o objetivo de limitar o poder —, os direitos sociais exigem, para sua realização prática, a ingerência do Estado.

Inicialmente os direitos fundamentais de segunda geração passaram por um ciclo de baixa normatividade ou tiveram eficácia duvidosa, em virtude de sua própria natureza de direitos que exigiam do Estado determinadas prestações materiais nem sempre resgatáveis por exiguidade, carência ou limitação essencial de meios e recursos, sendo, por isso, relegados à condição de direitos subalternos, quando comparados aos direitos individuais.

Segundo Paulo Bonavides,[5] os direitos sociais tiveram, tradicionalmente, a sua juridicidade questionada, sendo remetidos à chamada esfera programática, em virtude de não conterem para sua concretização aquelas garantias habitualmente

---

[4] BOBBIO, Norberto. *A era dos direitos*. Tradução de Carlos Nelson Coutinho. Rio de Janeiro: Campus, 1992. p. 72.
[5] BONAVIDES, Paulo. *Curso de direito constitucional*. 11. ed. rev., atual. e ampl. São Paulo: Malheiros, 2001. p. 518.

ministradas pelos instrumentos processuais de proteção aos direitos individuais que enunciam as liberdades básicas. Atravessaram uma crise de observância e execução, que muito comprometeu o seu reconhecimento como direitos fundamentais.

Diante da atual fase do neoconstitucionalismo, sobretudo no âmbito do sistema constitucional brasileiro, marcado pela primazia da dignidade da pessoa humana, não se revela consistente qualquer tentativa reducionista de afastar os direitos sociais da categoria dos direitos fundamentais, subtraindo sua plena aplicabilidade e prejudicando, assim, o efetivo exercício da cidadania.

Daí porque se deve afastar a ideia de que as normas definidoras de direitos sociais estariam destituídas de prevalência axiológica no sistema jurídico brasileiro, não integrando o rol das cláusulas pétreas, como limites materiais expressos ao poder de reforma constitucional.

Nesse sentido, Flávia Piovesan[6] alerta que o movimento de esfacelamento de direitos sociais simboliza uma flagrante violação à ordem constitucional, que inclui dentre suas cláusulas pétreas os direitos e garantias individuais. Na qualidade de direitos constitucionais fundamentais, os direitos sociais são direitos intangíveis e irredutíveis, sendo providos da garantia da suprema rigidez, o que torna inconstitucional qualquer ato que tenda a restringi-los ou aboli-los.

Decerto, a partir da leitura principiológica da dignidade da pessoa humana, pode-se asseverar que o sistema constitucional brasileiro não previu qualquer regime jurídico diferenciado para os direitos fundamentais, seja para os direitos individuais, seja para os direitos sociais.

Esse entendimento se reforça pela constatação de que o Poder Constituinte pátrio optou por um modelo de constitucionalismo dirigente, a ser implementado por um Estado intervencionista no campo econômico-social (artigos 1º e 3º), além da Carta Magna, no art. 5º, §1º, estabelecer que as normas definidoras dos direitos e garantias fundamentais têm aplicação imediata, aqui englobando todas as normas de direitos fundamentais, inclusive aquelas que regulam os direitos sociais, e não somente as que tratam dos direitos individuais dos cidadãos.

Ademais, a opção hermenêutica pela abertura do rol dos direitos fundamentais e pela fundamentalidade dos direitos sociais é ainda robustecida quando se verifica que, no plano internacional, o Brasil foi signatário de inúmeros tratados que reconhecem os direitos sociais como direitos humanos fundamentais, tais como a Declaração Universal de Direitos Humanos, a Convenção Americana sobre Direitos Humanos e o Pacto de São José da Costa Rica, corroborando o art. 5º, §2º, da Constituição Federal de 1988 que, expressamente, estatui que os direitos e garantias expressos nesta Constituição não excluem outros decorrentes do regime e dos princípios por ela adotados, ou os tratados internacionais em que a República Federativa do Brasil seja parte.

Sendo assim, revela-se, portanto, insustentável a interpretação constitucional de que os direitos sociais a prestações positivas do Estado estão excluídos da

---

[6] PIOVESAN, Flávia. *Direitos humanos e o direito constitucional internacional*. 4. ed. rev., ampl. e atual. São Paulo: M. Limonad, 2000. p. 52.

categoria dos direitos fundamentais, não apresentando eficácia plena e imediata aplicáveis, porquanto a dignidade da pessoa humana e dos demais direitos fundamentais, inclusive individuais, só se realizam plenamente com o reconhecimento da aplicabilidade e efetividade dos direitos sociais.

Não é outro o entendimento de Ingo Sarlet,[7] para quem o enfraquecimento dos direitos sociais atua como elemento de impulso e agravamento da crise dos demais direitos, bastando observar que o aumento dos índices de exclusão social, somado à crescente marginalização dos cidadãos, tem gerado um aumento assustador da criminalidade e violência nas relações sociais em geral, acarretando, por sua vez, um número cada vez maior de agressões ao patrimônio, vida, integridade corporal, intimidade, dentre outros bens jurídicos fundamentais.

Decerto, a dignidade da pessoa humana expressa não somente a autonomia da pessoa humana que caracteriza os direitos individuais, vinculado à idéia de autodeterminação na tomada das decisões fundamentais à existência, como também requer prestações positivas do Estado, especialmente quando fragilizada ou quando ausente a capacidade de determinação dos indivíduos no cenário coletivo.

Os direitos sociais de cunho prestacional encontram-se, assim, voltados para a substancialização da liberdade e da igualdade dos cidadãos, objetivando, em última análise, a tutela da pessoa humana em face necessidades de ordem material, tendo em vista a garantia de uma existência digna.

Desse modo, os direitos fundamentais sociais catalisam um projeto de emancipação e de afirmação da dignidade do ser humano, oportunizando a transição da cidadania do plano jurídico-formal para o campo real das relações socioeconômicas, sem a qual não se realiza o direito justo.

4 A inadequação do argumento da "reserva do possível" no constitucionalismo brasileiro

A questão da escassez de recursos econômicos como limite para o implemento estatal dos direitos fundamentais sempre desafiou a comunidade jurídica. A resposta a esse questionamento está intrinsecamente ligada ao exame do argumento da reserva do possível, a partir do qual se vislumbram o alcance da eficácia dos direitos fundamentais e o papel do Poder Judiciário no amparo das pretensões positivas dos sujeitos de direito.

Descrevendo esse cenário complexo de efetivação dos direitos fundamentais, refere Gustavo Amaral[8] que, como os direitos fundamentais valem para todos os que estão em condições de recebê-los, mas os montantes econômicos para o atendimento das demandas são finitos, surge um conflito específico por pretensões positivas, no qual será necessário tomar decisões trágicas sobre a destinação dos recursos escassos do Estado.

---

[7] SARLET, Ingo Wolfgang. *A eficácia dos direitos fundamentais*. Porto Alegre: Livr. do Advogado, 1998. p. 8.
[8] AMARAL, Gustavo. *Direito, escassez & escolha*: em busca de critérios jurídicos para lidar com a escassez de recursos e as decisões trágicas. Rio de Janeiro: Renovar, 2001. p. 73.

A teoria da reserva do possível exprime um lugar-comum (*topos*) da jurisprudência constitucional alemã, que assevera que a construção de direitos subjetivos à prestação material de serviços públicos pelo Estado está sujeita à condição de disponibilidade dos respectivos recursos econômicos, ao mesmo tempo em que a decisão sobre a sua disponibilidade financeira situa-se no campo discricionário das decisões governamentais e parlamentares relativas à composição dos orçamentos públicos.

Com efeito, segundo o Tribunal Constitucional Federal da Alemanha, os direitos sociais a prestações positivas estão sujeitos à égide da reserva do possível, no sentido daquilo que o sujeito de direito, de modo racional, pode almejar da sociedade, impossibilitando exigências individuais acima de um certo limite básico de satisfação dos direitos fundamentais.

Conforme assinalam José Joaquim Gomes Canotilho e Vital Moreira,[9] a efetivação dos direitos fundamentais sociais, econômicos e culturais se relaciona com uma reserva do possível no campo dos recursos econômicos, porquanto a elevação do nível da realização dos direitos fundamentais prestacionais resta sempre condicionada pelo volume de recursos suscetível de ser mobilizado pelo Estado para esse efeito.

Nesse sentido, a limitação dos recursos públicos passa a ser considerada verdadeiro limite fático à efetivação dos direitos fundamentais, mormente aqueles de natureza social, que demandam prestações positivas dos órgãos estatais, tais como a saúde, a educação, a moradia, a previdência e a assistência social.

Seguindo essa linha de raciocínio, faltaria aos juízes não somente a legitimidade democrática como também a competência necessária para, situando-se fora do processo político propriamente dito, garantir a efetivação das prestações que constituem o objeto dos direitos sociais, submetidas, muitas vezes, a condições de natureza macroeconômica, não dispondo, portanto, de critérios suficientemente seguros e claros para solucionar a questão no âmbito estrito da interpretação e argumentação jurídica.

Sucede, contudo, que o argumento da reserva do possível não deve ser utilizado indiscriminadamente para qualquer situação concreta em matéria de direitos fundamentais, sem a necessária consideração da realidade social, pois não se afigura difícil a um ente público justificar sua omissão social perante critérios de política orçamentária e financeira, mitigando a obrigatoriedade do Estado em cumprir os direitos fundamentais, especialmente aqueles direitos sociais de cunho prestacional, que, por conseguinte, restariam inoperantes.

Daí porque merece guarida o pensamento de Robert Alexy,[10] para quem, no sistema jurídico tedesco, os direitos fundamentais são posições jurídicas tão relevantes que a sua concessão ou denegação não podem ficar nas mãos da simples maioria parlamentar. Logo, a questão de saber quais os direitos fundamentais sociais que o indivíduo possui é uma questão de ponderação de bens e valores constitucionais, passível, portanto, de controle jurisdicional. O princípio da

---

[9] CANOTILHO, José Joaquim Gomes; MOREIRA, Vital. *Fundamentos da Constituição*. Coimbra: Coimbra Ed., 1991. p. 31.
[10] ALEXY, Robert. *Teoría de los derechos fundamentales*. Traducción de Ernesto Garzón Valdés. Madrid: Centro de Estudios Políticos y Constitucionales, 2002. p. 494.

reserva parlamentar em matéria orçamentária, tanto quanto os princípios democrático e da separação dos poderes, não figuram como absolutos, sendo possível que as pretensões individuais apresentem mais peso que as razões de política financeira que constituem a reserva do possível.

Pode-se dizer, por isso mesmo, que a importação ao Brasil da doutrina alemã de interpretação dos direitos sociais ocorreu de forma acrítica, porquanto a não inclusão dos direitos sociais na Lei Fundamental de Bonn, tomada como paradigma para a negação do caráter fundamental dos direitos sociais, decorreu de circunstâncias próprias da experiência fracassada da Constituição de Weimar, que culminou no enfraquecimento da força normativa daquela Carta Magna e não na renúncia ao seu ideário progressista.

Como bem assinala Andreas Krell,[11] a reserva do possível figura como uma verdadeira falácia no sistema jurídico brasileiro, a qual decorre de um Direito Constitucional Comparado equivocado, cuja importação a-crítica não atenta para a opção político-ideológica do legislador constituinte, que formulou uma opção inequívoca pelo intervencionismo estatal no campo sócio-econômico, baseado no modelo do constitucionalismo dirigente e na busca da máxima efetividade dos direitos fundamentais.

Ao revés, se os recursos financeiros do Estado brasileiro não são suficientes, devem ser, em verdade, retirados de outras áreas menos prioritárias, tais como custeamento de gabinetes governamentais ou parlamentares, onde sua aplicação não está tão intimamente ligada aos direitos mais essenciais para a realização da vida digna do ser humano.

Ademais, afigura-se inconsistente a visão tradicional em matéria de direitos fundamentais segundo a qual, para o erário público, a implementação dos direitos sociais é sempre mais custosa que a garantia dos direitos individuais dos cidadãos, como se a tutela das liberdades básicas só exigisse uma simples postura abstencionista do Estado, nos moldes preconizados pelo liberalismo econômico.

É o que advertem os juristas Stephen Holmes e Cass R. Sunstein,[12] que, embora ideologicamente liberais, reconhecem que todos os direitos fundamentais, individuais ou sociais, exigem o aporte econômico pelo Estado, desfazendo-se a distinção extremada entre direitos negativos e direitos positivos, ante a constatação dos custos resultantes da efetividade de direitos fundamentais de primeira dimensão/geração. Isso porque a manutenção de uma estrutura de fiscalização de direitos individuais como a vida, a propriedade ou a segurança pública reclama, necessariamente, investimentos em recursos materiais e humanos, afastando a falsa percepção de que não onerariam o patrimônio público.

Eis as inúmeras razões que justificam o exame crítico do argumento da reserva do possível pelos intérpretes do direito pátrio, mormente através de uma nova jurisdição constitucional, a fim de maximizar o sentido e o alcance do

---

[11] KRELL, Andreas Joachim. *Direitos sociais e controle judicial no Brasil e na Alemanha*: os (des)caminhos de um direito constitucional comparado. Porto Alegre: S.A. Fabris, 2002. p. 47.
[12] HOLMES, Stephen; SUSTEIN, Cass R. *The Cost of Rights*: Why Liberty Depends on Taxes. New York: W. W. Norton, 1999. p. 10.

princípio constitucional da dignidade da pessoa, sem o qual restaria frustrada a legítima expectativa de materialização de um direito justo na sociedade brasileira.

5 A aceitação da ideia de vedação ao retrocesso no campo dos direitos fundamentais

Quando se analisa o dever positivo do Estado de implementação de direitos fundamentais, sobretudo aqueles de natureza social, pode-se vislumbrar, correlativamente, uma imposição de abstenção, como uma obrigação anexa de não tomar medidas que atentem contra as conquistas já cristalizadas na normatividade jurídica derivada da Constituição.

Partindo-se dessa constatação, a jurisprudência europeia desenvolveu, na segunda metade do século vinte, mormente na Alemanha e em Portugal, a ideia de vedação ao retrocesso, como cláusula geral de tutela dos direitos fundamentais, concretizados pela legislação infraconstitucional, assumindo uma função de defesa para o cidadão, contra as ingerências abusivas dos órgãos estatais.

A ideia de vedação ao retrocesso deflui, originariamente, da afirmação de que as conquistas relativas aos direitos fundamentais não podem ser elididas pela supressão de normas jurídicas progressistas. A vedação ao processo permite, assim, que se possa impedir, pela via judicial, a revogação de normas infraconstitucionais que contemplem direitos fundamentais do cidadão, desde que não haja a previsão normativa do implemento de uma política pública equivalente, tanto do ponto de vista quantitativo, quanto da perspectiva qualitativa.

Segundo Canotilho,[13] a vedação do retrocesso desponta como o núcleo essencial dos direitos sociais, constitucionalmente garantido, já realizado e efetivado através de medidas legislativas, devendo-se considerar inconstitucionais quaisquer medidas estaduais que, sem a criação de outros esquemas alternativos ou compensatórios, se traduzam, na prática, numa anulação, revogação ou aniquilação pura e simples desse núcleo essencial. A liberdade do legislador encontra, portanto, o núcleo essencial já realizado como o limite de sua atuação.

No sistema jurídico brasileiro, a ideia de uma vedação ao retrocesso em matéria de direitos fundamentais decorre da interpretação sistemática e teleológica dos princípios constitucionais do Estado Democrático de Direito (art. 1º, *caput*), do desenvolvimento nacional (art. 3º, II), da máxima eficácia das normas definidoras de direitos fundamentais (art. 5º, §1º), da segurança jurídica (art. 5º, XXXVI), e, sobretudo, da dignidade da pessoa humana (art. 1º, III).

Embora a ideia de vedação ao retrocesso não esteja suficientemente difundida na comunidade jurídica brasileira, seus efeitos começam a ser acolhidos gradativamente no âmbito da doutrina e da jurisprudência pátria, associados à primazia axiológica do princípio constitucional da dignidade da pessoa humana, como marco para fundamentação e legitimação dos direitos fundamentais.

---

[13] CANOTILHO, José Joaquim Gomes. *Direito constitucional e teoria da Constituição*. 3. ed. Coimbra: Almedina, 1998. p. 321.

Decerto, negar o reconhecimento da ideia de vedação ao retrocesso no sistema jurídico pátrio significaria, em última instância, aceitar que os órgãos estatais, a despeito de estarem subordinados aos direitos fundamentais que integram a dignidade da pessoa humana, dispõem do poder de tomar livremente suas decisões, motivados por casuísmos políticos, mesmo em flagrante desrespeito ao conteúdo da Constituição brasileira e à vontade expressa do Legislador Constituinte originário.

Daí porque sustenta Luís Roberto Barroso[14] que, apesar da vedação do retrocesso não estar explicitada na Carta Magna pátria, apresenta plena aplicabilidade, visto que, a partir da leitura axiológica do sistema jurídico-constitucional, deve-se entender que se uma lei, ao regulamentar um mandamento constitucional, instituir determinado direito, ele se incorpora ao patrimônio jurídico da cidadania e não pode ser absolutamente suprimido.

No sistema constitucional brasileiro, a ideia de uma vedação do retrocesso adquire inclusive novo significado, distanciando-se dos contextos germânico e lusitano, pois a realidade nacional demonstra que o Brasil ainda não percorreu o caminho da efetivação de um Estado Democrático de Direito. Logo, o sentido da vedação do retrocesso não somente é negativo, ao impedir a ação lesiva do Estado no campo dos direitos fundamentais, mas também se afigura positivo, pois impõe, sobretudo aos agentes públicos, o dever de catalisar o progresso social, através de medidas concretizadoras planos legislativo, administrativo e jurisdicional, proibindo-se, assim, as omissões estatais que ocasionem retrocesso social.

Sendo assim, a ideia de uma vedação do retrocesso atua de modo bivetorial, no plano de uma metafudamentalidade formal, limitando e dirigindo o modo através do qual o Estado vai realizar o princípio da dignidade da pessoa humana, como marco de uma metafundamentalidade material, que engloba a ampla gama de direitos fundamentais de todas as dimensões, previstos implícita ou explicitamente na Constituição Federal de 1988.

Desse modo, deve-se reconhecer, em nome do compromisso ético da realização de um direito justo, o primado da vedação em matéria de direitos fundamentais, de molde a concretizar a força normativa e a plena dimensão eficacial do princípio da dignidade da pessoa humana, como interpretação mais compatível com os valores e fins norteadores do sistema constitucional brasileiro.

6 A recusa à hipertrofia da função simbólica dos direitos fundamentais

Uma das contribuições do positivismo funcionalista para a ciência do direito reside na afirmação do caráter simbólico das normas constitucionais definidoras de direitos fundamentais. Isso porque a simples positivação de certas normas na Constituição, como a que prevê o princípio da dignidade da pessoa humana, teria o condão de simbolizar a ideia de justiça de uma dada comunidade

---

[14] BARROSO, Luís Roberto. *O direito constitucional e a efetividade de suas normas*: limites e possibilidades da Constituição brasileira. 5. ed. ampl. e atual. Rio de Janeiro: Renovar, 2001. p. 157.

humana, garantindo a estabilidade no funcionamento autopoiético do sistema jurídico.

Como bem elucida David Dantas,[15] a teoria do direito autopoiético esvazia o sentido ético do justo, definindo a justiça como a complexidade adequada do sistema jurídico, vale dizer, a consistência das decisões do sistema, independentemente de qualquer critério moral para orientar a conduta humana e julgar a correção das normas individuais. A noção de justiça significa que, apesar da infinidade e diversidade de decisões e procedimentos, além das irritações do meio social, o sistema jurídico consegue atingir um nível de coerência que lhe permite continuar a existir. O direito é que dirá, em última instância, o que é justo ou não, valendo-se de uma moral relativizada que adquire substância nos princípios jurídicos e, sobretudo, constitucionais.

Ocorre que os efeitos simbólicos de fórmulas normativas de justiça, como a dignidade da pessoa humana podem, uma vez hipertrofiados, ocultar o grave problema da discrepância entre o mundo do dever ser (esfera normativa) e o mundo do ser (esfera da realidade), o que compromete a efetividade dos direitos fundamentais dos cidadãos.

O crescimento desmesurado da função simbólica das normas referentes aos direitos fundamentais gera, frequentemente, a falsa sensação de realização de um direito justo, como se a dignidade da pessoa humana estivesse sendo assegurada concretamente pelo sistema jurídico, ainda que, no plano real das interações sociais, verifique-se o desrespeito constante à existência digna dos cidadãos.

Ao tratar da tendência de um distanciamento simbólico da Constituição, assinala Fábio Nadal[16] que a legitimidade da Carta Constitucional pode basear-se numa crença mítica, alimentada por uma fé irracional na Constituição, propiciando o urdimento de um sistema normativo de acordo com um discurso competente, de natureza ideológica, que tem a finalidade de alcançar e manter a funcionalidade da ordem jurídica, através da dominação, regulação e integração dos atores sociais.

Daí advém os riscos da transformação de uma Constituição normativa numa Constituição nominalista, pois enquanto as Constituições normativas pressupõem uma força normativa que orienta as expectativas e direciona as condutas na esfera pública, as Constituições nominalistas se destacam pelo hiato radical entre texto e realidade constitucionais.

Nas Constituições nominalistas, ocorre tanto a desconstitucionalização fática, pela degradação semântica do texto constitucional e falta da generalização congruente de expectativas normativas, como a concretização desconstitucionalizante do texto constitucional, quando o texto constitucional se torna uma referência distante dos agentes estatais e cidadãos, cuja práxis se desenvolve, muitas vezes, à margem do modelo textual da Constituição.

---

[15] DANTAS, David Diniz. *Interpretação constitucional no pós-positivismo*: teoria e casos práticos. 2. ed. rev. e atual. São Paulo: Madras, 2005. p. 164.
[16] NADAL, Fábio. *A Constituição como mito*: o mito como discurso legitimador da Constituição. São Paulo: Método, 2006. p. 21.

Para Marcelo Neves,[17] a concretização normativo-jurídica do texto constitucional é bloqueada por injunções econômicas, políticas ou ideológicas, implicando, contrariamente à codificação binária dos sistemas autopoiéticos, a quebra da autonomia operacional do sistema jurídico, ao tempo em que não se verifica a integração de uma esfera pública pluralista, pelo que o agir e o vivenciar normativos do subcidadão e do sobrecidadão fazem implodir a própria Constituição como modelo jurídico-político.

A constitucionalização simbólica da dignidade da pessoa humana figura, assim, como uma espécie de constitucionalismo aparente, que estabelece uma representação ilusória em face da realidade constitucional, transmitindo um modelo ideal ou retórico cuja realização somente seria possível sob condições sociais totalmente diversas, contrapondo-se um texto constitucional simbolicamente includente e uma realidade constitucional excludente.

Ainda segundo Marcelo Neves,[18] essa constitucionalização simbólica de uma vida digna pode servir como álibi em favor de agentes políticos dominantes, promovendo o adiamento retórico da realização do modelo constitucional para um futuro remoto, como se isso fosse possível sem transformações radicais nas relações de poder e na estrutura social.

Uma vez obstaculizada a efetividade dos direitos fundamentais, a constitucionalização simbólica do princípio da dignidade da pessoa humana pode acarretar uma deturpação pragmática da linguagem da Constituição, comprometendo a estrutura operacional e a própria autonomia/identidade do sistema constitucional, além de conduzir, nos casos extremos, à desconfiança social no sistema político-jurídico e nos agentes públicos, abalando os alicerces do Estado Democrático de Direito e a realização concreta de um direito justo.

Informação bibliográfica deste texto, conforme a NBR 6023:2002 da Associação Brasileira de Normas Técnicas (ABNT):

SOARES, Ricardo Maurício Freire. A releitura da teoria jusfundamental no sistema constitucional brasileiro: em busca de novos direitos. In: BERTOLDI, Márcia Rodrigues; OLIVEIRA, Kátia Cristine Santos de (Coord.). *Direitos fundamentais em construção*: estudos em homenagem ao ministro Carlos Ayres Britto. Belo Horizonte: Fórum, 2010. p. 27-38. ISBN 978-85-7700-367-9.

---

[17] NEVES, Marcelo. Constitucionalização simbólica e desconstitucionalização fática: mudança simbólica da Constituição e permanência das estruturas reais de poder. *Revista de Informação Legislativa*, v. 33, n. 132, p. 323, out./dez. 1996.

[18] NEVES, Marcelo. Constitucionalização simbólica e desconstitucionalização fática: mudança simbólica da Constituição e permanência das estruturas reais de poder. *Revista de Informação Legislativa*, v. 33, n. 132, p. 326, out./dez. 1996.

A Criança no *Neoconstitucionalismo* Brasileiro

Karyna Batista Sposato

Sumário: 1 Aproximações ao conceito de *constitucionalização* e *neoconstitucionalismo* – **2** A *constitucionalização* do Direito na Constituição Federal brasileira de 1988 – **3** Criança e Constituição no ordenamento jurídico brasileiro – **4** Princípios constitucionais do direito da criança e do adolescente: da retórica ao respeito – **5** Considerações finais

1 Aproximações ao conceito de *constitucionalização* e *neoconstitucionalismo*

Para percorrer o caminho proposto por este texto, dois conceitos preliminares são imprescindíveis. A definição de *constitucionalização*, de um lado, e, de outro, a de *neoconstitucionalismo* enquanto pontos de partida da reflexão que se pretende tecer, especialmente, para a configuração do atual direito da criança no ordenamento jurídico brasileiro.

Para delimitar a expressão *constitucionalização* e seus efeitos no campo dos direitos de crianças e adolescentes, nos valemos das lições de Riccardo Guastini, constitucionalista italiano que desenvolveu sete critérios ou condições de avaliação da presença de normas constitucionais nos ordenamentos jurídicos.

Em primeiro lugar, a *constitucionalização*, para o autor, corresponde a um ordenamento jurídico totalmente impregnado por normas constitucionais, ou seja, um ordenamento jurídico constitucionalizado caracterizado por uma Constituição extremamente presente, capaz de irradiar efeitos tanto para a legislação como para a jurisprudência e a doutrina, assim como para a ação de atores políticos e as relações sociais.[1]

Como a *constitucionalização* pode ser aferida em diferentes graus e estágios, as sete condições propostas por Guastini oferecem aspectos de análise, no mais das vezes, extremamente inter-relacionados. Assim, a primeira condição, correspondente a uma Constituição rígida, implica consequentemente que seja também escrita e protegida contra a legislação ordinária. Em outras palavras, a Constituição goza de superioridade em relação à legislação ordinária. Está por

---

[1] GUASTINI, Riccardo. La constitucionalización del ordenamiento jurídico: el caso italiano. In: CARBONELL, Miguel (Ed.). *Neoconstitucionalismo(s)*. Madrid: Trotta, 2003. p. 49.

cima dela, não podendo ser derrogada ou modificada. Se atualmente quase todas as constituições contemporâneas são escritas e, ao mesmo tempo, rígidas, convém destacar, como adverte Guastini, que a *constitucionalização* é mais acentuada quando existem princípios constitucionais, expressamente formulados ou mesmo implícitos, que não podem ser modificados de modo algum, nem sequer por procedimentos de revisão constitucional. Quando isto se apresenta, chama-se de Constituição material o conjunto de princípios imutáveis.

Independentemente do modelo de controle da constitucionalidade adotado, a existência de uma instância de controle sobre a conformidade das leis com a Constituição é o segundo aspecto a ser observado. O terceiro aspecto corresponde à força vinculante da Constituição, e pode ser traduzido como a ideia de que toda norma constitucional, independentemente de sua estrutura ou conteúdo normativo, é uma norma jurídica genuína, vinculante e suscetível de produzir efeitos jurídicos. O quarto aspecto, também intensamente relacionado a este, diz respeito à interpretação do texto constitucional de forma extensiva, de modo que não sobrem espaços vazios para nenhum tipo de discricionariedade legislativa e, assim, toda decisão legislativa se veja pré-regulada por uma norma constitucional.[2]

A quinta condição indica a superação da lógica liberal clássica de que as normas constitucionais não regulam relações entre particulares. Conforme o constitucionalismo atual, cabe sim às constituições moldar as relações sociais e deste modo os princípios gerais ou normas programáticas constitucionais podem produzir efeitos diretos, sendo aplicados por qualquer juiz por ocasião de qualquer controvérsia. Já a sexta condição indica a necessidade de uma interpretação das leis conforme a Constituição, o que significa a adoção da interpretação mais harmoniosa e adequada ao texto constitucional, evitando-se qualquer tipo de contradição.[3]

A sétima e última condição implica a influência da Constituição nas relações políticas seja no tocante à resolução de conflitos de competências entre distintos órgãos, seja no controle da discricionariedade política, ou ainda para justificar ações e decisões dos órgãos constitucionais e atores políticos.

---

[2] A título ilustrativo, sobre a supremacia da Constituição merece menção trecho da ADI nº 293-MC: "O poder absoluto exercido pelo Estado, sem quaisquer restrições e controles, inviabiliza, numa comunidade estatal concreta, a prática efetiva das liberdades e o exercício dos direitos e garantias individuais ou coletivos. É preciso respeitar, de modo incondicional, os parâmetros de atuação delineados no texto constitucional. Uma Constituição escrita não configura mera peça jurídica, nem é simples escritura de normatividade e nem pode caracterizar um irrelevante acidente histórico na ida dos povos e das nações. Todos os atos estatais que repugnem a Constituição expõem-se à censura jurídica dos Tribunais, especialmente porque são írritos, nulos e desvestidos de qualquer validade. A Constituição não pode submeter-se à vontade dos poderes constituídos e nem ao império dos fatos e das circunstâncias. A supremacia de que ela se reveste — enquanto for respeitada — constituirá a garantia mais efetiva de que os direitos e as liberdades não serão jamais ofendidos. Ao Supremo Tribunal Federal incumbe a tarefa, magna e eminente, de velar por que essa realidade não seja desfigurada" (STF. ADI nº 293-MC/DF, Pleno. Rel. Min. Celso de Mello. Julg. 6.6.1990. *DJ*, 16 abr. 1993).

[3] Trata-se do que José Joaquim Gomes Canotilho denomina de *superlegalidade material*, que, quando combinada à *superlegalidade formal* (Constituição enquanto norma reguladora da produção jurídica), produz o princípio fundamental da constitucionalidade dos atos normativos, encerrando a ideia de que as normas jurídicas só estão conformes com a Constituição quando não violam o sistema formal, constitucionalmente estabelecido, da produção desses atos, e quando não contrariam, positiva ou negativamente, os parâmetros materiais plasmados nas regras ou princípios constitucionais. Sobre o assunto, cf. CUNHA JÚNIOR, Dirley da. *Controle de constitucionalidade*: teoria e prática. Salvador: JusPodium, 2006.

Paralelamente, por *neoconstitucionalismo* podemos entender o fenômeno de mudanças e transformações operadas no modelo de Estado Constitucional, sobretudo a partir da II Guerra Mundial, em diversos países e partes do mundo.[4]

Muito embora possamos ainda encontrar no âmbito da teoria constitucional moderna uma abordagem do *neoconstitucionalismo* como determinada teoria do Direito, ou seja, esforço explicativo ou justificativo de um novo estado de coisas, neste texto a nossa opção metodológica é pela perspectiva que alude a um modelo de organização jurídico-política, ou de Estado de Direito.

Tomando as lições de Luigi Ferrajoli, a expressão *Estado de Direito* abarca, por sua vez, duas coisas distintas.[5] Em um sentido formal, Estado de Direito designa qualquer ordenamento no qual os poderes públicos são conferidos por lei e exercidos nas formas e procedimentos também legalmente estabelecidos, o que significa que todos os ordenamentos jurídicos modernos podem ser concebidos como Estado de Direito, inclusive os ordenamentos mais antigos, ou mais antiliberais, desde que presentes a fonte e a forma legal. O segundo sentido, substancial, implica na consideração enquanto Estado de Direito somente os ordenamentos nos quais os poderes públicos estejam presentes, além de sujeitos à lei, e portanto limitados ou vinculados a ela, condicionados do ponto de vista das formas e dos conteúdos.

Esta é justamente a concepção de Estado de Direito predominante no uso italiano; na doutrina italiana são Estados de Direito os ordenamentos nos quais todos os poderes, inclusive o Legislativo, estão vinculados ao respeito de princípios substanciais estabelecidos pelas normas constitucionais, a exemplo da divisão de poderes e os direitos fundamentais.

A compreensão do *neoconstitucionalismo* enquanto modelo de Estado de Direito nos conduz a reconhecer três paradigmas ao longo da história constitucional:

a) o Direito Pré-Moderno;
b) o Estado Legislativo de Direito; e
c) o Estado Constitucional de Direito.[6]

Como esclarece Ferrajoli, o Estado de Direito nasce com a forma do Estado Legislativo de Direito, com a afirmação do princípio da legalidade como critério exclusivo de identificação do Direito válido e até mesmo existente, independentemente de sua valoração como justo. Neste cenário, a experiência deixa de ser jurisprudencial e submete-se à lei e ao princípio da legalidade como únicas fontes de legitimação, sendo, portanto, mais voltada à forma que ao conteúdo.

Uma segunda mudança se processa com a subordinação da legalidade a constituições rígidas através de uma específica jurisdição de legitimidade.

---

[4] Esta é a concepção que perpassa toda a obra coordenada por Miguel Carbonell (*Neoconstitucionalismo(s)*. Madrid: Trotta, 2003).
[5] FERRAJOLI, Luigi. Pasado y futuro del Estado de Derecho. In: CARBONELL, Miguel (Ed.). *Neoconstitucionalismo(s)*. Madrid: Trotta, 2003. p. 13.
[6] FERRAJOLI, Luigi. Pasado y futuro del Estado de Derecho. In: CARBONELL, Miguel (Ed.). *Neoconstitucionalismo(s)*. Madrid: Trotta, 2003. p. 14.

A possível divergência entre Constituição e legislação confere um papel não só exclusivamente explicativo como também crítico e projetivo em relação a seu próprio objeto. Paralelamente se altera o papel da jurisdição com a subordinação de lei aos princípios constitucionais, o que equivale a introduzir uma dimensão substancial não só nas condições de validade das normas como também na natureza da democracia.

Importa reconhecer ainda, que ambos os modelos — Estado Legislativo de Direito e Estado Constitucional — passam por uma crise que afeta ao princípio da legalidade, e tem por gênese, por exemplo, a inflação legislativa e a disfunção da linguagem legal, resultado de uma política que degradou a legislação à administração, e dilapidou a distinção entre ambas funções tanto no terreno das fontes como dos conteúdos.

Um segundo aspecto a ser observado se relaciona com a confusão de fontes normativas e a incerteza em torno das competências, sobretudo pelo desenvolvimento de um Direito Comunitário jurisprudencial incerto, a regressão ao pluralismo e à superposição dos ordenamentos que foram próprios do Direito Pré-Moderno. Expressões como princípio da legalidade e reserva de lei têm neste novo cenário cada vez menos sentido.

Além disso, o processo de integração mundial que chamamos de Globalização pode ser visto como um vazio de Direito público produzido da ausência de limites, regras e controle frente à força tanto dos Estados com maior potencial militar quanto dos grandes poderes econômicos privados.[7]

Como vimos, o chamado *neoconstitucionalismo* pretende se caracterizar, entre outros aspectos, essencialmente pela incorporação de valores e orientações políticas no ordenamento, especialmente, no que toca à promoção da dignidade humana e dos direitos fundamentais.[8]

Neste contexto as constituições mostram-se intensamente presentes, na medida em que impregnam e condicionam a legislação, a jurisprudência, os operadores do Direito e também os mais diversos atores políticos. No Constitucionalismo contemporâneo, valores e opções políticas fundamentais se transformam em normas jurídicas, num grau de hierarquia ou centralidade diferenciado em relação às demais normas do sistema e que, portanto, as condiciona.

Conforme assinalado pelo doutrinador italiano Riccardo Guastini, a expressão *constitucionalização do ordenamento jurídico* se refere justamente ao fenômeno do *neoconstitucionalismo*. Segundo ele, as sete condições já detalhadas

---

[7] De acordo com Gerardo Pisarello, há uma distinção analítica importante entre os conceitos de *mundialização* e *globalização*. Poder-se-ia inclusive, segundo ele, falar de mundialização, e mundializações em plural para designar os progressivos e complexos processos de internacionalização de forças sociais e produtivas que operam, não sem contradições e com distinta intensidade no capitalismo. O conceito de globalização, diferentemente, deveria ser utilizado como simples ideologia destinada a justificar a extensão do capital a distintos âmbitos geográficos sob as regras e o interesse de poderes privados e portanto, sem regulações públicas democráticas. Entretanto, como este não é o foco da presente reflexão, apenas assinalamos esta dupla possibilidade de leitura e compreensão dos conceitos. Cf. PISARELLO, Gerardo. Globalización, constitucionalismo y derechos. In: CARBONELL, Miguel (Ed.). *Teoría del neoconstitucionalismo*: ensayos escogidos. Madrid: Trotta, 2007.
[8] BARCELLOS, Ana Paula de. Neoconstitucionalismo, direitos fundamentais e controle das políticas públicas. *Mundo Jurídico*. Rio de Janeiro, 28 jun. 2005. Disponível em: <http://www.mundojuridico.adv.br/sis_artigos/artigos.asp?codigo=50>. Acesso em: 20 ago. 2010.

demonstram e evidenciam quando o ordenamento jurídico pode ser considerado efetivamente impregnado pelas normas constitucionais, permitindo aferir distintos graus de *constitucionalização* daquele ordenamento.

Quando isto ocorre, a Constituição deixa de ser vista como um *manifesto político* repleto de meras recomendações aos operadores do Estado e do Direito. Para alguns autores, trata-se exatamente da transição do Estado de Direito para o Estado Constitucional de Direito.

Na definição de Luigi Ferrajoli, o Estado Constitucional de Direito é um novo modelo de direito e de democracia.[9] Para ele, o garantismo é a outra cara do constitucionalismo, na medida em que lhe corresponde a elaboração e a implementação das técnicas de garantia idôneas para assegurar o máximo grau de efetividade dos direitos constitucionalmente reconhecidos. Além disso, sua concepção do paradigma democrático conduz à garantia de todos os direitos, não somente os direitos de liberdade, como também os direitos sociais. Garantia que se estabelece também frente a todos os poderes, não só aos poderes públicos mas também aos poderes privados, e em terceiro lugar, garantia em todos os níveis, doméstico e internacional.

Por tais razões, o futuro do constitucionalismo, assim como da democracia, no entender de Ferrajoli está confiado a uma articulação entre o constitucionalismo social e o liberal, entre o constitucionalismo de direito privado e o de direito público e o constitucionalismo internacional e o nacional. Assim sendo, a história do constitucionalismo pode ser lida como a história de uma progressiva extensão da esfera dos direitos.

Todas estas considerações colaboram na elucidação da realidade brasileira em face da Constituição Federal de 1988 e seus efeitos para outros ramos do Direito, como o Direito da Criança e do Adolescente.

2 A *constitucionalização* do Direito na Constituição Federal brasileira de 1988

Em primeiro lugar é forçoso reconhecer que a Constituição brasileira de 1988 é uma das representantes do que se conhece por constitucionalismo dirigista ou de caráter social, iniciado com a Constituição mexicana de 1917 e a Constituição de Weimar de 1919,[10] com forte influência do modelo alemão do segundo pós-guerra, assim como da Constituição portuguesa, adotada depois da derrubada do regime salazarista, nos anos 1970.

Como toda Constituição social, estabelece obrigações positivas para o Estado na área social, buscando regulamentar as atividades econômicas, assim como configurando órgãos para a implementação de suas políticas públicas, que podem inclusive constituir agentes econômicos diretos.[11]

---

[9] FERRAJOLI, Luigi. Sobre los derechos fundamentales. In: CARBONELL, Miguel (Ed.). *Teoría del neoconstitucionalismo*: ensayos escogidos. Madrid: Trotta, 2007.
[10] VIEIRA, Oscar Vilhena. Realinhamento constitucional. In: SUNDFELD, Carlos Ari; VIEIRA, Oscar Vilhena (Coord.). *Direito global*. São Paulo: School of Global Law; M. Limonad, 1999.
[11] Conforme a maioria dos autores define, a gênese do Constitucionalismo Social pode ser aferida nos movimentos sociais das revoluções mexicana de 1910 e russa de 1917, e se constitui paulatinamente como uma postura diferenciada do

A Constituição de 1988, ainda que elaborada num contexto de franco reducionismo dos direitos de caráter social, adotou a roupagem do Estado de Bem-estar Social, o que se pode compreender pela própria história brasileira marcada por profundos padrões de desigualdade e repressão de suas demandas básicas por um longo regime ditatorial. Com a participação intensa da sociedade civil, jamais verificada antes na história do país, e também sob forte influência corporativa, a Constituição de 1988 se configurou num compromisso entre os diversos setores articulados que detinham, naquele momento, parcelas de poder.

Pode-se ver como adverte Oscar Vilhena Vieira, um compromisso maximizador, através do qual, distintos setores lograram alcançar a *constitucionalização* de seus interesses substantivos. Consequentemente, efeitos colaterais são produzidos por esta intensa *constitucionalização*, dentre eles, o próprio envelhecimento precoce do texto constitucional.[12] Se de um lado a rigidez é garantida, e, portanto a perenidade a uma infinidade de assuntos e temas, de outro, quando as circunstâncias se modificam é quase inevitável não pensar numa mudança na constituição.[13]

Fato é que a Constituição Federal de 1988 inaugura um novo paradigma, de dupla dimensão: comprometimento com a efetividade de suas normas, e desenvolvimento de uma dogmática da interpretação constitucional.[14] Em outras palavras, tal paradigma permite reconhecer sua força normativa, o caráter vinculativo e obrigatório de suas disposições, superando a concepção anterior de ser a Constituição apenas um conjunto de aspirações políticas e uma convocação à atuação dos Poderes Públicos.

Como ensina Luís Roberto Barroso, estas transformações alteraram significativamente a posição da Constituição na ordem jurídica brasileira. Um dos efeitos mais visíveis foi a perda de preeminência do Código Civil mesmo no âmbito das relações privadas, onde se formaram diversos microssistemas (consumidor, criança e adolescente, locações, direito de família).[15] E assim como sucedeu na Alemanha, após a Segunda Guerra, a Lei Fundamental brasileira passou ao centro do sistema.

No caso brasileiro, o novo Direito constitucional coincide com a redemocratização e reconstitucionalização do país, o que o reveste de características bastante particulares, afetando o modo de olhar e interpretar todos os demais ramos do Direito, sobretudo no desafio de superação de históricas desigualdades e desvios no campo da economia e da política.

Estado em face dos indivíduos, pelo princípio da não neutralidade e a intervenção no domínio econômico em ordem à consecução de uma sociedade menos desigual. Cf. SILVA NETO, Manoel Jorge e. *Curso de direito constitucional*: atualizado até a EC 52/2006. 2. ed. Rio de Janeiro: Lumen Juris, 2006.

[12] VIEIRA, Oscar Vilhena. Realinhamento constitucional. In: SUNDFELD, Carlos Ari; VIEIRA, Oscar Vilhena (Coord.). *Direito global*. São Paulo: School of Global Law; M. Limonad, 1999.

[13] Em outro sentido, pondera Luis Roberto Barroso que a despeito da compulsão reformadora, a Constituição brasileira vem consolidando um verdadeiro sentimento constitucional, e absorvendo graves crises políticas dentro do quadro de legalidade constitucional. Cf. BARROSO, Luís Roberto. Fundamentos teóricos e filosóficos do novo direito constitucional brasileiro: pós-modernidade, teoria crítica e pós-positivismo. *Interesse Público*, v. 3, n. 11, p. 42-73, jul./set. 2001.

[14] Sobre os temas, cf. BARROSO, Luís Roberto. *O direito constitucional e a efetividade de suas normas*: limites e possibilidades da constituição brasileira. 5. ed. ampl. e atual. Rio de Janeiro: Renovar, 2001; e BARROSO, Luís Roberto. *Interpretação e aplicação da Constituição*: fundamentos de uma dogmática constitucional transformadora. 4. ed. rev. e atual. São Paulo: Saraiva, 2001.

[15] Cf. BARROSO, Luís Roberto. Fundamentos teóricos e filosóficos do novo direito constitucional brasileiro: pós-modernidade, teoria crítica e pós-positivismo. *Interesse Público*, v. 3, n. 11, p. 42-73, jul./set. 2001.

Este fenômeno de ler e apreender toda a ordem jurídica através da lente da Constituição foi denominado por Canotilho como *filtragem constitucional*, na medida em que todos os institutos, inclusive do direito infraconstitucional são reinterpretados na ótica constitucional com o objetivo de consagrar os valores enunciados pela Constituição.[16]

E ainda que o constitucionalismo, por si só, não seja capaz de sanar todos os problemas sociais, não se pode negar sua contribuição.

A Constituição Federal de 1988 traduz para a realidade brasileira a ideia de *neoconstitucionalismo* e de *constitucionalização* de distintos ramos infraconstitucionais do Direito. Daí ser considerada uma Constituição Material, que funciona como limite ou garantia e ao mesmo tempo como norma diretiva fundamental.[17] Evidentemente, a *constitucionalização* não é absoluta, mas como já discutido comporta diferentes graus ou estágios de implementação. Uma possível chave de leitura é a que toma como premissa o constitucionalismo dos direitos, a partir da consideração de que os direitos e liberdades fundamentais vinculam a todos os poderes públicos e originam direitos e obrigações, não se resumindo a meros princípios programáticos.

Assim sendo, princípios, diretrizes e valores, que se fazem presentes no texto constitucional de 1988 revelam esta perspectiva. Nas palavras de Luis Prieto Sanchís, não há problema jurídico que não possa ser constitucionalizado, e isso significa que devemos descartar a existência de um mundo político separado ou imune da influência constitucional.[18]

O art. 5º da Constituição brasileira, ao tratar dos direitos e garantias fundamentais demonstra inequivocamente a constitucionalização de diversos ramos infraconstitucionais, com especial importância aos efeitos limitadores produzidos no *Ius Puniendi* do Estado,[19] pois se de um lado a Constituição Federal é a primeira manifestação legal da política penal de um Estado, de outro é ela que confere maior racionalidade ao sistema.[20]

No campo dos Direitos da Criança e do Adolescente, é o capítulo VII da Constituição que reúne os principais dispositivos constitucionais, merecendo especial menção os artigos 227, inciso V e 228.

O art. 227 determina que os direitos de crianças e adolescentes devam ser assegurados com absoluta prioridade, obrigando não só ao Estado, mas também a família e a sociedade na sua garantia:

---

[16] CANOTILHO, José Joaquim Gomes; MOREIRA, Vital. *Fundamentos da Constituição*. Coimbra: Coimbra Ed., 1991.
[17] FIORAVANTI, Maurizio. *Los derechos fundamentales*: apuntes de historia de las constituciones. Traducción de Manuel Martínez. Madrid: Trotta, 1996.
[18] PRIETO SANCHÍS, Luis. El constitucionalismo de los derechos. In: CARBONELL, Miguel (Ed.). *Teoría del neoconstitucionalismo*: ensayos escogidos. Madrid: Trotta, 2007.
[19] Os incisos III, XXXIX, XLVII do referido artigos são bons exemplos: "Ninguém será submetido a tortura nem a tratamento desumano ou degradante; Não há crime sem lei anterior que o defina, nem pena sem prévia cominação legal; Não haverá penas de morte, salvo em caso de guerra declarada nos termos do artigo 84, XIX, de caráter perpétuo, de trabalhos forçados, de banimento e cruéis".
[20] SHECAIRA, Sérgio Salomão; CORRÊA JUNIOR, Alceu. *Teoria da pena*: finalidades, direito positivo, jurisprudência e outros estudos de ciência criminal. São Paulo: Revista dos Tribunais, 2002.

É dever da família, da sociedade, e do Estado assegurar à criança e ao adolescente com absoluta prioridade, o direito à vida, à saúde, à alimentação, à educação, ao lazer, à profissionalização, à cultura, à dignidade, ao respeito, à liberdade e à convivência familiar e comunitária, além de colocá-los a salvo de toda forma de negligência, discriminação, exploração, violência, crueldade e opressão.

O §3º do mesmo artigo define a proteção especial detalhando cada um de seus aspectos:

> §3º O direito à proteção especial abrangerá os seguintes aspectos:
> I - Idade mínima de quatorze anos para admissão ao trabalho, observado o disposto no art. 7º, XXXIII;
> II - Garantia de direitos previdenciários e trabalhistas;
> III - Garantia de acesso ao trabalhador adolescente à escola;
> IV - Garantia de pleno e formal conhecimento da atribuição de ato infracional, igualdade na relação processual e defesa técnica por profissional habilitado, segundo dispuser a legislação tutelar específica;
> V - Obediência aos princípios de brevidade, excepcionalidade e respeito à condição peculiar de pessoa em desenvolvimento, quando da aplicação de qualquer medida privativa de liberdade;
> VI - Estímulo do Poder Público, através de assistência jurídica, incentivos fiscais e subsídios, nos termos da lei, ao acolhimento, sob a forma de guarda, de criança ou adolescente órfão ou abandonado;
> VII - Programas de prevenção e atendimento especializado à criança e ao adolescente dependente de entorpecentes e drogas afins.

Finalmente, o art. 228 trata da responsabilidade penal diferenciada aos menores de 18 anos, ecoando a mesma regra do art. 27 do Código Penal vigente: "São penalmente inimputáveis os menores de dezoito anos, sujeitos às normas da legislação especial".

3 Criança e Constituição no ordenamento jurídico brasileiro

Como já assinalado ainda que preliminarmente, a *constitucionalização* do Direito da Criança e do Adolescente no Brasil é operada pela Carta Constitucional de 1988, que adota de forma clara e taxativa um sistema especial de proteção aos direitos fundamentais de crianças e adolescentes.

Este sistema tem sua raiz na conformação dos direitos elencados nos artigos 227 e 228 como direitos humanos, e consequentemente como manifestações da própria dignidade humana que é o fundamento do Estado Democrático de Direito brasileiro.[21]

---

[21] MACHADO, Martha de Toledo. *A proteção constitucional de crianças e adolescentes e os direitos humanos*. Barueri: Manole, 2003.

De fato, a mudança de paradigma e a introdução de um novo direito da criança e do adolescente no ordenamento brasileiro encontra suas origens na ratificação da Convenção Internacional das Nações Unidas sobre os Direitos da Criança em 1989, na Campanha Criança e Constituinte e logo na entrada em vigor da própria Constituição. Este processo de alteração jurídica e social possui um enorme significado, o qual Emilio Garcia Méndez definiu como a conjunção de três coordenadas fundamentais: infância, lei e democracia.[22]

Portanto, uma breve recuperação do que foi o processo popular de construção da Constituição de 1988, no campo dos direitos da infância e adolescência, permite identificar três aspectos centrais.

O primeiro já externado por Luigi Ferrajoli de que não só a democracia garante a luta pelos direitos, mas também, e fundamentalmente, a luta pelos direitos garante a democracia.[23] Em segundo, a capacidade do direito de influenciar a política social, a partir da relação entre a condição jurídica e a condição material da infância. E por último, mas não menos importante, a descoberta de forma empírica de que os problemas da infância são problemas da democracia.[24]

A partir de 1985, no bojo da Convenção Constituinte, o movimento de luta pelos direitos da infância reuniu 250 mil assinaturas e articulou-se em torno de duas Emendas à Constituição. Seu resultado é a introdução dos princípios básicos de proteção e garantia de direitos da criança e do adolescente no texto constitucional de 1988. As reivindicações da Campanha Criança e Constituinte traduziam em exata medida a necessidade de substituição do paradigma tutelar/menorista pelo garantista, com incidência em todas as políticas de atenção à infância e juventude, inclusive para os infratores.

Tal introdução correspondia ao consenso na comunidade internacional acerca da necessidade de políticas especiais para a infância e adolescência e ao que posteriormente se constituiu nos princípios inaugurados pela Convenção Internacional das Nações Unidas sobre os Direitos da Criança.

Diversos dispositivos da Constituição Federal de 1988 revelam a superação da doutrina da situação irregular e, por consequência, da legislação menorista. Como já mencionado, o art. 227 é um dos pilares da constitucionalidade do novo Direito que tomava forma e implicava a deslegitimação do velho Direito do Menor, presente na legislação anterior (o Código de Menores de 1979).

Ao estabelecer a prioridade absoluta da criança e do adolescente no ordenamento jurídico brasileiro o referido artigo, entre outros aspectos, indica que enquanto o antigo direito não era o direito de todos os menores de idade, mas somente dos menores de 18 anos em situação irregular, o novo direito da Criança é o direito de todas as crianças e adolescentes. Trata-se do reconhecimento da igualdade jurídica entre todas as crianças e todos os adolescentes, que possuindo o mesmo *status* jurídico, gozam da mesma gama de direitos fundamentais, independentemente da posição que ocupam na sociedade.[25]

---

[22] GARCÍA-MÉNDEZ, Emilio. Infância, lei e democracia: uma questão de justiça. *Revista da Esmesc*, v. 4, n. 5, p. 23, nov. 1998.
[23] FERRAJOLI, Luigi. *Derechos y garantías*: la ley del más débil. 2. ed. Madrid: Trotta, 2001.
[24] SPOSATO, Karyna Batista. *O direito penal juvenil*. São Paulo: Revista dos Tribunais, 2006. p. 55.
[25] MACHADO, Martha de Toledo. *A proteção constitucional de crianças e adolescentes e os direitos humanos*. Barueri: Manole, 2003.

De acordo com a sistemática anterior, o menino abandonado ou vítima de maus-tratos familiar ou privado de saúde ou educação era considerado em situação irregular. Com a regra da prioridade absoluta, estão em situação irregular os pais ou responsáveis que não cumprem os deveres do poder familiar e o Estado que não oferece as políticas sociais básicas, ou ainda as prestações positivas que a Constituição lhe incumbe.

Pode-se falar, portanto de uma *constitucionalização* do Direito da Criança fundada em dois aspectos principais: o quantitativo relacionado à positivação de direitos fundamentais exclusivos de crianças e adolescentes, que se somam aos demais direitos fundamentais dos adultos, e o qualitativo relacionado à estruturação peculiar do direito material de crianças e adolescentes. Ambos aspectos aparecem de forma inequívoca nas regras elencadas pelo art. 227 da Carta Constitucional de 88.

Aquilo que é particular de crianças e adolescentes encontra-se descrito no §3º do art. 227,[26] já detalhado no item anterior. Para Martha de Toledo Machado, estes direitos especiais configuram direitos da personalidade infantojuvenil.

Já no tocante ao tratamento repressivo a condutas antissociais ou ilícitas de menores de 18 anos de idade, a norma constitucional, portanto, reforçou o dispositivo do art. 27 do Código Penal de 1940 adotando a presunção absoluta de inimputabilidade aos menores de 18 anos. O direito à inimputabilidade penal e os direitos à excepcionalidade e brevidade na privação de liberdade são direitos individuais, e como tais considerados cláusulas pétreas da Constituição.

4 Princípios constitucionais do direito da criança e do adolescente: da retórica ao respeito

Como se pode observar, a Constituição democrática de 1988, ao constitucionalizar o Direito da Criança, evidenciou a necessidade de reformulação da legislação especial infraconstitucional para crianças e adolescentes, como condição para o alinhamento entre os avanços da normativa internacional, da própria construção normativa constitucional e a legislação ordinária.

Não por acaso, dois anos após a Constituição, o Estatuto da Criança e do Adolescente (Lei nº 8.069, de 13.7.1990) entra em vigor instrumentalizando os mandamentos constitucionais da Prioridade Absoluta por meio do que se convencionou chamar de Doutrina Jurídica da Proteção Integral, que por sua vez, corresponde a uma síntese do pensamento do legislador constituinte a partir de garantias substanciais e processuais destinadas a assegurar os direitos consagrados.

---

[26] "O direito à proteção especial abrangerá os seguintes aspectos: I - idade mínima de 14 anos para admissão ao trabalho, observado o disposto no artigo 7º, XXXIII; II - garantia de direitos previdenciários e trabalhistas; III - garantia de acesso do trabalhador adolescente à escola; IV - garantia de pleno e formal conhecimento da atribuição de ato infracional, igualdade na relação processual e defesa técnica por profissional habilitado, segundo dispuser a legislação tutelar específica; V- obediência aos princípios de brevidade, excepcionalidade e respeito à condição peculiar de pessoa em desenvolvimento, quando da aplicação de qualquer medida privativa de liberdade; VI - estímulo do Poder Público, através de assistência jurídica, incentivos fiscais e subsídios, nos termos da lei, ao acolhimento, sob a forma de guarda, de criança ou adolescente órfão ou abandonado; VII - programas de prevenção e atendimento especializado à criança ou adolescente dependente de entorpecentes e drogas afins."

É inegável, desse modo, a relação intrincada entre a Constituição Federal de 1988 e o Estatuto da Criança e do Adolescente. Contemporâneos ao consenso na comunidade das nações acerca da necessária proteção especial às crianças e adolescentes, ambos caracterizam-se pelo forte teor programático de suas disposições.[27]

A opção principiológica do legislador constituinte e estatutário responde à dinâmica e ao contexto político de elaboração das duas normas. Pode-se dizer que ambas promovem quase uma "revolução" jurídica, na medida em que reconhecem direitos e garantias a parcelas da população anteriormente excluídas por completo das prioridades e finalidades do Estado, como é o caso das crianças e dos adolescentes.

Em *Direito e economia na democratização brasileira*, José Eduardo Faria assinala justamente que a opção pela vagueza e generalidade deliberadas das normas constitucionais constituiu-se numa sutil estratégia de contemporização tradicionalmente adotada pelos legisladores nos momentos históricos de grande clivagem política e de graves tensões sociais.[28]

Diferentemente das normas preceptivas destinadas a casos padronizáveis, os princípios permitem uma comunicação mais aberta, um número indefinido de hipóteses, uma racionalidade material e não apenas lógico-formal e inevitavelmente enfrentam maiores dificuldades na formação e consolidação da jurisprudência.

Esta técnica legislativa posterga de certa forma a atividade legiferante para situações-limite, já que ao intérprete cabe a adequação do princípio ao caso concreto. Em outras palavras, significa dizer que o juiz, ao decidir, legisla diante do elevado número, por exemplo, de princípios constitucionais e estatutários ainda não regulamentados.

No mesmo sentido, João Maurício Adeodato aponta a dificuldade em transformar o Brasil em um Estado Social e Democrático de Direito tão só através de textos normativos ou até de normas jurídicas.[29] Sobretudo, levando-se em consideração que o texto constitucional brasileiro é originário de um contexto social e constituinte multifacetado ao extremo. Além da presença marcante de normas programáticas, há alguns preceitos que têm a função simbólica de fazer crer que funcionam.

Marcelo Neves também compartilha desta perspectiva.[30] Ao distinguir dois modelos de Constituição, normativas (aquelas que efetivamente regulam as relações reais de poder) e simbólicas, ele pondera que esta última responde a exigências e objetivos políticos concretos. Na realidade, se transmite um modelo cuja realização só seria possível sob condições sociais totalmente diversas.

Assim, os problemas sociais permanecem de fato inalterados, quando não, ainda se obstrui o caminho para mudanças sociais em direção ao Estado

---

[27] SPOSATO, Karyna Batista. *O direito penal juvenil*. São Paulo: Revista dos Tribunais, 2006. p. 58.
[28] FARIA, José Eduardo. *Direito e economia na democratização brasileira*. São Paulo: Malheiros, 1993. p. 92.
[29] ADEODATO, João Maurício Leitão. *Ética e retórica*: para uma teoria da dogmática jurídica. 4. ed. São Paulo: Saraiva, 2009.
[30] NEVES, Marcelo. Constitucionalização simbólica e desconstitucionalização fática: mudança simbólica da Constituição e permanência das estruturas reais de poder. *Revista de Informação Legislativa*, v. 33, n. 132, p. 321-330, out./dez. 1996.

Constitucional. Nestes cenários, o discurso do poder invoca permanentemente o documento constitucional como estrutura normativa garantidora dos direitos fundamentais.

Entretanto, a *constitucionalização* simbólica também tem seus limites, podendo inverter-se contraditoriamente, demonstrando a discrepância entre a ação política e o discurso constitucionalista.

Neves adverte, ainda, que isto não se confunde com a ineficácia de alguns dispositivos específicos do diploma constitucional, pois na constitucionalização simbólica há um funcionamento hipertroficamente político-ideológico da atividade e do texto constitucional que atinge a vigas mestras do sistema constitucional.

Como assinalou Brun-Otto Bryde a respeito da experiência africana, "as Constituições simbólicas em oposição às normativas, fundamentam-se sobretudo nas pretensões (correspondentes a necessidades internas ou externas) da elite dirigente pela representação simbólica de sua ordem estatal".[31]

Como se destaca, a retórica político-social dos "direitos humanos" é tanto mais intensa quanto menor o grau de concretização normativa do texto constitucional. Apesar disso, pode dar margem ao surgimento de movimentos e organizações sociais envolvidos criticamente na realização de valores proclamados solenemente no texto constitucional, e portanto integrados na luta política pela ampliação da cidadania. Daí não ser correto considerar a *constitucionalização* simbólica como um jogo de soma zero, justamente pela possibilidade de construção de uma esfera pública pluralista.

Este fenômeno aliás é bastante presente no campo dos direitos da infância e juventude, pois são inúmeras as organizações sociais envolvidas com a temática, sem dizer nas instâncias específicas organizadas como a Frente Parlamentar de Defesa dos Direitos da Criança e do Adolescente no Congresso Nacional.[32]

Apesar das limitações, o Direito da Criança constitucionalizado, e presente no Estatuto da Criança e do Adolescente, revela-se um instrumento importante de ação social pela melhoria das condições objetivas e materiais da infância e adolescência brasileira. A redação do art. 3º do Estatuto da Criança e do Adolescente é bastante exemplificativa:

---

[31] BRYDE, Brun-Otto. *Verfassungsentwicklung*: Stabilität und Dynamik im Verfassungsrecht der Bundesrespublik Deutschland. Baden-Baden: Nomos Verlagsgesellschaft, 1982 *apud* NEVES, Marcelo. Constitucionalização simbólica e desconstitucionalização fática: mudança simbólica da Constituição e permanência das estruturas reais de poder. *Revista de Informação Legislativa*, v. 33, n. 132, p. 321-330, out./dez. 1996.

[32] Ao lado dos movimentos sociais, diversos(as) parlamentares estão conseguindo fortalecer a pauta da infância e juventude na agenda do Congresso Nacional e do país, por meio da Frente Parlamentar de Defesa dos Direitos da Criança e do Adolescente. Criada em 1993, a Frente ganhou força a partir de 2003, quando vários(as) deputados(as) e senadores(as) eleitos(as) assumiram o compromisso de revitalizar o trabalho, dando prioridade ao problema do abuso e da exploração sexual de crianças e adolescentes. Não são só os esforços em relação à violência sexual marcam a atuação desses(as) parlamentares(as). A Frente realiza diversas ações junto ao governo e à sociedade civil e se envolve no aprofundamento de debates complexos, tomando posições a favor da infância e juventude no que diz respeito à redução da idade penal, ao trabalho infantil, à violência urbana, entre outros. Os(as) parlamentares(as) também acompanham todas as discussões e projetos que dizem respeito ao segmento infantojuvenil no âmbito do poder Legislativo. A experiência teve tanto impacto para a garantia dos direitos infantojuvenis que está sendo replicada em âmbitos estaduais e municipais. Em agosto de 2005, foi lançado o Pacto Nacional do Poder Legislativo pela Infância e Adolescência. Deputados(as) de todos os Estados brasileiros se comprometeram a criar mecanismos de interação entre os três âmbitos de Poderes Legislativos: Municipal, Estadual e Federal. Já foi criada também a Rede Nacional de Frentes Parlamentares de Defesa da Criança e do Adolescente. O objetivo é que parlamentares de cada Estado e Município se unam em torno desse segmento. Atualmente, oito Estados já criaram a sua própria frente parlamentar.

A criança e o adolescente gozam de todos os direitos fundamentais inerentes à pessoa humana, sem prejuízo da proteção integral de que trata esta Lei, assegurando-se-lhes, por lei ou por outros meios, todas as oportunidades e facilidades, a fim de lhes facultar o desenvolvimento físico, mental, moral, espiritual e social, em condições de liberdade e dignidade.

O dispositivo normativo indica que a própria lei não esgota sua operacionalização, que deve ser atingida mediante políticas públicas e ações efetivas da sociedade. Daí a expressão *outros meios*.

Assim como ocorre em diversas disposições constitucionais, no Estatuto da Criança e do Adolescente, de forma sutil, o legislador lançou mão de normas de *eficácia contida*, dependentes de futura regulamentação e da necessária implementação de políticas públicas.[33]

De certo modo, essa técnica legislativa é também decorrência da sintonia que o Estatuto da Criança e do Adolescente guarda com os princípios e preceitos da Convenção Internacional sobre os Direitos da Criança, ratificada pelo Estado brasileiro, meses depois de sua entrada em vigor.

A Convenção Internacional sobre os Direitos da Criança é fruto de dez anos de trabalhos da Assembleia Geral das Nações Unidas, que nesse período preparou as disposições que viriam a constituir o documento. As disposições e artigos retomam direitos e liberdades proclamados pela Declaração Universal dos Direitos Humanos e Pactos Internacionais. São retomados também os princípios da Declaração de Genebra sobre os Direitos da Criança de 1924 e da Declaração sobre os Direitos da Criança adotada em 1959.

No Pacto de Direitos Civis e Políticos (PIDCP), os artigos 23 e 24 cuidam da questão da família e da criança, apontando a responsabilidade da família, da sociedade e do Estado no estabelecimento de medidas que garantam a condição da criança. O Pacto de Direitos Econômicos, Sociais e Culturais (PIDESC), particularmente o art. 10, também se remete ao tema, protegendo a família, as mães e todas as crianças e adolescentes contra qualquer exploração econômica e social.

Ressalte-se que a Convenção, ao reiterar elementos das declarações internacionais anteriores, inova no estabelecimento de elementos de defesa efetiva da cidadania. Chamada por Edson Sêda de "Lei das leis", a Convenção consolida um corpo de legislação internacional denominado "Doutrina das Nações Unidas de Proteção Integral da Infância".

Esse corpo legal é formado pela própria Convenção, pelas Regras Mínimas das Nações Unidas para a Administração da Justiça de Menores (Regras de Beijing), pelas Regras Mínimas das Nações Unidas para a Proteção dos Jovens privados de Liberdade, e pelas Diretrizes das Nações Unidas para a Prevenção da Delinquência Juvenil (diretrizes de Riad).

De modo geral, especialmente na América Latina e Caribe, as regras da Convenção conviveram de forma contraditória com as legislações de menores.

---

[33] Para uma análise mais detalhada sobre o tema da eficácia das normas constitucionais, cf. SILVA, José Afonso da. *Aplicabilidade das normas constitucionais*. 6. ed. São Paulo: Malheiros, 2002; e SILVA, Virgílio Afonso da. O conteúdo essencial dos direitos fundamentais e a eficácia das normas constitucionais. *Revista de Direito do Estado – RDE*, v. 4, p. 23-51, 2006.

No entanto, o exemplo brasileiro desencadeou um processo inovador de reformas legislativas pela adequação das leis domésticas ao tratado, favorecendo dessa forma que a Convenção não restasse como mais um instrumento de direito internacional de escassa exigibilidade. Pelo contrário, seu surgimento e difusão coincidiram com a transição democrática em muitos países latino-americanos.

Assim sendo, as disposições da Lei nº 8.069/90 demonstram com clareza a influência dos princípios fixados pela Convenção, que de modo uníssono traduzem a afirmação histórica dos direitos humanos. No caso de crianças e adolescentes, o reconhecimento da condição peculiar de pessoa em desenvolvimento é uma decorrência lógica do princípio da dignidade da pessoa humana.

O conteúdo e a abrangência da mudança de paradigma introduzida pela Doutrina da Proteção Integral no ordenamento jurídico brasileiro são de alta complexidade, mas podem ser ilustrados por seis aspectos principais:

a) reconhecimento de crianças e adolescentes como sujeitos de direitos;
b) institucionalização da participação comunitária por intermédio dos Conselhos de Direitos, com participação paritária e deliberativa para traçar as diretrizes das políticas de atenção direta à infância e juventude;
c) hierarquização da função judicial, com a transferência de competência aos Conselhos Tutelares para agir diante da ameaça ou violação de direitos da criança no âmbito municipal;
d) municipalização da política de atendimento;
e) eliminação de internações não vinculadas ao cometimento — devidamente comprovado — de delitos ou contravenções;
f) incorporação explícita de princípios constitucionais em casos de infração penal, prevendo-se a presença obrigatória de advogado e função do Ministério Público como de controle e contrapeso.[34]

Ainda que muitos outros elementos da normativa da criança e do adolescente tenham passado à margem dessas considerações, importa reconhecer que a *constitucionalização* operou substantivas alterações. A começar pela superação da categoria de Menoridade, como desqualificação e inferiorização de crianças e jovens, agora em condições de igualdade perante a lei. E finalmente, a incorporação do devido processo legal e dos princípios constitucionais como norteadores das ações dirigidas à infância e ao mesmo tempo, limites objetivos ao poder punitivo sobre jovens em conflito com a lei. Esta última dimensão será detalhada no item seguinte.

No tocante aos princípios constitucionais do Direito da Criança e do Adolescente, o ponto de partida deve ser a Proteção Integral como linha mestra que reúne e harmoniza todos os demais princípios em um conjunto.

A Proteção Integral deve ser concebida como a Doutrina jurídica que sustenta todo atual Direito Brasileiro da Criança e do Adolescente. Seu significado está em reconhecer que todos os dispositivos legais e normativos

---

[34] SPOSATO, Karyna Batista. *O direito penal juvenil*. São Paulo: Revista dos Tribunais, 2006. p. 61.

têm por finalidade proteger integralmente as crianças e os adolescentes em suas necessidades específicas, decorrentes da idade, de seu desenvolvimento e de circunstâncias materiais. A proteção integral, no entanto, deve se materializar por meio de políticas universais, políticas de proteção ou políticas socioeducativas, conforme a necessidade. Trata-se de um princípio norteador que deve obter implementação concreta na vida das crianças e dos adolescentes sem qualquer distinção.

Como argumenta Martha de Toledo Machado, muito embora a tendência majoritária da doutrina seja identificar apenas três grandes princípios, quais sejam, a proteção integral, o respeito à condição peculiar de pessoa em desenvolvimento e a prioridade absoluta, parece emergir do processo de *constitucionalização* do Direito da Criança, cinco princípios gerais:

a) Princípio da Proteção Integral;
b) Princípio do Respeito à Condição Peculiar de Pessoa em Desenvolvimento;
c) Princípio da Igualdade de Crianças e Adolescentes;
d) Princípio da Prioridade Absoluta, e
e) Princípio da Participação Popular na Defesa dos Direitos de Crianças e Adolescentes.[35]

Ousamos ainda acrescentar um sexto princípio correspondente ao Melhor Interesse da Criança e do Adolescente, ou como denominam alguns doutrinadores, o Princípio do Interesse Superior da Criança e do Adolescente.

5 Considerações finais

Das considerações traçadas até o momento, podemos concluir que há um inegável processo de *constitucionalização* do Direito da Criança e do Adolescente no ordenamento jurídico brasileiro, consentâneo ao momento social, político e econômico em que vivemos. Deste processo, consequências e efeitos podem ser identificados gerando novas configurações para qualquer tipo ou natureza de relação jurídica da qual participe uma criança ou um adolescente.

Nesse cenário, ganha importância o princípio do respeito à condição peculiar de pessoa em desenvolvimento atribuída a crianças e adolescentes, tal qual descrito no art. 227, §3º, V, da Constituição Federal de 1988 como já detalhado, e que está também refletido no texto do Estatuto da Criança e do Adolescente, a exemplo do art. 60:

> Na interpretação desta Lei, levar-se-ão em conta os fins sociais a que ela se destina, as exigências do bem comum, os direitos e deveres individuais e coletivos, e a condição peculiar da criança e do adolescente como pessoas em desenvolvimento.

---

[35] MACHADO, Martha de Toledo. *A proteção constitucional de crianças e adolescentes e os direitos humanos*. Barueri: Manole, 2003. p. 411.

O princípio traduz a concepção de um ser humano em processo de desenvolvimento e formação. Como esclarece Mary Beloff,[36] no marco da Convenção Internacional das Nações Unidas sobre os Direitos da Criança e do Adolescente, ser sujeito de direitos significa que crianças e adolescentes são titulares dos mesmos direitos de que gozam todas as pessoas e outros direitos específicos que decorrem da condição de pessoa que está em formação, em desenvolvimento. Nem meia pessoa, nem pessoa incompleta, simplesmente se trata de uma pessoa que está em fase de intenso desenvolvimento, sendo as pessoas completas em cada momento de seu crescimento.

Desta maneira os direitos da criança e do adolescente compõem uma classe de direitos fundamentais. A universalidade se realiza porque todas as relações jurídicas das quais participem crianças e adolescentes são reguladas pela Constituição Federal e pelo Estatuto da Criança e do Adolescente, e, nesse aspecto, estão incluídos toda criança e todo adolescente independentemente de classe social. A normatividade é composta além da legislação especial, das regras constitucionais e dos princípios decorrentes dos tratados internacionais ratificados pelo Estado Brasileiro.

Quando situamos o Direito da Criança e do Adolescente como categoria integrante dos Direitos Fundamentais, reforçamos a compreensão dos direitos da criança e do adolescente como parte da Doutrina Universal de Direitos Humanos. Do ponto de vista normativo, é interessante observar que os mecanismos de proteção e defesa dos direitos da criança e do adolescente são complementares, nunca substitutivos dos mecanismos gerais de proteção de direitos reconhecidos a todas as pessoas, como estabelece o art. 41 da Convenção Internacional sobre os Direitos da Criança e do Adolescente das Nações Unidas.[37]

Perceber a conexão entre o processo de *constitucionalização* do Direito no Brasil, com especial destaque ao Direito da Criança e os efeitos da democratização no que se convencionou chamar de *neoconstitucionalismo*, no caso brasileiro, permite construir formas de interpretação do Direito e de ação política que fortaleçam os direitos humanos de crianças e adolescentes e na mesma medida fortaleçam a própria Constituição.

Informação bibliográfica deste texto, conforme a NBR 6023:2002 da Associação Brasileira de Normas Técnicas (ABNT):

SPOSATO, Karyna Batista. A criança no *neoconstitucionalismo* brasileiro. *In*: BERTOLDI, Márcia Rodrigues; OLIVEIRA, Kátia Cristine Santos de (Coord.). *Direitos fundamentais em construção*: estudos em homenagem ao ministro Carlos Ayres Britto. Belo Horizonte: Fórum, 2010. p. 39-54. ISBN 978-85-7700-367-9.

---

[36] BELOFF, Mari. Responsabilidad penal juvenil y derechos humanos. *Justicia y Derechos del Niño*, n. 2, p. 77-89, nov. 2000. Disponível em: <http://www.unicef.org/argentina/spanish/ar_insumos_PEJusticiayderechos2.pdf>. Acesso em: 20 ago. 2010.
[37] SPOSATO, Karyna Batista. *O direito penal juvenil*. São Paulo: Revista dos Tribunais, 2006. p. 68

A Perspectiva do Idoso na Proteção Decorrente do Sistema de Seguridade Social

Katia Cristine Santos de Oliveira

Sumário: 1 Apresentação – 2 O sistema de seguridade social e a Constituição de 1988 – **2.1** Fundamento de validade do sistema de seguridade social – **2.2** Elementos do sistema de seguridade social – **2.3** Princípios embasadores do sistema de seguridade social – **2.3.1** Universalidade da cobertura e do atendimento – **2.3.2** Uniformidade e equivalência dos benefícios e serviços devidos às populações urbanas e rurais – **2.3.3** Seletividade e distributividade dos benefícios e serviços – **2.3.4** Irredutibilidade do valor do benefício – **2.3.5** Equidade na forma de participação no custeio – **2.3.6** Diversidade da base de financiamento – **2.3.7** Gestão democrática e descentralizada – 3 Os direitos do idoso à luz da Constituição de 1988 – 4 A perspectiva do idoso na proteção decorrente do sistema de seguridade social – **4.1** O idoso e o direito à saúde – **4.2** O idoso e a previdência social – **4.3** O idoso e a assistência social – 5 Considerações finais

1 Apresentação

A seguridade social é um sistema amplo de proteção social que surgiu principalmente a partir do *Relatório Beveridge*, de 1942, no qual foi constatado que a proteção devida pelo Estado deveria ser proporcionada a todas as pessoas indistintamente e essa cobertura deveria acontecer do berço ao túmulo. Dessa forma, quando o sistema foi inserido na Constituição de 1988 teve por finalidade cobrir todas as pessoas que se encontrassem em situação de infortúnio, especialmente as pessoas que se encontrassem mais vulneráveis aos problemas sociais.

Como o idoso é aquele marcado pela fragilidade diante da própria condição biológica, a pessoa idosa mereceu atenção neste capítulo que tem por objetivo analisar o acesso do idoso às políticas públicas de proteção social decorrente do sistema de seguridade social. Para tanto, far-se-á, num primeiro momento, um estudo acerca do funcionamento do sistema de seguridade social, apontando as peculiaridades de cada subsistema (saúde, previdência e assistência), além do seu fundamento de validade e princípios regentes.

Num segundo momento far-se-á um estudo dos direitos do idoso, previstos na Constituição de 1988, ressaltando que muito pouco foi disciplinado de forma direta para o idoso em nível constitucional. Isso quer dizer que ficou ao alvedrio do legislador infraconstitucional norma especificando os direitos dos idosos com o fito de lhes garantir maior fruição desses direitos que, muito embora constitucionalmente previstos, a sua efetiva verificação só aconteceu com a insurgência da Política Nacional do Idoso, bem como do Estatuto do Idoso.

Por último fizemos uma abordagem dos direitos do idoso à luz do sistema de seguridade social, descrevendo a perspectiva da pessoa idosa dentro de cada subsistema levando em consideração o acesso do idoso a cada um desses direitos sociais.

2 O sistema de seguridade social e a Constituição de 1988

Preliminarmente, necessário fazer referência ao conceito de sistema que é de precípua importância para o entendimento da seguridade social visto que sem ele não há como compreender a intenção do constituinte originário na formação da rede de proteção social a partir de 5.10.1988.

Nesse liame, sistema é o "o conjunto de partes coordenadas entre si; (...) modo de coordenar as noções particulares de uma arte, ciência etc.; (...) conjunto de princípios, de leis, de regras que regulam certa ordem de fenômenos".[1]

O *caput* do art. 194 da Carta Política de 1988 não previu expressamente que estaria, ali, criando um sistema protetivo, entretanto, a redação constitucional nos leva à existência de um sistema nos moldes estabelecidos por Beveridge quando do seu primeiro relatório. Tanto o fez que prescreveu que a seguridade social é "um conjunto integrado de ações de iniciativa dos poderes públicos e da sociedade", com vistas a efetivar os direitos relativos à saúde, previdência e assistência social.

Para Wagner Balera, "o Sistema Nacional de Seguridade Social surge aos nossos olhos como conjunto normativo integrado por sem-número de preceitos de diferente hierarquia e configuração".[2]

Nesse diapasão, a seguridade social está organizada por um emaranhado de ações, emanadas do Estado e da sociedade, no sentido de que todas elas estejam entrelaçadas para o alcance de um fim único, qual seja o da proteção social. Isso quer dizer que tanto a atuação da saúde, como da previdência social e da assistência social, objetivam o atendimento das necessidades dos indivíduos proporcionando-lhes o mínimo social.

Para Mattia Persiani:

> A ideia de seguridade social encontra, portanto, a sua essencial implementação naquele complexo sistema através do qual a administração pública, ou outras entidades públicas, executam a meta pública da solidariedade com a distribuição dos bens, em dinheiro ou produtos, e de serviços aos cidadãos que se encontram em condições de carência.[3]

Ainda nesse sentido, vale trazer à colação o conceito de Fabio Zambitte Ibrahim, que assevera, *in verbis*:

---

[1] MARQUES DA ROCHA, Antonio Olinto. *Minidicionário Antonio Olinto da Língua Portuguesa*. 2. ed. São Paulo: Moderna, 2001. p. 509.
[2] BALERA, Wagner. *Sistema de seguridade social*. 4. ed. São Paulo: LTr, 2006. p. 11.
[3] PERSIANI, Mattia. *Direito da previdência social*. Tradução de Edson L. M. Bini. 14. ed. São Paulo: Quartier Latin, 2009. p. 48.

A seguridade social pode ser conceituada como a rede protetiva formada pelo Estado e por particulares, com contribuições de todos, incluindo parte dos beneficiários dos direitos, no sentido de estabelecer ações positivas no sustento de pessoas carentes, trabalhadores em geral e seus dependentes, providenciando a manutenção de um padrão mínimo de vida.[4]

O homem, portanto, é o responsável pela efetividade desse sistema, seja ele considerado isoladamente como em sociedade, uma vez que o que for realizado para o bem da sociedade retornará para cada um individualmente (num movimento circular). Dessa forma, o que o homem produz no contexto social retornará para ele e para seu grupo.

Se a Constituição da República prescreve que o sistema de seguridade social é composto por saúde, previdência social e assistência social, e se dissociarmos quaisquer dessas figuras do sistema, iremos, por consequência, extinguir referido sistema. Ele só tem valor a partir do momento que todos os elementos que o compõem forem considerados como um todo harmônico.

A organização desse sistema, tal como foi concebido pelo constituinte de 1988, é que dirá se ele estará funcionando no plano prático. Isso porque nada adianta criar um sistema no plano ideal e no mundo real não cumprir com o que a norma prescreve para o seu adequado funcionamento. Dessa forma, para que a estrutura do Sistema Nacional de Seguridade Social possa funcionar, isso deve acontecer de dentro para fora, ou seja, a sua existência normativa deve ser observada na realidade fática, sob pena de não alcançarmos os objetivos do bem-estar e da justiça sociais.

E para manter a efetividade desse sistema é necessário que haja, sempre, adequação do sistema com as necessidades no mundo fenomênico. Caso contrário, esse sistema tende ao termo. Isso quer dizer que, se houver separação dos elementos que compõem a seguridade social, este deixará de existir.

Ilídio das Neves ensina:

> (...) a missão fundamental do sistema é a de assegurar de forma organizada a protecção dos cidadãos contra determinados riscos da existência, pois se considera que os seus efeitos danosos não interessam apenas individualmente às pessoas, mas também à sociedade no seu todo. Daí a particular responsabilidade reconhecida ao Estado no conjunto das diferentes políticas sociais.[5]

O sistema de seguridade social, portanto, deve ter organização interna e externa. Internamente no que se refere à harmonia que deve existir entre seus componentes, viabilizando, assim, melhor atuação dos agentes públicos. No contexto externo, tem-se que o sistema de seguridade social deve refletir o desejo constitucional originário nas políticas protetivas quando do melhor acesso à saúde, à previdência social e à assistência social.

---

[4] IBRAHIM, Fabio Zambitte. *Curso de direito previdenciário*. 12. ed. rev. e atual. Niterói: Impetus, 2008. p. 4.
[5] NEVES, Ilídio das. *Direito da segurança social*: princípios fundamentais numa análise prospectiva. Coimbra: Coimbra Ed., 1996. p. 19.

Esse modelo de proteção social objetiva não só a cobertura daqueles que financiam o sistema protetivo como também aquelas pessoas que estão marginalizadas socialmente em decorrência da ausência de condições que viabilizem o acesso aos meios de produção. Tal sistema, destarte, assegura a proteção universal de acordo com a diretriz prescrita no inciso I do parágrafo único do art. 194 da Magna Carta: universalidade da cobertura e do atendimento.

2.1 Fundamento de validade do sistema de seguridade social

O sistema de seguridade social está fundado na ordem social, que tem por primado o trabalho e como objetivos o bem-estar e a justiça sociais. Diante disso, iremos analisar em que consiste a ordem social com vistas a garantir uma melhor compreensão de referido sistema protetivo.

O art. 193 da Carta Política de 1988 prescreve que a ordem social tem como primado o trabalho que, principalmente após a Revolução Industrial[6] (século XIX), passou a ser protegido de forma mais efetiva. Os direitos relativos aos trabalhadores foram ampliados, a proteção aos riscos inerentes ao exercício da atividade laboral foi reconhecida e surgiram, de forma esparsa, leis que regravam as relações de trabalho, mais tarde consolidadas num único instrumento.[7]

Adriana Zawada Melo, ao se referir à evolução da proteção social, asseverou:

> Foi decisiva nessa evolução a Revolução Industrial e a questão social daí advinda, uma vez que o proletariado passou a ser a classe propulsora dos avanços das técnicas de proteção social, tanto por sua maior exposição aos riscos quanto por sua maior coesão como grupo de demanda frente aos empregadores e ao Estado.[8]

Esse acontecimento histórico evolutivo da proteção trabalhista ensejou a preocupação estatal com a denominada "questão social", que se consubstancia no conjunto de problemas decorrentes da convivência do ser humano em sociedade.[9]

A Constituição de 1967, no art. 160, inciso II, já enunciava a valorização do trabalho como condição de dignidade humana. Sendo assim, o homem tinha o direito ao trabalho como forma de lhe dignificar como ser social que é a essência da justiça.

Antes mesmo dessa prescrição constitucional, a Declaração Universal dos Direitos do Homem, no art. XXIII, enunciava norma de proteção ao trabalho,

---

[6] A Revolução Industrial trouxe mudanças no cenário trabalhista mundial, principalmente no que tange à proteção contra os riscos advindos do exercício do labor. E como as mulheres e as crianças eram expostas a condições desumanas (subumanas), mereceram o enfoque com a consequente proteção do trabalho feminino e a maternidade foi um dos objetos de proteção. Moacyr Velloso Cardoso de Oliveira aduziu que foi uma época de desumanização do trabalhador e da família porque não havia qualquer proteção às condições precárias de trabalho.
[7] A Consolidação das Leis do Trabalho (CLT), de 1943, foi o primeiro documento a reunir as normas de proteção trabalhista.
[8] MELO, Adriana Zawada. Os princípios da seletividade e distributividade no sistema brasileiro de proteção social. *Previdência em Dados*, v. 11, n. 2, p. 18, jul./dez. 1996.
[9] BALERA, Wagner. O valor social do trabalho. *Revista LTr – Legislação do Trabalho e Previdência Social*, v. 58, n. 10, p. 1170, out. 1994.

preceituando que "todo homem tem direito ao trabalho, à livre escolha do emprego, a condições justas e favoráveis de trabalho e à proteção contra o desemprego". Por essa razão é que o trabalho é considerado como um valor que se expressa quando da construção de uma sociedade livre, justa e solidária (art. 3º, inciso I, CF).

Infere-se, com isso, que o trabalho consubstancia-se no alicerce da ordem social como um valor fundamental da República Federativa do Brasil, norteando as relações referentes ao direito do trabalho, bem como ao sistema de seguridade social.

Além do trabalho, a ordem social objetiva o bem-estar e a justiça sociais. O primeiro já vem preconizado no preâmbulo da Constituição de 1988 e se consubstancia "na força motriz do sistema, apta a justificar o seu existir e a impulsionar seus movimentos sincrônicos. Sem esse motor propulsor, o sistema reduzir-se-ia a simples agregado do organismo estatal".[10]

Trata-se, portanto, de uma das finalidades precípuas do sistema. Isso quer dizer que a seguridade social tem por escopo atingir o bem-estar social, mantendo ou proporcionando, por conseguinte, qualidade de vida capaz de não deixar o indivíduo ficar à margem da proteção. Assim procedendo, alcançará o ideal (dever-ser) prescrito na Constituição Federal.

Por último nós temos a justiça social que será cumprida a partir do momento que houver minimização ou supressão dos efeitos da desigualdade social, quer dizer, quando efetivamente for cumprido o objetivo fundamental prescrito no art. 3º, inciso III, da Magna Carta: "Erradicar a pobreza e a marginalização e reduzir as desigualdades sociais e regionais".

No contexto da seguridade social, que tem por meta cumprir os objetivos da ordem social (art. 193, CF) — bem-estar e justiça sociais —, a justiça se caracteriza pela garantia da igualdade entre os indivíduos, desvelando, destarte um caráter eminentemente social.

Nesse sentido, assevera André Franco Montoro que a justiça é um valor relacionado ao convívio social, quer dizer, imprescindível à existência "de uma pluralidade de pessoas ou pelo menos uma outra pessoa. (...) Essa pluralidade de pessoas é o que distingue a justiça das outras virtudes morais".[11]

A justiça social consubstancia-se, portanto, no atingimento do ideal securitário, qual seja o de assegurar proteção integral a todos. A seguridade social busca a justiça social, como fim da ordem social, por intermédio do tratamento equânime. Essa faceta do sistema se faz presente principalmente quando estamos diante dos princípios da seletividade e distributividade na prestação dos benefícios e serviços, onde o legislador faz a escolha das situações de risco, para depois distribuir, dentro do universo social, com as pessoas que mais se mostrem necessitadas.

Infere-se, destarte, que o fundamento de validade da seguridade social é encontrado nos elementos que caracterizam a ordem social que são o primado do trabalho, o bem-estar e a justiça sociais.

---

[10] BALERA, Wagner. *Sistema de seguridade social*. 4. ed. São Paulo: LTr, 2006. p. 18.
[11] FRANCO MONTORO, André. *Introdução à ciência do direito*. 25. ed., 2. tiragem. São Paulo: Revista dos Tribunais, 2000. p. 130.

2.2 Elementos do sistema de seguridade social

O sistema de seguridade social se consubstancia num conjunto de elementos que visa a proporcionar a proteção das pessoas que se encontram em situação de vulnerabilidade. Esse modelo de proteção social garante a segurança de todos que, analisada em conjunto com a liberdade, objetivam alcançar a felicidade social, que se exterioriza na concretização da justiça.

Os elementos desse sistema maior de proteção social, também chamados de subsistemas, são: saúde, previdência social e assistência social. Estes subsistemas têm por escopo assegurar a proteção de todos os atores sociais, cumprindo, assim o ideário da universalidade da cobertura e do atendimento.

A saúde, direito de todos e dever do Estado, deve ser implementada por políticas públicas de prevenção e de cura. Os seus programas para cumprir com o fim social são destinados precipuamente a prevenir doenças por intermédio de orientação médica, programas incentivadores de cuidados especiais com a saúde e para combater proliferação de enfermidades.

No subsistema saúde, o Poder Público tem o dever de garantir o atendimento a todos indistintamente, independentemente do pagamento de contribuição social direta (nos termos do art. 196, CF). De acordo com os princípios da universalidade e da isonomia, o atendimento deve ser feito àquela pessoa que, independente da sua condição financeira, dirigiu-se a um hospital ou posto de saúde clamando por um atendimento.[12]

A previdência social — subsistema de caráter obrigatório que exige uma contraprestação do indivíduo e vinculada, em regra, ao exercício de atividade laborativa — é responsável pela cobertura dos riscos doença, invalidez, velhice, morte, maternidade, reclusão. Não basta, por seu turno, a ocorrência do risco, é necessário que a pessoa esteja segurada pelo sistema, quer dizer, deve ser contribuinte e, além disso, deve cumprir alguns requisitos exigidos pela Constituição da República e pelas leis infraconstitucionais que disciplinam a matéria.

A Constituição de 1988, por intermédio da previdência social, assegura ao trabalhador ou àquele que contribui facultativamente, a garantia de, em situação de necessidade que o impossibilite para o trabalho, tranquilidade na sua vida cotidiana.

Cada situação a ser coberta gera um benefício diferenciado e, por conseguinte, requisitos também diferentes. Por exemplo, para que exista a concessão da aposentadoria por idade é necessário que a pessoa cumpra com a idade mínima para se aposentar que é 65 anos de idade para o homem e 60 anos de idade para a mulher. Este benefício tem por objetivo proteger a pessoa idosa.

Por último, temos a assistência social (art. 203, CF), que está consubstanciada na concretização dos princípios constitucionais regentes do sistema de seguridade social, proporcionando ao necessitado a proteção diante das vulnerabilidades sociais, assegurando, em se tratando de deficiente e idoso (65 anos), o pagamento de um salário-mínimo desde que comprove não prover a própria subsistência nem de tê-la provida por sua família (inciso V, art. 203, CF).

---

[12] Vale salientar que a saúde, além de ser um direito de todos, deve proporcionar um atendimento digno e eficaz, com o escopo de evitar sofrimento ao indivíduo necessitado de atendimento médico-hospitalar.

Nesse sentido, preleciona Marcelo Leonardo Tavares:

> A assistência social é um plano de prestações sociais mínimas e gratuitas a cargo do Estado para prover pessoas necessitadas de condições dignas de vida. É um direito social fundamental e, para o Estado, um dever a ser realizado por meio de ações diversas que visem atender às necessidades básicas do indivíduo, em situações críticas da existência humana, tais como a maternidade, infância, adolescência, velhice e para pessoas portadoras de limitações físicas.[13]

Na assistência social o Poder Público dá cobertura sem exigir uma contraprestação direta. Isso se justifica pela solidariedade peculiar ao sistema de proteção social. Isso quer dizer que toda a sociedade contribui para garantir um mínimo de dignidade àqueles que estão em situação de necessidade.

Com isso, infere-se que o sistema de seguridade social é um todo indissociável, visto que o efetivo desempenho de cada um dos subsistemas — saúde, previdência social e assistência social — assegura a proteção universal e isonômica — eixo diretor de toda a ordem social.

2.3 Princípios embasadores do sistema de seguridade social

O constituinte de 1988, ao estruturar a seguridade social, prescreveu no parágrafo único do art. 194 os princípios que norteiam o sistema protetivo com o fito de concretizar o mister da proteção social no Brasil. Sendo assim, faz-se necessária a análise de tais princípios no intuito de compreender a essência do sistema de seguridade social.

2.3.1 Universalidade da cobertura e do atendimento

O princípio da universalidade da cobertura e do atendimento está consubstanciado na igualdade que deve ser estabelecida dentro do sistema de seguridade social. Isonomia esta que viabiliza a proteção de tudo (situações ensejadoras de proteção social) e de todos (sujeitos merecedores de proteção) indistintamente.

Wagner Balera aduz que "em plena congruência com o princípio da igualdade — fixado no *caput* do art. 5º da Constituição Federal —, a universalização da proteção tornará a seguridade social habilitada a igualar todas as pessoas que residam no território nacional".[14]

Essa universalidade, tal como foi inserida no texto constitucional, possui duas vertentes: a objetiva e a subjetiva. Quando falamos em universalidade da cobertura, estamos nos referindo ao caráter objetivo desse norte visto que tem por fim cobrir todos os eventos que ocasionam a chamada questão social (doença, invalidez, morte, idade avançada, pobreza, por exemplo), situações estas que

---
[13] TAVARES, Marcelo Leonardo. *Previdência e assistência social*: legitimação e fundamentação constitucional brasileira. Rio de Janeiro: Lumen Juris, 2003. p. 215.
[14] BALERA, Wagner. *Sistema de seguridade social*. 4. ed. São Paulo: LTr, 2006. p. 19.

impedem o bom desenvolvimento social do país. Sendo assim, o Estado brasileiro, a partir daquele momento (Constituição de 1988), deveria se preocupar com todas as situações que colocassem em xeque o bom desempenho da sociedade.

A universalidade do atendimento, por seu turno, diz respeito às pessoas protegidas pela seguridade social. Isso quer dizer que esse sistema protetivo foi criado para proteger todos aqueles que estivessem em situação de necessidade social. A universalidade do atendimento, destarte, está direcionada "aos titulares do direito à proteção social".[15]

A universalidade do atendimento, portanto, tem como cerne "a proteção social para todas as pessoas. Visa à proteção do conjunto de cidadãos. Procura maximizar o âmbito pessoal dos regimes previdenciários colocando em igualdade todas as pessoas que podem se ver frente aos mesmos riscos sociais".[16]

Tem-se que tal princípio, diante da realidade brasileira, serviu (e serve ainda) como um direcionador da atuação do Estado e da sociedade na implementação da seguridade social, ou seja, encontra-se no plano do dever-ser. No mundo fenomênico o Estado brasileiro não tem condições (ainda) de garantir a universalidade da proteção social. Isso quer dizer que o plano real ainda não condiz com o objetivo da Carta Política de 1988. Sendo assim:

> As prestações atualmente oferecidas pela ordem jurídica são aptas ao suprimento das necessidades básicas do coletivo protegido, conformando-se ao ideário do sistema. O que, diga-se, não pode significar estática constatação da realidade, uma vez que os planos de proteção social devem não apenas ser mantidos como, principalmente, expandidos, a fim de que se atinja o ideal da universalidade da cobertura e do atendimento.[17]

Nesse sentido, Paul Durand preleciona:

> (...) o desejo de assegurar uma garantia dos meios de existência tão completa quanto possível leva à extensão do campo das contingências cobertas e a ampliação do quadro de beneficiários, assim como ao aperfeiçoamento dos procedimentos de reparação de riscos.[18]

O obstáculo para a concretização da universalidade como princípio norteador da seguridade social reside no fato de que o Estado brasileiro não tem receita suficiente para amparar todas as situações de risco social, bem como todas as pessoas a elas sujeitas. Isso ocorre porque se o Brasil deve manter um equilíbrio na implementação dos direitos previstos na Constituição e, se houver dedicação de toda a verba para um determinado setor (seguridade social), outros setores, que dependem diretamente da atuação do Estado para sua concretização, ficariam carentes (educação, segurança, moradia, lazer, trabalho).

---

[15] BALERA, Wagner. *Sistema de seguridade social*. 4. ed. São Paulo: LTr, 2006. p. 20.
[16] HORVATH, Miriam Vasconcelos Fiaux. *Auxílio-reclusão*. São Paulo: Quartier Latin, 2005. p. 62.
[17] BALERA, Wagner. *Noções preliminares de direito previdenciário*: atualizado com a reforma da previdência. São Paulo: Quartier Latin, 2004. p. 38-39.
[18] DURAND, Paul. *La política contemporánea de seguridad social*. Traducción de José Vida Soria. Madrid: Centro de Publicaciones, Ministerio de Trabajo y Seguridad Social, 1991. p. 225.

Além disso, o próprio texto constitucional limita a universalidade quando descreve cada um dos elementos da seguridade social. Ao caracterizar a saúde, a Constituição de 1988 prevê que se trata de "direito de todos e dever do Estado, (...) garantindo-se o acesso universal e igualitário". Isso quer dizer que o princípio da universalidade encontra total guarida no subsistema saúde, visto que o Estado não pode, em regra, estabelecer qualquer critério que crie obstáculo no acesso à saúde.

De outro lado, há ainda os subsistemas previdenciário e assistencial, que encontram esteio constitucional nos artigos 201 e 203 respectivamente. Diante da redação constitucional, o acesso à previdência, bem como à assistência, está limitado por exigências constitucionais e infraconstitucionais, restringindo assim a sua implementação. Se acontece dessa forma, é de notar que o princípio da universalidade da cobertura e do atendimento desses sistemas de proteção social não se verifica num plano macro.[19] Entretanto, podemos observar que, no setor micro,[20] há o império da universalidade visto que, se a lei estabelece requisitos para o efetivo acesso a essas formas de proteção social e os atores sociais, acometidos dos respectivos riscos sociais, comprovam a real necessidade da respectiva proteção social, então, todas essas pessoas merecerão a cobertura devida pelo Estado sem qualquer critério discriminatório.

Sendo assim, o norte da universalidade, muito embora seja o diretor de todo o sistema de seguridade social, encontra limite no próprio texto constitucional, limite este insculpido no parágrafo único, inciso III, do art. 194 da Carta Política de 1988, qual seja o da seletividade e distributividade dos benefícios e serviço que será tratado em tópico posterior.

2.3.2 Uniformidade e equivalência dos benefícios e serviços devidos às populações urbanas e rurais

A Constituição de 1988 foi marco histórico em termos de ampliação de direitos do povo brasileiro e, com isso, uma parte da população que, por questões políticas, econômicas e sociais, estavam à margem dos direitos prescritos nas Cartas anteriores, passaram a ter direitos. Nós estamos falando da população rural!

Sendo assim, o princípio insculpido no inciso II do parágrafo único do art. 194 da Magna Carta prevê a igualdade entre as populações urbanas e rurais, afirmando, com isso, que o Estado deve dispensar tratamento isonômico para toda a sociedade, independentemente da origem territorial.

A uniformidade dos benefícios quer dizer que as prestações decorrentes do sistema de seguridade social devem ser devidas a todas as populações — urbanas

---

[19] Quando falamos que a universalidade não se verifica no plano macro para os subsistemas previdência e assistência é porque o próprio texto constitucional limita a proteção por essas duas searas quando prescreve que a previdência será devida a quem se filiar ao Regime Geral de Previdência Social – RGPS (art. 201, CF), e a assistência protegerá apenas os necessitados nos termos da lei (art. 203, CF).

[20] A incidência da universalidade no setor micro dos subsistemas previdência social e assistência reside no fato de que todas aquelas pessoas que cumpram os requisitos de acesso aos benefícios de respectivos subsistemas merecerão, indistintamente, o amparo pelo Estado.

e rurais — sem qualquer distinção. E a equivalência diz respeitos aos valores desses benefícios que devem ser proporcionais às necessidades dos protegidos pelo sistema. Em se tratando de previdência social, por exemplo, os valores das prestações não serão iguais e sim equivalentes no sentido de que cada um receberá conforme sua parcela de contribuição para a seguridade social.

Tal premissa apenas ratificou o enunciado do art. 7º da Constituição Federal que prevê a igualdade entre trabalhadores urbanos e rurais. Isso quer dizer que o tratamento dispensado pelo Estado aos trabalhadores urbanos deve ser o mesmo dos campesinos.

2.3.3 Seletividade e distributividade dos benefícios e serviços

O princípio da seletividade e distributividade dos benefícios e serviços foi inserido no texto constitucional como norte da seguridade social com o fito de limitar o alcance da universalidade da cobertura e do atendimento.

Trata-se de princípio direcionado ao legislador (constitucional e infraconstitucional), visto que este é quem irá indicar na norma as situações que mais precisam ser protegidas, bem como as pessoas que devem ser cobertas.

Podemos afirmar que a seletividade está para a universalidade da cobertura, assim como a distributividade está para a universalidade do atendimento.

A seletividade estabelece parâmetros de atuação na cobertura porque o legislador irá escolher as situações que mais atingem a sociedade e que causam maior desequilíbrio social. Essas situações podem ser encontradas, por exemplo, quando falamos em doença, invalidez, idade avançada maternidade, morte, desemprego (art. 201 e incisos da Carta Magna de 1988).

A distributividade age na universalidade do atendimento visto que estabelece que a proteção social irá amparar somente aquelas pessoas que mais precisam de proteção, ou seja, os indivíduos mais atingidos pelos eventos sujeitos a proteção.

Wagner Balera assim aduz:

> Mediante a seletividade, o legislador é chamado a estimar aquele tipo de prestações que, em conjunto, concretizem as finalidades da ordem social, a fim de fixar-lhes o rol da norma jurídica. Realizada a estimativa, a distributividade faculta a escolha, pelo legislador, de prestações que — sendo direito comum a todas as pessoas — contemplam de modo mais abrangente os que se encontrem em maior estado de necessidade.[21]

Diante disso, o norte inserto no inciso III, do parágrafo único do art. 194 da Constituição funciona como um mitigador da universalidade da cobertura e do atendimento capaz de garantir a efetividade da seguridade social, não se afastando dos limites financeiros que o Estado encontra na distribuição da verba decorrente da arrecadação tributária.[22]

---

[21] BALERA, Wagner. *Sistema de seguridade social*. 4. ed. São Paulo: LTr, 2006. p. 21.
[22] Os limites financeiros do Estado encontram supedâneo na reserva do possível, onde o poder Público somente poderá agir de acordo com o valor que possui como receita para arcar com os gastos decorrentes das prestações sociais (saúde, previdência, assistência, educação etc.).

2.3.4 Irredutibilidade do valor do benefício

A irredutibilidade do valor do benefício é um norte da seguridade social que prima pela garantia de que o beneficiário do sistema protetivo terá a proteção social respeitando-se o acompanhamento com a realidade econômica e política do Estado brasileiro.

Isso quer dizer que tal esteio jurídico irá viabilizar que os valores dos benefícios, especialmente, os previdenciários deverão manter seu valor real, observando o critério quantitativo que está relacionado à mudança de valores.

Além da análise quantitativa, há também o critério qualitativo que está relacionado à manutenção do poder de comprar com vistas a assegurar a participação dos beneficiários do sistema a todos ou quase todos os meios de produção. Evitando-se, assim, o aumento das desigualdades sociais e regionais.

Quando se fala em manutenção do poder aquisitivo, aduz-se que as quantias pagas a título de benefício previdenciário[23] deverão acompanhar o ritmo da inflação do país.

Referido princípio do Sistema de Proteção Social se coaduna com a regra prescrita no §4º do art. 201 da Carta Política de 1988 o qual prevê que os benefícios previdenciários devem manter seu valor real, priorizando o critério qualitativo do benefício em relação ao quantitativo. Isso acontece porque o aumento de valores nem sempre corresponde à observância do princípio da irredutibilidade do valor do benefício uma vez que esse "aumento" pode não refletir a verdadeira necessidade de acompanhamento do poder de compra.

A preocupação em se priorizar o caráter qualitativo está em se garantir ao beneficiário o acompanhamento da inflação e, por conseguinte, viabilizar para ele o acesso aos direitos básicos assegurados contitucional e infraconstitucionalmente.

Nesse liame, Wagner Balera afirma:

> Os benefícios são prestações pecuniárias que não podem sofrer modificações nem em sua expressão quantitativa (valor monetário), nem em sua expressão qualitativa (valor real). A fim de que essa diretriz se cumpra, é necessário que a legislação estabeleça o adequado critério de aferição do poder aquisitivo do benefício. Poder aquisitivo que, se vier a ser reduzido, deve de pronto ser recomposto mediante reajustamento periódico do valor da prestação devida.[24]

Sendo assim, para proporcionar esse equilíbrio é necessário que se estabeleça um índice oficial que verdadeiramente reflita a irredutibilidade do valor do benefício. Na prática não existe índice oficial, o Instituto Nacional do Seguro Social (INSS) utiliza o Índice Nacional de Preços ao Consumidor (INPC),[25] que

---

[23] Estabelece-se um liame entre o princípio da irredutibilidade do valor do benefício com os valores dos benefícios previdenciários, visto que nestes é que a legislação prevê uma forma de cálculo levando-se em consideração o tempo contributivo do segurado, diferentemente dos serviços prestados pela saúde (não há valor específico), bem como os da assistência social que a norma estabelece de forma prévia o que será devido ao beneficiário (um salário-mínimo).

[24] BALERA, Wagner. *Sistema de seguridade social*. 4. ed. São Paulo: LTr, 2006. p. 22.

[25] A edição da Lei nº 11.430/06 revogou o art. 41 da Lei nº 8.213/91 e criou o art. 41-A da mesma legislação, adotando, assim, novo índice de reajuste de valor de benefício, o Índice Nacional de Preços ao Consumidor (INPC).

não reflete o eficaz reajustamento dos benefícios, uma vez que está muito aquém das expectativas do segurado quando da sua incidência). Isso quer dizer que na seara do reajustamento do valor dos benefícios a legislação brasileira está falha posto que ainda não uniformizou o critério de atualização desses valores, prejudicando, assim, o beneficiário da previdência social.

Diante disso, o princípio da irredutibilidade do valor do benefício assegura ao beneficiário do sistema de seguridade social a manutenção do poder de compra, com vistas a proporcionar o mínimo existencial para sua sobrevivência com dignidade.

2.3.5 Equidade na forma de participação no custeio

Trata-se de princípio relativo ao financiamento da seguridade social e diz respeito à isonomia que deve ser estabelecida entre os contribuintes do Sistema de Proteção Social. Essa igualdade deve ser analisada de acordo com as diferentes categorias de contribuintes já que o art. 195 da Constituição Federal atribui responsabilidade no pagamento de contribuição social a pessoas que se encontram em condições econômicas diferenciadas.[26]

No que tange às contribuições do empregador, empresa ou entidade equiparada (art. 195, inciso I, CF) e dos trabalhadores em geral (art. 195, inciso II, CF), verifica-se a necessidade de se estabelecer um tratamento diferenciado entre ambos visto que a capacidade contributiva de cada um desses contribuintes é diferenciada. Isso quer dizer que, quem pode mais, pagará maior contribuição social e, quem pode menos, contribuirá com valor reduzido, obedecendo-se o princípio da igualdade.

Dessa forma, a equidade na forma de participação no custeio se coaduna com o princípio tributário da capacidade contributiva. Nesse sentido, preleciona Wagner Balera:

> (...) o custeio, por conseguinte, deve conformar o esquema de contribuições ao critério supremo da isonomia entre os diferentes contribuintes. De certo modo, é outra forma de expressão do princípio tributário da capacidade contributiva, ainda que seja mais exigente do que aquele, uma vez que também deve operar como redutor das desigualdades sociais.[27]

Há de fazer referência, ainda, no que tange ao liame estabelecido com referido princípio, à regra prevista no §9º do art. 195 da Constituição que prevê o risco constitucional peculiar ao empregador, empresas ou entidades a ela equiparada, onde, em razão de algumas variáveis, haverá a possibilidade de

---

[26] "Art. 195. A Seguridade Social será financiada por toda a sociedade, de forma direta e indireta, inclusive com dotações orçamentárias da União, dos Estados, do Distrito Federal e dos Municípios, além das seguintes contribuições sociais: I - Empregador, empresa ou entidade a ela equiparada sobre: a) A folha de salários e demais rendimentos pagos ou creditados a pessoa física; b) Receita ou faturamento; c) Lucro. II - Trabalhadores e demais segurados; III - Receita de concurso de prognóstico; IV - Importado de bens e serviços."

[27] BALERA, Wagner. *Noções preliminares de direito previdenciário*: atualizado com a reforma da previdência. São Paulo: Quartier Latin, 2004. p. 89.

variação de alíquotas ou bases de cálculo com vistas a beneficiar o contribuinte de acordo com sua atuação. Essas variáveis são: atividade econômica, utilização intensiva de mão de obra, porte da empresa e condição estrutural do mercado de trabalho.

Colocamos como variáveis visto que todas essas situações apresentam oscilação no contexto das empresas, principalmente levando-se em consideração que existem diversos tipos de empresas e formas de organização. Dessa forma, as empresas serão beneficiadas conforme a sua atuação e respectiva regulamentação da matéria, visto que, como se trata de norma programática, necessita de legislação com a finalidade de regulamentar o seu conteúdo e proporcionar a sua total eficácia.

2.3.6 Diversidade da base de financiamento

O princípio da diversidade da base de financiamento está relacionado às várias fontes de custeio contidas na Constituição com o fito de garantir o financiamento da seguridade social. Isso é necessário porque quanto maior a receita do sistema protetivo, mais eficaz será sua atuação no mundo fenomênico.

Wagner Balera aduz:

> Quanto mais se afirma a idéia da seguridade social como organismo protetor da coletividade, tanto mais ela carece de recursos financeiros adicionais. O esquema da contribuição tríplice revelou-se insuficiente e, já de há muito, a seguridade social exigia novas fontes de recursos.[28]

O aumento das formas de contribuição se justifica pela necessidade do sistema de seguridade social garantir a efetiva cobertura das situações que ocasionam a questão social. Essa previsão diversificada da base de financiamento está prescrita no art. 195.[29]

Verifica-se, dessa forma, que as formas de financiamento da seguridade social são variadas e essa amplitude de contribuições sociais está conforme com o regime de repartição simples, onde aqueles que hoje contribuem para a seguridade social o fazem para assegurar os que hoje estão recebendo benefícios. Isso quer dizer que um trabalhador, hoje, por exemplo, não contribui para que esta exação sirva para financiar um benefício seu futuro e sim para financiar o presente, daqueles que se encontram em situação de infortúnio e que necessitam da proteção social do Estado.

Esse regime de repartição simples está relacionado com a distribuição de receita ou renda para a população atingida por alguns dos eventos constitucionalmente previstos.

O princípio da diversidade da base de financiamento, portanto, viabiliza o aumento da receita, mas nunca a supressão daquelas já existentes. Isso quer

---
[28] BALERA, Wagner. *Noções preliminares de direito previdenciário*: atualizado com a reforma da previdência. São Paulo: Quartier Latin, 2004. p. 92.
[29] Art. 195, incisos e §4º, CF.

dizer que nenhuma norma, constitucional ou infraconstitucional, poderá extinguir qualquer fonte de financiamento prevista na Carta de 1988. Por esta razão é que podemos elencar como infundada a previsão do §13 do art. 195 da Constituição Federal uma vez que prevê "a substituição gradual, total ou parcial, da contribuição incidente na forma do inciso I, a, pela incidente sobre a receita ou faturamento".

Vê-se que se trata de uma tentativa de supressão da contribuição social sobre a folha de salários, mesmo que de forma parcial. Isso, por força do norte previsto no inciso VI do parágrafo único do art. 194 da Constituição não encontrará guarida constitucional visto que fere frontalmente um princípio diretor do custeio da seguridade social. Sendo assim, a diversidade da base de financiamento impede que se criem normas que visem à diminuição de receita para garantir o sustento do Sistema Protetivo brasileiro.

2.3.7 Gestão democrática e descentralizada

O norte previsto no inciso VII do parágrafo único do art. 194 da Magna Carta prevê o "caráter democrático e descentralizado da administração, mediante gestão quadripartite, com participação dos trabalhadores, dos empregadores, dos aposentados e do Governo nos órgãos colegiados". Isso quer dizer que toda a sociedade deve participar da fiscalização do sistema de seguridade social.

Esse mister da seguridade foi regulamentado pela Lei nº 8.212/91, nos artigos 6º e 7º, onde eram previstas a criação e a competência do Conselho Nacional de Seguridade Social com a participação dos entes federativos, bem como da sociedade civil.

Tratava-se de um instrumento fiscalizatório, garantidor, pelo menos no plano legal, da eficácia do sistema de seguridade social, bem como de seus subsistemas — saúde, previdência e assistência social. A sua extinção, via medida provisória,[30] acabou inviabilizando que os conselhos dos respectivos subsistemas pudessem ser controlados de forma acurada. Isso quer dizer que, em razão da extinção do Conselho Geral, os demais ficaram alheios a qualquer fiscalização mais eficaz, mesmo existindo os ministérios responsáveis por cada um deles.

Nesse aspecto tivemos duas impropriedades: primeiro a de que houve a extinção do Conselho Nacional de Seguridade Social como órgão controlador da atuação da saúde, previdência social e assistência social; segundo, a extinção aconteceu via medida provisória,[31] que tem força de lei mas ainda não pode ser considerada como tal.

Sendo assim, o caráter democrático e descentralizado foi prejudicado em razão da ausência de norma regulamentadora para lhe garantir total eficiência no seu mister.

---

[30] A Medida Provisória nº 2.216-37, de 31.8.2001, revogou o art. 6º da Lei nº 8.212/91, que tinha criado o Conselho Nacional de Seguridade Social.
[31] As medidas provisórias, até a edição da Emenda Constitucional nº 32, de 11.9.2001, não tinham prazo para a respectiva conversão em lei, assumindo, assim, o caráter desta mesmo sem passar pelo processo constitucional para atuar como tal. A partir de referida alteração constitucional, as medidas provisórias passaram a ter "prazo de validade", ou seja, só teriam vigência por 60 dias, prorrogável por igual período. Caso o Congresso não as convertesse em lei, elas perderiam sua validade, devendo o Senado regular as relações jurídicas formadas na sua vigência (art. 62, §3º, CF).

3 Os direitos do idoso à luz da Constituição de 1988

Podemos considerar que a Constituição de 1988, muito embora tenha sido indiferente quanto à proteção do idoso, no sentido de trazer de forma explícita a sua proteção, na sua essência, principalmente no que tange à inserção da dignidade da pessoa humana enquanto fundamento da República Federativa do Brasil, viabilizou uma análise ampla com relação aos direitos do idoso, sem haver necessidade, destarte, de norma infraconstitucional para estabelecer esses direitos.

Além do art. 1º inciso III da Carta de 1988, há também o art. 3º que ao prever a construção de uma sociedade livre, justa e solidária, com redução das desigualdades sociais e regionais, além de objetivar a promoção do bem de todos, sem preconceitos de qualquer natureza, não há o que se contestar que o idoso está incluído nesse contexto.

Dessa forma, importante ressaltar que, com fundamento nos artigos 1º, inciso III e art. 3º, ambos da Constituição Federal, "todos os direitos e garantias concedidos ao cidadão, devem ser estendidos à pessoa idosa, sem a necessidade de qualquer outro texto legislativo que os enumerem".[32] Isso porque os direitos fundamentais inseridos na Constituição de 1988 são direito de todos, brasileiros ou estrangeiros, jovens, adultos ou pessoas idosas.

Não foi a intenção do constituinte de 1988 restringir o acesso a esses direitos. Ao contrário, a atual Constituição foi considerada como cidadã, no sentido de que todos os atores sociais seriam sujeitos de direito. Dessa forma, infere-se que não haveria qualquer necessidade de estar previsto de forma explícita ou específica que os idosos teriam direito à vida e, ainda, à vida digna. Esse direito está implícito no próprio contexto da Constituição Federal.

Com isso, extrai-se do conteúdo constitucional que é obrigação da família, da sociedade, da comunidade e do Poder Público assegurar ao idoso, com absoluta prioridade, a efetivação do direito à vida, à saúde, à alimentação, à educação, à cultura, ao esporte, ao lazer, ao trabalho, à cidadania, à liberdade, à dignidade, ao respeito e à convivência familiar e comunitária (art. 2º do Estatuto do Idoso).[33]

4 A perspectiva do idoso na proteção decorrente do sistema de seguridade social

Nesta parte do trabalho iremos analisar a perspectiva do idoso nas três esferas de proteção social decorrente da seguridade criada a partir da Constituição de 1988, no intuito de demonstrar que o idoso é sujeito de direitos e que esses direitos devem ser eficazes no sentido de garantir-lhes melhores condições de vida e um meio apropriado de convivência com sua família e com a sociedade.

---

[32] FREITAS JUNIOR, Roberto Mendes de. *Direitos e garantias do idoso*: doutrina, jurisprudência e legislação. Belo Horizonte: Del Rey, 2008. p. 9.
[33] Cf. Lei nº 8.842, de 4.1.1994 (Política Nacional do Idoso); e Lei nº 10.741, de 1º.10.2003 (Estatuto do Idoso).

4.1 O idoso e o direito à saúde

A Constituição inseriu a saúde como subsistema da seguridade social com a finalidade de proporcionar aos cidadãos brasileiros o acesso a melhor qualidade de vida. E, para tanto, prescreveu no art. 196 que a saúde é direito de todos e dever do Estado. Sendo assim, este, por intermédio do Sistema Único de Saúde (SUS), deve garantir à população políticas de prevenção e cura com o fito de que se constitua uma sociedade saudável.

A saúde, de acordo com a Organização Mundial de Saúde (OMS), é "um estado de completo bem-estar físico, mental e social e não apenas a ausência de afecção ou doença". Dessa forma, para uma pessoa ser saudável, precisa estar bem consigo mesmo e, para tanto, existe um conjunto de fatores que influenciam esse bem-estar.

Esses fatores não estão relacionados somente com o critério biológico, como também com os critérios psíquicos e sociais. É claro que o critério biológico influencia bastante o estado de saúde da pessoa uma vez que quanto mais avançada é a idade, menos defesas tem o organismo e por essa razão fica mais suscetível a doenças e a problemas psicossociais.

Diante disso, infere-se que o mínimo de saúde prescrito pela OMS não pode ser restringido, sob pena de configurar verdadeiro retrocesso social. Então o Estado deve-se obrigar a cumprir a norma internacional, com vistas a viabilizar o acesso à saúde da sua população.

A saúde, para Mozart Victor Russomano:

> É uma condição em que o indivíduo ou grupo de indivíduos é capaz de realizar suas aspirações, satisfazer suas necessidades e mudar ou enfrentar o ambiente. A saúde é um recurso para a vida diária, e não um objetivo de vida; é um conceito positivo, enfatizando recursos sociais e pessoais, tanto quanto as aptidões físicas. É um estado caracterizado pela integridade anatômica, fisiológica e psicológica; pela capacidade de desempenhar pessoalmente funções familiares, profissionais e sociais; pela habilidade para tratar com tensões físicas, biológicas, psicológicas ou sociais com um sentimento de bem-estar e livre do risco de doença ou morte extemporânea. É um estado de equilíbrio entre os seres humanos e o meio físico, biológico e social, compatível com plena atividade funcional.[34]

A partir desse conceito verifica-se que a pessoa com idade avançada fica mais vulnerável em razão da sua fragilidade física, psíquica e social. Essa fragilidade permite que o idoso fique excluído do acesso aos meios de produção disponíveis para todos os atores sociais.

Por essa razão é que o Estado deve dispensar maior atenção para o idoso uma vez que ele está mais vulnerável aos problemas sociais, econômicos e de saúde. Nesse sentido, é necessário que o Estado deve se preocupar com a promoção da saúde que, de acordo com a *Carta de Ottawa*:

---

[34] RUSSOMANO, Mozart Victor. *Curso de previdência social*. Rio de Janeiro; Pelotas: Forense; Universidade Federal de Pelotas, 1979. p. 88.

(...) é o nome dado ao processo de capacitação da comunidade para atuar na melhoria de sua qualidade de vida e saúde, incluindo uma maior participação no controle deste processo. Para atingir um estado de completo bem-estar físico, mental e social os indivíduos e grupos devem saber identificar aspirações, satisfazer necessidades e modificar favoravelmente o meio ambiente. A saúde deve ser vista como um recurso para a vida, e não como objetivo de viver. Nesse sentido, a saúde é um conceito positivo, que enfatiza os recursos sociais e pessoais, bem como as capacidades físicas. Assim, a promoção da saúde não é responsabilidade exclusiva do setor saúde, e vai para além de um estilo de vida saudável, na direção de um bem-estar global.[35]

O Poder Público, portanto, deve implementar não só para os idosos, mas principalmente para estes, políticas públicas de prevenção e cura, com prioridade para aquela, uma vez que, além de ser menos dispendiosa a prevenção, evita maiores problemas de saúde para a população brasileira. Isso porque uma vez a doença já instalada, o Estado tem um maior problema para curar a doença, além de que o custo para a cura é maior.

O idoso tem direito a boa qualidade de vida e, em razão da sua condição é que a preocupação em lhe proporcionar melhores condições de sobrevivência deve vir num primeiro plano. Mas isso não quer dizer que só porque a pessoa está com a idade avançada que sua saúde está debilitada. Pode acontecer que uma pessoa seja idosa e esteja com melhor estado de saúde que um indivíduo com menor idade (fase adulta, por exemplo), mas em razão das condições físicas, principalmente, a sua saúde tem a propensão de ficar mais desgastada e, assim, mais vulnerável às doenças.

Dessa forma, o estudo da pessoa idosa (geriatria) prima pela preservação da saúde do idoso, bem como da sua recuperação funcional caso esteja doente ou debilitado em virtude da idade avançada. Preserva-se a saúde com a manutenção dos tratamentos das doenças que mais acometem os idosos, como o diabetes, doenças cardíacas, hipertensão dentre outras. Ou mesmo com medidas de prevenção dessas mesmas doenças.

> Na velhice as situações mórbidas estão adjacentes, desencadeando-se com mais facilidade do que nas pessoas jovens, pois a capacidade de reserva e de defesa do idoso também se tornam menores. O envelhecimento proporciona a diminuição da disposição para se adaptar, de tal maneira que o indivíduo fica muito mais vulnerável aos processos traumáticos, infecciosos e psicológicos.[36]

Diante disso é que o Estado, quando for cumprir com o ideário da promoção da saúde, deve proporcionar maior atenção aos idosos em virtude da sua condição especial de saúde.

---

[35] CARTA de Ottawa: Primeira Conferência Internacional sobre Promoção da Saúde. Ottawa, nov. 1986. *Organização Pan-Americana da Saúde – Brasil*. Brasília. Disponível em: <http://www.opas.org.br/promocao/uploadArq/Ottawa.pdf>. Acesso em: 25 ago. 2010.
[36] BARLETTA, Fabiana Rodrigues. *O direito à saúde da pessoa idosa*. São Paulo: Saraiva, 2010. p. 59.

4.2 O idoso e a previdência social

A previdência social é instituto constitucional responsável por amparar as pessoas (em regra trabalhadores) que se encontrem em situação de necessidade decorrente de perda da capacidade para o trabalho, seja por doença, invalidez ou idade avançada. Está disciplinada no art. 201 da Constituição de 1988, que prevê toda a sua estrutura organizacional que viabiliza a concretização dos direitos previdenciários.

De acordo com Fábio Zambitte Ibrahim:

> A previdência social é técnica protetiva mais evoluída que os antigos seguros sociais, devido à maior abrangência de proteção e a flexibilização da correspectividade individual entre contribuição e benefício. A solidariedade é mais forte nos sistemas atuais. A seguridade social, com última etapa ainda a ser plenamente alcançada, abrangendo a previdência social, busca a proteção máxima ser implementada de acordo com as possibilidades orçamentárias.[37]

Dessa forma, e de acordo com o dispositivo constitucional acima mencionado, a previdência social faz parte do sistema de seguridade social e está organizada sob a forma de regime geral que é o Regime Geral de Previdência Social (RGPS). É de caráter contributivo e isso quer dizer que, como se trata de seguro social, este só é viabilizado se, e somente se, houver pagamento de contribuição social por parte do segurado.

Além disso, possui filiação obrigatória. Já que se trata de um seguro organizado pelo Estado, este optou em torná-lo obrigatório para os indivíduos visto que no Brasil não existe a consciência das pessoas se prevenirem contra as mazelas do futuro, bem como o Estado tem que ter verba para financiar referida proteção social e isso somente será possível se houver número suficiente de pessoas contribuindo para a sustentação do sistema protetivo brasileiro.

O surgimento da cobertura social decorrente da previdência se deu em razão da ausência de proteção aos trabalhadores, principalmente a partir da Revolução Industrial. Conforme analisado anteriormente, os trabalhadores naquele momento histórico, além de não ter um meio ambiente de trabalho saudável, não contavam com a proteção por parte do Estado quando impossibilitados de trabalhar em razão de doença, acidentes de trabalho ou idade avançada. Caso estes ficassem desprotegidos as suas famílias também o ficavam, e isso causava um grande problema, chamado *questão social*.[38]

---

[37] IBRAHIM, Fabio Zambitte. *Curso de direito previdenciário*. 12. ed. rev. e atual. Niterói: Impetus, 2008. p. 22-23.

[38] Com o surgimento da *questão social*, quem primeiro agiu em nome dos desamparados foram os particulares, que criaram as mútuas ou sociedade de socorros mútuos. Essas mútuas foram criadas principalmente para amparar as famílias quando o mantenedor estivesse impossibilitado de trabalhar em razão de doença ou falecimento. Dessa forma, para não deixar a família à revelia, esse fundo mútuo amparava os dependentes do associado falecido, com vistas a não causar maiores problemas sociais.
Com o passar do tempo, e com a dimensão que esses problemas sociais foram tomando, o Estado passou a assumir a responsabilidade. Isso aconteceu a partir da implantação do seguro social por Otto von Bismarck, na Alemanha, em 1883. Inicialmente foi criado o seguro-doença. Depois vieram o seguro-invalidez e o seguro-morte. Houve então a necessidade de se ampliar essa proteção do Estado, uma vez que os acontecimentos desses infortúnios causavam transtorno para o bom desenvolvimento social.

Um dos problemas ensejadores da chamada questão social foi a falta de amparo das pessoas com idade avançada e, por essa razão, foi alvo da atenção por parte do Estado em razão da fragilidade gerada pelos longos anos de vida (envelhecimento físico e psíquico). Para tanto, a Lei Eloy Chaves (Decreto nº 4.682, de 24.1.1923) criou a aposentadoria ordinária, que gerava a concessão do benefício a partir do cumprimento dos requisitos: 50 anos de idade e 30 de contribuição, cumulativamente.

Vê-se, portanto, que naquele momento a idade avançada era de 50 anos. Com o passar do tempo houve mudança desses critérios em razão da evolução da medicina, do surgimento de melhores condições de vida, da possibilidade das pessoas migrarem para outras cidades em busca de lugares com melhor acesso aos meios de produção. Isso fez com que houvesse uma alteração na expectativa de vida das pessoas e, por conseguinte, na idade para se fazer jus a uma aposentadoria.

A previdência, destarte, foi importante para os trabalhadores no sentido garantir bem-estar e melhor qualidade de vida, visto que dava-lhes o direito de deixar de trabalhar a partir de determinado momento de suas vidas, recebendo um benefício que lhes asseguraria um melhor descanso.

Sendo assim, o trabalhador com 60 anos de idade, se mulher, ou 65 anos, se homem, desde que cumpra a carência exigida em lei,[39] pode se dirigir ao INSS para pleitear seu benefício de aposentadoria por idade. Trata-se, portanto, de ato vinculado do Poder Público no qual este, verificando o cumprimento por parte do segurado dos requisitos legais para a concessão do benefício, deverá concedê-lo. Nesse sentido, "consideram-se tais idades máximas para o repouso remunerado dos que já trabalharam suficientemente ao longo de sua juventude e, portanto, merecem uma velhice de descanso e usufruto do que conseguiram ao longo da vida".[40]

Trata-se, portanto, de uma proteção dispensada ao idoso pela previdência social, viabilizando, com isso, uma renovação do mercado de trabalho. Infere-se, dessa forma, que ao disponibilizar um benefício para o segurado a partir de determinado momento da sua vida e esse trabalhador fizer uso de seu direito (aposentando-se), em regra, ele estará abrindo uma vaga no mercado de trabalho para aquele que está iniciando sua vida laborativa, cumprindo, assim, o ideário protetivo.

4.3 O idoso e a assistência social

O idoso é sujeito de direitos no subsistema da assistência social e isso quer dizer que esta tem obrigação de lhe dar proteção. Entretanto, essa cobertura ao idoso só será possível se este estiver caracterizado como necessitado nos termos da lei, de acordo com o inciso V do art. 203 da Constituição de 1988. Isso porque

---

[39] O período de carência é o número mínimo de contribuições que o segurado deve ter para fazer jus aos benefícios devidos pela previdência social (artigos 24 a 26, Lei nº 8.213/91). Esse instituto existe na previdência porque esta é um seguro social criado pelo Estado para prover ao trabalhador que se aposenta um mínimo de condição de sobrevivência.
[40] BARLETTA, Fabiana Rodrigues. *O direito à saúde da pessoa idosa*. São Paulo: Saraiva, 2010. p. 29.

a principal proteção à pessoa com idade avançada está consubstanciada na concessão do benefício de prestação continuada, que está imbuído de exigências legais sem as quais o idoso não terá direito ao benefício assistencial.

O benefício de prestação continuada está previsto no art. 20 da Lei nº 8.742/93 e tem como base constitucional o inciso V do art. 203 da Constituição da República, que assim prevê "a garantia de um salário mínimo de benefício mensal à pessoa portadora de deficiência e ao idoso que comprovem não possuir meios de prover à própria manutenção ou de tê-la provida por sua família, conforme dispuser a lei".

O constituinte de 1988 se preocupou, portanto, com a inserção do deficiente e do idoso no âmbito da assistência social no intuito de proporcionar, cada vez mais, proteção social a essa parcela de atores sociais. Para tanto, criou um benefício no valor de um salário mínimo para que o idoso tivesse o amparo do Estado diante de uma situação de risco ou de vulnerabilidade social.

Nesse sentido:

> (...) o pedido de benefício assistencial se caracteriza como direito individual disponível na perspectiva do postulante, eis que poderá ou não requerê-lo, é igualmente verdadeiro que se trata de instrumento de política pública no trato de idosos e deficientes, de meio de realização da seguridade social enquanto imperativo constitucional a extrapolar o mero interesse individual em razão da repercussão de seus efeitos, caracterizando-se, também como interesse individual homogêneo, de inegável importância coletiva e social.[41]

O benefício de prestação continuada se caracteriza por ter caráter personalíssimo e, portanto, intransferível. Isso quer dizer que essa prestação assistencial não gera direitos sucessórios, muito menos o direito à pensão por morte. Com o falecimento do beneficiário, referido benefício é cancelado, não se permitindo que seus filhos ou cônjuge tenham acesso ao mesmo sob a forma de uma prestação devida diante de uma relação de dependência. Mesmo porque o beneficiário do amparo social, em razão da natureza jurídica da prestação (personalíssima), obtém referido valor para que este seja suficiente para arcar com as suas respectivas despesas, exclusivamente.

Nesse sentido, prescreve o art. 23 do Decreto nº 6.214/07 que o "benefício de prestação continuada é intransferível, não gerando direito à pensão por morte aos herdeiros ou sucessores". Entretanto, o valor do resíduo não recebido em vida pelo beneficiário será pago aos seus herdeiros ou sucessores, na forma da lei civil (parágrafo único, art. 23, Decreto nº 6.214/07).

Além disso, o benefício de prestação continuada será revisado a cada dois anos pelo órgão concessor (INSS),[42] ou seja, a continuidade no pagamento de mencionada prestação está condicionada à verificação, após dois anos de

---

[41] TRF 1ª Região. Ação Civil Pública nº 2007.30.00.000204-0/AC, 3ª Vara Federal. Juiz Jair Araújo Facundes.

[42] O INSS é responsável pela operacionalização do benefício de prestação continuada em razão da sua competência, no passado, no pagamento da Renda Mensal Vitalícia (RMV). Dessa forma, para que não houvesse preocupação por conta do Estado em criar um órgão específico da assistência social para concessão do benefício de prestação continuada, esta prestação substituiu a RMV e foi atribuída ao INSS a operacionalização de referido benefício.

concessão, das condições que inicialmente ensejaram o pagamento do benefício. Dessa forma, o idoso só se mantém recebendo a prestação se continuar provando que preenche os mesmos requisitos que originaram a sua concessão.

Tem-se que o benefício de prestação continuada compõe o Programa Nacional de Assistência Social (PNAS) e está integrado às políticas de assistência social com vistas ao enfrentamento da pobreza, à garantia da proteção social, ao provimento de condições para atender às situações de riscos que acometem a sociedade, além de assegurar a universalização dos direitos sociais.[43]

Ainda de acordo com o art. 20 e parágrafos da Lei nº 8.742/93, para que a pessoa tenha acesso ao amparo social é necessário que preencha alguns requisitos, são eles: ser idoso (65 anos de idade) ou deficiente (físico ou mental), provar a incapacidade para o trabalho e para a vida independente, ter renda *per capita* familiar inferior a 1/4 de salário-mínimo e não ter outra renda proveniente de regime de proteção social, salvo aqueles serviços de saúde prestados pelo SUS.

O primeiro dos requisitos está relacionado à sujeição ativa do benefício. Isso quer dizer que somente o idoso ou deficiente poderão requerer referida prestação. O idoso, para fins de concessão do amparo social é aquele que tem mais de 65 anos de idade, de acordo com o art. 34 do Estatuto do Idoso. Aplica-se esta legislação em detrimento da Lei Orgânica de Assistência Social – LOAS (1993) porque se trata de norma específica e posterior (2003).

Outro requisito a ser analisado para aferição do direito ao recebimento do amparo social é que o requerente não pode receber benefício decorrente de qualquer regime de proteção social. Isso foi exigido porque o amparo social é devido à pessoa que comprove a necessidade, ou seja, que nunca tenha exercido uma atividade laborativa ou mesmo que a tenha desenvolvido, não tenha contribuído o suficiente para ter a proteção do Estado num momento de infortúnio via previdência social. Diante disso, proíbe-se que esse indivíduo que percebe benefício decorrente do Regime Geral de Previdência Social possa ter acesso ao amparo social.

Por último, o requisito com cunho relevante na análise das condições que ensejam o benefício de prestação continuada, qual seja, o conceito de necessitado. Este, portanto, é aquele que não tem condições de prover a própria subsistência, nem de tê-la provida por sua família. De acordo com a LOAS (art. 20, §3º), o necessitado é aquele cuja renda *per capita* familiar é inferior a 1/4 do salário-mínimo. Isso quer dizer que, para que o idoso tenha acesso ao benefício, é necessário que prove que sua renda *per capita* familiar é inferior a R$127,50 por mês.[44]

Verifica-se, portanto, que mesmo com a anuência legislativa de concessão do referido benefício, ainda havia a restrição de grande parcela da sociedade que necessitava do olhar do Estado sobre ela e que não tinha direito à percepção do benefício assistencial.

A prova de necessitado por parte do idoso é que se configura como o obstáculo à concessão do benefício uma vez que a prova da renda *per capita*

---

[43] Art. 1º, §2º, Decreto nº 6.214/07.
[44] Valor de referência do salário mínimo vigente em 2010 = R$510,00.

familiar inferior a 1/4 de salário mínimo encontra dificuldade a partir do momento em que este requisito, de acordo com entendimento do Supremo Tribunal federal, deve ser entendido de forma objetiva e não como um parâmetro mínimo de consideração da condição de necessitado.

Esse critério objetivo de aferição de necessitado já mudou de feição uma vez que renda *per capita* familiar inferior a 1/4 de salário mínimo não condiz com fundamento da dignidade da pessoa humana previsto no art. 1º, inciso III, CF.

Em razão disso, foi suscitada a inconstitucionalidade do §3º do art. 20 da LOAS, com o objetivo tornar a exigência desse requisito maleável no sentido de que, quem efetivamente provasse que a renda *per capita* familiar fosse inferior a 1/4 de salário mínimo não precisaria fazer qualquer outra prova de necessidade, ao passo que aquele que não conseguisse provar objetivamente referida renda, pudesse provar por outros meios a sua qualidade de necessitado.[45]

De acordo com a petição inicial de referida ADI, "o dispositivo era inconstitucional ao limitar e restringir o direito garantido pelo art. 203 da CF, afastando a proteção constitucional a um grande número de pessoas que o constituinte, sem exigir nível absoluto de miséria, quis proteger, para assegurar-lhes condições mínimas de dignidade".[46]

Entretanto, o Supremo Tribunal Federal entendeu que a renda *per capita* familiar inferior a 1/4 de salário mínimo se trata de requisito objetivo definido em lei conforme disposição constitucional e, portanto, cumulativo com os demais existentes na lei.[47] Com isso, o benefício só seria concedido se, e somente se, houvesse a constatação do conceito de necessitado tal como previsto em lei.

---

[45] STF. ADI nº 1.232/DF, Pleno. Rel. Min. Ilmar Galvão. Rel. p/ Acórdão Min. Nelson Jobim. Julg. 27.8.1998. DJ, 1º jun. 2001. O Min. Ilmar Galvão, voto vencido na ADI nº 1.232, entendeu que "o critério legal deve ser entendido como presunção 'juris et de jure' isto é, quem tem renda inferior a 1/4 de salário mínimo fica dispensado de qualquer comprovação, pois será automaticamente considerado incapaz de prover a própria subsistência, fazendo jus ao benefício. Porém, este critério não pode ser o único apto a caracterizar a situação de incapacidade econômica da família (...), ficando assim os demais casos sujeitos à comprovação". Essa, segundo o entendimento do Ministro, seria a regra geral do art. 203, V. Dessa forma, o Min. Ilmar Galvão sustenta que o critério estabelecido na lei não é em si inconstitucional. Tornar-se-ia inconstitucional somente se fosse entendido como único meio de a pessoa com deficiência comprovar sua falta de incapacidade econômica, pois dessa maneira grande parte dos destinatários do benefício assistencial previsto na Constituição seriam excluídos do direito à prestação. Cf. BALERA, Fernanda Penteado. O benefício da prestação continuada para pessoas com deficiência no STF. *Revista de Direito Social*, v. 9, n. 35, p. 138-139, jul./set. 2009.

[46] BALERA, Fernanda Penteado. O benefício da prestação continuada para pessoas com deficiência no STF. *Revista de Direito Social*, v. 9, n. 35, p. 137-138, jul./set. 2009.

[47] A Turma Nacional de Uniformização da Jurisprudência dos Juizados Especiais Federais (TNUJEF), na sessão de 25.4.2007 na sede do Juizado Especial Federal de São Paulo, deu provimento a pedido de uniformização para conceder benefício assistencial a idosa, cuja renda familiar *per capita* é superior a 1/4 do salário mínimo. A Turma Recursal/RJ viu nessa renda motivo suficiente para indeferir o pedido, sem colher outras provas que pudessem demonstrar o estado de miserabilidade, em obediência ao decidido pelo STF na ADI nº 1.232/DF. A TNUJEF anulou o acórdão da Turma Recursal/RJ e a sentença de primeira instância, e determinou o retorno dos autos ao juízo de primeiro grau para a devida instrução, possibilitando à autora a produção de outras provas que possam demonstrar o seu estado de miserabilidade. A relatora do processo, Juíza Federal Maria Divina Vitória, sustentou, em seu voto, que embora o STF tenha julgado procedentes reclamações ajuizadas pelo INSS contra decisões que não observavam o critério da renda familiar *per capita*, há juízes que sustentam que essa decisão apenas reconhecera a constitucionalidade do art. 20, §3º, da Lei nº 8.742/93. Essa regra legal, no entanto, não seria o único critério válido para, diante do caso concreto, aferir a miserabilidade, nos termos do art. 203, V, CF. Esclareceu que, em razão do julgamento da referida ADI, a TNUJEF chegou a cancelar a Súmula nº 11. Enfatizou que, mais recentemente, entretanto, no âmbito do STF, há decisões que ora negam seguimento às reclamações ofertadas pelo INSS, ora entendem que as decisões reclamadas não declaram a inconstitucionalidade do dispositivo, mas lhe dão interpretação conjunta com a legislação posterior, que não foi objeto da ADI. E também decisões que consideram o critério de 1/4 do salário mínimo insuficiente para o cumprimento do art. 203, além de outras que admitem a utilização de outros fatores indicativos da miserabilidade para fins de concessão do benefício assistencial. Concluiu a relatora que o próprio STF tem abrandando os efeitos da ADI nº 1.232 e, que, por outro lado, no STJ o entendimento dominante é de que o limitador da renda não é o único critério válido para comprovar a condição de miserabilidade, podendo tal condição ser aferida por outros meios de prova (REsp nº 612.097/RS; AgRg

A interpretação do STF em relação ao §3º do art. 20 da Lei nº 8.742/93 no momento do julgamento da ADI nº 1232 "implicou o amesquinhamento do benefício, que a Constituição entende devido a todos os necessitados, para reservá-lo somente aos indigentes".[48]

Nesse diapasão o STJ, ao analisar recurso especial advindo da Câmara Recursal dos Juizados Especiais Federais decidiu que o conceito de renda *per capita* familiar inferior a 1/4 do salário mínimo poderia ser relativizado e analisado de forma alternativa e não cumulativa. Isso quis dizer que, mesmo que o deficiente ou o idoso não tivessem como comprovar a renda *per capita* familiar exigida em lei, poderia fazer prova da sua necessidade por outros meios (presunção de miserabilidade) como por exemplo, a prova de que a renda familiar não seria suficiente para arcar com os gastos relativos a alimentação, medicamentos, vestuário, educação, saúde e lazer de toda a família.

Segue abaixo a decisão do STJ que ratifica a assertiva do parágrafo anterior, *in verbis*:

> A jurisprudência deste Superior Tribunal de Justiça pacificou já entendimento no sentido de que o critério estabelecido no art. 20, §3º, da Lei nº 8.742/93 (comprovação de renda per capita não superior a 1/4 do salário mínimo) não exclui que a condição de miserabilidade, necessária à concessão do benefício assistencial, resulte de outros meios de prova, de acordo com cada caso em concreto (...).[49]

Portanto, vê-se que o critério exigido em lei acerca da renda *per capita* familiar inferior a 1/4 de salário mínimo pode ser analisado em termos para fins de conceituação de necessitado, visto que este estado pode ser comprovado por outras circunstâncias que não a objetiva contida na norma assistencial.

Além disso, e para não causar qualquer problema no âmbito da concessão dos benefícios assistenciais, o legislador editou uma lei em junho de 2003, três meses após a decisão em sede de recurso especial proferida pelo Superior Tribunal de Justiça, prevendo um novo conceito objetivo de necessitado. Pela *novel legis*, necessitado é aquele cuja renda *per capita* familiar seja inferior a 1/2 salário mínimo.[50]

Verifica-se, portanto, que existe um novo conceito objetivo de necessitado, ampliando o acesso às prestações assistenciais, minimizando as desigualdades e, além de tudo, reduzindo os números daqueles que se encontram abaixo da linha da pobreza.

Vale salientar, ainda, que mesmo com o novo conceito objetivo de necessitado, o preenchimento desta condição deve ser acolhido de acordo com cada caso concreto e não no seu plano abstrato (legal), visto que estamos lidando

---

no REsp nº 478.379/RS). Ressaltou a juíza que, enfrentando o tema — enquanto se pacifica no STF o verdadeiro alcance da ADI nº 1.232 —, a TNUJEF não estará afrontando a decisão daquela Corte, mas apenas e tão somente cumprindo mandamento constitucional, ao decidir a favor do idoso e do deficiente comprovadamente miseráveis. Cf. TNUJEF. Processo nº 2002.51.51.022946-9/RJ. Rel. Juíza Maria Divina Vitória. Julg. 25.4.2007. *DJU*, 28 maio 2007.

[48] BALERA, Fernanda Penteado. O benefício da prestação continuada para pessoas com deficiência no STF. *Revista de Direito Social*, v. 9, n. 35, p. 136, jul./set. 2009.

[49] STJ. REsp nº 308.711/SP, Sexta Turma. Rel. Min. Hamilton Carvalhido. *DJ*, 10 mar. 2003, p. 323.

[50] Art. 2º, §2º, Lei nº 10.689/03 (lei que criou o Programa Nacional de Acesso à Alimentação).

com seres humanos e, por isso, deve ser analisado o aspecto subjetivo e não objetivo. Isso porque se tem que fazer diferença entre situação de necessidade (que gera o conceito de necessitado para fins de concessão de benefícios assistenciais) e o de indigência. E se o texto constitucional faz referência ao termo "necessitado" como sujeito de direitos assistenciais e esse conceito é distorcido pelo legislador infraconstitucional, mister tomar uma providência visto que está-se diante de uma inconstitucionalidade e, diante disso, não há que se falar em aplicabilidade da lei que afronta o conteúdo constitucional.

Além disso, o STF, muito embora não possa desconstituir uma decisão em sede de ADI, mudou seu entendimento em razão da renovação dos seus ministros. Isso quer dizer que, na data do julgamento da ADI nº 1.232 (27.8.1998), os ministros entendiam que se deveria levar em consideração o caráter objetivo da norma para vislumbrar o conceito de necessitado. Hoje, "na atual composição da Corte, seis ministros demonstraram posicionamento contrário à ADI nº 1.232, o que indica uma provável mudança de entendimento".[51]

Diante disso, verifica-se que o conceito de necessitado, de acordo com o princípio da dignidade da pessoa humana, é aquele em que o indivíduo não precisa provar seu estado de miserabilidade para ter acesso ao benefício de prestação continuada, mesmo porque não foi a intenção do legislador constitucional restringir o acesso a referida prestação assistencial. O objetivo foi de assegurar para as pessoas pobres necessitadas que usufruíssem de um benefício prestado pelo Estado que lhes garantisse o acesso ao mínimo de sobrevivência digna.

5 Considerações finais

O que se buscou discutir neste capítulo foi a proteção do idoso dentro do contexto da seguridade social preconizado pela Constituição de 1988. Nesse sentido, verificou-se que a cobertura existente ainda não é suficiente para assegurar o efetivo acesso do idoso à proteção decorrente da saúde, previdência social e assistência social. Isso é vislumbrado uma vez que o legislador não cumpre com o objetivo maior desse sistema de proteção social que é a universalidade da cobertura e do atendimento.

Diante disso, na análise de cada subsistema de seguridade constatamos que existe a proteção do idoso, mas esta ainda não é eficiente no sentido de proporcionar acesso digno aos benefícios e serviços, uma vez que a forma como os

---

[51] Nesse sentido o Min. Marco Aurélio, na Reclamação nº 4.164/RS, posicionou-se no sentido de que o requisito previsto no §3º do art. 20 da LOAS não poderia ser analisado de forma objetiva e seria insuficiente para fazer prova efetiva de necessidade por parte do requerente do benefício, uma vez que não condiz com a essência constitucional prevista no inciso V do art. 203 da Constituição Federal. Ainda nesse liame afirma Carlos Ayres Britto que "o critério objetivo de carência material do socialmente assistível já está na Constituição e esse critério é o fato mesmo, de, num dado instante, o idoso ou o deficiente econômico demonstrar que não possui meios de prover a própria manutenção, nem de tê-la provida pela respectiva família (...)". Consideramos que o Min. Carlos Brito, ao afirmar ser o objetivo da Constituição a "promoção humana e a reintegração à vida comunitária", ajusta seu raciocínio jurídico à ideia de inclusão social. Isto porque, sob a perspectiva da inclusão, é necessário que as diferenças sejam de fato valorizadas e que seja possível às pessoas com deficiência (e ao idoso) vivenciarem, conjuntamente com os demais, as experiências sociais, não permanecendo, como até então, segregadas. Cf. BALERA, Fernanda Penteado. O benefício da prestação continuada para pessoas com deficiência no STF. *Revista de Direito Social*, v. 9, n. 35, p. 137, 140, jul./set. 2009.

requisitos exigidos na lei para garantir a concessão dessas prestações não garante acesso a todos os idosos indistintamente.

Mas não é por isso que podemos afirmar que o sistema de seguridade social não funciona. Ele funciona! Entretanto, em razão de problemas administrativos, no momento em que tais benefícios são concedidos é que se acaba restringindo o acesso do idoso à proteção decorrente desse sistema protetivo.

Para tanto é que o legislador infraconstitucional criou leis regulamentando especificamente os direitos dos idosos com o fito de lhes garantir maior acesso às políticas públicas criadas pelo Estado para o amparo da pessoa com idade avançada.

E mesmo com alguma deficiência na forma de concessão desses benefícios e serviços, verificou-se que as prestações concedidas pela previdência e assistência, além dos serviços disponibilizados pela saúde assumem um papel importante, uma vez que são responsáveis pela garantia de subsistência do idoso, bem como de seus familiares quando aquele é responsável pela manutenção dos mesmos.

Informação bibliográfica deste texto, conforme a NBR 6023:2002 da Associação Brasileira de Normas Técnicas (ABNT):

OLIVEIRA, Katia Cristine Santos de. A perspectiva do idoso na proteção decorrente do sistema de seguridade social. *In*: BERTOLDI, Márcia Rodrigues; OLIVEIRA, Kátia Cristine Santos de (Coord.). *Direitos fundamentais em construção*: estudos em homenagem ao ministro Carlos Ayres Britto. Belo Horizonte: Fórum, 2010. p. 55-79. ISBN 978-85-7700-367-9

Direitos Humanos das Mulheres: Proteção Internacional e Constitucional

Flávia Piovesan

Sumário: **1** Introdução: direitos humanos e igualdade – **2** Proteção internacional dos direitos humanos das mulheres – **3** A proteção dos direitos humanos das mulheres no Brasil – **4** Conclusão

1 Introdução: direitos humanos e igualdade

A ética dos direitos humanos é a ética que vê no outro um ser merecedor de igual consideração e profundo respeito, dotado do direito de desenvolver as potencialidades humanas, de forma livre, autônoma e plena. É a ética orientada pela afirmação da dignidade e pela prevenção ao sofrimento humano.

Os direitos humanos refletem um construído axiológico, a partir de um espaço simbólico de luta e ação social. No dizer de Joaquin Herrera Flores, compõem uma *racionalidade de resistência*, na medida em que traduzem processos que abrem e consolidam espaços de luta pela dignidade humana.[1] Invocam uma plataforma emancipatória voltada à proteção da dignidade humana. No mesmo sentido, Celso Lafer, lembrando Danièle Lochak, realça que os direitos humanos não traduzem uma história linear, não compõem a história de uma marcha triunfal, nem a história de uma causa perdida de antemão, mas a história de um combate.[2]

Ao longo da história as mais graves violações aos direitos humanos tiveram como fundamento a dicotomia do "eu versus o outro", em que a diversidade era captada como elemento para aniquilar direitos. Vale dizer, a diferença era visibilizada para conceber o "outro" como um ser menor em dignidade e direitos, ou, em situações limites, um ser esvaziado mesmo de qualquer dignidade, um ser descartável, um ser supérfluo, objeto de compra e venda (como na escravidão) ou de campos de extermínio (como no nazismo). Nesta direção, merecem destaque as violações da escravidão, do nazismo, do sexismo, do racismo, da homofobia, da xenofobia e de outras práticas de intolerância. Como leciona

---

[1] HERRERA FLORES, Joaquin. Direitos humanos, interculturalidade e racionalidade de resistência. *Seqüência – Revista do Curso de Pós-Graduação em Direito da UFSC*, v. 2, n. 4, p. 21, 1981. Disponível em: <http://www.buscalegis.ccj.ufsc.br/revistas/index.php/sequencia/article/viewFile/827/823>. Acesso em: 26 ago. 2010.

[2] LAFER, Celso. Prefácio. In: PIOVESAN, Flávia. *Direitos humanos e justiça internacional*: um estudo comparativo dos sistemas regionais europeu, interamericano e africano. São Paulo: Saraiva, 2006. p. XXII.

Amartya Sen, "identity can be a source of richness and warmth as well as of violence and terror".[3]

O temor à diferença é fator que permite compreender a primeira fase de proteção dos direitos humanos, marcada pela tônica da proteção geral e abstrata, com base na igualdade formal — eis que o legado do nazismo pautou-se na diferença como base para as políticas de extermínio, sob o lema da prevalência e da superioridade da raça pura ariana e da eliminação das demais.

Torna-se, contudo, insuficiente tratar o indivíduo de forma genérica, geral e abstrata. Faz-se necessária a especificação do sujeito de direito, que passa a ser visto em sua peculiaridade e particularidade. Nesta ótica, determinados sujeitos de direitos, ou determinadas violações de direitos, exigem uma resposta específica e diferenciada. Neste cenário, as mulheres, as crianças, as populações afro descendentes, os migrantes, as pessoas com deficiência, dentre outras categorias vulneráveis, devem ser vistas nas especificidades e peculiaridades de sua condição social. Ao lado do direito à igualdade, surge, também como direito fundamental, o direito à diferença.

Destacam-se, assim, três vertentes no que tange à concepção da igualdade:

a) a igualdade formal, reduzida à fórmula "todos são iguais perante a lei" (que, ao seu tempo, foi crucial para a abolição de privilégios);

b) a igualdade material, correspondente ao ideal de justiça social e distributiva (igualdade orientada pelo critério socioeconômico); e

c) a igualdade material, correspondente ao ideal de justiça enquanto reconhecimento de identidades (igualdade orientada pelos critérios de gênero, orientação sexual, idade, raça, etnia e demais critérios).

Para Nancy Fraser, a justiça exige, simultaneamente, redistribuição e reconhecimento de identidades.[4] No mesmo sentido, Boaventura de Sousa Santos afirma que apenas a exigência do reconhecimento e da redistribuição permite a realização da igualdade.[5] O direito à redistribuição requer medidas de enfrentamento da injustiça econômica, da marginalização e da desigualdade econômica, por meio da transformação nas estruturas socioeconômicas e da adoção de uma política de redistribuição. De igual modo, o direito ao reconhecimento requer medidas de enfrentamento da injustiça cultural, dos preconceitos e dos padrões discriminatórios, por meio da transformação cultural e da adoção de uma política de reconhecimento. É à luz desta política de reconhecimento que se pretende avançar na reavaliação positiva de identidades discriminadas, negadas e

---

[3] SEN, Amartya. *Identity and Violence*: the Illusion of Destiny. New York: W.W. Norton & Company, 2006. p. 4.

[4] FRASER, Nancy. Redistribución, reconocimiento y participación: hacia un concepto integrado de la justicia. In: ARIZPE, Lourdes (Dir.). *Informe mundial sobre la cultura 2000-2001*: diversidad cultural, conflicto y pluralismo. Paris: UNESCO; Ediciones Mundi-Prensa, 2001. p. 55-56.

[5] A respeito, cf. SANTOS, Boaventura de Sousa; NUNES, João Arriscado. Introdução: para ampliar o cânone do reconhecimento, da diferença e da igualdade. In: SANTOS, Boaventura de Sousa (Org.). *Reconhecer para libertar*: os caminhos do cosmopolitismo multicultural. Rio de Janeiro: Civilização Brasileira, 2003. p. 56. Cf., ainda, SANTOS, Boaventura de Sousa. Por uma concepção multicultural de direitos humanos. In: SANTOS, Boaventura de Sousa (Org.). *Reconhecer para libertar*: os caminhos do cosmopolitismo multicultural. Rio de Janeiro: Civilização Brasileira, 2003. p. 429-461.

desrespeitadas; na desconstrução de estereótipos e preconceitos; e na valorização da diversidade cultural.[6]

Na percepção de Boaventura de Sousa Santos:

> (...) temos o direito a ser iguais quando a nossa diferença nos inferioriza; e temos o direito a ser diferentes quando a nossa igualdade nos descaracteriza. Daí a necessidade de uma igualdade que reconheça as diferenças e de uma diferença que não produza, alimente ou reproduza as desigualdades.[7]

Se, para a concepção formal de igualdade, esta é tomada como pressuposto, como um dado e um ponto de partida abstrato, para a concepção material de igualdade, esta é tomada como um resultado ao qual se pretende chegar, tendo como ponto de partida a visibilidade às diferenças. Isto é, essencial mostra-se distinguir a diferença e a desigualdade. A ótica material objetiva construir e afirmar a igualdade com respeito à diversidade. O reconhecimento de identidades e o direito à diferença é que conduzirão a uma plataforma emancipatória e igualitária. A emergência conceitual do direito à diferença e do reconhecimento de identidades é capaz de refletir a crescente voz dos movimentos sociais e o surgimento de uma sociedade civil plural e diversa no marco do multiculturalismo.[8]

A garantia da igualdade, da diferença e do reconhecimento de identidades é condição e pressuposto para o direito à autodeterminação, bem como para o direito ao pleno desenvolvimento das potencialidades humanas, transitando-se da igualdade abstrata e geral para um conceito plural de dignidades concretas.

É neste contexto, sob a inspiração do valor da diversidade, que passam a ser elaborados instrumentos específicos para a proteção dos direitos humanos das mulheres, tanto no âmbito internacional, como no âmbito interno.

2 Proteção internacional dos direitos humanos das mulheres

Em face do processo de internacionalização dos direitos humanos, foi a *Declaração de Direitos Humanos de Viena* (1993)[9] que, de forma explícita, afirmou, em seu §18, que os direitos humanos das mulheres e das meninas são parte inalienável, integral e indivisível dos direitos humanos universais. O legado de Viena

---

[6] Cf. FRASER, Nancy. From Redistribution to Recognition? Dilemmas of Justice in a "Postsocialist" Age. In: FRASER, Nancy. *Justice Interruptus*: Critical Reflections on the "Postsocialist" Condition. New York; London: Routledge, 1997; FRASER, Nancy; HONNETH, Axel. *Redistribution or Recognition?* A Political-Philosophical Exchange. London; New York: Verso, 2003; HONNETH, Axel. *The Struggle for Recognition*: the Moral Grammar of Social Conflicts. Translated by Joel Anderson. Cambridge, MA: MIT Press, 1996; TAYLOR, Charles. The Politics of Recognition. In: TAYLOR, Charles *et al. Multiculturalism*: Examining the Politics of Recognition. Edited and introduced by Amy Gutmann. Princeton, NJ: Princeton University Press, 1994; e YOUNG, Iris Marion. *Justice and the Politics of Difference*. Princeton, NJ: Princeton University Press, 1990.

[7] SANTOS, Boaventura de Sousa. Por uma concepção multicultural de direitos humanos. In: SANTOS, Boaventura de Sousa (Org.). *Reconhecer para libertar*: os caminhos do cosmopolitismo multicultural. Rio de Janeiro: Civilização Brasileira, 2003.

[8] A título exemplificativo, se em 1948 apenas 41 Organizações Não Governamentais tinham *status* consultivo junto ao Conselho Econômico e Social da ONU, em 2004 este número alcançava aproximadamente 2.350 ONGs. Cf. McDOUGALL, Gay J. Decade of NGO Struggle. *Human Rights Brief*, v. 11, issue 3, p. 13, spring 2004. Disponível em: <http://www.wcl.american.edu/hrbrief/11/3mcdougall.cfm> Acesso em: 26 ago. 2010.

[9] Disponível em: <http://www.dhnet.org.br/direitos/anthist/viena/viena.html>. Acesso em: 27 ago. 2010.

é duplo: não apenas endossa a universalidade e a indivisibilidade dos direitos humanos,[10] invocada pela *Declaração Universal dos Direitos Humanos* (1948),[11] mas também confere visibilidade aos direitos humanos das mulheres e das meninas, em expressa alusão ao processo de especificação do sujeito de direito e à justiça enquanto reconhecimento de identidades.

Neste cenário as mulheres devem ser vistas nas especificidades e peculiaridades de sua condição social. Importa o respeito à diferença e à diversidade, o que lhes assegura um tratamento especial. O direito à diferença implica o direito ao reconhecimento de identidades próprias, o que propicia a incorporação da perspectiva de gênero,[12] isto é, repensar, revisitar e reconceitualizar os direitos humanos a partir da relação entre os gêneros, como um tema transversal.

O balanço das últimas três décadas permite afirmar que o movimento internacional de proteção dos direitos humanos das mulheres centrou seu foco em três questões centrais:

a) a discriminação contra a mulher;
b) a violência contra a mulher; e
c) os direitos sexuais e reprodutivos.

Quanto à discriminação contra a mulher, cabe destacar a aprovação, em 1979, da Convenção sobre a Eliminação de todas as formas de Discriminação contra a Mulher. A Convenção conta com 185 Estados-partes,[13] o que inclui o Brasil, que a ratificou em 1984. Foi resultado de reivindicação do movimento de mulheres, a partir da primeira Conferência Mundial sobre a Mulher, realizada no México em 1975. Frise-se, contudo, que, no plano dos direitos humanos, esta foi a Convenção que mais recebeu reservas por parte dos Estados signatários,[14]

---

[10] Universalidade porque clama pela extensão universal dos direitos humanos, sob a crença de que a condição de pessoa é o requisito único para a dignidade e titularidade de direitos. Indivisibilidade porque a garantia dos direitos civis e políticos é condição para a observância dos direitos sociais, econômicos e culturais e vice-versa. Quando um deles é violado, os demais também o são. Os direitos humanos compõem assim uma unidade indivisível, interdependente e inter-relacionada, capaz de conjugar o catálogo de direitos civis e políticos ao catálogo de direitos sociais, econômicos e culturais.

[11] Disponível em: <http://www.dhnet.org.br/direitos/deconu/textos/integra.htm>. Acesso em: 27 ago. 2010.

[12] Afirma Alda Facio Montejo: "(...) *Gender*, ou gênero sexual, corresponde a uma dicotomia sexual que é imposta socialmente através de papéis e estereótipos" (FACIO MONTEJO, Alda. *Cuando el género suena cambios trae*: una metodología para el análisis de género del fenómeno legal. San José, Costa Rica: Ilanud, 1992. p. 54). Gênero é, assim, concebido como uma relação entre sujeitos socialmente construídos em determinados contextos históricos, atravessando e construindo a identidade de homens e mulheres. Sobre a matéria, cf. BARTLETT, Katharine T. *Gender and Law*: Theory, Doctrine, Commentary. Boston, MA: Little, Brown, 1993. p. 633-636; BUNCH, Charlotte. Transforming Human Rights from a Feminist Perspective. In: PETERS, Julie; WOLPER, Andrea (Ed.). *Women's Rights, Human Rights*: International Feminist Perspectives. New York: Routledge, 1995. p. 11-17; MACKINNON, Catharine A. Toward Feminist Jurisprudence. In: SMITH, Patricia (Ed.). *Feminist Jurisprudence*. New York; Oxford: Oxford University Press, 1993. p. 610-619; SCALES, Ann C. The Emergence of Feminist Jurisprudence: an Essay. In: SMITH, Patricia (Ed.). *Feminist Jurisprudence*. New York; Oxford: Oxford University Press, 1993. p. 94-109; e WEST, Robin. Jurisprudence and Gender. In: SMITH, Patricia (Ed.). *Feminist Jurisprudence*. New York; Oxford: Oxford University Press, 1993. p. 493-530.

[13] A respeito, cf. WATKINS, Kevin (Dir.). *Human Development Report 2006*: Beyond Scarcity: Power, Poverty and the Global Water Crisis. New York: United Nations Development Programme, 2006. Disponível em: <http://hdr.undp.org/en/reports/global/hdr2006>. Acesso em: 26 ago. 2010.

[14] Trata-se do instrumento internacional que mais fortemente recebeu reservas dentre as Convenções internacionais de Direitos Humanos, considerando que ao menos 23 dos mais de 100 Estados-partes fizeram, no total, 88 reservas substanciais. A Convenção sobre a Eliminação de todas as formas de Discriminação da Mulher pode enfrentar o paradoxo de ter maximizado sua aplicação universal ao custo de ter comprometido sua integridade. Por vezes, a questão legal acerca das reservas feitas à Convenção atinge a essência dos valores da universalidade e integridade. A título de exemplo, quando da ratificação da Convenção, em 1984, o Estado brasileiro apresentou reservas ao art. 15, §4º, e ao art. 16, §1º, "a", "c", "g" e "h", da Convenção. O art. 15 assegura a homens e mulheres o direito de, livremente, escolher seu domicílio e residência. Já o art. 16 estabelece a igualdade de direitos entre homens e mulheres, no âmbito do casamento e das relações familiares. Em 20.12.1994 o Governo brasileiro notificou o Secretário-Geral das Nações Unidas acerca da eliminação das aludidas reservas.

especialmente no que tange à igualdade entre homens e mulheres na família. Tais reservas foram justificadas com base em argumentos de ordem religiosa, cultural ou mesmo legal, havendo países (como Bangladesh e Egito) que acusaram o Comitê sobre a Eliminação da Discriminação contra a Mulher (CEDAW) de praticar "imperialismo cultural e intolerância religiosa", ao impor-lhes a visão de igualdade entre homens e mulheres, inclusive na família.[15] Isto reforça o quanto a implementação dos direitos humanos das mulheres está condicionada à dicotomia entre os espaços público e privado, que, em muitas sociedades, confina a mulher ao espaço exclusivamente doméstico da casa e da família. Vale dizer, ainda que se constate, crescentemente, a democratização do espaço público, com a participação ativa de mulheres nas mais diversas arenas sociais, resta o desafio de democratização do espaço privado — cabendo ponderar que tal democratização é fundamental para a própria democratização do espaço público.

A Convenção se fundamenta na dupla obrigação de eliminar a discriminação e de assegurar a igualdade. Logo, a Convenção consagra duas vertentes diversas:

    a) a vertente repressiva-punitiva, voltada à proibição da discriminação; e
    b) a vertente positiva-promocional, voltada à promoção da igualdade.

A Convenção objetiva não só erradicar a discriminação contra a mulher e suas causas, como também estimular estratégias de promoção da igualdade. Combina a proibição da discriminação com políticas compensatórias que acelerem a igualdade enquanto processo, mediante a adoção de medidas afirmativas, enquanto medidas especiais e temporárias voltadas a aliviar e remediar o padrão discriminatório que alcança as mulheres. As ações afirmativas objetivam transformar a igualdade formal em igualdade material e substantiva, assegurando a diversidade e a pluralidade social. Devem ser compreendidas não somente pelo prisma retrospectivo — no sentido de aliviar a carga de um passado discriminatório —, mas também prospectivo — no sentido de fomentar a transformação social, criando uma nova realidade. A Convenção alia à vertente repressiva-punitiva a vertente positiva-promocional.

No que se refere à violência contra a mulher, cabe menção à *Declaração sobre a Eliminação da Violência contra a Mulher*, aprovada pela ONU em 1993, bem como à Convenção Interamericana para Prevenir, Punir e Erradicar a Violência contra a Mulher (Convenção de Belém do Pará), de 1994. Ambas reconhecem que a violência contra a mulher, no âmbito público ou privado, constitui grave violação aos direitos humanos e limita total ou parcialmente o exercício dos demais direitos fundamentais. Definem a violência contra a mulher como "qualquer ação ou conduta, baseada no gênero, que cause morte, dano ou sofrimento físico, sexual ou psicológico à mulher, tanto na esfera pública, como na privada" (art. 1º). Vale dizer, a violência baseada no gênero ocorre quando um ato é dirigido contra uma mulher, porque é mulher, ou quando atos afetam as mulheres de forma desproprocional. Adicionam que a violência baseada no gênero reflete relações

---

[15] HENKINS, Louis *et al. Human Rights*. New York: Foundation Press, 1999. p. 364.

de poder historicamente desiguais e assimétricas entre homens e mulheres. A Convenção de Belém do Pará elenca um importante catálogo de direitos a serem assegurados às mulheres, para que tenham uma vida livre de violência, tanto na esfera pública, como na esfera privada. Consagra ainda a Convenção deveres aos Estados-partes, para que adotem políticas destinadas a prevenir, punir e erradicar a violência contra a mulher.

O terceiro grande tema introduzido pelo movimento de mulheres reporta-se aos direitos sexuais e reprodutivos.[16] Em 1994, na Conferência do Cairo sobre População e Desenvolvimento, ineditamente, 184 Estados reconheceram os direitos reprodutivos como direitos humanos.[17] Em 1995, as conferências internacionais de Copenhague e Pequim reafirmaram esta concepção. Com efeito, a Conferência do Cairo estabeleceu relevantes princípios éticos concernentes aos direitos reprodutivos,[18] afirmando o direito a ter controle sobre as questões relativas à sexualidade e à saúde sexual e reprodutiva, assim como a decisão livre de coerção, discriminação e violência, como um direito fundamental.[19] Há ainda a recomendação internacional de que sejam revistas as legislações punitivas em relação ao aborto, a ser reconhecido como um problema de saúde pública.

Importa enfatizar que o conceito de direitos sexuais e reprodutivos aponta duas vertentes diversas e complementares. De um lado, um campo da liberdade e da autodeterminação individual, o que compreende o livre exercício da sexualidade e da reprodução humana, sem discriminação, coerção e violência. Eis um terreno em que é fundamental o poder de decisão no controle da fecundidade. Consagra-se o direito de mulheres e homens de tomar decisões no campo da reprodução (o que compreende o direito de decidir livre e responsavelmente acerca da reprodução, do número de filhos e do intervalo entre seus nascimentos). Trata-se de direito de autodeterminação, privacidade, intimidade, liberdade e

---

[16] Os direitos reprodutivos envolvem a concepção, o parto, a contracepção e o aborto, como elementos interligados "onde a impossibilidade de acesso a qualquer um deles remete a mulher para um lugar de submissão" (ÁVILA, Maria Betânia de Melo. Modernidade e cidadania reprodutiva. In: ÁVILA, Maria Betânia de Melo; BERQUÓ, Elza. *Direitos reprodutivos*: uma questão de cidadania: subsídios à discussão do projeto de lei sobre planejamento familiar. Brasília: CFEMEA – Centro Feminista de Estudos e Assessoria, 1994. p. 9).

[17] Como explica Leila de Andrade Linhares Barsted: "No Cairo, em 1994, a Conferência Internacional sobre População e Desenvolvimento introduziu um novo paradigma à temática do desenvolvimento populacional, deslocando a questão demográfica para o âmbito das questões relativas aos direitos reprodutivos e ao desenvolvimento. (...) A ativa participação do movimento internacional de mulheres nas fases preparatórias e durante a própria Conferência permitiram a legitimação da noção de direitos reprodutivos. (...) Ainda em 1995, em Beijing, foi realizada a IV Conferência Mundial sobre a Mulher, Desenvolvimento e Paz, que incorporou as agendas das Conferências de Direitos Humanos (1993), de População e Desenvolvimento (1994) e da Cúpula de Desenvolvimento Social (1995), avançando e firmando, de modo definitivo, a noção de que os direitos das mulheres são direitos humanos; a noção de saúde e direitos reprodutivos, bem como o reconhecimento de direitos sexuais, com a recomendação de que sejam revistas as legislações punitivas em relação ao aborto, considerado, tal como na Conferência Internacional de População e Desenvolvimento (1994), um problema de saúde pública" (BARSTED, Leila de Andrade Linhares. As Conferências das Nações Unidas influenciando a mudança legislativa e as decisões do Poder Judiciário. Trabalho apresentado no seminário *Direitos Humanos*: rumo a uma jurisprudência da igualdade. Belo Horizonte, 14-17 maio 1998).

[18] Note-se que o Plano de Ação do Cairo recomenda à comunidade internacional uma série de objetivos e metas, tais como: a) o crescimento econômico sustentado como marco do desenvolvimento sustentável; b) a educação, em particular das meninas; c) a igualdade entre os sexos; d) a redução da mortalidade neonatal, infantil e materna; e e) o acesso universal aos serviços de saúde reprodutiva, em particular de planificação familiar e de saúde sexual.

[19] A Conferência do Cairo realça ainda que as mulheres têm o direito individual e a responsabilidade social de decidir sobre o exercício da maternidade, assim como o direito à informação e acesso aos serviços para exercer seus direitos e responsabilidades reprodutivas, enquanto os homens têm uma responsabilidade pessoal e social, a partir de seu próprio comportamento sexual e fertilidade, pelos efeitos desse comportamento na saúde e bem-estar de suas companheiras e filhos.

autonomia individual. Por outro lado, o efetivo exercício dos direitos reprodutivos demanda políticas públicas que assegurem a saúde sexual e reprodutiva. Nesta ótica, fundamental é o direito ao acesso a informações, meios e recursos seguros, disponíveis e acessíveis. Fundamental também é o direito ao mais elevado padrão de saúde reprodutiva e sexual, tendo em vista a saúde não como mera ausência de enfermidades e doenças, mas como a capacidade de desfrutar de uma vida sexual segura e satisfatória e reproduzir-se com a liberdade de fazê-lo ou não, quando e com que frequência.

Considerando a proteção internacional dos direitos humanos das mulheres, transita-se ao caso brasileiro, a fim de que se avalie o alcance desta proteção no âmbito interno, à luz da dinâmica interação entre as ordens internacional e local.

3 A proteção dos direitos humanos das mulheres no Brasil

A Constituição Federal de 1988 simboliza o marco jurídico da transição democrática e da institucionalização dos direitos humanos no país. O texto constitucional demarca a ruptura com o regime autoritário militar, refletindo o consenso democrático. Após vinte e um anos de regime autoritário, objetiva resgatar o Estado de Direito, a separação dos poderes, a Federação, a Democracia e os direitos fundamentais, à luz do princípio da dignidade humana.

Introduz a Carta de 1988 um avanço extraordinário na consolidação dos direitos e garantias fundamentais, situando-se como o documento mais abrangente e pormenorizado sobre os direitos humanos jamais adotado no Brasil. De todas as Constituições brasileiras, foi a Carta de 1988 a que mais assegurou a participação popular em seu processo de elaboração, a partir do recebimento de elevado número de emendas populares. É, assim, a Constituição que apresenta o maior grau de legitimidade popular.

Na avaliação do movimento de mulheres, um momento destacado na defesa dos direitos humanos das mulheres foi a articulação desenvolvida ao longo do período pré-1988, visando à obtenção de conquistas no âmbito constitucional. Este processo culminou na elaboração da *Carta das Mulheres Brasileiras aos Constituintes*, que contemplava as principais reivindicações do movimento de mulheres, a partir de ampla discussão e debate nacional. Em razão da competente articulação do movimento durante os trabalhos constituintes, o resultado foi a incorporação da maioria significativa das reivindicações formuladas pelas mulheres no texto constitucional de 1988.

Como observa Leila de Andrade Linhares Barsted:

> O movimento feminista brasileiro foi um ator fundamental nesse processo de mudança legislativa e social, denunciando desigualdades, propondo políticas públicas, atuando junto ao Poder Legislativo e, também, na interpretação da lei. Desde meados da década de 70, o movimento feminista brasileiro tem lutado em defesa da igualdade de direitos entre homens e mulheres, dos ideais de Direitos Humanos, defendendo a eliminação de todas as formas de discriminação, tanto nas leis como nas práticas sociais. De fato, a ação organizada do movimento de mulheres, no processo de elaboração da Constituição Federal de 1988, ensejou a

conquista de inúmeros novos direitos e obrigações correlatas do Estado, tais como o reconhecimento da igualdade na família, o repúdio à violência doméstica, a igualdade entre filhos, o reconhecimento de direitos reprodutivos, etc.[20]

Adiciona a mesma autora:

> Cabe ressaltar que a ampliação da cidadania das mulheres na Constituição de 1988 foi fruto de um notável processo político de diálogo entre a sociedade e os Poderes Executivo e Legislativo. As conquistas constitucionais, especialmente aquela que diz respeito à violência doméstica, deram força, na década de 90, às demandas, nos níveis estaduais e municipais, da criação de novos serviços, como abrigos e os serviços de atendimento jurídico, previstos em muitas Constituições Estaduais e Leis Orgânicas Municipais.[21]

Compreender e enfrentar, por meio de diversas e distintas estratégias, a opressão de gênero, a discriminação, a desigualdade, a violência e a exclusão que alcançam as mulheres, sempre constituiu o cerne do movimento feminista, considerando as suas mais plurais vertentes. A luta por plataformas igualitárias e emancipatórias nas relações entre os gêneros e a busca do pleno exercício de direitos humanos foi a fonte da dinâmica e do protagonismo do movimento de mulheres ao longo da história.

O êxito do movimento de mulheres, no tocante aos ganhos constitucionais, pode ser claramente evidenciado pelos dispositivos constitucionais que, dentre outros, asseguram:

a) a igualdade entre homens e mulheres em geral (art. 5º, I) e especificamente no âmbito da família (art. 226, §5º);

b) o reconhecimento da união estável como entidade familiar (art. 226, §3º, regulamentado pelas leis nº 8.971, de 29.12.1994, e nº 9.278, de 10.5.1996);

c) a proibição da discriminação no mercado de trabalho, por motivo de sexo ou estado civil (art. 7º, XXX, regulamentado pela Lei nº 9.029, de 13.4.1995, que proíbe a exigência de atestados de gravidez e esterilização e outras práticas discriminatórias para efeitos admissionais ou de permanência da relação jurídica de trabalho);

d) a proteção especial da mulher do mercado de trabalho, mediante incentivos específicos (art. 7º, XX, regulamentado pela Lei nº 9.799, de

---

[20] BARSTED, Leila de Andrade Linhares. Lei e realidade social: igualdade x desigualdade. In: AS MULHERES e os direitos humanos. Rio de Janeiro: Cepia, 2001. p. 35. Para a autora: "(...) esse quadro legislativo favorável foi fruto de um longo processo de luta das mulheres pela ampliação de sua cidadania, compreendida de forma restrita pela República brasileira inaugurada em 1889. As restrições aos direitos políticos das mulheres somente foram retiradas completamente na Constituição Federal de 1934; no plano dos direitos civis, até 1962, a mulher casada era considerada relativamente incapaz, necessitando da autorização do marido para exercer os mais elementares direitos, como, por exemplo, o direito ao trabalho. Até 1988, as mulheres casadas ainda eram consideradas colaboradoras do marido, competindo a estes a direção da sociedade conjugal. No que se refere aos direitos trabalhistas, até fins da década de 70, a lei, sob a rubrica de 'proteção', impedia a entrada da mulher em amplos setores do mercado de trabalho" (p. 34-35).

[21] BARSTED, Leila de Andrade Linhares. A violência contra as mulheres no Brasil e a Convenção de Belém do Pará dez anos depois. In: UNIFEM – Fundo de Desenvolvimento das Nações Unidas para a Mulher. *O progresso das mulheres no Brasil*. Brasília: Fundação Ford; Cepia, 2006. Disponível em: <http://www.mulheresnobrasil.org.br>. Acesso em: 26 ago. 2010. p. 257.

26.5.1999, que insere na Consolidação das Leis do Trabalho regras sobre o acesso da mulher ao mercado de trabalho);

e) o planejamento familiar como uma livre decisão do casal, devendo o Estado propiciar recursos educacionais e científicos para o exercício desse direito (art. 226, §7º, regulamentado pela Lei nº 9.263, de 12.1.1996, que trata do planejamento familiar, no âmbito do atendimento global e integral à saúde); e

f) o dever do Estado de coibir a violência no âmbito das relações familiares (art. 226, §8º, tendo sido prevista a notificação compulsória, em território nacional, de casos de violência contra a mulher que for atendida em serviços de saúde públicos ou privados, nos termos da Lei nº 10.778, de 24.11.2003. Ressalte-se que em 7.8.2006 foi adotada a Lei nº 11.340 — também denominada Lei Maria da Penha —, que de forma inédita cria mecanismos para coibir a violência doméstica e familiar contra a mulher, estabelecendo medidas para a prevenção, assistência e proteção às mulheres em situação de violência.[22]

Além destes avanços, merece ainda destaque a Lei nº 9.504, de 30.9.1997, que estabelece normas para as eleições, dispondo que cada partido ou coligação deverá reservar o mínimo de 30% e o máximo de 70% para candidaturas de cada sexo. Adicione-se, também, a Lei nº 10.224, de 15.5.2001, que ineditamente dispõe sobre o crime de assédio sexual.

Na experiência brasileira, há que se observar que os avanços obtidos no plano internacional têm sido capazes de impulsionar transformações internas. Neste sentido, cabe destaque ao impacto e à influência de documentos como a Convenção sobre a Eliminação da Discriminação contra a Mulher, de 1979, a Declaração e o Programa de Ação da Conferência Mundial de Direitos Humanos de Viena, de 1993, o Plano de Ação da Conferência Mundial sobre População e Desenvolvimento do Cairo, de 1994, a Convenção Interamericana para Prevenir, Punir e Erradicar a Violência contra a Mulher, de 1994, e a Declaração e a Plataforma de Ação da Conferência Mundial sobre a Mulher de Pequim, de 1995. Estes instrumentos internacionais inspiram o movimento de mulheres a exigir, no plano local, a implementação de avanços obtidos na esfera internacional. Na avaliação de Jacqueline Pitanguy:

> (...) à medida que novas questões foram incorporadas à agenda dos direitos humanos, os movimentos de mulheres também ampliaram as suas estratégias de luta diante dos seus governos nacionais. As Conferências do Cairo (1994), Pequim (1995), a CEDAW e as Convenções como a de Belém do Pará foram fundamentais para a institucionalização da cidadania e dos direitos humanos das mulheres no Brasil. Podemos afirmar que a agenda dos direitos humanos das mulheres influenciou o discurso político no Brasil e desencadeou políticas públicas, em

---

[22] Sobre a Lei Maria da Penha e seu processo de elaboração, com especial ênfase à articulação do movimento de mulheres, à litigância internacional perante a Comissão Interamericana e à consequente condenação do Estado Brasileiro no caso Maria da Penha, cf. PIOVESAN, Flávia. Violence against women in Brazil: international litigation and local advances. In: JAQUETTE, Jane S. (Ed.). *Feminist Agendas and Democracy in Latin America*. Durham: Duke University Press, 2009.

particular nos campos da saúde sexual e reprodutiva; dos direitos trabalhistas e previdenciários; dos direitos políticos e civis; e da violência de gênero.[23]

No que se refere à discriminação contra a mulher, a ordem jurídica brasileira está em absoluta consonância com os parâmetros protetivos internacionais, refletindo tanto a vertente repressiva-punitiva (pautada pela proibição da discriminação contra a mulher), como a vertente promocional (pautada pela promoção da igualdade, mediante políticas compensatórias). Contudo, a realidade apresenta padrões discriminatórios em diversos campos, como a esfera política e trabalhista.

No campo político, a título ilustrativo, a média nacional de participação de mulheres no poder Legislativo corresponde a 11,54%, enquanto a participação de homens corresponde a 88,46%. Note-se que as mulheres compõem 50,48% do eleitorado nacional. No Poder Executivo a participação de mulheres, em cargos públicos eletivos, atém-se a 5,71%, enquanto a participação masculina aponta a 94,29% (dados de 2001). Nos quadros da Administração Pública, embora as mulheres sejam 52,14% dos servidores públicos na esfera da Administração Direta, estão representadas em maior concentração em cargos de menor hierarquia funcional. Na medida em que se avança nos cargos de maior hierarquia funcional o número de mulheres decresce significativamente. A título exemplificativo, aponte-se que as mulheres compõem 45,53% dos cargos DAS1 (hierarquia inferior) e apenas 13,24% dos cargos DAS6 (hierarquia superior), conforme dados de 2001. No Poder Judiciário, até 2000 não havia qualquer mulher na composição dos Tribunais Superiores. Em 1998, a participação de mulheres era de apenas 2%, sendo que, em 2001, este percentual elevou-se a 8,20%. Observe-se que, no tocante às 1ª e 2ª instâncias jurisdicionais, a elevada participação das mulheres explica-se pelo fato desses cargos serem ocupados por concurso e não por indicação política, como ocorre nas instâncias superiores. Atente-se que, na 1ª instância jurisdicional, a participação de mulheres alcança em média 30%. Quanto à participação de mulheres nos demais setores, como é o caso das diretorias de empresas, a expressiva participação de mulheres só ocorre nas áreas de serviços sociais, comunitários e pessoais, alcançando 50,2% dos cargos. Nas demais áreas, como a indústria manufatureira, a participação de mulheres atém-se apenas a 11,5%. Estes dados apontam a segmentação do mercado de trabalho, uma vez mais a traduzir a dicotomia público e privado.[24]

Embora as mulheres sejam mais da metade da população nacional, sua representatividade nos quadros dos Poderes Públicos e nas demais instâncias decisórias está muito aquém dos 50%, alcançando, no máximo, o percentual de 12% (no caso do Legislativo).

---

[23] PITANGUY, Jacqueline; MIRANDA, Dayse. As mulheres e os direitos humanos. In: UNIFEM – Fundo de Desenvolvimento das Nações Unidas para a Mulher. *O progresso das mulheres no Brasil*. Brasília: Fundação Ford; Cepia, 2006. Disponível em: <http://www.mulheresnobrasil.org.br>. Acesso em: 26 ago. 2010. p. 29.

[24] PIOVESAN, Flávia. Direitos civis e políticos: a conquista da cidadania feminina. In: UNIFEM – Fundo de Desenvolvimento das Nações Unidas para a Mulher. *O progresso das mulheres no Brasil*. Brasília: Fundação Ford; Cepia, 2006. Disponível em: <http://www.mulheresnobrasil.org.br>. Acesso em: 26 ago. 2010. p. 32-52.

No campo trabalhista, para as mesmas profissões e níveis educacionais, as mulheres continuam percebendo cerca de 30% a menos do que os homens. Para José Pastore:

> (...) além das diferenças de renda, as mulheres enfrentam uma situação desfavorável na divisão das tarefas domésticas. Os dados indicam que os maridos brasileiros dedicam, em média, apenas 0,7 hora de seu dia ao trabalho do lar. As mulheres que trabalham fora põem 4 horas diárias.[25]

Quanto à violência contra a mulher,[26] embora a Constituição de 1988 seja a primeira a explicitar a temática, apenas em 2006 houve a aprovação de legislação específica (Lei nº 11.340/06 – Lei Maria da Penha), a instituir mecanismos para coibir a violência doméstica e familiar contra a mulher, estabelecendo medidas para a prevenção, assistência e proteção às mulheres em situação de violência. Faz-se emergencial a implementação da aludida legislação, com a adoção de políticas públicas voltadas à prevenção, punição e erradicação da violência contra a mulher, em todas as suas manifestações, eis que este padrão de violência constitui grave violação aos direitos humanos das mulheres.

No campo jurídico, a Lei Maria da Penha vem a sanar a omissão inconstitucional do Estado Brasileiro, que afrontava a Convenção sobre todas as formas de Discriminação contra a Mulher — a Convenção CEDAW da ONU, ratificada pelo Brasil em 1984 e sua Recomendação Geral nº 19, de 1992, que reconhece a natureza particular da violência dirigida contra a mulher, porque é mulher ou porque a afeta desproporcionalmente. Esta omissão afrontava também a Convenção Interamericana para Prevenir, Punir e Erradicar a Violência contra a Mulher (Convenção de Belém do Pará), ratificada pelo Brasil em 1995. Note-se que, diversamente de várias dezenas de países do mundo e de dezessete países da América Latina, o Brasil até 2006 não dispunha de legislação específica a respeito da violência contra a mulher. Até então aplicava-se a Lei nº 9.099/95, que instituiu os Juizados Especiais Criminais (JECrim) para tratar especificamente das infrações penais de menor potencial ofensivo e que, nos casos de violência contra a mulher, implicava naturalização deste padrão de violência, reforçando a hierarquia entre os gêneros e a subsequente vulnerabilidade feminina.

Por força das referidas Convenções, o Brasil assumiu o dever de adotar leis e implementar políticas públicas destinadas a prevenir, punir e erradicar a violência contra a mulher. Neste mesmo sentido, o país recebeu recomendações específicas do Comitê CEDAW/ONU e da Comissão Interamericana de Direitos

---

[25] PASTORE, José. O trabalho da mulher. *O Estado de S.Paulo*, São Paulo, 6 mar. 2007. Disponível em: <http://www.josepastore.com.br/artigos/mu/mu_002.htm>. Acesso em: 27 ago. 2010.
[26] Para Leila de Andrade Linhares Barsted: "No Brasil, o enfrentamento da violência de gênero ocupa lugar de destaque na agenda do movimento feminista. Esse movimento tem compreendido que tal violência apresenta formas distintas de manifestações e, na maioria das vezes, é agravada por determinadas características das mulheres. (...) A ação do movimento de mulheres brasileiras no enfrentamento da violência doméstica e sexual, de forma mais sistemática, data do final da década de 1970, quando as feministas tiveram participação ativa no desmonte da famosa tese da 'legítima defesa da honra'" (BARSTED, Leila de Andrade Linhares. A violência contra as mulheres no Brasil e a Convenção de Belém do Pará dez anos depois. In: UNIFEM – Fundo de Desenvolvimento das Nações Unidas para a Mulher. *O progresso das mulheres no Brasil*. Brasília: Fundação Ford; Cepia, 2006. Disponível em: <http://www.mulheresnobrasil.org.br>. Acesso em: 26 ago. 2010. p. 255-256).

Humanos/OEA, que culminaram no advento da Lei nº 11.340, em 7.8.2006 — conquista histórica na afirmação dos direitos humanos das mulheres. Destacam-se sete inovações extraordinárias introduzidas pela Lei Maria da Penha:
a) mudança de paradigma no enfrentamento da violência contra a mulher;
b) incorporação da perspectiva de gênero para tratar da desigualdade e da violência contra a mulher;
c) incorporação da ótica preventiva, integrada e multidisciplinar;
d) fortalecimento da ótica repressiva;
e) harmonização com a Convenção CEDAW/ONU e com a Convenção Interamericana para Prevenir, Punir e Erradicar a Violência contra a Mulher;
f) consolidação de um conceito ampliado de família e visibilidade ao direito à livre orientação sexual; e
g) estímulo à criação de bancos de dados e estatísticas.

Na visão de Leila de Andrade Linhares Barsted:

> O balanço de mais de uma década no enfrentamento da violência contra as mulheres no Brasil revela o importante papel dos movimentos de mulheres no diálogo com o Estado em suas diferentes dimensões. (...) Não há dúvidas de que, ao longo das três últimas décadas, o movimento de mulheres tem sido o grande impulsionador das políticas públicas de gênero, incluindo aquelas no campo da prevenção da violência. Mas, apesar das conquistas obtidas, é inegável a persistência da violência doméstica e sexual contra a mulher no Brasil.[27]

Estudos apontam a dimensão epidêmica da violência doméstica. Segundo pesquisa feita pela Human Rights Watch,[28] a cada 100 mulheres assassinadas no Brasil, 70 o são no âmbito de suas relações domésticas. De acordo com pesquisa realizada pelo Movimento Nacional de Direitos Humanos, 66,3% dos acusados em homicídios contra mulheres são seus parceiros.[29] Ainda, no Brasil, a impunidade acompanha intimamente essa violência.[30] Estima-se que, em 1990, no Estado do Rio de Janeiro, nenhum dos dois mil casos de agressão contra mulheres registrados em delegacias terminou na punição do acusado. No Estado de São Luiz,

---

[27] BARSTED, Leila de Andrade Linhares. A violência contra as mulheres no Brasil e a Convenção de Belém do Pará dez anos depois. In: UNIFEM – Fundo de Desenvolvimento das Nações Unidas para a Mulher. *O progresso das mulheres no Brasil*. Brasília: Fundação Ford; Cepia, 2006. Disponível em: <http://www.mulheresnobrasil.org.br>. Acesso em: 26 ago. 2010. p. 288.
[28] WRP – Women's Rights Project. *Criminal Injustice*: Violence against Women in Brazil. New York: Human Rights Watch, 1991. (An Americas Watch report). O relatório da Human Rights Watch afirma ainda que, "de mais de 800 casos de estupro reportados a delegacias de polícia em São Paulo de 1985 a 1989, menos de um quarto foi investigado". Esclarece o mesmo relatório: "a delegacia de mulheres de São Luis no Estado do Maranhão reportou que, de mais de 4000 casos de agressões físicas e sexuais registrados, apenas 300 foram processados e apenas dois levaram à punição do acusado".
[29] Cf. OLIVEIRA, Dijaci David de; GERALDES, Elen Cristina; LIMA, Ricardo Barbosa de (Coord.). *Primavera já partiu*: retrato dos homicídios femininos no Brasil. Petrópolis: Vozes, 1998.
[30] Cf. JORNAL DA REDESAÚDE. Porto Alegre: Rede Feminista de Saúde, n. 19, nov. 1999. 49 p. Disponível em: <http://www.redesaude.org.br/jornal.htm>. Acesso em: 27 ago. 2010, *apud* PANDJIARJIAN, Valéria. Os estereótipos de gênero nos processos judiciais e a violência contra a mulher na legislação. *Rede Mulher de Educação*. Disponível em: <http://www.redemulher.org.br/valeria.html>. Acesso em: 27 ago. 2010.

relata-se, para este mesmo ano, que dos quatro mil casos registrados apenas dois haviam resultado em punição do agente.[31]

A violência doméstica ocorre não apenas em classes socialmente mais desfavorecidas e em países em desenvolvimento como o Brasil, mas em diferentes classes e culturas.[32] Para o Comitê sobre a Eliminação da Discriminação contra a Mulher (CEDAW):

> A violência doméstica é uma das mais insidiosas formas de violência contra mulher. Prevalece em todas as sociedades. No âmbito das relações familiares, mulheres de todas as idades são vítimas de violência de todas as formas, incluindo o espancamento, o estupro e outras formas de abuso sexual, violência psíquica e outras, que se perpetuam por meio da tradição. A falta de independência econômica faz com que muitas mulheres permaneçam em relações violentas. (...) Estas formas de violência submetem mulheres a riscos de saúde e impedem a sua participação na vida familiar e na vida pública com base na igualdade.

Ressalte-se que, segundo a ONU, a violência doméstica é a principal causa de lesões em mulheres entre 15 e 44 anos no mundo. A violência doméstica ainda apresenta como consequência o prejuízo financeiro. Em conformidade com o Banco Interamericano de Desenvolvimento (BID), uma em cada cinco mulheres que faltam ao trabalho o fazem por terem sofrido agressão física.[33] A violência doméstica compromete 14,6% do Produto Interno Bruto (PIB) da América Latina, cerca US$170 bilhões. No Brasil, a violência doméstica custa ao país 10,5% do seu PIB.[34]

No que tange aos direitos reprodutivos, a Carta de 1988 simboliza novamente um avanço ao reconhecer o planejamento familiar como uma livre decisão do casal, devendo o Estado propiciar recursos educacionais e científicos para o exercício desse direito, vedada qualquer coerção. Resta, todavia, a necessidade de assegurar amplos programas de saúde reprodutiva, reavaliando a legislação punitiva referente ao aborto, de modo a convertê-lo efetivamente em problema de saúde pública. Atente-se que a taxa de mortalidade materna no Brasil é cerca de 110 mortes por 100.000, contra 3,6 no Canadá. Conforme conclusões da CPI da Mortalidade Materna, o Brasil apresenta um índice de mortalidade materna de cerca de 10 a 20 vezes da considerada aceitável. Observe-se que a distribuição do óbito materno não é homogênea no país, sendo mais alta na região Norte e mais baixa na região Sudeste.

---

[31] WRP – Women's Rights Project. *Criminal Injustice*: Violence against Women in Brazil. New York: Human Rights Watch, 1991. (An Americas Watch report) *apud* STEINER, Henry; ALSTON, Philip; GOODMAN, Ryan. *International Human Rights in Context*: Law, Politics, Morals: Text and Materials. 3rd ed. Oxford: Oxford University Press, 2007. p. 171.

[32] CEDAW – Convention on the Elimination of All Forms of Discrimination against Women. Violence against women. General Recommendation n. 19 (11th session, 1992). *Division for the Advancement of Women*. Disponível em: <http://www.un.org/womenwatch/daw/cedaw/recommendations/recomm.htm>. Acesso em: 27 ago. 2010.

[33] Cf. *Folha de S.Paulo*. São Paulo, 21 jul. 1998. Caderno São Paulo, p. 1, 3.

[34] Cf. JORNAL DA REDESAÚDE. Porto Alegre: Rede Feminista de Saúde, n. 19, nov. 1999. 49 p. Disponível em: <http://www.redesaude.org.br/jornal.htm>. Acesso em: 27 ago. 2010, *apud* PANDJIARJIAN, Valéria. Os estereótipos de gênero nos processos judiciais e a violência contra a mulher na legislação. *Rede Mulher de Educação*. Disponível em: <http://www.redemulher.org.br/valeria.html>. Acesso em: 27 ago. 2010.

O aborto persiste como a quarta causa de morte materna no Brasil, sendo sua vítima preferencial a mulher baixa renda. O país tem quase dois abortos clandestinos por minuto.[35] Estima-se que entre 750 mil a 1,4 milhão de abortos clandestinos foram realizados apenas em 2000, de acordo com o Dossiê aborto inseguro, realizado pela Rede Feminista de Saúde. Estes números apontam que "a ilegalidade [do aborto] não os tem impedido [de acontecer], mas apenas piorado as condições em que são realizados e agravados os riscos inerentes a essa prática".[36] A legislação repressiva-punitiva tem impacto, sobretudo, na vida de mulheres de baixa renda que, destituídas de outros meios e recursos, ora são obrigadas a prosseguir na gravidez indesejada, ora sujeitam-se à prática de aborto em condições de absoluta insegurança. As mulheres que têm recursos financeiros são atendidas de modo seguro, com qualidade e sem risco para sua saúde e vida, enquanto mulheres economicamente desfavorecidas continuam a submeter-se ao aborto clandestino e inseguro. Como realça Jandira Feghali:

> A ilegalidade aprofunda o abismo entre mulheres pobres e ricas. Divide o direito à vida por classe. Existem aquelas mulheres que podem realizar o procedimento em clínicas adequadas e aquelas que põem em risco a própria vida e a possibilidade de futuras gestações desejadas em clínicas sem a menor condição ou em auto-abortos. São essas últimas que batem às portas do Sistema Único e Saúde com as seqüelas de abortamentos realizados de forma insegura. Somente em 2004, cerca de 240.000 internações foram motivadas por curetagens pós-aborto, correspondentes aos casos de complicações decorrentes de abortamentos inseguros.[37]

Não obstante o quadro de violações aos direitos humanos das mulheres, no âmbito jurídico-normativo, o período pós-1988 é marcado pela adoção de uma ampla normatividade nacional voltada à proteção dos direitos humanos, ao que se conjuga a crescente adesão do Brasil aos principais tratados internacionais de proteção dos direitos humanos. A Constituição Federal de 1988 celebra, deste modo, a reinvenção do marco jurídico normativo brasileiro no campo da proteção dos direitos humanos.

Desde o processo de democratização do país e em particular a partir da Constituição Federal de 1988, os mais importantes tratados internacionais de proteção dos direitos humanos foram ratificados pelo Brasil.

Além dos significativos avanços decorrentes da incorporação, pelo Estado Brasileiro, da normatividade internacional de proteção dos direitos humanos, o pós-1988 apresenta a mais vasta produção normativa de direitos humanos de toda a história legislativa brasileira. Pode-se afirmar que a maior parte das normas de proteção aos direitos humanos foi elaborada após a Constituição de 1988, em sua decorrência e sob a sua inspiração.

---

[35] Cf. *Folha de S.Paulo*. São Paulo, 10 dez. 2004.
[36] Cf. SORRENTINO, Sara Romera. Dossiê aborto inseguro. *Rede Feminista de Saúde*. Disponível em: <http://www.redesaude.org.br/dossies.htm>. Acesso em: 27 ago. 2010.
[37] FEGHALI, Jandira. Aborto no Brasil: obstáculos para o avanço da legislação. In: CAVALCANTE, Alcilene; XAVIER, Dulce (Org.). *Em defesa da vida*: aborto e direitos humanos. São Paulo: Católicas pelo Direito de Decidir, 2006. p. 224.

Como atenta Leila de Andrade Linhares Barsted:

(...) nosso país não só assinou todos os documentos relativos ao reconhecimento e às proteções aos direitos humanos das mulheres, como apresenta um quadro legislativo bastante avançado no que se refere à igualdade de direitos entre homens e mulheres.[38]

No mesmo sentido, afirma Jacqueline Pitanguy:

As últimas décadas do século 20 foram caracterizadas por um processo de consolidação da nova linguagem dos direitos humanos, que passou a contemplar também preocupações com a cidadania feminina e as relações de gênero. Paralelamente à ampliação do espaço institucional ocupado pela questão dos direitos humanos em todo mundo, verificou-se a incorporação de novas dimensões nessa agenda: assuntos como reprodução, violência e sexualidade começaram a fazer parte das discussões. No Brasil, os debates em torno de uma moderna concepção de humanidade, não mais calcada apenas na figura abstrata do homem, impulsionaram a adoção de políticas públicas e leis nos campos da saúde sexual e reprodutiva, do trabalho, dos direitos políticos e civis e da violência de gênero.[39]

4 Conclusão

Os avanços significativos obtidos nas esferas constitucional e internacional, reforçados, por vezes, mediante legislação infraconstitucional esparsa, que refletem, cada qual ao seu modo, as reivindicações e anseios contemporâneos das mulheres, não foi ainda capaz de romper em definitivo com a ótica sexista e discriminatória com relação às mulheres, que as impedem de exercer, com plena autonomia e dignidade, seus direitos mais fundamentais. A realidade brasileira revela um grave padrão de desrespeito aos mais elementares direitos humanos de que são titulares as mulheres, mais da metade da população nacional.[40]

Os avanços constitucionais e internacionais, que consagram a ótica da igualdade entre os gêneros, têm, por vezes, a sua força normativa gradativamente pulverizada e reduzida, mediante uma cultura que praticamente despreza o alcance destas inovações, sob uma perspectiva discriminatória, fundada em

---

[38] BARSTED, Leila de Andrade Linhares. Lei e realidade social: igualdade x desigualdade. In: AS MULHERES e os direitos humanos. Rio de Janeiro: Cepia, 2001. p. 34.

[39] PITANGUY, Jacqueline; MIRANDA, Dayse. As mulheres e os direitos humanos. In: UNIFEM – Fundo de Desenvolvimento das Nações Unidas para a Mulher. *O progresso das mulheres no Brasil*. Brasília: Fundação Ford; Cepia, 2006. Disponível em: <http://www.mulheresnobrasil.org.br>. Acesso em: 26 ago. 2010. p. 16.

[40] A respeito, cf. PANDJIARJIAN, Valéria. La morada de los derechos: el derecho a la vivienda en el marco de los derechos humanos económicos, sociales y culturales de las mujeres en Brasil. *CLADEM – Comité de América Latina y El Caribe para la Defensa de los Derechos de la Mujer*. São Paulo, dez. 2007. Disponível em: <http://www.cladem.org>. Acesso em: 27 ago. 2010. Cf., ainda, PIOVESAN, Flávia; PIMENTEL, Silvia. *Contribuição a partir da perspectiva de gênero ao relatório alternativo sobre o Pacto Internacional dos Direitos Econômicos, Sociais e Culturais (PIDESC)*. CLADEM – Comité de América Latina y El Caribe para la Defensa de los Derechos de la Mujer, 2003; PIOVESAN, Flávia; PIMENTEL, Silvia (Coord.). *Relatório nacional brasileiro*: Convenção sobre a Eliminação de Todas as Formas de Discriminação contra a Mulher – CEDAW: protocolo facultativo. Brasília: Ministério das Relações Exteriores; Ministério da Justiça – Secretaria de Estado dos Direitos da Mulher, 2002; e UNIFEM – Fundo de Desenvolvimento das Nações Unidas para a Mulher. *O progresso das mulheres no Brasil*. Brasília: Fundação Ford; Cepia, 2006. Disponível em: <http://www.mulheresnobrasil.org.br>. Acesso em: 26 ago. 2010.

uma dupla moral, que ainda atribui pesos diversos e avaliações morais distintas a atitudes praticadas por homens e mulheres. Vale dizer, os extraordinários ganhos internacionais, constitucionais e legais não implicaram automaticamente a sensível mudança cultural, que, muitas vezes, adota como referência os valores da normatividade pré-1988 e não os valores da normatividade introduzida a partir da Carta democrática de 1988, reforçados e revigorados pelos parâmetros protetivos internacionais.

Daí a urgência em se fomentar uma cultura fundada na observância dos parâmetros internacionais e constitucionais de proteção aos direitos humanos das mulheres, visando à implementação dos avanços constitucionais e internacionais já alcançados, que consagram uma ótica democrática e igualitária em relação aos gêneros. Há que se criar uma cultura, sob a perspectiva de gênero, que seja capaz de visualizar a mulher e fazer visíveis as relações de poder entre os gêneros. Essa cultura há de ter como pressuposto o padrão de discriminação e as experiências de exclusão e violência sofridas por mulheres.[41] Deve ter como objetivo central a tarefa de transformar essa realidade. Como meio, essa cultura deve se valer dos instrumentos internacionais de proteção dos direitos da mulher e das Constituições democráticas.[42]

Incorporar a perspectiva de gênero impõe, sobretudo, o desafio de mudança de paradigmas. Esse desafio aponta à necessidade de introjetar novos valores e uma nova visão de Direito, de sociedade e de mundo. Traduz também a necessidade de inclusão de grande parcela da população mundial e da inclusão de seu modo de perceber e compreender a realidade.[43]

Neste contexto, acentua-se a responsabilidade dos Poderes Públicos e dos atores políticos, destacando-se o papel do Poder Legislativo federal,

---

[41] Observa Alda Facio Montejo: "(...) se é certo que os homens têm sofrido discriminações por sua pertença a uma classe, etnia, e/ou preferência sexual, etc., NENHUM homem sofre discriminação por pertencer ao sexo masculino, ao passo que TODAS as mulheres a sofrem por pertencer ao sexo feminino (além da discriminação por classe, etnia, e/ou preferência sexual, etc.)" (FACIO MONTEJO, Alda. *Cuando el género suena cambios trae*: una metodologia para el análisis de género del fenómeno legal. San José, Costa Rica: Ilanud, 1992. p. 13). A respeito, afirmam Katharine T. Bartlett e Rosanne Kennedy: "(...) há um amplo consenso de que, embora seja pedagógico à teoria feminista expor as implícitas hierarquias e exclusões e o modo pelo qual são construídas, as feministas também devem adotar atitudes positivas no sentido de transformar as práticas institucionais e sociais" (BARTLETT, Katharine T.; KENNEDY, Rosanne (Ed.). *Feminist legal theory*: readings in law and gender. Boulder: Westview Press, 1991. p. 10). Cf., ainda, RHODE, Deborah L. Feminist Critical Theories. In: BARTLETT, Katharine T.; KENNEDY, Rosanne (Ed.). *Feminist legal theory*: readings in law and gender. Boulder: Westview Press, 1991. p. 333-350.

[42] "Não obstante as dificuldades e o desafio em buscar transformações através do Direito, este apresenta oportunidades ao feminismo. Direito é poder. (...) As reformas legais podem não apenas criar, como também resolver problemas relativos ao feminismo. Ainda que essas reformas não impliquem instantaneamente em avanços na vida das mulheres, constituem, todavia, um requisito necessário a uma significativa mudança social" (BARTLETT, Katharine T.; KENNEDY, Rosanne (Ed.). *Feminist legal theory*: readings in law and gender. Boulder: Westview Press, 1991. p. 4). No mesmo sentido, afirma Alda Facio Montejo: "O Direito, apesar de ser um obstáculo para o desenvolvimento da personalidade feminina, pode ser um instrumento de transformações estruturais, culturais ou pessoais, que necessariamente levará mulheres a melhores condições de vida" (FACIO MONTEJO, Alda. *Cuando el género suena cambios trae*: una metodología para el análisis de género del fenómeno legal. San José, Costa Rica: Ilanud, 1992. p. 22).

[43] Afirma Boutros Boutros-Ghali, ex-Secretário-Geral da ONU: "Sem progresso na situação das mulheres não pode haver nenhum desenvolvimento social verdadeiro. Os direitos humanos não merecem esse nome se excluem a metade da humanidade. A luta pela igualdade da mulher faz parte da luta por um mundo melhor para todos os seres humanos e todas as sociedades". No mesmo sentido, pondera Deborah L. Rhode: "Embora nós não possamos saber *a priori* o que caracteriza uma boa sociedade, nós seguramente sabemos o que não a caracteriza. Trata-se da sociedade baseada na disparidade entre os gêneros, no que tange ao *status*, ao poder e à segurança. Trata-se da sociedade que nega à maioria de seus membros o controle efetivo sobre aspectos de sua existência diária" (RHODE, Deborah L. Feminist Critical Theories. In: BARTLETT, Katharine T.; KENNEDY, Rosanne (Ed.). *Feminist legal theory*: readings in law and gender. Boulder: Westview Press, 1991. p. 345).

estadual e municipal na promoção e defesa dos direitos humanos das mulheres, enfrentando, por meio de eficazes medidas legislativas e sob a perspectiva de gênero, a discriminação e a violência contra a mulher, bem como a violação aos seus direitos sexuais e reprodutivos.

No amplo horizonte histórico de construção dos direitos humanos das mulheres, jamais se caminhou tanto quanto nas últimas três décadas. Elas compõem o marco divisório em que se concentram os maiores avanços emancipatórios, invocando, sobretudo, a reinvenção da linguagem de seus direitos. A ética emancipatória dos direitos humanos demanda transformação social, a fim de que as mulheres possam exercer, em sua plenitude, suas potencialidades, sem violência e discriminação.

Para encerrar, reitere-se o legado de Viena: os direitos humanos das mulheres são parte inalienável, integral e indivisível dos direitos humanos universais. Não há direitos humanos sem a plena observância dos direitos das mulheres, ou seja, não há direitos humanos sem que metade da população mundial exerça, em igualdade de condições, os direitos mais fundamentais. Afinal, como lembra Amartya Sen, "nada atualmente é tão importante na economia política do desenvolvimento quanto o reconhecimento adequado da participação e da liderança política, econômica e social das mulheres. Esse é um aspecto crucial do desenvolvimento como liberdade".[44]

Informação bibliográfica deste texto, conforme a NBR 6023:2002 da Associação Brasileira de Normas Técnicas (ABNT):

PIOVESAN, Flávia. Direitos humanos das mulheres: proteção internacional e constitucional. *In*: BERTOLDI, Márcia Rodrigues; OLIVEIRA, Kátia Cristine Santos de (Coord.). *Direitos fundamentais em construção*: estudos em homenagem ao ministro Carlos Ayres Britto. Belo Horizonte: Fórum, 2010. p. 81-97. ISBN 978-85-7700-367-9.

---

[44] SEN, Amartya. *Desenvolvimento como liberdade*. Tradução de Laura Teixeira Motta. São Paulo: Companhia das Letras, 2000. p. 220.

A Dignidade da Pessoa Humana e o Testamento Vital no Ordenamento Constitucional Brasileiro

Roberto Dias

Sumário: 1 Dignidade, vida e liberdade – **1.1** A dignidade – **1.2** O direito à vida – **1.3** A liberdade – **2** A morte e o testamento vital – **2.1** O direito à informação e o consentimento do paciente – **2.2** A recusa de se submeter a tratamento médico – **2.3** O testamento vital

O objetivo deste ensaio é analisar a viabilidade constitucional de uma pessoa, com base em sua noção de dignidade, manifestar a vontade, por escrito, sobre os procedimentos médicos que admitirá ou não aceitará quando, por qualquer motivo, se tornar inábil para expressar os desejos sobre as intervenções médicas que afetem sua saúde, seu corpo, sua vida e sua morte.[1] O documento com essas características é conhecido, entre os norte-americanos, como *living will*, podendo ser traduzido como "testamento vital". A questão a ser respondida neste artigo, então, é a seguinte: o ordenamento constitucional brasileiro admite o testamento vital?

1 Dignidade, vida e liberdade

1.1 A dignidade

Kant, na *Fundamentação da metafísica dos costumes*, distingue as *pessoas* das *coisas*, afirmando que os seres irracionais "têm um valor meramente relativo, como meios, e por isso denominam-se *coisas*, ao passo que os seres racionais denominam-se *pessoas*, porque a sua natureza os distingue já como fins em si mesmos, ou seja, como algo que não pode ser empregado como simples meio".[2]

Daí a formulação do imperativo prático nos seguintes termos: "age de tal maneira que possas usar a humanidade, tanto em tua pessoa como na pessoa

---

[1] Essa noção leva em conta o conceito de testamento vital fornecido por ROCHA, Cármen Lúcia Antunes. Vida digna: direito, ética e ciência (os novos domínios científicos e seus reflexos jurídicos). *In:* ROCHA, Cármen Lúcia Antunes (Coord.). *O direito à vida digna*. Belo Horizonte: Fórum, 2004, p. 170.
[2] KANT, Immanuel. *Fundamentação da metafísica dos costumes e outros escritos*. Trad. de Leopoldo Holzbach. São Paulo: Martin Claret, 2005. p. 58-59.

de qualquer outro, sempre e simultaneamente como fim e nunca simplesmente como meio".[3]

A partir dessas noções, Kant conclui que a pessoa — considerada como um fim e nunca como um meio para se atingir certo resultado — participa da criação da legislação universal, que ela mesma se dá e obedece. Mas essa legislação "deve ter uma dignidade, um valor incondicional, incomparável, para o qual só a palavra *respeito* confere a expressão conveniente da estima que um ser racional deve lhe tributar".[4] Para ele, por fim, o fundamento da dignidade humana e único princípio da moral é a autonomia da vontade, entendida como "não escolher senão de modo a que as máximas da escolha do próprio querer sejam simultaneamente incluídas como lei universal".[5]

Portanto, o conceito kantiano de dignidade está intrinsecamente relacionado à noção de respeito e de autonomia, não se compatibilizando com a ideia de preço e de servidão. Além disso, só é possível conceber a dignidade na medida em que as pessoas forem entendidas como fins e não como meios voltados à consecução de determinados objetivos. Assim, as pessoas não podem ser reduzidas a meros objetos do Estado e de terceiros, não devem ser coisificadas,[6] mas consideradas como sujeitos de direito, autônomas e, nesses termos, merecedoras de respeito.

Como se nota da previsão constitucional brasileira, o fundamento do Estado Democrático de Direito não é a "dignidade humana", mas diz respeito especificamente à dignidade da *pessoa* humana. Essa expressão tem relevância ao indicar que o dispositivo constitucional se dirige à pessoa concreta e individual e não a um ser ideal e abstrato, como adverte Jorge Miranda. Via de consequência, deve-se afastar interpretações auto ritárias desse dispositivo constitucional que busquem sacrificar direitos "em nome de pretensos interesses coletivos".[7]

---

[3] KANT, Immanuel. *Fundamentação da metafísica dos costumes e outros escritos*, p. 59.

[4] KANT, Immanuel. *Fundamentação da metafísica dos costumes e outros escritos*, p. 66.

[5] KANT, Immanuel. *Fundamentação da metafísica dos costumes e outros escritos*, p. 70-71. No mesmo livro, o autor menciona que "a todo ser racional que tem uma vontade devemos lhe atribuir necessariamente também a ideia da liberdade, sob a qual ele age" (p. 81). E, em outra obra, Kant afirma que a "liberdade (a independência de ser constrangido pela escolha alheia), na medida em que pode coexistir com a liberdade de todos os outros de acordo com uma lei universal, é o único direito original pertencente a todos os homens em virtude da humanidade destes" (*A metafísica dos costumes*. Trad. de Edson Bini. Bauru: Edipro, 2003. p. 83). Mais de dois séculos antes de Kant, ou seja, na segunda metade do século XV, na passagem da Idade Média para o mundo moderno, Giovanni Pico Della Mirandola, com sua formação religiosa, desenvolvia ideais antropocêntricos, afirmando a importância do livre arbítrio para a dignidade do homem, com a seguinte passagem de uma suposta fala de Deus dirigida a Adão: "Ó Adão, não te demos nem um lugar determinado, nem um aspecto que te seja próprio, nem tarefa alguma específica, a fim de que obtenhas e possuas aquele lugar, aquele aspecto, aquela tarefa que tu seguramente desejares, tudo segundo o teu parecer e a tua decisão. A natureza bem definida dos outros seres é refreada por leis por nós prescritas. Tu, pelo contrário, não constrangido por nenhuma limitação, determiná-la-ás para ti, segundo o teu arbítrio, a cujo poder te entreguei. Coloquei-te no meio do mundo para que daí possas olhar melhor tudo o que há no mundo. Não te fizemos celeste nem terreno, nem mortal nem imortal, a fim de que tu, árbitro e soberano artífice de ti mesmo, te plasmasses e te informasses, na forma que tivesses seguramente escolhido" (*Discurso sobre a dignidade do homem*. Edições 70: Lisboa, 2006. p. 57).

[6] Nesse sentido, verificar NOBRE JÚNIOR, Edílson Pereira. O direito brasileiro e o princípio da dignidade da pessoa humana. *Revista dos Tribunais*, São Paulo, v. 777, p. 476, jul. 2000.

[7] MIRANDA, Jorge. A Constituição portuguesa e a dignidade da pessoa humana. *Revista de Direito Constitucional e Internacional*, São Paulo, v. 45, p. 84, out./dez. 2003. Nesse texto, o autor, na nota de rodapé 11, afirma, com acerto, que "não é o mesmo falar em *dignidade da pessoa humana* e em *dignidade humana*. Aquela expressão dirige-se ao homem concreto e individual; esta à humanidade, entendida ou como qualidade comum a todos os homens ou como conjunto que os engloba e ultrapassa. Declarando a comunidade política portuguesa 'baseada na dignidade da pessoa humana', a Constituição afasta e repudia qualquer tipo de interpretação transpersonalista ou simplesmente autoritária que pudesse permitir o sacrifício dos direitos ou até da personalidade individual em nome de pretensos interesses coletivos". No mesmo sentido, conferir CAMARGO, Marcelo Novelino. O conteúdo jurídico da dignidade da pessoa humana. *In*: CAMARGO, Marcelo Novelino (Org.). *Direito constitucional*: leituras complementares, Salvador: Juspodium, 2006. p. 62-63.

Ao positivar o direito à vida, à liberdade, à igualdade, à segurança, à propriedade, à educação, à saúde, ao trabalho, à moradia, ao lazer, à previdência social, à cultura, ao desporto, à assistência social, além de muitos outros, como os direitos políticos ou o direito a um meio ambiente ecologicamente equilibrado, a Constituição brasileira está contemplando o respeito à dignidade da pessoa humana em várias dimensões e com intensidades diferentes.

Em outras palavras, a dignidade da pessoa humana está no núcleo de todos os direitos fundamentais, isto é, tanto no cerne dos tradicionais direitos individuais ligados à liberdade, que surgem para impedir a atuação do Estado, como dos direitos que procuram assegurar a igualdade das pessoas por meio da prestação do Estado.[8] Mais do que isso, a dignidade da pessoa humana há de ser compreendida como núcleo daqueles direitos comumente chamados de terceira dimensão, como o direito à paz, à solidariedade e a um meio ambiente ecologicamente equilibrado. E não se pode excluir a dignidade da pessoa humana do núcleo dos direitos atinentes às recentes pesquisas genéticas.

Em suma, como explica Ingo Wolfgang Sarlet, em cada direito fundamental está presente um conteúdo ou, ao menos, uma projeção de intensidade variável da dignidade da pessoa humana.[9] A pessoa, considerada como sujeito de direitos e nunca como objeto da intervenção do Estado ou de terceiros, forma a essência de todos os direitos fundamentais e deve ser respeitada como tal.

Por seu turno, Jesús Gonzáles Pérez afirma que o homem, como sujeito de direitos e obrigações, deve respeitar a dignidade dos demais. Mas especialmente o Estado, para além de reconhecer a dignidade das pessoas, deve respeitá-la e protegê-la. Assim, os entes públicos devem se abster "de qualquer medida que suponha um atentado à dignidade". Além disso, deve "impedir os atentados dos particulares, adotando as medidas adequadas para evitá-los e reagindo aos ataques de qualquer tipo com meios proporcionais e suficientes".[10] Mais do que isso, o Estado deve promover as condições adequadas para tornar a dignidade possível e está obrigado a remover os obstáculos que impeçam seu exercício com plenitude.[11]

Em sentido análogo, Ingo Wolfgang Sarlet sustenta que "a dignidade da pessoa humana é simultaneamente limite e tarefa dos poderes estatais", bem como da comunidade em geral. Para esse autor, essa condição dúplice aponta para uma "dimensão defensiva e prestacional da dignidade". E explica que a dignidade, como limite, "implica não apenas que a pessoa não pode ser reduzida à condição de mero objeto da ação própria e de terceiros, mas também o fato de a dignidade gerar direitos fundamentais (negativos) contra atos que a violem ou a exponham a graves ameaças". Já, como tarefa, a previsão constitucional da dignidade da

---

[8] Nesse sentido, verificar, por exemplo, SARMENTO, Daniel. *A ponderação de interesses na Constituição Federal*. Rio de Janeiro: Lumen Juris, 2003. p. 70-71. Esse autor afirma que o "Estado tem não apenas o dever de se abster de praticar atos que atentem contra a dignidade humana, como também o de promover esta dignidade através de condutas ativas, garantindo o mínimo existencial para cada ser humano em seu território".
[9] SARLET, Ingo Wolfgang. *Dignidade da pessoa humana e direitos fundamentais na Constituição Federal de 1988*. 5. ed. Porto Alegre: Livraria do Advogado, 2007. p. 86 e seguintes.
[10] GONZÁLES PÉREZ, Jesús *La dignidad de la persona*. Madri: Civitas, 1986. p. 60-62.
[11] GONZÁLES PÉREZ, Jesús. *La dignidad de la persona*, p. 59 e 63.

pessoa humana impõe "deveres concretos de tutela por parte dos órgãos estatais, no sentido de proteger a dignidade de todos, assegurando-lhe também por meio de medidas positivas (prestações) o devido respeito e promoção".[12]

Com efeito, quando a Constituição brasileira estabelece, por exemplo, que "ninguém será submetido a tortura nem a tratamento desumano e degradante" (art. 5º, inciso III), além de exigir uma abstenção por parte do Estado e dos particulares, também impõe aos entes públicos a adoção de medidas voltadas a garantir o respeito à integridade física e mental dos seres humanos, de modo a que a dignidade das pessoas seja preservada.

A mesma Constituição, ao consagrar que "homens e mulheres são iguais em direitos e obrigações" (art. 5º, inciso I), impede que os entes públicos e privados criem discriminações abusivas com base no sexo, mas ao mesmo tempo exige ações voltadas a promover tal igualdade, sob pena de violar a dignidade das pessoas.

Do mesmo modo, ao prever que "é livre o exercício de qualquer trabalho, ofício ou profissão, atendidas as qualificações que a lei estabelecer" (art. 5º, inciso XII), a Constituição impõe a obrigação de não se praticar determinados atos, mas, simultaneamente, reclama atitudes que viabilizem o exercício de tal liberdade, com vistas a garantir a dignidade da pessoa humana.

Na medida em que a Constituição estatui que a pequena propriedade rural, desde que trabalhada pela família, não pode ser objeto de penhora para pagamento de débitos decorrentes de sua atividade produtiva (art. 5º, inciso XXVI), ela, da mesma forma, impõe a prática de certos atos e exige determinadas abstenções de maneira que o direito de propriedade e o direito ao trabalho sejam respeitados, protegidos e promovidos, atendendo ao preceito da dignidade da pessoa humana.

Quando a Constituição diz que a segurança pública é dever do Estado, bem como direito e responsabilidade de todos, devendo ser exercida para preservar a ordem pública e a incolumidade das pessoas e do patrimônio (art. 144), ela está a exigir a atuação dos entes públicos para viabilizar a segurança, mas sempre respeitando a dignidade das pessoas, situação que impõe certas atitudes e também determinadas abstenções.

Esses exemplos poderiam se ampliar para os mais diversos direitos fundamentais, na medida em que a dignidade está no núcleo de todos eles.

Em resumo, com base nas ideias acima expostas e nos dizeres de Marcelo Novelino Camargo, deve-se entender que a Constituição Federal — ao prever que a dignidade da pessoa humana constitui um dos fundamentos do Estado Democrático de Direito brasileiro — impõe que ela seja *respeitada*, *protegida* e *promovida*. O *respeito* consiste em observar tal valor de modo a não realizar atividades que o violem. A *proteção* pressupõe ações positivas voltadas a defender

---

[12] SARLET, Ingo Wolfgang. As dimensões da dignidade da pessoa humana: construindo uma compreensão jurídico-constitucional necessária e possível. *In:* SARLET, Ingo Wolfgang (Org.). *Dimensões da dignidade*: ensaios de filosofia do direito e direito constitucional. Porto Alegre: Livraria do Advogado, 2005. p. 32. Verificar, também, SARLET, Ingo Wolfgang. Algumas notas em torno da relação entre o princípio da dignidade da pessoa humana e os direitos fundamentais na ordem constitucional brasileira. *In:* LEITE, George Salomão (Org.). *Dos princípios constitucionais*: considerações em torno das normas principiológicas da Constituição. São Paulo: Malheiros, 2003. p. 207.

a dignidade de qualquer tipo de transgressão perpetrada por terceiros, por meio da "criação e aplicação de normas sancionadoras de condutas". E a *promoção* da dignidade implica "proporcionar, por meio de prestações materiais positivas, os meios indispensáveis a uma vida digna".[13]

1.2 O direito à vida

Este ensaio não tem, obviamente, a pretensão de definir a vida, mesmo porque ela parece indefinível, por contemplar uma gama de inumeráveis relações, alegrias, sofrimentos, reações, angústias, prazeres, etc. Por esses motivos, pode-se dizer que a vida é muito mais do que o ciclo que se inicia em um certo momento e termina com a morte, pois a vida não é precisa. Viver é *et cetera*, como diria Guimarães Rosa.[14] A vida deve ser compreendida em sua complexidade e, principalmente, em sua qualidade, intensidade e dignidade, e não como um intervalo de tempo ou apenas como um fenômeno biológico.[15]

Para este artigo importa entender a vida como um direito. E logo no *caput* do art. 5º da Constituição consta expressamente que o ordenamento jurídico brasileiro garante a "inviolabilidade do direito à vida". Portanto, a vida é tratada, constitucionalmente, como um direito.

Mais do que isso, a vida é um pressuposto para o exercício dos outros direitos, porque é preciso estar vivo para exercê-los. Sem vida não há direito. Os direitos dependem da vida para existir.[16]

Levando em conta essa noção é que o Código Civil prevê que toda pessoa é capaz de direitos e deveres na ordem civil (art. 1º), sendo que a "personalidade civil da pessoa começa do nascimento com vida" (art. 2º, primeira parte). Mas o ordenamento jurídico brasileiro vai além e põe a salvo, desde a concepção, os direitos do nascituro (art. 2º, segunda parte, Código Civil).

Contudo, não trata explicitamente da morte como um direito. Aborda esse tema — um tabu especialmente para a tradição do pensamento ocidental — sempre como algo a ser evitado, prevendo, no mais das vezes, sanções aos que praticam atos que levem à morte.

Mas será que a vida, além de um direito e um pressuposto para o exercício dos outros direitos, é também uma obrigação, um dever? Ou será que a vida, afora um direito, é também, em certas circunstâncias, um pressuposto para o

---

[13] CAMARGO, Marcelo Novelino. O conteúdo jurídico da dignidade da pessoa humana, p. 52 e 55. Ingo Wolfgang Sarlet também aborda as ideias de respeito, proteção e promoção da dignidade de todas as pessoas no seguinte trabalho: *Dignidade da pessoa humana e direitos fundamentais na Constituição Federal de 1988*, p. 141.

[14] ROSA, João Guimarães. *Grande sertão*: veredas. Rio de Janeiro: Nova Fronteira, 1986. p. 78.

[15] Albert Calsamiglia, quando trata do valor da vida, diz que não valoramos só a vida biológica, mas o que fazemos com nossa vida. O que mais valoramos na vida não é o fato de sermos seres vivos, mas "a conduta e os objetivos que alcançamos nela" (CALSAMIGLIA, Albert. Sobre la eutanasia. In: VÁSQUEZ, Rodolfo. *Bioética y derecho*: fundamentos y problemas actuales. 2. ed. México: Fondo de Cultura Económica e Instituto Tecnológico Autónomo de México, 2002. p. 151). Em sentido análogo, conferir JAKOBS, Günther. *Suicídio, eutanásia e direito penal*. Trad. de Maurício Antonio Ribeiro Lopes, Barueri: Manole, 2003. p. 35: "O valor principal não é a vida como fenômeno biológico, senão sua qualidade ou, ao menos, sua suportabilidade, já que, como qualquer um pode julgar em qualquer momento, viver não significa preocupar-se continuamente pela saúde".

[16] Nesse sentido, ver MARIN GAMEZ, Jose Angel. Reflexiones sobre la eutanasia: una cuestión pendiente del derecho constitucional a la vida. In: *Revista Española de Derecho Constitucional*, año 18, n. 54, p. 85 e 86, septiembre-diciembre 1998.

exercício de um último direito, o direito à morte? Será que, em determinadas situações, um direito, qual seja, o direito à liberdade, amparado na dignidade, pode ser exercido para pôr fim à vida? E será que a dignidade, diante de certas condições, é contemplada constitucionalmente de tal modo que autorizaria o próprio fim da vida?

Ao tratar dos direitos fundamentais, José Afonso da Silva afirma que eles teriam como características a inalienabilidade, a imprescritibilidade e a irrenunciabilidade.[17] Maria Helena Diniz afirma não existir "o direito de uma pessoa sobre si mesma", sendo que a "disponibilidade da vida não pode ser tolerada como um direito subjetivo, por ser a vida um bem indisponível".[18] Por seu turno, Emerson Ike Coan, também acerca do direito fundamental à vida, acentua que ele é intransmissível e irrenunciável, pois "se manifesta desde a concepção — ainda que artificialmente — até a morte". Além disso, este último autor — provavelmente inspirado nas concepções kantianas sobre a doutrina da virtude — afirma que se trata de um direito "indisponível, não sendo um direito sobre a vida, mas à vida, assim de caráter negativo, impondo-se pelo respeito que a todos se exige", de modo que é um direito à vida sem direito à morte, "porque se entende, universalmente, que o homem não vive apenas para si, mas para cumprir missão própria na sociedade, assim, absoluto, fundamental".[19]

Com efeito, Kant, ao tratar da doutrina da virtude e dos deveres consigo mesmo, aborda a questão do suicídio para negá-lo,[20] considerando-o como o assassinato de si mesmo e, portanto, um crime. Além de "uma violação de nosso dever com outros seres humanos", o suicídio caracteriza uma violação a um dever para consigo mesmo, pois o ser humano é "obrigado a preservar sua vida simplesmente em virtude de sua qualidade de pessoa".[21]

Contudo, a expressão "inviolabilidade do direito à vida", consagrada constitucionalmente, não indica que a vida é um dever para consigo mesmo e para com os outros, tampouco pode ser entendida como um direito absoluto,[22] indisponível e irrenunciável. Nos termos da Constituição, a "inviolabilidade" de tal direito significa que ele não tem conteúdo econômico-patrimonial[23] e, mais do que isso, ninguém pode ser privado dele arbitrariamente. Nesse sentido é que ele deve ser entendido como indisponível: ninguém pode dispor da vida de

---

[17] SILVA, José Afonso da. *Curso de direito constitucional positivo*. 15. ed. São Paulo: Malheiros, 1998. p. 184-185.
[18] DINIZ, Maria Helena. *O estado atual do biodireito*. 3. ed. São Paulo: Saraiva, 2006. p. 424-425.
[19] COAN, Emerson Ike. Biomedicina e biodireito. Desafios bioéticos. Traços semióticos para uma hermenêutica constitucional fundamentada nos princípios da dignidade da pessoa humana e da inviolabilidade do direito à vida. In: SANTOS, Maria Celeste Cordeiro Leite (Org.). *Biodireito: ciência da vida, os novos desafios*, São Paulo: Revista dos Tribunais, 2001. p. 259-260. Para uma análise da distinção entre "direito à vida" e "direito sobre a vida", ver SZTAJN, Rachel. *Autonomia privada e direito de morrer*: eutanásia e suicídio assistido. São Paulo: Cultural Paulista/Unicid, 2002. p. 152-159.
[20] KANT, Immanuel. *A metafísica dos costumes*, p. 263-266. Conferir, também, KANT, Immanuel. *Fundamentação da metafísica dos costumes e outros escritos*, p. 52-60.
[21] KANT, Immanuel. *A metafísica dos costumes*, p. 264.
[22] Roxana Cardoso Brasileiro Borges também argumenta que o direito à vida não é absoluto e, principalmente, não é um dever (BORGES, Roxana Cardoso Brasileiro. Direito de morrer dignamente: eutanásia, ortotanásia, consentimento informado, testamento vital, análise constitucional e penal e direito comparado. In: SANTOS, Maria Celeste Cordeiro Leite. *Biodireito: ciência da vida, os novos desafios*. São Paulo: Revista dos Tribunais, 2001. p. 297.
[23] A ideia dos direitos fundamentais como intransferíveis, inegociáveis e sem conteúdo econômico-patrimonial pode ser encontrada em SILVA, José Afonso da. *Curso de direito constitucional positivo*, p. 185.

outrem.[24] "A inviolabilidade da vida tem que ver com terceiros, cuja ação contra a vida alheia é coibida, mas não se pode ler o texto constitucional de forma a proibir que qualquer pessoa decida sobre a duração de sua vida."[25]

Com isso, pretende-se assentar a ideia de que a previsão constitucional acerca da "inviolabilidade" do direito à vida se destina a impedir que as pessoas tenham a sua vida ceifada arbitrariamente. Todavia, não significa que tal direito seja indisponível e que, portanto, as pessoas não possam escolher seus próprios caminhos no que diz respeito à própria vida e à própria morte.

Tampouco é correto afirmar que o direito fundamental à vida é irrenunciável. Aliás, como assevera Virgílio Afonso da Silva, os direitos fundamentais não têm como característica a irrenunciabilidade.[26] E para justificar sua afirmação, invoca alguns exemplos, como o do eleitor que, diante das câmeras de TV, exibe sua cédula na cabine de votação, renunciando ao sigilo do voto, ou daquele que celebra um contrato e, assim, renuncia a uma parcela de sua liberdade, ou ainda da pessoa que comete suicídio e, portanto, renuncia ao direito fundamental à vida.[27] Seria possível lembrar várias outras hipóteses, mas basta lembrar das atividades insalubres ou perigosas a que podem se expor os trabalhadores que, em contrapartida, terão direito a receber o respectivo adicional, nos termos dos artigos 189 a 197 da Consolidação das Leis do Trabalho.

Nas palavras de Mariano Silvestroni, "não se pode proibir a disponibilidade sobre a própria vida sem cair em arbitrárias concepções de moral coletiva", pois só "partindo de uma concepção de Estado que subordine os direitos individuais a vagos critérios de moral coletiva ou ao capricho legiferante é que se pode imaginar a proibição da disposição do mais disponível dos bens jurídicos, a ponto tal de pretender obrigar um sujeito a sofrer uma morte dolorosa e renunciar à sua dignidade".[28]

Como se sabe, a Constituição brasileira, além de prever a inviolabilidade do direito à vida, também contempla a "inviolabilidade" do direito à liberdade, à

---

[24] Luiz Flávio Gomes lembra que o Direito Internacional vigente no Brasil proclama que o direito à vida é inerente à pessoa humana e deve ser protegido por lei, sendo que ninguém pode ser arbitrariamente privado da vida (art. 6º, item 1, do Pacto Internacional de Direitos Civis e Políticos, e art. 4º da Convenção Americana sobre Direitos Humanos – Pacto de San José da Costa Rica). O autor conclui que, em consequência disso, "havendo justo motivo, é dizer, razões fundadas, não há como deixar de se afastar a ilicitude da conduta" (GOMES, Luiz Flávio. Sistemas penais comparados: tratamento jurídico penal de la eutanasia – Brasil. *Revista Penal*, Barcelona, La Ley, n. 16, p. 176, jul. 2005). Sobre esta questão, Antonia Monge Fernández aborda o direito à vida, tutelado pelo art. 15 da Constituição da Espanha, como uma garantia frente ao Estado, que está obrigado a respeitá-lo e protegê-lo (MONGE FERNÁNDEZ, Antonia. Vida indigna o muerte digna: eutanasia?. *Actualidad Penal*, Madrid, La Ley, v. 48, p. 892-900, dez./1999-jan./2000). Vale lembrar que o art. 15 da Constituição espanhola contém previsão sobre o direito à vida similar à contida na Constituição brasileira ("*Artículo 15*. Todos tienen derecho a la vida y a la integridad física y moral, sin que en ningún caso, puedan ser sometidos a tortura ni a penas o tratos inhumanos o degradantes. Queda abolida la pena de muerte, salvo lo que puedan disponer las leyes penales militares para tiempos de guerra").
[25] SZTAJN, Rachel. *Autonomia privada e direito de morrer*: eutanásia e suicídio assistido. São Paulo: Cultural Paulista/Unicid. p. 156.
[26] SILVA, Virgílio Afonso da. *A constitucionalização do direito*: os direitos fundamentais nas relações entre particulares. São Paulo: Malheiros, 2005. p. 61-65.
[27] SILVA, Virgílio Afonso da. *A constitucionalização do direito*: os direitos fundamentais nas relações entre particulares, p. 62-63.
[28] H. SILVESTRONI, Mariano. Eutanasia y muerte piadosa: la relevancia del consentimiento de "la víctima" como eximente de la responsabilidad criminal. *Cuadernos de Doctrina y Jurisprudencia Penal*, Buenos Aires, Ad-Hoc, v. 5, n. 9, p. 573 e 564-565, set. 1999.

igualdade, à segurança e à propriedade (art. 5º, *caput*). Mais do que isso, estabelece a inviolabilidade de muitos outros direitos, como da liberdade de consciência e de crença (art. 5º, inciso VI); da intimidade, da vida privada, da honra e da imagem das pessoas (art. 5º, inciso X); da casa do indivíduo (art. 5º, inciso XI); do sigilo da correspondência e das comunicações telegráficas, de dados e das comunicações telefônicas; do advogado, no exercício da profissão, por seus atos e manifestações (art. 133).

Isso significa que não se pode entender "inviolabilidade" tal qual uma expressão que pretenda designar direitos fundamentais como "indisponíveis", "absolutos", "irrenunciáveis" e que não admitem ponderação. Mesmo porque são inúmeras as hipóteses em que essas normas — quando entendidas como princípios, na acepção formulada por Alexy — acabam por colidir, exigindo que se estabeleça entre elas uma "relação de precedência condicionada". Tal relação equivale a indicar as condições sob as quais um princípio precede ao outro, tendo em vista as particularidades do caso concreto, sendo que, sob outras circunstâncias, o problema da precedência pode ser resolvido de maneira inversa.[29]

A própria Constituição e a legislação ordinária realizam, em algumas ocasiões, o sopesamento, em abstrato, de princípios que contemplam direitos fundamentais.

O art. 243 da Constituição Federal, por exemplo, determina que as glebas onde forem localizadas culturas ilegais de plantas psicotrópicas serão expropriadas, sem qualquer indenização ao proprietário. Ora, nesse caso, a Constituição houve por bem mitigar a propriedade em benefício da saúde e da vida, apesar de constar no texto constitucional tanto a inviolabilidade do direito à vida quanto a inviolabilidade do direito à propriedade.

Em sentido análogo, o art. 5º, inciso XLVII, da Constituição da República, estabelece que não haverá pena de morte, "salvo em caso de guerra declarada", mostrando como solucionou o conflito entre os princípios da segurança do país em tempo de guerra e do direito à vida,[30] ambos expostos pela Constituição como invioláveis, ou entre o direito à vida de uma e de várias pessoas.

A Lei nº 12.316/97, do município de São Paulo, procura harmonizar os princípios do direito à vida e à liberdade da população de rua, ao exigir, por exemplo, a implementação e manutenção pelo Poder Público municipal de serviços e programas de abrigos emergenciais e albergues (art. 4º). Mas a mesma lei impõe o respeito à dignidade humana, impedindo a prática de todo e qualquer

---

[29] ALEXY, Robert. *Teoría de los derechos fundamentales*. Trad. de Ernesto Garzón Valdés. Madrid: Centro de Estudios Políticos e Constitucionales, 2002. p. 92; SILVA, Virgílio Afonso da. Princípios e regras: mitos e equívocos acerca de uma distinção. *Revista Latino-Americana de Estudos Constitucionais*, Belo Horizonte, Del Rey, n. I, p. 617, jan./jul. 2003.

[30] O Decreto-Lei nº 1.001/69, que instituiu o Código Penal Militar, estabelece que a pena de morte é executada por fuzilamento (art. 56) e, no art. 355 e seguintes, define vários crimes militares em tempo de guerra aos quais culmina a pena capital, como por exemplo a traição, a tentativa de violação da soberania nacional, a coação a comandante, a informação ou o auxílio ao inimigo, a prática de ato prejudicial à eficiência da tropa, a covardia, a fuga em presença do inimigo, a espionagem, o motim, a revolta, a conspiração, a rendição ou capitulação, o dano em benefício do inimigo, a insubordinação, o abandono de posto, a deserção na presença do inimigo, a libertação de prisioneiro, o genocídio, o roubo, a extorsão e o saque. A execução da pena de morte está prevista no art. 707 e seguintes do Código de Processo Penal Militar (Decreto-Lei nº 1002/69).

ato violento contra a pessoa e garantindo o direito de o cidadão restabelecer sua autonomia, bem como sua convivência comunitária (art. 3º). A retirada dessas pessoas da rua em épocas de muito frio busca a preservação da vida, mas simultaneamente a municipalidade não pode agir com violência, bem como deve garantir a autonomia do cidadão.

No dia 2 de junho de 2007, o jornal *O Estado de S.Paulo* publicou reportagem em que relata a distribuição de cobertores pela prefeitura de São Paulo "a quem mora na rua e se nega a ir para albergues ou abrigos nas noites de frio". A coordenadora do Projeto Travessia, Lúcia Pinheiro, foi entrevistada e afirmou que as "pessoas não podem ser levadas à força. Então é preciso mantê-las vivas e protegidas do frio".[31] Percebe-se que a matéria jornalística descreve uma evidente ponderação entre os princípios que consagram o direito à vida e o direito à liberdade.

Como se nota, numa série de situações, a Constituição trata um direito como "inviolável" e isso não significa que ele não seja passível de ponderação, pois os princípios que veiculam esses direitos, quando em colisão, exigem que se faça uma análise das condições sob as quais um deles deve preceder ao outro, realizando um sopesamento de modo a harmonizá-los.

Não é diferente em relação ao princípio que consagra o direito à vida, pois, apesar da previsão constitucional de sua inviolabilidade e de se tratar de um pressuposto para o exercício dos outros direitos, não significa que tal princípio não se submeta a sopesamento, cedendo espaço a outros princípios jusfundamentais que com ele se choquem.

1.3 A liberdade

Montesquieu constatou que "não existe palavra que tenha recebido tantos significados e tenha marcado os espíritos de tantas maneiras quanto a palavra liberdade".[32] De fato, liberdade pode ser entendida das mais diversas formas: como um ideal a ser perseguido, como independência de uma pessoa ou de um povo, como uma oposição frente à autoridade, como participação na formulação das regras que vincularão o modo de agir de todos, como poder de exercer a vontade sem interferências externas ou constrangimentos de terceiros.

Como mencionou John Stuart Mill, um dos fundadores do liberalismo moderno, a "única liberdade merecedora desse nome é a de buscar nosso próprio bem da maneira que nos seja conveniente, contanto que não tentemos privar outros do que lhes convêm, ou impedir seus esforços de obtê-lo. Cada um é o guardião adequado de sua própria saúde, seja física, mental ou espiritual. A humanidade ganha mais tolerando que cada um viva conforme o que lhe parece bom do que

---

[31] PENHALVER, Alexandra. Prefeitura vai dar cobertor a quem fica no frio. *O Estado de S.Paulo*, São Paulo, 02 de junho de 2007. Caderno Cidades/Metrópole, p. C-6.
[32] MONTESQUIEU. *O espírito das leis*. Trad. de Cristina Murachco. São Paulo: Martins Fontes, 1993. Livro XI, Capítulo II, p. 169. Sobre as controvérsias acerca do termo "liberdade", verificar COMPARATO, Fábio Konder. *Ética*: direito, moral e religião no mundo moderno, p. 538 e seguintes.

compelindo cada um a viver conforme pareça bom ao restante".[33] Nas palavras do poeta Walt Whitman, "deixem que eu trace meu próprio caminho".[34]

Mas nesse passo, importa analisar a classificação mais conhecida acerca da liberdade, ou seja, aquela que distingue a liberdade negativa da positiva.

Na definição de Norberto Bobbio, por "liberdade negativa" deve-se entender "a situação na qual um sujeito tem a possibilidade de fazer ou de não fazer, sem ser obrigado a isso ou sem que o impeçam outros sujeitos".[35] A liberdade negativa pressupõe, então, a ausência de impedimento, ou seja, a possibilidade de fazer. Mas também supõe a ausência de constrição, isto é, a possibilidade de não fazer.[36] Por outro lado, a "liberdade positiva" é entendida como "a situação na qual um sujeito tem a possibilidade de orientar sua vontade para um objetivo, de tomar decisões, sem se ver determinado pela vontade dos outros".[37]

Nesse sentido, é possível perceber que, enquanto a liberdade negativa é uma qualificação da ação, a liberdade positiva é uma qualificação da vontade.[38] E Bobbio conclui que uma ação é livre, segundo a noção de "liberdade negativa", quando tal ação pode ser levada a cabo sem obstáculos, sem impedimentos. Já conforme a ideia de "liberdade positiva", a vontade é livre se ela é autônoma, ou seja, quando a pessoa pode se autodeterminar.[39]

As explicações de Bobbio acerca das duas noções de liberdade não diferem muito das de Isaiah Berlin. Este último autor, ao tratar da liberdade negativa, afirma que "sou considerado livre na medida em que nenhum homem ou grupo de homens interfere com a minha atividade. A liberdade política nesse sentido é simplesmente a área na qual um homem pode agir sem ser obstruído por outros".[40] Já o "sentido 'positivo' da palavra 'liberdade' provém do desejo que o indivíduo nutre de ser seu próprio senhor. Desejo que minha vida e minhas decisões dependam de mim mesmo, e não de forças externas de qualquer tipo. Desejo ser o instrumento de meus próprios atos de vontade, e não dos de outros homens. Desejo ser um sujeito, e não um objeto".[41]

---

[33] MILL, John Stuart. *A liberdade*; utilitarismo. Trad. de Eunice Ostrensky. São Paulo: Martins Fontes, 2000, p. 22. Para Mill, a liberdade abarca, primeiramente, o foro íntimo, isto é, a liberdade de pensamento e sentimento, bem como de expressar e publicar opiniões. Envolve, também, a liberdade "de formular um plano de nossa vida que esteja de acordo com nossas características", ou seja, "de fazer o que desejamos, sujeitando-nos às consequências que puderem advir, sem nenhum impedimento de nossos semelhantes, enquanto o que fizermos não os prejudicar, mesmo se julgarem nossa conduta tola, perversa ou errada". Por fim, dessa liberdade de cada indivíduo se segue a liberdade de associação entre os indivíduos (p. 21-22). O enfoque que se pretende dar aqui é o do conceito de liberdade humana desenvolvido por John Stuart Mill, afastando a ênfase utilitarista de parte da obra desse pensador, que não interessa a este trabalho. Para uma breve análise do pensamento de Mill para justificar a eutanásia, ver FARRELL, Martin Diego. La eutanasia y los principios morales. *Fascículos de Ciências Penais*, Porto Alegre: Sergio Antonio Fabris Editor, ano 4, v. 4, n. 4, p. 75-76, out.-dez./1991. Como explica este autor, para John Stuart Mill, a intromissão na liberdade de ação de qualquer pessoa só se justifica para evitar que ela prejudique os outros membros da comunidade.

[34] WHITMAN, Walt. *Folhas das folhas de relva*. Trad. Geir Campos. São Paulo: Brasiliense, 1983, p. 99.

[35] BOBBIO, Norberto. *Igualdad y libertad*. Trad. de Pedro Aragon Rincón. Barcelona: Paidós, 1993. p. 97.

[36] BOBBIO, Norberto. *Igualdad y libertad*, p. 97.

[37] BOBBIO, Norberto. *Igualdad y libertad*, p. 100.

[38] BOBBIO, Norberto. *Igualdad y libertad*, p. 102.

[39] BOBBIO, Norberto. *Igualdad y libertad*, p. 103-104.

[40] BERLIN, Isaiah. Dois conceitos de liberdade. In: BERLIN, Isaiah. *Estudos sobre a humanidade*: uma antologia de ensaios. Trad. de Rosaura Eichenberg. São Paulo: Companhia das Letras, 2002. p. 229.

[41] BERLIN, Isaiah. Dois conceitos de liberdade, p. 236-237.

Tanto Locke quanto Hobbes lançaram luzes sobre o conceito de "liberdade negativa".[42] Locke menciona que a liberdade dos homens sob um governo consiste em "seguir minha própria vontade" e de "não estar sujeito à vontade inconstante, incerta, desconhecida e arbitrária de outro homem".[43] Hobbes, por seu turno, afirma que por *"liberdade* entende-se, conforme a significação própria da palavra, a ausência de impedimentos externos, impedimentos que muitas vezes tiram parte do poder que cada um tem de fazer o que quer".[44]

Já a definição clássica de "liberdade positiva" é dada por Rousseau. Este autor argumenta que uma mudança muito notável no homem é determinada pela passagem do estado de natureza para o estado civil. É a partir de então que o homem se vê forçado a "consultar a razão antes de ouvir suas inclinações". Para ele, o que "o homem perde pelo contrato social é a liberdade natural", mas ganha a "liberdade civil". Enquanto aquela "só conhece limites nas forças do indivíduo", esta "se limita pela vontade geral". Portanto, com o contrato social, a obediência à lei que se estatuiu é liberdade.[45]

Feitas essas distinções, é possível constatar que a "liberdade negativa" está comumente atrelada à ideia de direitos individuais, às chamadas liberdades civis. Seu sujeito histórico é o indivíduo. Ao passo que a "liberdade positiva", entendida como autodeterminação, como autonomia, se refere, geralmente, a um ente coletivo.[46]

Apesar das diferenças, esses dois tipos de liberdade não são incompatíveis, visto que numa sociedade livre, como adverte Bobbio, a liberdade negativa dos indivíduos ou dos grupos é a condição para o exercício da liberdade positiva do conjunto.[47]

E como ressalta, com acerto, Oscar Vilhena Vieira, a Constituição brasileira de 1988 procura conciliar essas duas noções. De um lado, o texto constitucional promove a liberdade positiva "por intermédio da criação de mecanismos de participação política direta e indireta, em bases pluralistas e livres, sustentada por um processo educativo voltado ao exercício da cidadania".[48] Por outro lado, a mesma Constituição prevê uma ampla margem de ação e de omissão dos indivíduos, impondo vedações ao Estado. E a síntese dessa conciliação entre autonomia e liberdade negativa se dá com a adoção da expressão "Estado Democrático de Direito" logo no art. 1º da Constituição.

---

[42] Montesquieu também tratou da questão ao afirmar que a "liberdade é o direito de fazer tudo o que as leis permitem". Para este autor, em um "Estado, isto é, numa sociedade onde existem leis, a liberdade só pode consistir em poder fazer o que se deve querer e em não ser forçado a fazer o que não se tem o direito de querer" (*O espírito das leis*. Livro XI, Capítulo III, p. 171).
[43] LOCKE, John. Segundo tratado sobre o governo civil. In: LOCKE, John. *Dois tratados sobre o governo*. Trad. Julio Fischer. São Paulo: Martins Fontes, 1998, Capítulo IV, Item 22, p. 403. Sobre essa passagem da obra de Locke, verificar as análises de BOBBIO, Norberto. *Igualdad y libertad*, p. 99.
[44] HOBBES, Thomas. *Leviatã*. Trad. de João Paulo Monteiro e Maria Beatriz Nizza da Silva. São Paulo: Nova Cultural, 1999. Capítulo XIV, p. 113. Conferir, sobre essa passagem, os comentários de VIEIRA, Oscar Vilhena. *Direitos fundamentais*: uma leitura da jurisprudência do STF. São Paulo: Malheiros, 2006. p. 137.
[45] ROUSSEAU, Jean-Jacques. *Do contrato social*. Trad. de Lourdes Santos Machado. Nova Cultural: São Paulo, 1999. Livro I, Capítulo 8, p. 77-78. Verificar, sobre essa questão, BOBBIO, Norberto. *Igualdad y libertad*, p. 101.
[46] BOBBIO, Norberto. *Igualdad y libertad*, p. 108 e seguinte. Esse autor, no entanto, deixa claro que essa dicotomia não é absoluta ao afirmar que o "impedimento (e não a constrição) e autodeterminação são, falando abstratamente, situações que podem estar ambas referidas tanto ao indivíduo singular como a um ente coletivo" (p. 110).
[47] BOBBIO, Norberto. *Igualdad y libertad*, p. 104-105.
[48] VIEIRA, Oscar Vilhena. *Direitos fundamentais*: uma leitura da jurisprudência do STF. São Paulo: Malheiros, 2006. p. 146.

Para este estudo, revela-se importante a compreensão dessas noções de liberdade para pensar na possibilidade de disposição da própria vida. Ora, a palavra autonomia, apesar de vinculada mais fortemente à noção de liberdade positiva, não deixa de ter relação com a concepção negativa de liberdade, uma vez que o termo deriva do grego *auto* (próprio) *nomos* (regra).[49] Assim, como quer Berlin,[50] eu sou livre na medida em que posso agir sem ser obstruído por outros; sou livre se minha vida e minhas decisões não dependem dos outros, mas apenas de mim mesmo. Eu tenho autonomia, portanto, na medida em que posso dar a mim mesmo as regras que vão reger meus interesses. E esse direito me é garantido pelas cabeças dos arts. 1º e 5º da Constituição Federal.

2 A morte e o testamento vital

O avanço da medicina, nas últimas décadas, tem trazido inúmeros benefícios à saúde das pessoas.[51] Tem salvado muitas vidas e reduzido o sofrimento de muitos enfermos. Isso parece inquestionável quando se pensa, por exemplo, nas recentes descobertas tecnológicas que facilitam e antecipam diagnósticos das mais variadas moléstias, nas inovadoras técnicas cirúrgicas, nos transplantes de órgãos e no desenvolvimento de medicamentos mais eficazes e menos tóxicos para combater enfermidades como o câncer ou a AIDS.

Todavia, junto com as recentes descobertas, o progresso da ciência tem trazido importantes questionamentos, especialmente em relação às obstinadas tentativas de prolongamento do ciclo vital e a postergação do processo de morte.[52]

E o término desse processo tem-se alterado no curso da história. Na Antiguidade, o momento final da morte era o da parada da atividade cardíaca. A partir da Idade Média, o fim da vida levava em conta o critério respiratório. E no século XX, "com a evolução das manobras de reanimação cardiopulmonar, o surgimento das Unidades de Terapia Intensiva, da ventilação artificial, dos transplantes de órgãos e dos métodos diagnósticos que permitem um melhor conhecimento das condições do sistema nervoso central, fez-se necessário um novo referencial para que se considerasse um paciente como efetiva e indelevelmente morto".[53] Esse

---

[49] Sobre o conceito de autonomia privada, ver SZTAJN, Rachel. *Autonomia privada e direito de morrer*: eutanásia e suicídio assistido, p. 25.
[50] BERLIN, Isaiah. Dois conceitos de liberdade, p. 228-229 e 236-237.
[51] Segundo dados do IBGE, a esperança de vida ao nascer, no Brasil, entre 1980 e 2003, teve uma elevação de 8,8 anos: "Em 1980, uma pessoa que completasse 60 anos de idade teria, em média, mais 16,4 anos de vida, perfazendo 76,4 anos. Vinte e três anos mais tarde, um indivíduo na mesma situação alcançaria, em média, os 80,6 anos. Aos 60 anos de idade os diferenciais por sexo já não são tão elevados comparativamente ao momento do nascimento: em 2003, ao completar tal idade, um homem ainda viveria mais 19,1 anos, enquanto uma mulher teria pela frente mais 22,1 anos de vida". Disponível em: <http://www.ibge.gov.br/home/presidencia/noticias/noticia_visualiza.php?id_noticia=266&id_pagina=1>. Acesso em: 15 maio 2010.
[52] A morte, como adverte Márcio Palis Horta, não deve ser entendida como um momento ou um evento, mas como um fenômeno progressivo, como um processo (HORTA, Márcio Palis. Eutanásia: problemas éticos da morte e do morrer. *Bioética*, Brasília, Conselho Federal de Medicina, v. 7, n. 1, p. 29, 1999). O conceito de morte como um processo também pode ser encontrado em VILLAS-BÔAS, Maria Elisa. *Da eutanásia ao prolongamento artificial*: aspectos polêmicos na disciplina jurídico-penal do final da vida. Rio de Janeiro: Forense, 2005. p. 18: "É possível dizer que o morrer é uma evolução gradual, por vezes lenta, por vezes súbita, que se estende em cadeia através de órgãos e tecidos".
[53] VILLAS-BÔAS, Maria Elisa. *Da eutanásia ao prolongamento artificial*: aspectos polêmicos na disciplina jurídico-penal do final da vida, p. 19.

novo referencial é a constatação da morte encefálica,[54] que, ao ser diagnosticada, autoriza a retirada *post mortem* de tecidos, órgãos ou partes do corpo humano destinados a transplante ou tratamento, nos termos da Lei nº 9.434/97.[55]

Também com o passar do tempo, a relação entre médico e paciente tem sofrido drásticas mudanças. O vínculo vertical, fundado no paternalismo, começou a dar lugar a um liame horizontal, baseado na autonomia do paciente.[56] O paciente de hoje, ciente de seus direitos, não é propriamente uma pessoa que deva esperar passivamente as determinações médicas, sem participar das decisões sobre sua saúde e, em última análise, sobre sua vida e sua morte.

Essa mudança de enfoque, no Brasil, deve-se principalmente à tomada de consciência acerca da dimensão das previsões constitucionais sobre cidadania, liberdade e dignidade. Deve-se admitir o direito de cada pessoa, livremente, conduzir sua vida com base em seus próprios valores, decidindo como viver e como morrer. Por outro lado, compete ao Estado e aos particulares reconhecer como legítimas as escolhas por ela feitas, desde que não cause dano a outros indivíduos.

Albert Calsamiglia[57] afirma que a decisão de como morrer "não é uma questão que interesse ao Estado", sendo que a "intervenção estatal neste assunto supõe um paternalismo injustificado". Não deixar as pessoas decidirem é um erro e tal equívoco existe porque há uma confusão acerca do significado de dano.

---

[54] A morte encefálica não se confunde com a morte cerebral. O cérebro é entendido como "a porção superior do sistema nervoso central, cuja cobertura externa, o córtex, concentra as funções consideradas nobres e caracterizadoras da espécie humana". Já o encéfalo "abarca também tronco encefálico e cerebelo, lembrando-se que é no tronco encefálico, situado abaixo do cérebro propriamente dito, que se sediam os controles vitais vegetativos mais primários para a subsistência do organismo em suas atividades basais" (VILLAS-BÔAS, Maria Elisa. *Da eutanásia ao prolongamento artificial*: aspectos polêmicos na disciplina jurídico-penal do final da vida, p. 23). Nas palavras de Raquel Elias Ferreira Dodge, a "evolução do conceito de morte cerebral para encefálica tem em vista caracterizar a irreversibilidade do processo — já posta em dúvida por meio de interpelação judicial do Conselho Federal de Medicina — e garantir a eficácia dos procedimentos de transplante de órgãos e tecidos humanos" (DODGE, Raquel Elias Ferreira. Eutanásia: aspectos jurídicos. *Bioética*. Brasília: Conselho Federal de Medicina, v. 7, n. 1, p. 114, 1999).

[55] O *caput* do art. 3º da Lei nº 9.434/97 tem a seguinte redação: "Art. 3º. A retirada *post mortem* de tecidos, órgãos ou partes do corpo humano destinados a transplante ou tratamento deverá ser precedida de diagnóstico de morte encefálica, constatada e registrada por dois médicos não participantes das equipes de remoção e transplante, mediante a utilização de critérios clínicos e tecnológicos definidos por resolução do Conselho Federal de Medicina". O §3º deste mesmo artigo autoriza a presença de médico de confiança da família do falecido no ato da comprovação e atestação da morte encefálica. A Resolução nº 1.480/97, do Conselho Federal de Medicina, "considerando que a parada total e irreversível das funções encefálicas equivale à morte, conforme critérios já bem estabelecidos pela comunidade científica mundial", estabelece os critérios a serem adotados e os exames a serem realizados para constatar a morte encefálica. A íntegra desta Resolução pode ser encontrada no site <http://www.portalmedico.org.br/resolucoes/cfm/1997/1480_1997.htm> (Acesso em: 15 maio 2010). O texto integral também está reproduzido na seguinte obra: RAMOS, Augusto Cesar. *Eutanásia*: aspectos éticos e jurídicos da morte. Florianópolis: OAB/SC Editora, 2003. p. 167-169.

[56] Maria Celeste Cordeiro Leite Santos afirma que o "antigo modelo de relação médico-enfermo exigia confiança e obediência por parte do paciente. E o médico, por seu lado, devia ter autoridade e cumprir com seu dever de benficiência [sic] objetiva. Nos últimos anos, esse tipo de *relação assimétrica* modificou-se. Agora o paciente espera que seus direitos e autonomia sejam respeitados. Ao médico se pede competência técnica (o chamado modelo paternalista clássico é substituído pelo modelo autonomista). O antigo arquétipo das relações que era vertical, inspirado na relação do pai com seus filhos (paternalismo) passa a ser mais horizontal (participativo)". (SANTOS, Maria Celeste Cordeiro Leite. *O equilíbrio do pêndulo*: bioética e a lei, implicações médico-legais. São Paulo: Ícone, 1998. p. 96). Roxana Cardoso Brasileiro Borges fala em relação médico-cliente e não mais no vínculo médico-paciente (Direito de morrer dignamente: eutanásia, ortotanásia, consentimento informado, testamento vital, análise constitucional e penal e direito comparado. *In*: SANTOS, Maria Celeste Cordeiro Leite (Org.). *Biodireito*: ciência da vida, os novos desafios. São Paulo: Revista dos Tribunais, 2001. p. 296-297).

[57] CALSAMIGLIA, Albert. Sobre la eutanasia. *In*: VÁSQUEZ, Rodolfo. *Bioética y derecho*: fundamentos y problemas actuales. 2. ed. México: Fondo de Cultura Económica e Instituto Tecnológico Autónomo de México, 2002. p. 164-166. Ver também a justificação da eutanásia com base no pensamento de John Stuart Mill exposta por FARRELL, Martin Diego. La eutanasia y los principios morales. *Fascículos de Ciências Penais*, Porto Alegre, Sérgio Antonio Fabris Editor, ano 4, v. 4, n. 4 – Eutanásia, p. 75-76, out./dez. 1991.

"Para muitos enfermos terminais, o dano é continuar sofrendo. Para outros, o dano é sobreviver como um vegetal e eles querem decidir por si mesmos qual indignidade estão dispostos a suportar. Aqueles que exigem o respeito à vida e tratam de impor coativamente o castigo à eutanásia podem ser acusados de cruéis. Não resulta tão evidente que nestes casos a morte seja pior que a crueldade de obrigar a viver ou com dor ou com indignidade. Por que não deixar a escolha de continuar vivendo ou morrer nas mãos do destinatário?"

Portanto, os princípios bioéticos da beneficência e da não maleficência devem levar em conta não a vontade do Estado ou do profissional da saúde, mas do próprio titular do direito à vida. Com isso, afasta-se uma possível invocação de violação ao juramento de Hipócrates, que diz: "Aplicarei os regimes para o bem do doente segundo o meu poder e entendimento, nunca para causar dano ou mal a alguém".

Deixar de reconhecer esses direitos decorrentes da cidadania, da liberdade e da dignidade, é aceitar o paternalismo. E o paternalismo, como assevera Isaiah Berlin — baseado nos pensamentos de Kant —, é despótico, "não porque seja mais opressivo do que a tirania manifesta, brutal", mas por ser um "insulto a minha concepção de mim mesmo como ser humano".[58] Ou, como expõe, Dworkin, "Levar alguém a morrer de uma maneira que outros aprovam, mas que para ele representa uma terrível contradição de sua própria vida, é uma devastadora e odiosa forma de tirania".[59]

Adotar uma posição paternalista e, além disso, tratar do assunto no âmbito do Direito Penal[60] nada mais faz do que empurrar o exercício de um direito protegido constitucionalmente para a clandestinidade e, assim, deixar fora de controle eventuais abusos cometidos em nome da preservação de uma vida ou de uma morte digna.

2.1 O direito à informação e o consentimento do paciente

Para decidir sobre a própria vida e sobre a própria morte, o paciente deve ser ampla e objetivamente informado sobre os diagnósticos atingidos, os tratamentos recomendados, os riscos envolvidos e os prognósticos esperados. Faz parte da noção de cidadania e dignidade o direito de o paciente ser informado sobre essas questões relativas à sua saúde. Mais do que isso, a informação é um pressuposto para se exercer o direito geral de liberdade no tocante à condução

---

[58] BERLIN, Isaiah. Dois conceitos de liberdade. In: Estudos sobre a humanidade: uma antologia de ensaios. Trad. Rosaura Eichenberg. São Paulo: Companhia das Letras, 2002. p. 259. Sobre a noção de dano e a questão do paternalismo, ver também FARRELL, Martin Diego. La eutanasia y los principios morales, p. 76.
[59] DWORKIN, Ronald. Domínio da vida: aborto, eutanásia e liberdades individuais. Trad. Jefferson Luiz Camargo. São Paulo: Martins Fontes, 2003. p. 307.
[60] Vale lembrar uma passagem da obra de Dworkin sobre esta questão: "Dentre todas as decisões tomadas por alguém, as que dizem respeito à vida e à morte são as mais importantes e cruciais para a formação e expressão da personalidade; achamos crucial que sejam tomadas com acerto, mas também consideramos crucial que nós mesmos as tomemos, que estejam em consonância com nosso modo de ver as coisas. Mesmo as pessoas que querem impor suas convicções a todos por meio do direito criminal, quando elas e seus colegas, que pensam do mesmo modo, são politicamente poderosos, ficariam horrorizadas, talvez a ponto de deflagrar uma revolução, se ocorresse uma inversão de sua sorte política e se vissem diante da perda da liberdade que agora pretendem negar aos demais". (DWORKIN, Ronald. Domínio da vida: aborto, eutanásia e liberdades individuais, p. 342).

de sua própria vida e, em última análise, de sua própria morte. Trata-se de um requisito imprescindível para o exercício, com responsabilidade, do direito constitucional à autonomia.

O direito à informação, além de decorrer das disposições dos arts. 1º, incisos II e III, e 5º, *caput*, da Constituição Federal — que tratam, respectivamente, da cidadania, da dignidade e da liberdade[61] —, encontra amparo no art. 5º, inciso XIV, da mesma Constituição, que assegura a todos o acesso à informação.[62]

Se este último dispositivo está, realmente, voltado a garantir um direito coletivo à informação, ou seja, de um direito da coletividade à informação,[63] isso não significa que não se refira, também, ao direito de cada pessoa ser informada acerca das questões que lhe digam respeito ou que sejam de seu interesse. Mesmo porque, mais adiante, no art. 5º, inciso XXXIII,[64] a Constituição impõe aos órgãos públicos o dever de prestar informações a todos que tenham interesse em recebê-las e, nesse caso, enquadram-se as informações acerca da saúde do paciente. Se este dispositivo, com efeito, dirige-se apenas aos órgãos públicos, não se pode esquecer que a assistência à saúde é livre à iniciativa privada (art. 199, *caput*).[65] E as instituições privadas participam do sistema único de saúde, respeitadas as diretrizes impostas por este (§1º do mesmo artigo).[66]

O direito à informação, assim, é pressuposto essencial para que o paciente possa decidir acerca do rumo a tomar em relação à sua saúde e, em última análise, à sua vida e à sua morte. Só devidamente informado é que o paciente poderá, livremente, prestar seu consentimento ou manifestar sua recusa em relação aos procedimentos médicos sugeridos, tendo em vista sua própria dignidade. Adequadamente informado, o paciente poderá exercer seu direito à autonomia.

O direito ao consentimento remonta, historicamente, a uma decisão inglesa, de 1767, no caso *Slater versus Baker & Stapleton*. Como relata André Gonçalo Dias Pereira, o tribunal inglês responsabilizou dois médicos que, sem o consentimento do paciente, quebraram um osso da perna de um enfermo "com vistas a tratar uma fratura mal consolidada, colocando um aparelho ortopédico".[67] No início

---

[61] "Art. 1º. A República Federativa do Brasil, formada pela união indissolúvel dos Estados e Municípios e do Distrito Federal, constitui-se em Estado Democrático de Direito e tem como fundamentos: [...] II – a cidadania; III – a dignidade da pessoa humana". "Art. 5º. Todos são iguais perante a lei, sem distinção de qualquer natureza, garantindo-se aos brasileiros e aos estrangeiros residentes no País a inviolabilidade do direito à vida, à liberdade, à igualdade, à segurança e à propriedade [...]".

[62] "XIV – é assegurado a todos o acesso à informação e resguardado o sigilo da fonte, quando necessário ao exercício profissional".

[63] Nesse sentido, ver José Afonso da SILVA, *Comentário contextual à Constituição*, São Paulo: Malheiros, 2005. p. 109.

[64] "XXXIII – todos têm direito a receber dos órgãos públicos informações de seu interesse particular, ou de interesse coletivo ou geral, que serão prestadas no prazo da lei, sob pena de responsabilidade, ressalvadas aquelas cujo sigilo seja imprescindível à segurança da sociedade e do Estado".

[65] "Art. 199. A assistência à saúde é livre à iniciativa privada".

[66] "§1º. As instituições privadas poderão participar de forma complementar do sistema único de saúde, segundo diretrizes deste, mediante contrato de direito público ou convênio, tendo preferência as entidades filantrópicas e as sem fins lucrativos". Mesmo analisada sob a ótica consumerista, amparada pelo art. 5º, inciso XXXII, da Constituição da República, a solução não se altera, pois o paciente/consumidor tem o direito de ser informado, clara e adequadamente, sobre os serviços contratados, bem como sobre os riscos que apresentam, nos termos do art. 6º, inciso III, do Código de Defesa do Consumidor. O art. 5º, inciso XXXII, da Constituição prevê que o "Estado promoverá, na forma da lei, a defesa do consumidor". E o Código de Defesa do Consumidor estabelece o seguinte: "Art. 6º. São direitos básicos do consumidor: [...] III – a informação adequada e clara sobre os diferentes produtos e serviços, com especificação correta de quantidade, características, composição, qualidade e preço, bem como sobre os riscos que apresentem".

[67] PEREIRA, André Gonçalo Dias. *O consentimento informado na relação médico-paciente*: estudo de direito civil. Coimbra: Coimbra, 2004. p. 57.

do século XX, o Poder Judiciário norte-americano passou a discutir a autonomia das pessoas no tocante aos cuidados com a saúde e, em 1914, no caso *Scholoendorff versus Society of New York Hospital*, ficou assentada a ilicitude do comportamento do médico — e a consequente possibilidade de se pleitear indenização —, no caso de adoção, sem o consentimento do paciente, de um procedimento cirúrgico.[68] Com o fim da Segunda Guerra Mundial, as Constituições europeias proclamam o respeito à dignidade da pessoa humana e, em 1947, surge no Código de Nuremberg o conceito de "consentimento voluntário".[69] Apesar de voltado a disciplinar os direitos das pessoas submetidas a experimentos, como uma resposta às atrocidades cometidas por médicos nos campos de concentração nazistas, o Código de Nuremberg é um marco na relação médico-paciente, na medida em que garante às pessoas o direito de se submeter a um tratamento médico apenas se voluntariamente manifestar seu consentimento.[70]

Mas a expressão "consentimento informado"[71] foi utilizada, pela primeira vez, em 1957, nos Estados Unidos da América, no caso *Salgo versus Leland Stanford Jr. University Board of Trustees*, quando um Tribunal da Califórnia decidiu que o médico deve revelar os fatos ao paciente para que ele preste um "consentimento informado". Segundo o juiz Bray, o médico não pode ocultar qualquer fato nem minimizar os riscos inerentes a um procedimento médico, com vistas a obter o consentimento do paciente.[72]

No Brasil, o novo Código de Ética Médica[73] impõe ao profissional de saúde o dever de prestar todas as informações ao enfermo para que este possa decidir livremente sobre si e seu bem-estar, ou seja, para que ele tenha o direito de consentir ou recusar os procedimentos propostos:

> É vedado ao médico:
> Art. 22 – Deixar de obter consentimento do paciente ou de seu representante legal após esclarecê-lo sobre o procedimento a ser realizado, salvo em caso de risco iminente de morte.

---

[68] PEREIRA, André Gonçalo Dias. *O consentimento informado na relação médico-paciente*: estudo de direito civil, p. 57-58.

[69] BETANCOR, Joana Teresa. El testamento vital. *Eguzkilore – Cuaderno del Instituto Vasco de Criminologia*, San Sebastián, n. 9, p. 98, dez. 1995; e PEREIRA, André Gonçalo Dias. *O consentimento informado na relação médico-paciente*: estudo de direito civil, p. 59-60.

[70] No Brasil, o Conselho Nacional de Saúde editou, em 10 de outubro de 1996, a Resolução nº 196, que disciplina as pesquisas envolvendo seres humanos. O item II.11 define "consentimento livre e esclarecido" como a "anuência do sujeito da pesquisa e/ou de seu representante legal, livre de vícios (simulação, fraude ou erro), dependência, subordinação ou intimidação, após explicação completa e pormenorizada sobre a natureza da pesquisa, seus objetivos, métodos, benefícios previstos, potenciais riscos e o incômodo que esta possa acarretar, formulada em um termo de consentimento, autorizando sua participação voluntária na pesquisa". Para o texto integral do documento, consultar a seguinte página da *internet*: <http://conselho.saude.gov.br/docs/Resolucoes/Reso196.doc> (Acesso em: 15 maio 2010).

[71] A expressão "consentimento informado" é criticada por Roxana Cardoso Brasileiro Borges, que defende a utilização de termos como "solicitação de tratamento" ou "decisão de interrupção do tratamento", na medida em que o "antigo paciente, que era quase reduzido a uma posição de objeto no tratamento, que vivia numa situação de submetido, de alienado do processo, passa a participar da decisão de se submeter ou não ao tratamento e de continuar ou não com o tratamento". (BORGES, Roxana Cardoso Brasileiro. Direito de morrer dignamente: eutanásia, ortotanásia, consentimento informado, testamento vital, análise constitucional e penal e direito comparado, p. 296-297).

[72] SANTOS, Maria Celeste Cordeiro Leite. *O equilíbrio do pêndulo*: bioética e a lei, implicações médico-legais, p. 96-97; BETANCOR, Joana Teresa. El testamento vital. p. 98; PEREIRA, André Gonçalo Dias. *O consentimento informado na relação médico-paciente*: estudo de direito civil, p. 62-63.

[73] Resolução CFM nº 1.931, de 17 de setembro de 2009, em vigor a partir de 14 de abril de 2010. Para o texto completo da Resolução, consultar a seguinte página da *internet* <http://www.cremesp.org.br/library/modulos/legislacao/versao_impressao.php?id=8822>. Acesso em 15 maio 2010.

Art. 24 – Deixar de garantir ao paciente o exercício do direito de decidir livremente sobre sua pessoa ou seu bem-estar, bem como exercer sua autoridade para limitá-lo.

Art. 31 – Desrespeitar o direito do paciente ou de seu representante legal de decidir livremente sobre a execução de práticas diagnósticas ou terapêuticas, salvo em caso de iminente perigo de morte.

Art. 34 – Deixar de informar ao paciente o diagnóstico, o prognóstico, os riscos e objetivos do tratamento, salvo quando a comunicação direta possa lhe provocar dano, devendo, nesse caso, fazer a comunicação a seu representante legal.

É de se notar que o Código de Ética Médica obriga o profissional da saúde a prestar todas as informações ao paciente acerca do diagnóstico, do prognóstico, dos riscos e objetivos do tratamento, prevendo apenas duas exceções: quando a informação possa causar-lhe dano e no caso de iminente risco de morte.

A expressão "iminente risco de morte" deve ser interpretada como caso de urgência ou emergência, em que não houve tempo hábil e, portanto, não foi possível prestar ao paciente as informações e receber dele o consentimento ou a recusa do tratamento. Não entender dessa forma implica contrariar um dos pressupostos que já foram assentados nesse estudo, ou seja, o de que a vida é passível de disposição pelo próprio titular do direito.

Além disso, impedir que o paciente exerça sua autonomia e, com base no art. 31 do Código de Ética Médica, autorizar que o profissional de saúde imponha um tratamento contra a vontade do enfermo, sob a alegação de que está atuando de acordo com o comando bioético da beneficência, é um equívoco, pois a beneficência deve levar em consideração o interesse manifestado autonomamente pelo paciente e não pode ser imposta com base na noção de benefício que o médico tem acerca da situação.

Quanto à autorização dada ao médico de não prestar informações ao paciente no caso em que a comunicação possa lhe causar danos, deve-se atentar para o fato de que ela jamais pode ser invocada "pelo temor de que o tratamento proposto será recusado se o paciente tiver conhecimento total dos fatos",[74] porque, se assim, fosse, o médico estaria infringindo o art. 24 do Código de Ética, que o impede de exercer sua autoridade de maneira a limitar o direito do paciente decidir livremente sobre sua pessoa ou seu bem-estar. Mais do que isso, estaria desrespeitando um direito constitucional do paciente, que é o de ser informado e, frente à informação recebida, decidir com autonomia acerca do caminho a seguir em relação à sua saúde, à sua vida e à sua morte.

Ademais, o privilégio terapêutico do médico jamais deve servir de desculpa para poupar o paciente de notícias desagradáveis, com base em um paternalismo injustificado.[75] A ocultação da verdade somente deve ser admitida quando a adequada informação ao paciente puder, objetivamente, causar-lhe mais danos do que benefícios.[76] Mas, ainda assim, a pessoa responsável pelo enfermo não

---

[74] SZTAJN, Rachel. *Autonomia privada e direito de morrer*: eutanásia e suicídio assistido, p. 31.
[75] SZTAJN, Rachel. *Autonomia privada e direito de morrer*: eutanásia e suicídio assistido, p. 34-35.
[76] Sobre essa questão, ver DINIZ, Maria Helena. *O estado atual do biodireito*, p. 417.

pode ser privada da comunicação médica acerca dos diagnósticos e prognósticos, tampouco dos tratamentos e riscos envolvidos nos procedimentos relativos à saúde do doente.

As informações devem ser prestadas de forma clara e precisa, sendo que o médico deve se certificar de que foram compreendidas pelo paciente. Não é suficiente a assinatura de um termo com inúmeras disposições ininteligíveis para um leigo. E o consentimento deve ser livre e voluntário, ou seja, a anuência não pode ser manipulada nem conter vícios, como por exemplo a simulação, a fraude, o erro, o dolo ou a coação.

Por fim, é importante mencionar que a autonomia do paciente autoriza-o também a renunciar a ser informado tanto do diagnóstico e do prognóstico, quanto dos tratamentos e dos riscos a que está ou estará submetido no trato de sua enfermidade.[77] Em outras palavras, o paciente não tem somente o direito de ser informado, mas, se assim decidir, tem também o direito de não saber o que se passa em relação a seu estado de saúde e acerca dos cuidados que lhe serão ministrados.

2.2 A recusa de se submeter a tratamento médico

Com base no direito à autonomia, bem como na dignidade da pessoa humana e na disponibilidade da própria vida, a pessoa tem o direito de se recusar a receber tratamento médico, desde que devidamente informada pelo profissional de saúde acerca das consequências advindas de seu ato.

Esse direito não decorre somente de tais disposições constitucionais, mas advém de outras previsões do texto constitucional brasileiro, como o direito à integridade física e moral. A pessoa não está obrigada a se submeter a tratamento médico se entender que o procedimento, além de violar sua dignidade, assola seu corpo, devasta sua honra ou denigre a imagem que tem dela mesma. Para o paciente, receber um tratamento pode ser mais aviltante do que a morte, mostrando-se incompatível com sua história de vida, com suas convicções e com seus interesses fundamentais. Seria o caso, por exemplo, da recusa de um pianista ter seus braços amputados,[78] de um professor ter extirpadas suas cordas vocais,[79] de um paciente se submeter à quimioterapia no caso de uma metástase

---

[77] SANTOS, Maria Celeste Cordeiro Leite. *O equilíbrio do pêndulo*: bioética e a lei, implicações médico-legais, p. 99.

[78] Deve-se deixar claro que não se defende, nesse trabalho, de forma alguma — aliás, repele-se veementemente —, a ideia de que a vida de uma pessoa com alguma deficiência possa ser considerada indigna e não protegida constitucionalmente. Nenhuma dúvida deve restar sobre esse posicionamento, na medida em que rejeito a eutanásia coletiva, genocida e eugênica. Contudo, não se recusa nesse estudo o direito de qualquer pessoa decidir quando e como interromper sua própria vida, por entender que morrer é mais digno do que ser mantida viva sob certas condições ou diante de determinadas circunstâncias.

[79] Maria Elisa Villas-Bôas relata um caso narrado por Beauchamp e Childress "de uma professora de idiomas que, tendo-se tornado tetraplégica, convivia resignadamente com sua condição de imobilidade, mas, quando lhe foi dito que precisaria realizar uma traqueostomia definitiva para reduzir os engasgos frequentes e o risco de aspiração, infecção e morte, opôs-se terminantemente ao procedimento. Investigada a razão da recusa, até então imotivada, a paciente explicou que, se não mais pudesse dar oralmente suas aulas, sua vida perderia completamente o sentido que ainda tinha para ela, passando-se a sentir irremediavelmente atingida em sua dignidade de pessoa, que a tetraplegia, em seu caso, não conseguira afetar" (VILLAS-BÔAS, Maria Elisa. *Da eutanásia ao prolongamento artificial*: aspectos polêmicos na disciplina jurídico-penal do final da vida, p. 144-145).

avançada ou de um seguidor da religião *Testemunha de Jeová* se sujeitar a uma transfusão de sangue.[80]

Clóvis Francisco Constantino e Mário Roberto Hirschheimer não divergem desses entendimentos quando afirmam que "o princípio da autonomia permite aos adultos recusar tais recursos terapêuticos para si próprios, mas quando há risco de vida para seus filhos os pais não podem impor-lhes tal ideologia, negando-lhes uma oportunidade de vida".[81]

Essas conclusões devem ser adotada com base nas disposições constitucionais que garantem o direito à vida (art. 5º, *caput*), mas impedem tratamentos desumanos e degradantes (art. 5º, III), ao passo que asseguram a livre manifestação de pensamento, de consciência e de crença (art. 5º, IV e VI).

Além disso, o art. 15 do Código Civil prevê que "Ninguém pode ser constrangido a submeter-se, com risco de vida, a tratamento médico ou a intervenção cirúrgica". Isso significa que, também do ponto de vista infraconstitucional, a recusa terapêutica é uma opção licitamente admitida, como menciona Maria Elisa Villas-Bôas: "O texto do Diploma Civil não exige, para a recusa terapêutica, que o risco do procedimento seja maior do que o risco de não o realizar, para a sobrevivência do paciente. Basta que haja risco de vida no procedimento e, em verdade, todo procedimento médico implica algum grau de risco, inclusive fatal".[82]

O art. 146 do Código Penal, por seu turno, comina pena de detenção de três meses a um ano ou multa para a pessoa que "constranger alguém, mediante violência ou grave ameaça, ou depois de lhe haver reduzido, por qualquer outro meio, a capacidade de resistência, a não fazer o que a lei permite, ou a fazer o que ela não manda". Trata-se do crime de constrangimento ilegal. O §3º do referido artigo estabelece que não há constrangimento ilegal na hipótese de "intervenção médica ou cirúrgica, sem o consentimento do paciente ou de seu representante legal, se justificada por iminente perigo de vida".

Com efeito, este dispositivo legal deve ser interpretado conforme a Constituição e, dessa forma, se o paciente, apesar de iminente perigo de morte, exercer

---

[80] Sobre essa questão, conferir BASTOS, Celso Ribeiro. Direito de recusa de pacientes submetidos a tratamento terapêutico às transfusões de sangue, por razões científicas e convicções religiosas. *Revista dos Tribunais*, São Paulo, v. 787, p. 493-507, maio 2001. Este autor, nesta obra, afirma que, em razão do poder familiar, a decisão de não submissão a determinado tratamento médico inclui-se "no âmbito de decisão dos pais quando tratar-se de filho menor de idade" (p. 507). Esta última assertiva deve ser afastada, em razão de os pais não terem direito de dispor da vida dos filhos. Nesse sentido, André Gonçalo Dias Pereira, com base nos ordenamentos jurídicos de Portugal, Espanha, Itália, Canadá, Estados Unidos da América e Austrália, afirma que é justificável a limitação do poder parental, pelo Poder Judiciário, no "caso em que, pedida a autorização aos pais, estes a *neguem*, com evidente *prejuízo da pessoa do menor*" (PEREIRA, André Gonçalo Dias. *O consentimento informado na relação médico-paciente*: estudo de direito civil, p. 323-329). Ver, também, Frederico Augusto D'Ávila Riani. O direito à vida e a negativa de transfusão de sangue baseada na liberdade de crença. *Revista do Curso de Direito do Instituto Municipal de Ensino Superior de São Caetano do Sul – IMES*, São Caetano do Sul, p. 8-14, 2000. Este autor ressalta que a Constituição protege o direito a uma vida digna e, por esta razão, "não se pode conceber que o Estado imponha uma situação de angústia e de infelicidade ao indivíduo, obrigando-o a violar suas convicções mais íntimas". Assim, os seguidores da religião *Testemunhas de Jeová* têm o direito de não se submeter a transfusão de sangue, mesmo quando na iminência da morte. No âmbito do direito espanhol, verificar NÚÑEZ PAZ, Miguel Ángel. *Homicidio consentido, eutanasia y derecho a morir con dignidad*: problemática jurídica a la luz del Código Penal de 1995, p. 108-112. Este autor discute o dever de o médico proteger a vida do paciente, dever este que "não inclui a manutenção da vida contra a vontade de seu titular em condições inumanas ou degradantes" (p. 109-111).

[81] CONSTANTINO Clóvis Francisco; HIRSCHHEIMER, Mário Roberto. Dilemas éticos no tratamento do paciente pediátrico terminal. *Bioética*, Brasília, Conselho Federal de Medicina, v. 13, n. 2, p. 88, 2005.

[82] VILLAS-BÔAS, Maria Elisa. *Da eutanásia ao prolongamento artificial*: aspectos polêmicos na disciplina jurídico-penal do final da vida, p. 145-146.

seu direito à autonomia, fundado em sua concepção de dignidade, e recusar a intervenção médica ou cirúrgica, o profissional da saúde que desrespeitar tal manifestação estará sujeito a responder por crime de constrangimento ilegal. Se, por qualquer motivo, não houve tal manifestação do paciente, o médico estará autorizado a realizar os procedimentos que entender necessários para tentar salvar a vida do enfermo. Do mesmo modo que não deve agir contra os interesses fundamentais manifestados pelo paciente, o médico que respeitar a opção do doente não incorrerá em omissão de socorro.[83]

2.3 O testamento vital

Admitida a disposição da vida pelo próprio titular e o direito de o paciente recusar os tratamentos médicos sugeridos, não há motivo para impedir que a pessoa capaz, antecipadamente, manifeste sua vontade em relação aos procedimentos médicos que admitirá ou não aceitará quando, por qualquer motivo, se tornar inábil para expressar os desejos sobre as intervenções médicas que afetem sua saúde, seu corpo, sua vida e sua morte.[84] O documento com essas características é conhecido, entre os norte-americanos, como *living will*, podendo ser traduzido como "testamento vital".[85]

Esse documento, em linhas gerais, pode conter duas partes: uma que trate da obstinação terapêutica e da eutanásia passiva, ou seja, que disponha sobre a proibição de iniciar ou o dever de interromper procedimentos médicos que apenas sirvam para manter a pessoa artificialmente viva; e outra parte em que a

---

[83] O Código Penal define o crime de omissão de socorro da seguinte forma: "Art. 135 – Deixar de prestar assistência, quando possível fazê-lo sem risco pessoal, à criança abandonada ou extraviada, ou à pessoa inválida ou ferida, ao desamparo ou em grave e iminente perigo; ou não pedir, nesses casos, o socorro da autoridade pública: Pena – detenção, de um a seis meses, ou multa. Parágrafo único – A pena é aumentada de metade, se da omissão resulta lesão corporal de natureza grave, e triplicada, se resulta a morte".

[84] Essa ideia, como mencionado no início deste artigo, leva em conta o conceito de testamento fornecido por Cármen Lúcia Antunes Rocha, para quem ele consiste na "exposição da vontade da pessoa, emitida quando ela está em condições de afirmá-la, para situações futuras, nas quais não possa ela expressar o que deseja ser feito se lhe sobrevier situação em que se torne inábil para decidir sobre a sua vida, sobre o seu corpo, sobre a sua morte" [Cármen Lúcia Antunes Rocha, Vida digna: direito ética e ciência (os novos domínios científicos e seus reflexos jurídicos). p. 170]. Roxana Cardoso Brasileiro Borges define testamento vital como o "documento em que a pessoa determina, de forma escrita, que tipo de tratamento deseja para a ocasião em que se encontrar doente, em estado incurável ou terminal, e incapaz de manifestar sua vontade" (BORGES, Roxana Cardoso Brasileiro. Direito de morrer dignamente: eutanásia, ortotanásia, consentimento informado, testamento vital, análise constitucional e penal e direito comparado, p. 295). Este conceito é muito restrito, pois admitir ou recusar um tratamento é um direito do paciente, independentemente de ele estar "em estado incurável ou terminal". André Gonçalo Dias Pereira afirma que o testamento vital "consiste num documento escrito por uma pessoa maior e capaz, geralmente na presença de testemunhas e que contém diretivas a respeito dos tratamentos nos últimos momentos de vida e tendo em vista eventuais situações de incapacidade de tomar decisões por e sobre si próprio" (PEREIRA, André Gonçalo Dias. *O consentimento informado na relação médico-paciente*: estudo de direito civil, p. 240). Juana Teresa Betancor diz que "testamento vital es un documento en el que una persona manifiesta sus deseos expresos acerca de la retirada o no iniciación de un tratamiento médico en caso de enfermedad terminal" (Juana Teresa Betancor. El testamento vital, p. 99).

[85] Modelos de "testamentos de vida" podem ser encontrados, por exemplo, nos seguintes trabalhos: SANTOS, Maria Celeste Cordeiro Leite. *O equilíbrio do pêndulo*: bioética e a lei, implicações médico-legais, p. 13-14; NÚÑEZ PAZ, Miguel Ángel. *Homicidio consentido, eutanasia y derecho a morir con dignidad*: problemática jurídica a la luz del Código Penal de 1995, p. 495-497; e BERISTAIN, Antonio. Prolegómenos para a reflexão penal-criminológica sobre o direito a culminar a vida com dignidade (a eutanásia). *Fascículos de Ciências Penais*, Porto Alegre, Sérgio Antonio Fabris Editor, ano 4, v. 4, n. 4 – Eutanásia, p. 30-31, out./dez. 1991.

pessoa solicita "o uso dos meios mais apropriados para evitar a dor, ainda que isso propicie uma aceleração da morte (eutanásia indireta)".[86]

Como explica André Gonçalo Dias Pereira, nos "EUA estes documentos gozam de estatuto legal e concedem imunidade civil e criminal aos profissionais de saúde que respeitem o testamento de vida".[87] O *living will* ganhou força de lei, pela primeira vez, na Califórnia, em 1976, com a edição do *Natural Death Act*. Em 1991, o Congresso norte-americano aprovou o *Patiente Self-Determination Act*, ampliando para todos os Estados Unidos da América o reconhecimento jurídico dos testamentos vitais.[88]

O "testamento vital" tem grande utilidade para preservar a autonomia e a dignidade da pessoa no momento em que ela não puder expressar sua vontade acerca dos procedimentos médicos sugeridos na situação em que se encontra ou sobre o prolongamento de sua vida nessas circunstâncias. Além de ser um meio seguro de garantir o respeito à vontade da pessoa no final de sua vida,[89] trata-se de um documento que protege o profissional de saúde de possíveis reclamações acerca de sua atuação.[90] Como relata Juana Teresa Betancor, a preservação de tais direitos dos pacientes e a garantia da atuação do médico contra eventuais tentativas de responsabilizá-lo civil e criminalmente ocorrerão, com frequência, quando a pessoa for acometida por uma doença incurável ou terminal, estiver em coma, em estado vegetativo persistente ou, ainda, em caso de acidente.[91]

No Brasil, apesar de nenhuma referência legal expressa ao "testamento vital", não há razão para rejeitar sua força jurídica.[92] Nos termos do art. 104 do Código Civil, a validade do negócio jurídico requer três requisitos: agente capaz; objeto lícito, possível, determinado ou determinável; e forma prescrita ou não defesa em lei. Assim, desde logo, deve-se considerar válido o "testamento vital" que respeitar tais exigências.

Nesse sentido, o "testamento vital", atualmente, somente pode ser feito no Brasil por pessoa com mais de 18 anos de idade, que estiver em pleno gozo de suas faculdades mentais.

---

[86] BETANCOR, Juana Teresa. El testamento vital, p. 105. Esta autora, nessa passagem de sua obra, descreve um modelo de testamento vital existente na França. Nele, além das duas partes mencionadas, consta uma terceira opção, que é a de o signatário pedir que se pratique, como último recurso, a eutanásia ativa, apesar de ciente do fato de que o médico poderá se negar a respeitar tal vontade, tendo em vista que tal conduta é criminalizada naquele país.

[87] PEREIRA, André Gonçalo Dias. *O consentimento informado na relação médico-paciente*: estudo de direito civil, p. 242.

[88] PEREIRA, André Gonçalo Dias. *O consentimento informado na relação médico-paciente*: estudo de direito civil, p. 242; e BETANCOR, Juana Teresa. El testamento vital, p. 107. Para a história do "testamento vital" e a adoção desse tipo de documento no direito comparado, como na Austrália, no Canadá, na Inglaterra, na Espanha, na França, na Finlândia e na Dinamarca, ver, além dos autores citados nesta nota de rodapé, os seguintes trabalhos: NÚÑEZ PAZ, Miguel Ángel. *Homicidio consentido, eutanasia y derecho a morir con dignidad*: problemática jurídica a la luz del Código Penal de 1995, p. 170-171; e HOLM, Soren. Legalizar a eutanásia? Uma perspectiva dinamarquesa, p. 102-103.

[89] PEREIRA, André Gonçalo Dias. *O consentimento informado na relação médico-paciente*: estudo de direito civil, p. 249.

[90] BETANCOR, Juana Teresa. El testamento vital, p. 104-105.

[91] Essas situações são mencionadas por BETANCOR, Juana Teresa. El testamento vital, p. 100.

[92] Augusto Cesar Ramos relaciona o "testamento vital" e a doação de órgãos *post mortem* da seguinte forma: "Enfim, a pessoa tem o direito de não se sujeitar a terapias fúteis, o que significa o direito de aceitar a morte dignamente quando sua hora se aproxima. E para isso deveria a pessoa valer-se do testamento em vida, que, tal qual hoje se manifesta o desejo ou não de doar seus órgãos 'post mortem', estabeleceria enquanto consciente, ainda sadio, os limites de uma eventual aplicação de meios extraordinários caso padeça de enfermidade irreversível e/ou terminal que a tenha levado a um estado de incapacitação que lhe impeça de se expressar por si mesma" (RAMOS, Augusto Cesar. *Eutanásia*: aspectos éticos e jurídicos da morte. Florianópolis: OAB/SC Editora, 2003. p. 138-139).

Como amplamente discutido nesse estudo, dispor sobre a própria vida, recusando um tratamento, é um ato lícito, possível e determinado ou determinável. Ao prever as situações em que não aceita um tratamento, o paciente exerce seu direito à autonomia e dispõe de seu corpo e de sua saúde. Enfim, dispõe de sua vida e de sua morte, com base em sua noção de dignidade.

Uma vez que não há forma prescrita em lei, deve-se admitir o "testamento vital" reduzido a um documento escrito, subscrito por testemunhas, como maneira de viabilizar a prova do fato jurídico (art. 212, incisos II e III, do Código Civil). Mas nada impede que outras formas menos usuais sejam adotadas, como a gravação do "testamento vital" em vídeo.[93]

Obviamente, o signatário, a qualquer momento, poderá revogar tal documento, devendo-se respeitar sua última vontade, mesmo que manifestada sem as formalidades adotadas quando da elaboração do "testamento vital". Em outras palavras, a pessoa poderá mudar de ideia a qualquer hora, sem se ater à forma, pois a vontade mais atual do paciente poderá surgir quando ele já estiver hospitalizado e sem meios ou tempo de firmar um novo documento.[94]

Informação bibliográfica deste texto, conforme a NBR 6023:2002 da Associação Brasileira de Normas Técnicas (ABNT):

DIAS, Roberto. A dignidade da pessoa humana e o testamento vital no ordenamento constitucional brasileiro. In: BERTOLDI, Márcia Rodrigues; OLIVEIRA, Kátia Cristine Santos de (Coord.). *Direitos fundamentais em construção*: estudos em homenagem ao ministro Carlos Ayres Britto. Belo Horizonte: Fórum, 2010. p. 99-120. ISBN 978-85-7700-367-9.

---

[93] Juana Teresa Betancor faz referência ao procedimento adotado pelo Dr. Kervokian, conhecido como "Dr. Morte", que gravava as manifestações das pessoas que pretendiam usar sua "máquina de suicídio", bem como de um caso julgado por um tribunal de Tel Aviv, que aceitou "um vídeo como manifestação de vontade sobre o fim da vida" (BETANCOR, Juana Teresa. El testamento vital, p. 105).

[94] Nesse sentido, ver PEREIRA, André Gonçalo Dias. *O consentimento informado na relação médico-paciente*: estudo de direito civil, p. 247.

O Direito ao Desenvolvimento Sustentável e a Biodiversidade[*]

Márcia Rodrigues Bertoldi
Sandra Akemi Shimada Kishi

Sumário: 1 Ponto de partida – 2 O que é desenvolvimento sustentável – 3 A biodiversidade como indicador do desenvolvimento sustentável – 3.1 A biodiversidade – 3.2 A progressiva perda global da biodiversidade: causas e consequências fundamentais – 3.2.1 As causas e o atoleiro: ainda longe das metas do Relatório Brundtland – 3.2.2 As consequências e algumas soluções – 4 A efetivação do desenvolvimento sustentável mediante o indicador biodiversidade – 4.1 A conservação *in situ* e *ex situ* da diversidade biológica e a utilização sustentável de seus componentes – 4.2 A identificação e o monitoramento – 4.3 O programa nacional da biodiversidade – 4.4 O princípio da precaução – 4.5 O acesso legalmente constituído ao patrimônio genético para a consumação da prática de distribuir benefícios – 5 Ponto de chegada

1 Ponto de partida

Nenhuma dúvida resta sobre a urgência em apontarmos estratégias no universo das Ciências para conciliar nossas perspectivas de desenvolvimento econômico — e consequentemente humano — com a pressão ecológica que sofre o Planeta (deterioração dos solos, das águas, da atmosfera e dos recursos biológicos) e a degradação social motivada pelo não acesso, por grande parte da sociedade, a direitos fundamentais (educação, saúde, moradia, alimentação, meio ambiente saudável, etc.).

O nosso futuro comum e a equidade intergeracional — promover e proteger o bem-estar e a prosperidade de todas as gerações — são muito dependentes de um desenvolvimento que permita as sustentabilidades econômica, social e ambiental sobretudo. Compreender o mundo em pedaços agora é parte da história de um mundo em construção; perceber o mundo como um todo integrado é hoje um dever-ser. O direito fundamental universal ao desenvolvimento[1] deve permitir que todas as sociedades participem, contribuam e desfrutem do processo, que deve consentir a integração dos elementos que o motivam (o econômico, o social, o ambiental, o cultural, o político, o tecnológico, entre outros), ou seja, o desenvolvimento sustentável.

---
[*] 2010, ano internacional da biodiversidade.
[1] Avalizado especialmente pela Declaração das Nações Unidas sobre o Desenvolvimento, de 4 de dezembro de 1986.

Há pressa em difundir a inconformidade, a alteridade e compartilhar a responsabilidade das atividades humanas num planeta com limites, em franca crise ecológica, econômica, social, cultural. Pensando a importância do outro e de todos os seres vivos podemos chegar a tal qualidade de vida, ainda discurso esvaziado de materialidade. A justiça, o Direito, o processo ou procedimento, sozinhos, não dão conta das injustiças ambiental e social crescentes, do crescimento insustentável; é necessário valores universais — aqueles de há muito prejudicados e/ou aniquilados pelo neoliberalismo, descolado da realidade — e participação popular.

A desordem do meio ambiente é fator determinante ao não desenvolvimento. As espécies e seus recursos genéticos são elementos-chave à expectativa de desenvolvimento projetada pela revolução biotecnológica, em que pese sua novidade promete avançar nossas perspectivas de futuro nas mais diversas áreas: alimentação, medicina e indústria. Consequentemente, os ecossistemas que envolvem essas espécies e seus recursos genéticos também ingressam na lista. Esses três elementos compõem a biodiversidade, um dos indicadores do desenvolvimento sustentável.

A biodiversidade é fonte de subsistência humana e da natureza, é a vida. É ela que nos oferece alimentos, vestuário, medicinas, lazer e diversos serviços ecossistêmicos que sustentam o ciclo natural da Terra, portanto o desenvolvimento natural e humano. É sustento direto de populações locais, pobres, as quais serão as mais severamente afetadas com a intensiva perda e extinção da biodiversidade. Urge um novo olhar sobre a diversidade biológica, um olhar integrado e compromissado com a sustentabilidade das futuras gerações humanas e não humanas.

2 O que é desenvolvimento sustentável

A utilização racional dos recursos naturais demarca o principal objetivo do paradigma político, econômico, cultural, social e ambiental recentemente introduzido na agenda da comunidade internacional e há muito tempo cobiçado pela natureza: o desenvolvimento sustentável que "é aquele que atende às necessidades do presente sem comprometer a possibilidade de as gerações futuras atenderem as suas próprias necessidades".[2]

O conceito de desenvolvimento sustentável,[3] que se difunde no Relatório Brundtland em 1987[4] e se consolida na Eco/92 com a Agenda 21 e com a adoção

---
[2] COMISIÓN MUNDIAL DEL MEDIO AMBIENTE Y DEL DESARROLLO. Nuestro Futuro Común. Madrid: Alianza Editorial, 1992. p. 67.
[3] O conceito nasce do relatório intitulado Os limites do crescimento, elaborado pelo instituto Tecnológico de Massachusetts (MIT) para o Clube de Roma em 1972 e do conceito de ecodesenvolvimento proposto por Ignacy Sachs e Maurice Strong.
[4] Este objetivo/princípio se foi introduzido na agenda internacional por meio do Relatório Brundtland (Nosso Futuro Comum) no ano de 1987. Um programa global para a mudança. Essa foi a petição da Assembleia Geral das Nações Unidas para a Comissão Mundial sobre o Meio Ambiente e o Desenvolvimento (CMMAD), criada pela Assembleia em 1983, que resultou na publicação do referido Relatório, o qual recebe o nome da presidente da comissão, a então primeira ministra da Noruega Gro Harlem Brundtland.

como princípio[5] pela Declaração do Rio, é um termo que abrange a sinergia das sustentabilidades ecológica, econômica, política, social, cultural, espacial, com vistas a promover o desenvolvimento das presentes gerações sem afetar as possibilidades das próximas.

Paulo Affonso Leme Machado refere-se ao aduzido no Relatório no sentido de que "o desenvolvimento sustentado pressupõe uma preocupação de equidade social entre as gerações, preocupação que deve estar presente, logicamente, numa mesma geração". Destaca ainda, a declaração final do Simpósio Internacional de Direito Comparado do Meio Ambiente realizado em Tóquio (1992): "o meio ambiente global é uma herança que nós — geração atual — devemos herdar de nossos ancestrais e transmitir à geração futura com possibilidades de desenvolvimento. Esta responsabilidade nós a chamamos 'responsabilidade patrimonial' segundo a fórmula do Prof. J. Sax. O direito ambiental global deve poder assumir esta responsabilidade patrimonial, qualquer que seja o problema: CO_2, floresta tropical úmida ou a diversidade biológica".[6]

Essa responsabilidade obriga, portanto, que a exploração econômica dos recursos da natureza atue dentro de um campo com limites bem definidos e, em tese, intransponíveis, traduzidos na atividade econômica responsável de forma a tratar os recursos renováveis como não renováveis, com parcimônia e resguardando a renovação, tendo em mira as futuras gerações.

Nas palavras de Ruiz, o desenvolvimento sustentável persegue o logro de três objetivos essenciais: um objetivo puramente econômico, a eficiência na utilização dos recursos e o crescimento quantitativo; um objetivo social e cultural, a limitação da pobreza, a manutenção dos diversos sistemas sociais e culturais e a equidade social; e um objetivo ecológico, a preservação dos sistemas físicos e biológicos (recursos naturais *lato sensu*) que servem de suporte à vida dos seres humanos.[7]

No tocante à noção de sustentabilidade com três pilares — economia, sociedade e recursos naturais — apresentada no Relatório Nosso Futuro Comum, Gerd Winter ressalta que uma nova leitura deste relatório sugere que o escopo do princípio deve ser definido de forma mais rigorosa. Conclui Winter que o desenvolvimento sustentável significa que o desenvolvimento socioeconômico permanece "sustentável", visto que suportado por sua base, a biosfera. A biodiversidade assume assim fundamental importância, sendo que a economia e a sociedade são parceiros mais fracos, porquanto a biosfera pode existir sem os humanos, mas os humanos não podem existir sem ela. Então, o quadro esquemático dessa inter-relação não seria de três pilares, mas, sim, de um fundamento (recursos naturais) e dois pilares (economia e sociedade) apoiando-o.[8]

---

[5] "Princípio 3: O Direito ao desenvolvimento deve ser exercido de modo a permitir que sejam atendidas equitativamente as necessidades de desenvolvimento e de meio ambiente das gerações presentes e futuras."
[6] MACHADO, Paulo Affonso Leme. Princípios gerais de direito ambiental internacional e a política ambiental brasileira. In: BENJAMIN, Antônio Herman V. (Org.). *Dano ambiental*: prevenção, reparação e repressão, São Paulo: Revista dos Tribunais, 1993. p. 407-408.
[7] RUIZ, José Juste. *Derecho internacional del medio ambiente*. Madrid: MacGraw-Hill, 1999. p. 33.
[8] WINTER, Gerd. Um fundamento e dois pilares: o conceito de desenvolvimento sustentável 20 anos após o Relatório de Brundtland. In: MACHADO, Paulo Affonso Leme; KISHI, Sandra Akemi Shimada (Org). *Desenvolvimento sustentável, OGM e responsabilidade civil na União Européia*. São Paulo: Millennium Editora, 2009. p. 1-4.

O equilíbrio entre a natureza, a economia e a sociedade seria comparável, portanto, a um composto trifásico, em que necessariamente a faixa dos recursos naturais dever ser mais expressiva, com potencial para resultados profícuos quando equilibradamente integrados estes três elementos de balanceamento.

Posteriormente, o princípio/objetivo foi fortalecido na Rio/92, principalmente com a adoção da Agenda 21 e da Declaração do Rio sobre o meio ambiente e o desenvolvimento, na Declaração de Copenhague sobre o Desenvolvimento Social de 1995, adquirindo culminância na Reunião Mundial sobre Desenvolvimento Sustentável que adotou um documento de intenções políticas sem soluções muito alentadoras e um plano de ação um tanto complexo, num intento de fechar a dívida existente com o Relatório de 1987 e a Rio/92.

Não obstante, a oportuna expressão contém dois vocábulos ambíguos, desenvolvimento (progresso, consumo, domínio sobre a natureza) e sustentável (equilibrado, racional, intergeracional), dois conceitos até então declaradamente inconciliáveis. Decerto, as necessidades econômicas (crescimento), ambientais (conservação e uso sustentável) e sociais (equidade social intergeracional) todavia não se encontraram e a pobreza e degradação ambiental prosseguem diante de um crescimento desordenado.

No Relatório sobre o Desenvolvimento Mundial de 2010,[9] a prioridade da comunidade internacional que insistimos em conservar é a pobreza, que se abre à mudança climática, agora o principal inconveniente do desenvolvimento humano:

> Um quarto da população dos países em desenvolvimento ainda vive com menos de US$1,25 por dia. Um bilhão de pessoas carece de água potável; 1,6 bilhão de eletricidade; e 3 bilhões de saneamento adequado. Um quarto de todas as crianças dos países em desenvolvimento sofre de desnutrição.
>
> A mudança climática ameaça todos os países, sendo os países em desenvolvimento os mais vulneráveis. Segundo as estimativas, recai sobre eles de 75% a 80% dos custos de prejuízos causados pela mudança climática. Até mesmo um aquecimento de 2 °C acima das temperaturas pré-industriais — o mínimo que provavelmente o mundo experimentará — poderia resultar em reduções permanentes do PIB de 4% a 5% para a África e o Sudeste Asiático.

Em definitivo, um conceito ainda vazio de efetividade, pois de difícil aplicabilidade em face de sua juventude, da pluralidade de dimensões que encerra (ambiental, econômica e social), da ainda inexistência de instrumentos realmente capazes de fazê-lo operante ou quiçá comprometimento em obrar os existentes, da superposição econômica frente ao ambiente e ao social e principalmente da dificuldade que tem o homem em adotar um olhar de integridade (visão de mundo ecológica profunda (*deep ecology*) o que inclui a ética da inconformidade, da alteridade, do cuidado).

---

[9] BANCO MUNDIAL. Relatório sobre o desenvolvimento mundial 2010. Desenvolvimento e mudança climática. Disponível em: <http://siteresources.worldbank.org/INTWDR2010/Resources/5287678-1226014527953/WDR10_AdOverview_BP_Web.pdf. p. 10>.

Além dos elementos referidos, a prática necessita, segundo Almeida,[10] dos seguintes pré-requisitos: democracia e estabilidade política; paz; respeito à lei e à propriedade; respeito aos instrumentos do mercado; ausência de corrupção; transparência e previsibilidade do governo; reversão do atual quadro de concentração de renda em esferas global e local.

Em qualquer caso, "é a presunção contrária que prevalece hoje: os recursos podem ser explorados de qualquer maneira, salvo que existam intensas razões para conservá-los".[11]

Tal presunção, com apoio na lição de Winter,[12] há de ser afastada pela consideração de sustentabilidade forte, segundo a qual deve prevalecer pelas peculiaridades da biodiversidade em detrimento dos demais elementos de balanceamento (economia e sociedade), como princípio dotado de força normativa, uma regra e não uma mera orientação.

Com efeito, a prevalência do elemento de balanceamento na sustentabilidade é inclusive prevista na Convenção sobre a Diversidade Biológica (CDB), que, no Brasil, tem força cogente por ter sido ratificada pelo Congresso Nacional. Philippe Sands anota que a linguagem usada no artigo 22 da CDB é suficientemente ampla para permitir uma interpretação no sentido de que a CDB poderia, em certas circunstâncias, prevalecer sobre os demais elementos, tais como direitos de propriedade intelectual e patentes protegidos por outros acordos internacionais.[13]

O esperado equilíbrio entre as necessidades econômicas, ambientais e sociais, cuja ausência leva inexoravelmente à pobreza e à degradação do ambiente remete à questão da dificuldade da efetiva valoração das capacidades. Com efeito, o valor da capacidade da pessoa pode mover uma comunidade a demandas por moderna tecnologia, a qualquer custo, ao invés de investimento em educação e cultura, por exemplo. Não se subestima que a renda seja um veículo para obter capacidades, mas o seu molde dependerá da efetiva liberdade de uma pessoa ou de um povo efetivamente poder escolher e decidir com liberdade, potencializando os resultados dessas escolhas dotadas de alteridade e autodeterminação.

Na linha de raciocínio de Amartya Sen,[14] a capacidade pode "melhorar o entendimento da natureza e das causas da pobreza e privação desviando a atenção principal dos meios (e de um meio específico que geralmente recebe atenção exclusiva, ou seja, a renda) para os *fins* que as pessoas têm razão para buscar e, correspondentemente, para as *liberdades* de poder alcançar esses fins".

E frear a globalização econômica que tende a anular culturas nativas de povos pode se tornar tão inatingível como indesejado. Os ganhos econômicos

---

[10] ALMEIDA, Fernando. *O bom negócio da sustentabilidade*. Rio de Janeiro: Nova Fronteira, 2002.
[11] WEISS, Edith Brown. *Un mundo justo para las nuevas generaciones*: derecho internacional, patrimonio común y equidad intergeneracional. Madrid: Mundi-Prensa, 1999, p. 80.
[12] WINTER, Gerd. Um fundamento e dois pilares: o conceito de desenvolvimento sustentável 20 anos após o Relatório de Brundtland. In: MACHADO, Paulo Affonso Leme; KISHI, Sandra Akemi Shimada (Org). *Desenvolvimento sustentável, OGM e responsabilidade civil na União Européia*. São Paulo: Millennium Editora, 2009. p. 1-22.
[13] SANDS, Philippe. *Principles of international environmental law I*. Frameworks, standards and implementation. Manchester: Manchester University Press. 1995. p. 386, 748.
[14] SEM, Amartya. *Desenvolvimento como liberdade*. São Paulo: Companhia das Letras, 2000. p. 112.

globais são certos e certamente podem gerar prosperidade. O problema é a capacidade de conscientização e mobilização para que os resultados não continuem concentrados, numa globalização econômica que suplante e destrua reações de dúvida e de questionamentos diante do novo por uma comunidade. O progresso pressupõe a construção de capacidades, requer educação e conscientização de valores basilares que invoquem igualdades reais de oportunidades.

A sociedade precisa decidir com liberdade sobre o que deseja preservar em espaços cidadãos de participação livre, em igualdade de oportunidades e prévio acesso a informações atuais e verossímeis. Inescapavelmente, isso representaria o caminho efetivo para a justiça social e ao esperado desenvolvimento sustentável.

O desenvolvimento sustentável pressupõe o meio ambiente equilibrado, que, dentre outros fatores, depende da preservação da biodiversidade. O estado ecológico de direito só se realiza numa sociedade equilibrada ecologicamente. Conforme lição de Paulo Affonso Leme Machado: "cada ser humano só fruirá plenamente de um estado de bem-estar e de eqüidade se lhe for assegurado o direito fundamental de viver num meio ambiente ecologicamente equilibrado".[15]

3 A biodiversidade como indicador do desenvolvimento sustentável

3.1 A biodiversidade

Um dos elementos ambientais organizadores do ecossistema Terra e indispensável à efetivação do direito a um meio ambiente saudável e ao desenvolvimento sustentável é a diversidade biológica ou biodiversidade, objeto de proteção jurídica desde o início do século XX. Primeiramente, de maneira setorial, ou seja, fracionada e amparada dentro de uma estratégia de zonas especialmente protegidas — parques nacionais, jardins botânicos, zonas silvestres, reservas naturais, etc. — e de conservação de determinadas espécies da fauna e flora. Posteriormente, coincidindo com o (in)sucesso da globalização, de forma transetorial: a biodiversidade entendida como um todo indissociável. Neste contexto é aprovada em 1992 a Convenção sobre a Diversidade Biológica.

Lévêque aponta que o termo biodiversidade, contração de diversidade biológica, foi introduzido, na metade dos anos 80, pelos naturalistas que se inquietavam pela rápida destruição dos ambientes naturais e de suas espécies e reclamavam que a sociedade tomasse medidas para proteger este patrimônio. Ele logo foi popularizado, quando das discussões que tiveram lugar ao redor da assinatura da CDB, na época da Conferência do Rio de Janeiro, em 1992.[16]

O conceito de biodiversidade compreende três componentes, os quais compõem a dimensão material desse elemento ambiental:

---

[15] MACHADO, Paulo Affonso Leme. *Direito ambiental brasileiro*. 18. ed. São Paulo: Malheiros, 2010. p. 60.
[16] LÉVÊQUE, Christian. *A biodiversidade*. São Paulo: Edusc, 1999, p. 13-14.

1. a diversidade de espécies da fauna, da flora e de micro-organismos (as variedades de população da flora, fauna e micro-organismos que ao cruzarem somente com indivíduos da mesma espécie preservam sua identidade);
2. a diversidade de ecossistemas (complexo dinâmico de comunidades vegetais, animais e de micro-organismos e o seu meio inorgânico que interagem como uma unidade funcional — artigo 2 da CDB); e
3. a diversidade genética dentro de cada espécie (compreende o material genético contido em cada espécie. É a diversidade em nível genético que permite que os organismos vivos se perpetuem no tempo e se distingam entre si).

De fato, são estes os elementos que norteiam a definição contida no artigo 2º da CDB: diversidade biológica significa a variabilidade de organismos vivos de todas as origens, compreendendo, dentre outros, os ecossistemas terrestres, marinhos e outros ecossistemas aquáticos e os complexos ecológicos de que fazem parte; compreendendo ainda a diversidade dentro de espécies, entre espécies e de ecossistemas.

A biodiversidade é a total variedade de espécies, seus genes e ecossistemas que habitam o planeta Terra, constituindo uma das propriedades essenciais do meio ambiente, do equilíbrio da biosfera e das relações entre os seres vivos. É fonte econômica direta e base das atividades agrícola, pesqueira e florestal. E os recursos genéticos são a base das emergentes indústrias biotecnológica e nanotecnológica. Portanto, juntamente com outros recursos naturais, é indispensável para a sobrevivência da humanidade:

> Quando Alice, perdida no País da Maravilhas, encontra a rainha de Copas e deseja lhe fazer algumas perguntas, percebe que, para se manter ao seu lado, teria que correr continuamente, mas por mais que corresse, permanecia no mesmo lugar e essa era a única maneira possível de conversar com a rainha... A diversidade genética possui papel semelhante, é ela que permite aos seres vivos continuarem correndo para permanecerem no mesmo lugar e sobreviverem. Isto é, como o ambiente em que vivemos é dinâmico, os seres vivos precisam mudar constantemente para permanecerem adaptados às condições do meio e, assim, sobreviverem.[17]

Essa diversidade de espécies desenvolveu-se a partir de mutações, expansões e sinergias ocorridas há mais de 4,5 bilhões de anos. Birnié e Boyle advertem que somente durante a parte final desse longínquo período, por razões ainda desconhecidas, mais complexos organismos e novas espécies surgiram, sendo que esses eventos ainda desconhecidos contribuíram para a geração da presente extensão e dimensão da diversidade biológica e desde então os índices de novas espécies e de naturais extinções têm-se mantido estáveis. Assim, plausível é concluir que todo o complexo de variedade biológica agora existente encontra-se em seu nível máximo. Neste contexto de variedade biológica, devemos preservá-la

---

[17] BENSUSAN, Nurit. *Seria melhor mandar ladrilhar? Biodiversidade como, para que e por quê.* Brasília: Editora Universidade de Brasília, 2002, p. 17.

como recursos não renováveis. Se um grande desastre ocorrer, nem as mais modernas tecnologias conseguirão reproduzir em laboratórios as sutis diferenças entre as variedades de espécies que levaram milhões de anos e sucessivas inter-relações com diferentes ecossistemas para se desenvolverem.[18]

Em palavras de Timothy Swanson a "biodiversidade é precisamente valiosa porque é o resultado desses quatro bilhões de anos de processo evolutivo, e não por conta de sua variedade em si".[19]

Há razões científicas, econômicas, estéticas e éticas para a preservação da diversidade biológica, tendo sido elas estabelecidas porquanto as extinções das espécies são completamente irreversíveis, como anota Roger W. Findley.

Destacam-se a seguir as razões éticas ou morais para a preservação da diversidade biológica, consoante este jurista norte-americano: "A justificativa ética, ou moral, defendida por um número significativo e crescente de pessoas, é que os seres humanos não deveriam exercer seu poder para destruir outras espécies a seu bel-prazer, mesmo aquelas espécies sem qualquer utilidade prática conhecida. Nesta perspectiva, espécies não humanas têm seu próprio valor intrínseco, independentemente de qualquer valor prático ou utilitário que possam ter para os seres humanos".[20]

Assim, grosso modo, a biodiversidade poderia ser definida como a vida sobre a Terra e, juntamente com a água, o ar e o solo, o bem mais valioso de que dispomos. Este valor é o resultado dos aspectos ecológico, genético, social, econômico, científico, cultural, histórico, geológico, espiritual, recreativo e estético que compõem a diversidade biológica.

À dimensão material se agrega o conhecimento, as inovações e práticas consuetudinárias sobre a biodiversidade, uma dimensão imaterial de saberes de populações que vivem em e de ecossistemas e suas espécies. Nesse sentido, "o conceito abrange uma quarta dimensão, a cultural, representada pelos valores, visões de mundo, conhecimentos e práticas que têm íntima relação com o uso direto e os processos relacionados à biodiversidade".[21]

Cabe entender que são sistemas que evoluíram simultaneamente, o biológico e o cultural; portanto, não se pode conceber conhecimentos tradicionais e biodiversidade senão que sistemicamente. Contudo, a severa desorganização de alguns vários ecossistemas do Planeta, está pondo em perigo esta riqueza natural/cultural, a qual necessita largos períodos de tempo para formar-se, organizar-se e evoluir.

As características funcionais da biodiversidade reclamam uma cooperação internacional ambiental, que não deve tender a abolir as autonomias de outros níveis de governo. Jungidas que estão as nações ao dever universal de desenvolvimento sustentável, que corresponde a um direito fundamental da humanidade,

---

[18] BIRNIE, Patrícia; BOYLE, Alan. International Law & the Environment, 2002, p. 545.
[19] Ibidem, p. 9.
[20] FINDLEY, Roger W. Legal Protections for Biodiversity in the United States and Brazil. In: Anais do 2º Congresso Internacional de Direito Ambiental. São Paulo: IMESC, 1997. p. 152.
[21] SOUZA, Gabriela Coelho de et al. Conhecimentos tradicionais: aspectos do debate brasileiro sobre a quarta dimensão da biodiversidade. In: KISHI, Sandra Akemi Shimada; KLEBA, John Bernhard (Coord.). Dilemas do acesso à biodiversidade e aos conhecimentos tradicionais. Direito, Política e Sociedade. Belo Horizonte: Fórum, 2009, p. 72.

cabe a elas bem cooperar de forma a reconhecer as peculiaridades locais, regionais e nacionais, propiciando sinergias e integração dessas ações nacionais com convenções, tratados e acordos internacionais.

3.2 A progressiva perda global da biodiversidade: causas e consequências fundamentais

A severa desorganização que sofrem alguns dos ecossistemas do planeta põe em perigo a diversidade de espécies vegetais, animais e de micro-organismos e, portanto, a diversidade genética, as quais necessitam longos períodos de tempo para formar-se, estruturar-se e evoluir. Em consequência, o deterioro da biodiversidade é o problema mais grave que a humanidade terá para resolver no presente século: "o impacto sobre a diversidade biológica pode chegar a ser o efeito negativo mais intenso e permanente que a humanidade pode tatuar na pele do planeta: inclusive mais que o que representaram os resíduos nucleares".[22]

3.2.1 As causas e o atoleiro: ainda longe das metas do Relatório Brundtland

É difícil estimar o número de espécies que se extinguem ou que estão em perigo de extinção, pois nem todas estão catalogadas, tampouco as conhecemos em sua maioria. Enquanto isso, uma das frases mais aludidas de Wilson ilustra esta tormentosa situação: "na pequena minoria de grupos de plantas e animais que são bem conhecidos, a extinção está avançando rapidamente, muito acima da ocorrida nos tempos pré-humanos. Em muitos casos, o nível é calamitoso: o grupo inteiro está ameaçado".[23]

Esta afirmativa se ratifica na terceira edição da Perspectiva Mundial sobre a Diversidade Biológica,[24] baseada em 120 informes nacionais apresentados pelas Partes na CDB. O relatório coincide com o ano (2010) acordado pelos Estados-Partes na CDB, em Joanesburgo (2002), para apresentar respostas positivas em relação às metas de redução significativa do ritmo atual da perda da biodiversidade. Conclui que foi um fracasso coletivo em nível mundial; não há indícios de que a pressão humana sobre a biodiversidade suavizou. Nenhuma das 21 submetas pactuadas foram cumpridas em nível mundial, se bem algumas foram parcialmente executadas em nível regional e local.

Ademais, muitos ecossistemas sofrem processos de extinção, principalmente em razão da expansão agrícola e urbana. As zonas úmidas, os bosques e arrecifes de coral constituem os exemplos mais destacados.

---

[22] PASCUAL TRILLO, José Antônio. Conservación y uso sostenible de la biodiversidad. In: RIVAS, David. *Sustentabilidad. Desarrollo económico, medio ambiente y biodiversidad*. Madrid: Parpeluz, 1997. p. 107.
[23] WILSON, Edward: *La diversidad de la vida*. Barcelona: Crítica, 1994. p. 255.
[24] SECRETARÍA DEL CONVENIO SOBRE LA DIVERSIDAD BIOLÓGICA. *Perspectiva mundial sobre a diversidade biológica* 3. Disponível em: <http://gbo3.cbd.int/>.

No referente às espécies, "mais de 12 por cento das plantas que florescem, pelo menos 10 por cento de todas as árvores e 24 por cento dos mamíferos estão atualmente ameaçados de extinção".[25] Também, "as mais de 10.000 variedades de trigo que se calculava existir na China se reduziram a 1.000 e na Indonésia, umas 1.500 variedades de milho desapareceram nos últimos anos principalmente a causa das monoculturas industriais".[26]

As más notícias continuam: as populações de espécies silvestres de vertebrados em nível mundial decresceram quase um terço (31%) entre os anos de 1970 e 2006; a diminuição foi especialmente marcada nos trópicos (59%) e nos ecossistemas de água doce (41%);[27] 21% das 7 mil raças de gado do mundo (entre 35 espécies domesticadas de aves e mamíferos) está classificado como em situação de risco e é provável que a cifra seja mais elevada, já que há outros 36% cujo risco não se conhece.[28]

Pode-se arguir que existem causas diretas e indiretas que geram a perda da biodiversidade, provocadas essencialmente pelos impactos adversos produzidos por atividades humanas intencionais ou acidentais. As causas diretas são: destruição de espaços naturais virgens; introdução de espécies exóticas que expulsam as autóctones; a expansão da agricultura moderna e a monocultura; desertificação; expansão demográfica em direção a territórios virgens; sobre-exploração dos recursos e a variação climática produzida pelas alterações na atmosfera. As indiretas se erigem nos modelos culturais, jurídicos, econômicos, sociais e políticos que caracterizam a comunidade internacional contemporânea, sobre os quais conhecemos bem e sofremos seu funcionamento. Por fim, destacamos a falta de consciência, sobre os valores da biodiversidade e dos demais elementos que compõem o meio ambiente, de um ser animado, basicamente diferenciado de outros tão somente pela complexidade de sua linguagem.

Assim sendo, o indicador de desenvolvimento sustentável biodiversidade está longe de alcançar as metas do Relatório Brundtland, da Agenda 21 e da Declaração do Rio sobre Meio Ambiente e Desenvolvimento, ou seja, um desenvolvimento que atenda às gerações presentes, sem prejudicar as possibilidades das futuras.

Indispensável mencionar que os indicadores de desenvolvimento sustentável no Brasil[29] são elaborados e analisados pelo Instituto Brasileiro de Geografia e Estatística (IBGE) e integram as dimensões social (19 indicadores),

---

[25] COMISIÓN EUROPEA; MINISTERIO PARA EL DESARROLLO INTERNACIONAL (DFID); UNIÓN INTERNACIONAL PARA LA CONSERVACIÓN DE LA NATURALEZA (UICN): Biodiversidad en el desarrollo. Enfoque estratégico para integrar la biodiversidad en la cooperación para el desarrollo. Suiza: IUCN/Cambridge: Comisión Europea, 2001, p. 13.

[26] COMISIÓN EUROPEA; MINISTERIO PARA EL DESARROLLO INTERNACIONAL (DFID); UNIÓN INTERNACIONAL PARA LA CONSERVACIÓN DE LA NATURALEZA (UICN): Biodiversidad en el desarrollo. Enfoque estratégico para integrar la biodiversidad en la cooperación para el desarrollo. Suiza: IUCN/Cambridge: Comisión Europea, 2001, p. 12.

[27] SECRETARÍA DEL CONVENIO SOBRE LA DIVERSIDAD BIOLÓGICA. *Perspectiva mundial sobre a diversidade biológica 3*. Montreal, 2010. Disponível em: <http://gbo3.cbd.int/>.

[28] SECRETARÍA DEL CONVENIO SOBRE LA DIVERSIDAD BIOLÓGICA. *Perspectiva mundial sobre a diversidade biológica 3*. Montreal, 2010. Disponível em: <http://gbo3.cbd.int/>.

[29] Em nível internacional, a Comissão sobre Desenvolvimento Sustentável das Nações Unidas (CSD) instituiu em 1995, e a revisou em 2006, uma lista de 96 indicadores que são referência para os países desenvolverem os seus. Disponível em: <www.un.org/esa/sustdev/natlinfo/indicators/guidelines.pdf>.

ambiental (23 indicadores), econômica (12 indicadores) e institucional (6 indicadores).

Em sua dimensão ambiental, os indicadores oferecem informações sobre o uso de recursos naturais e a deterioração do meio ambiente. No concernente à biodiversidade, são verificadas as espécies extintas e as ameaçadas de extinção, as áreas protegidas, o tráfico, criação e comércio de animais silvestres e as espécies invasoras.

3.2.2 As consequências e algumas soluções

A redução ou extinção dos componentes (espécies, ecossistemas e recursos genéticos) da biodiversidade diminui as possibilidades de desenvolvimento e bem-estar humano, pois torna escassos recursos básicos que oferecem bens (alimentos, medicinas, moradia, vestuário, energia, etc.) e serviços ecossistêmicos (fotossíntese, polinização, formação dos solos, etc.) essenciais. Certamente, sentiremos os reflexos nos sistemas econômico e de mercado.

A efetivação do paradigma do desenvolvimento sustentável é um dos mecanismos de solução ou contribuição ao processo de conservação e uso sustentável da biodiversidade e que consiste em idealizar e aplicar estratégias razoáveis, as quais devem conjugar as conservações *in situ* e *ex situ* e o uso sustentável e apoiar-se nos conhecimentos científicos e tradicionais relativos à dinâmica das espécies e dos ecossistemas submetidos às pressões humanas e/ou climáticas.

Essas estratégias precisariam constituir um programa global articulado que contivesse, por exemplo, políticas públicas de incentivo às comunidades locais e indígenas, potenciais conservadores, estratégias nacionais de biodiversidade, mecanismos de distribuição justa e equitativa dos benefícios gerados pelo uso de recursos genéticos entre governos, comunidades locais e indígenas e indústrias, além de melhor desempenho governamental no financiamento de planos para a conservação e uso sustentável dos recursos naturais, que todavia privilegia atividades relacionadas ao desenvolvimento econômico (industrial, infraestrutura, etc.). Algumas dessas ações ocorrem positivamente, sem embargo esparsa, local ou regionalmente.

Por último, é interessante citar alguns dos motivos, indicados por Pérez de La Hera, pelos quais não se pode permitir que a biodiversidade desapareça: éticos, porque não há razão para que o ser humano provoque a extinção de outras espécies; estéticos, porque há gente que desfruta ao contemplar animais e plantas na natureza; científicos, porque não se sabe para que podem servir, por exemplo, se contêm a cura de alguma enfermidade; econômicos, porque a biodiversidade tem um alto preço e cada espécie que se perde é um recurso econômico, seja por sua utilização como comida, vestuário, medicina, seja como ecoturismo.[30]

---

[30] PÉREZ DE LAS HERA, Mónica. *La Cumbre de Johannesburgo.* Antes, durante y después de la Cumbre Mundial sobre el Desarrollo Sostenible. Madrid: Mundi-Prensa, 2003. p. 100.

4 A efetivação do desenvolvimento sustentável mediante o indicador biodiversidade

Os objetivos em um instrumento jurídico são os encarregados de estabelecer o marco operativo no qual se desenvolverão as obrigações das partes contratantes. A CDB estabelece os objetivos de conservação da biodiversidade, utilização sustentável de seus componentes e repartição justa e equitativa dos benefícios derivados da utilização dos recursos genéticos, os quais estão dispostos no artigo 1º.

Estes objetivos foram introduzidos na CDB devido aos problemas que a perda e a exploração insustentável da biodiversidade causam à manutenção da biosfera, ao desenvolvimento sustentável e ao futuro das gerações vindouras. Ao mesmo tempo, a pressão do sistema econômico internacional por mercados livres está impondo uma abertura à comercialização de recursos biológicos, seus princípios ativos e recursos genéticos devido aos incomensuráveis benefícios sociais, econômicos e ambientais que oferecem e que adquiriram especial importância nas duas últimas décadas por causa da expansão biotecnológica. Em consequência, a CDB reforça a necessidade de distribuir justa e equitativamente os resultados científicos, tecnológicos e mercantis provenientes da utilização destes recursos, sendo que este objetivo "supõe um profundo avance sobre a situação anterior, praticamente baseada no livre acesso, apesar das declarações mais ou menos enfáticas de algumas legislações nacionais sobre a propriedade nacional destes recursos".[31]

Assim sendo, os instrumentos para a efetivação do desenvolvimento sustentável por meio da proteção da biodiversidade estão dispostos nos objetivos — e demais artigos que os desenvolvem — da CDB, quais sejam: o objetivo ambiental de conservação e utilização sustentável da biodiversidade e o objetivo econômico de repartir justa e equitativamente os benefícios derivados do uso de recursos genéticos.

4.1 A conservação *in situ* e *ex situ* da diversidade biológica e a utilização sustentável de seus componentes

O objetivo da conservação e utilização sustentável da biodiversidade está desenvolvido nos artigos 8º e 9º que tratam, respectivamente, da conservação *in situ* e *ex situ*, assim como no artigo 10 sobre a utilização sustentável.

Conservação dos recursos naturais, no passado, não era questão preocupante até o nível de ameaça para as espécies colocar em risco suas existências ou até surgirem sérios riscos de esgotamento desses recursos. A ideia de conservação das espécies por seu próprio valor intrínseco e não simplesmente pelo potencial de exploração dos recursos naturais pelo homem é recente.

---

[31] MATEO, Ramón Martín. El convenio sobre biodiversidad y la obtención de beneficios de las plantas. *Revista de Derecho Ambiental*, Murcia, ADAME, n. 14, p. 46, 1995.

Derivado do latim *conservatio*, de *conservare* (guardar, defender, salvar), na linguagem jurídica, indica não somente a ação e efeito de guardar a coisa para que não se deteriore ou não se consuma pelo transcurso do tempo. Significa, então, todas as ações de cuidado para que a coisa continue a ser útil a seu destino.[32]

Conclui-se que o termo "conservação", diferentemente de "preservação", sinaliza a possibilidade de uso econômico direto.

Muitos tratados,[33] entre eles a CDB,[34] deixam de mencionar a expressão "preservação" no lugar de "conservação".

De outro lado, Van Heijnsbergen, após rever as referências à expressão "conservação" nos vários tratados internacionais, concluiu que o atual significado de "conservação", pelo menos como desenvolvido pela IUCN (International Union for the Conservation of Nature), inclui os dois "clássicos" elementos de proteção e preservação, abarcando a reparação e a salvaguarda dos processos ecológicos e das variedades genéticas, bem como o gerenciamento dos recursos naturais para possibilitar sejam mantidos seus usos sustentáveis.[35]

Conservação *in situ* "significa a conservação de ecossistemas e hábitats naturais e, no caso de espécies domesticadas ou cultivadas, nos meios onde tenham desenvolvido suas propriedades específicas".[36] Ou seja, a conservação *in situ* significa manter e preservar as espécies e seus recursos genéticos no seu lugar de origem.

As medidas para a conservação *in situ* estão delineadas no artigo 8º[37] — principal norma de execução do objetivo de conservação da biodiversidade — onde se enumeram técnicas substanciais que deverão ser executadas pelos Estados "na medida do possível e segundo o caso", expressão que promove certa discricionariedade no momento de colocá-las em prática.

Conservação *ex situ* "significa a conservação de componentes da diversidade biológica fora de seus hábitats naturais",[38] ou seja, que se mantêm em instalações de conservação — zoológicos, aquários, jardins botânicos, bancos de genes, de sementes, espermas ou óvulos, etc. — as quais constituem excelentes laboratórios de investigação sobre os componentes da diversidade biológica

---

[32] SILVA, De Plácido e. *Vocabulário jurídico*. Rio de Janeiro: Forense, 1984. p. 522.

[33] Por exemplo, a Convenção de Viena para a Proteção da Camada de Ozônio, de 1985, promulgada pelo Decreto nº 99.280, de 06.06.1990, o Tratado de Cooperação Amazônica, assinado em 3 de junho de 1978, em Brasília.

[34] A CDB não define conservação, mas se entende que a conservação compreende a utilização sustentável e vice-versa. Estas questões foram tratadas separadamente "para atender um pleito dos países em desenvolvimento que, durante as negociações, sentiam a necessidade de deixar claro que conservar e utilizar sustentavelmente os recursos biológicos eram objetivos distintos, ao mesmo tempo complementares e urgentes" (ALENCAR, Gisela Santos de. *Mudança ambiental global e a formação do regime para proteção da biodiversidade*. Dissertação (Mestrado) – Universidade de Brasília, Brasília, 1995. p. 137.

[35] *Apud* BIRNIE, Patrícia; BOYLE, Alan. *International Law & the Environment*. Oxford: Clarendon Press, 2002. p. 551.

[36] Artigo 2º da CDB. Os "meios onde tenham desenvolvido suas propriedades específicas" são "aquelas áreas onde os seres humanos criaram sistemas agrícolas nos quais desenvolveram variedades identificáveis de plantas (conhecidas por variedades locais) e raças de animais. Isto se aplica tanto nos casos em que as plantas e animais são reproduzidos separadamente das populações silvestres das quais se originaram, como nos casos onde isto não ocorre" (GLOWKA, Lyle; BURHENNE-GUILMIN, Françoise; SYNGE, Hugh. *A Guide to the Convention on Biological Diversity*. Environmental Policy and Law. Gland: IUCN, 1994. p. 22. Paper n. 30).

[37] Um estudo detalhado sobre cada uma destas medidas pode ver-se em *Ibidem*, p. 39-51.

[38] Artigo 2º da CDB.

nelas armazenados. A conservação *ex situ*[39] configura uma medida suplementar à conservação *in situ*,[40] e em seu conjunto formam as modalidades essenciais para a conservação da biodiversidade, ainda que a CDB manifesta especial prioridade à conservação *in situ*.

Entretanto, nenhuma das medidas de conservação *in situ* e *ex situ* terá substantiva eficácia se observadas separadamente, ou seja, sem o manejo sustentável dos componentes da diversidade biológica e a observância dos problemas ambientais transetoriais — e seus correspondentes regimes jurídicos — que mantêm relações com a biodiversidade e que a afetam diretamente, tais como a mudança climática, o desmatamento e suas digitais ambientais (desertificação, seca, erosão) e a degradação de ecossistemas frágeis (zonas úmidas, pequenas ilhas, zonas costeiras, etc.).

Na CDB, a utilização sustentável da biodiversidade foi definida da seguinte maneira: "significa a utilização de componentes da diversidade biológica de modo e em ritmo tais que não levem, no longo prazo, à diminuição de diversidade biológica, mantendo assim seu potencial para atender as necessidades e aspirações das presentes e futuras gerações".[41]

Outro aspecto importante e conexo à execução deste objetivo é a proteção e fomento das práticas consuetudinárias das comunidades indígenas e locais — usuários primários — que são compatíveis com as exigências de conservação e utilização sustentável, prevista no artigo 10.c. Para isto, o artigo 10.d prevê que as Partes prestarão ajuda às populações locais para a preparação e aplicação de medidas corretivas em zonas degradadas.

Implementar e lograr o uso adequado da biodiversidade e assim conservá-la pressupõe aos Estados tarefas bastante complexas e de difícil execução, tais como: conhecer as utilidades sociais, culturais e econômicas dos recursos biológicos; identificá-los e tê-los organizados sistemática e continuamente; conhecer a demanda e disponibilidade dos recursos; dispor de recursos financeiros para dar andamento a planos e ações; ter acesso a novas tecnologias; trocar informações e realizar investigações científicas; instaurar mecanismos apropriados para a avaliação do impacto ambiental.

Por conseguinte, a aplicação concreta dos objetivos de conservação e utilização sustentável não é simples e está sujeita a fatores muitas vezes distanciados das capacidades dos governos pelos seguintes motivos:
- primeiro, porque a CDB simplesmente proporciona diretrizes gerais, ficando a cargo do Estado ditar as acessórias para pô-las em curso, sendo que a maioria dos Estados-Partes não dispõe da estrutura científica, administrativa e financeira requerida.

---

[39] Sobre o significado, os motivos e as medidas e técnicas relativas à conservação *ex situ* ver: WARREN, Lynda M. The role of ex situ measures in the conservation of biodiversity. In: BOWMAN, Michael; REDGWELL, Catherine. *International Law and the Conservation of Biological Diversity*. London: Kluwer Law International, 1996. p. 129-144.

[40] A primeira frase do artigo 9º sobre a conservação *ex situ*, diz: "Cada Parte Contratante deve, na medida do possível e conforme o caso, e principalmente a fim de complementar as medidas *in situ*: (...)".

[41] Artigo 2º.

- segundo, porque os Estados necessitam estabelecer uma rede interna bem estruturada que faça a conexão entre os distintos setores que manipulam os elementos da biodiversidade e as medidas e planos de ação estabelecidos pelos governos.
- terceiro, para lograr resultados, é necessário uma considerável quantia de recursos financeiros — os quais, atualmente, para tais ações, são irrisórios — e uma cooperação pública e privada local, nacional e internacional que desenvolva uma ação conjunta capaz de impulsionar e concretizar a preocupação comum em conservar a diversidade biológica, além da participação popular.

4.2 A identificação e o monitoramento

Na relação entre a sociedade e a natureza, a CDB propõe o "uso sustentável da biodiversidade" (artigo 2º). O acesso à biodiversidade só será equânime com o devido controle do acesso aos componentes genéticos da nossa biodiversidade, previamente identificados e monitorados, e desde que atrelado à ética e permeado de ampla participação popular, como invoca nossa Constituição Federal.

Desde a perspectiva de cumprimento da obrigação de conservar a biodiversidade, a identificação e monitoramento (artigo 7º da CDB) aparecem como elementos de ilação à implementação da conservação *in situ* e *ex situ*.

Os inventários e as listas de espécies, principal instrumento de sistematização das informações biológicas, também são essenciais ao desenvolvimento dos programas nacionais de biodiversidade,[42] posto que facilitam os dados e as condições dos recursos nos quais o Estado apoiará sua gestão.

Com efeito, para uma ideal normatização do acesso aos recursos naturais, são imprescindíveis o mapeamento e o inventário dos recursos naturais e dos ecossistemas, não obstante seja reconhecidamente tarefa das mais custosas e árduas. Esse levantamento é assaz necessário não só para possibilitar o reconhecimento de situações de vulnerabilidade no funcionamento de um ecossistema, mas também para quantificar a perda de todo um ecossistema ou impactos ambientais negativos incontroláveis e irreversíveis. Precisamos desse importante inventário para uma avaliação plausível dos recursos genéticos, passíveis de utilização. Como e quanto de determinado recurso natural pode ser usado? E como quantificar o *quantum* de retorno econômico à comunidade e ao país, detentores da biodiversidade? Sem esse inventário dos recursos naturais e dos ecossistemas nem ao menos as perdas poderão ser contabilizadas.

Neste sentido, Winter[43] anota que

---

[42] O conhecimento da biodiversidade aparece na Política Nacional da Biodiversidade brasileira, que examinaremos no próximo item, como um de seus componentes: I – Componente 1 – Conhecimento da Biodiversidade: congrega diretrizes voltadas à geração, sistematização e disponibilização de informações que permitam conhecer os componentes da biodiversidade do país e que apoiem a gestão da biodiversidade, bem como diretrizes relacionadas à produção de inventários, à realização de pesquisas ecológicas e à realização de pesquisas sobre conhecimentos tradicionais (artigo 9º).

[43] WINTER, Gerd. Um fundamento e dois pilares: o conceito de desenvolvimento sustentável 20 anos após o Relatório de Brundtland. *In*: MACHADO, Paulo Affonso Leme; KISHI, Sandra Akemi Shimada (Org.). *Desenvolvimento sustentável, OGM e responsabilidade civil na União Européia*. São Paulo: Millennium, 2009. p. 13.

desde que o valor relativo das espécies e habitats tenha sido determinado e escalonado, tal fato precisa ser colocado junto com um critério de admissão de quantas espécies podem ser sacrificadas pelo bem da economia ou pelas metas de bem-estar social. A economia ou os benefícios sociais extraídos de tais sacrifícios precisam ser escalonados por si próprios, a fim de refletir a diferença do valor das espécies ou habitats negativamente afetados. Isto significa que trabalhos podem ser perdidos e instalações industriais desativadas se a avaliação da natureza for de maior valor.[44]

Há uma tendência em se considerar como critério para se definir limites de proteção e perda da biodiversidade a escassez somada à raridade.

Na Alemanha, por exemplo, o critério para balancear a relação da natureza com as necessidades sociais compreende a normalidade, isto é, as espécies e ecossistemas, ainda que não estejam em perigo de extinção.[45]

Tal inventário da biodiversidade, das espécies e ecossistemas, com análises ecossistêmicas para se chegar a critérios de delimitação do uso equitativo do recurso natural não é algo tecnicamente ou economicamente incansável, haja vista que em matéria de recursos hídricos, classificação de corpos d'água permite mensurar ou excluir determinado uso, propiciando uma gestão efetiva desse bem ambiental, o que pressupõe o monitoramento, isto é: a avaliação, prevenção e mitigação de impactos sobre a biodiversidade para promover a recuperação de ecossistemas degradados e de componentes da biodiversidade sobre-explotados.[46]

4.3 O programa nacional da biodiversidade

O programa ou estratégia nacional da biodiversidade é um mecanismo de aplicação da CDB no direito interno dos Estados-Partes, disposto no artigo 6º, e constitui uma obrigação a ser implementada *a posteriori*.

Enquanto a identificação e monitoramento atuam como uma ferramenta de ação e um diagnóstico sistematizado e atualizado dos ecossistemas, espécies e seus genes e de sua situação ecológica, a conservação e uso sustentável são de fato implementados mediante a planificação da biodiversidade.

Um programa nacional sobre biodiversidade está constituído por um conjunto de orientações que devem ser seguidas conjunta e solidariamente nos âmbitos local, regional e nacional, em aliança com o internacional, pelos diferentes setores sociais, políticos e econômicos, e com ampla participação da sociedade civil, no compromisso de assumir políticas econômicas e sociais integradas às ações de conservar e utilizar sustentavelmente os componentes da biodiversidade.

Em definitiva, os programas nacionais, ademais de constituir o motor das normas conservacionistas da CDB, são significativos catalisadores do novo

---

[44] *Ibidem*, p. 13.
[45] *Ibidem*, p. 13.
[46] Componente 4 da Política Nacional da Biodiversidade (artigo 9º).

modelo social, econômico, ambiental, o desenvolvimento sustentável, que tem como fator relevante à sua efetivação a otimização do uso da biodiversidade.

A implementação no Brasil[47] da Política Nacional da Biodiversidade[48] se deu através do Decreto nº 4.339, de 22.08.2002, e abrange sete ações principais (artigo 9º): o conhecimento da biodiversidade; a conservação da biodiversidade; a utilização sustentável dos componentes da biodiversidade; o monitoramento, avaliação, prevenção e mitigação de impactos sobre a biodiversidade; o acesso aos recursos genéticos e aos conhecimentos tradicionais associados e repartição de benefícios; educação, sensibilização pública e para gestão e divulgação sobre biodiversidade; fortalecimento jurídico e institucional para a gestão da biodiversidade. Essas ações são orientadas e promovidas pelo PRONABIO (Programa Nacional da Diversidade Biológica)[49] e por sua comissão coordenadora, a CONABIO (Comissão Nacional de Biodiversidade).

Em suma, tais ações estabelecem oportunas diretrizes ao adequado uso da biodiversidade em estreita cooperação com a expectativa de realização do direito ao desenvolvimento sustentável.

4.4 O princípio da precaução

No Brasil, a Política Nacional de Biodiversidade invoca como objetivo específico o princípio da precaução[50] e prevê o estudo prévio de impacto ambiental, a que se dará publicidade, princípio geral da política nacional da biodiversidade. E, de fato, o entendimento não poderia ser diverso. Isto porque, por força normativa constitucional a Carta Magna de 1988, o artigo 225, §1º, IV, exige o prévio EIA nas obras ou atividades potencialmente degradantes do meio ambiente, sendo certo que o rol das atividades ou obras do artigo 2º da Resolução CONAMA nº 1/86 passíveis de EIA é exemplificativo.

Tanto a CDB, quanto a Medida Provisória nº 2.186-16/01 sobre o acesso ao patrimônio genético brasileiro e o referido Decreto nº 4.339/02 falam em medidas de precaução. E não há melhor ensejo para levantamento e adoção das medidas de precaução do que na avaliação dos impactos ambientais.

No entanto, no que atina ao princípio da precaução na proteção da biodiversidade, houve uma involução na disposição trazida pelo Decreto nº 4.339/2002.

---

[47] O Mercosul também dispõe de uma Declaração dos Ministros de Meio Ambiente sobre Estratégia de Biodiversidade do Mercosul, elaborada em 26 de março de 2006, em Curitiba. Contudo, vale recordar que as declarações de política não têm conteúdo jurídico obrigatório e tão somente programático. Têm respaldo em uma conduta ética-política, potencializada por uma expectativa positiva de cumprimento por todos os Estados, em um ambiente semelhante ao efeito dominó, pois englobam espaços e interesses comuns.
[48] A Política Nacional da Biodiversidade tem como objetivo geral a promoção, de forma integrada, da conservação da biodiversidade e da utilização sustentável de seus componentes, com a repartição justa e equitativa dos benefícios derivados da utilização dos recursos genéticos, de componentes do patrimônio genético e dos conhecimentos tradicionais associados a esses recursos (artigo 5º)
[49] BRASIL. Decreto nº 4.703, de 21 de maio de 2003. Dispõe sobre o Programa Nacional da Diversidade Biológica – PRONABIO e a Comissão Nacional da Biodiversidade.
[50] Item 12.1.2 do Decreto nº 4.339/2002.

A melhor doutrina em Direito Ambiental ensina que o princípio da precaução[51] é aquele segundo o qual o risco de dano significativo ao meio ambiente, ainda que não reconhecido com absoluta certeza, impõe atitudes imediatas de precaução. Na precisa lição do mestre Paulo Affonso Leme Machado, aplica-se o princípio da precaução quando ainda não se atingiu a seara da certeza do dano ambiental ou quando ainda existe a incerteza.[52]

Relativamente ao princípio da precaução, no Preâmbulo da CDB,[53] não se exigiu que a ameaça fosse de dano sério ou irreversível, como na Convenção de Mudança do Clima.

A Convenção de Mudança do Clima prescreve que as medidas adotadas para enfrentar a mudança do clima devem ser eficazes em função dos custos. A CDB silencia acerca dos custos nas medidas, conforme observado por Paulo Affonso Leme Machado.[54]

O princípio da precaução impõe ao Poder Público e à coletividade o dever de defender e preservar o meio ambiente ecologicamente equilibrado, como previsto constitucionalmente, para as presentes e futuras gerações. Ao falar em "futuras gerações", a Constituição Federal obriga que as medidas de precaução sejam adotadas agora, para proteger também o "bem difuso futuro".[55] Na seara de proteção desse bem difuso da geração futura, o grau de incerteza tende para o máximo. O prognóstico de preservação do meio ambiente equilibrado para nossos bisnetos lida com um grau maior de incertezas científicas que o plano de ação de preservação para os nossos netos.

Concluímos que o princípio da precaução está implícito no inciso IV do §1º do artigo 225, na medida em que antecipa no tempo a presunção de causalidade entre a atividade e o dano, para evitá-lo com eficácia.

O Decreto nº 4.339/2002,[56] na contramão do teor do princípio 15 da Declaração do Rio de Janeiro/92[57] e das convenções supracitadas, dispõe que apenas "onde exista evidência científica consistente de risco sério e irreversível à diversidade biológica, o Poder Público determinará medidas eficazes em termos de custo para evitar a degradação ambiental". Este decreto substituiu a mera dúvida

---

[51] "O princípio da precaução funciona como uma espécie de princípio *in dúbio pro ambiente*: na dúvida sobre a perigosidade de uma certa actividade para o ambiente, decide-se a favor do ambiente e contra o potencial poluidor, isto é, o ônus da prova da inocuidade de uma ação em relação ao ambiente é transferido do Estado ou do potencial poluído para o potencial poluidor. Ou seja, por força do princípio da precaução, é o potencial poluidor que tem o ônus da prova de que um acidente ecológico não vai ocorrer e de que adoptou medidas de precaução específicas" (ARAGÃO, Alexandra. Direito constitucional do ambiente da União Europeia. *In*: CANOTILHO, José Joaquim Gomes; LEITE, José Rubens Morato. *Direito constitucional ambiental brasileiro*. 3. ed. São Paulo: Saraiva, 2010. p. 62.

[52] MACHADO, Paulo Affonso Leme. *Direito ambiental brasileiro*. 11. ed. São Paulo: Malheiros, 2003. p. 64.

[53] Observando também que quando exista ameaça de sensível redução ou perda de diversidade biológica, a falta de plena certeza científica não deve ser usada como razão para postergar medidas para evitar ou minimizar essa ameaça.

[54] MACHADO, Paulo Affonso Leme. *Direito ambiental brasileiro*. 11. ed. São Paulo: Malheiros, 2003. p. 57.

[55] Expressão utilizada por ARAÚJO, Luiz Alberto David. A tutela da água e algumas implicações nos direitos fundamentais. *In*: ARAÚJO, Luiz Alberto David (Coord.). *A função social da água*. Bauru: Editora da ITE, 2002. p. 30.

[56] Inc. VIII do item 2 do Anexo do Decreto nº 4.339/2002 (Dos Princípios e Diretrizes Gerais da Política Nacional da Biodiversidade).

[57] Com o fim de proteger o meio ambiente, o princípio da precaução deverá ser amplamente observado pelos Estados, de acordo com suas capacidades. Quando houver ameaça de danos graves ou irreversíveis, a ausência de certeza científica absoluta não será utilizada como razão para o adiamento de medidas economicamente viáveis para prevenir a degradação ambiental.

científica de risco sério para a adoção de medidas de precaução pelo pressuposto da evidência científica consistente de risco. Destarte, tal previsão do Decreto nº 4.339/2002 acerca do princípio da precaução é inconstitucional.

Paulo Affonso Leme Machado bem observa que a Constituição da República brasileira de 1988 (artigo 225, *caput*, e §1º, incisos I e II) e a nova Constituição da Argentina de 1994 (artigo 41), ao tempo em que prescrevem uma obrigação clara e incisiva da garantia à sadia qualidade de vida, preveem que a biotecnologia não pode colocar em perigo a saúde da sociedade argentina e brasileira e dos residentes nesses países.[58]

Destarte, podemos concluir que a dúvida leva à tomada de providências, com a melhor capacidade técnica existente, de forma a reduzir ou anular os riscos ao ambiente e à saúde humana. Ou seja, *in dubio, pro salute*.

Como alerta Gerd Winter, em matéria de biossegurança, o princípio da precaução opera para prevenir os riscos, de modo que são inaceitáveis os riscos sérios e a falta de conhecimentos sobre quais sejam eles. Relativamente aos riscos residuais, os mesmos só devem ser tidos como aceitáveis diante do balanço das vantagens comparativas.[59] No Brasil, o art. 1º da Lei nº 11.105/2005, que estabelece a Política Nacional de Biossegurança, estabeleceu a aplicação do princípio da precaução. Por sua vez, a Política Nacional de Biodiversidade incentiva consolidar a regulamentação dos usos de produtos geneticamente modificados, com base no princípio da precaução, como objetivo específico do uso sustentável da biodiversidade (artigo 12.1.2)

No plano das políticas públicas, o princípio da precaução é conjunto de instrumentos de que se mune o Poder Público para buscar um melhor gerenciamento e planificação do desenvolvimento tecnológico, minimizando ao máximo os riscos a ele relacionados.

Nas palavras de Paulo Affonso Leme Machado,[60]

> A Constituição incorporou a metodologia das medidas liminares, indicando o "periculum in mora" como um dos critérios para antecipar a ação administrativa eficiente para proteger o homem e a biota. Se a Constituição não mencionou expressamente o princípio da precaução (que manda prevenir mesmo na incerteza do risco), é inegável que a semente desse princípio está contida no artigo 225, §1º, V e VII, ao obrigar a prevenção do risco do dano ambiental.

Na questão do acesso à biodiversidade, o procedimento do devido consentimento prévio fundamentado deve englobar a avaliação permanente de riscos do uso do recurso genético ou do conhecimento tradicional associado.

Essa avaliação deve considerar os aspectos relacionados aos riscos sobre o meio ambiente e sobre a saúde das populações, os riscos socioeconômicos e os

---

[58] MACHADO, Paulo Affonso Leme. Commercio, Biotecnologia e Principio Precauzionale. *Rivista Giuridica Dell'Ambiente*. Milano: Giuffré Editore, ano XVI, fasc. 5, 2001. p. 746.

[59] Gerd Winter, conforme palestra proferida no 2º Curso de Direito Ambiental Internacional, de 08 a 10 de setembro de 2003, na Universidade Metodista de Piracicaba, Campus Taquaral.

[60] MACHADO, Paulo Affonso Leme. Constituição e meio ambiente. *Revista Interesse Público*, ano 5, Porto Alegre, Notadez, n. 21, p. 22, 2003.

riscos na sua dimensão ético-política, e os riscos envolvidos nos atuais sistemas de regulação jurídica das biotecnologias.[61]

A avaliação de riscos biotecnológicos (*risk assessment*) nos avanços e usos da biotecnologia presta-se, primordialmente, a orientar a gestão viável da biodiversidade, com a adoção de medidas de precaução. O estudo prévio de impacto ambiental e a avaliação de riscos biotecnológicos são os instrumentos de precaução que vão orientar a adoção imediata das ações em prol da sadia qualidade de vida intergeracional.

4.5 O acesso legalmente constituído ao patrimônio genético para a consumação da prática de distribuir benefícios

O artigo 15 da CDB, em reconhecimento do direito soberano dos Estados sobre seus recursos naturais, estipulou a possibilidade de regular, mediante legislação nacional,[62] o acesso ao patrimônio genético, ao conhecimento tradicional associado, às tecnologias para sua conservação e utilização sustentável e a repartição dos benefícios derivados da utilização desses componentes, objetivo econômico da CDB.

Ademais, a biodiversidade foi considerada um *interesse ou preocupação comum à humanidade*, afastando, assim, a ideia de internacionalização dos recursos biológicos, embasada no conceito de *patrimônio comum da humanidade*, que sustentaria a liberdade de acesso.

A característica central do referido artigo é que o acesso a um determinado recurso genético está vinculado a contraprestações anteriormente inexistentes, as quais afetam especialmente o usuário de um recurso genético: transferência de tecnologias, incluídas as biotecnologias, repartição justa e equitativa dos benefícios provenientes de qualquer modalidade de utilização, realização de pesquisas científicas com a participação do provedor e adoção de medidas legislativas, administrativas ou políticas que facilitem a repartição dos benefícios derivados da utilização comercial ou de outra natureza.

Em essência, a finalidade deste artigo é promover o intercâmbio de recursos genéticos e, com isto, o desenvolvimento dos países possuidores mediante um reparto justo e equitativo dos benefícios comerciais, tecnológicos e/ou científicos obtidos a partir do recurso explorado. Por outra parte, estes benefícios podem cumprir uma função ambiental, já que em muitos casos serão empregados na conservação da biodiversidade.

A repartição dos benefícios, por exemplo, poderá ocorrer mediante a transferência de tecnologias para a conservação e uso sustentável da biodiversidade,

---

[61] VIEIRA, Paulo Freire. Erosão da biodiversidade e gestão patrimonial das interações sociedade-natureza. In: VARELLA, Marcelo Dias; BORGE, Roxana Cardoso B. *O novo em direito ambiental*. Belo Horizonte: Editora Del Rey, 1998, p. 248, 253.

[62] Ainda que, em 1995, a então senadora Marina Silva tenha apresentado o primeiro Projeto de Lei (PL nº 306/1995), aprovado na forma do substitutivo proposto pelo Senador Osmar Dias (PL nº 4.842/1998), para a implementação do referido artigo, somente no ano 2000 o tema passou a ter tratamento normativo, embora emergencial (Medida Provisória nº 2.186-16 de 23 de agosto de 2001).

isto é, a concessão de processos técnicos e/ou instrumentos de apoio relacionados à pesquisa e desenvolvimento. Pode efetivar-se mediante a transferência de instrumentos de laboratório, de *software* e/o *hardware* necessários ao tratamento de informações, de *know-how* para operar os recursos da biodiversidade, incluída a formação e capacitação de recursos humanos.

Também, pode efetivar-se através da transferência de capacidade institucional (formação de recursos humanos), científica (elaboração de inventários) e fortalecimento das comunidades indígenas e locais (meios que fomentem e protejam a conservação de seu saber acerca de como utilizar sustentavelmente recursos biológicos).

Com efeito, a repartição dos benefícios não financeiros, sem prejuízo, é lógico, da participação nos *royalties* e lucros nas vendas dos produtos derivados do uso de recursos da biodiversidade, deve englobar também o fomento da capacitação de recursos humanos, os investimentos em infraestrutura de pesquisa científica e em pesquisas de interesse social e de saúde pública, o desenvolvimento de tecnologias nacionais e o acesso e transferência de tecnologia. Esse importante aporte de investimentos em pesquisa e capacitação de recursos humanos certamente ajudará altos graus de especialização de profissionais das diversas interciências, para o necessário mapeamento, monitoramento, conservação e usos sustentável da biodiversidade.

Assim, concluímos este raciocínio, na companhia de Mauro Leonel, que por sua vez, invoca concepções de Escuret e Lévi-Strauss, para ponderar que o uso adequado dos recursos naturais pela sociedade é alcançado com o necessário esforço transdisciplinar, no objetivo de ultrapassar, de modo cooperativo e apropriado, as concepções e fronteiras das diferentes ciências, integrando esses novos níveis, através especialmente das pesquisas e ciências sociais.[63]

5 Ponto de chegada

A concreção do direito ao desenvolvimento sustentável se reveste de inúmeros indicadores que atestam e direcionam as necessidades e prioridades de desenvolvimento com essa perspectiva. A biodiversidade não é mais importante que outros, como a educação, a saúde, o trabalho, o produto interno bruto per capita, a existência de conselhos municipais, entre outros. Sem embargo, a biodiversidade é a vida, é fonte direta de produtos de consumo humano e serviços ecossistêmicos, é eixo estruturante da cadeia sistêmica da vida. Bem por isso, em qualquer situação de conflito das normas de proteção da biodiversidade com quaisquer outras, aquela há de preponderar.

O 3º relatório Perspectiva Mundial sobre a Diversidade Biológica (2010), realizado pela Secretaria da CDB, apresenta resultados desmoralizantes em se tratando das metas acordadas em Joanesburgo (2002) e que os Estados deveriam executar até o presente ano: um fracasso coletivo, total e rotundo.

---

[63] LEONEL, Mauro. A Morte Social dos Rios. São Paulo: Editora Perspectiva; Instituto de Antropologia e Meio Ambiente: FAPESP, 1998. p. 10/12.

De fato, a redução do ritmo de perda de biodiversidade não prosperou. Neste contexto, as palavras de Wilson[64] resultam impactantes: a perda de diversidade biológica seria pior que a falência energética, o colapso da economia, a guerra nuclear limitada ou a conquista do poder por um governo totalitário. O único processo, crescente nos anos 80, que tardará milhões de anos em corrigir-se é a perda da biodiversidade genética e de espécies mediante a destruição dos hábitats naturais. Esse é o erro que nossos descendentes dificilmente perdoarão.

As diretrizes estão definidas nos mais diversos instrumentos jurídicos e políticos projetados com base na CDB, instrumento jurídico internacional introdutório. As ações para a conservação e uso sustentável da biodiversidade e repartição justa e equitativa dos benefícios são uma realidade, sem embargo as dificuldades para torná-las operantes, resultado da ainda superveniência do poder econômico sobre o meio ambiente, dos valores humanos escorados no capitalismo, o máximo do individualismo.

MODERNO CONTO DE FADAS
Era uma vez um planeta
com matas, mares e rios.
Matas verdes, águas limpas.
Pássaros, flores nas matas.
Peixes, cetáceos, nas águas.
Ar puro envolvia o planeta.
Surge um ser inteligente
Descobre a força do fogo.
As matas transforma em cinzas.
Os restos joga nas águas.
Morrem pássaros e peixes.
Fumaça envolve o planeta.
(Aníbal Albuquerque)

Informação bibliográfica deste texto, conforme a NBR 6023:2002 da Associação Brasileira de Normas Técnicas (ABNT):

BERTOLDI, Márcia Rodrigues; KISHI, Sandra Akemi Shimada. O direito ao desenvolvimento sustentável e a biodiversidade. In: BERTOLDI, Márcia Rodrigues; OLIVEIRA, Kátia Cristine Santos de (Coord.). *Direitos fundamentais em construção*: estudos em homenagem ao ministro Carlos Ayres Britto. Belo Horizonte: Fórum, 2010. p. 121-142. ISBN 978-85-7700-367-9.

---

[64] Citado em WEISS, Edith Brown. *Un mundo justo para las nuevas generaciones: Derecho internacional, patrimonio común y equidad intergeneracional*. Madrid: Mundi-Prensa, 1999. p. 203.

A Proteção dos Conhecimentos Tradicionais pelo Direito de Propriedade Intelectual como Consequência da Aceitação do Princípio de que todos são Iguais em Dignidade

Liziane Paixão S. Oliveira
Maria Edelvacy Pinto Marinho

Sumário: 1 Introdução – 2 A influência dos debates internacionais em torno da relevância da proteção dos conhecimentos tradicionais – 2.1 O direito à autodeterminação – 3 A construção da relação entre proteção dos conhecimentos tradicionais e a proteção do meio ambiente – 4 Biopirataria – 5 O tratamento da proteção dos conhecimentos tradicionais pelo direito de patentes nos fóruns internacionais – 5.1 As dificuldades de inserção dos conhecimentos tradicionais no sistema de propriedade intelectual – 6 Cooperação entre os fóruns internacionais em favor da proteção dos conhecimentos tradicionais – 7 Conclusão

1 Introdução

A proteção dos conhecimentos tradicionais pelo direito de propriedade intelectual ainda não é objeto de consenso no plano internacional. Mesmo na esfera nacional tal proteção é inexistente em grande parte dos países. Apesar de o artigo 27 da Declaração Universal do Homem reconhecer que "toda pessoa tem direito à proteção dos interesses morais e materiais decorrentes de qualquer produção científica, literária ou artística da qual seja autor", tal direito não é reconhecido em toda sua plenitude no que concerne a produção intelectual realizada pelos povos indígenas. Concebido segundo a lógica das sociedades ocidentais e industriais, o sistema de propriedade intelectual atual não dispõe de mecanismos que permitam a proteção dos conhecimentos tradicionais do modo como ele é desejado pelos povos indígenas. O objetivo desse artigo é apresentar como o reconhecimento dos direitos dos povos indígenas pelo direito internacional tem influenciado na construção de um modelo de propriedade intelectual próprio ao conhecimento tradicional. Para tanto, em um primeiro momento, serão analisadas a influência do debate internacional sobre a autodeterminação dos povos indígenas na negociação da proteção dos conhecimentos tradicionais, a relação entre proteção do meio ambiente e os conhecimentos tradicionais e a utilização dos direitos de propriedade intelectual como meio de impedir a prática de biopirataria.

Na segunda parte será analisado como o tema da proteção dos conhecimentos tradicionais tem sido tratado nos fóruns internacionais.

2 A influência dos debates internacionais em torno da relevância da proteção dos conhecimentos tradicionais

2.1 O direito à autodeterminação

O debate em torno da autodeterminação dos povos indígenas se consolidou em 1989 com a Convenção 169 da OIT e os trabalhos realizados pela Comissão dos Direitos do Homem na ONU, que, à diferença dos documentos internacionais que a precederam, não tratavam a questão indígena sob um ponto de vista de assimilação, nem de inferioridade em relação à cultura ocidental. A diversidade deveria ser vista sob a perspectiva da coexistência de diferentes modelos culturais e o direito à autodeterminação como meio para assegurar o exercício dessa diferença.

A Convenção 169 da OIT colocou em evidência "a particular contribuição dos povos indígenas e tribais à diversidade cultural, à harmonia social e ecológica da humanidade e à cooperação e compreensão internacionais", solicitando no artigo 5 que "deverão ser reconhecidos e protegidos os valores e práticas sociais, culturais religiosos e espirituais próprios dos povos mencionados e dever-se-á levar na devida consideração a natureza dos problemas que lhes sejam apresentados, tanto coletiva como individualmente".[1]

O conteúdo da convenção, fortemente influenciado pelos trabalhos dos relatores da subcomissão dos povos indígenas da ONU, José Martinez Cobo e Irène Daes, trouxe os elementos necessários para a abertura do debate sobre a proteção dos conhecimentos tradicionais. O documento conhecido como relatório Cobo, além de esclarecer o que deveria ser considerado como povo indígena, põe em evidência a riqueza cultural desses povos e sua estreita relação com a terra.[2] O relatório Cobo avança nesse estudo, indicando no plano jurídico como a relação entre povos indígenas e Estados pode ser concretizada.[3] O trabalho de Irène Daes, por sua vez, trata diretamente da propriedade intelectual sobre os conhecimentos indígenas, diferenciando-os da lógica ocidental que separa em diferentes categorias o que para os povos indígenas são indissociáveis,[4] assim "a proteção da propriedade cultural e intelectual depende essencialmente do exercício dos direitos territoriais e do direito dos povos indígenas de autodeterminação".[5]

Em 1992, a conferência das Nações Unidas sobre meio ambiente e desenvolvimento traz essa questão novamente à tona, evocando que a sobrevivência

---

[1] OIT, Convenção 169 da OIT sobre povos indígenas e tribais.
[2] J. M. COBO, étude sur le problème de discrimination contre les peuples autochtones E/CN.4/Sub.2/1983 Add; 8.
[3] HERMITTE, M.-A.. La construction du droit des ressources génétiques – exclusivismes et échanges au fil du temps. *In*: HERMITTE, Marie-Angèle; KHAN, Philippe (Dir.). *Les ressources génétiques végétales et le droit dans les rapports Nord-Sud*. Bruxelles: Bruylant, 2004, p. 99.
[4] HERMITTE, M.-A. La convention sur la diversité biologique et les droits intellectuels des peuples autochtones: une lacune française. *Rev. Jur. de l'Environnement*, nº spécial Nouvelle Calédonie, p. 191 à 213, 2007.
[5] E/CN.4/Sub.2/1993/28 du 28 juillet 1993. Disponível no site da ONU.

do modo de vida das populações indígenas estava associada à terra onde viviam e aos recursos biológicos que a integravam, colocando em evidência a importância dos conhecimentos dos povos indígenas e das comunidades tradicionais no tocante à eficácia ecológica com que estes administravam a exploração dos recursos naturais.

Em 2007, é aprovada a declaração das Nações Unidas sobre os direitos dos povos indígenas pela assembleia geral da ONU. Nesta, não são apenas exaltados os conhecimentos produzidos pelas tribos indígenas, mas também o direito destas sobre esses conhecimentos: "Os povos indígenas têm o direito de manter, controlar, proteger e desenvolver seu patrimônio cultural, seus conhecimentos tradicionais, suas expressões culturais tradicionais e as manifestações de suas ciências, tecnologias e culturas, compreendidos os recursos humanos e genéticos, as sementes, os medicamentos, o conhecimento das propriedades da fauna e da flora, as tradições orais, as literaturas, os desenhos, os esportes e jogos tradicionais e as artes visuais e interpretativas. Também têm o direito de manter, controlar, proteger e desenvolver sua propriedade intelectual sobre o mencionado patrimônio cultural, seus conhecimentos tradicionais e suas expressões culturais tradicionais".[6]

É valido salientar que o texto aprovado em 2007 foi concebido em 1993. O lento processo de adoção da declaração reflete a dificuldade de aplicação do direito à autodeterminação dos povos indígenas pelos Estados. Os trabalhos da ONU durante esse período facilitaram o diálogo entre Estados e tribos indígenas, de modo que a aprovação da declaração em 2007 não representasse grandes mudanças no que já vinha sendo negociado no plano nacional. De fato, a relação entre o reconhecimento da identidade própria das tribos indígenas e do seu direito à gestão da apropriação dos seus conhecimentos já se encontra consolidada no direito internacional, o que falta é a criação de um modelo ou a adaptação dos modelos já existentes nos tratados de propriedade intelectual.

Interessante notar o caminho inesperado da proteção dos conhecimentos dos povos indígenas. Iniciado sob uma perspectiva de colonizador/colonizado e fortemente influenciado pela adoção de um processo de assimilação cultural, o conhecimento indígena foi desprezado. Essa situação começou a ser alterada pelo trabalho das organizações internacionais, como a ONU e a OIT, que defendiam um tratamento em "igualdade em dignidade"[7] para os povos indígenas. Em um momento onde os direitos de propriedade intelectual são cada vez mais contestados enquanto direito humano, sendo associado como uma garantia de retorno do investimento de grandes corporações, a solicitação de que o conhecimento tradicional seja protegido pelos direitos de propriedade intelectual retoma o argumento de que o reconhecimento da autoria e a devida remuneração dos objetivos derivados do conhecimento tradicional devam ser considerados consequência do direito humano de gerir os frutos de seu trabalho.

---

[6] Declaração das Nações Unidas sobre os direitos dos povos indígenas, artigo 31. Tal declaração foi adotada pela assembleia geral da ONU, 13 de setembro 2007.

[7] Declaração da Unesco sobre a raça e os preconceitos raciais, Paris, 27 novembro 1978, artigo 1.1 "Todos os seres humanos pertencem à mesma espécie e têm a mesma origem. Nascem iguais em dignidade e direitos e todos formam parte integrante da humanidade".

3 A construção da relação entre proteção dos conhecimentos tradicionais e a proteção do meio ambiente

A emergência do discurso em favor da proteção dos conhecimentos tradicionais intensifica-se na década de 1980, coincidindo com o crescimento da preocupação da comunidade internacional sobre o meio ambiente, biodiversidade e desenvolvimento sustentável. No que diz respeito à biodiversidade, estima-se que a taxa de extinção das espécies animais e vegetais é 100 vezes maior do que seria a taxa natural.[8] Diante das consequências negativas para o meio ambiente do uso descontrolado dos recursos naturais, o conhecimento tradicional, antes tido como ultrapassado e de pouca contribuição técnica para as soluções dos problemas, tem se apresentado como uma solução de baixo custo, simples e sustentável.

Mesmo que para alguns essa relação sustentável entre povos indígenas com o meio ambiente seja apenas um reflexo do mito do bom selvagem,[9] o fato é que tem prevalecido no âmbito internacional a teoria de que se deve preservar "conhecimentos, inovações e práticas das comunidades locais e populações indígenas" que tenham relevância "para a conservação e utilização durável da diversidade biológica".[10] Foi sobre essa base que a Convenção sobre Diversidade Biológica foi negociada. Aos Estados-Partes da convenção caberia adotar medidas que favorecessem a aplicação dos conhecimentos tradicionais "com a aprovação e a participação dos detentores desse conhecimento, inovações e práticas"; e que encorajassem "a repartição eqüitativa dos benefícios oriundos da utilização desse conhecimento, inovações e práticas". A Convenção sobre Diversidade Biológica veio reforçar a necessidade da negociação de um sistema de proteção *sui generis* dos conhecimentos tradicionais associados à biodiversidade.

Pode-se observar, a partir de então, outro fato interessante em relação à visão da propriedade intelectual e o meio ambiente. Com a possibilidade de patenteamento de plantas e geneticamente modificadas, o sistema de patentes foi considerado por alguns como um fator negativo à diversidade biológica, ao restringir o livre acesso a sementes e ao encorajar a uniformidade genética nas monoculturas agrícolas. De forma mais cautelosa, Graham Dutfield, ao analisar a relação entre a propriedade intelectual e a redução da biodiversidade agrícola, afirma que essa redução não pode ser creditada "a uma única causa", não havendo evidências empíricas relevantes que sugerissem uma relação de causa e efeito entre elas.[11] O fato é que a concessão de patentes para plantas tem sido analisada com cautela pela maioria dos países, que tem preferido a utilização do sistema UPOV[12] como meio de garantir um maior acesso à inovação, mas sem negligenciar a proteção do novo cultivar.

---

[8] Secretariado da Convenção sobre Diversidade Biológica, discurso proferido por Dr. Ahmed Djoghlaf, secretário executivo da Convenção de Diversidade Biológica para o G8. Encontro dos ministros do meio ambiente.
[9] REDFORD, K. H.; STEARMAN, A. M. Forest-Dwelling Native Amazonians and the Conservation of Biodiversity: Interests in Common or in Collision?. *Conservation Biology*, n. 7, p. 248-255, 1993; ELLEN, R. What Black Elk left unsaid: On the illusory images of green privitivism. *Anthropology Today*, v. 2, n. 6, p. 8-12, 1986.
[10] Convenção sobre Diversidade Biológica, artigo 8j.
[11] DUTFIELD, G. *Intellectual property, biogenetic resources and traditional knowledge*. London: Earthscan, 2004. p. 65.
[12] UPOV – Convenção Internacional para a Proteção das Obtenções Vegetais.

Entretanto, no que concerne aos conhecimentos tradicionais, constata-se justamente o contrário: argumenta-se que a ausência de proteção dos conhecimentos tradicionais associados aos recursos biológicos tenha efeitos negativos sobre a preservação da diversidade biológica na medida em que este não é valorizado. Desse modo, a proteção por um modelo de propriedade intelectual seria uma solução para incentivar a produção e manutenção de práticas e conhecimentos tradicionais.

4 Biopirataria

O termo "biopirataria" tem sido utilizado para indicar a utilização de recursos genéticos e/ou os conhecimentos tradicionais a eles associados sem a devida repartição de benefícios nem o reconhecimento da participação direta ou indireta da comunidade — seja ela local ou indígena — para a elaboração do produto final. Esse assunto ganha em relevo quando comparada a situação precária das comunidades detentoras do conhecimento com os lucros das empresas advindos da comercialização de produtos ditos "biopirateados".[13] A prática de biopirataria nos leva à ideia de ofensa à propriedade intelectual, o que de fato não é uma tarefa fácil de determinar, pois há casos em que a própria delimitação do que é conhecimento tradicional é difícil e até mesmo o reconhecimento da existência desses direitos ainda não é clara em muitas legislações.[14]

Apesar de a apropriação e comercialização de um conhecimento originário de uma comunidade tradicional ou povo indígena sem sua devida remuneração e anuência chocar a sociedade, no plano jurídico, nem sempre o que para a sociedade é considerado como biopirataria corresponde de fato a uma ofensa aos direitos de propriedade intelectual.[15] Nos casos em que foi alegada a biopirataria — como o da Patente nº 436257 B1, concedida pelo escritório de patentes europeu a W. R. Grace & Co, sobre o efeito fungicida do óleo da planta neem, tradicionalmente utilizada pela medicina indiana, e a Patente nº 4556562, concedida à mesma empresa pelo USPTO sobre uma forma estável de pesticida derivado da mesma planta (neem) — os conhecimentos tradicionais associados à planta não foram considerados como passíveis de proteção. No caso do Escritório

---

[13] Como exemplos do que poderia ser considerado como invenções fruto de biopirataria, Luiz Antonio Xavier e Joaquim Adérito, ambos examinadores de patentes do escritório de patentes brasileiro (INPI) citam os casos da: "ANDIROBA (Carapa guianensis Aubl). É uma árvore alta, com até 25 metros. As suas sementes fornecem um óleo que apresenta propriedades insetífugas e medicinais, é um repelente natural. Patente: US5958421 Titular: ROCHER YVES BIOLOG VEGETALE. Trata-se de uma Composição cosmética ou farmacêutica contendo extrato de Andiroba para inibição do glucose-6-phosphate dehydrogenase. CIPÓ DA ALMA (Ayahuasca – Banisteriopsis caapi). Os pajés da Amazônia ocidental se utilizam desta planta para produzir uma bebida cerimonial em cerimônias religiosas de cura, para diagnosticar e tratar doenças. Patente: US 5751P Titular: MILLER LOREN S Trata do Banisteriopsis caapi (cv) 'Da Vine'. COPAÍBA (Copaifera sp). Fornece um óleo transparente, viscoso e fluido e terapêutico de sabor amargo, que é a sua seiva extraída. É usualmente utilizada como remédio anti-inflamatório e anticancerígeno. Patente: WO9400105 Titular: TECHNICO FLOR SA Trata de composições cosméticas ou alimentares incluindo Copaíba, em forma de cremes, sabonetes, gels, shampoos, etc". XAVIER, L. A.; ADÉRITO, J. Biopirataria. 11/01/2007. Accessible sur: <http://www.midiaindependente.org/pt/blue/2007/01/370516.shtml>.

[14] Para o direito americano não há uma proteção clara para os conhecimentos tradicionais.

[15] HERMITTE, M.-A. La construction du droit des ressources génétiques – exclusivismes et échanges au fil du temps. *In*: HERMITTE, Marie-Angèle; KHAN, Philippe (Dir.) *Les ressources génétiques végétales et le droit dans les rapports Nord-Sud*. Bruxelles: Bruylant, 2004.

de Patentes Europeu (EPO), a patente foi posteriormente revogada, não por ser considerada como contrária à ordem pública ou à moralidade (o que poderia remeter a ação de biopirataria), mas por falta de novidade e atividade inventiva.[16] Até que a proteção dos conhecimentos tradicionais seja incorporada como um direito de propriedade intelectual, pode-se constatar que "de fait, la dénonciation du biopiratage a plutôt abouti à une forme de légalisation par extension irréflechie du domaine public".[17]

Mesmo tendo seu papel enquanto promotor de novos medicamentos e melhoramento de plantas valorizado por uns[18] e minimizados por outros,[19] o fato é que a luta contra a "biopirataria" tem sido uma das razões que tem fundamentado a discussão da proteção dos conhecimentos tradicionais no âmbito multilateral.[20] O secretariado da OMPI admitiu que "é mais fácil (se não for a única maneira) de superar os problemas relacionados à biopirataria e aos custos de transação no que concerne às expressões do folclore e dos conhecimentos tradicionais associados a biodiversidade com a criação de um sistema *suis generis* de proteção a partir da adaptação das normas de sistema já testados e tendo como referência os princípios jurídicos que esses sistemas expressam".[21] Essa ideia de adoção de um sistema de proteção aos conhecimentos tradicionais como meio de coibir e reprimir a prática de biopirataria fica evidente nos objetivos da política geral e princípios fundamentais relativos à proteção dos conhecimentos tradicionais escolhidos pelo Comitê Intergovernamental da Propriedade Intelectual Relativa aos Recursos Genéticos, aos Conhecimentos Tradicionais e ao Folclore.[22]

A problemática da biopirataria remete à análise do papel do recurso biológico e do conhecimento tradicional associado no produto patenteado. Da mesma forma que não se pode negar o uso de plantas cujos efeitos medicinais já são conhecidos em medicamentos patenteados, também não se pode deixar de reconhecer que tais medicamentos também foram fruto de pesquisas para se alcançar a estabilização do princípio ativo e para potencializar seus efeitos

---

[16] EPO, Decisão 8 de março de 2001, T0416/01. A câmara de recursos técnicos decidiu que: "Although document (8) discloses the use of an extract of neem oil as fungicidal on plants, it does not disclose which is the solvent employed. Moreover, document (8) does not disclose the presence of an emulsifying surfactant in the formulations employed. Therefore the subject matter claimed is novel over the contents of document (8)". Depois de ter confirmado a existência de novidade, a CRT decidiu que a patente seria revogada por falta de atividade inventiva: "Consequently, the subject-matter of claim 1 of the main request lacks an inventive step since it was obvious to try to use formulations such as those defined in the claim for controlling fungi on plants. In conclusion, the main request fails for lack of inventive step (Article 56 EPC)".

[17] Essa expressão é utilizada por Marie-Angèle Hermitte para analisar a relação entre os direitos de propriedade intelectual e o conhecimento tradicional. HERMITTE, M.-A. La construction du droit des ressources génétiques – exclusivismes et échanges au fil du temps. In: HERMITTE, Marie-Angèle; KHAN, Philippe (Dir.). *Les ressources génétiques végétales et le droit dans les rapports Nord-Sud*. Bruxelles: Bruylant, 2004. p. 87.

[18] SHIVA, V. *La vie n'est pas une marchandise*: les dérives des droits de propriété intellectuelle. Paris: C. L. Mayer Éd. de l'atelier, Cérés éd., Ed. Ecosociété [etc.], 2002.

[19] STENSON, A.; GRAY, T. Cultural Communities and Intellectual Property Rights in Plant Genetic Ressources. *In*: HAYWARD, T.; O'NEILS, J. (Dir). Justice, Property and the Environment: Social and Legal Perspective. Ashgate Publishing, Aldertshot and Brookfield, 1997. p. 178-193.

[20] As referências à necessidade de proteção dos conhecimentos tradicionais em razão da biopirataria é sustentada por diversos países, como se pode constatar nos documentos elaborados no seio do Comitê Intergovernamental da Propriedade Intelectual Relativa aos Recursos Genéticos, aos Conhecimentos Tradicionais e ao Folclore, notadamente o documento, WIPO/GRTKF/IC/8/5 e WIPO/GRTKF/IC/5/15.

[21] WIPO/GRTKF/IC/3/8, parágrafo 58.

[22] Entre esses objetivos está o de: *Reprimir a utilização desleal e não equitativa*, WIPO/GRTKF/IC/9/5 Anexo, p. 4.

terapêuticos, por exemplo. A discussão do conceito de novidade no âmbito dos conhecimentos tradicionais e a forma como esse deveria ser protegido são um dos pontos a serem enfrentados, para que o direito de patentes possa ser utilizado para integrar os conhecimentos tradicionais no universo de proteção desse direito.

5 O tratamento da proteção dos conhecimentos tradicionais pelo direito de patentes nos fóruns internacionais

5.1 As dificuldades de inserção dos conhecimentos tradicionais no sistema de propriedade intelectual

A afirmação de que o conhecimento tradicional associado constitui parte importante no valor imaterial dos recursos genéticos foi sendo construída nos documentos internacionais. Na consolidação desta ideia, os documentos publicados pela Organização das Nações Unidas para a Educação, Ciência e Tecnologia[23] (UNESCO) e pela Organização Internacional do Trabalho (OIT) desempenharam uma relevante função. Embora estas normas gozassem de pouca eficácia, respaldaram as teorias que vinham sendo desenvolvidas sobre o tema.

A Recomendação para a Salvaguarda da Cultura Tradicional e Folclore apresentou conceitos e determinações que incorporam as diretrizes da CDB. Como exemplo, pode-se citar a necessidade do consentimento da comunidade, a proteção do conhecimento tradicional, exigência e indicação geográfica do recurso utilizado. A Convenção 169 da OIT afirmou a necessidade do consentimento das comunidades indígenas e a participação destes nos projetos de acesso ao conhecimento tradicional. Com a Convenção sobre Diversidade Biológica, foram definidos parâmetros legais para orientar as normas internas dos países quanto aos critérios de negociação dos recursos genéticos e do conhecimento tradicional, de modo a proporcionar a repartição equitativa dos benefícios, a conservação da biodiversidade, o uso sustentável destes recursos e a necessidade do consentimento prévio informado.

A inserção dos conhecimentos tradicionais no sistema de propriedade intelectual reflete a necessidade de um mecanismo jurídico eficaz para a repartição dos benefícios da utilização desses conhecimentos por parte das indústrias que deles lucram. Por um lado, seria o meio de reprimir a prática de biopirataria por meio do mesmo modelo de propriedade intelectual que tem sido utilizado para legalizar o uso não autorizado dos conhecimentos tradicionais. Por outro, seria uma forma de incentivar o "desenvolvimento econômico" e "a luta contra pobreza" ao reconhecer o valor dos conhecimentos tradicionais dos povos indígenas.[24]

---

[23] Entre os documentos mais relevantes, destacam-se: a Convenção sobre a Proteção do Patrimônio Natural e Cultura Mundial de 1972, que considera como patrimônio cultural o resultado dos trabalhos do homem e de patrimônio natural os recursos com valor científico, tendo em vista também a conservação; Recomendação para Salvaguarda da Cultura Tradicional e Folclore de 1989, que reconhece a necessidade de proteção do conhecimento tradicional nos moldes da propriedade intelectual.

[24] Esse papel do direito de propriedade intelectual pode ser encontrado no documento WIPO/GRTKF/IC/4/8, parágrafo 21.

É certo que nem todo conhecimento tradicional é passível de patenteamento,[25] do mesmo modo que ocorre com as inovações, fruto do conhecimento industrial. O fato é que para determinados produtos, como é o caso dos medicamentos, há uma relação entre o desenvolvimento destes e o conhecimento tradicional associado ao recurso biológico que o originou. Estima-se que, graças ao uso de conhecimentos tradicionais, a eficácia do mapeamento de plantas com funções terapêuticas aumenta em 400%.[26] De forma mais objetiva, apurou-se que 25% das prescrições de medicamentos feitas nos Estados Unidos são relacionadas ao uso de conhecimento tradicional.[27] A utilização do direito de patentes revela-se, portanto, uma parte importante para a justa repartição dos benefícios.

O direito de patentes poderia servir para resguardar os direitos dos detentores de conhecimento tradicional em duas situações: nos casos em que a própria comunidade é a titular do pedido de patentes e nos casos em que, embora a comunidade não seja a titular, o objeto do pedido é fruto dos seus conhecimentos tradicionais.

Mesmo se reconhecendo as dificuldades para o patenteamento dos conhecimentos tradicionais em si, deve-se ter em conta a capacidade de adaptação das condições de patenteabilidade ao longo dos anos. A exemplo das inovações biotecnológicas que suscitaram a criação de novos parâmetros para o julgamento do que seria novo; o que seria considerado como atividade inventiva e em que grau a aplicabilidade industrial deveria ser demonstrada, os conhecimentos tradicionais também poderiam ser objeto de um guia de exames específico que levasse em conta suas características peculiares.

À diferença das inovações de origem industrial, as inovações derivadas do conhecimento tradicional possuem um componente cultural relevante, seja pela forma como eles são desenvolvidos, seja pela forma como eles são empregados. No caso dos conhecimentos relativos às plantas medicinais, os povos indígenas e as comunidades tradicionais associam o tratamento da planta a outras práticas de origem religiosa que correspondem dificilmente aos critérios de descrição e reprodutibilidade do direito de patentes. A proteção por patentes, quando ela é possível, seria, portanto, limitada a certos elementos do conhecimento tradicional. Essa característica do direito de patentes não tem correspondência nos preceitos dos povos indígenas e das comunidades tradicionais cujo conhecimento está intimamente ligado ao seu caráter religioso, cultural e ao recurso biológico no qual

---

[25] A OMPI reconheceu uma abrangência vasta para a aplicação dos conhecimentos tradicionais, que contemplaria, "les savoirs agricoles, scientifiques, techniques, écologiques, médicaux, y compris les médecines et remèdes connexes, les savoirs liés à la biodiversité, les 'expressions du folklore' sous la forme de musiques, danses, chansons, produits de l'artisanat, dessins et modèles, histoires et objets d'art; les éléments linguistiques tels que des noms, des indications géographiques et des symboles, et les biens culturels meubles. Rapport de l'OMPI sur les missions d'enquête consacrées à la propriété intellectuelle et aux savoirs traditionnels (1998-1999): Savoirs traditionnels: besoins et attentes en matière de propriété intellectuelle, Genève, 2001, pag. 25".

[26] OGUAMANAM, C. *International Law and Indigenous Knowledge*: intellectual property, plant biodiversity, and traditional medicine. Toronto: University of Toronto Press, 2006. p. 171

[27] DAES, E.-I. Etude sur la propriété culturelle et intellectuelle des peuples autochtones. Rapport élaboré dans le cadre de la Sous-Commission de la lutte contre les mesures discriminatoires et de la protection des minorités de l'ONU. Documento: E/CN.4/Sub2/1993/28. Disponível no site da ONU.

o conhecimento está fundado.[28] Nesse caso, o direito de patentes seria incapaz de fornecer uma proteção efetiva aos aspectos culturais, religiosos e morais dos conhecimentos tradicionais.[29]

Ainda que se reconheça que os direitos de propriedade intelectual — conforme os modelos existentes — não são capazes de proteger os conhecimentos tradicionais em todos os seus aspectos, busca-se sua proteção como meio de garantir que os lucros resultantes da utilização do conhecimento tradicional sejam repartidos de maneira equitativa entre aqueles que contribuíram para sua concepção e aqueles que fazem uso desse conhecimento. Essa abordagem utilitarista e comercial não é isenta de críticas, entretanto é uma das soluções discutidas nos fóruns internacionais.

Assim, nos casos em que o conhecimento tradicional constitua um dos elementos empregados para o desenvolvimento do invento, o direito de patentes poderia ser utilizado para facilitar a repartição dos benefícios auferidos com a exploração do produto, ao exigir que o relatório descritivo do invento contenha a localização do recurso biológico que foi utilizado e a identificação da "comunidade tradicional" ou povo indígena que inspirou o desenvolvimento do produto. Essa proposta foi apresentada pelos países em desenvolvimento e tem sido objeto de discussão simultaneamente na OMPI[30] e na OMC.[31] Objetiva-se modificar o texto do Acordo TRIPS de modo a incluir "une prescription impérative concernant la divulgation de l'origine des ressources biologiques et/ou des savoirs traditionnels associés dans les demandes de brevet. Des négociations basées sur un texte seront menées lors des Sessions extraordinaires du Conseil des ADPIC et en tant que partie intégrante de l'engagement unique sur un amendement de l'Accord sur les ADPIC établissant l'obligation pour les Membres d'exiger des déposants d'une demande de brevet qu'ils divulguent l'origine des ressources biologiques et/ou des savoirs traditionnels associés, y compris le consentement préalable donné en connaissance de cause et l'accès et le partage des avantages".[32]

Contudo, em termos de compatibilidade dessa proposta com os dispositivos atuais do Acordo TRIPS, as opiniões são divididas.[33] Para os Estados Unidos, a exigência da declaração da localização do recurso biológico utilizado não constitui obrigação segundo o Acordo TRIPS, na medida em que não é elemento

---

[28] DAES, E.-I. Etude sur la propriété culturelle et intellectuelle des peuples autochtones. Rapport élaboré dans le cadre de la Sous-Commission de la lutte contre les mesures discriminatoires et de la protection des minorités de l'ONU. Documento: E/CN.4/Sub2/1993/28. Disponível no site da ONU.

[29] ROHT-ARRIAZA, N. Of Seeds and Shamans: The Appropriation of the Scientific and Technical Knowledge of Indigenous and Local Communities. *Mich. J. Int'l L.* 1996, v. 17, 919, 938. OGUAMANAM, C. *International Law and Indigenous Knowledge*: intellectual property, plant biodiversity, and traditional medicine. Toronto: University of Toronto Press, 2006.

[30] Na OMPI, essa questão é tratada pelo Comitê Intergovernamental da Propriedade Intelectual Relativa aos Recursos Genéticos, aos Conhecimentos Tradicionais e ao Folclore.

[31] Na OMC, a questão é tratada pelo Conselho TRIPS, por mandato conferido pela Declaração de Doha. A proposta dos países em desenvolvimento se encontra detalhada no documento IP/C/W/403.

[32] WT/GC/W/590 – TN/C/W/49. Disponível no site da OMC.

[33] Contra: CARVALHO, N. Pires de. Requiring Disclosure of the Origin of Genetic Resources and Prior Informed Consent in Patent Applications Without Infringing The TRIPS Agreement: The Problem and The Solution. *Washington University Journal of Law and Policy*, v. T2, p. 371-401, 2000. A favor de que a descrição do recurso biológico e do conhecimento tradicional associado e da apresentação da prova da aquisição legal do recurso biológico e do conhecimento tradicional são medidas compatíveis com o Acordo TRIPS: DUTFIELD, G. Thinking Aloud on Disclosure of Origin. *QUNO, Occasional Paper 18*, 2005.

essencial para reprodução do invento, nem para a comprovação das condições de patenteabilidade, não devendo, portanto, ser exigido no relatório descritivo. Apenas quando a fonte para o recurso biológico é única que haveria a obrigação de descrição da localização do recurso no relatório descritivo, conforme o compromisso do artigo 29 do Acordo TRIPS.[34]

Segundo a Diretiva 98/44 da Comunidade Europeia "quando uma invenção disser respeito a matéria biológica não acessível ao público e que não possa ser descrita no pedido de patente de forma a permitir a sua realização por pessoa competente na matéria, ou implicar a utilização de matéria desse tipo, a descrição só será considerada suficiente para efeitos do direito de patentes se o pedido apresentado incluir as informações pertinentes de que o depositante dispõe relativamente às características da matéria biológica depositada".[35] O texto não obriga explicitamente a divulgação da origem do material, falando apenas na descrição de suas características. A Comissão europeia admitiu que apesar de reconhecer o dever de "encourager l'indication de l'origine géographique du matériel biologique dans la demande de brevet, conformément aux dispositions de l'article 16.5) de la Convention sur la diversité biologique, (...) il n'est pas obligatoire selon le droit communautaire de fournir ces informations. Omettre de les fournir n'a pas non plus de conséquence juridique sur le traitement des demandes de brevet ou sur la validité découlant des brevets délivrés".[36]

De fato, as diretrizes de Bonn, elaboradas sob a égide da Convenção sobre Diversidade Biológica, recomenda que a conferência das partes convide as partes e os governos a estimular a divulgação do país de origem dos recursos genéticos e dos conhecimentos, inovações e práticas tradicionais dos povos indígenas e comunidades locais que se refiram à conservação e à utilização sustentável da diversidade biológica nos pedidos de concessão dos direitos de propriedade intelectual nos casos em que a invenção se refira ou utilize recursos genéticos para o seu desenvolvimento. Nesses casos, as diretrizes de Bonn recomendam a apresentação do consentimento prévio dos detentores do conhecimento e de um acordo versando sobre as condições de acesso e repartição de benefícios.

Contudo, essa recomendação ainda não foi efetivada no plano internacional. Os debates ocorrem em paralelo na OMPI e OMC sem que seja alcançado um consenso sobre a obrigação da divulgação do material biológico, do conhecimento tradicional associado e dos documentos que comprovariam a autorização para o acesso a tal recurso biológico pelo país de extração e o consentimento prévio dos povos indígenas ou da comunidade local.

Atualmente, a discussão se concentra na concretização dessa evolução, ou seja, na criação de um "modelo" de propriedade intelectual e na adaptação

---

[34] Essa opinião se coaduna com os resultados das pesquisas realizadas pela Espanha sobre a divulgação da origem do recurso no caso de patenteamento, portando, sobre material biológico, e é defendido também pela Alemanha. Mais informações no documento: OMPI/GRTKF/IC/2/15. Disponível no site da OMPI.

[35] Diretiva 98/44/CE do parlamento europeu e do conselho de 6 de julho de 1998, relativa à proteção jurídica das invenções biotecnológicas, artigo 13.1) b).

[36] WIPO/GRTKF/IC/4/11, parágrafo 72, OMPI, Comité intergouvernemental de la propriété intellectuelle relative aux ressources génétiques, aux savoirs traditionnels et au folklore, 4ème session, Genève, 04-17 décembre 2002, Premier rapport sur l'étude technique concernant les exigences relatives à la divulgation d'informations en rapport avec les ressources génétiques et les savoirs traditionnels.

das normas já existentes, de modo que povos indígenas e as comunidades locais possam usufruir dos direitos que já lhes foram reconhecidos. Nesse ponto, observa-se a necessidade de compatibilização entre os tratados de propriedade intelectual, precisamente: o Acordo TRIPS (OMC) o PCT, PLT e SPLT (OMPI), com a Convenção sobre Diversidade Biológica.

6 Cooperação entre os fóruns internacionais em favor da proteção dos conhecimentos tradicionais

A cooperação entre a OMPI e a OMC para assuntos concernentes a propriedade intelectual não é novidade. Ambas organizações administram tratados que versam expressamente sobre os direitos de propriedade intelectual. De fato, a base do Acordo TRIPS foi resultado do fracasso do projeto de tratado elaborado nos auspícios da OMPI.[37] No âmbito da OMC, a parceria entre o Conselho TRIPS e a OMPI está disposta no artigo 68, que prevê "No desempenho de suas funções, o Conselho para TRIPS poderá consultar e buscar informações de qualquer fonte que considerar adequada. Em consulta com a OMPI, o Conselho deverá buscar estabelecer, no prazo de um ano a partir de sua primeira reunião, os arranjos apropriados para a cooperação com os órgãos daquela Organização". Essa parceria confirma a necessidade de normas harmonizadas e coerentes regulando os direitos de propriedade intelectual de modo que não haja contradição com o objetivo de harmonização que move essas organizações.

No que concerne à CDB, a cooperação não é tão evidente. Mesmo sabendo que a OMPI e a CDB fazem parte da estrutura das Nações Unidas, a relação entre propriedade intelectual e meio ambiente ainda é recente. Enquanto a CDB parte do pressuposto de que a promoção da diversidade biológica pode ser realizada também via direitos de propriedade intelectual, no âmbito da OMC e OMPI o princípio da "neutralidade" desses direitos ainda é dominante.

Mesmo com essas dificuldades, tem-se observado um esforço para a conciliação dos objetivos da OMPI e OMC com a CDB. No primeiro caso, foi assinado um memorando de cooperação, conforme determinaram as decisões IV/9[38] e VI/20[39] da Conferência das Partes da CDB, que permitirá "o estabelecimento de uma ligação entre o centro de troca da CDB com certos elementos das bibliotecas numéricas de propriedade intelectual na OMPI (BNPI)".[40] Seria um modo de agrupar os conhecimentos catalogados pela OMPI com aqueles fornecidos à CDB, que teria como objetivo facilitar a pesquisa do estado da técnica nos pedidos de patentes. O que não impede que a OMPI desenvolva um trabalho paralelo para introdução dos conhecimentos tradicionais no direito de propriedade intelectual com a criação do comitê intergovernamental da propriedade

---

[37] CARVALHO, N. Pires de. *The TRIPS regime of patent rights*. The Hague: Kluwer Law and Taxation Publishers, 2005.
[38] Ver o parágrafo 17 da decisão IV/9 da Conferência das partes da CDB.
[39] Ver o parágrafo 36 da decisão IV/20 da Conferência das partes da CDB.
[40] Sobre a cooperação entre OMPI e a CDB, ver o documento WIPO/GRTKF/IC/5/12, principalmente os parágrafos 79 a 80.

intelectual relativa aos recursos genéticos e aos conhecimentos tradicionais e ao folclore em 2000.[41]

No segundo caso, a relação entre a CDB e a OMC foi resultado da ação dos países em desenvolvimento que pretendem incluir a proteção dos conhecimentos tradicionais na revisão do artigo 27.3b, que já era prevista pelo Acordo TRIPS. Uma das razões para tanto seria a incompatibilidade do Acordo com a CDB. Em 2001, a estratégia dos países em desenvolvimento alcançou um resultado importante: a Declaração Interministerial de Doha determinou que fosse analisada a relação entre o Acordo TRIPS e a CDB.[42]

Atualmente, a discussão sobre a integração dos conhecimentos tradicionais ao direito de propriedade intelectual ocorre simultaneamente nos dois fóruns, segundo estratégias diferentes. Observa-se que na OMPI a discussão é mais abrangente e que de fato se trabalha para a criação de um modelo *sui generis* de proteção; enquanto na OMC a discussão gira em torno da obrigação de divulgação da origem do recurso genético e do conhecimento tradicional conexo e da apresentação dos contratos de acesso e de anuência prévia das comunidades detentoras do conhecimento tradicional. A negociação desse tema tem sido colocada em paralelo com as indicações geográficas, de modo a associar os temas de interesse dos países em desenvolvimento com o de alguns países desenvolvidos, como a Suíça e os países integrantes da União Europeia.[43]

A negociação da OMC reflete a busca pela efetividade da proteção dos conhecimentos tradicionais via direito de patentes. Trata-se de uma tendência entre outros ramos do direito, como é o caso do Direito Ambiental, de buscar a efetividade de sua proteção pela sua relação com o comércio e a utilização dos mecanismos de solução de controvérsias da OMC.[44] Os Acordos da OMPI, por não permitirem o uso de sanções comerciais em caso de descumprimento das obrigações dos tratados, são menos coercitivos que os tratados assinados sob a égide da OMC. Mesmo que já se tenha reconhecido a relevância da proteção dos conhecimentos tradicionais, a sua efetivação via modelo *sui generis* de proteção ainda está longe de ser alcançada.

---

[41] No que concerne à relação entre direitos de propriedade intelectual e a proteção das expressões do folclore, a OMPI, em parceria com a Unesco, trabalham esse tema desde a década de 1980. Ver mais sobre essa parceria nos seguintes documentos: WIPO/GRTKF/IC/3/10 e WIPO/GRTKF/IC/4/3 (OMPI, Comité intergouvernemental de la propriété intellectuelle relative aux ressources génétiques, aux savoirs traditionnels et au folklore, 3ème session, Genève, 13-21 juin 2002, Rapport final sur l'expérience acquise au niveau national en ce qui concerne la protection juridique des expressions du folklore, WIPO/GRTKF/IC/3/10).

[42] Declaração Ministerial de Doha, adotada em 14 de novembro de 2001, parágrafo 19 "Determinamos ao Conselho TRIPS que, em continuidade a seu programa de trabalho, o qual, na revisão do Artigo 27.3(b), inclui a revisão da implementação do Acordo TRIPS, em conformidade com o Artigo 71.1, e o trabalho previsto no parágrafo 12 da presente Declaração, a examinar, *inter alia*, a relação entre o Acordo TRIPS e a Convenção sobre Diversidade Biológica, a proteção do conhecimento tradicional e do folclore, bem como outros novos desdobramentos de caráter relevante levantados pelos membros em conformidade com o Artigo 71.1. Na consecução dessa tarefa, o Conselho TRIPS orientar-se-á pelos objetivos e princípios definidos nos Artigos 7 e 8 do Acordo TRIPS e considerará em sua integralidade a magnitude da questão do desenvolvimento".

[43] Na OMC, esse grupo favorável ao paralelismo desses temas são: Albânia, Brasil, China Colômbia, Croácia, Equador, Geórgia, Grupo africano, o grupo África-Caribe-Pacífico (ACP), Índia, Indonésia, Islândia, Liechtenstein, Moldova, Paquistão, Peru, Sri Lanka, Suíça, Tailândia, Turquia e UE.

[44] Na OMC, entre os casos que tratam dessa relação entre comércio e meio ambiente, WT/DS2 e WT/DS58 são interessantes. Sobre esse tema: VARELLA, M. Dias. *Direito Internacional econômico ambiental*. Belo Horizonte: Del Rey, 2004. p. 259-269.

7 Conclusão

A diversidade cultural precisa ser reconhecida pelo sistema de proteção internacional da propriedade intelectual vigente sob pena que este se torne incoerente quanto aos seus propósitos. Na lógica atual, proteger significa incentivar a produção, reconhecer seu valor. Portanto, se o objetivo do sistema de propriedade intelectual é estimular a produção de inovação por meio de sua proteção como um tipo de propriedade, não haveria, em teoria, razões para que a inovação do tipo tradicional não fosse protegida. A questão, contudo, não se discute no plano do porquê, mas do como: como proteger os conhecimentos tradicionais; como adaptar o direito de patentes de modo a comportar tais inventos, qual seria o conteúdo de um modelo de proteção *sui generis*. Do ponto de vista da aplicação do princípio de que todos são iguais em dignidade, constata-se um consenso quanto à necessidade de criação de um meio jurídico de proteção dos conhecimentos tradicionais. Entretanto, deve-se reconhecer que tais questões são discutidas atualmente em diferentes fóruns, como a CDB, a OMPI e a OMC, sem que um consenso quanto ao modelo ideal de proteção tenha sido alcançado.

Informação bibliográfica deste texto, conforme a NBR 6023:2002 da Associação Brasileira de Normas Técnicas (ABNT):

OLIVEIRA, Liziane Paixão S.; MARINHO, Maria Edelvacy Pinto. A proteção dos conhecimentos tradicionais pelo direito de propriedade intelectual como consequência da aceitação do princípio de que todos são iguais em dignidade. *In*: BERTOLDI, Márcia Rodrigues; OLIVEIRA, Kátia Cristine Santos de (Coord.). *Direitos fundamentais em construção*: estudos em homenagem ao ministro Carlos Ayres Britto. Belo Horizonte: Fórum, 2010. p. 143-155. ISBN 978-85-7700-367-9.

A Greve e os Serviços Públicos – da Proibição ao Exercício de um Direito com Responsabilidade

Marcelo Figueiredo

Sumário: 1 Introdução – 2 Os serviços públicos e os serviços essenciais – 3 A greve no setor privado e nos serviços essenciais e seus limites – 4 A greve na função pública em alguns países – 5 A greve no serviço público no Brasil – 6 Da responsabilidade civil por abuso do direito de greve – 7 Da responsabilidade civil do Estado

1 Introdução

O presente artigo pretende analisar e responder, objetivamente, a seguinte questão. O Estado é responsável em razão da paralisação de serviços públicos ocorridos mediante o exercício de uma determinada greve?

A questão não é simples, pois envolve, no mínimo, a análise do conceito e extensão de dois fenômenos. A greve, como é encarada pelo Direito, e a responsabilidade civil na prestação de serviços públicos.

Penso que a primeira questão é sem dúvida a mais delicada. É dizer, saber como é estabelecido o direito de greve em determinado ordenamento, no caso, o nacional, e que consequências é possível extrair de seu exercício.

Embora saibamos que cada Estado tem um determinado regime jurídico envolvendo a temática, parece útil verificar como a greve tem sido tratada em alguns ordenamentos jurídicos.

Já em relação à segunda questão — atinente à responsabilidade do Estado —, tudo depende de como o direito regulará a greve, será um direito? Se positiva a resposta, deve ser utilizado em que limites e extensão? Se não for um direito, que responsabilidade detém o Estado em caso de mau funcionamento de serviços públicos ou essenciais?

Uma coisa é certa. O instituto da responsabilidade civil já está suficientemente assentado no Direito brasileiro.

Não há, propriamente, muitas novidades neste domínio. Ao menos não em relação a saber-se se o Estado deve ou não ser responsabilizado em função de greve no serviço público.

Mas insistimos, o problema maior está no difícil balanceamento de como deve ser regrado o fenômeno da greve no âmbito do serviço público. Aí está o nó górdio da questão que nos ocupará o primeiro momento desse artigo.

2 Os serviços públicos e os serviços essenciais

Em primeiro lugar, alguns esclarecimentos semânticos que afetam o desenvolvimento do tema sobre o qual pretendemos dissertar. A doutrina nacional distingue serviços públicos, serviços essenciais e serviços de utilidade pública.

Para o cidadão comum, essa distinção não é importante.

Saindo de casa para o trabalho, o indivíduo depara-se com uma greve nos transportes coletivos, chega a casa e verifica falta de energia, e que seu lixo acumula-se na calçada por ausência de coleta.

Em todos esses casos, evidentemente, o leigo não estará preocupado com a categorização do direito ou com filigranas jurídicas. Quer ver o serviço funcionando, adequada e regularmente, sem paralisações que afetem o seu bem-estar, ou mesmo o da sociedade em que vive.

Isso não significa que não existam diferenças entre tais categorias.

Maria Sylvia Zanella Di Pietro define serviço público "como toda atividade material que a lei atribui ao Estado para que a exerça diretamente ou por meio de seus delegados, com o objetivo de satisfazer concretamente às necessidades coletivas, sob regime jurídico total ou parcialmente público".

O que importa efetivamente é o art. 175 da Constituição Federal, que estabelece: "Art. 175. Incumbe ao Poder Público, na forma da lei, diretamente ou sob regime de concessão ou permissão, sempre através de licitação, a prestação de serviços públicos".

A Constituição definiu quais são os serviços públicos e dividiu-os entre as pessoas políticas da Federação brasileira. É o que se vê dos arts. 21, XII, 25, §2º, e 30, V, a seguir transcritos:

> Art. 21. Compete à União:
>
> XII – explorar, diretamente ou mediante autorização, concessão ou permissão:
>
> a) Os serviços de radiodifusão sonora e de sons e imagens;
>
> b) Os serviços e instalações de energia elétrica e o aproveitamento energético dos cursos de água, em articulação com os Estados onde se situam os potenciais hidroenergéticos;
>
> c) A navegação aérea, aeroespacial e a infraestrutura aeroportuária;
>
> d) Os serviços de transporte ferroviário e aquaviário entre portos brasileiros e fronteiras nacionais, ou que transponham os limites de Estado ou Território;
>
> e) Os serviços de transporte rodoviário interestadual e internacional de passageiros,
>
> f) Os portos marítimos, fluviais e lacustres;
>
> Art. 25. Os Estados organizam-se e regem-se pelas Constituições que adotarem, observados os princípios desta Constituição.
>
> (...)
>
> §2º Cabe aos Estados explorar diretamente, ou mediante concessão, os serviços locais de gás canalizado, na forma da lei, verificada a edição de medida provisória para a sua regulamentação.
>
> (...)

Art. 30. Compete aos Municípios:

V – organizar e prestar, diretamente e sob regime de concessão ou permissão, os serviços públicos de interesse local, incluindo o de transporte coletivo, que tem caráter essencial.

Em se tratando especificamente de greve nos serviços essenciais, será o Estado que qualificará o serviço como público ou de utilidade pública. A Lei nº 7.783/89 qualifica a essencialidade dos serviços.

Hely Lopes Meirelles, em passagem já clássica, erige como princípios básicos que conduzem a prestação de serviços públicos:
   a) permanência ou continuidade impõe serviço constante, na área e período de sua prestação;
   b) generalidade, ou seja, o serviço é proporcionado a todos indiscriminadamente, sem qualquer distinção;
   c) eficiência quer dizer serviço satisfatório, qualitativa e quantitativamente, a exigir contínua atualização do serviço;
   d) modicidade, significando que os preços cobrados pelos serviços haverão de ser razoáveis e ao alcance de seus destinatários;
   e) cortesia, implicando o bom tratamento do público consumidor.

De outra parte, a Constituição, sobre a matéria, contém diversos dispositivos. Vejamos os principais.

Art. 9º É assegurado o direito de greve, competindo aos trabalhadores decidir sobre a oportunidade de exercê-lo e sobre os interesses que devam por meio dele defender.

§1º A lei definirá os serviços ou atividades essenciais e disporá sobre o atendimento das necessidades inadiáveis da comunidade.

§2º Os abusos cometidos sujeitam os responsáveis às penas da lei.

Art. 37 (...)

VII – o direito de greve será exercido nos termos e nos limites definidos em lei específica;

Art. 114. Compete à Justiça do Trabalho processar e julgar:

(...)

I – as ações que envolvam exercício do direito de greve;

§3º Em caso de greve em atividade essencial, com possibilidade de lesão ao interesse público, o Ministério Público do Trabalho poderá ajuizar dissídio coletivo, competindo à Justiça do Trabalho decidir o conflito.

Art. 142 (...)

II – ao militar são proibidas a sindicalização e a greve;

Art. 162. Não será permitida greve nos serviços públicos e atividades essenciais, definidas em lei.

Esses os principais dispositivos relacionados à questão da greve na Constituição.

Voltaremos ao tema da greve no serviço público mais adiante. Vejamos, em primeiro lugar, ainda que rapidamente, a greve no setor privado, para termos elementos de comparação da situação dos trabalhadores privados e dos servidores públicos.

3 A greve no setor privado e nos serviços essenciais e seus limites

A greve deflagrada no setor privado corresponde a um instrumento de pressão muito antigo, tradicional e legítimo dos trabalhadores.

Yone Frediani[1] recorda que as primeiras greves teriam ocorrido no Egito, nos idos do século XII a. C, durante a construção do túmulo real do faraó Ramsés II, em face do tratamento desumano que recebiam.

Também em 2100 a. C, em Tebas, as mulheres dos trabalhadores que atuavam na construção do templo de Mut teriam convencido seus maridos a exigir dois pães extras por dia. Como não foram atendidos, teriam paralisado os serviços e sido enforcados.

A mesma autora recorda que histórica e classicamente, o termo greve teria surgido na praça do Hotel de Ville, que se chamava anteriormente Place de Grève.

Era um grande terreno baldio, sobre o qual o rio havia acumulado uma grande quantidade de areia e pedrinhas, daí vindo o seu nome, antes de serem construídos os cais para manter o Sena no seu leito.

Nessa praça reuniam-se, durante muito tempo, os operários sem trabalho: era aí que os contratistas vinham discutir com eles e contratá-los. Quando os operários estavam descontentes com as condições de trabalho, ficavam esperando que viessem propor melhores condições.

Modernamente, Octávio Bueno Magano[2] entende que a greve consiste no "poder do grupo social que se manifesta através da atividade tendente à realização de um interesse coletivo, mediante a suspensão coletiva e temporária do trabalho dos trabalhadores pertencentes ao mesmo grupo".

Sem dúvida, a greve tem por objetivo principal fazer pressão sobre os empregadores, na defesa de seus interesses profissionais e econômicos.

Para a lei brasileira (Lei nº 7.783/89), a greve é uma abstenção coletiva do trabalho, deliberada por uma pluralidade de trabalhadores, para a obtenção de um fim comum.

A questão que mais nos importa no momento será analisar a greve nos serviços essenciais.

A Organização Internacional do Trabalho (OIT) define serviço essencial como aquele cuja interrupção possa colocar em risco a vida, a segurança ou a saúde da pessoa, em toda ou em parte da população. Mas alerta: o que se deve entender por serviços essenciais, no sentido estrito do termo, depende em grande parte das condições próprias de cada país.

---

[1] FREDIANI, Yone. Greve nos serviços essenciais à luz da Constituição Federal de 1988. São Paulo: LTR, 2001. p. 19 e 20.
[2] MAGANO, Octávio Bueno. *Manual de direito do trabalho*. p. 172. (Direito coletivo do trabalho, v. III).

Além disso, não há dúvida de que um serviço não essencial pode tornar-se essencial, quando a duração de uma greve ultrapassar certo período ou alcance e colocar, assim, em risco a vida, a segurança ou a saúde da pessoa, em toda ou parte da população (OIT, 1996, §541).

De acordo com a Lei nº 7.783/89, constituem serviços ou atividades essenciais:

a) tratamento e abastecimento de água; produção e distribuição de energia elétrica, gás e combustíveis;
b) assistência médica e hospitalar;
c) distribuição e comercialização de medicamentos e alimentos;
d) funerários;
e) transporte coletivo:
f) captação e tratamento de esgoto e lixo;
g) telecomunicações;
h) guarda, uso e controle de substâncias radioativas, equipamentos e materiais nucleares;
i) processamento de dados ligados a serviços essenciais;
j) controle de tráfego aéreo;
k) compensação bancária.

Ainda Yone Frediani,[3] na citada obra, ensina, que bem andou o legislador ao impor às partes, empregadores e trabalhadores, a garantia de prestação de serviços indispensáveis ao atendimento das necessidades inadiáveis da população durante o movimento de paralisação.

Diz: "Com efeito, considerou o legislador que a falta de atendimento às necessidades básicas ou inadiáveis poderá colocar a comunidade em perigo iminente quanto à sobrevivência, saúde ou segurança, assegurando, ainda, a garantia de que todas as vezes em que as partes envolvidas no litígio não propiciarem a continuidade dos serviços, caberá ao Poder Público sua delimitação (art. 12 da Lei 7.783/89)".

Trata-se, portanto, de um dever legal do Poder Público. O serviço deve ser prestado, não pode sofrer solução de descontinuidade, para assegurar condições de segurança à população que dele necessita.

Cumpre agora aludir, ainda que rapidamente, a respeito dos limites ao direito de greve.

Como sabemos, não existem direitos absolutos em um Estado Democrático de Direito. Assim sendo, mesmo considerando a greve um direito social de natureza básica, o seu exercício deve respeitar os direitos, também constitucionais do indivíduo, igualmente tutelados na Constituição, como a vida, a saúde, a segurança, etc.

Aliás, a Assembleia Geral das Nações Unidas, ao regulamentar a Declaração Universal dos Direitos do Homem, que aprovou em 1948, proclamou que o direito de greve deve ser exercido "de conformidade com as leis de cada país", que podem prever "limitações no interesse da segurança nacional ou da ordem

---
[3] *Op. cit.*, p. 94.

pública ou para proteção dos direitos e liberdades de outrem" (art. 8º, alíneas "c" e "d", do Pacto Internacional dos Direitos Econômicos, Sociais e Culturais, 1966).

Procura-se uma possível harmonização entre o exercício do direito de greve e os demais direitos individuais e coletivos da pessoa. Para tanto, deve-se utilizar os mecanismos tradicionais da interpretação jurídica, acrescidos dos também métodos da interpretação propriamente constitucional.

Mas quais os limites ao direito de greve?

São ou estão nos serviços ou atividades essenciais; no atendimento das necessidades inadiáveis da população; na punição aos abusos cometidos por conta do exercício da greve; na limitação à greve do servidor público, a qual, de acordo com a Constituição Federal (art. 37, inciso VII), compete a lei específica, a ser votada pelo Congresso Nacional e, por fim, a proibição da greve para o servidor público militar (art. 142, inciso IV).

4 A greve na função pública em alguns países

Na verdade, cada ordenamento jurídico cuida de regular a greve de uma determinada maneira.

Examinando o direito alienígena, verificamos que entre o reconhecimento jurídico sem limites do direito de greve e a proibição total, há um ponto comum pacífico, a greve é um poder limitado, na medida em que se lhe contrapõe a tutela de determinados direitos e interesses que podem ser afetados pelo respectivo exercício, sejam eles dos trabalhadores não grevistas, da entidade empregadora, dos indivíduos alheios ao conflito ou do público em geral.

Como bem ensina Francisco Liberal Fernandes,[4] a greve aparece nos diferentes ordenamentos jurídicos limitada ou mesmo proibida relativamente a determinadas categorias de trabalhadores.

Exemplo dessa denegação é o caso dos funcionários públicos, que em alguns países se veem privados do direito de autotutela, em virtude de o seu exercício ser considerado intrinsecamente incompatível com a natureza do serviço público[5] e com a relação de fidelidade a que o agente se encontra vinculado perante o Estado.

Neste quadro legal, diz o autor, as exigências de continuidade e de regularidade do funcionamento dos serviços públicos surgem como bens prioritários relativamente aos interesses individuais ou coletivos dos respectivos agentes e ao reconhecimento de certas formas de defesa dos interesses de categoria.

Além disso, para justificar semelhante proibição, também se sustenta que a greve, enquanto meio de tutela específico das relações de trabalho, não tem cabimento na função pública, pelo fato de o respectivo regime não possuir natureza laboral, mas constituir um domínio do direito público.

---

[4] FERNANDES, Francisco Liberal. A greve na função pública e nos serviços essenciais. *Boletim da Faculdade de Direito*, número especial: Estudos em Homenagem ao Prof. Doutor Afonso Rodrigues Queiró, II, Coimbra, p. 57 *et seq.*, 1993.
[5] Sobre o tema do serviço público, consulte-se GROTTI, Dinorá Adelade Musetti. *O serviço público e a Constituição de 1988*. São Paulo: Malheiros, 2003.

Todavia, outros sistemas aceitam que a atividade dos agentes do Estado integra uma prestação por conta alheia em sentido técnico, pelo que aí é reconhecido o direito de greve àqueles trabalhadores.

Nestes ordenamentos, não possui relevo a diferenciação entre natureza laboral ou não laboral do trabalho dependente prestado na função pública para o efeito de se determinar o âmbito subjetivo daquele poder. Nestes casos, porém, dada a natureza específica do respectivo sujeito passivo, o direito é reconhecido com um conteúdo mais restrito do que no setor privado.

Em situação próxima à dos funcionários públicos, encontram-se aqueles trabalhadores que prestam atividade em setores considerados imprescindíveis para a sociedade. A eles também é reconhecido o direito de greve, embora sujeito a restrições específicas, diferenciadas do regime comum.

Na Bélgica e em Portugal, ainda segundo Fernandes, a lei obriga à manutenção do funcionamento mínimo dos serviços essenciais, prevendo que os trabalhadores em greve sejam responsáveis pela sua continuidade.

Na Alemanha, este objetivo está consagrado nas diretivas emanadas pela Confederação de Sindicatos; na Itália, encontra-se previsto em algumas normas de autorregulamentação da greve; na França, a lei de 31.07.63 visa acautelar os interesses do público através da imposição de aviso prévio e da proibição das greves rotativas; no Reino Unido, recorre-se a medidas de urgência, como a execução de certos serviços pelos militares; no Canadá, a lei prevê a obrigação de retomar o trabalho, remetendo a solução do conflito para a arbitragem.[6]

Em linhas gerais, segundo Fernandes, os regimes jurídicos de regulamentação da greve na função pública e nos serviços essenciais podem dividir-se em três grupos: o primeiro é constituído pelos países em que vigora a proibição do direito ou a limitação acentuada do número dos sujeitos a quem é reconhecida a titularidade do direito (ou liberdade) de greve.

São exemplos a Alemanha, a Suiça, os EUA e os países baixos. Um segundo grupo abrange países como Itália,[7] França, Suécia, Noruega, cujas ordens jurídicas atribuem o direito de greve aos trabalhadores ou agentes daqueles serviços, embora com algumas limitações. Finalmente, há o grupo daqueles ordenamentos (por exemplo, os sistemas inglês ou maltês) que procedem a uma equiparação de princípio entre trabalhadores do setor público e do setor privado e que aplicam a ambos o mesmo regime jurídico, com a ressalva expressa para certas categorias de funcionários, como os membros das forças policiais e das forças armadas.

---

[6] *Op. cit.* p. 81.

[7] Segundo informa Giancarlo Perrone, titular de Direito do Trabalho da Universidade de Roma 2-Tor Vergata, "Na Itália, hoje, não há mais uma regulação diferente da relação de trabalho do serviço público com o Estado. Salvo categorias especiais — juízes, ministério público —, a lei que se aplica ao trabalhador privado e ao público é a mesma. Esta identificação se deu com o Decreto Legislativo n. 165, de 2001. Os servidores podem firmar convenções coletivas (ou contratos coletivos, segundo a nomenclatura italiana), com o Estado, que não dependem de aquiescência ou ratificação do Presidente da República. Para negociar, criou-se as Agência para a Representação Negocial das Administrações Públicas — ARAN — constituída de comitês dos setores da AP e dos sindicatos mais representativos destes setores. A convenção coletiva é redigida e submetida à aprovação do comitê do setor ou do Conselho de Ministros. A seguir é submetida ao Tribunal de Contas que emitirá parecer em 15 dias sobre a compatibilidade do negociado com o orçamento público". Conforme SILVA, Antônio Álvares da. *Greve no serviço público*. São Paulo: LTR, 2008. p. 164.

5 A greve no serviço público no Brasil

Nos regimes anteriores a 1988, os servidores públicos não tinham direito à organização sindical e, por isso, ao exercício do direito de greve.

Essa realidade muda com a Constituição Cidadã de 1988, que passa a assegurar tais direitos, como já vimos (art. 37, incisos VI e VII), que garantem ao servidor público civil o direito à livre associação sindical e *o direito de greve, que será exercido nos termos e limites definidos em lei específica.*

A partir da Constituição de 1988, surgem ao menos duas linhas de entendimento a propósito da extensão do direito de greve dos servidores públicos.

A primeira linha está representada na decisão e no entendimento de que se trata de um direito de eficácia limitada, que por isso, somente poderá ser exercido mediante lei que estabeleça os seus contornos. Nesse sentido, por exemplo, o MI/20-DF, Relator Ministro Celso de Mello, DJU 22.11.1996.

Nessa decisão, reconheceu-se a impossibilidade do exercício da greve antes da edição de lei complementar anunciada no texto constitucional, ainda que o Congresso estivesse em mora para legislar sobre a matéria.

A segunda linha de pensamento afirma que as normas constitucionais que veiculam o direito de greve têm eficácia contida, com incidência imediata, havendo direito de os servidores exercerem a greve, enquanto não aprovada a lei específica, aplicando-se, por analogia, a Lei de Greve (Lei nº 7.783/89). Como já vimos, a citada lei, embora trate da greve em atividades essenciais, contém regulamentação sobre greve em atividades essenciais, aproximando-se do regime dos serviços públicos ao menos no que tange à pretendida solução de continuidade.

Já no Mandado de Injunção nº 712-8,[8] acolheu-se o entendimento de aplicar-se a Lei nº 7.783/89, *no que couber*, aos servidores públicos. Ao conceder o mandado de injunção, houve a regulamentação do art. 37, VII, através do conjunto integrado dos arts. 1º ao 9º, 14, 15 e 17 da Lei nº 7.783/89, com as alterações necessárias ao atendimento das peculiaridades da greve nos serviços públicos, que introduziu-se no art. 3º, parágrafo único, art. 4º, no parágrafo único do art. 7º, no art. 9º, parágrafo único, e no art. 14.

Sobre a matéria e suas implicações no novo regime, consulte-se Antônio Álvares da Silva.[9]

O citado jurista afirma: "Pode-se dividir a negociação no setor público em matéria negociável e não negociável. Não se vai, pela negociação coletiva no serviço, fazer a reforma administrativa nem se mudará a estrutura e a organização do Estado. Isto é tarefa do legislador, num consenso amplo, que só pode ser obtido no plano político.

Mas fazer previsões e ajustes orçamentários, criar comissões mistas de conciliação, envolvendo membros do Congresso Nacional e do Executivo,

---

[8] Mandado de Injunção nº 712-8, Pará, Relator Ministro Eros Grau, Impetrante: Sindicato dos Trabalhadores do Poder Judiciário do Pará, SINJEP, Impetrado: Congresso Nacional.
[9] SILVA, Antônio Álvares da. *Greve no serviço público*. São Paulo: LTR, 2008. p. 133.

referendar por medida provisória a negociação coletiva, observados os limites do art. 62,§1º, da CF, projetar parte do encargo a previsões orçamentárias futuras, negociar previamente a lei prevista no art. 37, X, bem como a revisão geral anual, constituem medidas plenamente factíveis que tornam concreta a negociação coletiva, sem maiores concessões da AP e com grande benefício para o Estado e a sociedade como um todo".[10]

"O presidente da República continua com a competência de criar cargos e estabelecer a remuneração. Mas agora, esta função poderá ser complementada e ampliada em negociação coletiva, quando tiver o mesmo objeto."

"Como a paralisação é parcial, o sindicato está obrigado a apresentar um plano de garantia da prestação mínima de serviço que, segundo a lógica do acórdão, deve sempre existir, ainda que em ritmo menor. Problema difícil, que suscitará dificuldade na prática, será a fixação desta "parcialidade" na prestação dos serviços onde colocar a zona divisória entre o parcial e o insuficiente."

O art. 15, por fim estabelece que "responsabilidade pelos atos praticados, ilícitos ou crimes, cometidos, no curso da greve, será apurada, conforme o caso, segundo a legislação trabalhista, civil ou penal".

É, portanto, importante registrar, que o exercício do direito de greve pode gerar abusos. É dizer, não é porque a greve constitui-se em um direito, que seu exercício não é passível de desborde, de abuso.

Surge assim o abuso do direito de greve, figura que sempre existiu no direito privado e que, evidentemente, pode também ocorrer com a "regulamentação" (como pretendeu o Supremo Tribunal Federal) de seu exercício.

A Lei nº 7.783, de 1989, ao regulamentar o direito de greve, tratou como abuso de direito os atos e fatos que configuram violação frontal de suas regras.

De fato, o art. 14, antes já referido, dispõe:

> Art. 14. Constitui abuso do direito de greve a inobservância das normas contidas na presente lei, bem como a manutenção da paralisação após a celebração de acordo, convenção ou decisão da Justiça do Trabalho.

O abuso do direito de greve, segundo a legislação, pode ocorrer em diversos momentos, a saber: a) quando há descumprimento de formalidade essencial (arts. 3º, parágrafo único, 4º e 13); b) em relação à oportunidade da greve, quando proibida na vigência de convenção ou acordo coletivo, ou, ainda, de sentença normativa da Justiça do Trabalho (art. 14), ou da Justiça Especializada, no caso de servidores, federal ou estadual; c) quanto ao objeto ou pretensão, quando insuscetível de atendimento pelos correspondentes empregadores; d) quanto ao curso da greve (art. 6º; 9º e 11), negar-se o sindicato a firmar acordo para a manutenção de serviços cuja paralisação importe em prejuízo irreparável à empresa ou

---

[10] Ressalte-se que, anteriormente a esse entendimento do STF, o TST entendeu que seria "juridicamente impossível o ajuizamento de dissídio coletivo por ou contra pessoa jurídica de direito público, até mesmo o de greve" (TST, RODC nº 37141-1991, 9ª Região PR – Recurso Ordinário em Dissídio Coletivo decisão de 06/05 1994). Posteriormente vê-se nova postura da Justiça do Trabalho que passa a reconhecer a possibilidade de dissídio coletivo de greve no serviço público estadual da saúde. Nesse sentido, vide o Acórdão nº 2004001257, de 18.05.2004, do TRT da 2ª Região. Hoje o STJ deixou assentado que compete a sua 3ª Seção julgar dissídios coletivos de greve de servidores públicos.

cuja prestação seja indispensável ao atendimento das necessidades inadiáveis da comunidade ou os empregados escalados não prestarem os respectivos serviços; o sindicato ou os grevistas utilizarem meios violentos para aliciar ou persuadir trabalhadores, violar ou constranger direitos e garantias fundamentais de outrem, causar ameaça ou dano a propriedade ou pessoa; e) o sindicato organizar ou os trabalhadores participarem de piquetes obstativos de livre acesso ao trabalho ou de arrastões que retirem do local do trabalho os empregados que não aderiram à greve e/ou ocuparem o estabelecimento.

A responsabilidade trabalhista e a penal são de caráter individual: restringem-se ao autor ou autores do ato.

A responsabilidade civil, no entanto, pode atingir tanto o trabalhador que praticou o ilícito, como o sindicato que o determinou. *A responsabilidade civil emana do ato ilícito e independe de ser a greve abusiva.*

Contudo, a participação no ato ilícito há de ser *ativa*, seja por ação, seja por omissão consciente, por exemplo: negar-se o empregado a participar de turmas de emergência ou não comparecer injustificadamente ao serviço depois de resolvida a greve. Na simples participação *passiva*, como já decidiu o TST, não há falta do trabalhador suscetível de punição (Ac DC-E-1.496/87, Relator Ministro Marco Aurélio de Mello).

6 Da responsabilidade civil por abuso do direito de greve

A greve, como já vimos, enquanto manifestação da pessoa ou da categoria, colocada a serviço dos interesses dos trabalhadores, *sob a condição expressa de que se respeite a liberdade de trabalho e não se comentam atos de violência*, estará a salvo a responsabilidade dos grevistas, posto que permaneceriam tais pessoas, nos limites dos interesses legítimos, que constitui o ponto fundamental de toda a teoria do *abuso de direitos*.

Contudo, se os trabalhadores ultrapassarem os aludidos limites, se recorrem à greve por motivos que ultrapassam a sua natureza profissional, serão responsáveis pelos danos e prejuízos que, por sua culpa, causarem ao empregador lesado.

Como bem ensina Amauri Mascaro Nascimento,[11] pode-se asseverar que as ações ou omissões que venham a contrariar o conceito de greve, deste se distanciando, são abusivas e bastam para retirar do movimento a legitimidade que lhe é constitucionalmente conferida, gerando, por decorrência disso, a possibilidade de responsabilização.

Razoável afirmar-se que as condutas eventualmente verificadas e que não se achem adequadas aos fins e função do movimento paredista, desnaturando-o e afrontando os limites do razoável, configuram o exercício abusivo do direito, gerando, em decorrência disso, a produção de um ato ilícito com repercussão nas diversas esferas e que, acarretando dano, enseja o dever de reparação respectiva.

---

[11] *Direito sindical*. São Paulo: Saraiva, 1989. p. 394.

O TST já decidiu há algum tempo:

> A greve abusiva, pode acarretar a responsabilidade civil de quem a decretou e dirigiu, quando nada por omissão voluntária ou imprudência ou pelo exercício irregular do direito de greve. Assim se conciliam a Constituição e o Código Civil, não se parecendo sequer sensato supor que a lei Civil fosse inaplicável aos mesmos abusos na esfera trabalhista. (AC. Proc. N. DC-10.566/90, DJU 22.8.1990)

A constatação dos excessos cometidos caracteriza conduta abusiva e, portanto, afronta ao direito de greve, equivalendo ao ato ilícito.

Tal conduta repercute na esfera civil, tornando certo o dever de reparar todos os danos que em decorrência dos excessos cometidos se tenham verificado.

Recorde-se que o art. 186 do Código Civil estabelece em relação aos atos ilícitos que "aquele que, por ação ou omissão voluntária, negligência ou imprudência, violar direito e causar dano a outrem, ainda que exclusivamente moral, comete ato ilícito". Também comete ato ilícito o titular de um direito que, ao exercê-lo, excede manifestamente os limites impostos pelo seu fim econômico ou social, pela boa-fé ou pelos bons costumes (CC, art. 187).

O acordão a seguir, do Tribunal de Justiça de São Paulo, é bem interessante e, por isso, merece ser integralmente transcrito:

ACÓRDÃO

Danos decorrentes de reunião prevista no art. 5º, XVI, da CF — O sindicato que promove reunião de filiados e simpatizantes sem expedir o aviso prévio que permita à Administração controlar o trânsito afetado por movimento de percurso móvel e que atinge região de intenso tráfego e no horário mais agudo da circulação viária, responde pelos prejuízos decorrentes do gigantesco congestionamento e que perturba, indistintamente, milhares de pessoas, competindo compensar, inclusive, os danos morais [difusos] — Provimento, em parte, apenas para reduzir o *quantum* do dano moral para R$ 906.428,04, em atenção ao art. 944, do CC, apesar dos antecedentes.

Vistos, relatados e discutidos estes autos de APELAÇÃO Nº 570.835-4/8, da Comarca de SÃO PAULO, sendo apelante SINDICATO DOS PROFESSORES DO ENSINO OFICIAL DO ESTADO DE SÃO PAULO [E OUTRO] e apelado MINISTÉRIO PÚBLICO DO ESTADO DE SÃO PAULO. ACORDAM, em Quarta Câmara de Direito Privado, do Tribunal de Justiça do Estado de São Paulo, por votação unânime, dar provimento, em parte, ao recurso.

Reconhece a CF, no art. 5º, XVI, configurar a reunião pacífica [sem armas] de pessoas como exercício fundamental da democracia, o que conduziu a sua estimulação mediante uma única exigência: aviso prévio à autoridade competente. A providência que se reclama não é um item burocrático, mas, sim, controle da cidadania, pois, da mesma forma que a reunião conjuga interesses dos que se reúnem, as demais pessoas que dela não participam são dignas de tutelas preventivas para resguardo de seus direitos básicos fundamentais, como o de segurança e circulação adequada "O aviso prévio, afinal, enseja que a Administração adote as medidas necessárias para a realização da manifestação, viabilizando, na prática, o direito. Cabe aos Poderes Públicos aparelhar-se para que outros bens jurídicos, igualmente merecedores de tutela, venham a ser protegidos e conciliados com a anunciada pretensão de o grupo se reunir. Assim, por exemplo, a Administração deverá, sendo o caso, dispor sobre medidas necessárias para assegurar o tráfego de pessoas e de veículos no espaço marcado para a reunião, bem assim cuidar dos aspectos de segurança pública. Em casos extremos, admite a doutrina que o perigo para o direito de propriedade possa conduzir a Administração a se opor a reunião — mas isso apenas em circunstâncias excepcionais, em que o Poder Público não tenha como, materialmente, proteger a contento outros bens constitucionalmente valiosos — hipótese de difícil ocorrência e que não cabe nunca ser presumida, devendo ser comprovadamente demonstrada". Não se emitiu o aviso prévio, e isso é um fato induvidoso, exatamente porque os requeridos deveriam provar que expediram, com antecedência, o comunicado, sendo que inexistem razões para a omissão, sabido que o aviso não é uma restrição do direito, mas, sim, "mera comunicação". Como os requeridos não produziram prova, o art. 333, II, do CPC, não os favorece, mas, sim, compromete a defesa que esboçaram e que sugere uma provável imprevisibilidade do movimento. Ocorre que as regras de experiência [art. 335, do CPC] autorizam concluir que uma gigantesca manifestação de percurso móvel, com tomada de ruas e avenidas, não acontece por acaso ou de improviso, sendo indispensável uma disciplinada e eficiente organização, sem a qual fracassa qualquer intuito de aglutinação de pessoas para defesa de interesses de uma categoria, ainda que com embalo de carros de som. Aliás, o fato de a APEOSP ter contratado o caminhão que recebeu multa [fl. 77] para a manifestação na Av. Paulista, no dia 5.10.2005, derruba todos os argumentos deduzidos pelos apelantes, por indicar que a reunião foi agendada e preparada com antecedência e com estrutura para resultado positivo. Faltou, sem dúvida alguma, apenas emitir o prévio aviso exigido pela Constituição Federal. O aviso é uma comunicação obrigatória para que a Administração não seja surpreendida com o deslocamento do grupo e a passeata de significativas proporções, como essa deflagrada pela APEOESP, sob o comando do co-requerido, cuja potencialidade é capaz de asfixiar as chances de fluidez do caótico trânsito da capital paulista e que sente, em determinados horários, o peso da circulação da expressiva frota de veículos.

Foi o que se sucedeu no dia 5.10.2005, para desespero de milhares de pessoas, cujos direitos foram inferiorizados ou ignorados pelos professores reunidos. A região ocupada pelo movimento abriga importantes sítios de atendimentos médicos e, sitiada como ficou, naturalmente prejudicou deslocamentos emergenciais, o que constitui apenas um ponto a ser destacado sobre o perigo social que representa uma situação em que a administração perde o controle do tráfego urbano. Não cabe discutir sobre as sanções cabíveis para a omissão, sendo legítima a cominação de sanções administrativas e mesmo penais e urge indagar: é permitido aplicar os princípios da responsabilidade civil para compor danos materiais e morais?

Afirmativa será a resposta. Caracterizada está a lesão ao patrimônio de outros titulares de direitos, por uma omissão inexplicável dos requeridos. O aviso prévio foi alçado ao meio de interligação das autoridades e se transformou em medida essencial para que os direitos das demais pessoas sejam resguardados ou minimamente tutelados diante dos efeitos da reunião lícita, de modo que a sua falta constitui a causa da ausência do Poder Público na organização do trânsito nas ruas e avenidas afetadas e bloqueadas pelo movimento. Evidente que a responsabilidade diante do dano decorrente do congestionamento e que prejudica o cotidiano de milhares de pessoas, tanto no espírito como no aspecto material, recai no promotor do mega evento e que se destacou pela negligência quanto ao dever de avisar a Administração para que o trânsito fosse organizado, com desvios e manobras contemporizadoras do engarrafamento Os apelantes já experimentaram concretas e específicas reprovações por práticas anteriores Acórdãos do TJ-SP proferidos nas Apelações 129.040-4/8 e 320.859.4/8 — fl. 144/157 e não lhes favorece a atenuação que se concede aos novatos ou iniciantes, de modo que a antijuridicidade da reunião, diante do interesse das demais pessoas, é algo que causa perplexidade. O caos se instalou pela desafiadora conduta, e isso não poderá ficar impune, como se fosse permitido realizar reuniões sem observar os direitos dos demais cidadãos que, de forma pacífica, igualmente se deslocam para exercício de prerrogativas sociais e sofrem graves e lesivas restrições. A Constituição Federal não poderia conceder o privilégio de permitir reunião sem sanções aos abusos e ilícitos cometidos, tal como anotam CANOTILHO e VITAL MOREIRA [*Constituição da República Portuguesa*, edição conjunta da RT e Coimbra Editora, 1ª edição, 2007, vol. I, p. 641] ao comentar o art. 45 da Carta deles e que possui redação semelhante ao nosso texto: "Em contrapartida [à liberdade], não existe qualquer privilégio ou imunidade de reunião ou de manifestação, pelo que as infrações ocorridas durante ou no decurso delas (v.g., danos, injúrias, etc.) ficam sujeitas às regras da responsabilidade civil e penal".

Os apelantes argumentam não ter o Ministério Público legitimidade ativa *ad causam*, o que constitui tese equivocada diante do que consta do art. 1º, caput, VI, da Lei 7347/85, arts. 81, I, 82, I e 6º, VII, da Lei 8078/90 e 127, caput, da Constituição Federal. Há, sem dúvida, o que se pode qualificar de dano moral difuso diante do rebaixamento do nível da qualidade de vida da população e que atingiu um número indeterminado, embora específico, de pessoas, sendo inadmissível supor que alguém preso na armadilha do trânsito confuso e bloqueado pudesse não ter sofrido um malefício indenizável e que é bem diferente do conceito de dissabores cotidianos, o qual sabidamente não se indeniza. A evolução da responsabilidade civil não está sustentada única e exclusivamente na luta pela reparação do dano injusto e consistiu no aperfeiçoamento de técnicas que alcancem situações emblemáticas nas quais o responsável pelos prejuízos procura se livrar dos incômodos que causa por uma suposta falta de determinação do prejuízo concreto. As práticas contrárias ao meio ambiente [de um rio] e condutas poluidoras [visuais ou sonoras] produzem dano moral coletivo ou difuso, o que permite equipará-las com a reunião, que ocorre sem aviso e que, por isso, produz congestionamento lesivo. No caso ocorreu dano difuso porque atingiu a todos e a ninguém em particular, embaraçando, com acentuado grau de nocividade, o direito garantido pelo art. 5º, XV, da CF. O que caracteriza o direito difuso é justamente a indisponibilidade; o interesse diluiu-se por todos, e uma pessoa não poderia dele fruir isoladamente. O que é relevante para definir a ocorrência de um dano difuso consiste na identificação da essência da lesão que atingiu a todos, indistintamente, conforme explica MATILDE ZAVALA DE GONZÁLES [*Actuaciones por danos*, Buenos Aires, Hammurabi, 2004, p. 99]: "El perjuicio coletivo es único, aunque expandido entre los sujetos, a los cuales Nega indivisiblemente, por Ia inserción en ei contexto lesivo: padecer sida, habitar en un cierto lugar, pertenecer a una determinada raza o nacionalidade, ejercer una específica función o actividad profesional". Sobre os danos materiais pouco há para escrever como referendum do que se decidiu em Primeiro Grau, pois o quantum foi estabelecido diante de critério técnico confiável sobre a presumida influência desastrosa do congestionamento e da durabilidade das agruras do trânsito bloqueado. O dano moral, no entanto, foi superestimado pela digna Juíza de Direito, o que comporta diminuição, apesar de se essa a terceira vez que o Judiciário emite sentença responsabilizando a APEOSP por reuniões não comunicadas. O décuplo do valor dos danos materiais representa um arbitramento que se fecha com um valor exorbitante [R$ 3.021.426,80], de sorte que opta a Turma por definir como adequado ao quantum do dano moral o triplo do dano material, ou seja, R$906.428,04, lembrando que a cifra é mensurada de acordo com os critérios do art. 944, do CC e da necessidade de se agravar a indenização para que a sentença cumpra outra de sua função importante, qual seja, a "dissuasão de comportamentos incorretos e danosos" GENEVIÉVE VINEY, "As tendências atuais do direito da responsabilidade civil", tradução de Paulo Cezar de Mello, in *Direito Civil Contemporâneo*, organizado por Gustavo Tepedino, Atlas, 2008, p. 54]. Não seria producente para o processo civil de resultados fixar valor de menor expressão, porque a APEOSP não alterou a conduta, apesar das duas outras condenações, revelando uma recalcitrância que somente arrefecerá respondendo à altura de sua obsessiva intenção de causar danos difusos e coletivos, ainda que pretextando defender os interesses da categoria. A pessoa física, como devedor solidário, responde igualmente, até porque não provou ter realizado atos administrativos que pudessem aliviar o grau de sua responsabilidade.

Anote-se, por fim, ter a r. sentença destinado a verba, nos termos do art. 13, da Lei 7347/85, ao departamento que gerencia o fundo dos recursos obtidos com condenações semelhantes e que reverterão em prol da coletividade.

Quanto ao fator publicação da sentença, a Turma Julgadora considera adequado fazê-lo, desde que se publique ou na Folha de São Paulo ou no Estado de São Paulo, dois jornais de grande circulação, um extrato contendo os fatos, a identidade dos responsáveis e as indenizações fixadas, a exemplo do que sucede na Lei de Imprensa de Portugal [art. 34, da Lei 2/99], cujo objetivo é o de esclarecer à coletividade o Poder Público ter tutelado os direitos difusos atingidos. Desde já se advirta que a publicação deve sair com colunas e relevos gráficos importantes, merecendo primeira página, obrigação a ser cumprida em seguida à intimação do Acórdão, sob pena de multa diária de R$ 10.000,00 [dez mil reais], tal como estabelecido na r. sentença. Isso posto, dá-se provimento, em parte, apenas para reduzir o dano moral para R$ 906.428,04, mantida, no mais, a r. sentença, inclusive a publicação de extrato da situação processual, uma única vez, com multa diária pela resistência. O julgamento teve a participação dos Desembargadores MAIA DA CUNHA e TEIXEIRA LEITE. São Paulo, 25 de junho de 2009. ENIO SANTARELLI ZULIANI-Presidente e Relator

7 Da responsabilidade civil do Estado

Por meio da responsabilidade civil se procura pôr fim à situação criada por uma conduta contrária à ordem jurídica que tenha causado um dano e produzir ou restabelecer uma situação conforme ao direito.

No caso da responsabilidade civil do Estado, verifica-se, ao longo da história, sua paulatina ampliação decorrente das mudanças nas formas de exercício das atividades do Poder Público e no relacionamento deste com a sociedade, bem como no grau de intervenção nesta última.

O Brasil, ao lado da Espanha, é um dos poucos países que consagram uma responsabilidade objetiva e geral do Estado.

Como relata Alexandre Aragão,[12] na França, a regra é a responsabilidade do Estado por culpa, ainda que às vezes presumida em bens ou atividades de risco; na Itália, a responsabilidade do Estado é, em princípio, relacionada com a do servidor, havendo, inclusive, controvérsias quanto à possibilidade de se acionar diretamente o Estado; na Alemanha, fora dos casos de sacrifício legítimo que implique em indenização e responsabilidade dos entes públicos, que a assumem; e na Inglaterra a Coroa só é responsável se o servidor, pessoalmente, também o for.

Como é de sabença geral, a responsabilidade civil extracontratual do Estado é tratada no capítulo dedicado à Administração Pública, no §6º do art. 37 da Constituição de 1988, que determina:

> as pessoas jurídicas de direito público e as de direito privado prestadoras de serviços públicos responderão pelos danos que seus agentes, nessa qualidade, causarem a terceiros, assegurado o direito de regresso contra o responsável nos casos de dolo ou culpa.

Prevalece na doutrina e na jurisprudência o entendimento de que tal responsabilidade é objetiva, dispensando o exame da culpa ou do dolo dos agentes públicos. Deve ser perquirida somente a existência dos seguintes requisitos: a) um dano; b) uma atuação imputável a um agente público; c) nexo de causalidade entre a atuação e o dano. O fundamento de tal responsabilidade é o chamado *risco administrativo*, sendo nítida a influência da obra de Léon Duguit.

Weida Zancaner[13] ensina que

> todas as vezes que o Estado, ou quem lhe faça as vezes, por ação ou omissão, quando da prestação de serviços públicos causar aos administrados um dano antijurídico, ou quando o dano antijurídico for proveniente da ausência desses serviços, isto é, mesmo quando não instituídos, nos casos em que teria sido obrigatório instituí-los.
>
> (...) que os concessionários de serviços e obras públicas responderão direta e objetivamente pelos danos causados em razão da prestação do serviço ou da

---
[12] Os fundamentos da responsabilidade civil do Estado. *RDA*, v. 236, p. 263 *et seq.*
[13] Responsabilidade do Estado, serviço público e os direitos dos usuários. *In*: FREITAS, Juarez (Org.). *Responsabilidade civil do Estado*. São Paulo: Malheiros, 2006, p. 337 *et seq.*

obra, tanto por atos comissivos como por atos omissivos, ilícitos ou lícitos, tal qual responderia o Estado se fosse o prestador do serviço ou executor da obra.

Não há dúvida de que o usuário do serviço público é detentor de um direito de receber um serviço público adequado.[14] Desse modo, caso o exercício do direito de greve afete o bom funcionamento dos serviços públicos, resta clara a responsabilização de quem prestou mal ou inadequadamente o serviço.

O usuário do serviço público que sofreu um dano, causado pelo prestador do serviço, não precisa comprovar a culpa deste. Ao prestador do serviço é que compete, para o fim de mitigar ou elidir a sua responsabilidade, provar que o usuário procedeu com culpa, culpa em sentido lato.

Se a concessionária, ao prestar seus serviços, ocasiona dano a alguém, devida será a indenização, independentemente de a vítima ser usuária ou terceiro não usuário.

Assim, parece claro que se houver uma greve que cause dano ao usuário ou terceiro, haverá a obrigação de indenizar o usuário ou quem utilize o serviço público.[15]

Normalmente, nos serviços públicos concedidos o risco da prestação já está inclusive calculado e inserido nas propostas dos licitantes e do vencedor contratado.

Evidentemente, se a greve for causada pelo Estado ou por seus agentes diretamente, aplica-se a regra do art. 37, §6º, não havendo qualquer ponto polêmico a esclarecer.

É importante recordar que uma greve, ainda que legítima e deflagrada de acordo com o devido processo legal, pode, evidentemente, causar danos a terceiros, danos anormais.

Imaginemos determinada greve no serviço metroviário em uma cidade caótica como São Paulo. Milhões de pessoas seriam afetadas por esse movimento paredista. Cumpre então indagar se todas as providências legais foram tomadas. Se a greve cumpriu todos os requisitos legais para o seu exercício.

Houve abuso no exercício desse direito?

Ainda que a resposta seja negativa, o movimento afetou a regularidade do serviço público prestado, causando um dano concreto na vida, no cotidiano do indivíduo?

Como sabemos, o dano compreende a violação a uma situação juridicamente protegida, que tanto pode ocorrer por atuação lícita como ilícita da Administração, material ou jurídica. O dano deve ser certo, compreendendo eventualmente os danos morais.

---

[14] Diogo de Figueiredo Moreira Neto elenca oito princípios vetores do serviço público: a generalidade, a continuidade, a regularidade, a eficiência, a atualidade, a segurança, a cortesia e a modicidade (*Curso de direito administrativo*. 14. ed. Rio de Janeiro: Forense, 2005).

[15] Juan Carlos Cassagne, a respeito da responsabilidad patrimonial do Estado em caso de omissão, afirma: "La clave para establecer la responsabilidad estatal por un acto omisivo se encuentra en la configuración de la falta de servicio, concebida ésta como una omisión antijurídica que se produce en la medida en que sea razonable y posible esperar que el Estado actúe en determinado sentido para evitar daños en las personas o en los bienes de los particulares. La omisión antijurídica se genera por el incumplimiento de una obligación legal expresa o implícita y no de un deber genérico o difuso" (*Derecho administrativo*. 7. ed. Lexis Nexis Abeledo Perrot, 2001. t. I. p. 565).

A greve, lícita ou ilícita, caso afete um grupo de pessoas, os usuários do serviço público, há de gerar o consequente dever de indenizar pelos incômodos anormais sofridos.

Vejamos algumas decisões do Supremo Tribunal Federal, sobre o tema:

> Responsabilidade Civil do Estado. Acidente. Óbito. Servidor Público. Ausência do Dever de Cuidar. Pensão. Dano Moral.
>
> (*omissis*)
>
> 7. Nos termos do §6, do art. 37 da CF, as pessoas de direito jurídicas de direito público, e as de direito privado prestadoras de serviço público, responderão pelos danos que seus agentes, nessa qualidade, causarem a terceiro, assegurando o direito de regresso contra o responsável nos casos de dolo ou culpa.
>
> 8. Assim, cabe estabelecer, de início, algumas premissas, em torno da responsabilidade civil do Poder Público, para esta hipótese.
>
> 9. A Suprema Corte tem estabelecido os seguintes requisitos, para a configuração da mesma, a saber: a) o dano; b) ação administrativa; c)e o respectivo nexo causal; esclarecendo que a mesma pode ser excluída, total ou parcialmente por culpa da vítima (STF, RE 178806, DJ 30/6/95); bem como pelo caso fortuito, ou força maior (STF, RE 109615, DJ 2/8/96), ou por fato de terceiros ou da natureza (STJ, Resp 44500, DJ 9/9/02).
>
> 10. Por outra banda, a meu juízo, não obstante as dissensões jurisprudenciais e doutrinárias (STF, RE 258726, DJ, 14/6/02), entendo que subsiste a responsabilidade objetiva, em se tratando de conduta omissiva (STF, RE 109615, DJ 2/8/96) pelo princípio da efetividade máxima das normas constitucionais (STF, ADIN 2596, DJ 27/9/02), devendo esta ser apurada pela existência de um dever jurídico (STF, RE 372472, DJ 28/11/03) e, pela observância deste, nas circunstâncias fáticas, por um critério de razoabilidade (STF, RE 215981, DJ 31/5/02), inadmitindo-se a designada omissão genérica (STF, AG. Rg.AG 350.074, DJ 3/05/02).
>
> 11. Por derradeiro, há que se vislumbrar um nexo etiológico entre a conduta, e o dano experimentado (STF, RE 172025, DJ 19/12/96), sem o qual, não obstante a presença daqueles, inviabiliza-se o reconhecimento indenizatório (STF, Resp 44500, DJ 9/9/02).
>
> 12. Nessa ordem de idéias, mesmo que oriunda de, eventual, conduta lícita, o Poder Público responde pelos danos causados a terceiros, a teor do princípio dos ônus e encargos sociais (STF, RE 116685, DJ 7/10/02), tendo restado demonstrado ausência do dever de cuidado do mesmo, segundo fundamentação do decisum, amparado no conjunto de provas. (AI 697712-RJ, Relator Ministro Marco Aurélio, Julgado em 3/06/2009).

> Responsabilidade Civil do Estado. Morte de Passageiro em acidente de aviação : caracterização. 1. Lavra dissenção doutrinária e pretoriana acerca dos pressupostos da responsabilidade civil do Estado por omissão (cf.RE 257.761), e da dificuldade muitas vezes acarretada à sua caracterização, quando oriunda de deficiências do funcionamento de serviços de polícia administrativa, a exemplo dos confiados ao DAC, relativamente ao estado de manutenção das aeronaves das empresas concessionárias do transporte aéreo. 2. No caso, porém o acórdão recorrido não cogitou de imputar ao DAC a omissão no cumprimento de um suposto dever de inspecionar todas as aeronaves no momento antecedente à decolagem de cada

vôo, que razoavelmente se afirma de cumprimento tecnicamente inviável: o que se verificou, segundo o relatório do próprio DAC, foi um estado de tal modo aterrador do aparelho que bastava a denunciar a omissão culposa dos deveres mínimos de fiscalização. 3. De qualquer sorte, há no episódio uma circunstância incontroversa, que dispensa a indagação acerca da falta de fiscalização preventiva, minimamente exigível, do equipamento: é estar a aeronave, quando do acidente, sob o comando de um "checador" da Aeronáutica, à deficiência de cujo treinamento adequado se deveu, segundo a instância ordinária, o retardamento das medidas adequadas à emergência surgida na decolagem, que poderiam ter evitado o resultado fatal. (RE 258726-AL- Relator Min. Sepúlveda Pertence. Julgado em 14/05/2002).

Acreditamos que foi possível responder ao longo deste trabalho à questão inicial a que nos propomos.

Informação bibliográfica deste texto, conforme a NBR 6023:2002 da Associação Brasileira de Normas Técnicas (ABNT):

FIGUEIREDO, Marcelo. A greve e os serviços públicos: da proibição ao exercício de um direito com responsabilidade. *In*: BERTOLDI, Márcia Rodrigues; OLIVEIRA, Kátia Cristine Santos de (Coord.). *Direitos fundamentais em construção*: estudos em homenagem ao ministro Carlos Ayres Britto. Belo Horizonte: Fórum, 2010. p. 157-174. ISBN 978-85-7700-367-9.

Justiça de Transição e Direitos Culturais

Inês Virgínia Prado Soares

Sumário: 1 Considerações iniciais: a ligação entre justiça de transição e bens culturais – **2** Justiça de transição: contextualização no sistema de justiça brasileiro – **2.1** Justiça de transição: conceito – **2.2** A justiça de transição e a Constituição brasileira – **2.3** Direitos culturais, Constituição e democracia – **3** Justiça de transição e bens culturais – **3.1** O modelo brasileiro de justiça de transição – **3.2** Diretrizes constitucionais para a política de proteção de bens culturais ligados à justiça de transição – **3.3** As iniciativas do Estado brasileiro da justiça de transição sob a vertente dos direitos culturais – **4** Os bens e instrumentos culturais aptos à justiça de transição – **4.1** A arqueologia forense – **4.2** Os documentos dos órgãos repressivos que servem à memória e à revelação da verdade – **4.3** Memoriais – **5** Conclusões

Este artigo é dedicado a Maria Amélia Campos Ferreira,
Aluna da UFS e futura (brilhante) advogada.

1 Considerações iniciais: a ligação entre justiça de transição e bens culturais

Como outros países que passaram por um regime autoritário em período recente, o Brasil tem presente na sua atual agenda brasileira de direitos humanos a discussão de como lidar com o legado de violência deixado pela ditadura militar (1964-1985). A justiça de transição é o termo acadêmico que surge nas décadas de 1980 a 1990 para designar o conjunto de abordagens, mecanismos (judiciais e não judiciais) e estratégias adotados por cada país para enfrentar o passado de violência em massa do passado, para atribuir responsabilidades, para exigir a efetividade do direito à memória e à verdade e para fortalecer as instituições com valores democráticos (não repetição das atrocidades).[1]

Sob a ótica da necessidade de reparação das vítimas e atendimento de suas expectativas, a justiça de transição tem parâmetros, estandartes e enfoques comuns que a identificam como instituto típico da passagem de um período de graves violações dos direitos humanos para outro, cuja expectativa é de paz e de

---

[1] UN Security Council, The Rule of Law and Transitional Justice in Conflict and post-Conflict Societies. Report Secretary-General, S/2004/616, 23 august 2004, Transitional Justice, parágrafo 8, p. 4.

consolidação de valores democráticos. Os objetivos da justiça de transição giram em torno do reconhecimento das vítimas, do fortalecimento da confiança cívica e do comprometimento do Estado Democrático de Direito com a efetividade dos direitos fundamentais.[2]

Na perspectiva dos direitos das vítimas e da coletividade à reparação (simbólica, medidas de satisfação e garantias de não repetição), as iniciativas mais adequadas são: a criação de memoriais; o estabelecimento de datas comemorativas em homenagem às vítimas; a abertura dos arquivos do período da ditadura pelos órgãos de repressão; a revelação da verdade pelo Estado e agentes públicos; o funcionamento de comissão de verdade; o pedido de perdão às vítimas pelo Estado; a realização de audiências públicas para discussão de temas relacionados com a justiça de transição; e a realização de projetos artísticos, acadêmicos, etc., sobre o tema (com financiamento público ou de organismos internacionais); entre outras.

Se a ligação entre os temas ainda é pouco pesquisada na democracia atual (como assunto da justiça de transição), o regime autoritário demonstrou perceber a importância dos bens culturais no contexto ditatorial: seja pela imponência dos monumentos erguidos na época ditatorial, com homenagens aos governantes e agentes públicos (nomes dos prédios, colocação de retratos e bustos, etc.); seja pela censura às diversas formas de expressão (e aos bens culturais imateriais); ou, ainda, seja pela prática de desaparecimento dos corpos dos presos políticos (com o impedimento do cumprimento do ritual funerário pela família), para citar alguns exemplos.

Enfim: no cenário do autoritarismo, os bens culturais também serviram de apoio à sociedade civil no enfrentamento às violações aos direitos fundamentais, dando-lhes uma repercussão pública. Temos muitos exemplos no campo das artes, em diversos movimentos que conseguiram driblar a censura vigente. Ou mesmo na produção artística encaminhada para o exterior para denunciar as atrocidades praticadas pela ditadura militar. Dentre os muitos exemplos, a repercussão da tortura e morte do jornalista Vladimir Herzog, em 1975, dentro do Departamento de Operações Internas do II Exército, pode ser mencionada como uma forte expressão do direito cultural ao cumprimento do rito fúnebre, já que diante do assassinato de Herzog um dos efeitos mais concretos na luta pela verdade se deu com a recusa da versão oficial de sua morte: suicídio por enforcamento. A família e os amigos consideraram que Vladimir Herzog foi assassinado e seu corpo foi sepultado ao lado dos demais mortos, bem longe dos jazigos destinados aos suicidas (como na cultura judaica há uma ala isolada para sepultamento dos suicidas, caso se aceitasse a versão de que Herzog havia se matado, o ritual judaico na cerimônia fúnebre, especificamente no seu enterro, teria sido diferente).

---

[2] Sobre as medidas da justice de transição e ligação com o desenvolvimento, ver: DE GREIFF, Pablo. Articulating the Links Between Transitional Justice and Development: Justice and Social Integration, in Transitional Justice and development: *making connections,* edited by Pablo de Greiff and Roger Duthie, International Center for Transitional Justice, Social Science Research Council, 2009, p. 28-75.

No entanto, vale ressaltar que esse capítulo não fixará sua análise no passado violento e na proteção jurídica de bens culturais produzidos ou valorizados na ditadura militar. Ao contrário: o presente texto abordará pontos de contato entre os bens culturais e seus mecanismos de tutela aptos a valorizarem a democracia e, portanto, a contribuírem para o caso brasileiro de justiça de transição.

Como o leitor observará, o texto apresentará caminhos dentro do sistema de proteção dos bens culturais que podem ser utilizados para revelação da verdade e para a construção de uma memória coletiva. Não há uma novidade nesse texto! Mas uma proposta inovadora: de usar nossos conhecidos bens e instrumentos culturais para reparar simbolicamente as vítimas da ditadura militar brasileira.

2 Justiça de transição: contextualização no sistema de justiça brasileiro

2.1 Justiça de transição: conceito

A justiça de transição é conceituada como o conjunto de abordagens, mecanismos (judiciais e não judiciais) e estratégias para enfrentar o legado de violência em massa do passado, para atribuir responsabilidades, para exigir a efetividade do direito à memória e à verdade, para fortalecer as instituições com valores democráticos e garantir a não repetição das atrocidades.[3]

Influenciada pelas experiências que se desenvolveram após a segunda metade do século XX[4] em diversos Estados (africanos, latino-americanos, asiáticos e europeus),[5] a concepção de justiça de transição como um novo campo multidisciplinar baseado nos pilares de justiça, verdade, reparação e reformulação das instituições é consolidada no final dos anos 80 e princípio dos anos 90 como resposta às mudanças políticas e às demandas por justiça e verdade.[6] Sob a ótica da necessidade de reparação das vítimas e atendimento de suas expectativas, a justiça de transição foi diretamente influenciada pela atuação das organizações de direitos humanos e pela normativa internacional (legislação de direitos humanos e legislação humanitária).

---

[3] UN Security Council, The rule of Law and Transitional Justice in Conflict and Post-Conflict Societies. Report Secretary-General, S/2004/616, 23 august 2004, Transitional Justice, parágrafo 8, p. 4.

[4] Para compreensão da evolução da justiça de transição e seus caminhos, fatores e elementos, ver: ELSTER, Jon, *Rendición de cuentas*. La justicia transicional en perspectiva histórica. Trad. E. Zaidenwerg. Buenos Aires: Katz Editores, 2006. Elster destaca que em Atenas, na época de Aristóteles (411 e 403 a. C.) já existia um exercício de acerto de contas que se assemelhava com a concepção atual de justiça de transição (os atenienses chamaram de contas com os autoritários inimigos da democracia), no entanto, como ressalta Hernando Villa, esse episódio histórico, assim como a restauração da monarquia na França Napoleônica (1814 e 1815), são peculiares e, por sua antiguidade, não podem ser invocados como precedentes da justiça de transição que conhecemos hoje (VALENCIA VILLA, Hernando. Introducción a la justicia transicional. *Claves de Razón Práctica*, Madrid, n. 180, p. 76 a 82, mar. 2008. Disponível em: <http://escolapau.uab.cat/img/programas/derecho/justicia/seminariojt/tex03.pdf>. Acesso em: 01. abr. 2010).

[5] Como aponta Hernando Villa, esses países viveram "complexos e desafiantes processos de transição política para a democracia e a paz, e experimentaram diversas fórmulas para combinar verdade, memória, castigo, depuração, reparação, reconciliação, perdão e esquecimento em um esforço inédito para lidar com seu próprio passado de barbárie e impunidade, honrar as vítimas da injustiça política e estabelecer ou restabelecer um constitucionalismo maios ou menos funcional" (VALENCIA VILLA, Hernando, *op. cit.*).

[6] Conforme definição de justiça de transição disponível no site: <http://ictj.org/en/tj/#1> (What is Transitional Justice).

A literatura de direitos humanos fornece parâmetros, estandartes e enfoques comuns que identificam a justiça de transição como instituto típico da passagem de um regime político (no qual houve graves violações dos direitos humanos) para outro, cuja expectativa é de paz e de consolidação de valores democráticos.[7] Os objetivos da justiça de transição giram em torno do reconhecimento das vítimas, do fortalecimento da confiança cívica e do comprometimento do Estado Democrático de Direito com a efetividade dos direitos fundamentais.[8]

A base teórica da justiça de transição é construída a partir das experiências concretas e as análises são voltadas para as medidas concretas adotadas em relação à prestação de contas sobre as atrocidades praticadas (*accountability*), à estabilidade, à reforma institucional e à democratização.[9] Portanto, se antes o importante era discutir se caberia ao Estado cumprir ou não as obrigações da justiça de transição, hoje o desafio colocado, inclusive para o Brasil, é o de refletir como cumprir as suas obrigações e quais as melhores estratégias e mecanismos.[10]

De modo sistemático, na justiça de transição há pelo menos quatro obrigações do Estado: a) adotar medidas para prevenir violações de direitos humanos, inclusive com a reforma das instituições (garantias de não repetição); b) oferecer mecanismos e instrumentos que permitam a elucidação de situações de violência e revelação da verdade; c) dispor de um aparato legal que possibilite a responsabilização dos agentes que tenham praticado as violações, especialmente a persecução penal; e d) garantir a reparação das vítimas, por meio de ações que visem reparação material e simbólica.[11]

Ao mesmo tempo em que o Estado e a sociedade devem eleger as maneiras de tratar do assunto no âmbito doméstico, existem obrigações que devem ser cumpridas nesse processo com a finalidade de proporcionar e efetivar direitos ligados à verdade, à reparação e à justiça, que são os três feixes da justiça de transição. Os estudiosos e os operadores do Direito no Brasil concordam com a vinculação do Estado brasileiro ao cumprimento das obrigações assumidas perante a comunidade internacional. Por isso, é também aceito que as obrigações em relação à justiça de transição são obrigações decorrentes dos direitos humanos, cabendo ao Brasil cumpri-las na medida de suas possibilidades e de sua boa-fé.[12]

Portanto, se antes o importante era discutir se caberia ao Estado cumprir ou não as obrigações da justiça de transição, hoje o desafio colocado, inclusive para o Brasil, é o de refletir como cumprir as suas obrigações e quais as melhores

---

[7] Nesse sentido, ver MEZAROBBA, Glenda. De que se fala, quando se diz "Justiça de Transição"?. São Paulo, *BIB*, n. 67, p. 111-122, 1º semestre de 2009.

[8] Sobre as medidas da justice de transição e ligação com o desenvolvimento, ver: DE GREIFF, Pablo. Articulating the Links Between Transitional Justice and Development: Justice and Social Integration, in Transitional Justice and development: *making connections*, edited by Pablo de Greiff and Roger Duthie, International Center for Transitional Justice, Social Science Research Council, 2009, p. 28-75.

[9] SRIRAM, Chandra Lekha. Transitional Justice Comes of Age: Enduring Lessons and Challenges. *Berkeley Journal of International Law*, 23(2), p. 506, 2005.

[10] NAGY, Rosemary. Transitional Justice as Global Project: Critical Reflections. *Third World Quarterly*, 29(2), p. 276, 2008.

[11] Conforme BICKFORD, Louis. Transitional Justice. *The Encyclopedia of Genocide and Crimes against Humanity*. Ed. Dinah Shelton. Detroit: Macmillan Reference USA, 2004. v. 3. p. 1045-1047. Ver também: Caso Velásquez Rodríguez v. Honduras, Corte Interamericana de Direitos Humanos, 1988.

[12] MÉNDEZ, Juan E. El derecho a la verdad frente a las graves violaciones a los derechos humanos. *In*: La Aplicación de los Tratados sobre Derechos Humanos por los Tribunales Locales. CELS, 1997. p. 517

estratégias e mecanismos.[13] Glenda Mezarobba destaca que os mecanismos utilizados na justiça de transição não são exclusivamente jurídicos e suas abordagens, baseadas na universalidade dos direitos humanos, têm a finalidade de incorporar as várias dimensões de justiça capazes de contribuir para a reconstrução social.[14] A concepção de Mezarobba está dentro de um consenso maior existente na doutrina internacional de que não há um modelo único para a justiça de transição. Esta se revela como um processo peculiar, no qual cada país, cada sociedade, precisa encontrar seu caminho para lidar com o legado de violência do passado e implementar mecanismos que garantam a efetividade do direito à memória e à verdade.

É sabido que não se avança no processo de justiça de transição sem a consideração de todos os seus enfoques (justiça, verdade e reparação) e sem o compromisso do Estado em tratar do tema sob a perspectiva democrática, com transparência. Por isso, a apuração e revelação da verdade sobre os acontecimentos e atos de violência praticados, a reparação simbólica (além da financeira) dos danos causados às vítimas, a responsabilização dos agressores e o estabelecimento de limites para concessão de perdão (principalmente por leis de anistia) são discussões que devem fazer parte da agenda brasileira.

Por fim, cabe ainda registrar que o caso brasileiro de justiça de transição se caracteriza por uma série de especificidades que divergem das experiências dos países latino-americanos que passaram por regimes autoritários e fogem inteiramente ao domínio das áreas jurídicas tradicionais, mesmo das que lidam com direitos coletivos e interesses difusos (área de tutela coletiva). A principal peculiaridade brasileira é a situação de silêncio e de omissão do Poder Público em relação aos agressores (ou do não processamento penal destes) e aos atos de violência praticados pelo Estado contra os cidadãos no regime ditatorial (com a inexistência de uma Comissão de Verdade até o momento).

2.2 A justiça de transição e a Constituição brasileira

A Constituição de 1988 atribui ao Estado a tarefa de produzir a igualdade material, a partir da busca da efetivação dos direitos fundamentais. Para isso, declara que o Estado brasileiro é um Estado Democrático de Direito (art. 1º), fornecendo fundamentação necessária para o desempenho das tarefas prescritas. Por ter seu eixo central pautado nos valores democráticos e nos fundamentos da soberania popular, da cidadania, da dignidade da pessoa humana, do pluralismo político e dos valores sociais do trabalho e da livre iniciativa,[15] o Estado brasileiro está adstrito à legalidade, é guiado por uma Constituição que tem supremacia, com a separação dos poderes e o controle dos órgãos detentores do poder de uns aos outros e tem por obrigação garantir os direitos individuais e coletivos.

---

[13] NAGY, Rosemary. Transitional Justice as Global Project: Critical Reflections. *Third World Quarterly*, 29(2), p. 276, 2008.
[14] MEZAROBBA, Glenda. *O preço do esquecimento*: as reparações pagas às vítimas do regime militar. Tese (Doutorado – Programa de Pós-Graduação em Ciência Política. Área de concentração: Direitos Humanos) – Departamento de Ciências Políticas da Faculdade de Filosofia, Letras e Ciências Humanas da Universidade de São Paulo. São Paulo, 2007, p. 18-19. Orientador Gildo Marçal Brandão.
[15] Constituição Federal, incisos I a V do art. 1º.

Ao declarar como objetivos fundamentais de nosso país a construção de uma sociedade livre, justa e solidária, a garantia do desenvolvimento nacional, a erradicação da pobreza e da marginalização, a redução das desigualdades sociais e regionais e ainda a promoção do bem de todos, sem preconceito de origem, raça, sexo, cor, idade e quaisquer outras formas de discriminação,[16] a Constituição admite a necessidade de desenvolvimento econômico e social do país, bem como a existência de desigualdades sociais, econômicas e culturais. Por outro lado, reconhece o papel do Estado na promoção dos objetivos fundamentais declarados no texto constitucional. E, nesse sentido, trata, inclusive, (ligeiramente) sobre a justiça de transição, dando suporte para que se cumprisse o dever estatal de reparação das vítimas do regime anterior (no Título X, art. 8º, do ADCT – Ato das Disposições Constitucionais Transitórias).[17]

A estrutura do Estado insculpida na Constituição está informada pelos direitos básicos nela declarados, que necessitam de permanente conformação às necessidades sociais. Como pontua Paulo Bonavides, a Constituição brasileira, como outras constituições conformadas aos valores democráticos,[18] carrega traços do conflito, dos conteúdos dinâmicos, do pluralismo, da tensão sempre renovada entre a igualdade e a liberdade. Concebida dentro de uma perspectiva do Estado Social de Direito, a Constituição valoriza e protege os direitos sociais básicos, estabelece normas programáticas, enfim, apresenta conteúdo contrário ao de uma Constituição do Estado liberal, afastando-se do repouso, do formalismo, da harmonia e do divórcio entre Estado e Sociedade.[19]

A promulgação da Constituição de 1988 ocorre após a submissão da sociedade a um regime autoritário, com supressão de direitos constitucionais e práticas estatais de graves violações de direitos humanos, com ampla repressão contra cidadãos vistos como opositores do regime militar, por meio de prisões, desaparecimentos forçados, torturas, exílios, homicídios, banimentos, estupros, entre outras violências. Por isso, surge um texto constitucional tão detalhado, com a previsão extensa de direitos e procedimentos, e com amplo apoio, apresentando

---

[16] Art. 3º, I a IV, da Constituição Federal.

[17] O dispositivo do ato das disposições constitucionais transitórias é: "Art. 8º. É concedida anistia aos que, no período de 18 de setembro de 1946 até a data da promulgação da Constituição, foram atingidos, em decorrência de motivação exclusivamente política, por atos de exceção, institucionais ou complementares, aos que foram abrangidos pelo Decreto Legislativo nº 18, de 15 de dezembro de 1961, e aos atingidos pelo Decreto-Lei nº 864, de 12 de setembro de 1969, asseguradas as promoções, na inatividade, ao cargo, emprego, posto ou graduação a que teriam direito se estivessem em serviço ativo, obedecidos os prazos de permanência em atividade previstos nas leis e regulamentos vigentes, respeitadas as características e peculiaridades das carreiras dos servidores públicos civis e militares e observados os respectivos regimes jurídicos. (Regulamento)".

[18] Sobre Constituição, estado constitucional, democracia, ver: MIRANDA, Jorge. *Manual de direito constitucional*. Coimbra Editora, 1996. Jorge Miranda afirma que "as Constituições do século XX (todas ou quase todas) estendem o seu domínio a novas regiões, garantindo não só direitos do homem, do cidadão, do trabalhador, como princípios objetivos da vida social, permitindo ou impondo intervenções econômicas, modelando ou remodelando instituições públicas e privadas" MIRANDA, Jorge. *Manual de direito constitucional*. Coimbra Editora, 1996. t. II. p. 21-22.

[19] Daí por que alerta Paulo Bonavides que "nunca deve ficar deslembrado que a Constituição Social do Estado na democracia é a Constituição do conflito, dos conteúdos dinâmicos, do pluralismo, da tensão sempre renovada entre a igualdade e a liberdade; por isso mesmo, a Constituição dos direitos sociais básicos, das normas programáticas, ao contrário portanto da Constituição do Estado liberal, que pretendia ser a Constituição do repouso, do formalismo, da harmonia, da rígida separação dos poderes, do divórcio entre Estado e Sociedade". BONAVIDES, Paulo. *Curso de direito constitucional*. 6. ed. Malheiros, 1996. p. 345.

"uma ordem social com amplo universo de normas que enunciam programas, tarefas, diretrizes e fins a serem perseguidos pelo Estado e pela sociedade".[20]

Assim, a consolidação da democracia após a ditadura militar (1964-1985) se centrou no resgate e afirmação de direitos fundamentais e valores democráticos. A não aceitação do legado autoritário é retórica. E embora se possa ver claramente o tom democrático da Constituição, não fica explícito em seu texto qualquer indicação da necessidade de um acerto de contas com o passado violento. Nesse sentido, Paulo Sérgio Pinheiro pontua que

> não faz parte da tradição política brasileira acertar contas com o passado. Todas as transições do período republicano foram marcadas por anistias generalizadas e pelo esquecimento. O precedente mais próximo que se pode invocar antes da ditadura militar de 1964 foi a volta à democracia com a Constituição de 1946. E os crimes do Estado Novo se esvoaçaram para não perturbar os festejos do retorno ao regime democrático, como os da ditadura de 1964, para não empanar o brilho da Nova República.[21]

Por isso, apesar da oferta de mecanismos para efetividade dos direitos coletivos e interesses difusos no Brasil após a Constituição de 1988, a justiça de transição não sofreu impacto significativo, e o processo de acerto de contas do Estado com as vítimas e com a sociedade ainda segue a lógica do arbítrio.[22] A fragilidade da participação da sociedade na justiça de transição, apesar da extensão dos legitimados ativos para defesa dos direitos fundamentais, fica mais realçada na análise do processo brasileiro de acerto de contas que, segundo Mezarobba, "idealmente deveria envolver toda a sociedade, para realizar plenamente sua dimensão pública e democrática, tem sido desenvolvido principalmente na esfera privada — a mais importante manifestação disso está na opção quase exclusiva pelo pagamento de indenizações — e até agora não conseguiu sinalizar que o Estado brasileiro está comprometido em respeitar a igualdade de direitos de todos os cidadãos, tampouco demonstrar a intenção dos sucessivos governos pós-redemocratização em agir de outra forma no futuro".[23]

No mais, mesmo depois da transição do período de ditadura militar para a democracia, a justiça social ainda é um valor sem concretude, embora as tarefas atribuídas pela Constituição ao Estado — de promover a universalização do acesso aos direitos econômicos, sociais, políticos e culturais e de elaborar e executar políticas públicas que assegurem a distribuição equitativa dos direitos

---

[20] PIOVESAN, Flávia. *Temas de direitos humanos*. Max Limonad, 1998. p. 209. Como destacam André Tavares e Walber Agra: "De todas as Constituições até agora existentes no Brasil, sem sombra de dúvida, a de 1988 foi a que contou com maior apoio da população. (...) O seu resultado final não adotou uma nítida linha ideológica (...) congregando injunções das mais variadas matizes ideológicas. Contudo, graças a uma análise sistêmica, pôde ser realçado seu caráter emancipador, outorgando às classes mais desfavorecidas um importante instrumental para a concretização dos direitos que por ela foram agasalhados" (Justiça reparadora no Brasil, p. 79).

[21] PINHEIRO, Paulo Sérgio. Esquecer é começar a morrer – Prefácio, *op. cit.* p. 12.

[22] MEZAROBBA, Glenda. O processo de acerto de contas e a lógica do arbítrio. TELLES, Edson; SAFATLE, Vladimir (Org.). *O que resta da ditadura*. Boitempo, 2010. p. 118.

[23] MEZAROBBA, Glenda. O processo de acerto de contas e a lógica do arbítrio. TELLES, Edson; SAFATLE, Vladimir (Org.). *O que resta da ditadura*. Boitempo, 2010. p. 118.

sociais (previstos no art. 6º, tais como, direito à educação, à saúde, à moradia, lazer, entre outros) — sejam afinadas tanto com a agenda internacional dos direitos humanos como com as aspirações e valores da sociedade para a consolidação do regime democrático.[24] A prática, no entanto, revela a persistência de "um hiato entre os direitos políticos e os direitos sociais".[25] E, como esclarece Sérgio Adorno:

> esse hiato manifesta-se sobretudo através de um conflito entre as exigências de democracia política e as de democracia social. Se hoje, na sociedade brasileira, pode-se dizer que o processo de transição democrática promoveu a ampliação da participação e da representação política, esse movimento de ampliação dos direitos políticos não resultou em ampliação da justiça social. O aprofundamento das desigualdades sociais persiste sendo um dos grandes desafios à preservação e respeito dos direitos humanos para a grande maioria da população.[26]

A retórica da não aceitação do legado autoritário e as novas previsões constitucionais deram a atual feição ao Estado Democrático de Direito brasileiro. Ao erigir a cidadania e a dignidade humana como princípios fundamentais, a Constituição direciona o agir do Estado: a dignidade humana e a cidadania constituem os princípios constitucionais que incorporam as exigências de justiça e dos valores éticos, conferindo suporte axiológico a todo sistema jurídico brasileiro. A dignidade humana permeia todas as matérias constitucionais, sendo um valor supremo que alcança a ordem econômica (art. 170), a ordem social (art. 193), a educação, o desenvolvimento da pessoa e seu preparo para o exercício da cidadania (art. 205).[27] Ao mesmo tempo, a dignidade depende da efetividade dos direitos fundamentais, especialmente dos direitos sociais estabelecidos no art. 6º da Constituição: a educação, a saúde, o trabalho, o lazer, a segurança, a previdência social, a proteção à maternidade e à infância e a assistência aos desamparados. A cidadania declarada como fundamento do Estado Democrático de Direito não se restringe ao seu conteúdo formal, sendo a legitimidade do exercício político pelos indivíduos apenas uma das vertentes da cidadania, que é muito mais ampla e tem em seu conteúdo constitucional a legitimidade do exercício dos direitos sociais, culturais e econômicos.[28]

---

[24] Sobre a harmonia da agenda brasileira atual de direitos humanos, especialmente as metas indicadas no 3 Programa Nacional de Direitos Humanos e Constituição ver: ADORNO, Sérgio. História e desventura: O 3º Programa Nacional de Direitos Humanos. *Novos Estudos CEBRAP*, 86, p. 520, mar. 2010.

[25] ADORNO, Sérgio. A gestão urbana do medo e da insegurança. Violência, crime, justiça penal na sociedade brasileira contemporânea. São Paulo, 1996. p. 103.

[26] *Idem*, p. 103-104.

[27] SILVA, José Afonso da. *Curso de direito constitucional positivo*. 12. ed. Malheiros, 1996. p. 106-107.

[28] Por isso, e nesse sentido, José Afonso da Silva, ao abordar a concepção de cidadania dada pela nossa Lei Maior, anota que: "Cidadania está aqui num sentido mais amplo do que o de titular reconhecimento dos indivíduos como pessoas integradas na sociedade estatal (art. 5º, LXXVII). Significa aí, também, que o funcionamento do Estado estará submetido à vontade popular. E aí o termo conexiona-se com o conceito de soberania popular (parágrafo único do art. 1º), com os direitos políticos (art. 14) e com o conceito de dignidade da pessoa humana (art. 1º, III), com os objetivos da educação (art. 205), como base e meta essenciais do regime democrático".

2.3 Direitos culturais, Constituição e democracia

Desde os anos 30, as Constituições brasileiras (mesmo as não democráticas) veiculam normas de proteção à cultura e ao patrimônio cultural. No plano infraconstitucional, destaca-se o Decreto-Lei nº 25/37, que criou o SPHAN (atual IPHAN) e estabeleceu o tombamento como instrumento protetivo dos bens culturais materiais. A tentativa da sistematização de ações governamentais nessa área foi iniciada justamente no período autoritário, a partir dos anos 60, quando da criação do Conselho Federal de Cultura em 1966 e da elaboração do Plano Nacional de Cultura em 1975.

O que muda com a Constituição atual em relação ao tratamento da cultura e dos bens culturais decorre da própria concepção do Brasil como um Estado Democrático de Direito. E o traço cultural democrático é estabelecido, em especial: a) pelos artigos constitucionais que versam sobre direito à cultura e sobre a importância da tutela dos bens culturais que são portadores de referências para os grupos formadores da sociedade; e b) pela estruturação do Estado para a proteção dos valores culturais com a colaboração da comunidade e também dentro do sistema de proteção dos direitos coletivos.

A Constituição apresenta elementos que proporcionam a redefinição da cidadania para a tutela dos bens culturais, entre os quais, pode-se ressaltar: a) a ampliação do rol de legitimados ativos para a gestão e manejo dos bens culturais; b) a valorização dos bens culturais a partir do significado que tenham e de sua referência para a comunidade; c) a indicação da necessidade de consideração da diversidade cultural na elaboração e implementação de políticas públicas culturais em relação a todos os grupos formadores da sociedade brasileira; d) a afirmação da gestão participativa da sociedade nos assuntos relativos ao patrimônio cultural.

A ampliação da legitimação ativa para proteção dos direitos culturais, com a consideração da participação da comunidade na seleção, no acesso e na fruição dos bens eleitos como merecedores de tutela, decorre da construção acerca dos direitos sociais e do tratamento constitucional da matéria. Desde a conceituação de patrimônio cultural adotada na Constituição, a questão da determinação dos elementos que portam relevante interesse ou significado cultural, numa perspectiva democrática, adquiriu maior relevo e seus reflexos são sentidos no âmbito social, econômico e jurídico.

Desse modo, a Constituição indica que a produção e o conhecimento de bens e valores culturais é uma tarefa de responsabilidade do Estado e da sociedade, cabendo ao primeiro tanto agir na promoção da tutela quanto oferecer incentivos aos setores privados para que tal tarefa se realize. À sociedade é atribuído um papel ativo e participativo na formação do patrimônio cultural brasileiro, já que tem o poder de conferir valores culturais (de referência) a bens ainda não selecionados e tutelados pelo Poder Público.

3 Justiça de transição e bens culturais

3.1 O modelo brasileiro de justiça de transição

Apesar dos valores e instrumentos democráticos da Constituição, o Brasil optou, até o presente momento, por um modelo de justiça de transição que se afasta do processo penal e do enfoque punitivo dos autores das atrocidades. A Lei de Anistia brasileira[29] foi objeto de julgamento pelo Supremo Tribunal Federal (STF) em abril de 2010. Nesta oportunidade, a Corte reiterou a interpretação dominante de que a lei de anistia, promulgada durante a ditadura (1979), impede o processamento penal dos agressores.[30] O argumento que prevaleceu nesse julgamento foi que a lei de anistia de 1979 resultou de um acordo político que viabilizou a redemocratização.

Essa decisão demonstra o descompasso do Brasil em relação a outros países na temática da justiça de transição, realçando não somente a relevância do apoio dos órgãos judiciais nacionais à política do esquecimento e da impunidade como também a desconexão desses órgãos com o sistema de justiça internacional, no qual o país se insere. Por isso, no Brasil ainda perdurará por um tempo a situação de não responsabilização criminal dos agentes do Estado, autores, durante a ditadura, de torturas, homicídios, sequestros, desaparecimentos forçados e outros graves crimes tipificados como crimes contra a humanidade.

Porém, a omissão ou debilidade do Estado brasileiro na punição dos que praticaram os crimes contra os direitos humanos não diminui a necessidade de reflexão sobre as diversas formas de tratar a história e a memória coletiva, nem afasta a importância de serem adaptadas as práticas exitosas (mecanismos extrajudiciais) de outros países. Além do dever de processar criminalmente os perpetradores das graves violações de direitos humanos, o Estado brasileiro tem o dever de proporcionar para a sociedade o conhecimento acerca das violências cometidas durante a ditadura militar (1964-1985) para atender a dois direitos fundamentais: o direito à verdade e o direito à memória.

No mais, apesar das contradições e inconsistências, as abordagens oficiais revelam algum esforço do Estado brasileiro para cumprimento das obrigações na justiça de transição. Com atuações administrativas e legislativas, desde a década dos 1990, a agenda brasileira em relação à justiça de transição abriga ações já realizadas e outras apenas delineadas. Entre as ações realizadas, estão: a) a abertura, pelo Governo Federal, de vários arquivos do período, os quais foram encaminhados ao Arquivo Nacional e, após a sistematização e digitalização, estão disponíveis para consulta pública;[31] b) a atuação da Comissão Especial de Mortos Desaparecidos,[32] que tem um acervo importante sobre vítimas e sobre

---

[29] Lei nº 6.683/79.
[30] Arguição de Preceito Fundamental, n. 153 (ADPF 153).
[31] Dentre os arquivos encaminhados, estão: os dos extintos Serviço Nacional de Informações, Conselho de Segurança Nacional e Comissão Geral de Investigações, além dos arquivos do Departamento de Polícia Federal, do Gabinete de Segurança Institucional e de outros órgãos públicos.
[32] A criação da comissão marca o reconhecimento da responsabilidade do Estado brasileiro pela morte de dissidentes políticos. Esta comissão foi criada pela Lei nº 9.140 de 1995, com o fim de: a) reparar 136 famílias que constavam em uma lista prévia; b) julgar outros casos apresentados para seu exame; e c) empreender esforços na localização de restos

as atrocidades sofridas;[33] c) o trabalho da Comissão de Anistia,[34] no âmbito do Ministério da Justiça, que também reúne relevante material[35] e que tem levado os julgamentos das anistias políticas à esfera pública, por meio das Caravanas de Anistia; d) a publicação do livro Direito à Memória e à Verdade, lançado pela Secretaria Especial de Direitos Humanos da Presidência da República em 2007;[36] e, mais recentemente, em 2009, e) a criação do Centro de Referência das Lutas Políticas no Brasil, denominado Memórias Reveladas,[37] institucionalizado pela Casa Civil da Presidência da República e implantado no Arquivo Nacional; e f) a instituição, por Decreto Presidencial, do 3º Programa Nacional de Direito Humanos (PNDH).[38]

Entre as incoerências ao lidar com a verdade, pode-se mencionar a lei brasileira que instituiu a política nacional de arquivos públicos e privados e estabeleceu o princípio do acesso pleno aos documentos,[39] inclusive aos gerados durante a ditadura militar. Porém, a previsão legal mencionada não resolveu o problema, já que o direito ao acesso e à consulta aos documentos governamentais foi impossibilitado, na prática, por decreto[40] que regulamenta alguns aspectos da lei de arquivos e classifica documentos em reservados, confidenciais, secretos e ultrassecretos e indica prazos de sigilo excessivamente longos.[41] Além disso, foi editada outra lei em 2005,[42] que trata do acesso a documentos públicos sigilosos

---

mortais de pessoas desaparecidas. A Lei nº 10.536/2002 ampliou o período de abrangência da lei dos desaparecidos para 5 de outubro de 1988 e reabriu o prazo para apresentação de novos requerimentos. Em 2004, foi promulgada a Lei nº 10.875, que ampliou os critérios de reconhecimento, contemplando as vítimas de manifestações públicas ou de conflitos armados com agentes do Poder Público, e as que tenham falecido em decorrência de suicídio praticado na iminência de serem presas ou em decorrência de sequelas psicológicas resultantes de atos de tortura. Neste ato, a Comissão Especial passou a se vincular à Secretaria Especial de Direitos Humanos e foi novamente aberto o prazo, por mais 120, para apresentação de requerimentos. O referido prazo extinguiu-se em 29 de setembro de 2004.

[33] Comissão acredita que "a elucidação das informações referentes às circunstâncias de prisão, tortura e morte de opositores permitiram que o Estado brasileiro assumisse sua responsabilidade histórica e administrativa sobre a integridade dos presos e o destino dado a eles" (BRASIL. Secretaria Especial dos Direitos Humanos. Comissão Especial sobre Mortos e Desaparecidos Políticos. *Op. cit.* p. 18. Disponível em: <http://www.presidencia.gov.br/estrutura_presidencia/sedh/.arquivos/livrodireitomemoriaeverdadeid.pdf>. Acesso em: 22 mar. 2010.

[34] a Lei nº 10.559, de 2002, que criou a Comissão de Anistia, no âmbito do Ministério da Justiça, com a finalidade de examinar os requerimentos de anistia política e de reparação econômica, em caráter indenizatório, aos cidadãos que sofreram perseguições políticas, no período de 1946 a 1988. A referida Comissão desempenha importante papel na reparação daqueles que tiveram seus direitos violados por razões políticas, tendo julgado até 2009 mais de 54.803 processos.

[35] No site do Ministério da Justiça, há notícia do projeto Marcas da Memória: História Oral da Anistia. A primeira reunião do grupo de trabalho deste projeto foi em 1 de março de 2010. O projeto prevê o registro e organização de entrevistas com pessoas cujas histórias de vida são atreladas à resistência nos períodos de repressão, principalmente de pessoas contempladas pela Lei nº 10.559/02, com o objetivo de construir acervo de fontes orais, audiovisuais e escritas sobre as trajetórias dos entrevistados. Disponível em: <http://portal.mj.gov.br/>. Acesso em: 31.03.2010.

[36] BRASIL. Secretaria Especial dos Direitos Humanos. Comissão Especial sobre Mortos e Desaparecidos Políticos. *Op. cit.*

[37] O centro de referência das lutas políticas no Brasil, denominado Memórias Reveladas, foi institucionalizado pela Casa Civil da Presidência da República e implantado no Arquivo Nacional com a finalidade de reunir informações sobre os fatos da história política recente do país. Maiores detalhes em: <http://www.memoriasreveladas.arquivonacional.gov.br/cgi/cgilua.exe/sys/start.htm?sid=43>.

[38] Decreto nº 7.177/10. Disponível em versão eletrônica em: <http://portal.mj.gov.br/sedh/pndh3/pndh3.pdf>. Este Programa Nacional de Direitos Humanos (PNDH) foi coordenado pela Secretaria Especial de Direitos Humanos da Presidência da República e recebeu a contribuição de 17 ministérios, além de entidades do Poder Público e da sociedade civil. É um programa que traz um roteiro de diretrizes e políticas públicas a serem adotadas em áreas como educação, saúde, habitação, segurança alimentar, igualdade racial, direitos da mulher, juventude, crianças e adolescentes, pessoas com deficiência, idosos, meio ambiente, entre outras.

[39] Art. 22 da Lei nº 8.159/91.

[40] Decreto nº 4.553/2002, com redação dada pelo Decreto nº 5.301/2004.

[41] Art. 7º, incisos I, II, III, IV e parágrafo único.

[42] Lei nº 11.111/05.

e admite que um documento pode permanecer inacessível (em razão de seu caráter sigiloso) por tempo indeterminado.

Estas restrições legais são objeto de ações no Supremo Tribunal Federal,[43] sob o argumento de que são inconstitucionais.[44] Certamente, estes obstáculos para a revelação da verdade são fatores que têm impossibilitado a investigação exaustiva sobre o paradeiro das pessoas desaparecidas, além de prejudicar o conhecimento, pela sociedade, sobre relevantes detalhes das violações cometidas. O entendimento doutrinário é de que a publicidade dos documentos governamentais é regra e o sigilo é exceção, que somente se justifica se for absolutamente imprescindível à segurança da sociedade e do Estado. Juristas brasileiros também destacam que a publicidade é uma peça essencial da governança democrática.[45]

Apesar das tarefas realizadas, ainda há muito que se avançar na justiça de transição brasileira. Como ressalta Glenda Mezarobba, o Estado brasileiro, diferentemente da Argentina e do Chile, tem postergado a adoção de enfoques de justiça de transição. A citada cientista política afirma que "até aqui, o caminho percorrido pelo Estado evidencia que o investimento principal — senão o único — foi feito em justiça administrativa, voltada à compensação financeira, sem nenhum empenho na busca por punição ou verdade. As revelações que ocorreram no desenvolvimento do processo se deram de forma praticamente acessória, na maioria das vezes como resultado do esforço de familiares de mortos e desaparecidos ou das próprias vítimas de reconstituir fatos sempre negados pelo regime militar".[46]

Com exceção do pagamento de reparações às vítimas (reparação material), há um processo ainda incipiente de ações do Estado para construção e preservação da memória coletiva, com uma tímida e contraditória revisitação do passado violento. Apesar das incoerências e inconsistências, essas iniciativas e abordagens oficiais revelam algum esforço do Estado brasileiro. Com ações administrativas e legislativas, desde a década dos 1990, a agenda brasileira em relação à justiça de transição abriga ações já realizadas e outras apenas delineadas, com pontos mais delicados por uma série de aspectos políticos, sociais e jurídicos.[47]

---

[43] Ação Direta de Inconstitucionalidade (ADI nº 4.077). Relatora: Ministra Ellen Gracie. Para maiores informações e acompanhamento processual, consultar: <http://www.stf.jus.br/portal/processo/verProcessoAndamento.asp?incidente=2618912>.

[44] Ver SOARES, Inês Virginia Prado. Acesso à documentação governamental e direito à memória e à verdade: Análise do projeto de lei. *Revista Internacional de Direito e Cidadania*, n. 4, p. 55-61, jun. 2009.

[45] LAFER, Celso. O público e o privado: suas configurações contemporâneas para a temática dos arquivos. In: *Documentos privados de interesse público*: o acesso em questão. São Paulo: Instituto Fernando Henrique Cardoso, 2005. p. 34, 35.

[46] MEZAROBBA, Glenda. *O preço do esquecimento*: as reparações pagas às vítimas do regime militar, p. 15.

[47] Entre as ações realizadas, estão: a) a abertura de vários arquivos do período; b) a atuação da Comissão Especial de Mortos Desaparecidos (Lei nº 9.140/95), que tem um acervo importante sobre vítimas e sobre as atrocidades sofridas; c) o trabalho da Comissão de Anistia, no âmbito do Ministério da Justiça (Lei nº 10.559/02), que também reúne relevante material; d) a publicação do livro *Direito à memória e à verdade*, lançado pela Secretaria Especial de Direitos Humanos da Presidência da República em 2007; e, mais recentemente, em 2009, e) a criação do Centro de Referência das Lutas Políticas no Brasil, denominado Memórias Reveladas, institucionalizado pela Casa Civil da Presidência da República e implantado no Arquivo Nacional; f) O 3º Programa Nacional de Direito Humanos (PNDH), que contemplou o Direito à Memória e à Verdade como um dos seus eixos orientadores.

3.2 Diretrizes constitucionais para a política de proteção de bens culturais ligados à justiça de transição

Enquanto o regime autoritário brasileiro (1964-1985) demonstrou conhecer a importância da estruturação de uma política cultural, de instrumentos protetivos e da construção e consolidação de bens culturais, o processo de redemocratização não percebeu, de imediato, a necessidade do desenvolvimento da política cultural que privilegiasse o acesso e fruição dos bens culturais, materiais e imateriais, por toda a sociedade.

Na ótica democrática, o Estado brasileiro tem o dever de proporcionar para a sociedade o conhecimento da história de determinado período de opressão para atender a dois direitos fundamentais: o direito à verdade e o direito à memória. Por outro lado, estes direitos fundamentais são oponíveis ao Estado para se preservar a memória coletiva do esquecimento, tanto com ações que valorizem e destaquem a verdade como por atuação no sentido de evitar que surjam teses revisionistas ou de negação dos fatos. Como destaca Martin Abregú,[48] uma das consequências mais importantes da apropriação do discurso dos direitos humanos por parte dos governos democráticos foi a de abrir a oportunidade de trabalhar na perspectiva de inclusão de direitos desde a formulação das políticas públicas.

Nessa perspectiva, de modo sistematizado, pode-se relacionar como diretrizes para a política de proteção do patrimônio cultural brasileiro ligadas à justiça de transição: a) o planejamento, por meio do Plano Nacional de Cultura (art. 215, §3º) e de leis orçamentárias, das ações culturais que contemplem a memória das vítimas da ditadura e a verdade como valor de referência cultural; b) a coordenação, pelo Poder Público, das tarefas culturais ligadas à justiça de transição. Essa coordenação deve ser operada entre os diversos órgãos que integram a Administração Pública; c) a participação da sociedade na discussão dos bens culturais que devem integrar a memória coletiva ou os espaços destinados à memória do período ditatorial sob uma perspectiva democrática. É fase obrigatória nesse processo que as vítimas sejam ouvidas e que suas demandas sejam consideradas; d) o dever de atuação e de não omissão do Estado e da sociedade na tutela dos bens culturais ligados à justiça de transição, com a utilização dos instrumentos previstos — tombamento, registro, inventário, desapropriação e vigilância — e pela abertura de outras formas de acautelamento, tais como audiências públicas, comissões de verdade, incentivos fiscais, investimentos em pesquisas acadêmicas sobre o tema, etc. (art. 216, § 1º); e) a exigência do respeito à diversidade cultural e o atendimento às demandas das vítimas e dos familiares no que toca à reparação simbólica; f) a abertura dos arquivos dos órgãos de repressão, ainda mantidos em sigilo, para que a sociedade e o Poder Público possam aferir valores de referência cultural aos bens (art. 216); e g) a gestão cooperativa entre o Estado e sociedade para a tutela dos bens culturais ligados à justiça de transição (art. 216).

---

[48] ABREGÚ, Martín. Direitos humanos para todos: da luta contra o autoritarismo à construção de uma democracia inclusiva – um olhar a partir da região andina e do cone sul, ano 5, São Paulo, n. 8, jun. 2008.

Mais detalhadamente, entre as ações e iniciativas que devem integrar as políticas públicas sobre justiça de transição e direitos culturais, pode-se mencionar: a) o fomento da investigação histórica; b) mecanismos que viabilizem o amplo acesso aos documentos governamentais produzidos no período ditatorial; c) a gestão dos monumentos e bens simbólicos pautada em valores democráticos; d) a criação de museus, parques ou outros espaços públicos dedicados à memória dos mortos; e) pedidos oficiais de desculpas às vítimas ou aos familiares dos mortos e desaparecidos; f) a designação de espaços públicos para narrativas, exposições e/ou debates que revelem os atos de violência praticados pelo Estado e seus agentes; g) a destinação de recursos financeiros e humanos para realizar a tarefa de localização e exumação de valas comuns/cemitérios clandestinos com potencialidade de abrigar os desaparecidos políticos; h) a destinação de recursos financeiros e humanos para resgatar os restos mortais encontrados nessas valas com o uso de metodologia arqueológica; i) a destinação de recursos financeiros e humanos para proceder à identificação dos restos mortais resgatados; e, por fim, j) a destinação de recursos financeiros para o apropriado rito funerário, a ser escolhido pelos familiares.

3.3 As iniciativas do Estado brasileiro da justiça de transição sob a vertente dos direitos culturais

No âmbito federal, as iniciativas oficiais do Estado brasileiro para reparação simbólica das vítimas, embora se caracterizem como ações para efetividade dos direitos humanos, especialmente dos direitos à memória e à verdade (tema da justiça de transição), podem ser analisadas sob a vertente dos direitos culturais, já que estão, inevitavelmente, ligadas à política cultural e às normas que regem a matéria. Nesse tópico, apresentaremos três exemplos.

O primeiro é o Projeto Direito à Memória e à Verdade, da Secretaria Especial dos Direitos Humanos da Presidência da República,[49] que tem o objetivo de recuperar e divulgar o que aconteceu no período da ditadura militar brasileira (1964-1985), a partir de registros que giram em torno das violações de direitos humanos. A justificativa dessa iniciativa é de direitos humanos: que a disponibilização desse conhecimento é fundamental para o Brasil construir instrumentos eficazes e garantir que esse passado não se repita nunca mais.[50] No entanto, as linhas de atuação do projeto são típicas da seara cultural: a) *Livro-relatório* da Comissão Especial sobre Mortos e Desaparecidos Políticos (CEMDP/SEDH), produzido a partir dos processos encaminhados a esta CEMDP;[51] b) *Memoriais*

---

[49] Este projeto teve início em agosto de 2006, com a abertura da exposição fotográfica "Direito à Memória e à Verdade – A ditadura no Brasil 1964-1985", no hall da taquigrafia da Câmara dos Deputados, em Brasília.

[50] A descrição detalhada do projeto me foi encaminhada por Vera Rota, que ocupou, até dezembro de 2009, o cargo de coordenadora do Projeto Direito à Memória e à Verdade, da SEDH.

[51] O livro conta história das vítimas da ditadura no Brasil. A trajetória de operários, estudantes, profissionais liberais e camponeses que se engajaram em organizações de esquerda para combater o regime militar aparece agora como documento oficial do Estado brasileiro. O livro – lançado, em 29 de agosto de 2008, com uma tiragem inicial de 3.560 exemplares – foi distribuído para os familiares de mortos e desaparecidos, bibliotecas públicas e entidades ligadas ao tema. O Estado de Pernambuco fez uma edição – lançado em abril de 2008, de 2 mil exemplares – para distribuir para escolas e instituições. A SEDH editou, em dezembro de 2008, mais cinco mil exemplares.

"Pessoas Imprescindíveis", composto por painéis e esculturas que buscam unir forma e conteúdo para dar aos visitantes uma visão — mesmo que sintética — do que foram os "Anos de Chumbo" no país;[52] c) *Exposição fotográfica "A Ditadura no Brasil 1964-1985"*, que traz uma ambientação visual que conduz o público em uma espécie de "viagem no tempo": recupera, de maneira exclusiva, desde os primeiros momentos do Golpe de Estado que mergulhou o país numa ditadura de 21 anos, até os grandes comícios populares das "Diretas Já".

Outro exemplo de estreita vinculação entre a justiça de transição e os bens e valores culturais é a previsão no 3º PNDH (Programa Nacional de Direitos Humanos), no Eixo orientador sobre Direito à Memória e à Verdade, da utilização de instrumentos típicos para proteção dos bens culturais, que são: a) a sistematização e tutela de locais — por inventários, tombamentos ou outro modo de registro de dados (item "c") da Diretriz 24 e item "c" da Diretriz 25; b) a gestão de museus e memoriais (item "d" da Diretriz 24); a educação patrimonial (ou educação para a compreensão dos valores culturais) pelo estabelecido nos itens "e" e "f" da Diretriz 24 e no item "d" da Diretriz 25.

4 Os bens e instrumentos culturais aptos à justiça de transição

As reflexões sobre efetividade dos direitos da justiça de transição exigiram que os pesquisadores e demais envolvidos na temática indicassem novas possíveis estratégias para lidar com o passado. E entre as estratégias estão as que envolvem o uso, na justiça de transição, dos mecanismos jurídicos de proteção dos bens culturais. Essa opção decorre da importância da memória para a reparação simbólica das vítimas e da sociedade. Como destacam Louis Bickford e Debra Schultz, a percepção da importância da memória no processo de justiça de transição é assunto que começa a ser explorado, apesar de a memória sempre ter sido um elemento essencial para os direitos humanos e para os movimentos democráticos.[53]

Os atos de memória são considerados pela Comunidade Internacional (nos documentos produzidos e nos julgamentos das Cortes) como medidas de satisfação e garantias de não repetição. Com as medidas que valorizam e resguardam a memória das vítimas de graves violações de direitos humanos, não se atende somente às demandas das vítimas e seus familiares, mas sim de toda a sociedade, das gerações presente e futuras. Assim, na justiça de transição, a proteção da memória tem uma perspectiva intergeracional: com o propósito de erradicar

---

[52] Feitos em acrílico e aço naval, os painéis trazem imagens dos homenageados e de situações que representam a repressão violenta do regime. O aço aplicado sobre o acrílico remete para a brutalidade e frieza e ao ambiente claustrofóbico das prisões e dos porões pelos quais passaram. Desde sua implantação, em 2007, até outubro de 2009, foram inaugurados 15 memoriais pelo país.

[53] BICKFORD, Louis; SCHULTZ, Debra. Memory and Justice: a Brief and Selected History of a Movement (Part 3). 2009. <http://memoryandjustice.org/about/history/part3>. Acesso em: 5 fev. 2010. O Centro Internacional para Justiça de Transição (ICTJ), importante organização não governamental que estuda o tema, tem dedicado especial atenção ao exame das memórias como valiosos componentes da justiça de transição. A partir de 2002, o ICTJ e a *Coalición Internacional de Museos del Sitio Histórico de Conciencia* passaram a desenvolver uma apresentação multimídia que ressalta as experiências internacionais com a memória e a comemoração, intitulado: "El poder de memorias: derechos humanos, de justicia y de la lucha por la memoria". Este projeto analisa a maneira de utilização dos monumentos como recursos importantes em sociedades que emergem de períodos de violência e de repressão. Maiores informações no site: <www.ictj.org>.

o legado de violência do regime anterior, a adequação da memória aos valores democráticos (com a consideração da vítima) é uma medida de prevenção para um futuro de respeito à dignidade humana.

Nesse tópico, serão analisados três importantes possibilidades de valorização da memória sob a ótica da realidade brasileira de justiça de transição: a) a arqueologia forense; b) a documentação produzida pelos órgãos de repressão no período da ditadura militar (1964-1985); e c) os memoriais.

4.1 A arqueologia forense

A arqueologia que se relaciona com o legado de violência após regimes autoritários é denominada arqueologia da repressão. Lidar com a verdade na justiça de transição significa iluminar a violência do Estado, silenciada pela narrativa oficial, e, portanto, destacar o legado autoritário que permanece em nossa democracia (já que há ainda muitas situações e ações mantidas em segredo). A instrumentalização do direito à verdade pela arqueologia atende às necessidades das vítimas, especialmente no trabalho de encontrar e identificar os restos mortais dos desaparecidos, integra a evolução e consolidação dos conceitos, finalidades e "fazeres" dos processos da justiça de transição.

Apesar da notória importância da arqueologia da repressão, haveria no sistema jurídico brasileiro um suporte para se exigir do Estado a realização de tarefas arqueológicas no processo de justiça de transição? O uso da metodologia arqueológica no processo de busca da verdade e o desenvolvimento de tal tarefa por arqueólogos compreenderiam escolha por parte do Estado?

Os arqueólogos Pedro Paulo Funari e Nanci Vieira de Oliveira, embora não respondam a esta pergunta, indicam a falta de interesse do Poder Público em incorporar a vertente arqueológica na investigação de violações de direitos humanos, especialmente no processo de justiça de transição. Ao mesmo tempo em que argumentam a necessidade e importância da arqueologia nessa seara:

> No Brasil, assim como na maioria das sociedades acadêmicas latino-americanas, ainda existe uma forte resistência de arqueólogos e antropólogos físicos em trabalhar com casos que estejam relacionados à violação dos direitos humanos. Da mesma forma, não parece haver interesse das instituições governamentais na presença de qualquer antropólogo ou arqueólogo forense nos quadros das instituições judiciais, como também não há procura por parte destas instituições aos pesquisadores acadêmicos, seja no auxílio com técnicas específicas ou no preparo das equipes de investigação para os casos que exijam exumações.
>
> (...)
>
> Arqueólogos e antropólogos físicos brasileiros estão acostumados a trabalhar com restos materiais de um passado distante da realidade sócio-política do próprio pesquisador. O desafio de uma Arqueologia e Antropologia Forense brasileira é a possibilidade de romper com uma postura dita 'neutra', ao articular as experiências acadêmicas com a demanda de feridas de um passado ainda presente, que envolvem familiares de desaparecidos políticos, buscando respostas a indagações que incomodam a muitos na sociedade atual. Mas, muito mais que esta contribuição para um momento histórico do país, a articulação com os problemas

sociais brasileiros, onde a violência no campo, e cada vez maior uma violência urbana, colocam a necessidade de investigações científicas.[54]

A relevância da arqueologia é bem exemplificada por Luis Fondebrider, que relata a primeira escavação após o fim da ditadura argentina, em julho de 1984, no cemitério de San Isidro, nos arrabaldes de Buenos Aires, Argentina, realizada sob a coordenação de Clyde Snow, antropólogo forense americano que veio à Argentina graças à iniciativa de organismos de direitos humanos locais.

Como explica Fondebrider em seu artigo, Snow é um dos primeiros antropólogos forenses que, pela década dos anos 70, decidiu utilizar a Arqueologia na recuperação dos corpos, em casos médico legais. Fondebrider conta que essa manhã de julho de 1984 foi a primeira vez que, na Argentina, a Arqueologia deu mão ao âmbito judicial-médico-policial:

> Após uma hora de trabalho, a terra começa a mudar de cor e de textura. Por fim, algo reconhecível, que os faz sentir menos assustados e mais no controle da exumação. Um dos médicos da polícia se acerca e diz ao coveiro: 'Já estamos próximos. Avisa-me quando tocas o osso com a pá'. Quando começa a distanciar-se, quase em uníssono, os estudantes estalam um só grito: 'Não, não, assim não se faz'. Ante o olhar surpreso do juiz e de todos os que rodeiam a fossa, diante de um meio sorriso de Snow, um deles se mete dentro da sepultura. Começa a desembaraçar a terra com uma colher de pedreiro, enquanto que outro a recolhe e a começa peneirar. É, provavelmente, a primeira vez que, na Argentina, a Arqueologia dá mão ao âmbito judicial-médico-policial. Ainda que pareça mais uma irrupção inesperada e não desejada, do que um procedimento planejado e pactuado de antemão. Horas mais tarde, os estudantes e o arqueólogo se encontram em pleno controle da cena. A exumação começa a parecer um trabalho arqueológico. Porém, essa já é outra história.[55]

A participação dos arqueólogos no processo de justiça de transição em países latino-americanos, especialmente na Argentina e no Chile, o fortalecimento da arqueologia e da antropologia forense, resultaram na criação, no ano de 2003, da Associação Latino-americana de Antropologia Forense (ALAF). Essa associação consolidou as experiências dos anos pós-ditadura e segundo Fondebrider "foi a apresentação de um novo modo de se fazer Arqueologia e Antropologia Forenses. Este fazer incluiu: a) uma interdisciplinaridade com todos os âmbitos da Antropologia representados — cultural, arqueológico, biológico; b) um viés fortemente social, tendo as famílias das vítimas como um eixo fundamental das tarefas, respeitando seus padrões culturais e religiosos, assim como seu direito de saber".[56] Mais uma vez, recorremos às palavras de Fondebrider:

---

[54] FUNARI, Pedro Paulo; OLIVEIRA, Nanci Vieira de. A arqueologia do conflito no Brasil. *In*: FUNARI, Pedro Paulo; ZARANKIN, Andrés; REIS, José Alberioni dos (Org.). *Arqueologia da repressão e da resistência na América Latina na era das ditaduras (décadas de 1960-1980)*. Annablume/Fapesp, 2008. p. 145/146.

[55] FONDEBRIDER, Luis. Arqueologia e antropologia forense: um breve balanço. *In*: FUNARI, Pedro Paulo; ZARANKIN, Andrés; REIS, José Alberioni dos (Org.). *Arqueologia da repressão e da resistência na América Latina na era das ditaduras (décadas de 1960-1980)*. Annablume/Fapesp, 2008. p. 152/153

[56] FONDEBRIDER, Luis. Arqueologia e antropologia forense: um breve balanço, p. 153

A exumação arqueológica de fossas na América Latina, na África e na ex-Iugoslávia, para mencionar os casos notórios, tem permitido recuperar os corpos de centenas de pessoas que foram seqüestradas, executadas, na maioria dos casos pelo Estado, e identificar muitos destes corpos. Este processo significou poder devolver a seus familiares os restos de seus seres queridos. Da mesma forma, aportar provas científicas à justiça para definir penalmente os responsáveis e reconstruir uma parte importante da história recente destes países.

Ao mesmo tempo, abriu uma nova linha de trabalho e de investigação dentro da disciplina. Forçou-a a interatuar com outras especialidades científicas e com outros atores da sociedade. Mostrou que a Antropologia em geral e, a Arqueologia em particular, podem brindar um aporte fundamental à compreensão de nosso passado recente e à preservação da memória do sucedido.[57]

Como as ações judiciais não logram êxito em nosso país, os processos de busca e apuração da verdade exigem o uso de outros mecanismos pelo Estado brasileiro. Além disso, na temática da justiça de transição, com o julgamento do Caso Guerrilha do Araguaia (Caso 11.552) pela Corte Interamericana de Direitos Humanos, o Brasil pode ser compelido a cumprir suas obrigações perante a Comunidade Internacional. Nesse contexto, a arqueologia forense continua a ser um mecanismo de verdade importante, já que está apta a oferecer uma base para a produção material sobre o ocorrido, que demonstra boa-fé do Estado e a sua vontade de, efetivamente, garantir o direito à verdade e a reparação das vítimas.

4.2 Os documentos dos órgãos repressivos que servem à memória e à revelação da verdade

A Constituição dedica dois dispositivos para tratar dos documentos como bens culturais: o inciso IV do art. 216, que arrola os documentos como um dos bens culturais que podem integrar o patrimônio cultural brasileiro; e o §2º do art. 216, que dispõe que "cabem à administração pública, na forma da lei, a gestão da documentação governamental e as providências para franquear sua consulta a quem dela necessitar". A indicação constitucional é de preservação dos documentos, públicos ou privados, destinados às manifestações artístico-culturais, quando estes forem relevantes para a memória, identidade e ação dos grupos formadores da sociedade brasileira. A Constituição também destacou a necessidade de ampliar a tutela para toda documentação governamental, num entendimento implícito de que o acesso e a produção de conhecimento a partir de tais documentos são essenciais para a formação e consolidação da cidadania cultural.

Para questionar a previsão inconstitucional de sigilo estabelecida nas legislações federais (Lei nº 11.111/05 e da Lei nº 8.159/91), foram propostas as ADIs nºs 3.987 e 4.077. A primeira foi ajuizada pelo Conselho Federal da Ordem dos Advogados do Brasil e a segunda pelo Procurador-Geral da República. Um dos importantes argumentos utilizados pelo Procurador-Geral da República em

---

[57] FONDEBRIDER, Luis. Arqueologia e antropologia forense: um breve balanço, p. 155.

seu parecer na ADI nº 3.987 e em sua inicial (ADI nº 4.077) foi que: "A integridade e a revelação do conteúdo dos registros históricos, especialmente nos países que, como o Brasil, passaram por um processo de transição política, desempenham importante papel para a consolidação do regime democrático e para a proteção dos direitos individuais e coletivos". E também que: "As informações não se destinam apenas aos interessados em sentido técnico-processual, mas a todo o povo brasileiro, à sua memória e à sua identidade. Não se trata de uma questão de interesse privado, mas de expressão pública". E ainda, como foi ressalvado pelo Ministério Público Federal nas ADIs em comento, a Unesco e o Conselho Internacional de Arquivos produziram um relatório no qual se identificam os principais direitos pendentes de uma política de proteção e de divulgação dos dados constantes de registros feitos pela polícia e pelos serviços de inteligência dos regimes autoritários como elementos, às vezes, únicos de prova das arbitrariedades.

Ambas as ADIs estão pendentes de julgamento, mas se a Corte Suprema guardar coerência com outros julgados, estas ações serão julgadas procedentes. Em decisão histórica, o STF destacou a prevalência dos direitos humanos e necessidade de valorização da memória e da consciência histórica: "15. Existe um nexo estreito entre a imprescritibilidade, este tempo jurídico que se escoa sem encontrar termo, e a memória, apelo do passado à disposição dos vivos, triunfo da lembrança sobre o esquecimento'. No estado de direito democrático devem ser intransigentemente respeitados os princípios que garantem a prevalência dos direitos humanos. Jamais podem se apagar da memória dos povos que se pretendam justos os atos repulsivos do passado que permitiram e incentivaram o ódio entre iguais por motivos raciais de torpeza inominável. 16. A ausência de prescrição nos crimes de racismo justifica-se como alerta grave para as gerações de hoje e de amanhã, para que se impeça a reinstauração de velhos e ultrapassados conceitos que a consciência jurídica e histórica não mais admitem. Ordem denegada".[58]

4.3 Memoriais

Os monumentos e locais que lembram as atrocidades do passado e as violações de direitos humanos são espaços de luto e, em alguns casos, são veículos de cura para as vítimas. Além disso, esses sítios devem ser projetados e geridos de maneira que as lembranças da violência sirvam para a cultura de direitos humanos, atendendo à finalidade de educar a comunidade e de proporcionar reflexões que conduzam à não repetição (reiterando a expressão "Nunca Mais").[59]

A reflexão sobre efetividade da justiça de transição levou ao uso de novas estratégias para lidar com o passado. Nessa perspectiva, os chamados memoriais

---

[58] HC nº 82424/RS, Habeas Corpus, Relator: Min. Moreira Alves, Relator p/ Acórdão: Min. Maurício Corrêa, julgamento: 17.09.2003, Órgão Julgador: Tribunal Pleno, DJ 19.03.2004 PP-00017, EMENT VOL-02144-03 PP-00524.

[59] Ver: <http://memoryandjustice.org/article/never-again-memorials-and-prevention/>. Acesso em: 05 fev. 2010.

(ou sítios de consciência[60]) servem como mecanismo extrajudicial para a justiça de transição e têm um potencial que atinge não somente a comunidade e as vítimas (para preservação da memória sobre o que ocorreu e suas consequência para a sociedade), mas também o Estado, que, por meio da implantação e gestão desses locais, ou pelo apoio aos mesmos (no caso de uma iniciativa privada), pode expressar oficialmente seu repúdio às violações cometidas.

Os espaços de consciência integram um processo de visibilidade do passado violento com repercussão direta nos valores ligados à verdade, à justiça, à transparência e à tolerância.[61] Nesse sentido, após a Segunda Grande Guerra, as intervenções artísticas para construção da memória foram recursos amplamente utilizados, valendo indicar a experiência da produção artística pós-holocausto,[62] que se encontra espalhada em diversos memoriais e museus de todo o mundo.

A realidade brasileira, por diversos fatores, que não comportam serem mencionados neste texto, é de um número limitado de museus e de pouquíssimos memoriais. Porém, há um abrigo jurídico para estes espaços de consciência e de memória em nosso ordenamento jurídico. Por serem a materialização da memória de um período histórico, os memoriais se enquadram na concepção de *sítios de valor cultural*, previstos na Constituição (art. 216, inc. V). A sua proteção jurídica se justifica não somente porque são instrumentos de direitos humanos, mas por se caracterizarem como um conjunto formado por *espaço geográfico e bens culturais (memória do passado violento) que estão interligados por uma base temporal, que vincula os elementos atuais ao passado de graves violações aos direitos humanos.*

Em relação à temática da justiça de transição, o Memorial da Resistência é o exemplo brasileiro mais destacado. É o único do Brasil que participa da Rede Latino-Americana de Sítios de Consciência.[63] Instalado no antigo edifício sede do DOPS/SP e hoje integrado à Pinacoteca em São Paulo, capital, este memorial decorre de um programa museológico estruturado em procedimentos de pesquisa, salvaguarda e comunicação relativas aos bens culturais, orientados em eixos temáticos que evidenciam as amplas ramificações da repressão e as estratégias de resistência, com as seguintes linhas de ação: Centro de Referência, Lugares da Memória, Coleta Regular de Testemunhos, Exposições, Ação Educativa e Ação Cultural.[64]

---

[60] Sobre a rede mundial de sítios de consciência consultar: <http://www.sitesofconscience.org/quienes-somos/networks/es/>. Na América Latina, a rede dos sítios de consciência é pela ONG argentina Memoria Abierta. A rede: "contribuye al desarrollo de las capacidades de los sitios para recordar períodos de violentos conflictos internos y el terrorismo de estado en Latinoamérica, para preservar la memoria de lo que ocurrió y sus consecuencias en la sociedad; a fin de utilizar dicha memoria para influir en la cultura política, y trabajar con jóvenes para evitar todas las formas de autoritarismo en las generaciones futuras. Hasta ahora la red de sitios de conciencia de Latinoamérica cuenta con 16 participantes de 8 países" (Cf. <http://www.sitesofconscience.org/recursos/networks/south-america/es/>. Acesso em: 06 fev. 2010).

[61] BICKFORD, Louis; SCHULTZ, Debra. Memory and Justice: a Brief and Selected History of a Movement (Part 3). 2009. <http://memoryandjustice.org/about/history/part3>. Acesso em: 05 fev. 2010

[62] No site <http://www.chgs.umn.edu/museum/memorials/> há inúmeros exemplos de memoriais sobre o Holocausto espalhados pelo mundo.

[63] Atualmente o programa é coordenado pela ONG Argentina Memória Abierta. Maiores informações, ver: <http://www.sitesofconscience.org/recursos/networks/south-america/es/>.

[64] Cf informações constantes no site: <http://www.pinacoteca.org.br/?pagid=memorial_da_resistencia>. Acesso em: 05 fev. 2010.

No âmbito federal, o 3º PNDH, em sua Diretriz 24 — Preservação da memória histórica e a construção pública da verdade — estabelece como ação para cumprimento do objetivo estratégico de incentivar as iniciativas de preservação da memória histórica e de construção pública da verdade sobre períodos autoritários, a criação e manutenção de museus, memoriais e centros de documentação sobre a resistência à ditadura.

5 Conclusões

Ao longo desse capítulo foi demonstrada a importância de se utilizar os bens culturais e seus mecanismos protetivos na justiça de transição. A ligação entre as temáticas é muitíssimo estreita. E assim, apesar da consolidação da justiça de transição a partir das experiências concretas de países que saíram de situações de violência, nota-se uma aproximação com o sistema de tutela dos direitos e bens culturais no momento de oferecer, de modo concreto, reparações às vítimas, aos familiares e à sociedade.

Assim, sem a tutela jurídica dos bens culturais, a trajetória da justiça de transição pode não alcançar integralmente os objetivos pretendidos. Ao mesmo tempo, no Estado democrático brasileiro, não há sentido refletir sobre um sistema de proteção de bens e direitos culturais que não tenha a verdade como valor de referência cultural ou mesmo que não abrigue e valorize as memórias das vítimas de graves violações de direitos humanos.

As obrigações do Estado brasileiro em relação à reparação simbólica às vítimas da ditadura militar encontram na gestão e no manejo de bens culturais materiais e imateriais uma base com grande potencial. A tutela jurídica de bens culturais vinculados ao período da ditadura brasileira — arquivos, memoriais, museus, guarda de narrativas das vítimas, sítios arqueológicos de restos mortais de desaparecidos, entre outros — representa uma dimensão de justiça que permite a efetividade dos direitos à memória e à verdade.

E, nessa perspectiva jurídica, fica claro o estreito contato entre a temática dos bens culturais e da justiça de transição, assunto ainda pouco estudado em nosso direito, embora a memória seja um elemento essencial tanto para a reparação das vítimas e da sociedade como para a compreensão, seleção e tutela dos bens que integram o patrimônio cultural brasileiro (conforme o artigo 216 da Constituição). Por isso, é importante que no âmbito da justiça de transição sejam elaboradas e implementadas políticas públicas para a proteção, promoção e criação de bens culturais que lembrem o legado de violência do regime autoritário para que as violações de direitos humanos praticadas nunca mais se repitam.

Informação bibliográfica deste texto, conforme a NBR 6023:2002 da Associação Brasileira de Normas Técnicas (ABNT):

SOARES, Inês Virgínia Prado. Justiça de transição e direitos culturais. *In*: BERTOLDI, Márcia Rodrigues; OLIVEIRA, Kátia Cristine Santos de (Coord.). *Direitos fundamentais em construção*: estudos em homenagem ao ministro Carlos Ayres Britto. Belo Horizonte: Fórum, 2010. p. 175-195. ISBN 978-85-7700-367-9.

O Supremo Tribunal Federal Brasileiro e o Direito de Imprensa: Análise da Decisão do STF na ADPF nº 130-DF

Luis Gustavo Grandinetti Castanho de Carvalho

Sumário: Introdução – **1** Natureza jurídica do direito de imprensa (informação) – **2** Possibilidade, ou não, de provimento judicial liminar para cercear a atividade de informação: a questão da ponderação de bens – **3** A responsabilidade penal dos profissionais de imprensa – **4** A responsabilidade civil dos meios de comunicação – **5** Direito de resposta – **6** Sigilo da fonte – Conclusão

Introdução

A decisão do Supremo Tribunal Federal na ação de descumprimento de preceito fundamental, publicada no Diário Oficial de 06.11.2009, que considerou não recepcionada a Lei de Imprensa (Lei nº 5.250/67) pela Constituição de 1988, com apenas um voto discordante, inegavelmente, é um marco entre as decisões daquela Corte, porque provoca algumas consequências sérias no âmbito do direito de imprensa ou direito de informação.

O cerne da decisão, e sua conclusão fundamental, é que não haveria outra solução a não ser decretar a não recepção integral de referida lei, diante da visceral incompatibilidade principiológica entre a Constituição, que prevê uma ampla liberdade de informação, e a Lei de Imprensa, que, ao contrário, prevê inúmeras restrições. Desse modo, assinalou o Ministro-relator Carlos Ayres Britto:

> O que em verdade se tem é uma realidade marcada por diplomas normativos ferozmente antagônicos em sua integralidade. Visceralmente contrários, em suas linhas e entrelinhas. Por isso que imprestável, o de menor escalão hierárquico, para tentativas de conciliação hermenêutica com o de maior envergadura hierárquica, seja mediante expurgo puro e simples de destacados dispositivos da lei, seja mediante o emprego dessa refinada técnica de controle de constitucionalidade que atende pelo nome de "interpretação conforme a Constituição".

Referida decisão, contudo, não representa propriamente uma novidade no cenário jurídico nacional porque as Cortes estaduais e algumas obras de doutrina já vinham assinalando a desconformidade de preceitos da Lei nº 5.250/67 com a Constituição de 1988. A novidade ficará por conta das suas consequências, que haverão de ser desenvolvidas pela doutrina e pela jurisprudência. Ou seja, sem lei específica que regule as relações jurídicas de imprensa, o trabalho de interpretação será verificar, no direito positivo, que regramento passará a viger em determinada hipótese.

Esse será o propósito deste trabalho: contribuir para uma adequada assimilação da decisão do STF e examinar as possibilidades de interpretação que o direito positivo atual fornece ao tema. Será preciso, porém, fazer algumas rápidas incursões na doutrina específica para que os seus institutos sejam bem compreendidos.

Antes de abordar o primeiro tópico, uma palavra sobre a terminologia empregada. Os dicionários costumam definir a palavra imprensa como "a arte da tipografia".[1] Na verdade, o termo deriva da máquina de imprimir caracteres de chumbo embebidos de tinta, no papel, denominada prensa, criada por João Gensfleisch de Sorgeloch, conhecido por Gutenberg, no ano de 1436. Foi por conta de sua invenção que a imprensa pôde se desenvolver. A prensa consagrou-se ao imprimir duzentas Bíblias de uma só vez. Daí o conceito de imprensa, *lato sensu*, como sendo todos os produtos de impressos, abrangendo não só os jornais e revistas, mas os livros, panfletos, cartazes, prospectos, etc. *Stricto sensu*, define os jornais e periódicos de grande circulação.

Modernamente, porém, o termo deixou de ser adequado, porque a atividade de imprensa pode ser desenvolvida por outros meios. Por isso, deve-se compreender o termo imprensa como informação,[2] independentemente do processo gerador. Nesse caso, imprensa e informação são sinônimos e inclui a atividade jornalística dos jornais, revistas, periódicos, televisão e rádio.[3] Os suplementos dos jornais — literários, políticos, de saúde, etc. — são considerados integrados ao veículo (jornal) e são tratados como matéria de imprensa.

Pelo contrário, qualquer impresso não jornalístico não se submete ao regime de imprensa, como, por exemplo, os cartazes, livros, boletins, prospectos, anúncios, etc., o mesmo acontecendo com as atividades de diversão, como as novelas, filmes, espetáculos musicais, etc.[4]

Explicitando o assunto, ao tempo da, agora, não recepcionada Lei de Imprensa, Darcy Arruda Miranda[5] esclarecia que "sempre que a ofensa à honra alheia derivasse de escritos insertos em jornais ou revistas de caráter permanente ou periódico, mas regular, a competência para o seu processo e julgamento não refugia ao âmbito da Lei de Imprensa, ao passo que a ofensa contida em publicações não periódicas, como livros, boletins, avulsos, e outros impressos, refluía para a órbita do direito comum".

---

[1] Minidicionário Aurélio.
[2] Em outro trabalho sobre o tema, concluí que são quatro as espécies de informação: a jornalística, a publicitária, a oficial e a de dados (Cf. CARVALHO, Luis Gustavo Grandinetti Castanho de. *Direito de informação e liberdade de expressão*. Rio de Janeiro: Renovar, 1999).
[3] A inclusão da *internet* nesse rol será examinada mais à frente.
[4] Na mesma obra citada na nota 3, distingui o direito de informação, da liberdade de expressão, pois ambas têm essências diferentes: a informação tem determinadas pautas a cumprir, como o respeito à verdade, à transparência e à imparcialidade, enquanto a liberdade de expressão não se prende a nenhuma destas pautas.
[5] *Comentários à Lei de Imprensa*. São Paulo: Revista dos Tribunais. v. 1. p. 20.

Essas são as diretrizes gerais que guarneciam o tema da liberdade de imprensa até agora. A análise que se seguirá será desdobrada em tópicos que se mostram os mais importantes, sem pretensão de esgotar a temática envolvida e sem pretensão de resolver todas as consequências do julgamento do STF.

1 Natureza jurídica do direito de imprensa (informação)

Feitas as considerações iniciais, podemos passar à natureza jurídica do direito de informação, tema que voltou a surgir no acórdão do STF com alguma novidade. Pode-se situar a liberdade de informação como uma liberdade civil, individual, mas com expressão coletiva, fundamental e essencial, fazendo parte dos denominados direitos fundamentais. Ou, para seguir Carl Schmitt,[6] direito de liberdade do indivíduo em relação com outros, para diferenciá-lo dos direitos de liberdade do indivíduo considerado separadamente.

Desta forma conceituada, trata-se de um direito fundamental, onde vigora o princípio dispositivo, segundo o qual a regra é a liberdade e, a exceção, é a delimitação da intervenção estatal, sempre dependente de lei ou de restrição já prevista na Constituição.

Lato sensu, já foi conceituado como um sub-ramo do Direito Civil, com assento constitucional, que regula a informação pública de fatos, dados ou qualidades referentes à pessoa, sua voz ou sua imagem, à coisa, a serviço ou a produto, para um número indeterminado e potencialmente grande de pessoas, de modo a influir no comportamento humano e a contribuir na sua capacidade de discernimento e de escolha, tanto para assuntos de interesse público, como para assuntos de interesse privado, mas com expressão coletiva.[7]

Assim tem sido tratado o direito de informação até agora. O julgamento da ADPF nº 130-DF trouxe um elemento novo à sua natureza jurídica, como ressaltado anteriormente. O voto do Ministro-relator Carlos Ayres Britto, além da configuração como direito fundamental, acresceu a natureza jurídica de um *sobredireito* da personalidade. Veja-se parte da ementa do acórdão e um trecho do voto:

> Ponderação diretamente constitucional entre blocos de bens de personalidade: o bloco dos direitos que dão conteúdo à liberdade de imprensa e o bloco dos direitos à imagem, honra, intimidade e vida privada. Precedência do primeiro bloco.
>
> (...)
>
> Os direitos que dão conteúdo à liberdade de imprensa são bens de personalidade que se qualificam como sobredireitos: prevalecem as relações de imprensa como superiores bens jurídicos e natural forma de controle social sobre o poder do Estado, sobrevindo as demais relações como eventual responsabilização ou consequência do pleno gozo das primeiras.

---

[6] *Teoría de la Constitución*. Madri: Alianza, 1982.
[7] CARVALHO, Luis Gustavo Grandinetti Castanho de. *Direito de informação e liberdade de expressão*. Rio de Janeiro: Ed. Renovar, 1999.

Como se vê, o Ministro-relator considera o direito de informação como um direito de personalidade, e, ainda, o mais importante dentre eles.

Os direitos da personalidade costumam ser classificados em três ordens de integridade: integridade física (vida, corpo, cadáver), integridade intelectual (criação artística, literária, liberdade de manifestação em geral) e integridade moral ou psíquica (privacidade, nome, imagem, honra). Outra classificação propõe também três divisões, mas não difere substancialmente: direitos da personalidade propriamente (direito à vida e à integridade física), direitos da individualidade pelos quais o homem se demarca (honra, privacidade, imagem, nome, etc.) e direitos ao desenvolvimento (direito às criações e manifestações em geral).

Com efeito, a liberdade de imprensa enfeixa um complexo de direitos da personalidade, que envolve o direito de informar e o de ser informado, tudo tendente à formação da opinião pública, como expressão de um direito de participação política e de cidadania. Contribui para a formação da integridade intelectual da personalidade (conforme a primeira classificação acima referida), para o seu desenvolvimento (como na segunda classificação).

Agiu bem, portanto, o STF, ao considerá-lo, de forma original, como um direito da personalidade.

Como direito de personalidade, o direito de informação tem as mesmas características de qualquer direito da personalidade: inato, extrapatrimonial, absoluto (*erga omnes*), indisponível (irrenunciável), imprescritível (mas o direito pessoal prescreve), intransmissível. Como tal, seu exercício pode sofrer limitação voluntária, desde que não seja permanente nem geral.

Ainda no que diz respeito à natureza jurídica, convém lembrar que a doutrina estrangeira vem assinalando outros aspectos relevantes, alguns tangencialmente ventilados no julgamento referido. Nesse contexto, o direito de informação carrega consigo diversos aspectos originais e que podem ser sintetizados com a clareza empregada por Pilar Cousido:[8] "En tanto que derecho, simplemente, comprende una serie de facultades, entre las cuales se encuentra la investigación y la recepción. Articulando el derecho, como pilares poderosos, el deber troncal de informar y el derecho a ser informado".

Com o somatório dessa natureza jurídica e das características próprias, pode-se dizer, com a doutrina estrangeira especializada, que o direito de imprensa ou direito de informação apresenta quatro aspectos relevantes: direito de informar, direito de ser informado, faculdade de investigar e faculdade de receber ou não a informação.[9]

---

[8] DESANTES GUANTER, José María; BEL MALLEN, Ignacio; CORREDOIRA Y ALFONSO, Loreto; COUSIDO GONZÁLEZ, Pilar; SANZ, Rosa María. *Derecho de la información*. Colex, 1992. p. 65.

[9] A faculdade de receber, ou não, informação corresponde à faculdade de eleição, de opção entre recebê-la ou não, e de escolher qual deseja receber. Trata-se de uma decorrência do pluralismo inerente a um Estado Democrático. Desta forma, o recebedor não está obrigado a receber um determinado tipo de informação, seja política, religiosa ou outra, daí por que esta faculdade está também intimamente ligada com a liberdade de consciência e de crença. A faculdade de receber informação, da mesma forma, está entrelaçada com o direito à proibição de monopólio, estatuída no artigo 220, parágrafo 5º da Constituição brasileira, por meio do qual se tenta proteger a sociedade dos efeitos maléficos da versão única, embora a garantia da pluralidade da informação dependa mais da conjuntura econômica e do desenvolvimento do País do que do texto constitucional.

2 Possibilidade, ou não, de provimento judicial liminar para cercear a atividade de informação: a questão da ponderação de bens

Nunca houve qualquer dúvida a respeito da possibilidade de concessão de liminares *initio litis* para impedir a divulgação de determinada informação. A esse respeito, contudo, a ementa do acórdão do STF traz uma grande novidade: textualmente afasta a possibilidade de concessão de liminares para impedir a informação. Veja-se outro trecho da ementa do acórdão, além do transcrito acima:

> Determinação constitucional de momentânea paralisia à inviolabilidade de certas categorias de direitos subjetivos fundamentais, porquanto a cabeça do art. 220 da Constituição veda qualquer cerceio ou restrição à concreta manifestação do pensamento (vedado o anonimato).
>
> (...)
>
> O exercício concreto da liberdade de imprensa assegura ao jornalista o direito de expender críticas a qualquer pessoa, ainda que em tom áspero ou contundente, especialmente contra as autoridades e os agentes do Estado. A crítica jornalística, pela sua relação de inerência com o interesse público, não é aprioristicamente suscetível de censura, mesmo que legislativa ou judicialmente intentada.

Como se vê, o voto do Ministro-relator vai no sentido da impossibilidade de utilização da técnica da ponderação de bens para o efeito de permitir o cerceamento da liberdade de informar, quando em confronto com outros direitos da personalidade, ao argumento de que a ponderação já foi feita pela Constituição, no artigo 220, dando-se prevalência à liberdade de informar. Nesse quadro, não seria possível a ponderação judicial. Assim, de acordo com o Ministro-relator, inviável a concessão de liminares para impedir a divulgação de qualquer informação. Eventual excesso seria resolvido nas esferas cível e criminal.

Para bem entender o voto condutor, teremos de situar dois problemas: o da diferença entre princípios e regras e o referente à ponderação de bens. Isso porque, a teor do voto condutor: 1. há colisão entre princípios constitucionais entre o sobredireito da personalidade referido à liberdade de imprensa e os demais direitos da personalidade; 2. essa colisão já está resolvida pelo artigo 220 da Constituição, em favor do primeiro.

Para se compreender o pensamento norteador desta conclusão, é preciso esclarecer que se trata de uma colisão de princípios, que podem ser aplicados ao caso concreto de acordo com as possibilidades fáticas existentes. Não são regras antagônicas que podem ser resolvidas pelos tradicionais critérios e em relação às quais se aplica o princípio do tudo ou nada, ou seja, valem ou não valem.[10]

---

[10] A distinção entre princípios e regras começou a ser estabelecida nos anos 40, na Áustria, por Walter Wilburg. Depois, nos anos 50, na Alemanha, Josef Esser lhe deu um tratamento bem aprofundado, convertendo-se em um dos primeiros autores a acentuar a força criadora da jurisprudência em detrimento de um positivismo legalista. Sustentou que, sempre que a jurisprudência tiver que transcender à lei, recorrerá a pensamentos jurídicos gerais, que até poderiam ser extraídos da lei, mas são independentes dela. Uma vez obtido tais pensamentos jurídicos gerais, descobertos a partir de um caso concreto, tais princípios vão se condensando em fórmulas, que, entretanto, nunca deixam de se desenvolver,

Karl Larenz[11] explica seu significado esclarecendo que os princípios não têm o mesmo caráter de regras concebidas de forma geral, às quais se podem subsumir diretamente situações de fato. Precisam, antes, ser concretizados, sendo certo que às concretizações legais subjazem os princípios.

Pois bem: entendido que se trata de uma colisão entre princípios, a doutrina passa a tentar resolvê-la.[12] Uma das soluções preconizadas é a teoria ou técnica da ponderação de bens. É esse o mesmo pensamento de Karl Larenz: "onde o princípio deixe em aberto diferentes possibilidades de concretização, os tribunais estão vinculados à escolhida pelo legislador ordinário, não lhes sendo, portanto, lícito substituí-la por outra".[13]

Jorge Miranda[14] assinala que as contradições de sentido dos princípios devem ser superadas mediante a redução de seus respectivos alcances, ou dando-se prioridade a certo princípio frente ao outro, ou, ainda, utilizando-se a ponderação (hierarquização) dos valores inerentes a eles.

Evidentemente que, se a técnica da ponderação é destinada a resolver a colisão entre princípios, seu limite é a existência de regras jurídicas que concretizem aqueles princípios. Se tais regras se mostrarem constitucionais, são elas que devem ser aplicadas à situação fática concreta e não a ponderação entre princípios, conforme preceitua a doutrina constitucional. As regras, portanto, sejam constitucionais ou infraconstitucionais — desde que constitucionais — se prestam exatamente a balizar a colisão entre princípios, a categorizar em que medida um dado princípio deve ceder diante de outro em uma determinada situação fática. São, assim, regras limitativas do campo de colisão, como, por exemplo, as provas legais negativas, que limitam o princípio do livre convencimento do magistrado.[15]

---

pois estão sempre em processo de conformação (ALEXY, Robert. *Três escritos sobre los derechos fundamentales y la teoría de los principios*. Tradução de Carlos Bernal Pulido. Bogotá: Universidad Externado de Colombia, 2003. v. 28: Teoría jurídica e filosófica del derecho). Um grande impulso no debate da distinção entre princípios e regras foi dado por Ronald Dworkin, segundo o qual "los principios son normas de un grade de generalidad relativamente alto, y las reglas normas con un nivel relativamente bajo de generalidad" (LARENZ, Karl. *Metodologia da ciência do direito*. 3. ed. Lisboa: Fundação Calouste Gulbenkian, 1997. p. 191-193).

[11] *Metodologia da ciência do direito*, p. 674-681.

[12] Tradicionalmente, duas teorias justificam as restrições de direitos fundamentais: a externa e a interna. Pela teoria externa, a restrição é criada pela necessidade (externa a determinado direito) de compatibilizar os direitos de diferentes indivíduos, bem como os direitos coletivos. A teoria interna, por sua vez, sustenta que não existem duas coisas distintas — o direito e a restrição —, mas apenas o direito com um determinado conteúdo. Neste caso, substitui-se o conceito de restrição por limite ou restrição imanente. Partindo do exame das duas teorias, Robert Alexy pretende combinar as duas em seu modelo combinado de princípios e regras, ao afirmar que a correção da teoria externa ou da interna depende, essencialmente, do fato de que as normas fundamentais sejam consideradas como regras ou princípios, e as posições fundamentais como posições definitivas (no caso das regras) ou *prima facie* (no caso dos princípios). Se se tratar de uma posição definitiva, não haverá qualquer limite interno. Se se tratar de uma posição *prima facie*, haverá um limite interno. Ou seja, se se tratar de uma regra constitucional jusfundamental não haverá possibilidade de restrição. Se se tratar de um princípio constitucional jusfundamental, poderá haver restrição (ALEXY, Robert. *Teoría*, op. cit., p. 267/276).

[13] *Op. cit.*, p. 482.

[14] *Teoria do Estado e da Constituição*. Rio de Janeiro: Forense, 2002. p. 452. O autor, contudo, esclarece não aderir a todas as premissas do puro método valorativo que representa a técnica da ponderação de bens.

[15] Entretanto, alerta Robert Alexy, que, em seu modelo combinado de princípios e regras, para dar conta do problema da colisão de princípios jusfundamentais, que as regras que limitam princípios jusfundamentais, às quais ele confere precedência sobre os princípios, não podem assumir uma precedência sempre irremovível, citando expressamente a jurisprudência do Tribunal Constitucional alemão nesse sentido, sendo possível, pois, na sua óptica, afastar a restrição imposta por regra jusfundamental em razão de uma argumentação adequada (ALEXY, Robert. *Teoría...*, op. cit., p. 134/135).

Concluindo, o que o voto do Ministro relator quis transmitir é que, na colisão entre o direito de informação e os demais direitos da personalidade, não se pode proceder à ponderação de bens porque a própria Constituição estabeleceu primazia à primeira, nos termos do *caput* do artigo 220. E, nesse caso, não é possível realizar-se qualquer ponderação judicial que venha a suprimir a liberdade de informação.

Uma leitura atenta de todos os votos, contudo, vai revelar que outros ministros não endossaram a tese do relator, nesse tópico. Embora tenham concordado com o julgamento pela não recepção da Lei de Imprensa, não seguiram o mesmo raciocínio quanto à impossibilidade de uso da teoria da ponderação de bens. Nesse sentido, vejam-se os votos de outros ministros:

Ministro Menezes Direito:
No processo de ponderação desenvolvido para solucionar o conflito de direitos individuais não se deve atribuir primazia absoluta a um ou a outro princípio de direito (citando Gilmar Mendes Ferreira).

Ministro Celso de Mello:
Na existência de conflitos entre o direito de informar e o direito da personalidade, caberá ao Judiciário, mediante ponderada avaliação das prerrogativas constitucionais, definir, em cada caso concreto, a liberdade que deve prevalecer.

Ministro Gilmar Mendes Ferreira:
O constituinte não assegurou à liberdade de informação uma importância maior que ao direito de personalidade.

Desse modo, não se pode dizer que a questão da impossibilidade de ponderação e, consequentemente, de concessão de liminares, esteja pacificada no STF. Muito pelo contrário, em julgamento posterior, rejeitou-se reclamação ajuizada pela *Folha de S.Paulo*, que invocava, justamente, ofensa a esta parte do acórdão.

Por fim, uma palavra sobre o termo *censura* utilizado na ementa. A censura é um ato administrativo arbitrário do Poder Executivo, que age por iniciativa própria, e não está sujeito a recurso. O termo não pode ser aplicado ao Judiciário, que só age mediante provocação, em processo público, sob o contraditório e ampla defesa, com ampla possibilidade recursal. Portanto, é absolutamente inadequado e infundado qualificar de censura a decisão judicial que restrinja a liberdade de informação.

3 A responsabilidade penal dos profissionais de imprensa

No que tange à responsabilidade penal, a decisão do STF representa, também, grande novidade, na medida em que a não recepção da Lei de Imprensa afasta todos os tipos penais nela previstos.

No entanto, o acórdão ressalvou a possibilidade de incidência da legislação em vigor, especialmente penal e referente aos delitos de injúria, calúnia e difamação:

> As matérias reflexamente de imprensa, suscetíveis, portanto, de conformação legislativa, são as indicadas pela própria Constituição, tais como: direitos de resposta e de indenização, proporcionais ao agravo; proteção do sigilo da fonte e responsabilidade penal por calúnia, injúria e difamação...

Assim, os tipos penais que possam ser praticados no exercício da liberdade de imprensa incidem plenamente. Não só os referidos no acórdão, mas, por exemplo, o de violação de segredo (CP 154) quando o jornalista revelar a fonte da informação, ou o crime de interceptação telefônica (artigo 8º da Lei nº 9.296/96), no caso de o jornalista interceptar comunicação telefônica indevidamente ou revelar indevidamente interceptação a que tenha tido acesso.

No regime da Lei de Imprensa, o crime de calúnia era o único crime contra a honra que permanecia na competência das varas criminais em razão de a pena ser superior a dois anos, já que os demais eram considerados de menor potencial ofensivo e, portanto, de competência dos juizados criminais. Mesmo com o afastamento da Lei de Imprensa do cenário jurídico nacional, o crime de calúnia não deve ser considerado de menor potencial ofensivo porque, normalmente, incidirá a causa especial de aumento de pena prevista no artigo 141 do Código Penal (o crime ser cometido na presença de várias pessoas, por exemplo).

Importante consequência do julgamento é o fim da responsabilidade *per cascades* que vigorava sob a égide da Lei de Imprensa: a transferência de responsabilidade de um suposto autor do crime a outro, chegando a admitir a responsabilidade por culpa, no caso, por exemplo, da responsabilidade do editor por matéria escrita por outrem. Agora, isso não é mais possível: a responsabilidade penal será regida pelo Código Penal e é pessoal do autor da matéria, que deverá ser identificado pelos meios próprios da investigação criminal. Se a matéria for assinada, a autoria estará definida. Se a matéria não for assinada, aí, o inquérito ou termo circunstanciado deve procurar revelar o seu autor, seja diligenciando junto ao órgão de imprensa, seja indiciando-a por outros meios, como a prova testemunhal.

Outra importante consequência é que não é mais possível invocar a extinção da punibilidade pela retratação do agente no crime de injúria, possível no artigo 26 da Lei de Imprensa e não admitida pelo Código Penal. Nesse aspecto, o Código Penal é mais gravoso que a Lei de Imprensa, mas esta não pode mais ser invocada. Como se sabe, dos três crimes contra a honra, apenas a injúria não permitia a retratação, exceto no regime da Lei de Imprensa. Na calúnia e na difamação, a retratação, antes da sentença, sempre acarretou e continuará a acarretar a extinção da punibilidade, conforme dispõe o Código Penal.

Importante ressaltar que tanto na Lei de Imprensa, como no Código Penal, a exceção da verdade deduzida pelo querelado — portanto, o acusado — importava o seu ônus probatório de demonstrá-la. A decisão do STF não tocou neste assunto, mas é inegável que, desde a Constituição de 1988, o ônus da prova é sempre da acusação, o que decorre do princípio da presunção de inocência (CR 5º, LVII), não sendo mais admissível que se sustente o contrário. Esse é um dos axiomas da tese do garantismo de Ferrajoli,[16] que sustenta que "sendo a inocência assistida pelo postulado de sua presunção até prova em contrário, é essa prova contrária que deve ser fornecida por quem a nega formulando a acusação". Por isso, absolutamente equivocado o raciocínio que sustenta que a denúncia ou a queixa-crime funcionam *pro societatis*. No regime democrático, nenhuma acusação, nem pública, nem privada, pode olvidar que a denúncia e a queixa devem se propor a desconstituir a presunção de inocência e, para tanto, devem apoiar-se em indícios consistentes.

Deste modo, tratando-se de crime de imprensa ou não, havendo exceção da verdade, o ônus da prova continua sendo do titular da ação penal. Esse também é o pensamento de Gustavo Henrique Righi Ivahy Badaró[17] que afirmou que, nos crimes contra a honra, a prova da falsidade da imputação cabe, exclusivamente, ao querelante.

No processo penal para apuração de um crime de imprensa, contra a honra, é possível a dedução da exceção da verdade, nos mesmos moldes em que é cabível no crime contra a honra comum. Mas, como incidente em processo para apuração de infração de menor potencial ofensivo, a exceção da verdade deve ser arguída como os demais meios de defesa indiretos na fase da defesa preliminar, conforme a Lei nº 9.099/95, que rege o processo dos crimes de menor potencial ofensivo. No caso de crime de calúnia com causa especial de aumento de pena, que não é considerada de menor potencial ofensivo, a exceção da verdade deve ser deduzida no momento processual próprio, como dispõe os artigos 519 a 523 do Código de Processo Penal.

O processo preparatório conhecido como pedido de explicações, para esclarecer alguma dúvida na matéria jornalística supostamente ofensiva, passa a ser regido pelo artigo 144 do Código Penal, e seguirá no mesmo juízo competente para o processo principal.

Outra consequência: a regra específica de fixação da competência criminal, prevista no artigo 42 da Lei de Imprensa — local em que funcionava a oficina, etc. — deixa de vigorar. No caso de tratar-se de infração de menor potencial ofensivo, a competência será fixada pelo artigo 63 da Lei nº 9.099/95: pelo lugar em que foi praticada a infração penal. Tratando-se de infração de maior potencial ofensivo, a competência será disciplinada pelo artigo 70 do Código de Processo Penal: pelo lugar em que se consumar a infração. Entre as expressões *praticada* e *consumada*, parece, realmente, haver diferença. A primeira revela preocupação com a execução, ou melhor, com a ação ou omissão. A segunda exige o resultado.

Seja como for, nos crimes contra a honra, que são os mais comuns na atividade de imprensa, o momento da prática do crime e da consumação tende a ser o mesmo: quando chegar ao conhecimento do ofendido ou de terceiro. Daí que, se uma notícia publicada num jornal do Rio de Janeiro atingir a honra

---

[16] *Direito e razão*. São Paulo: Revista dos Tribunais. p. 488.
[17] *Ônus da prova no processo penal*. São Paulo: Revista dos Tribunais, 2003.

de alguém residente em Manaus, a competência será do foro em que se deu o conhecimento da matéria ofensiva por parte do ofendido (na injúria) ou de terceiro (na difamação e na calúnia). Conforme o caso e a prova deste conhecimento, a competência poderá ser do foro de Manaus, do Rio de Janeiro ou outro local de residência do terceiro (na difamação e na calúnia).

A solução da Lei de Imprensa — foro do local em que funcionava a oficina impressora, como regra — não era a mais adequada porque obrigava o ofendido a deslocar-se. Por outro lado, a fixação da competência pelo foro do local da consumação do crime (suponha-se a injúria consumada em Manaus) obrigará o jornalista a providenciar sua defesa naquele local, que pode ser muito distante da sua residência. Enfim, trata-se de um problema de política legislativa.

4 A responsabilidade civil dos meios de comunicação

A Lei nº 5.250/67 se dirigia às denominadas empresas jornalísticas, cuja definição encontrava-se no artigo 3º da lei: as que editavam jornais, revistas ou outros periódicos, bem como, os serviços de radiodifusão e de televisão, as agências de notícias e as empresas cinematográficas.

Com a não recepção da lei, não há mais uma definição legal de empresa jornalística. Uma primeira consequência é que, agora, torna-se possível, e com acerto, excluir as empresas cinematográficas do rol de empresas jornalísticas. A equiparação das atividades de cinema e de informação se entendia ao tempo que as empresas cinematográficas editavam um jornal antes dos filmes. Agora isso não acontece mais, razão porque aquela equiparação não tinha mesmo mais sentido.

A segunda consequência é que, sem a amarra que representava referida definição legal de empresa jornalística, pode-se passar a discutir, com mais liberdade, se os provedores de *internet*, que produzem informativos, podem ser inseridos no mesmo tratamento legal dos demais órgãos de comunicação.

No acórdão do STF, a única menção feita ao assunto veio no voto do Ministro-relator, que excluiu tal possibilidade, ao argumento de que o tratamento dispensado pela Constituição à liberdade de imprensa não cogitou do meio *internet*:

> Ficando de fora do conceito de imprensa, contudo, por absoluta falta de previsão constitucional, a chamada "Rede Mundial de Computadores — INTERNET". Artefato ou empreitada tecnológica de grandes e sedutoras possibilidades informativas e de relações interpessoais, sem dúvida, dentre elas a interação *em tempo real* dos seus usuários; ou seja, emissores e destinatários da comunicação *internetizada* a dispor da possibilidade de inverter as suas posições a todo instante. O fisicamente presencial a cada vez mais ceder espaço ao *telepresencial* (viagem que vai do concreto ao virtual), porém, ainda assim, constitutivo de relações sem a menor referência constitucional. O que se explica em função da data de promulgação da Carta Política brasileira (5 de outubro de 1988), quando os computadores ainda não operavam sob o tão refinado quanto espantoso sistema eletrônico-digital de intercomunicação que veio, com o tempo, a se chamar de "rede".

Talvez essa não seja a melhor solução. Não é o meio para difundir informações que deve preponderar para o efeito de determinar o tratamento legal, mas a natureza jurídica da atividade: se a atividade for de prestação de informações, seja por meio impresso, ou por radiodifusão, ou pela *internet*, o tratamento deve ser idêntico. Ademais, não se pode engessar a Constituição, deixando de aplicá-la apenas porque não existia o meio *internet* ao tempo de sua discussão e promulgação. Uma das missões da Constituição é, justamente, projetar-se para o futuro.

No que toca ao tema sobre quem deve recair a responsabilidade civil, que sempre foi da empresa jornalística, o STJ passou a admitir a responsabilidade tanto do autor do escrito, como do proprietário da empresa (Súmula nº 221), bem como passou a desconsiderar a indenização tarifada, limitada, prevista na Lei de Imprensa (Súmula nº 281). O acórdão do STF não contradiz as duas súmulas, de modo que as duas interpretações devem ser mantidas.

Previa a lei a exclusão da responsabilidade quando invocada e provada a exceção da verdade. Mas a excludente só podia ser utilizada se permitida em casos de calúnia e de difamação. Mesmo nos casos onde era prevista a possibilidade de utilização da exceção da verdade, ela não podia ser deferida se o fato imputado dissesse respeito à vida privada do ofendido e se não tivesse sido divulgado em razão do interesse público, ainda que verdadeiro. O acórdão do STF não toca no assunto. Na verdade, há muito a jurisprudência não se prendia à existência, ou não, de exceção da verdade para exclusão da responsabilidade civil, procurando interpretar os casos em que a informação pudesse ser considerada abusiva ou não.

Questão que fica inteiramente aberta é a que se refere ao elemento subjetivo para caracterizar a responsabilidade civil dos meios de comunicação. No regime da Lei de Imprensa, a responsabilidade civil era subjetiva, calcada no dolo ou na culpa, seguindo, aliás, a tradição do direito brasileiro. Se se considerar, contudo, que a prestação do serviço consistente em informar integra uma relação de consumo e que o eventual dano causado caracteriza-se como um dano moral difuso aos potenciais leitores ou espectadores,[18] é possível sustentar-se a aplicação do sistema de responsabilidade civil do Código do Consumidor, especialmente de seu artigo 20, que disciplina a responsabilidade sem culpa do fornecedor de serviços.[19] Assim, em caso de defeito na prestação de serviços — e

---

[18] CARVALHO, Luis Gustavo Grandinetti Castanho de. *op. cit.* e *Liberdade de informação e o direito difuso à informação verdadeira*. Rio de Janeiro: Renovar, 2004.

[19] Não há, entretanto, que se confundir no plano doutrinário responsabilidade objetiva e responsabilidade presumida. Na responsabilidade objetiva, a obrigação de indenizar existe sem qualquer investigação de culpa, bastando o dano e o nexo causal. Na responsabilidade presumida, ao contrário, o ônus da prova de não ter agido culposamente cabe ao ofensor. Louis Josserand explica que a responsabilidade presumida funda-se no sistema das provas e, mais precisamente, nas presunções, que é a "a indução dum fato desconhecido tirada de um fato conhecido". As presunções podem ser de duas ordens: as presunções legais, que são obras da lei; e as presunções judiciais, "deixadas às luzes dos juízes". No primeiro caso, a presunção é absoluta e exclui qualquer prova contrária, salvo a existência de força maior ou a culpa da vítima, como no caso do dono de um cão que morde alguém, em que lhe é permitido provar a culpa deste em ter molestado o animal. Sobre a presunção judicial, discorre *Josserand* fornecendo o exemplo do empresário de transportes e explicando que "há fatos que trazem em si mesmos a prova de sua origem, que são por assim dizer assinados; por sua natureza mesma, eles excluem a culpa, a intervenção, a negligência da vítima". Seria irrisório, prossegue ele, exigir do viajante a prova da culpa do transportador. A responsabilidade exclui a intervenção da vítima e, portanto, a sua culpa. O fato danoso é um fato culposo. Nas duas presunções o ônus da prova incumbe inteiramente a quem produziu o fato (CARVALHO, Luis Gustavo Grandinetti Castanho de. *Direito de informação e liberdade de expressão*, p. 212/213).

O defeito aqui deve ser compreendido como má qualidade da informação, — o fornecedor poderia responder independentemente de culpa. A tese fica ainda mais reforçada com o Código Civil de 2002. É que o artigo 187 trata do abuso do direito, considerando-o ato ilícito e não exigindo nenhum elemento subjetivo para sua configuração, bastando, portanto, a constatação do abuso e a existência do dano.

O parágrafo único do artigo 927 do mesmo Código, por sua vez, cogita da responsabilidade objetiva *quando a atividade normalmente desenvolvida pelo autor do dano implicar, por sua natureza, risco para os direitos de outrem*. Ora, atividade, segundo a doutrina, é a prestação de um serviço de modo economicamente organizado. Portanto, as empresas jornalísticas podem se adequar perfeitamente no conceito de atividade, usado pelo dispositivo legal. Ademais, tal atividade representa sempre um risco, aferível pela existência ou não de regras específicas de segurança, que, no caso da imprensa, correspondem ao preenchimento de uma pauta ética que, em princípio, torna lícita a atividade, se observada: verdade, imparcialidade, transparência e interesse público.

Esse sistema de responsabilidade civil é condizente com um novo sistema de organização das empresas jornalísticas, propiciado pela Emenda Constitucional nº 36/2002, e que permite a titulação destas por pessoa jurídica e, ainda, com participação de capital estrangeiro no limite de 30% do capital.

Ocorre que, para se sustentar tal tese e para não se incorrer em um tratamento muito gravoso para as empresas jornalísticas, o mesmo sistema de responsabilidade civil — sem culpa — deveria prever um prazo bastante curto para o exercício do direito de ação, de natureza decadencial, como o prazo decadencial de três meses previsto na antiga Lei de Imprensa, agora banida do ordenamento jurídico. Isso porque prazos mais longos imporiam às empresas jornalísticas o gravame de manterem suas pesquisas jornalísticas, fontes de informação, gravações e filmagens devidamente guardadas por um período bastante longo, já que seria delas o ônus de desincumbirem-se da prova de que não agiram ilicitamente, ou seja, de que a informação não foi abusiva e que respeitaram aquela pauta ética acima referida. Sem a previsão de um prazo decadencial curto para o exercício do direito de ação, o mais justo é continuar a responsabilidade civil dos meios de comunicação sob a égide da responsabilidade subjetiva.

A decisão do STF não toca neste ponto específico da responsabilidade civil e é bem provável que a jurisprudência continue mesmo se pautando pela responsabilidade subjetiva.

5 Direito de resposta

A parte da Lei de Imprensa que cuidava do direito de resposta, evidentemente, não era inconstitucional, pois tal direito está expresso na mesma Constituição, no artigo 5º, V, bem como na Convenção Americana de Direitos Humanos (Pacto de São José da Costa Rica), de 1969, que entrou em vigência no Brasil, em 1992, como norma materialmente constitucional, segundo decisões do próprio Supremo.

Então, como entender a decisão do STF? Por que considerou inconstitucional toda a lei e não parte dela? É que o espírito e os princípios da Lei de Imprensa eram incompatíveis com a ordem constitucional, porque se baseavam, de um lado, na intervenção do Estado para controlar a linha editorial dos meios de comunicação e, de outro — e para obter o seu apoio —, no esquecimento dos leitores/espectadores que não eram reconhecidos como titulares de qualquer direito.

E, agora, o que fazer com o direito de resposta? O voto do Ministro-relator ressalvou o direito de resposta, considerando-o diretamente aplicável a partir da Constituição, sem necessidade de previsão em legislação ordinária:

> O direito de resposta, que se manifesta como ação de replicar ou de retificar matéria publicada é exercitável por parte daquele que se vê ofendido em sua honra objetiva, ou então subjetiva, conforme estampado no inciso V do art. 5º da Constituição Federal. Norma, essa, "de eficácia plena e de aplicabilidade imediata (...).

Assim, segundo a decisão, os juízes podem continuar assegurando o direito de resposta, com apoio na Constituição. E, também, com apoio na Convenção Americana sobre os Direitos Humanos.[20] Mas como fazê-lo? O STF nada diz de específico, apenas invoca os Códigos existentes (civil, penal e os dois processuais) e alude à natureza jurídica de uma ação de replicar.

A única legislação que poderia ser invocada para concretizar esse direito, por analogia, é o Código de Defesa do Consumidor, em cujo artigo 60 está regulada a contrapropaganda (na verdade, contrapublicidade, instituto bem similar), determinando que será custeada por quem der origem à publicidade ilícita e será publicada no mesmo órgão, com a mesma frequência, horário e espaço da matéria, tudo com o objetivo de *desfazer o malefício* da publicação. A ação cabível teria a natureza cível do Código referido e, não mais, criminal, como o era sob a vigência da Lei de Imprensa. E, desse modo, seria cabível a antecipação de tutela, nos termos do artigo 273 do Código de Processo Civil, observando-se os seguintes requisitos: verossimilhança da alegação, o dano ser de difícil reparação — e quase sempre a ofensa a honra o é; e, finalmente, a reversibilidade, que, no caso de imprensa, consistirá no reconhecimento do direito de o jornal cobrar pela publicação da resposta em caso de improcedência do pedido.

Embora tenha percebido que a informação tem um sentido público e que interessa a todos os leitores e espectadores, o acórdão do STF parecer se satisfazer com o tratamento privatístico que vem sendo dado ao direito de resposta. Na verdade, a ausência de legislação específica pode ser uma grande oportunidade de promover um salto de qualidade no tratamento da matéria. É que toda a Lei de Imprensa tinha uma visão individualista, o que também acontecia com o direito de resposta, somente cabível quando alguém ou um órgão público fosse acusado

---

[20] "Artigo 14. 1 – Toda pessoa atingida por informações inexatas ou ofensivas emitidas em seu prejuízo por meios de difusão legalmente regulamentados e que se dirijam ao público em geral tem direito de fazer, pelo mesmo órgão de difusão, sua retificação ou resposta, nas condições que estabeleça a lei."

ou ofendido, ou a respeito de quem fosse publicado fato inverídico. Uma notícia de interesse público inexata não seria passível de correção, ou de atualização, porque nenhuma pessoa particularizada ou órgão público teria sido ofendido ou acusado. Acontece que os meios de comunicação assumiram uma função social e política tão importante que os institutos jurídicos a eles relacionados devem deixar a estreiteza individualista para assumirem um perfil adequado ao interesse público que eles desempenham. Desse modo, para assegurar a lisura na formação da opinião pública, impõe-se conceber o direito de resposta não só como instrumento de proteção da honra agredida, mas, também, como instrumento de correção de informações inexatas e que tenham interesse público.

Com o mesmo escopo de transmudar a noção de informação, de um mero interesse privado para um interesse público, e consequentemente a noção de dano, é que o direito de resposta também deveria ter o enfoque precípuo de ampliar o acesso à informação por parte dos leitores e espectadores, com a possibilidade de conhecerem um outro ponto de vista (o do suposto ofendido). Assim, a melhor tendência seria minimizar a eventual indenização cível, ou mesmo eliminá-la, quando o veículo de imprensa publicar a resposta ou a retificação, espontaneamente ou a pedido do suposto ofendido.

6 Sigilo da fonte

O Conselho da Europa, em 1973, definiu o sigilo da fonte desse modo: "consiste no direito de o jornalista negar-se a revelar a identidade do autor da informação ao seu empregador, a terceiros, a autoridades públicas e judiciais. É também o dever de não revelar publicamente as fontes de informações recebidas em forma confidencial". É, portanto, tanto dever, como direito.

O STF o considerou como um dever, segundo o voto do Ministro-relator:

> Mas o exercício de tais liberdades não implica uma fuga do dever de observar todos os incisos igualmente constitucionais que citamos no tópico anterior, relacionados com a liberdade mesma de imprensa (a começar pela proibição do anonimato e terminando com a proteção do sigilo da fonte de informação). Uma coisa a não excluir a outra, tal como se dá até mesmo quando o gozo dos direitos fundamentais à liberdade de pensamento e de expressão da atividade intelectual, artística, científica e de comunicação, além do acesso à informação, acontece à margem das atividades e dos órgãos de imprensa (visto que o desfrute de tais direitos é expressamente qualificado como "livre").

Não era propósito do STF discutir sobre eventual relativização do sigilo da fonte, como ocorreria, por exemplo, se o jornalista fosse intimado a revelar sua fonte em caso de investigações criminais, etc. Mas convém que se examine essa possibilidade.

A faculdade de investigar, inerente ao direito de informação, implicará a garantia de sigilo quanto às fontes informativas utilizadas pelo profissional da imprensa. É que o jornalista, que tem por objetivo a busca de informações, ficaria limitado se estivesse sempre obrigado a declinar a fonte de suas investigações.

Esta obrigação representaria uma indesejável perda de informações úteis à sociedade, como as de corrupção, de falcatruas de toda a ordem, de inexistência de licitação quando obrigatória, que hoje são denunciadas quase que diariamente pela imprensa. Imaginem se os jornalistas que desvendam tais irregularidades fossem obrigados a declinar o nome dos funcionários que, de uma forma ou de outra, indicaram o caminho para as denúncias.

Desta forma, ganha a sociedade com a informação, protege-se a fonte e, se a informação for verdadeiramente abusiva, punir-se-á o jornalista e/ou o órgão da imprensa, já que estes não podem escudar-se no sigilo da fonte, que somente é dirigido à própria fonte, e não a quem dela se serve para noticiar.

Na verdade, para o jornalista, o sigilo da fonte representa um dever de não divulgar a identidade desta, cujo descumprimento poderá tipificar o crime de violação de segredo profissional descrito no artigo 154 do Código Penal.[21]

Gregorio Badeni,[22] citando Fidel Isaac Lazzo, configura a natureza jurídica do sigilo como "un derecho subjetivo de naturaleza pública que integra la libertad institucional de prensa. Ese secreto coadyuva a obtener y difundir la información que interesa a la sociedad ya que, tanto en el ámbito privado como en el gubernamental, se generan datos y noticias que son revelados bajo la condición expresa de preservarse la reserva de la fuente del informante".

A lição amolda-se, com mais razão, à lei brasileira, porque na pátria do autor citado, a Argentina, não há sequer previsão constitucional para o sigilo da fonte, o que não ocorre no Brasil, cuja Constituição o previu, no artigo 5º, inciso XIV.[23]

A justificação do instituto, de acordo com Ignacio Bel Mallen,[24] "se debe buscar en el proprio derecho del público a estar convenientemente informado".

A Constituição brasileira eleva o direito ao segredo à condição de um direito fundamental. Consequentemente, não poderia lei infraconstitucional estabelecer exceções. A colisão de direitos entre o direito ao sigilo da fonte e o de revelá-la deve ser resolvida mediante a ponderação de bens. Por exemplo, se um jornalista for acusado em processo penal e se a identificação da fonte for suficiente para livrá-lo da incriminação, poderá eximir-se do dever de sigilo, sob a égide do princípio constitucional da ampla defesa e do instituto penal do estado de necessidade. Ao contrário, não seria exigível que o jornalista revelasse a fonte para o fim de incriminá-la, pois o princípio constitucional não permitiria.

A doutrina esclarece que não só a fonte está acobertada pelo direito, mas também tudo que concorreu para a obtenção da informação junto à fonte, como filmes, gravações, documentos, etc.,[25] o que compreenderia também os registros telefônicos.

---

[21] "Artigo 154 do Código Penal – Revelar alguém, sem justa causa, segredo, de que tem ciência em razão de função, ministério, ofício ou profissão, e cuja revelação possa produzir dano a outrem: Pena – detenção, de 3 (três) meses a 1 (um) ano, ou multa. Parágrafo único – Somente se procede mediante representação."
[22] *Libertad de prensa*. Buenos Aires: Abeledo Perrot. p. 176
[23] "Artigo 5º, IX – é assegurado a todos o acesso à informação e resguardado o sigilo da fonte, quando necessário ao exercício profissional;"
[24] *Derecho de la información*. Madri: Colex, 1992. p. 224.
[25] *Derecho de la información*. Madri: Colex, 1992. p. 229.

Mas o instituto não é tão livre de críticas como possa parecer. Ignacio Bel Mallen[26] transcreve uma síntese, elaborada por Desantes Guanter, no direito espanhol, das críticas mais comuns: a função dos tribunais de preservar a lei e a ordem deve prevalecer, caso contrário o direito ao sigilo pode acarretar uma condenação penal a terceiros; o jornalista recebe a notícia para torná-la pública, situação bem diferente do que ocorre com o médico, o advogado e o sacerdote; não há qualquer demonstração de que a imprensa funcione melhor com o segredo do que sem ele.

As críticas são respeitáveis, mas deve prevalecer o entendimento de que o direito ao sigilo instrumentaliza o direito de informação e torna mais concreta a liberdade de imprensa. O interesse social de difusão da notícia — que sem esta garantia certamente não se tornaria pública — aponta para a correção em dar-se ao instituto estatura constitucional.

Por outro lado, a invocação do sigilo da fonte não se presta a eximir os meios de comunicação, nem os jornalistas, de sua responsabilidade pela publicação de informação ilícita.

Conclusão

Não há qualquer dúvida de que a decisão do STF é muito bem-vinda, porque há muito que os tribunais brasileiros vinham declarando a não recepção de muitos dos dispositivos da Lei de Imprensa, de 1967, produto do período ditatorial que o Brasil viveu a partir de 1964.

O que se espera é que o Poder Legislativo regule alguns poucos aspectos que precisam de um tratamento compatível à importância social e política que a atividade de imprensa, por qualquer meio ou veículo, atingiu no final do século XX e que promete ser mais destacada ainda no século atual.

Sobretudo, deve o Poder Legislativo configurar a liberdade de informação como um direito difuso, de modo que o leitor ou espectador sejam alçados a uma posição ativa do processo informativo, com todas as consequências jurídicas que esse tratamento requer, especialmente relacionadas ao critério adotado para a responsabilidade civil. Do mesmo modo, em homenagem ao importante papel institucional que os meios de comunicação representam, o Legislativo deveria cuidar de protegê-los da litigância abusiva, seja prevendo prazo decadencial para o exercício do direito de ação, seja estabelecendo regras de competência, inclusive para permitir a reunião de ações conexas, seja estimulando a publicação de resposta.

Informação bibliográfica deste texto, conforme a NBR 6023:2002 da Associação Brasileira de Normas Técnicas (ABNT):

CARVALHO, Luis Gustavo Grandinetti Castanho de. O Supremo Tribunal Federal Brasileiro e o Direito de Imprensa: Análise da Decisão do STF na ADPF nº 130-DF. In: BERTOLDI, Márcia Rodrigues; OLIVEIRA, Kátia Cristine Santos de (Coord.). *Direitos fundamentais em construção*: estudos em homenagem ao ministro Carlos Ayres Britto. Belo Horizonte: Fórum, 2010. p. 197-212. ISBN 978-85-7700-367-9.

---

[26] *Ibidem*, p. 227.

Parte II

Mecanismos para a Efetividade dos Direitos Fundamentais

Os Direitos Sociais e o Judiciário: Reflexões a favor de um Olhar Sociológico

Luciano Oliveira

Uma das inovações mais importantes verificadas no mundo do direito ao longo do século XX foi o surgimento dos chamados direitos sociais, econômicos e culturais — que doravante, por economia, chamarei simplesmente de *sociais* —, às vezes também chamados de direitos humanos de segunda geração, para distingui-los dos direitos civis e políticos da tradição liberal clássica, enunciados em 1789 pelos revolucionários franceses na primeira Declaração dos Direitos do Homem. A referência geracional lastreia-se no fato histórico de que, segundo uma bem assentada tradição analítica, foi o exercício dos primeiros que levou ao reconhecimento dos segundos.

Mas se o exercício dos direitos civis — que tornaram possível as liberdades de imprensa e de organização — levou aos direitos políticos de votar e ser votado, não foi o simples exercício manso e pacífico desses direitos que levou aos direitos sociais do trabalho, saúde, educação, moradia, lazer, etc. O processo não foi tão sereno quanto podem dar a entender as sumárias descrições didáticas do seu percurso. Hoje, quando tais direitos viraram enunciados corriqueiros — mas não a sua realização, óbvio! —, corremos o risco de esquecer que eles emergiram, como diria o Bardo inglês, em meio ao "som e a fúria" que são o fardo da história. Foi no México, em 1917, e em seguida na Alemanha, em 1919, que surgiram as primeiras constituições[1] anunciando-os. Foram enunciados em contextos extremamente conflituosos: o México, esse, havia feito uma revolução, e a Alemanha, arruinada pela derrota na Primeira Guerra Mundial, vivia um período de permanente insurreição de que resultou a efêmera República de Weimer, recepcionando os direitos sociais até como forma de exorcizar a ameaça da temida revolução comunista — uma possibilidade virtual desde que, dois anos antes, e não muito longe dali, os russos haviam feito sua revolução e instituído o primeiro regime comunista no mundo. No mesmo ano da Constituição de Weimer, aliás — vale dizer, em 1919 —, os revolucionários russos enunciaram a sua Declaração dos Direitos do Povo Trabalhador e Explorado, na qual, obviamente, os direitos sociais eram a tônica.

Quase 30 anos depois, em seguida à terrível catástrofe da Segunda Guerra Mundial, a Declaração Universal dos Direitos Humanos da ONU —

---

[1] Sobre o tema, ver LIMA JR., Jayme Benvenuto. *Os direitos humanos econômicos, sociais e culturais.* Rio de Janeiro/São Paulo: Editora Renovar, 2001. p. 21-24.

simbolicamente enunciada em Paris, a mesma cidade que vira nascer a primeira Declaração em 1789 —, num contexto em que a polarização entre capitalismo e comunismo compunha um cenário que induzia ao compromisso, o novo documento juntava habilmente os direitos civis e políticos da tradição liberal e os direitos sociais da tradição socialista. Analisada de perto, vê-se que a Declaração de 1948 contém o que seria um programa do regime social-democrata — o famoso *welfare state* que vigorou (e de certa forma vigora ainda) nas democracias capitalistas da Europa ocidental, caracterizado por uma combinação de princípios do liberalismo clássico com princípios de justiça social. Noutros termos, de capitalismo com socialismo, ou, para usar as grandes palavras dos idos de 1789, de liberdade com igualdade.

A referência às palavras de ordem da Revolução Francesa não é sem propósito. Ela quer lembrar que a preocupação com os direitos sociais das massas finca raízes bem longe no imaginário político moderno. Uma leitura marxista durante muito tempo hegemônica nos acostumou a ver nos eventos de 1789 uma revolução burguesa por excelência. O juízo é, no geral, verdadeiro, nem que seja pelo fato de que à turbulência revolucionária de fins do século XVIII sucedeu a sólida sociedade burguesa do século XIX, mas é um tanto sumário. Vale lembrar que a Revolução é um processo longo e tortuoso, e que o movimento, num determinado momento, mudou de rumo e se radicalizou: em 1793, uma nova Declaração dos Direitos do Homem e do Cidadão, hoje praticamente esquecida, via a luz do dia. Nela encontram-se já dois dispositivos que podem ser considerados como precursores dos direitos sociais do futuro *welfare state*, estabelecendo, respectivamente, o direito ao trabalho e à educação. O primeiro era anunciado por um artigo 21, que prescrevia: "O socorro público é uma dívida sagrada. A sociedade é devedora da subsistência aos cidadãos miseráveis, seja lhes proporcionando trabalho, seja assegurando os meios de existência àqueles que não têm condições de trabalhar". E, no que diz respeito à educação, dizia o artigo 22: "A instrução é uma necessidade de todos. A sociedade deve favorecer com todo o seu poder os progressos da razão pública, e colocar a instrução ao alcance de todos os cidadãos".[2]

Quando, um século e meio depois, proclamou-se a Declaração de 1948, esses princípios que irrigaram as lutas sociais do século XIX e, no século XX, a revolução socialista de 1917, vieram inscrever-se com riqueza de detalhes no novo documento, o qual dedica aos direitos sociais nada menos do que cinco artigos — do 22 ao 27. O prestígio desses novos direitos, concomitante à relevância que adquiriu a chamada "questão social", talvez explique um curioso deslocamento que se operou na menção ao direito de propriedade — pedra de toque da sociedade burguesa — entre a declaração *liberal* de 1789 e a declaração *social-democrata* de 1948. Na primeira, a propriedade figura com um destaque inusitado e, sem exageros, único, pois além de aparecer logo no artigo segundo — ao lado da liberdade, da segurança e da resistência à opressão —, como um

---

[2] Textos extraídos de FAURÉ, Christine. *Les déclarations des droits de l'homme de 1789*. Paris: Éditions Payot, 1988. p. 375. (Traduzidos pelo autor).

dos direitos "naturais e imprescritíveis do homem", volta a ser referido no último artigo da Declaração, o de número 17, como sendo um "direito inviolável e sagrado" — o único a merecer esses qualificativos. Já em 1948, num contexto inteiramente outro, a propriedade não aparece com destaque logo nos primeiros artigos. Quando vai aparecer, é num distante artigo 17 — curiosamente, o mesmo número do artigo que em 1789 a definira como inviolável e sagrada —, mas sem essa aura de inviolabilidade e sacralidade. O dispositivo apenas diz sucintamente que "todo homem tem direito à propriedade", menção imediatamente mitigada pela observação de que ele tem esse direito "só ou em sociedade com outros", complemento sem dúvida destinado a tornar a Declaração mais palatável para os países comunistas, notadamente a União Soviética, à época a segunda maior potência militar do planeta e uma das grandes vencedoras da guerra mundial recém-terminada.

Em idêntico contexto político, os grandes países europeus que se reconstitucionalizaram em seguida à tragédia da qual acabavam de sair inseriram em seus novos dispositivos constitucionais iguais princípios. Assim, a França, que já em 1946, na nova Constituição proclamada por um governo provisório onde comunistas e socialista tinham uma presença marcante, faz referência, no seu Preâmbulo, à Declaração de 1789 e a "atualiza", proclamando explicitamente "os princípios políticos, *econômicos e sociais* particularmente necessários ao nosso tempo" (itálicos meus). Da mesma maneira, e ainda mais explicitamente, o art. 3º da Constituição italiana de 1948 diz:

> É missão da República remover os obstáculos de ordem econômica e social que, limitando de fato a liberdade e a igualdade dos cidadãos, impedem o pleno desenvolvimento da pessoa humana e a efetiva participação de todos os trabalhadores na organização política, econômica e social do país.

Tal programa, como vimos, tinha já feito uma primeira aparição, mesmo que em seguida frustrada pela restauração napoleônica, nos idos de 1793. Sublinhe-se, assim, a longevidade e continuidade dessas aspirações, as últimas reafirmando e expandindo as primeiras. Essas referências mostram que, tanto histórica quanto doutrinariamente, os direitos civis e políticos da tradição liberal podem ser vistos, para usar uma expressão de Claude Lefort, como "fazendo um só corpo" com os direitos sociais da tradição socialista.[3] Essa indivisibilidade de certa forma já está presente no texto mesmo da Declaração de 1948 quando, ao fim dos *consideranda*, se autoproclama como "ideal comum a ser atingido por todos os povos". Mais recentemente, foi explicitamente proclamada na IIª Conferência Mundial sobre Direitos Humanos de 1993, mais conhecida como "Conferência de Viena": no parágrafo 5º da sua declaração final, lê-se que "todos os direitos humanos são universais, indivisíveis, interdependentes e inter-relacionados".[4]

---

[3] LEFORT, Claude. *Essais sur le politique – XIXe et XXe siècles*. Paris: Seuil, 1986. p. 50.
[4] Citado por ALVES, J. A. Lindgren. A agenda social da ONU contra a desrazão 'pós-moderna'". *In: Revista Brasileira de Ciências Sociais*, ANPOCS, n. 30, 1996, p. 69.

Também no Brasil o século passado viu o surgimento da "questão social" e seu rebatimento nas várias constituições do período. Desde a de 1934, editada em consequência das turbulências revolucionárias de 1930, vai aparecer sempre um capítulo dedicado à Ordem Econômica e Social — fórmula ritualmente seguida nas constituições seguintes, com a única exceção da Constituição de 1937, em que a designação aparece amputada do "social", figurando apenas como Ordem Econômica. Nas demais, o teor programático do que deve ser a ordem econômica *e social* é praticamente o mesmo: ela "deve ser organizada [...] de modo que possibilite a todos existência digna" (CF de 1934, art. 115); "deve ser organizada conforme os princípios da justiça social" (CF de 1946, art. 145); "tem por fim realizar a justiça social" (CF de 1967, art. 157). Para não mencionar o fato de que, em todas elas, há sempre um capítulo dedicado à educação, onde se prevê sua gratuidade — timidamente nas de 1934 e 1937, e daí em diante cada vez mais abrangente. Outra nota importante é que, a partir da Constituição de 1946, ingressa o princípio, desde então sempre repetido, do condicionamento social do uso da propriedade, inicialmente assim formulado: "O uso da propriedade será condicionado ao bem-estar social" (CF de 1946, art. 147). Na de 1967, adota-se uma expressão que vai se tornar de uso corrente: a "função social da propriedade", que figura como um dos princípios da Ordem Econômica e Social (art. 157, III) daquela Constituição e, na atual, vem assim formulado: "a propriedade atenderá a sua função social" (CF de 1988, art. 5º, XXIII).

Com o que chegamos à "constituição cidadã" de 1988, assim apropriadamente chamada por ter estendido de tal maneira o rol de direitos que, praticamente, todos os direitos humanos tornaram-se, para usar uma terminologia corrente, igualmente direitos fundamentais — esses entendidos como os direitos humanos que são positivados pelo ordenamento jurídico estatal. Aqui, mais do que em qualquer outro lugar, não subsistem dúvidas quando à afirmação de que os direitos sociais, tanto quanto os direitos civis e políticos, são igualmente direitos desse tipo. Isto posto, chamaria a atenção para alguns problemas relacionados à sua efetivação. E com isso não estou me referindo genericamente às óbvias dificuldades que cercam o projeto de construção de uma social-democracia num país com um déficit social iníquo como o nosso. Estou, especificamente, me referindo a certas dificuldades, digamos, técnico-jurídicas, relacionadas aos direitos sociais enquanto *direitos*, quando os contrapomos aos direitos civis e políticos da tradição liberal. Aqui, abandono o terreno da dogmática e ingresso naquele outro, menos confortável, da sociologia.

Como disse, considero o ingresso dos direitos sociais no mundo aristocrático do Direito tradicional um dos acontecimentos mais importantes, juridicamente falando, do século que passou. Entre nós, sobretudo depois da Constituição de 1988, o Direito — aqui entendido como ordenamento jurídico, mas também suas instituições — passou a ter uma visibilidade inédita e uma importância social que nunca teve no Brasil. Basta, para dar um exemplo trivial, pensar na verdadeira refundação por que passou o Ministério Público: antes, uma instituição um tanto apagada cuja face mais visível era a de um esgoelado promotor público acusando no Tribunal do Júri; hoje, uma instituição moderna e onipresente, cujo perfil mais conhecido é o do promotor de justiça acuando corruptos e agindo em defesa dos interesses e direitos coletivos da população. É uma mudança e tanto! Um sutil deslizamento terminológico a assinala muito bem: ao promotor *público*, sucedeu o promotor de *justiça*... Na própria linguagem constitucional há também uma mudança que dá igualmente conta dessa passagem de um direito estritamente comprometido com querelas particulares, para um direito aberto a demandas plurais e coletivas de uma sociedade complexa como a que temos hoje. Refiro-me a uma fórmula célebre que, adotada pela Constituição de 1946 (art. 141, §4º), foi literalmente repetida pela de 1967 (art. 150, §4º): "A lei não poderá excluir da apreciação do Poder Judiciário *qualquer lesão de direito individual*". Na atual Constituição (art. 5º, XXXV), ela foi assim redigida: "A lei não excluirá da apreciação do Poder Judiciário *lesão ou ameaça a direito*" (itálicos meus nos dois casos). Como se vê, não chega a ser necessário que a lesão se consume para que o Judiciário possa intervir; além disso, e certamente mais importante para o que nos interessa, desapareceu o qualificativo — no caso, restritivo — de "individual" no direito a ser protegido. É outra mudança e tanto!

Essa abertura do direito no Brasil para a realidade circundante, tanto quanto uma espécie de *aggiornamento* de um grupo não negligenciável dos seus operadores, não se deu de uma hora para outra. Ela foi precedida pelo florescimento, entre fins dos anos 70 e o começo dos anos 90 — com toda a década de 80 de permeio —, de uma cultura crítica sobre o próprio direito que teve uma presença muito forte no universo acadêmico daqueles anos. Num contexto marcado por fatores de ordem política (redemocratização do país), social (aparecimento dos chamados "novos movimentos sociais") e econômica (uma miserabilização sem precedentes da pobreza urbana), surgiu nos círculos universitários brasileiros a chamada "perspectiva crítica", marcada, entre outros elementos, por uma rejeição do positivismo normativista dominante nas escolas de direito.[5] Data dessa época toda uma literatura "alternativa" em que a rejeição dos princípios do direito posto é às vezes de tal modo radical que o analista, lendo-a anos depois, flerta com a hipótese de que o excesso de iconoclastia deva-se ao militantismo ou à própria juventude dos seus autores! Dou alguns exemplos. Para Miguel Pressburger, "o Direito estatal está envelhecido, imprestável, irreversivelmente esclerosado";[6] já Edmundo Lima de Arruda Jr. considera que, "no contexto da monopolização transnacional", tornaram-se "caducos princípios basilares do liberalismo jurídico";[7] Antônio Carlos Wolkmer, por sua vez, propõe "um projeto jus-filosófico que revele [...] o rompimento com a racionalidade tecno-industrial e com o positivismo jurídico europeu";[8] e para Clèmerson Merlin Clève, finalmente, a teoria

---

[5] Sobre o assunto, ver OLIVEIRA, Luciano. Ilegalidade e direito alternativo: notas para evitar alguns equívocos. *In*: SOUTO, Cláudio; FALCÃO, Joaquim (Org.). *Sociologia e direito*: textos básicos para a disciplina de Sociologia Jurídica. São Paulo: Pioneira, 1999. Edição atualizada.

[6] PRESSBURGER, Miguel. *Direito insurgente* – Anais de Fundação do Instituto Apoio Jurídico Popular. Rio de Janeiro: AJUP, 1987-1988. p. 1.

[7] ARRUDA, JR. Edmundo Lima de. *Lições de direito alternativo*. São Paulo: Acadêmica, 1991. p. 7.

[8] WOLKMER, Antônio Carlos. Contribuição para o projeto da juridicidade alternativa. *In*: ARRUDA JR., Edmundo Lima de, *op. cit.*, 1991, p. 36.

do uso alternativo do direito, "conquanto admita a norma estatal como ponto de partida para a elaboração do discurso jurídico, nega terminantemente todos os postulados do positivismo".[9]

Ora, mesmo sem esses exageros, um certo *ethos* antipositivista presente nessa literatura aparece também em vários autores ligados ao que hoje em dia se conhece por "neoconstitucionalismo", "nova hermenêutica" — enfim, todo um movimento envolvendo juristas progressistas empenhados em levar as normas e princípios constitucionais a sério, recusando-se a abonar a tese postergatória da norma constitucional meramente "programática", como era corrente no passado, o que terminaria por reduzir toda a pletora de direitos da constituição-cidadã a mais um exemplo, tão tipicamente brasileiro, da "lei para inglês ver". Cito um desses juristas — magistrado federal de profissão, aliás:

> Os direitos constitucionais são construídos a partir da tomada de postura do intérprete da Lei Fundamental, em uma atividade criadora da norma, e *essencialmente política*. Discutir Constituição em uma perspectiva não interpretativista e aberta, hoje, é fundamental para a afirmação de um direito igualitário, e para a transformação para uma sociedade mais justa e solidária.[10]

Outro dirá:

> A concretização desses direitos sociais exige alterações das funções clássicas dos juízes que se tornam co-responsáveis pelas políticas dos outros poderes estatais, tendo que orientar a sua atuação para possibilitar a realização de projetos de mudança social, o que leva à ruptura com o modelo jurídico subjacente ao positivismo, a *separação do Direito e da Política*.[11]

A argumentação desses autores merece alguns comentários. O primeiro é o de que uma atividade judicante "essencialmente política", como diz o primeiro, e que recusaria a "separação do Direito e da Política", como quer o segundo, constitui um abalo na doutrina tipicamente moderna da partição de poderes e está a exigir, a meu ver, uma reflexão que não se deixe levar apressadamente por posturas à primeira vista justas e generosas que, como tais, nos desobriguem da tarefa de pensar criticamente. Acho que há nessas posturas, no sentido próprio da palavra, uma confusão.

Retomemos, para argumentar, a clássica repartição entre direitos civis e políticos, da tradição liberal, e direitos sociais, de inspiração socialista. Em relação a esses, até pelo fato de serem objeto de *políticas* públicas, mais do que natural, chega a ser inevitável que qualquer um que deles — inclusive o Judiciário — adote posturas "políticas" no trato da matéria. Como evitá-las, aliás, num

---

[9] CLÈVE, Clèmerson Merlin. Uso alternativo do direito e saber alternativo. *In*: ARRUDA JR., Edmundo Lima de, *op. cit.*, 1991. p. 119.
[10] BELLO FILHO, Ney de Barros. *Sistema constitucional aberto*. Belo Horizonte: Del Rey, 2003. p. 9 (itálicos meus).
[11] KRELL, Andreas. Realização dos direitos fundamentais sociais mediante controle judicial da prestação dos serviços públicos básicos. *In*: *Anuário dos Cursos de Pós-Graduação em Direito*, Recife, Faculdade de Direito do Recife, n. 10, 2000. p. 48 (itálicos meus).

julgamento em que, por exemplo, esteja em discussão uma decisão discricionária da Administração? Já no que diz respeito aos direitos civis, a postura não será a mesma. O discurso crítico, ao não fazer essa diferenciação, opera uma confusão a meu ver perigosa entre demandas sociais, não atendidas pelo direito positivo infraconstitucional, e direitos civis e políticos, teoricamente protegidos por esse mesmo direito, mesmo que, na prática, sabidamente desrespeitados quando se trata de fazê-los efetivos em relação às classes sociais mais desfavorecidas. Mas as duas situações estão longe de ser idênticas, na medida em que, relativamente às demandas sociais, trata-se de criar novos direitos — ou inferi-los do texto constitucional —, enquanto em relação aos direitos civis e políticos trata-se, ao contrário, de fazê-los respeitar! Nesse caso, não é possível negligenciar o positivismo formalista que o respeito desses direitos implica.

Noutros termos, generalizar a postura antipositivista é não levar em conta a dimensão dos direitos civis e políticos acobertados pelo ordenamento jurídico. Pensemos, por exemplo, em direitos como não ser arbitrariamente preso, não ser torturado, não ser sumariamente condenado e, pior ainda, sumariamente executado, etc. Em relação a tais direitos, não há outra postura possível que não seja a do mais intransigente positivismo! Afinal, operacionalmente falando, como fazer valer princípios como o da reserva legal, da irretroatividade das leis, da inimputabilidade penal dos menores, etc., senão adotando o mais rigoroso formalismo? Já os direitos sociais exigiriam um "ativismo judicial" capaz de interferir na realidade no sentido de sua "transformação para uma sociedade mais justa e solidária" — como diz um dos autores citados. O formalismo, aqui, cede lugar à discrição. Essa não é uma operação cômoda. Fácil de ser colocada no papel, inscrevê-la na realidade implica considerações que vão muito além do que normalmente lemos em textos jurídicos tratando do assunto. Uma dessas considerações diz respeito à própria função que a existência de um direito positivo exerce num mundo complexo como o que vivemos. Encaremos algumas evidências.

Max Weber, o sociólogo do "desencantamento do mundo", define, bem no seu estilo desapaixonado, o direito como

> uma 'ordem' com certas garantias específicas referentes à probabilidade de sua validez empírica. E se entenderá por 'direito objetivo garantido' o caso em que as garantias consistam na existência de um 'aparelho coativo' [...], que se compõe de uma ou muitas pessoas dispostas de modo permanente a impor a ordem por meio de medidas coativas, especialmente previstas para isso.

E, no mesmo estilo ausente de entusiasmado, assinala-lhe a função:

> Os interesses dos indivíduos são afetados de vários modos pela 'validez' empírica de uma ordem como 'norma jurídica'. Em especial, podem originar-se para pessoas particulares probabilidades calculáveis de manter à sua disposição bens econômicos ou adquirir em um futuro, com determinada condições prévias, a disposição sobre eles. Dar origem a semelhantes probabilidades, ou assegurá-las, é a finalidade que, no caso do direito estatuído, perseguem os

que por 'pacto' ou por 'outorgamento', vinculam a essas possibilidades uma norma jurídica.[12]

Não é necessário ter uma acuidade marxista especial para perceber que, à sua maneira isenta, Weber está dizendo que numa economia de tipo capitalista há necessidade de um direito que assegure as expectativas dos agentes econômicos. Ao direito positivo cabe, entre outras, essa função. Que, vale realçar, não serve apenas para a segurança das expectativas dos capitalistas, pois serve também para a segurança das expectativas que todos temos de não sermos presos arbitrariamente, não sermos julgados fora do devido processo legal, etc. Mas limitemo-nos ao primeiro caso — que é dele que nos ocupamos. Ora, é um postulado de uma outra sociologia, a funcionalista, que se algo "existe e persiste, deve ter uma função de manutenção do sistema".[13] No caso, esse algo é o direito positivo, operado pelo Judiciário, cuja função é a de manter o sistema econômico em funcionamento mediante a aplicação — ou sua ameaça — de regras que velam pela segurança das expectativas.

Em sendo assim, se o Judiciário deixa de exercer esse papel, a função, continuando necessária, será exercida por alguma outra instância de poder! Como lembra José Eduardo Faria, "no âmbito do sistema econômico, a incapacidade judicial de confirmação de expectativas de direito torna-se um fator de disseminação de insegurança generalizada no mundo dos negócios".[14] Aliás, numa economia globalizada em que os negócios transcendem fronteiras e direitos nacionais heterogêneos, as empresas tendem a criar outros órgãos, que não o Judiciário, para velar pela segurança das expectativas. É também de Faria a informação de que "a resolução de mais de 80% dos conflitos mercantis entre empresas de médio e grande porte no âmbito da economia globalizada já estaria sendo feita por mediações privadas e arbitragens extra-jurisdicionais, atualmente".[15] Ilustra-se, assim, um outro pressuposto do funcionalismo: o de que a mesma função pode ser exercida por mais de um órgão. Mas o Judiciário, a menos que se demita dessa função que lhe é tradicionalmente própria, ainda cumpre o papel de fiador das expectativas no âmbito das relações sociais internas. O que, óbvio, não obsta que desenvolva também um perfil mais adequado à função de fiador dos direitos sociais da população. Mas essa, como disse, não é uma operação assim tão simples.

Refletindo sobre a questão da especificidade dos direitos civis e políticos de um lado, e sociais de outro, Ferry e Renaut propõem uma terminologia para diferenciá-los que julgo interessante reter. Os primeiros são o que eles chamam de "direitos-liberdades" — liberdade de ir e vir, de expressão, de organizar-se

---

[12] WEBER, Max. Ordem jurídica e ordem econômica, direito estatal e extra-estatal. In: SOUTO, Cláudio; FALCÃO, Joaquim (Org.). *Sociologia e direito*: textos básicos para a disciplina de sociologia jurídica. 2. ed. São Paulo: Pioneira, 1999. p. 118-121.
[13] MOORE, Wilbert E. O funcionalismo. In: BOTTOMORE, Tom; NISBET, Robert (Org.). *História da análise sociológica*. Rio de Janeiro: Zahar Editores, 1980. p. 433.
[14] FARIA, José Eduardo. A crise do Judiciário no Brasil: algumas notas para discussão. In: *Revista do Ministério Público*, Lisboa, n. 89, p. 27, 2002.
[15] *Idem, op. cit.*, p. 34.

politicamente, etc. —, definindo direitos "oponíveis ao Estado". Já os direitos sociais são o que eles chamam de "direitos-créditos", definindo "não poderes de agir oponíveis ao Estado, mas poderes de obrigar o Estado a um certo número de serviços, dito de outra forma, são direitos de crédito do homem sobre a sociedade".[16] Numa linguagem mais jurídica, os primeiros imporiam ao Estado uma obrigação de não fazer — não prender arbitrariamente, não torturar, não censurar, etc. —, enquanto os segundos imporiam ao mesmo Estado uma obrigação de fazer: construir escolas, hospitais, casas, proporcionar emprego, etc. Em outros termos, os primeiros exemplos inserem-se na chamada justiça comutativa; os segundos, na justiça distributiva. Ora, ao levarmos em conta tais especificidades, veremos que a tese da indivisibilidade dos direitos humanos — ou fundamentais — torna-se, em termos práticos, uma equação bem mais complicada para resolver do que dão a entender as proclamações doutrinárias correntes. É claro que, idealmente falando, não há como não cerrar fileiras com aqueles que fazem as conhecidas interpelações sintetizadas pelo jurista Cançado Trindade, então Juiz-Presidente da Corte Interamericana de Direitos Humanos:

> De que vale o direito à vida sem o provimento de condições mínimas de uma existência digna? De que vale o direito à liberdade de locomoção sem o direito à moradia adequada? De que vale o direito à liberdade de expressão sem o acesso à instrução e educação básica? De que valem os direitos políticos sem o direito ao trabalho? De que vale o direito ao trabalho sem um salário justo, capaz de atender às necessidades humanas básicas? — e assim por diante.[17]

Malgrado a entusiasmada adesão que questionamentos desse tipo naturalmente provocam, permanece, desde que abandonemos o nível das aspirações e adentremos no terreno talvez menos nobre — mas inafastável — da sua efetivação, a questão central de saber *quem*, e por *quais* meios, vai realizá-las. Pensando juridicamente, e nos termos de Ferry e Renaut, a questão pode ser assim formulada: contra quem tais direitos-créditos serão exercidos? Poder-se-ia responder: contra o Estado. Mas a resposta ainda é retórica, pois desde que comecemos a refletir empiricamente, os problemas começam a aflorar. Pensemos, por exemplo, no simples fato de que parece ser bem mais fácil — não apenas em termos de recursos envolvidos, mas também em termos operacionais — obrigar o Estado a abster-se de violar os direitos civis e políticos do que obrigá-lo a promover os direitos sociais da população pobre. Pense-se, só para continuar pensando empiricamente, numa prisão ilegal sanável por um *habeas corpus*, de um lado, e, de outro, no déficit habitacional sanável por... Por que tipo de ação? Aflora aqui a questão jurídica de saber, tecnicamente falando, qual o real sentido da palavra *direitos* quando a empregamos em nossos discursos para nos referirmos aos direitos sociais. Seriam realmente direitos? Ou meras demandas políticas?

---

[16] FERRY Luc; RENAUT, Alain. *Philosophie politique 3*: des droits de l'homme à l'idée républicaine. Paris: PUF, 1985. p. 28 (tradução do autor).
[17] TRINDADE, Antônio Augusto Cançado. Prefácio. *In*: LIMA JR., Jayme Benvenuto. *Os direitos humanos econômicos, sociais e culturais*. Rio de Janeiro: Renovar, 2001.

O sociólogo alemão Ralph Dahrendorf, tomando a palavra no seu sentido técnico-processual, não hesita em responder negativamente a respeito do estatuto jurídico dessas pretensões:

> Não acredito que existam coisas como direitos sociais e econômicos, acho que é um abuso da palavra 'direito' aplicá-la, por exemplo, ao trabalho, ou à igualdade. Direitos são coisas que você pode pleitear numa corte. Não se pode ir a uma corte de justiça e exigir renda mais alta. É uma idéia totalmente equivocada.[18]

Também Norberto Bobbio, insuspeito de qualquer má vontade em relação à extensão dos direitos sociais a todos os cidadãos, pergunta-se

> se um direito ainda pode ser chamado de 'direito' quando o seu reconhecimento e sua efetiva proteção são adiados *sine die*, além de confiados à vontade de sujeitos cuja obrigação de executar um 'programa' é apenas uma obrigação moral ou, no máximo, política.[19]

Ambos os autores duvidam da "juridicidade" dos direitos sociais. O que não significa, óbvio, negar qualquer substância aos mesmos, conforme inscritos na Constituição dos seus países. Ambos, porém, consideram que o destinatário de tais comandos é o poder político — o qual, justamente por ser *político* — e, conforme a doutrina da partição de poderes, independente —, não pode ser tutelado por um poder que teria outra destinação. E, com efeito, nesses países, os respectivos governos — num processo complexo em que a mera vontade política, independentemente de fatores econômicos favoráveis, não explica tudo —, conseguiram razoavelmente cumprir tais comandos. Daí não ser de se estranhar o que informa Andreas Krell, conhecedor da realidade jurídica da Alemanha, até por ser natural daquele país:

> Sistemas jurídicos em países 'centrais' como a Alemanha, onde há um alto padrão nos índices de desenvolvimento humano e um nível elevado de satisfação da população em relação aos serviços sociais básicos, recusam, com bons argumentos, a idéia do Poder Judiciário como 'arquiteto da ordem social', acima de tudo pela falta de legitimidade democrática e de aptidão funcional para efetuar uma distribuição dos recursos públicos disponíveis.[20]

O mesmo autor considera que, sendo outra a realidade brasileira, não seria o caso, aqui, de idêntica recusa. Ao contrário, critica "a jurisprudência e parte da doutrina do país [que] têm aderido a teorias estrangeiras sobre a aplicação e eficácia dos direitos sociais, que nem sempre se prestam a ser empregadas no

---

[18] DAHRENDORF, Ralph. Entrevista à *Folha de S.Paulo*, 3 dez. 1998. (Caderno especial sobre direitos humanos.
[19] Citado por KRELL, Andreas, *op. cit.*, p. 59.
[20] *Idem, op. cit.*, p. 54.

Brasil".[21] A crítica vai principalmente para a recepção, entre nós, da doutrina da "reserva do possível" formulada pelo jurista português Gomes Canotilho. Diz Krell: "Essa teoria, na verdade, é uma adaptação da jurisprudência constitucional alemã [...], que entende que a construção de direitos subjetivos à prestação material de serviços públicos pelo Estado está sujeita à condição de disponibilidade dos respectivos recursos". E continua:

> No Brasil, como em outros países periféricos, é justamente a questão analisar quem possui a legitimidade para definir o que seja 'o possível' na área das prestações sociais básicas face à composição distorcida dos orçamentos das diferentes entidades federativas. Os problemas de exclusão social no Brasil de hoje se apresentam numa intensidade tão grave que não podem ser comparados à situação social dos países-membros da União Européia.[22]

Mas a questão, que ele mesmo formula, continua a nos interpelar: tem o Judiciário legitimidade, competência e meios para definir o que é "possível" na área dos direitos sociais? Insistir nessa questão não significa uma desencantada adesão à posição de um Dahrendorf, por exemplo, que não acredita minimamente que tais pretensões sejam direitos. Significa apenas que, para além das simples afirmações e reafirmações destinadas à mobilização, existe toda uma gama de reflexões e pesquisas a serem feitas a propósito dos meios efetivos de sua promoção. E se os consideramos *direitos* da mesma maneira que consideramos as faculdades de ir e vir, de publicar livremente nossas opiniões e votarmos nos candidatos que escolhermos, cabe, sim, nos perguntarmos em que sentido e em que medida eles o seriam, e quais os canais através dos quais eles poderiam ser efetivados. Se os direitos civis e políticos podem ser assim considerados, porque podemos recorrer ao Judiciário caso eles sejam desrespeitados, manda pelo menos a coerência que nos indaguemos a respeito da possibilidade de utilização do mesmo Judiciário para a defesa dos direitos sociais.

Tal exigência implica evitar uma tomada de posição apriorística entre os que, de um lado, reafirmam com inegável apelo retórico a juridicidade dos direitos sociais e, de outro, os que rechaçam liminarmente essa ideia, adotando a posição mais prudente de submetê-la ao livre exame — dentro do chamado espírito científico. Parece-me, por exemplo, uma boa hipótese de trabalho a de que existiria, em relação a tais direitos, uma juridicidade diferenciada, isto é, a de que eles não seriam igualmente passíveis de ser submetidos a uma apreciação judiciária com iguais chances de sucesso. O que significa dizer, na mão inversa, que alguns deles teriam essa chance. Vejamos com dois exemplos extraídos da nossa Constituição.

Tomemos os princípios do salário digno e da educação. A respeito do primeiro, o art. 7º, inciso IV, estabelece um salário mínimo para o trabalhador capaz de "atender a suas necessidades vitais básicas e às de sua família com moradia,

---
[21] *Idem, op. cit.*, p. 27.
[22] *Idem, op. cit.*, p. 40.

alimentação, educação, saúde, lazer, vestuário, higiene, transporte e previdência social". Ora, uma prestação para atender a todas essas exigências, segundos dados do DIEESE de São Paulo, importaria, no momento em que escrevo (abril de 2010) a exata quantia de 2.257,72 reais por mês. A primeira questão que surge é: quem seria o "devedor" desse "direito-crédito"? E a primeira resposta é, naturalmente, o governo, que deveria decretar um salário mínimo desse porte no próximo 1º de Maio... Também naturalmente, esse novo mínimo seria obrigatório para todos os empregadores. Mas, nesse caso, é de bom alvitre perguntar ao bem-intencionado leitor: quantos de nós estaríamos dispostos, ou mesmo poderíamos, pagar esse mínimo ideal às nossas empregadas domésticas?...

Assim, no caso do salário digno, considerá-lo como um direito no sentido jurídico do termo parece realmente algo bem próximo do equívoco. E o que dizer do direito à educação? Genericamente considerada, também me parece algo próximo disso. A Constituição, entretanto, possui dispositivos bem mais precisos sobre o assunto, como aquele do art. 212 que prevê a destinação de não menos do que dezoito por cento, no caso da União, e de não menos do que vinte e cinco por cento, no caso dos Estados, da sua receita proveniente de impostos para a "manutenção e desenvolvimento do ensino". Num caso como esse, existem, ao mesmo tempo, os destinatários da obrigação e os recursos para satisfazê-la, podendo-se assim discutir o seu cumprimento numa relação processual. As situações são as mais variadas e, consequentemente, devem ser várias as hipóteses de trabalho.

É aqui onde entra o olhar sociológico que reivindico para o trato da matéria. José Reinaldo de Lima Lopes, em obra que julgo de referência sobre o assunto, não diz outra coisa ao observar que os juristas reformistas favoráveis à conversão do Judiciário a essas funções, malgrado suas boas intenções, "pouco discutem as questões da 'racionalidade' dos casos ou da 'estrutura' dos conflitos".[23] É, entretanto, necessário fazê-lo. De saída, considerar que "a tradição liberal novecentista levou a uma distinção: a justiça comutativa-retributiva tornou-se uma questão de direito e a justiça distributiva tornou-se política". Ou seja, "o Judiciário está pouco aparelhado para fazer a justiça distributiva na medida em que foi montado e desenhado para supervisionar conflitos individuais e, sobretudo, *bilaterais*, em que há um jogo de soma zero".[24] Essa partição de funções implica questões que tocam na legitimidade mesma do Poder Judiciário — afinal, uma burocracia não eleita — para decidir sobre políticas públicas. Afinal,

> decidir casos de distribuição não é apenas dizer o legal ou ilegal, o lícito ou o ilícito, mas tomar decisões sobre o que pode ser melhor ou pior no futuro, no curto, no médio e no longo prazo. Não é a escolha sobre duas alternativas, ou sobre a imputação de sentidos a fatos, atos e eventos passados. Decidir casos distributivos exige que se avaliem não duas alternativas, mas muitas possibilidades em um número aberto de cursos possíveis de ação.[25]

---

[23] *Direitos Sociais:* teoria e prática. São Paulo: Método, 2006. p. 237.
[24] *Idem, op. cit.*, p. 124 e 136, itálico no original.
[25] *Idem, op. cit.*, p. 234.

Ora, decidir sobre o futuro é uma tarefa para o poder político. É claro que as coisas, como tudo no mundo, poderiam ter sido pactuadas diferentemente. Nos tempos bíblicos, por exemplo, *juízes* eram também "legisladores"... Independentemente de uma simples questão de partição de poderes e funções, que, afinal, pode ser reduzida a uma questão nominalista, o fato é que, como estão organizadas as sociedades modernas, "tribunais não têm poderes institucionais para alocar livremente recursos orçamentários e, em caso de necessidade, não têm o poder de criar novas formas de financiamento público, constrangendo sua atuação em programas de reformas propriamente ditos".[26] Disso pode resultar que, habilitados para julgar conflitos entre *partes* que configuram jogos de soma zero, os tribunais correm o risco de, numa decisão, cobrir a cabeça do santo e descobrir-lhe os pés! Lima Lopes evoca essa possibilidade ao observar que

> a adjudicação de uma disputa com o poder público a respeito da provisão de um hospital em determinado bairro não pode ser tal que suprima hospitais de outros bairros, ou que suprima aquele mesmo hospital ou que, finalmente, suprima escolas em nome da provisão de hospitais.[27]

Tudo isso, porém, são hipóteses que, como acontece com as hipóteses, só a pesquisa empírica pode confirmar, ou não. A afirmação padece de uma obviedade acaciana, bem sei. Mas num universo pouco afeito à pesquisa como é o direito, onde as questões costumam ser resolvidas na base do voluntarismo e do normativismo, convém às vezes insistir com o óbvio. E o óbvio aqui significa, em vez de ficarmos discutindo apenas doutrinariamente se os direitos sociais são direitos passíveis de ser realizados pela via judiciária, ou não, ver o que acontece quando essa via é tentada. Nesse sentido reporto, a título de exemplo, duas pesquisas feitas nos últimos anos no âmbito da pós-graduação em Direito da Universidade Federal de Pernambuco (PPGD), geradoras de duas dissertações de mestrado, nas quais suas autoras, Ana Queiroz Santos e Madalena Aguiar,[28] tratam justamente do problema da "jurisdicionalização" — ou "judicialização"[29] — de conflitos relacionados a direitos desse tipo.

Ana Queiroz, depois de examinar especificamente a utilização, para esse fim, da Ação Civil Pública, adota o que ela mesma chama de "uma perspectiva menos idealizada sobre a jurisdição e suas possibilidades efetivadoras", pendendo, conclusivamente, para o seu "uso subsidiário", sugerindo que ela funciona mais como uma "*janela de visibilidade*"[30] que pode levar à prestação da providência

---

[26] Idem, op. cit., p. 238.
[27] *Idem, op. cit.*, p. 232.
[28] Um resumo da dissertação da primeira, sob o título "Mas a que vêm as ações civis públicas?..", foi publicado no *Livro de Teses* (v. 2 – Tese nº 38) do 13º Congresso Nacional do Ministério Público, Curitiba, Paraná, 1999. A dissertação de Madalena Aguiar (*Controle Judicial de Políticas Públicas no Brasil: um estudo sobre a "judicialização" dos Direitos Sociais Prestacionais*, PPGD, 2010), mais recente, existe apenas em forma impressa.
[29] Os dois termos, aparentemente com o mesmo sentido, são usados por Ana Queiroz Santos (*op. cit.*, p. 280 e 293, nota 21, respectivamente), enquanto Jayme Benvenuto Lima Jr. (*op. cit.*, p. 157), também com o mesmo sentido, emprega o termo "justiciabilidade" — o que mostra que o assunto, provavelmente por sua novidade, ainda não canonizou seus conceitos.
[30] SANTOS, Ana Queiroz, *op. cit.*, p. 292, em itálico no original.

que a motivou por outros meios — nomeadamente, negociações no curso do processo com a parte acionada, na maioria das vezes o próprio poder público. Lima Lopes também é de opinião que diferentemente das disputas comutativas, que podem ser tratadas mediante adjudicação, "disputas distributivas pedem mediação e negociação".[31] Significativamente, Andreas Krell, apesar da sua postura em princípio a favor da interferência judiciária na implementação dos direitos sociais, chega à mesma posição que a autora, ao reconhecer que "a estrutura do Poder Judiciário é relativamente inadequada para dispor sobre recursos ou planejar políticas públicas"; e chega praticamente à mesma conclusão que ela no que diz respeito ao uso estratégico do Judiciário como "janela da visibilidade" dos conflitos, ao lembrar "o valor político de uma decisão judicial que declara que o Estado está em mora com obrigações constitucionais econômicas, sociais e culturais; essas sentenças assumem o papel de importantes veículos para canalizar as reivindicações da sociedade".[32]

A pesquisa de Madalena Aguiar enfocou o "direito prestacional" à saúde, analisando ações que chegaram até o STF, em número de onze. Uma das notas interessantes do seu trabalho é que todas elas "tratam de ações individuais", ou seja, mesmo propostas pelo Ministério Público, envolviam um particular *versus* um ente estatal (Município, Estado e/ou União), objetivando "o fornecimento de medicamento ou o atendimento médico-hospitalar".[33] Como se vê, as ações visando o direito social à saúde — a princípio, um bem de exercício coletivo —, ampararam indivíduos determinados; em outros termos, não tiveram por objeto algum programa ou política de governo em si. Algumas leituras podem ser feitas desses dados. Uma delas é que tribunais têm condições, sim, de apreciar políticas públicas no bojo de processos judiciais, pelo menos naqueles casos em que a demanda se apresenta individualizada. Será que, nesse caso, a intervenção do Judiciário seria facilitada pelo fato de que a demanda, apresentando-se sob essa forma, teria um impacto financeiro praticamente irrelevante frente ao orçamento público? — diferentemente de uma política pública que, atingindo um número infinitamente maior de pessoas, teria também seu curso infinitamente multiplicado?

A hipótese parece-me boa, mas são questões ainda a serem respondidas. Da mesma maneira que também merece indagação — no sentido mesmo de um questionamento — esse processo de "individualização" de direitos que, a princípio, deveriam ser de fruição universal. Como observa argutamente Lima Lopes, se o Estado for condenado à "prestação apenas porque pode arcar, de fato, com aquele único caso, o Judiciário estará afirmando um direito que aparentemente é democrático, mas que só pode ser concedido a um — ao que chegar primeiro",[34] como diz o voto de um dos membros de um tribunal que concedeu um direito desse tipo.

---

[31] LOPES, José Reinaldo de Lima, *op. cit.*, p. 235.
[32] KRELL, Andreas, *op. cit.*, p. 52-53.
[33] AGUIAR, Madalena, *op. cit.*, p. 66.
[34] LOPES, José Reinaldo de Lima, *op. cit.*, p. 255.

Como quer que seja, a pesquisa de Madalena Aguiar traz ainda outra sugestão interessante no que diz respeito à "judicialização"[35] desses direitos, extraída de um voto do Ministro Gilmar Mendes num dos processos em que foi relator. No arrazoado do ministro fica claro que, em havendo "políticas públicas já estabelecidas", haveria ocasião para intervenção judicial no caso de seu descumprimento. Destaca a autora que "esse dado se afigura importante para a construção de um critério ou parâmetro"[36] que sirva de subsídio às discussões sobre "judicialização" dos direitos sociais no Brasil. Uma sugestão de Andreas Krell vai no mesmo sentido: "Onde já foi implantado o serviço público necessário para a satisfação de um direito fundamental, a sua não-prestação em descumprimento da lei ordinária pode ser atacada com o mandado de segurança".[37] Observe-se que, nesses dois casos, o Judiciário não estaria "invadindo" área de competência do poder político, na medida em que não estaria formulando ou impondo uma determinada política pública, mas, simplesmente, forçando o seu cumprimento — o que estaria de acordo com a sua vocação e estrutura: aplicar uma norma — no caso uma política pública — pré-existente! Nesse sentido, torna-se bem pertinente a observação final da autora de que "conhecer a política pública em jogo afigura-se, pois fundamental"[38] — pertinente porque, num contexto em que o Direito passou pela reviravolta que foi a introdução, no seu mundo antes tão alheio, dos direitos sociais, os juristas estão interpelados a conhecer outros saberes além daqueles com que estavam acostumados.

* * *

Eis a função do olhar sociológico cuja importância reivindiquei nesse texto: possibilitar que discussões tão importantes nesse processo salutar de *aggiornamento* por que passa o Direito no Brasil sejam irrigadas por um conhecimento menos retórico e mais objetivo da realidade. Só isso. Mas isso, na nossa cultura jurídica excessivamente doutrinária e insuficientemente empírica, talvez não seja, no final das contas, pouca coisa.

Informação bibliográfica deste texto, conforme a NBR 6023:2002 da Associação Brasileira de Normas Técnicas (ABNT):

OLIVEIRA, Luciano. Os direitos sociais e o Judiciário: reflexões a favor de um olhar sociológico. *In*: BERTOLDI, Márcia Rodrigues; OLIVEIRA, Kátia Cristine Santos de (Coord.). *Direitos fundamentais em construção*: estudos em homenagem ao ministro Carlos Ayres Britto. Belo Horizonte: Fórum, 2010. p. 215-229. ISBN 978-85-7700-367-9.

---

[35] Ver nota 29, *supra*.
[36] AGUIAR, Madalena, *op. cit.*, p. 73-74.
[37] KRELL, Andreas, *op. cit.*, p. 31.
[38] AGUIAR, Madalena, *op. cit.*, p. 79.

Dignidade da Pessoa Humana e Direitos Fundamentais na Jurisprudência do Supremo Tribunal Federal: uma Análise na Perspectiva da Doutrina e Judicatura do Ministro Carlos Ayres Britto[1]

Ingo Wolfgang Sarlet

Sumário: 1 Notas introdutórias – 2 Conceito, dimensões e funções da dignidade da pessoa na perspectiva jurídico-constitucional – 3 Funções da dignidade da pessoa humana na ordem constitucional brasileira – **3.1** Dignidade como valor-fonte, fundamento e tarefa (fim) do Estado Democrático de Direito – **3.2** A dignidade da pessoa humana e a assim chamada "abertura material" do sistema constitucional dos direitos e garantias fundamentais – **3.3** A dupla dimensão defensiva (negativa) e prestacional (positiva) da dignidade da pessoa humana – **3.4** Dignidade como limite e limite aos limites dos direitos fundamentais e como parâmetro interpretativo – 4 Considerações finais

1 Notas introdutórias

A íntima e indissociável vinculação entre a dignidade da pessoa humana, os direitos humanos e fundamentais e a própria democracia, eixos estruturantes do Estado Constitucional, constitui um dos esteios nos quais se assenta tanto o Direito Constitucional quanto o Direito Internacional dos direitos humanos.[2] Da mesma forma, inquestionável o compromisso do Estado constitucional contemporâneo, compreendido como um Estado Democrático (Social e Ambiental) de Direito, com o respeito, proteção e promoção da dignidade da pessoa humana, o que, no caso da Constituição Federal de 1988 (CF), encontra sua melhor expressão no fato de que a dignidade da pessoa humana, tal como dispõe o art. 1º, inciso III, da CF, constitui o principal fundamento da nossa República. Todavia, quando se

---

[1] O presente texto, especialmente no que diz com a primeira parte, encontra-se fortemente baseado em segmentos de obras anteriores de nossa lavra, em especial o nosso *Dignidade da pessoa humana e direitos fundamentais na Constituição Federal de 1988*. 8. ed. Porto Alegre: Livraria do Advogado, 2010; e o nosso As dimensões da dignidade da pessoa humana: construindo uma compreensão jurídico-constitucional necessária e possível. *In*: SARLET, Ingo Wolfgang (Org.). *Dimensões da dignidade*: ensaios de filosofia do direito e direito constitucional. 2. ed. Porto Alegre: Livraria do Advogado, 2009.

[2] Nesta perspectiva, calha referir a lição de Carlos Ayres Britto, *Teoria da Constituição*. Rio de Janeiro: Forense, 2003, p. 189, notadamente o destacar a existência de um vínculo funcional entre a dignidade da pessoa humana e os direitos fundamentais, bem como entre estes e a democracia.

busca definir o conteúdo normativo da dignidade da pessoa humana e mesmo quando está em causa o alcance da sua relação com os direitos humanos e fundamentais, o consenso praticamente se limita ao reconhecimento da existência e da importância desta vinculação. Quanto ao mais — inclusive no que diz com a própria compreensão do conteúdo e significado da dignidade da pessoa humana na (e para a) ordem jurídica considerada em seu conjunto —, segue farta a discussão em nível doutrinário e até mesmo jurisprudencial. Considerando o objetivo da obra coletiva na qual se insere o presente ensaio, que é o de render justa homenagem ao Jurista e Juiz, Ministro e Professor Doutor Carlos Ayres Britto, vai consignado o nosso intento de, priorizando tanto decisões relatadas pelo nosso homenageado, quanto considerando alguns outros julgados, analisar como o Supremo Tribunal Federal (STF) brasileiro, especialmente no âmbito da evolução constitucional mais recente, compreende e aplica o princípio (e regra) da dignidade da pessoa humana.

No que diz com o roteiro a ser seguido, convém sinalar que antes de enveredarmos pela seara das relações entre a dignidade da pessoa e os direitos fundamentais na jurisprudência do STF e nos deixarmos tocar pela visão humanista do Direito cultivada pelo nosso homenageado,[3] que representa o cerne da presente abordagem, torna-se imperiosa uma brevíssima incursão pela esfera conceitual, para efeito de resgatarmos a compreensão de que a dignidade da pessoa humana assume uma feição multidimensional e cumpre uma multiplicidade de funções na ordem jurídica do Estado Constitucional, visto que, no que diz com a sua estrutura normativa, opera tanto como princípio, quanto como regra, tendo, nesta perspectiva, uma dimensão objetiva e subjetiva. Cuida-se de aspectos que, a despeito de não poderem ser mais aprofundados, encontram, em maior ou menor medida, ressonância na jurisprudência do STF, de tal sorte que, em face mesmo da impossibilidade de um rastreamento completo e da inviabilidade de uma análise individualizada das decisões do STF e mesmo daquelas proferidas pelo Ministro Carlos Ayres Britto, o que se pretende é, ao longo da apresentação dos diversos tópicos, indicar e avaliar sumariamente alguns julgados representativos que invocam a dignidade da pessoa humana, notadamente para o efeito de, com base em alguns exemplos, ilustrar a relevância da atuação jurisdicional do homenageado também nesta seara, ainda que não seja possível recolher mais do que alguns poucos, mas nem por isso menos expressivos exemplos.

2 Conceito, dimensões e funções da dignidade da pessoa na perspectiva jurídico-constitucional

A despeito das inúmeras tentativas de conceituação da dignidade da pessoa formuladas ao longo dos tempos, notadamente (mas não exclusivamente) no âmbito da fecunda tradição filosófica ocidental, que aqui não temos condições

---

[3] Imprescindível, já nesta fase do trabalho, remeter, sobre o tema, ao magistral trabalho do homenageado sobre *O Humanismo como categoria constitucional*. Belo Horizonte: Fórum, 2007.

de rastrear nem reproduzir,[4] verifica-se que uma conceituação mais precisa do que efetivamente seja esta dignidade, inclusive para efeitos de definição do seu âmbito de proteção como norma jurídica fundamental, se revela no mínimo difícil de ser obtida. Tal dificuldade, consoante exaustiva e corretamente destacado na doutrina, decorre certamente (ao menos também) da circunstância de que se cuida de conceito de contornos vagos e imprecisos,[5] caracterizado por sua "ambiguidade e porosidade", assim como por sua natureza necessariamente polissêmica,[6] muito embora tais atributos não possam ser exclusivamente atribuídos à dignidade da pessoa. Uma das principais dificuldades, todavia, reside no fato de que no caso da dignidade da pessoa, diversamente do que ocorre com as demais normas que definem e asseguram direitos fundamentais, não se cuida de aspectos mais ou menos específicos da existência humana (integridade física, intimidade, vida, propriedade, etc.), mas, sim, de uma qualidade tida por muitos — por mais reservas que se deva ter em relação a tal concepção! — como inerente (melhor seria atribuída e/ou reconhecida) a todo e qualquer ser humano, de tal sorte que a dignidade — como já restou evidenciado — passou a ser habitualmente definida como constituindo o valor próprio que identifica o ser humano como tal, definição esta que, todavia, acaba por não contribuir muito para uma compreensão satisfatória do que efetivamente é o âmbito de proteção da dignidade,[7] na sua condição jurídico-normativa.

A despeito das dificuldades, verifica-se, contudo, que a doutrina e a jurisprudência — notadamente no que diz com a construção de uma noção jurídica de dignidade[8] — cuidaram, ao longo do tempo, de estabelecer alguns contornos basilares do conceito, concretizando minimamente o seu conteúdo, ainda que não se possa falar, também aqui, de uma definição genérica e abstrata consensualmente aceita.[9] Neste contexto, costuma apontar-se corretamente para a circunstância de

---

[4] A respeito deste ponto remetemos ao nosso *Dignidade da pessoa e direitos fundamentais na Constituição Federal de 1988*. 7. ed. Porto Alegre: Livraria do Advogado, 2009, onde tivemos oportunidade de abordar (ainda que não exaustivamente) a evolução da noção de dignidade da pessoa na tradição filosófica. No âmbito da doutrina pátria, imperiosa a consulta da obra de COMPARATO, Fábio Konder. *A afirmação histórica dos direitos humanos*. São Paulo: Saraiva, 1999. Entre tantos autores estrangeiros, v. ENDERS, Christoph. *Die Menschenwürde in der Verfassungsordnung – zur Dogmatik des Art. 1 GG*, Tübingen: Mohr Siebeck, 1997; BLOCH, Ernst. *Naturrecht und menschliche Würde*. 2. ed. Frankfurt am Main: Suhrkamp, 1991 (este por um prisma crítico-marxista); e GONZÁLEZ PÉREZ, Jesús. *La dignidad de la persona*. Madrid: Civitas, 1986.

[5] Neste sentido, entre tantos, a lição de MAUNZ, Theodor; ZIPPELIUS, Reinhold. *Deutsches Staatsrecht*. 29. ed. München: C.H. Beck, 1994. p. 179.

[6] Assim o sustenta, entre nós, ROCHA, Cármen Lúcia Antunes. O princípio da dignidade da pessoa humana e a exclusão social. In: *Revista Interesse Público*, n. 04, p. 24, 1999.

[7] Cf. SACHS, Michael. *Verfassungsrecht II – Grundrechte*. Berlin: Springer, 2000, p.173.

[8] Quando aqui se fala em uma noção jurídica de dignidade, pretende-se apenas clarificar que se está simplesmente buscando retratar como a doutrina e a jurisprudência constitucional — e ainda assim de modo apenas exemplificativo — estão compreendendo, aplicando e eventualmente concretizando e desenvolvendo uma (ou várias) concepção a respeito do conteúdo e significado da dignidade da pessoa. Por outro lado, não se questiona mais seriamente que a dignidade seja também um conceito jurídico. Neste sentido, por todos e mais recentemente, KUNIG, Philip. Art. 1 GG (Würde des Menschen, Grundrechtsbindung). In: MÜNCH, Ingo von (Org). *Grundgesetz Kommentar*. v. I. 5. ed. München: C.H. Beck, 2000. p. 7.

[9] Neste sentido, a sugestiva lição de Peter Häberle (Die Menschenwürde als Grundlage der staatlichen Gemeinschaft *In*: KIRCHHOF, Joseph Isensee-Paul (Org.). *Handbuch des Staatsrechts der Bundesrepublik Deutschland*. v. I. Heidelberg: C.F. Muller, 1987. p. 853) para quem se revela indispensável a utilização de exemplos concretos para obter uma aproximação com o conceito de dignidade da pessoa humana, salientando, além disso, a importância de um preenchimento desta noção "de baixo para cima", no sentido de que a própria ordem jurídica infraconstitucional fornece importante material para a definição dos contornos do conceito. Registre-se, por oportuno, a crítica de Niklas Luhmann (*Grundrechte als Institution*. 2. ed., Berlim: Duncker & Humblot, 1974. p. 57), salientando que a dogmática jurídica habitualmente define

que a dignidade da pessoa humana não poderá ser conceituada de maneira fixista, ainda mais quando se verifica que uma definição desta natureza não harmoniza com o pluralismo e a diversidade de valores que se manifestam nas sociedades democráticas contemporâneas,[10] razão pela qual há que reconhecer que se trata de um conceito em permanente processo de construção e desenvolvimento.[11] Portanto, também o conteúdo da noção de dignidade da pessoa humana, na sua condição de conceito jurídico-normativo, a exemplo de tantos outros conceitos de contornos vagos e abertos, reclama uma constante concretização e delimitação pela práxis constitucional, tarefa cometida a todos os órgãos estatais,[12] embora sempre em diálogo com os impulsos vindos da sociedade. Também por esta razão é indispensável que se tome sempre em conta o conteúdo e significado atribuído à noção de dignidade da pessoa humana pelos órgãos jurisdicionais, com destaque para a assim chamada jurisdição constitucional e para os tribunais internacionais que velam pelo cumprimento dos tratados internacionais de direitos humanos.

Inicialmente, retomando a ideia nuclear que já se fazia presente até mesmo no pensamento clássico, importa relembrar a conhecida e largamente acatada (mas necessariamente relida, reconstruída e harmonizada com outras perspectivas) formulação de Kant sobre o tema, no sentido de que o homem, por ser pessoa (no que se distingue das coisas), constitui um fim em si mesmo e, portanto, não pode ser considerado como simples meio, ou seja, mero objeto da ação do Estado, da sociedade e da própria pessoa, de tal sorte que, vedada a sua instrumentalização e degradação,[13] concepção de há muito integrada à tradição do pensamento filosófico e jurídico ocidental. Embora elementar que o reconhecimento de uma dignidade à pessoa humana não se processa apenas na esfera do Direito e na medida em que pelo Direito é reconhecida, também se revela evidente que o Direito exerce um papel crucial na sua proteção e promoção, de tal sorte que, especialmente quando se cuida de aferir a existência de ofensas à dignidade, não há como prescindir — na esteira do que leciona González Pérez — de uma clarificação quanto ao que se entende por dignidade da pessoa, justamente para que se possa constatar e, o que é mais importante, coibir eventuais violações da dignidade.[14]

---

a dignidade sem qualquer consideração pelas ciências que se ocupam do Homem e da Sociedade, aferrando-se a uma tradição aristotélica. Ainda que Luhmann possa ter parcial razão, convém destacar que sua obra foi escrita na década de 1960, quando a ciência jurídica recém estava iniciando o estudo mais sistemático da dignidade na condição de categoria jurídica.

[10] Cf., entre nós, FARIAS, Edilsom Pereira de. *Colisão de direitos*. A honra, a intimidade, a vida privada e a imagem *versus* a liberdade de expressão e informação, Porto Alegre: Sergio Fabris, 1996, p. 50, por sua vez arrimado nas lições de Gomes Canotilho e de Celso Lafer.

[11] Tal como proposto, entre outros, por ROCHA, Cármen Lúcia Antunes. O princípio da dignidade da pessoa humana e a exclusão social. In: *Revista Interesse Público*, n. 4, p. 24, 1999.

[12] Cf. averba ZIPPELIUS, Reinhold. In: *Bonner Kommentar zum Grundgesetz*. Heidelberg, 1994. p. 14.

[13] Cf. KANT, Immanuel. *Grundlegung zur Methaphysik der Sitten*. In: Werkausgabe Band VII. Frankfurt am Main: Suhrkamp, 1968. Especialmente p. 59 e 60.

[14] Cf. GONZÁLEZ PÉREZ, Jesús. *Dignidad de la persona*. Madrid: Civitas, 1986. p. 111. No mesmo sentido, Peter Badura (Generalpräventionen und Würde des Menschen. In: JZ. 1964, p. 341), em multicitado ensaio, já havia ponderado que a clareza suficiente a respeito do conteúdo da dignidade da pessoa tal qual reconhecida e protegida por uma determinada ordem constitucional constitui pressuposto para a solução adequada dos casos concretos.

Neste contexto, bem refutando a tese de que a dignidade não constitui um conceito juridicamente apropriável e que não caberia — como parece sustentar Habermas[15] — em princípio, aos juízes ingressar na esfera do conteúdo ético da dignidade, relegando tal tarefa ao debate público que se processa notadamente na esfera parlamentar, assume relevo a percuciente observação de Denninger de que — diversamente do filósofo, para quem, de certo modo, é fácil exigir uma contenção e distanciamento no trato da matéria — para a jurisdição constitucional, quando provocada a intervir na solução de determinado conflito versando sobre as diversas dimensões da dignidade, não existe a possibilidade de recusar a sua manifestação, sendo, portanto, compelida a proferir uma decisão, razão pela qual já se percebe que não há como dispensar uma compreensão (ou conceito) jurídica da dignidade da pessoa humana, já que desta — e à luz do caso examinado pelos órgãos judiciais — haverão de ser extraídas determinadas consequências jurídicas,[16] muitas vezes decisivas para a proteção da dignidade das pessoas concretamente consideradas.

Feitas estas considerações, procurar-se-á, na sequência, destacar algumas das possíveis e relevantes dimensões da dignidade da pessoa humana, ressaltando-se que tais dimensões, por sua vez, não se revelam como necessariamente incompatíveis e reciprocamente excludentes.

Numa primeira aproximação, superando a noção (ainda extremamente influente no pensamento filosófico e jurídico contemporâneo) de que a dignidade constitui uma qualidade inata do ser humano, como algo inerente à própria condição humana, parece correto afirmar que, já em outro sentido, a dignidade representa um valor especial e distintivo reconhecido em cada ser humano como sendo merecedor de igual respeito, proteção e promoção. Além disso, não se deverá olvidar que a dignidade — ao menos de acordo com o que parece ser a opinião largamente majoritária — constitui atributo reconhecido a qualquer pessoa humana, visto que, em princípio, todos são iguais em dignidade, no sentido de serem reconhecidos como pessoas e integrantes da comunidade humana, ainda que não se portem de forma igualmente digna nas suas relações com seus semelhantes, ou mesmo consigo mesmos. Assim, mesmo que se possa compreender a dignidade da pessoa humana — na esteira do que lembra José

---

[15] Com efeito, Jürgen Habermas (*Die Zukunft der menschlichen Natur. Auf dem Weg zu einer liberalen Eugenik?* Frankfurt am Main: Suhrkamp, 1987. p. 70 e ss.) argumenta, em síntese, que o Estado secularizado e neutro, quando constituído de modo democrático e procedendo de modo inclusivo, não pode tomar partido numa controvérsia ética relacionada com a dignidade da pessoa humana e o direito geral ao livre desenvolvimento da personalidade (artigos 1º e 2º da Lei Fundamental da Alemanha). Além disso — segue argumentando Habermas — quando a pergunta a respeito do tratamento dispensado à vida humana antes do nascimento envolve questões de conteúdo ético, o razoável será sempre contar com um fundado dissenso, tal qual encontrado na esfera do debate parlamentar por ocasião da elaboração das leis (no caso, Habermas fez referência expressa ao debate no Parlamento da Alemanha, ocorrido no dia 31.05.2001).

[16] Cf. DENNINGER, Erhard. Embryo und Grundgesetz. Schutz des Lebens und der Menschenwürde vor Nidation und Geburt. In: *Kritische Vierteljahresschrift für Gesetzgebung und Rechtswissenschaft* (KritV). Baden-Baden: Nomos, 2/2003, p. 195-196, lembrando, nesta perspectiva (da necessária intervenção da jurisdição constitucional no plano das decisões envolvendo a dignidade da pessoa humana), a arguta argumentação da ex-presidente do Tribunal Constitucional Federal da Alemanha, Juíza Jutta Limbach (extraída de voto proferido em decisão envolvendo a descriminalização do aborto), no sentido de que assim como é correto afirmar que a ciência jurídica não é competente para responder à pergunta de quando inicia a vida humana, também é certo que as ciências naturais não estão em condições de responder desde quando a vida humana deve ser colocada sob a proteção do direito constitucional (*ob. cit.*, p. 196).

Afonso da Silva[17] — como forma de comportamento (admitindo-se, pois, atos dignos e indignos), ainda assim, exatamente por constituir — no sentido aqui acolhido — atributo qualificativo da pessoa humana, como tal reconhecida como tendo um valor indisponível — é que a dignidade de todas as pessoas, mesmo daquelas que cometem as ações mais indignas e infames, não poderá ser objeto de desconsideração. Aliás, não é outro o entendimento que subjaz ao art. 1º da Declaração Universal da ONU (1948), segundo o qual "todos os seres humanos nascem livres e iguais em dignidade e direitos. Dotados de razão e consciência, devem agir uns para com os outros em espírito e fraternidade", preceito que, de certa forma, revitalizou e universalizou — após a profunda barbárie na qual mergulhou a humanidade na primeira metade deste século — as premissas basilares da doutrina kantiana,[18] muito embora se possa questionar tanto a correção de uma fundamentação jusnaturalista da dignidade humana, quanto a atualidade e acerto de todos os aspectos da concepção de Kant, questões que aqui não cabe aprofundar.

Nesta mesma linha argumentativa e na feliz formulação de Jorge Miranda,[19] o fato de os seres humanos (todos) serem dotados de razão e consciência representa justamente o denominador comum a todos os homens, expressando em que consiste sua igualdade. De qualquer modo, o que se percebe — e os desenvolvimentos posteriores pretendem demonstrar isso — é que o reconhecimento da dignidade como valor próprio de cada pessoa não resulta, pelo menos não necessariamente (ou mesmo exclusivamente), em uma "biologização" da dignidade, no sentido de que esta seria como uma qualidade biológica e inata da natureza humana, geneticamente programada, tal como, por exemplo, a cor dos olhos ou dos cabelos. O que importa destacar, nesta quadra, é que para além do reconhecimento de uma dignidade humana, compartilhada por todos os seres (pessoas) humanos, é que, valendo-nos da lapidar formulação de Carlos Ayres Britto, é que "o princípio jurídico da dignidade da pessoa humana *decola* do pressuposto de que todo ser humano é um microcosmo. Um universo em si mesmo. Um ser absolutamente único, na medida em que, se é parte de um todo, é

---

[17] Cf., entre nós e dentre outros, SILVA, José Afonso da. A dignidade da pessoa humana como valor supremo da democracia. In: *Revista de Direito Administrativo*, v. 212, p. 93, 1998. Registre-se também a lição de Jesús González Pérez (*La dignidad de la Persona*. Madrid: Civitas, 1986, p. 25), destacando que a dignidade da pessoa não desaparece por mais baixa que seja a conduta do ser humano, divergindo, nesta linha de entendimento, de São Tomás de Aquino, já que este — como igualmente bem lembrou o autor citado — justificando a pena de morte, sustentava que o homem, ao delinquir, decai da dignidade, rebaixando-se à condição de besta. Assim, devem ser repudiadas todas as concepções que consideram a dignidade como mera prestação, isto é, algo que depende eminentemente das ações da pessoa humana e algo a ser conquistado, aspecto sobre o qual voltaremos a nos pronunciar.

[18] Apenas a título ilustrativo, a concepção Kantiana de dignidade da pessoa encontrou lugar de destaque, entre outros, nos seguintes autores. Entre nós, v., por exemplo, as recentes e preciosas contribuições de Cármen Lúcia Antunes Rocha (O princípio da dignidade da pessoa humana e a exclusão social. In: *Revista Interesse Público*, n. 4, p. 23 e ss., 1999) e Fábio Konder Comparato (*A afirmação histórica dos direitos humanos*. São Paulo: Saraiva, 1999, p. 19 e ss.), assim como os trabalhos de Fernando Ferreira dos Santos (*Princípio constitucional da dignidade da pessoa humana*. São Paulo: Celso Bastos, 1999. p. 20 e ss.) e José Afonso da Silva (A dignidade da pessoa humana como valor supremo da democracia. In: *Revista de Direito Administrativo*, v. 212, p. 89 e ss., 1998). Na literatura lusitana, v., dentre outros, Jorge Miranda (*Manual de direito constitucional*. 3. ed. Coimbra: Coimbra Editora, 2000. p. 188. v. IV), bem como, por último, Paulo Mota Pinto (O direito ao livre desenvolvimento da personalidade. In: Portugal-Brasil Ano 2000, *Boletim da Faculdade de Direito de Coimbra*. Coimbra: Coimbra Editora, p. 151, 2000), sem falar na expressiva maioria dos autores alemães, alguns dos quais já referidos.

[19] Cf. Jorge MIRANDA, *Manual de direito constitucional*. 3. ed. Coimbra: Coimbra Editora, 2000. p. 183.

também um todo à parte; isto é, *se toda pessoa natural é parte de algo (o corpo social), é ao mesmo tempo um algo à parte* (grifos do autor)".[20]

Assim, assumindo como corretas ambas as premissas, de que em função da dignidade que lhe é atribuída cada pessoa é única e como tal titular de direitos indisponíveis, mas que igualmente somente há que falar em dignidade (e em direitos e deveres humanos e fundamentais) num contexto social, marcado pela intersubjetividade, é de se endossar, neste particular, a lição de Gonçalves Loureiro,[21] no sentido de que a dignidade da pessoa humana — no âmbito de sua perspectiva intersubjetiva — implica uma obrigação geral de respeito pela pessoa, traduzida num feixe de deveres e direitos correlativos, de natureza não meramente instrumental, mas, sim, relativos a um conjunto de bens indispensáveis ao "florescimento humano". Que tais direitos e deveres correspondem justamente à concepção aberta, complexa e heterogênea dos direitos e deveres fundamentais da pessoa humana na sociedade e no Estado contemporâneo — amplamente consagrada pela Constituição Federal de 1988 — haverá de ser sempre presente.

Em verdade — e tal aspecto deve ser destacado — a dignidade da pessoa humana (assim como — na esteira de Hannah Arendt — a própria existência e condição humana),[22] sem prejuízo de sua dimensão ontológica e, de certa forma, justamente em razão de se tratar do valor próprio de cada uma e de todas as pessoas, apenas faz sentido no âmbito da intersubjetividade e da pluralidade. Aliás, também por esta razão é que se impõe o seu reconhecimento e proteção pela ordem jurídica, que deve zelar para que todos recebam igual (já que todos são iguais em dignidade) consideração e respeito por parte do Estado e da comunidade, o que, de resto, aponta para a dimensão política da dignidade, igualmente subjacente ao pensamento de Hannah Arendt, no sentido de que a pluralidade pode ser considerada como a condição (e não apenas como uma das condições) da ação humana e da política.[23] Na perspectiva ora apontada, vale consignar a lição de Jürgen Habermas,[24] considerando que a dignidade da pessoa, numa acepção rigorosamente moral e jurídica, encontra-se vinculada à simetria das relações humanas, de tal sorte que a sua *intangibilidade* (o grifo é

---

[20] Cf. BRITTO, Carlos Ayres. *O humanismo como categoria constitucional*, op. cit., p. 27.
[21] Cf. LOUREIRO, João Carlos Gonçalves. O direito à identidade genética do ser humano. *In*: Portugal-Brasil Ano 2000. Boletim da Faculdade de Direito. Universidade de Coimbra, 1999, p. 281.
[22] Cf. ARENDT, Hannah. *A condição humana* 10. ed. Rio de Janeiro: Forense Universitária, 2002. p. 15 e ss. Capítulo I. onde discorre, entre outros aspectos (e sem uma referência direta à noção de dignidade da pessoa humana), sobre o conceito e os pressupostos da condição e da existência humana, noções que, a despeito de vinculadas, não se confundem. Assim, para a autora "A ação, única atividade que se exerce entre os homens sem a mediação das coisas ou da matéria, corresponde à condição humana da pluralidade, ao fato de que homens, e não o Homem, vivem na Terra e habitam o mundo. Todos os aspectos da condição humana têm alguma relação com a política; mas esta pluralidade é especificamente a condição — não apenas a *conditio sine qua non*, mas a *conditio per quam* — de toda a vida política. Assim, o idioma dos romanos — talvez o povo mais político que conhecemos — empregava como sinônimas as expressões 'viver' e 'estar ente os homens' (*inter homines esse*), ou 'morrer' e 'deixar de estar entre os homens' (*inter homines esse desinere*)". Em suma, ainda para a filósofa (*op. cit.*, p. 16), "a pluralidade é a condição da ação humana pelo fato de sermos todos os mesmos, isto é, humanos, sem que ninguém seja exatamente igual a qualquer pessoa que tenha existido, exista ou venha a existir" (grifo nosso).
[23] Cf. ARENDT, Hannah. *A condição humana* 10. ed. Rio de Janeiro: Forense Universitária, 2002. p. 15-16, de acordo com trecho já transcrito na nota anterior.
[24] Cf. HABERMAS, Jürgen. *Die Zukunft der menschlichen Natur. Auf dem Weg zu einer liberalen Eugenik?* Frankfurt am Main: Suhrkamp, 1987. p. 62 e ss.

do autor) resulta justamente das relações interpessoais marcadas pela recíproca consideração e respeito, razão pela qual apenas no âmbito do espaço público da comunidade da linguagem, o ser natural se torna indivíduo e pessoa dotada de racionalidade.[25] Assim, como bem destaca Hasso Hofmann,[26] a dignidade necessariamente deve ser compreendida sob perspectiva relacional e comunicativa, constituindo uma categoria da co-humanidade de cada indivíduo (*Mitmenschlichkeit des Individuums*).

Avançando a perspectiva multidimensional e afirmada a dimensão intersubjetiva e relacional da dignidade (da pessoa) humana, necessário destacar que a dignidade da pessoa humana possui também um sentido histórico-cultural, sendo — na acepção de Peter Häberle — fruto do trabalho de diversas gerações e da humanidade como um todo.[27] Tal linha de aproximação (histórico-cultural) foi recepcionada por expressiva jurisprudência constitucional, destacando-se aqui precedente do Tribunal Constitucional de Portugal, que, no âmbito do Acórdão nº 90-105-2, de 29.03.1990, assentou que "a idéia de dignidade da pessoa humana, no seu conteúdo concreto — nas exigências ou corolários em que se desmultiplica — não é algo puramente apriorístico, mas que necessariamente tem de concretizar-se histórico-culturalmente".[28]

É também nesta perspectiva que há, de fato, como traçar uma distinção entre dignidade humana (aqui no sentido da dignidade reconhecida a todos os seres humanos, independentemente de sua condição pessoal, concreta) e dignidade da pessoa humana, concretamente considerada, no contexto de seu desenvolvimento social e moral e na perspectiva da própria noção de pessoa como sujeito individual (embora socialmente responsável e vinculado) de direitos e deveres. Em caráter ilustrativo, é possível referir aqui uma série de situações que, para determinada pessoa (independentemente aqui de uma vinculação a certo grupo cultural específico) não são consideradas como ofensivas à sua dignidade, ao passo que para outros, trata-se de violação intensa, inclusive do núcleo essencial da dignidade da pessoa, o que, na esfera do direito penal e da legitimidade de certas práticas de investigação e tipos de pena aplicados aos condenados, constitui um exemplo digno de nota.[29]

---

[25] Cf. HABERMAS, Jürgen. *Die Zukunft der menschlichen Natur. Auf dem Weg zu einer liberalen Eugenik?* Frankfurt am Main: Suhrkamp, 1987. p. 65.

[26] Cf. HOFMANN, Hasso. Die versprochene Menschenwürde. *In: Archiv des Öffentlichen Rechts (AöR)*, n. 118, p. 364, 1993, posicionando-se — ao sustentar que a dignidade, na condição de conceito jurídico, assume feições de um conceito eminentemente comunicativo e relacional — no sentido de que a dignidade da pessoa humana não poderá ser destacada de uma comunidade concreta e determinada onde se manifesta e é reconhecida. No mesmo sentido, reconhecendo que a dignidade também assume a condição de conceito de comunicação, v., no âmbito da doutrina lusitana, a referência de MACHADO, Jonatas *Liberdade de expressão*. Dimensões constitucionais da esfera pública no sistema social. Coimbra: Coimbra Editora, 2002. p. 360.

[27] Cf. HÄBERLE, Peter. Die Menschenwürde als Grundlage der staatlichen Gemeinschaft. *In*: ISENSEE, Josef; KIRCHHOF, Paul (Org.). *Handbuch des Staatsrechts der Bundesrepublik Deutschland*. Heidelberg: C. F. Müller, 1987. p. 860. v. I, destacando-se que a despeito da referida dimensão cultural, a dignidade da pessoa mantém sempre sua condição de valor próprio, inerente a cada pessoa humana, podendo falar-se assim de uma espécie de "constante antropológica", de tal sorte que a dignidade possui apenas uma dimensão cultural relativa (no sentido de estar situada num contexto cultural), apresentando sempre também traços tendencialmente universais (*op. cit.*, p. 842-843).

[28] Acórdão nº 90-105-2, de 29.03.90, Relator Bravo Serra, onde, para além do aspecto já referido, entendeu-se ser do legislador "sobretudo quando, na comunidade jurídica, haja de reconhecer-se e admitir-se como legítimo um pluralismo mundividencial ou de concepções" a tarefa precípua de "em cada momento histórico, 'ler', traduzir e verter no correspondente ordenamento aquilo que nesse momento são as decorrências, implicações ou exigências dos princípios 'abertos' da Constituição."

[29] A título de exemplo, no que diz com a dimensão histórico-cultural da dignidade e seu reconhecimento pela própria jurisprudência constitucional, vale transcrever aqui texto livremente traduzido, extraído de decisão do Tribunal

Para além das dimensões já apresentadas e em diálogo com as mesmas, indispensável compreender — até mesmo pela relevância de tal aspecto para os direitos e deveres humanos e fundamentais — que a dignidade possui uma dimensão dúplice, que se manifesta por estar em causa simultaneamente a expressão da autonomia da pessoa humana (vinculada à ideia de autodeterminação no que diz com as decisões essenciais a respeito da própria existência), bem como da necessidade de sua proteção (assistência) por parte da comunidade e do Estado, especialmente — mas não exclusivamente! — quando fragilizada ou até mesmo — e principalmente — quando ausente a capacidade de autodeterminação.[30] Tal concepção guarda sinergia também com a doutrina de Dworkin,[31] que, demonstrando a dificuldade de se explicar um direito a tratamento com dignidade daqueles que, dadas as circunstâncias (como ocorre nos casos de demência e das situações nas quais as pessoas já não logram sequer reconhecer insultos a sua autoestima ou quando já perderam completamente sua capacidade de autodeterminação), ainda assim devem receber um tratamento digno. Dworkin, portanto, parte do pressuposto de que a dignidade possui "tanto uma voz ativa quanto uma voz passiva e que ambas encontram-se conectadas", de tal sorte que é no valor intrínseco (na "santidade e inviolabilidade") da vida humana[32] de todo e qualquer ser humano, que encontramos a explicação para o fato

---

Federal Constitucional da Alemanha (v. *BverfGE*, v. 45, p. 229), ora objeto de livre tradução, "não se pode perder de vista que a dignidade da pessoa humana é algo irrenunciável, mas o reconhecimento daquilo que é exigido pelo postulado que impõe a sua observância e respeito não pode ser desvinculado da evolução histórica. A história das políticas criminais revela que penas cruéis foram sendo gradativamente substituídas por penas mais brandas. Da mesma forma a evolução de penas gravosas para penas mais humanas e de formas simples para formas mais diferenciadas de penalização tem prosseguido, permitindo que se vislumbre o quanto ainda deve ser superado. Por tal razão, o julgamento sobre o que corresponde à dignidade da pessoa humana, repousa necessariamente sobre o estado vigente do conhecimento e compreensão e não possui uma pretensão de validade indeterminada".

[30] Cf., dentre tantos, KOPPERNOCK, Martin. *Das Grundrecht auf bioethische Selbstbestimmung*. Baden-Baden: Nomos, 1997. p. 19-20, salientando — na esteira de outros doutrinadores, que mesmo presente, em sua plenitude, a autonomia da vontade (dignidade como capacidade de autodeterminação) esta poderá ser relativizada em face da dignidade na sua dimensão assistencial (protetiva), já que, em determinadas circunstâncias, nem mesmo o livre consentimento autoriza determinados procedimentos, tal como ocorre, v.g., com a extração de todos os dentes de um paciente sem qualquer tipo de indicação médica, especialmente quando o consentimento estiver fundado na ignorância técnica. Até que ponto, nesta e em outras hipóteses até mesmo mais gravosas, é possível falar na presença de uma plena autonomia, é, de resto, aspecto que refoge ao âmbito destas considerações, mas que, nem por isso, deixa de merecer a devida atenção.

[31] Cf. DWORKIN, Ronald. *El dominio de la vida*. Una discusión acerca del aborto, la eutanasia y la libertad individual. Barcelona: Ariel, 1998. p. 306-307.

[32] Embora — importa destacá-lo já neste momento — não se possa concordar com uma noção exclusivamente biológica da dignidade, não sendo poucas as críticas que têm sido assacadas no âmbito da produção doutrinária, ao tematizar a assim designada "biologização" da dignidade, também é certo que a desvinculação total entre vida e dignidade igualmente se revela incompatível com uma concepção suficientemente produtiva da dignidade e capaz de abarcar os inúmeros e diversificados desafios que lhe são direcionados. Posicionando-se contrariamente a uma biologização, v., entre outros, NEUMANN, Ulfried. Die Tyrannei der Würde. In: *Archiv für Rechts-und Sozialphilosophie* (ARSP), v. 84, p. 156 e ss., 1998, especialmente no contexto da problemática das manipulações genéticas, assim como, mais recentemente, DENNINGER, Erhard. Embryo und Grundgesetz. Schutz des Lebens und der Menschenwürde von Nidation und Geburt. In: *Kritische Vierteljahresschrift für gesetzgebung und Rechtswissenchaft* (Krit V). Baden-Baden: Nomos, 2/2003. p. 201 e ss., este aderindo à concepção de Habermas, no sentido de que a dignidade não decorre da natureza humana (não sendo, portanto, um atributo inato e natural, tal como a cor dos olhos, etc.), mas sim do reconhecimento do valor intangível de cada pessoa no âmbito da reciprocidade das relações humanas. A despeito dos diversos problemas vinculados à discussão ora retratada, deixaremos de desenvolver, pelo menos por ora, este ponto, que, de resto, será em parte retomado mais adiante, quando do comentário a respeito das relações entre a dignidade e o direito à vida. Em sentido diverso, criticando enfaticamente a tendência a uma desconexão entre vida e dignidade, v., entre tantos, ISENSEE, Josef. Der Grundrechtliche Status des Embryos. Menschewürde und Recht auf Leben als Determinanten der Gentechnik. In: HÖFFE, Otfried; HONNEFELDER, Ludger; ISENSEE, Josef. *Gentechnik und Menschenwürde*. An den Grenzen von Ethik und Recht. Köln: Du Mont, 2002. p. 62 e ss. Da mesma forma, aproximando-se aqui de Habermas, mas sem deixar de reconhecer uma vinculação entre os atributos naturais da pessoa, registre-se o entendimento de HÖFFE, Otfried. Menschenwürde als ethisches Prinzip. In: HÖFFE, Otfried; HONNEFELDER, Ludger; ISENSEE, Josef. *Gentechnik und Menschenwürde*. An den Grenzen von Ethik und Recht. Köln: Du Mont, 2002. p. 115, ao afirmar que se,

de que mesmo aquele que já perdeu a consciência da própria dignidade merece tê-la (sua dignidade) considerada e respeitada.[33] Que essa assertiva não conduz necessariamente à refutação da possível distinção entre as noções de pessoa e dignidade, vai aqui afirmado, ainda que não desenvolvido, muito embora se cuide de um dos principais aspectos do pensamento de Hegel,[34] recuperado e desenvolvido, mais recentemente, por autores como Habermas (que traça uma linha distintiva entre o que chama de dignidade da pessoa e dignidade da vida humana[35]), apenas para citar um dos mais expressivos.[36]

Nesta linha de entendimento, seguindo uma tendência que parece estar conduzindo a uma releitura e recontextualização da doutrina de Kant (ao menos naquilo em que aparentemente se encontra centrada exclusivamente na noção de autonomia da vontade e racionalidade), vale reproduzir a lição de Dieter Grimm,[37] ao sustentar que a dignidade, na condição de valor intrínseco (reconhecido em e atribuído ao, há que enfatizar!) do ser humano, gera para o indivíduo o direito de decidir de forma autônoma sobre seus projetos existenciais e felicidade e, mesmo onde esta autonomia lhe faltar ou não puder ser atualizada, ainda assim ser considerado e respeitado pela sua condição humana.

---

por um lado, a dignidade consiste em um axioma, no sentido de um princípio diretivo da moral e do direito, também é certo que a dignidade se refere a características biológicas da pessoa, sem contudo ser ela própria (dignidade) uma destas características.

[33] Cf. DWORKIN, Ronald. *El dominio de la vida*. Una discusión acerca del aborto, la eutanasia y la liberdad individual. Barcelona: Ariel, 1998. p. 306-309. Sobre a distinção (autonomia), mas mesmo assim íntima conexão entre dignidade e da vida (pois dignidade e vida, como princípios e direitos fundamentais, referem-se, em primeira linha, à pessoa humana, sendo esta o elo comum) bem como a respeito das relações entre ambos os valores, v. especialmente os desenvolvimentos de KLOEPFER, Michael. Leben und Würde des Menschen. In: *Festschrift 50 Jahre Bundesverfassungsgericht*. Tübingen: J. C. Mohr (Paul Siebeck), 2001. Especialmente p. 78 e ss, texto que integra a presente coletânea.

[34] Com efeito, de acordo com Kurt Seelmann (Person und Menschenwürde in der Phliosophie Hegels. In: DREIER, Horst (Org.). *Philosophie des Rechts und Verfassungstheorie*. Geburtstagsympoion für Hasso Hofmann. Berlin: Duncker & Humblot, 2000, p. 141), destaca que o mais apropriado seria falar que, ao pensamento de Hegel (e não estritamente na sua Filosofia do Direito), encontra-se subjacente uma teoria da dignidade como viabilização de determinadas prestações. Tal teoria, além de não ser incompatível com uma concepção ontológica da dignidade (vinculada a certas qualidades inerentes à condição humana), significa que uma proteção jurídica da dignidade reside no dever de reconhecimento de determinadas possibilidades de prestação, nomeadamente, a prestação do respeito aos direitos, do desenvolvimento de uma individualidade e do reconhecimento de um autoenquadramento no processo de interação social. Além disso, como, ainda, bem refere o autor, tal conceito de dignidade não implica a desconsideração da dignidade (e sua proteção) no caso de pessoas portadoras de deficiência mental ou gravemente enfermos, já que a possibilidade de proteger determinadas prestações não significa que se esteja a condicionar a proteção da dignidade ao efetivo implemento de uma dada prestação, já que também aqui (de modo similar — como poderíamos acrescentar — ao que se verificou relativamente ao pensamento Kantiano, centrado na capacidade para a autodeterminação inerente a todos os seres racionais) o que importa é a possibilidade de uma prestação (ob. cit., p. 142). A respeito das diversas dimensões da dignidade encontradas no pensamento de Hegel, v., ainda, a breve referência de HÖFFE, Otfried. Menschenwürde als ethisches Prinzip. In: HÖFFE, Otfried; HONNEFELDER, Ludger; ISENSEE, Josef. *Gentechnik und Menschenwürde*. An den Grenzen von Ethik und Recht. Köln: Du Mont, 2002. p. 133.

[35] Cfr. HABERMAS, Jürgen. *Die Zukunft der menschlichen Natur*. Auf dem Weg zur einer liberalen Eugenik? Frankfurt am Main: Suhrkamp, 1987. p. 57 e ss.

[36] Nesta mesma perspectiva, priorizando uma leitura de inspiração Hegeliana, v., entre outros (em língua portuguesa), os contributos de SEELMAN, Kurt. Pessoa e dignidade na pessoa humana na filosofia de Hegel; e KIRSTE, Stephan. A dignidade humana e o conceito de pessoa de direito, ambos publicados em SARLET, Ingo Wolfgang (Org.). *Dimensões da dignidade*. Ensaios de filosofia do direito e direito constitucional. 2. ed. Porto Alegre: Livraria do Advogado, 2009. Respectivamente p. 105-118 e 175-198.

[37] Cf. GRIMM, Dieter apud KOPPERNOCK, Martin. *Das Grundrecht auf bioethische Selbstbestimmung*. Baden-Baden: Nomos, 1997. p. 21-22, muito embora posicionando-se de forma crítica em relação ao reconhecimento da dignidade exclusivamente com base na pertinência biológica a uma espécie e centrando a noção de dignidade no reconhecimento de direitos ao ser humano, nos quais este acaba sendo levado a sério como tal. Nesta mesma linha, já havia decidido o Tribunal Federal Constitucional da Alemanha (In: *BverfGE* 39, 1 [41]), considerando que onde existe vida humana esta deve ter assegurada a proteção de sua dignidade, não sendo decisivo que o titular tenha consciência de sua dignidade ou que saiba defender-se a si próprio, bastando, para fundamentação da dignidade, as qualidades potenciais inerentes a todo o ser humano.

É justamente neste sentido que assume particular relevância a constatação de que a dignidade da pessoa humana é simultaneamente limite e tarefa dos poderes estatais e, no nosso sentir, da comunidade em geral, de todos e de cada um, condição dúplice esta que também aponta para uma paralela e conexa dimensão defensiva e prestacional da dignidade, ainda mais evidente quando se cuida de identificar a conexão entre a dignidade da pessoa humana e os direitos e garantias fundamentais. Nesta perspectiva — que será retomada mais adiante, quando da análise das decisões do STF —, verifica-se que na sua atuação como limite, a dignidade implica não apenas que a pessoa não pode ser reduzida à condição de mero objeto da ação própria e de terceiros, mas também o fato de a dignidade constituir o fundamento de direitos fundamentais (negativos) contra atos que a violem ou a exponham a graves ameaças. Como tarefa, o reconhecimento jurídico-constitucional da dignidade da pessoa humana implica deveres concretos de tutela por parte dos órgãos estatais, no sentido de proteger a dignidade de todos, assegurando-lhe também por meio de medidas positivas (prestações) o devido respeito e promoção, sem prejuízo da existência de deveres fundamentais da pessoa humana para com o Estado e os seus semelhantes.[38] Tal aspecto será objeto de maior desenvolvimento especialmente quando do exame da relação da dignidade da pessoa humana com os direitos humanos e fundamentais.

Sumariamente exposta, pelo menos no que diz com seus contornos mais amplos, a multidimensionalidade da dignidade da pessoa humana — também presente, expressa ou implicitamente — nos julgados do STF, e na busca da determinação de um conteúdo pelo menos aproximativo de um conceito jurídico que tenha uma aptidão para a universalização (nos seus elementos essenciais e guardada a necessária abertura), mas que seja constitucionalmente adequado, vale recuperar, como ponto de partida, inclusive por se tratar daquilo que pode ser até mesmo considerado como um elemento nuclear da dignidade, a fórmula desenvolvida por Günter Dürig, na Alemanha, para quem (na esteira da concepção kantiana) a dignidade da pessoa humana poderia ser considerada atingida sempre que a pessoa concreta (o indivíduo) fosse rebaixada a objeto, a mero instrumento, tratada como uma coisa, em outras palavras, sempre que a pessoa venha a ser descaracterizada e desconsiderada como sujeito de direitos.[39] Como bem consignou Michael Sachs,[40] tal fórmula parte de uma definição da dignidade, considerando seu âmbito de proteção, traduzindo uma opção por uma perspectiva

---

[38] Cf., por todos, PODLECH, Adalbert. Anmerkungen zu Art. 1 Abs. I Grundgesetz. *In*: WASSERMANN, Rudolf (Org.) *Kommentar zum Grundgesetz für die Bundesrepublik Deutschland* (Alternativ Kommentar). 2. ed. Neuwied: Luchterhand, 1989. v. I. p. 280-281.

[39] Cf. DÜRIG, Günther. Der Grundsatz der Menschenwürde. Entwurf eines praktikablen Wertsystems der Grunrechte aus Art. 1, Abs. I in Verbindung mit Art, 19 Abs. II des Grundgesetzes. *In*: *Archiv des Öffentlichen Rechts (AöR)*, n. 81, p. 127, 1956. No direito brasileiro, a fórmula do homem-objeto, isto é, o enunciado de que tal condição é justamente a negação da dignidade, encontra-se — ao menos assim nos parece — formulada expressamente na Constituição, notadamente quando o nosso Constituinte, no art. 5º, inciso III, da Constituição de 1988, estabelece de forma enfática que "ninguém será submetido à tortura e a tratamento desumano ou degradante." Neste contexto, vale, ainda, lembrar a lição de HÄBERLE, Peter. Menschenwürde als Grundlage der staatlichen Gemeinschaft. *In*: ISENSEE, Josef; KIRCHHOF, Paul (Org.). *Hand Buch des Staatsrechts der Bundesrepublik Deutschland*. Heidelberg: C. F. Müller, 1987. v. I. p. 842, quando afirma que a concepção de Dürig (a fórmula do "objeto") acaba por transformar-se também numa "fórmula-sujeito", já que o estado constitucional efetiva a dignidade da pessoa, na medida em que reconhece e promove o indivíduo na condição de sujeito de suas ações.

[40] Cf. SACHS, Michael. *Verfassungsrecht II – Grundrechte*. Berlin: Springer Verlag, 2000. p. 174.

que prefere determinar este âmbito de proteção a partir de suas violações no caso concreto. Esta concepção, muito embora largamente (mas não exclusivamente) acolhida e adotada também — ao menos em expressivo número de decisões — pelo Tribunal Federal Constitucional da Alemanha,[41] por evidente não poderá oferecer uma solução global para o problema, já que não define previamente o que deve ser protegido, mas permite a verificação, à luz das circunstâncias do caso concreto, da existência de uma efetiva violação da dignidade da pessoa humana, fornecendo, ao menos, um caminho a ser trilhado, de tal sorte que, ao longo do tempo, doutrina e jurisprudência encarregaram-se de identificar uma série de posições que integram a noção de dignidade da pessoa humana e que, portanto, reclamam a proteção pela ordem jurídica.[42]

Ainda nesta perspectiva, já se apontou — com razão, assim o parece — para o fato de que o desempenho das funções sociais em geral encontra-se vinculado a uma recíproca sujeição, de tal sorte que a dignidade da pessoa humana, compreendida como vedação da instrumentalização humana, em princípio proíbe a completa e egoística disponibilização do outro, no sentido de que se está a utilizar outra pessoa apenas como meio para alcançar determinada finalidade, de tal sorte que o critério decisivo para a identificação de uma violação da dignidade passa a ser (pelo menos em muitas situações, convém acrescer) o do objetivo da conduta, isto é, a intenção de instrumentalizar ("coisificar") o outro.[43]

Por outro lado, verifica-se, desde logo, como sendo estreme de dúvidas que a concepção referida encontra respaldo também na jurisprudência do STF e no pensamento do nosso homenageado, bastando aqui apontar para as hipóteses que dizem respeito à abertura material do catálogo constitucional de direitos, a vedação da tortura, bem como outros exemplos dignos de nota e que serão objeto de referência e breve análise logo mais adiante.

Por derradeiro, pensamos ser possível encerrar esta etapa reproduzindo, a título de sugestão, proposta pessoal de conceituação (jurídica) da dignidade da

---

[41] Apenas pinçando uma das diversas decisões onde tal concepção foi adotada, verifica-se que, para o Tribunal Federal Constitucional da Alemanha, a dignidade da pessoa humana está vinculada ao valor social e pretensão de respeito do ser humano, que não poderá ser reduzido à condição de objeto do Estado ou submetido a tratamento que comprometa a sua qualidade de sujeito (v. *BverfGE* 96, p. 399). Convém lembrar, todavia (a despeito de outras críticas possíveis) que a fórmula do homem-objeto não afasta a circunstância de que, tanto na vida privada quanto na esfera pública, as pessoas constantemente se colocam a si próprias na condição de objeto da influência e ação alheias, sem que com isto se esteja colocando em dúvida a sua condição de pessoa (Cf. a observação de HOFMANN, Hasso. Die versprochene Menschenwürde. *In: Archiv des Öffentlichen Rechts (AöR)*, p. 360. Igualmente não se deve desconsiderar a precoce objeção de Nicklas Luhmann (*Grundrechte als Institution*. 2. ed. Berlim: Dunker & Humblot, 1974, p. 60), que considerou a fórmula-objeto vazia, já que não afasta a necessidade de decidir quando e sob que circunstâncias alguém estará sendo tratado como objeto, a ponto de restar configurada uma violação da sua dignidade.

[42] Assim, por exemplo, não restam dúvidas de que a dignidade da pessoa humana engloba necessariamente o respeito e a proteção da integridade física do indivíduo, do que decorrem a proibição da pena de morte, da tortura, das penas de cunho corporal, utilização da pessoa humana para experiências científicas, estabelecimento de normas para os transplantes de órgãos, etc., tudo conforme refere HÖFLING, Wolfram. Anmerkungen zu Art. 1 Abs. 3 Grundgesetz. *In:* SACHS Michael (Org.). *Grundgesetz – Kommentar*. München: C. H. Beck, 1996. p. 107-109. De outra parte, percebe-se que os exemplos citados demonstram a existência de uma íntima relação entre os direitos fundamentais e a dignidade da pessoa, aspecto que ainda será objeto de análise mais aprofundada e que aqui foi apenas referido com o objetivo de demonstrar algumas das dimensões concretas desenvolvidas a partir da noção da dignidade da pessoa humana. Registre-se, ademais, que o próprio Tribunal Federal Constitucional da Alemanha, tal como refere Michael Sachs (*Verfassungsrecht II – Grundrechte*. Berlin: Springer-Verlag, 2000. p. 174), tem relativizado a fórmula do "homem-objeto", reconhecendo ser a mesma insuficiente para apreender todas as violações e assegurar, por si só, a proteção eficiente da dignidade da pessoa humana.

[43] Cf. NEUMANN, Ulfried. Die Tyrannei der Würde. *In: Archiv für Rechts-und Sozialphilosophie (ARSP)*. 1998. v. 84. p. 161.

pessoa humana[44] que tem por escopo apenas servir de indicativo a demonstrar a complexidade e multidimensionalidade da noção de dignidade da pessoa humana também — e especialmente — no contexto do Estado Constitucional contemporâneo, que, notadamente se tomarmos como referência o modelo consagrado pela Constituição Federal de 1988, assume necessariamente os contornos de um Estado Democrático e Socioambiental de Direito,[45] no contexto do qual — sem que aqui se possa aprofundar o tópico e independentemente da discussão sobre a existência de direitos atribuídos à vida não humana — também a dignidade da vida para além da humana, que, portanto, assume um valor não meramente instrumental, há de ser considerada, respeitada e protegida.[46]

Assim sendo, na tentativa de sintetizar as diversas dimensões sumariamente apresentadas, tem-se por dignidade da pessoa humana *a qualidade intrínseca e distintiva reconhecida em cada ser humano que o faz merecedor do mesmo respeito e consideração por parte do Estado e da comunidade, implicando, neste sentido, um complexo de direitos e deveres fundamentais que assegurem a pessoa tanto contra todo e qualquer ato de cunho degradante e desumano, como venham a lhe garantir as condições existenciais mínimas para uma vida saudável,[47] além de propiciar e promover sua participação ativa e corresponsável nos destinos da própria existência e da vida em comunhão com os demais seres humanos, mediante o devido respeito aos demais seres que integram a teia da vida.*[48]

3 Funções da dignidade da pessoa humana na ordem constitucional brasileira

3.1 Dignidade como valor-fonte, fundamento e tarefa (fim) do Estado Democrático de Direito

Ao examinar o *status* jurídico-normativo da dignidade da pessoa humana no âmbito de nosso ordenamento constitucional, verifica-se que, entre nós, diversamente de outras ordens jurídicas onde nem sempre houve clareza quanto ao seu correto enquadramento,[49] o constituinte de 1988 preferiu não incluir a dignidade

---

[44] Cf. o nosso *Dignidade da pessoa humana e direitos fundamentais na Constituição Federal de 1988*. 8. ed. Porto Alegre: Livraria do Advogado, 2010. p. 59-60.

[45] Sobre a noção de Estado Socioambiental, v., em especial pela afinidade com a nossa perspectiva, FENSTERSEIFER, Tiago. *Direitos fundamentais e proteção do ambiente*. A dimensão ecológica da dignidade humana no marco jurídico-constitucional do Estado Socioambiental de Direito. Porto Alegre: Livraria do Advogado, 2008. Mais recentemente, v. também SARLET, Ingo Wolfgang (Org.). *Estado socioambiental e direitos fundamentais*. Porto Alegre: Livraria do Advogado, 2010.

[46] Sobre o tema, entre nós e por todos, MOLINARO, Carlos Alberto; MEDEIROS, Fernanda Luiza Fontoura de; SARLET, Ingo Wolfgang; FENSTERSEIFER, Tiago (Org.), *A dignidade da vida e os direitos fundamentais para além dos humanos*. Uma discussão necessária. Belo Horizonte: Fórum, 2008.

[47] Como critério aferidor do que seja uma vida saudável, parece-nos apropriado utilizar os parâmetros estabelecidos pela Organização Mundial da Saúde, quando se refere a um completo bem-estar físico, mental e social, parâmetro este que, pelo seu reconhecimento amplo no âmbito da comunidade internacional, poderia igualmente servir como diretriz mínima a ser assegurada pelos Estados.

[48] Cf. o a versão extraída do nosso *Dignidade da pessoa humana e direitos fundamentais na Constituição Federal de 1988*. 7. ed. Porto Alegre: Livraria do Advogado, 2009, p. 67.

[49] Assim ocorre, por exemplo, na Alemanha, onde, inexistindo título autônomo para os princípios fundamentais, a dignidade da pessoa humana consta no catálogo dos direitos fundamentais (art. 1º, inc. I), sendo considerada — de

da pessoa humana no rol dos direitos e garantias fundamentais, guindando-a, consoante já frisado, à condição de princípio (e valor) fundamental (artigo 1º, inciso III, da CF), muito embora a inclusão — no que diz com a terminologia adotada pela CF — no título dos princípios fundamentais, não afasta a circunstância de que a dignidade, em diversas situações, atua como regra jurídica.

Embora entendamos que a discussão em torno da qualificação da dignidade da pessoa como princípio ou direito fundamental não deva ser hipostasiada, já que não se trata de conceitos antitéticos e reciprocamente excludentes (não só, mas também, pelo fato de que as próprias normas de direitos fundamentais igualmente assumem a dúplice condição de princípios e regras[50]), comungamos do entendimento de que, além de os direitos fundamentais expressamente consagrados na Constituição encontrarem — pelo menos em regra — seu fundamento na dignidade da pessoa humana, também é possível reconhecer que do próprio princípio da dignidade da pessoa podem e até mesmo devem ser deduzidas posições jusfundamentais (direitos e deveres), ainda que não expressamente positivados, de tal sorte que, neste sentido, é possível aceitar que se trata de uma norma de direito fundamental, muito embora daí não decorra, pelo menos não necessariamente, que existe um direito fundamental à dignidade,[51] ainda que vez por outra se encontre alguma referência neste sentido.[52] Tal aspecto, aliás, chegou a ser objeto de lúcida referência feita pelo Tribunal Federal Constitucional da Alemanha, ao considerar que a dignidade da pessoa não poderá ser negada a qualquer ser humano, muito embora seja violável a pretensão de respeito e proteção que dela (da dignidade) decorre.[53] Assim, quando se fala — no nosso sentir equivocadamente — em direito à dignidade, se está, em verdade, a considerar o direito a reconhecimento, respeito, proteção e até mesmo promoção e desenvolvimento da dignidade, sem prejuízo de outros sentidos que se possa atribuir aos direitos fundamentais relativos à dignidade da pessoa.

---

acordo com a doutrina majoritária e jurisprudência constitucionais — simultaneamente um direito fundamental e um princípio fundamental da ordem de valores objetiva, havendo, contudo, quem negue o caráter de direito fundamental da dignidade da pessoa humana. Sobre esta discussão, que aqui deixaremos de aprofundar, v., entre tantos, STERN, Klaus. *Das Staatsrecht der Bundesrepublik Deutschland*. München: C. H. Beck, 1988. v. III/1. p. 22 e ss. Assim também ZIPPELIUS, Theodor Maunz- Reinhold. *Deutsches Staatsrecht*. 29. ed. München: C. H. Beck, 1994. p. 180, e GEDDERT-STEINACHER, Tatjana. *Menschenwürde als Verfassungsbegriff*. Berlin: Duncker & Humblot, 1990. p. 164 e ss.; HÖFLING, Wollfram. Anmerkungen zu Art. 1 Abs 3 Grundgesetz. *In*: SACHS, Michael (Org.). *Grundgesetz – kommentar*. München: C. H. Beck, 1996. p. 102; DREIER, Horst. Anmerkungen zu Art. 1 I GG. *In*: DREIER, Horst (Org.). *Grundgesetz Kommentar*. Tübingen: Mohr Siebeck, 1996. v. I. p. 117-119; STARCK, Christian. *In*: *Bonner Grundgesetz*. p. 47-9, bem como SACHS, Michael. *Verfassungsrecht II*. *Grundrechte*. Berlin: Springer-Verlag, 2000. p. 171 e ss.

[50] Sobre o caráter dúplice das normas de direitos fundamentais, v. Robert ALEXY, *Teoría de los Derechos Fundamentales*. Madrid: Centro de Estúdios Constitucionales, 1997. p. 81 e ss. Entre nós, por último, destacando tal característica também para a dignidade da pessoa humana, v. SILVA, Virgílio Afonso da. *Direitos Fundamentais*. Conteúdo essencial, restrições e eficácia. São Paulo: Malheiros, 2009. p. 183 e ss.

[51] Cf. sustenta, entre outros, MAURER, Béatrice. Notes sur le respect de la dignité humaine...ou Petite Fugue Inachevée Autour d'um Théme Central. *In*: SÉRIEUX, Alain *et al*. *Le Droit, Le Medicine et L'être Humain*. Aix-Em-Provence: Presses Universitaires D'Aix-Marseille, 1996. p. 207.

[52] Assim o faz, por exemplo, DELPÉRÉE, Francis. O direito à dignidade humana. *In*: BARROS, Sérgio Rezende de; ZILVETI, Fernando Aurélio (Coord.). *Direito constitucional*: estudos em homenagem a Manoel Gonçalves Ferreira Filho. São Paulo: Dialética, 1999. p. 151 e ss., ao menos de acordo com o que se depreende do título de seu ensaio.

[53] *BverfGE* 87, 209 (228), citado por DREIER, Horst. Art. 1 I GG. *In*: DREIER, Horst (Org.). *Grundgesetz Kommentar*. Tübingen: Mohr Siebeck, 1996. v. I. p. 120, referindo que mesmo o torturado e o perseguido não perdem a sua dignidade, ainda que esta tenha sido violada. A respeito da evolução anterior da jurisprudência do Tribunal Federal Constitucional da Alemanha sobre a dignidade da pessoa, v. NIEBLER, Engelbert. Die Rechtsprechung des Bundesverfassungsgericht zum obersten Rechtswert der Menschenwürde. *In*: *Bayrische Verwaltungsblätter* (*BayVwBl*), 1989. p. 737 e ss.

Num primeiro momento — convém frisá-lo —, a qualificação da dignidade da pessoa humana como princípio fundamental traduz a certeza de que o artigo 1º, inciso III, de nossa Lei Fundamental não contém apenas (embora também e acima de tudo) uma declaração de conteúdo ético e moral, mas que constitui norma jurídico-positiva dotada, em sua plenitude, de *status* constitucional formal e material e, como tal, inequivocamente dotado de eficácia e aplicabilidade, alcançando, portanto — tal como sinalou Benda — a condição de valor jurídico fundamental da comunidade.[54] Importa considerar, neste contexto, que, na sua qualidade de princípio fundamental, a dignidade da pessoa humana constitui valor-guia não apenas dos direitos fundamentais, mas de toda a ordem jurídica (constitucional e infraconstitucional), razão pela qual, para muitos, se justifica plenamente sua caracterização como princípio constitucional de maior hierarquia axiológico-valorativa (*höchstes wertsetzendes Verfassungsprinzip*).[55] Também o STF tem seguido esta mesma linha de entendimento, sublinhando, reiteradamente, que a dignidade da pessoa humana constitui "verdadeiro valor-fonte que conforma e inspira todo o ordenamento constitucional vigente em nosso País e que traduz, de modo expressivo, um dos fundamentos em que se assenta, entre nós, a ordem republicana e democrática consagrada pelo sistema de direito constitucional positivo".[56] Nesta mesma linha de pensamento, o jurista e Ministro Carlos Ayres Britto nos lembra que "a circunstância do humano em nós é que nos confere uma dignidade primaz. Dignidade que o Direito reconhece como fato legitimante dele próprio e fundamento do Estado e da sociedade".[57]

Não sendo o caso de aqui discorrer sobre a distinção entre princípios e regras, mas apenas assumindo que, considerados determinados critérios, há como aceitar — em linhas gerais — como correta (a despeito de importantes dissídios envolvendo a conceituação e aplicação de cada categoria) tal classificação das normas jurídicas, o que importa para a finalidade deste breve ensaio, é que se deixe devidamente consignado, que tanto na esfera doutrinária quando jurisprudencial, com ênfase aqui na prática decisória hoje prevalente no STF, o caráter jurídico-normativo da dignidade da pessoa humana e, portanto, o reconhecimento de sua plena eficácia na ordem jurídico-constitucional, está longe de encontrar um adequado equacionamento. Com relação às críticas — já referidas — de que a opção pelo enquadramento como princípio fundamental importaria em reduzir a amplitude e magnitude da noção de dignidade da pessoa, vale lembrar o que, de resto, parece-nos que o reconhecimento da condição normativa da dignidade, assumindo feição de princípio (e até mesmo como regra) constitucional fundamental, não afasta o seu papel como valor fundamental geral

---

[54] Cf. BENDA, Ernst. Menschenwürde und Persönlichkeitsrecht. In: Benda-Maihofer-Vogel (Org.). *Handbuch des Verfassungsrechts der Bundesrepublik Deutschland*. 2. ed. Berlin: Walter de Gruyter, 1994. v. I. p. 164, lição esta que — embora voltada ao art. 1º da Lei Fundamental da Alemanha — revela-se perfeitamente compatível com a posição outorgada pelo nosso Constituinte de 1988 ao princípio da dignidade da pessoa humana.

[55] Cf. STERN, Klaus. *Das Staatsrecht der Bundesrepublik Deutschland*, III/1. München: C. H. Beck, 1988. p. 23, sem que aqui se vá explorar a controvérsia em torno da relação entre o valor da vida humana e a dignidade da pessoa, já que não faltam os que sustentam a prevalência da primeira.

[56] Cf., em caráter meramente ilustrativo, se extrai da ementa do acórdão proferido no HV 87.676/ES, relatado pelo Ministro Cezar Peluso, julgado em 06.05.2008.

[57] Cf. BRITTO, Carlos Ayres. *O humanismo como categoria constitucional*, p. 26.

para toda a ordem jurídica (e não apenas para esta), mas, pelo contrário, outorga a este valor uma maior pretensão de eficácia e efetividade.

Em face destas premissas, ainda que sumariamente expostas e carentes de amplo desenvolvimento e discussão, e tendo presente sempre e acima de tudo o caráter normativo e, portanto, vinculante da dignidade da pessoa humana (como princípio e valor fundamental da ordem jurídica), condição da qual decorrem importantes consequências diretamente ligadas ao problema da sua eficácia e efetividade, passaremos a enfrentar alguns aspectos específicos, notadamente no que diz com as funções exercidas pela dignidade da pessoa humana na nossa ordem jurídico-constitucional, de modo especial no concernente ao seu vínculo com as normas definidoras de direitos e garantias fundamentais.

Precisamente entre as funções exercidas pelo princípio fundamental da dignidade da pessoa humana, destaca-se, pela sua magnitude, o fato de ser simultaneamente elemento que confere unidade de sentido e legitimidade a uma determinada ordem constitucional, constituindo-se, de acordo com a significativa fórmula de Haverkate, no "ponto de Arquimedes do estado constitucional".[58] Como bem o lembrou Jorge Miranda, representando expressiva parcela da doutrina constitucional contemporânea, a Constituição, a despeito de seu caráter compromissário, confere uma unidade de sentido, de valor e de concordância prática ao sistema de direitos fundamentais, que, por sua vez, repousa na dignidade da pessoa humana, isto é, na concepção que faz da pessoa fundamento e fim da sociedade e do Estado,[59] razão pela qual se chegou a afirmar que o princípio da dignidade humana atua — e aqui de fato é sua condição principiológica e sua dimensão objetiva que assumem papel de destaque — como o "alfa e omega" do sistema das liberdades constitucionais e, portanto, dos direitos fundamentais.[60] Na iluminada acepção de Carlos Ayres Britto, os fundamentos da República enunciados no artigo 1º, incisos I a V, da CF, e entre os quais se destaca a dignidade da pessoa humana, "são os pressupostos mesmos ou o a priori lógico da construção e balizamento de todo o Estado brasileiro... Em linguagem figurada, os fundamentos da nossa República Federativa são os cromossomos nos quais se contêm os próprios genes ou suportes materiais da hereditariedade estatal brasileira", o que implica um dever de interpretação de toda a ordem jurídica em conformidade com tais fundamentos.[61]

Se, por um lado, consideramos que há como discutir — especialmente na nossa ordem constitucional positiva — a afirmação de que todos os direitos e

---

[58] Cf. HAVERKATE, Görg. *Verfassungslehre. Verfassung als Gegenseitigkeitsordnung*. München: C.H.Beck, 1992. p. 142.

[59] Cf. MIRANDA, Jorge. *Manual de direito constitucional*. 3. ed. Coimbra: Coimbra Editora, 2000. v. IV. p. 180. Assim também ANDRADE, José Carlos Vieira de. *Os direitos fundamentais na Constituição portuguesa de 1976*. Coimbra: Almedina, 1987. p. 101, referindo que os preceitos relativos aos direitos fundamentais "não se justificam isoladamente pela protecção de bens jurídicos avulsos, só ganham sentido enquanto ordem que manifesta o respeito pela unidade existencial de sentido que cada homem é para além de seus actos e atributos."

[60] Cf. DELPÉRÉE, Francis. O direito à dignidade humana. *In*: BARROS, Sérgio Resende de; ZILVETE, Fernando Aurélio (Coord.). *Direito* constitucional: estudos em homenagem a Manoel Gonçalves Ferreira Filho. São Paulo: Dialética, 1999. p 161.

[61] Cf. BRITTO, Carlos Ayres. *Teoria da Constituição*, p. 187. Dentre os julgados relatados pelo Ministro Carlos A. Britto onde tais diretrizes (notadamente a da interpretação da ordem jurídica conforme a dignidade da pessoa humana) foram aplicadas, colaciona-se, em caráter meramente ilustrativo, o HC nº 94163, julgado em 02.12.2008, onde estava em causa a interpretação da Lei de Execução Penal.

garantias fundamentais encontram seu fundamento direto, imediato e igual na dignidade da pessoa humana, do qual seriam "meras" concretizações,[62] constata-se, de outra parte, que os direitos e garantias fundamentais podem, em regra, ainda que de modo e intensidade variáveis, ser reconduzidos de alguma forma à noção de dignidade da pessoa humana, já que todos remontam à ideia de proteção e desenvolvimento das pessoas, de todas as pessoas, como bem destaca Jorge Miranda.[63] Mesmo que se deva — nesta linha de entendimento — admitir que o princípio da dignidade da pessoa humana atua como elemento fundacional e informador de todos os direitos e garantias fundamentais (ainda que nem todos os direitos fundamentais encontrem fundamento direto na dignidade da pessoa humana) também da Constituição de 1988 — também é certo que haverá de se reconhecer um espectro amplo e diversificado no que diz com a intensidade desta vinculação entre os direitos fundamentais e a dignidade da pessoa humana.[64] Tal diversidade opera tanto no que está em causa a função da dignidade como fundamento dos direitos, quanto no que diz respeito à sua função como integrando o conteúdo dos direitos (em ambos os casos, nos parece, quanto ao "se" e ao "em que medida"), não sendo à toa que ambas as funções (dignidade como fundamento e como conteúdo dos direitos) tenham sido tão destacadas, embora ainda tão carentes de maior aprofundamento e lapidação.[65]

Também neste contexto, verifica-se que a dignidade da pessoa humana é figura amplamente presente no processo decisório judicial, inclusive (e cada vez mais) no âmbito da jurisprudência do STF, onde a dignidade atua como critério de interpretação e aplicação do direito constitucional, com particular destaque para casos envolvendo a proteção e promoção dos direitos fundamentais, o que,

---

[62] Cf., entre nós, FARIAS, Edilsom Pereira de. *Colisão de direitos*. A honra, a intimidade, a vida privada e a imagem versus a liberdade de expressão e informação. Porto Alegre: Fabris, 1996. p. 54. Quanto a este ponto, já nos pronunciamos, em outra oportunidade (cf. o nosso *A eficácia dos direitos fundamentais*, p. 93 e ss.), no sentido de revelar alguma reserva no que diz com a alegação de que todos os direitos fundamentais positivados na Constituição de 1988 possam ser reconduzidos diretamente e de modo igual ao princípio da dignidade da pessoa humana, seja pela extensão do nosso catálogo de direitos e garantias, seja pelas peculiaridades de algumas normas de direitos fundamentais, tal como ocorre com as regras sobre prescrição em matéria de direito do trabalho, a gratificação natalina (13ª salário), o dispositivo que impõe o registro dos estatutos dos partidos políticos junto ao TSE (art. 17 da Constituição de 1988), etc. Neste mesmo contexto, cabe referir importante decisão do Tribunal Constitucional da Espanha, citada por ALEGRE MARTÍNEZ, Miguel Angel. *La dignidad de la persona como fundamento del ordenamiento constitucional español*. León: Universidad de León, 1996. p. 47-48, onde, para além de reconhecer que a dignidade da pessoa representa um mínimo invulnerável que toda a ordem jurídica dever assegurar, a Corte Constitucional Hispânica sinalou que isto não significa que todo e qualquer direito fundamental possa ser considerado como inerente à dignidade da pessoa, nem que todos os direitos qualificados como fundamentais sejam integralmente condições essenciais e imprescindíveis para a efetiva incolumidade da dignidade pessoal. No âmbito da doutrina italiana, BARTOLOMEI, Franco. *La dignità umana come conceitto e valore constituzionale*. Torino: G. Giappichelli, 1987. p. 14, refere que a afirmação de um princípio geral de tutela da dignidade humana não importa, todavia, que todos os direitos individualmente considerados possam ser reconduzidos a um único direito. De resto, O entendimento de que todos os direitos fundamentais são diretamente fundados na dignidade da pessoa seria sustentável apenas em se partindo de um conceito exclusivamente material de direitos fundamentais, considerando como tais unicamente os que puderem encontrar seu fundamento direto na dignidade, concepção esta que, todavia não harmoniza com a Constituição Federal de 1988.

[63] Cf. MIRANDA, J. *Manual de direito constitucional*. 3 ed. Coimbra: Coimbra Editora, 2000. v. IV, p. 181. Também, Klaus Stern (*Das Staatsrecht der Bundesrepublik Deutschland*. München: C. H. Beck, 1988. v. III/1. p. 33) leciona que o princípio da dignidade da pessoa humana constitui fundamento de todo o sistema dos direitos fundamentais, no sentido de que estes constituem exigências, concretizações e desdobramentos da dignidade da pessoa e que com base neste devem (os direitos fundamentais) ser interpretados.

[64] Cf., por todos, ANDRADE, José Carlos Vieira de. *Os direitos fundamentais na Constituição Portuguesa de 1976*. Coimbra: Almedina, 1987. p. 101-2.

[65] Cf., sobre tal dupla função da dignidade, WALDRON, Jeremy. Dignity and Rank. *In*: *European Journal of Sociology*, p. 203-4, 2007.

aliás, será objeto de demonstração mais detalhada, embora não exaustiva, logo adiante. Com efeito, entre as diversas possibilidades no que diz com o recurso à dignidade da pessoa humana por parte do STF, destaca-se a sua relevância para a (re)construção de um conceito material de direitos fundamentais, notadamente para efeitos da interpretação do sentido e alcance da norma contida no artigo 5º, §2 º, da CF, que constitui o objeto do próximo tópico.

3.2 A dignidade da pessoa humana e a assim chamada "abertura material" do sistema constitucional dos direitos e garantias fundamentais

Um dos setores onde se manifesta a transcendental importância da dignidade da pessoa humana na ordem constitucional, designadamente na sua conexão com os direitos fundamentais, diz com sua função como critério para a construção de um conceito materialmente aberto de direitos fundamentais. Com efeito, não é demais relembrar que a Constituição de 1988, na esteira da evolução constitucional pátria desde a proclamação da República e amparada no espírito da IX emenda da Constituição norte-americana, consagrou a ideia da abertura material do catálogo constitucional dos direitos e garantias fundamentais. Em outras palavras, isto quer dizer que para além daqueles direitos e garantias expressamente reconhecidos como tais pelo Constituinte existem direitos fundamentais assegurados em outras partes do texto constitucional (fora do Título II), assim como integram o sistema constitucional os direitos positivados nos tratados internacionais em matéria de direitos humanos. Além disso, ainda de acordo com a expressa dicção do artigo 5º, §2º, da nossa Carta Magna, foi chancelada a existência de direitos (ainda que não direta e expressamente previstos no texto constitucional) decorrentes do regime e dos princípios da nossa Constituição, noção que abarca — embora para tal efeito se possa (há quem o sustente) até dispensar uma cláusula expressa de abertura — a revelação de direitos fundamentais implícitos, subentendidos naqueles expressamente positivados.[66] Assim, perceptível que a abertura a direitos não previstos expressamente no texto originário da Constituição guarda relação, embora sem que se possa falar aqui em integral superposição, com a noção de um constitucionalismo cumulativo, do qual nos fala o nosso homenageado, Carlos Britto ao se referir ao processo dinâmico da evolução constitucional, notadamente no que diz respeito ao fato de que aos primeiros direitos civis e políticos, somaram-se os direitos socioambientais e culturais, tudo a desembocar, segundo o autor, no que se pode designar de um *Estado de Direitos*.[67]

Nesta quadra, um dos maiores desafios para quem se ocupa do estudo da abertura material do catálogo de direitos e garantias é justamente o de identificar

---

[66] Sobre o sentido e significado do artigo 5º, §2º, da nossa Constituição, bem como a respeito da classificação dos direitos e garantias fundamentais a partir deste preceito da nossa Carta Magna, v. o nosso *A eficácia dos direitos fundamentais*. Uma teoria geral dos direitos fundamentais na perspectiva constitucional. 10. ed. Porto Alegre: Livraria do Advogado, 2009. p. 78 e ss.

[67] Cf. BRITTO, Carlos Ayres. *O humanismo como categoria constitucional*, especialmente p. 22-23.

quais os critérios que poderão servir de fundamento para a localização daquelas posições jurídico-fundamentais, como tais não expressamente designadas pelo Constituinte, mas que ainda assim integram o catálogo constitucional de direitos fundamentais, desnecessário aprofundar a noção de que a dificuldade varia de acordo com o caso específico em exame. Certo é que a tarefa de identificar (e, acima de tudo, justificar esta opção) posições fundamentais em outras partes da Constituição, bem como a possibilidade de reconhecer a existência de direitos fundamentais implícitos e/ou autonomamente desenvolvidos a partir do regime e dos princípios da nossa Lei Fundamental, passa necessariamente pela construção de um conceito material de direitos fundamentais, conceito que, por sua vez, dialoga fortemente com a noção de dignidade da pessoa humana. Assim, numa primeira aproximação, se com relação às normas de direitos fundamentais integrantes do Título II se admite a existência de uma presunção de que sejam normas constitucionais (e fundamentais) em sentido material,[68] no que diz com a identificação e fundamentação de direitos implícitos ou positivados em outras partes da Constituição, não se poderá dispensar um exame acurado no sentido de que sejam guindadas à condição de direitos fundamentais (compartilhando, de tal sorte, do regime reforçado do qual tais direitos gozam na nossa ordem constitucional) apenas posições jurídicas implícita ou expressamente consagradas, e que efetivamente sejam de tal sorte relevantes no que diz com seu conteúdo e significado, a ponto de merecerem o *status* de direitos fundamentais, em sentido material e formal, ou mesmo apenas material, quando for este o caso.

Levando, contudo, em conta que — de modo especial em face do elevado grau de indeterminação e cunho polissêmico do princípio e da própria noção de dignidade da pessoa — com algum esforço argumentativo, tudo o que consta no texto constitucional pode — ao menos de forma indireta — ser reconduzido ao valor da dignidade da pessoa, convém alertar que não é, à evidência, neste sentido que este princípio fundamental deverá ser manejado na condição de elemento integrante de uma concepção material de direitos fundamentais, pois, se assim fosse, toda e qualquer posição jurídica estranha ao catálogo poderia (em face de um suposto conteúdo de dignidade da pessoa humana), seguindo a mesma linha de raciocínio, ser guindada à condição de materialmente fundamental. O que se pretende demonstrar, neste contexto, é que o princípio da dignidade da pessoa humana assume posição de destaque, servindo como diretriz material tanto para a fundamentação de direitos implícitos (no sentido de posições jusfundamentais de cunho defensivo e/ou prestacional), quanto — e, de modo especial — para a identificação de direitos sediados em outras partes da Constituição. Cuida-se, em verdade, de critério basilar, mas não exclusivo, já que em diversos casos outros referenciais podem ser utilizados (como, por exemplo, o direito à vida e à saúde na hipótese do meio ambiente, ou mesmo a ampla defesa e os recursos a ela inerentes, no caso da fundamentação das decisões judiciais e administrativas).

---

[68] A respeito da ausência de identidade entre a constituição formal e material, mas reconhecendo, na esteira da doutrina majoritária, a necessidade de se presumir a materialidade constitucional (e fundamental) das normas inseridas na Constituição formal, v. a lição de MIRANDA, Jorge. *Manual de direito constitucional*. 2. ed. Coimbra: Coimbra Editora, 1988. v. II. p. 40 e ss., sustentando, ainda (*Manual de direito constitucional*, v. IV, p. 9), coerente com a linha de pensamento adotada, que os direitos fundamentais formalmente consagrados na Constituição também o são em sentido material.

O que se pretende enfatizar é que sempre que se puder detectar, mesmo para além de outros critérios que possam incidir na espécie, que estamos diante de uma posição jurídica diretamente embasada e relacionada (no sentido de essencial à sua proteção) à dignidade da pessoa, inequivocamente estaremos diante de uma norma de direito fundamental, sem desconsiderar a evidência de que tal tarefa não prescinde do acurado exame de cada caso. Em outras palavras, sempre que a violação de um direito (seja ele expressa, seja ele implicitamente positivado) resultar em violação da dignidade da pessoa humana e de suas dimensões essenciais já apresentadas, se estará em face de um direito fundamental.

Assim, apenas a título exemplificativo, não há maior dificuldade em justificar que a proteção do meio ambiente, especialmente considerando a própria dicção utilizada pelo Constituinte na redação do artigo 225 da Constituição, assume a condição de direito e dever fundamental, embora não seja o caso de adentrar, neste estudo, a discussão a respeito da possibilidade de se reconhecer um direito subjetivo à proteção dos bens ambientais, sabidamente controversa, especialmente na doutrina estrangeira.[69] O que importa, por ora, é a constatação de que a relação umbilical entre uma existência humana com dignidade e a tutela ambiental é tão evidente — e em tantas situações! (basta apontar para a grave condição dos refugiados climáticos, a afetação da saúde e das condições de vida das pessoas por força de danos ambientais, entre outros) —, que a dignidade da pessoa humana (como da vida em geral) opera como justificativa relevante, embora mesmo neste caso não exclusiva, a indicar a fundamentalidade formal e material da disposição normativa que consagrou o direito fundamental à proteção do ambiente, consoante, aliás, reconhecido pelo STF[70] e afirmado na doutrina de Carlos Ayres Britto, o qual, ao tematizar a questão do desenvolvimento sustentável no contexto de um dever da sociedade e do Estado no sentido de assegurar uma vida com qualidade para todos, não descuidou, pelo contrário, bem enfatizou a necessidade da "definitiva absorção da ideia de equilíbrio ecológico enquanto elemento de sua própria definição" (no caso, a referir-se ao desenvolvimento).[71]

Muito embora não se possa falar de um limite previamente definido no que diz com a identificação de direitos fundamentais implícitos ou positivados em outras partes da Constituição, também é correto afirmar que tal atividade reclama a devida cautela por parte do intérprete (já que de atividade hermenêutica se cuida), notadamente pelo fato de estar-se ampliando o elenco de direitos fundamentais da Constituição com as consequências práticas a serem extraídas, não se devendo, ademais, desconsiderar o risco — a exemplo do que já foi referido

---

[69] A respeito da controvérsia relativa à subjetivação da proteção ambiental (posição favorável a um direito ao meio ambiente ecologicamente equilibrado ou saudável) ou à sua tutela jurídico-constitucional pela via objetiva, ou seja, dos deveres de proteção, v., por todos, com ampla documentação, Carla Amado Gomes, *Risco e Modificação do Acto Autorizativo Concretizador de Deveres de Proteção do Ambiente*, Coimbra: Coimbra Editora, 2007, p. 25-222.

[70] ADIN nº 3.540-1/DF, Rel. Min. Celso de Mello. Na esfera doutrinária, v., na literatura brasileira, afirmando a dupla dimensão da tutela ambiental (direito e dever fundamental) MEDEIROS, Fernanda Luiza Fontoura de. *Meio ambiente. Direito e dever fundamental*. Porto Alegre: Livraria do Advogado, 2004. p. 32-3; GAVIÃO FILHO, Anízio Pires. *Direito fundamental ao ambiente*. Porto Alegre: Livraria do Advogado, 2005; TEIXEIRA, Orcy Paulino Bretanha. *O direito ao meio ambiente ecologicamente equilibrado como direito fundamental*. Porto Alegre: Livraria do Advogado, 2006; FENSTERSEIFER, Tiago. *Direitos fundamentais e proteção do ambiente*. Porto Alegre: Livraria do Advogado, 2008.

[71] Cf. BRITTO, Carlos Ayres. *O humanismo como categoria constitucional*, p. 29.

com relação à própria dignidade — de uma eventual desvalorização dos direitos fundamentais, já apontada por parte da doutrina.[72]

Ainda que nos tenhamos posicionado no sentido da inexistência de um direito fundamental à dignidade (como algo que possa ser objeto de concessão pela ordem estatal ou comunitária), nada impede — em que pesem as respeitáveis posições em sentido contrário —[73] que do princípio da dignidade da pessoa humana possam ser deduzidas — mesmo sem qualquer referência direta a outro direito fundamental — posições jurídico-subjetivas fundamentais que tenham por objeto a proteção da dignidade contra novas ofensas e ameaças, em princípio não alcançadas, ao menos não expressamente, pelo âmbito de proteção dos direitos fundamentais já consagrados no texto constitucional.[74] Para além do reconhecimento de um direito geral ao livre desenvolvimento da personalidade, diretamente deduzido do princípio da dignidade da pessoa humana (já que o fato de a pessoa ser sujeito de direitos é, à evidência, condição inerente à sua própria dignidade e, neste contexto, de sua autonomia),[75] tal ocorre, apenas para citar outro exemplo dos mais contundentes, com a proteção da pessoa humana, em virtude de sua dignidade, contra excessos cometidos em sede de manipulações genéticas e até mesmo a fundamentação de um novo (?) direito à identidade genética do ser humano,[76] ainda não contemplado como tal (ao menos não expressa e diretamente) no nosso direito constitucional positivo.[77] De outra parte, no

---

[72] Referindo uma tendência para a panjusfundamentalização, no âmbito de uma inflação no campo do reconhecimento de novos direitos fundamentais, advertindo, neste contexto, para os riscos de uma banalização, v. o contributo de NABAIS, José Casalta. Algumas reflexões críticas sobre os direitos fundamentais. In: AB VNO AD OMNES – 75 anos da Coimbra Editora. Coimbra: Coimbra Editora, 1995. p. 980 e ss. Neste sentido também aponta John Rawls (O liberalismo político. 2. ed. São Paulo: Atica, 2000. p. 350), sustentando a necessidade de limitar-se "as liberdades àquelas que são verdadeiramente essenciais", pena de correr-se o risco de uma fragilização da proteção das liberdades mais relevantes.

[73] Questionando a possibilidade de dedução direta de direitos subjetivos do princípio da dignidade da pessoa humana, encontramos, dentre outros, a lição de Winfried Brugger, (Menschenwürde, Menschenrechte, Grundrechte. Baden-Baden: Nomos, 1996, p. 19 e ss.), consignando-se não ser esta a posição majoritária da doutrina e da jurisprudência alemãs, que, de modo geral, sustenta a dupla dimensão da dignidade da pessoa humana como princípio e direito fundamental.

[74] Peter Häberle (Die Menschenwürde als Grundlage der staatlichen Gemeinschaft. In: ISENSEE, Josef; KIRCHHOF, Paul (Org.). Handbuch des Staatsrechts der Bundesrepublik Deutschland. Heidelberg: C. F. Müller, 1987. v. I. p. 844) nos lembra, neste contexto, que o desenvolvimento pretoriano ou mesmo a nova formulação textual de direitos fundamentais específicos pode ser vista como uma atualização do postulado básico da proteção da dignidade da pessoa humana em face de novas ameaças.

[75] Cf., entre nós, já vinha sendo bem sustentado por TEPEDINO, Gustavo. Temas de direito civil. Rio de Janeiro: Renovar, 1999. p. 48-9. A respeito do direito ao livre desenvolvimento da personalidade em geral, mas também enfocando a sua íntima relação com a dignidade da pessoa, v. PINTO, Paulo Mota. O direito ao livre desenvolvimento da personalidade. In: Portugal-Brasil, ano 2000, Coimbra: Coimbra Editora, 2000. p. 149 e ss., bem como, mais recentemente, MELO, Claudio Ari. Contribuição para uma teoria híbrida dos direitos de personalidade; e ANDRADE, Fabio Siebenleicher de. Considerações sobre a tutela dos direitos da personalidade no Código Civil de 2002, ambos os artigos publicados em SARLET, Ingo Wolfgang (Org.). O novo Código Civil e a Constituição. 2. ed. Porto Alegre: Livraria do Advogado, 2006.

[76] Vale registrar aqui a lição de João Carlos Gonçalves Loureiro (O direito à identidade genética do ser humano. In: Portugal-Brasil Ano 2000. Boletim da Faculdade de Direito. Universidade de Coimbra, 1999, especialmente p. 351 e ss.), nada obstante admitido outras possibilidades de fundamentação de um direito à identidade genética. Martin Koppernock (Das Grundrecht auf bioethische Selbstbestimmung. Baden-Baden: Nomos, 1997), por sua vez, fala em um direito fundamental à autodeterminação bioética, diretamente fundado no princípio da dignidade da pessoa humana e o direito ao livre desenvolvimento da personalidade, por sua vez, também expressão da dignidade. Especificamente sobre as relações entre o genoma humano, a dignidade aos direitos fundamentais, v., ainda, MATHIEU, Bertrand. Génome Humain et droits Fondamentaux. Paris: Economica, 2000. Na esfera da literatura brasileira, v., entre outros, GARCIA, Maria. Limites da ciência. São Paulo: RT, 2004; PETTERLE, Selma Rodrigues. O direito fundamental à identidade genética na constituição brasileira. Porto Alegre: Livraria do Advogado, 2007; SARLET, Ingo Wolfgang; LEITE, George Salomão (Org.). Direitos fundamentais e biotecnologia. São Paulo: Método, 2008; ROCHA, Renata da. O direito à vida e a pesquisa com células-tronco. Rio de Janeiro: Compus-Elsevier, 2008; SARMENTO, Daniel; PIOVESAN, Flávia (Coord.). Nos limites da vida: aborto, clonagem humana e eutanásia sob a perspectiva dos direitos humanos. Rio de Janeiro: Lumen Juris, 2007.

[77] Cumpre registrar aqui a previsão expressa feita pelo Constituinte de 1988 (art. 225, §1º, inciso II, da Constituição) no sentido de impor ao Poder Público a tarefa de "preservar a diversidade e a integridade do patrimônio genético do

amplamente divulgado e discutido julgamento sobre a legitimidade constitucional das pesquisas com células-tronco,[78] o STF acabou não assumindo uma posição clara a respeito da existência de um direito fundamental à identidade genética ou proteção do patrimônio genético humano. De qualquer sorte, a decisão em prol da possibilidade de realização das pesquisas com células-tronco, de acordo com a ampla maioria dos Ministros que participaram do julgamento, não resulta, por si só, incompatível com a existência de um direito fundamental à identidade genética (ou mesmo outras posições fundamentais, independentemente do rótulo adotado), da mesma forma como não implica uma desconsideração de questões vinculadas à dignidade da pessoa humana e à própria dignidade humana em sentido mais amplo, neste estágio da evolução da vida.

Com efeito, ainda que não se possa desenvolver aqui o ponto, importa destacar que o nosso homenageado, Ministro Carlos Britto, relator da paradigmática decisão do STF sobre a legitimidade constitucional das pesquisas com células-tronco, embora tenha reconhecido uma inequívoca projeção da dignidade na esfera da vida antes do nascimento (portanto, sem excluir algum tipo de tutela constitucional), firmou posição no sentido de que a CF não diz quando começa a vida humana e não dispõe sobre nenhuma das formas de vida humana prénatal, visto que ao falar em direitos fundamentais da pessoa humana está a falar de direitos e garantias do indivíduo-pessoa, portanto, sempre um ser humano já nascido e que se faz destinatários (ou seja, titular) de direitos fundamentais.[79]

Da jurisprudência do STF, extrai-se também, na seara dos direitos de personalidade, onde o vínculo com a dignidade se manifesta com especial agudeza, decisão reconhecendo tanto um direito fundamental ao nome quanto ao estado de filiação, mediante o argumento de que "o direito ao nome insere-se no conceito de dignidade da pessoa humana e traduz a sua identidade, a origem de sua ancestralidade, o reconhecimento da família, razão pela qual o estado de filiação é direito indisponível".[80]

Ainda no que diz respeito ao tema da abertura material do catálogo de direitos fundamentais, importa destacar o reconhecimento, pelo STF — igualmente com aval do nosso homenageado — de um direito à ressocialização do apenado, iluminado pela concepção de que ao preso há de ser assegurada a possibilidade de uma reinserção na vida social de modo livre e responsável (liberdade com responsabilidade), diretriz que, portanto, há de servir de parâmetro para a interpretação e aplicação da legislação em matéria de execução penal.[81]

País e fiscalizar as entidades dedicadas à pesquisa e manipulação de material genético." Assim, não obstante — tal como frisado — não haja referência direta a um direito à identidade genética no direito constitucional positivo brasileiro, certo é que a expressão patrimônio genético (apesar de se cuidar de norma versando sobre a proteção do meio ambiente) pode ser lida como abrangendo o genoma humano, de tal sorte que nos parece legítimo concluir que, a partir de uma exegese sistemática, que leve em conta tanto o preceito ora ventilado, quanto o princípio da dignidade da pessoa humana, também no direito pátrio há como reconhecer a existência de um direito à identidade genética da pessoa humana. Da mesma forma, em existindo tratado internacional ratificado pelo Brasil reconhecendo tal direito, este — muito embora o entendimento do STF em prol da hierarquia supralegal dos tratados — forte no artigo 5º, §2º, da Constituição de 1988, passaria — de acordo com a doutrina mais afinada com a evolução internacional — a ter hierarquia constitucional, aspecto que, embora controverso, não pode ser aqui simplesmente desconsiderado.

[78] Cf. julgamento da ADI nº 3510/DF, Rel. Min. Carlos Britto. (j. em 28 e 29.05.2009).

[79] Cf. se pode extrair do longo e erudito voto exarado quando da decisão da ADI nº 3.510, acima referida.

[80] Cf. RE nº 248.869-1 (07.08.2003), relator Ministro Maurício Corrêa.

[81] Cf., dentre tantos, a decisão preferida no NC nº 94163, de 02.12.2008, relator Ministro Carlos A. Britto, onde, em apertada síntese, foi assentado que a fuga, embora interrompa o prazo de cumprimento da pena, não pode servir de fundamento para a desconsideração dos dias trabalhados pelo apenado e da respectiva remissão.

3.3 A dupla dimensão defensiva (negativa) e prestacional (positiva) da dignidade da pessoa humana

A dignidade da pessoa humana, na sua relação com os direitos e garantias fundamentais, acaba operando, ainda que de modo diversificado, tanto como fundamento (embora não de todos os direitos fundamentais) quanto como conteúdo (igualmente não de todos os direitos e não com a mesma intensidade) dos direitos fundamentais. Por outro lado, doutrina e jurisprudência majoritária (mas não uníssona, em especial no direito estrangeiro), também no que diz com a evolução jurídico-constitucional brasileira, reconhecem que a dignidade da pessoa humana cumpre uma dupla função, atuando tanto como limite para a intervenção do Estado e de terceiros (inclusive para efeito da proteção da pessoa contra si mesma), quanto como tarefa, no sentido de gerar um dever jurídico de atuação em prol da proteção da dignidade contra o Estado e contra terceiros, mas em especial no concernente à promoção ativa da dignidade, notadamente criando condições que possibilitem o pleno exercício e fruição da dignidade, ainda mais naquilo em que o indivíduo necessita do concurso do Estado e/ou da comunidade para a realização e proteção de suas necessidades existenciais (e não apenas físicas) básicas.

Com efeito, como bem apontam Karl-Heinz Ladeur e Ino Augsberg, numa dimensão negativa, é possível reconhecer na dignidade da pessoa humana uma espécie de "Sinal de Pare", no sentido de uma barreira absoluta e intransponível (um limite) inclusive para os atores estatais, protegendo a individualidade e autonomia da pessoa contra qualquer tipo de interferência do Estado e da sociedade, de tal sorte a assegurar o papel do ser humano como sujeito de direitos.[82] Nesta perspectiva, a dignidade da pessoa humana assume a condição de direito de defesa, que tem por objeto a proibição de intervenção na esfera da liberdade pessoal de cada indivíduo e a salvaguarda da integridade física e psíquica de cada pessoa contra toda e qualquer ação estatal e particular. Já como fundamento de direitos subjetivos a prestações, a dignidade da pessoa humana guarda tanto uma relação de proximidade com a noção do mínimo existencial e dos direitos sociais considerados, em sentido mais restrito, como direitos a prestações materiais (ou fáticas) e os direitos a prestações em sentido amplo, que, na visão de Robert Alexy, abrangem também prestações de natureza não tipicamente social.[83] Conveniente sublinhar, em caráter complementar, que da dupla função de proteção (e promoção) e de defesa segue também o dever de implantar medidas de precaução procedimentais e organizacionais, no sentido de evitar uma lesão da dignidade e dos direitos fundamentais, ou, quando isto não ocorrer, com o intuito de fazer cessar ou mesmo minimizar os efeitos das violações, inclusive assegurando a

---

[82] Cf. LADEUR Karl-Heinz; AUGSBERG, Ino. *Die Funktion der Menschenwürde im Verfassungsstaat*. Tübingen: Mohr-Siebeck, 2008. p. 10-12.
[83] Sobre a classificação dos direitos fundamentais em direitos de defesa e direitos a prestações, v., para além de ALEXY, Robert. *Teoria dos direitos fundamentais*. São Paulo: Malheiros, 2008, e o nosso *A eficácia dos direitos fundamentais*. Uma teoria geral dos direitos fundamentais na perspectiva constitucional. 10. ed. Porto Alegre: Livraria do Advogado, 2009. p. 168 e ss.

reparação do dano.[84] Por outro lado, imprescindível destacar que, também no que diz respeito ao seu conteúdo em dignidade da pessoa humana e mesmo quando em causa uma manifestação autônoma da dignidade da pessoa humana, todos os direitos fundamentais — tal qual a dignidade da pessoa — apresentam uma dupla face defensiva e prestacional.

A partir da perspectiva ora traçada e sem que se tenha a pretensão de inventariar na sua integralidade a diversificada e cada vez mais numerosa jurisprudência do STF invocando a dignidade da pessoa humana na sua relação com direitos fundamentais de caráter negativo e positivo, seguem alguns exemplos que oferecem um panorama suficientemente atualizado e abrangente.

Num primeiro grupo de decisões, poderiam ser enquadrados julgados que, embora sem exame deste aspecto, aplicam a dignidade da pessoa humana como regra impeditiva de determinadas condutas, com amplo destaque para a vedação (expressamente consagrada pela CF no artigo 5º, inciso III) da tortura e de qualquer tratamento desumano ou degradante, que corresponde justamente à noção subjacente à fórmula-objeto anteriormente referida e que define o que se pode considerar de conteúdo nuclear do âmbito de proteção da dignidade da pessoa humana, aqui operando como direito de defesa (negativo). Entre os casos que merecem destaque, considerando a produção jurisprudencial posterior ao advento da atual CF, coloca-se julgado relatado pelo Ministro Celso de Mello — estava em causa a prática de tortura contra criança e adolescente por parte de policiais — e onde restou consignada a absoluta vedação da tortura na ordem jurídico-constitucional brasileira, de acordo com orientação uníssona adotada pelo STF,[85] em sintonia, portanto, com a noção de que a dignidade da pessoa humana opera como limite jurídico intransponível, visto que faticamente violável. Da ementa da decisão colacionada, extrai-se a afirmação de que a tortura constitui "prática inaceitável de ofensa à dignidade da pessoa", além de se tratar de "negação arbitrária dos direitos humanos, pois reflete — enquanto prática ilegítima, imoral e abusiva — um inaceitável ensaio de atuação estatal tendente a asfixiar e, até mesmo, a suprimir a dignidade, a autonomia e a liberdade com que o indivíduo foi dotado, de maneira indisponível, pelo ordenamento positivo". Desta afirmação é possível extrair a conclusão de que — pelo menos no que diz com a posição veiculada nas decisões examinadas e ressalvado o exame de eventuais contradições — para o STF a dignidade da pessoa humana não está sujeita a qualquer tipo de restrição e renúncia, o que remete ao tormentoso tema a respeito do caráter absoluto da dignidade da pessoa humana — ao menos na perspectiva da proteção jurídica — e que aqui optamos por não desenvolver em virtude dos limites da presente abordagem.[86]

---

[84] Cf., por todos, RIXEN, Stephan. Die Würde und Integrität des Menschen. *In*: HESELHAUS, Sebastian; NOWAK, Carsten (Ed.). *Handbuch der Europäischen Grundrechte*. München/Wien/Bern: C. H. Beck/Linde/Stampfli & Cie AG, 2006, p. 355.

[85] Cf. HC nº 70.389-SP, relator Ministro Celso de Mello, publicado no DJ em 23.06 1994.

[86] A respeito da discussão sobre a possibilidade de restringir a dignidade da pessoa humana, na sua condição de princípio e norma que assegura direitos fundamentais, v., por todos, o nosso *Dignidade da pessoa humana e direitos fundamentais na Constituição Federal de 1988*. 7. ed. Porto Alegre: Livraria do Advogado, 2009. p. 129 e ss.

A mesma linha de entendimento, vinculada à negação de uma redução do ser humano a objeto da ação estatal, encontra-se explicitada em uma série de decisões do STF, como dá conta a controvertida Súmula vinculante nº 11, dispondo sobre a necessidade de fundamentação — por parte das autoridades policiais e judiciárias — da necessidade do uso de algemas. Com efeito, sem que aqui se vá adentrar a discussão a respeito do acerto da opção pela edição de súmula sobre esta matéria, o fato é que o que está em causa, ao fim e ao cabo, é coibir a humilhação da pessoa no âmbito da já suficientemente invasiva ação policial e jurisdicional peculiar ao processo criminal, além do reconhecimento, por parte do STF, de que a pessoa algemada encontra-se mais facilmente submetida à ação de terceiros, sem prejuízo de outros aspectos que poderiam ser aqui colacionados.

Ainda no que diz com o repúdio intenso a qualquer forma de tortura ou tratamento desumano e degradante, importa colacionar a recente (e candente) manifestação do homenageado, Ministro Carlos Britto, quando do julgamento da polêmica e difícil questão da legitimidade constitucional da assim chamada "Lei da Anistia". Neste particular, a despeito da divergência quanto ao resultado do julgamento da ADPF 153, que aqui não está em causa quanto ao seu mérito, o nosso homenageado, em completo acordo com os demais Ministros, unânimes em repudiar, em si, a prática da tortura, a exemplo de julgamentos anteriores, firmou posição forte ao denunciar a desumanidade do ato de tortura e de quem o pratica, submetendo alguém de forma injustificável a toda sorte de sofrimento e humilhação.

No campo dos direitos sociais (aqui compreendidos em sentido muito ampliado), especialmente quando em causa o assim chamado mínimo existencial (no caso, o conjunto das condições que asseguram a cada um uma vida com dignidade, ou seja, com um mínimo de qualidade, no sentido de uma vida saudável) também se manifesta a dimensão negativa — impeditiva de ações — da dignidade da pessoa humana, o que se pode constatar quando se trata de examinar decisões do STF relativas à proibição de confisco (atos com efeito confiscatório)[87] e que chancelam a vedação da tributação do mínimo existencial ou que mesmo decisões que proíbem (ou determinam o restabelecimento) a interrupção ou supressão de determinadas prestações de caráter existencial.

Também neste particular, no que diz com a assim chamada dimensão negativa da dignidade da pessoa humana e do mínimo existencial, importa consignar a emblemática manifestação do Ministro Carlos Britto, quando, por ocasião do julgamento do RE nº 407.688-8/SP, em 08.02.2006, divergiu da maioria dos seus pares, aderindo à posição perfilhada pelos Ministros Eros Grau e Celso de Mello, ao sustentar que a moradia é necessidade vital do trabalhador e de sua família, cuidando-se, portanto, de direito indisponível e não sujeito à expropriação via penhora embasada em contrato de fiança.

Já no que diz respeito à assim chamada dimensão positiva (prestacional) da dignidade da pessoa humana e do correlato direito ao mínimo existencial,

---

[87] v., a título exemplificativo, RE nº 397744, Rel. min. Joaquim Barbosa, fundamentando a proibição constitucional do confisco em matéria tributária, dentre outros, no exercício do direito a uma existência digna, através de atividade profissional que satisfaça necessidades vitais, como saúde, educação e habitação. (julgado em 15.10.2009).

fortemente sedimentado, na jurisprudência do STF, o entendimento de que nesta seara incumbe ao Estado, em primeira linha, o dever de assegurar as prestações indispensáveis ao mínimo existencial, de tal sorte que em favor do cidadão há que reconhecer um direito subjetivo, portanto, judicialmente exigível, à satisfação das necessidades vinculadas ao mínimo existencial, e, portanto, à dignidade da pessoa humana. Sem que se tenha aqui a pretensão de avaliar se e em que medida o STF tem julgado de modo uniforme e mesmo coerente tais questões, o fato é que pelo menos no que diz com o direito à saúde e o direito à educação (no caso do direito à moradia, não se registra julgado assegurando um direito subjetivo à construção de uma moradia digna por parte do Estado) já são várias as decisões reconhecendo um dever de prestação, inclusive em caráter originário, ou seja, não necessariamente dependente de prévia política pública ou previsão legal. Neste sentido, adotando linha argumentativa similar (e em parte idêntica) a que foi esgrimida no bojo da conhecida ADF 45,[88] podem ser referidas, em caráter meramente ilustrativo, decisões, muitas das quais da lavra do Ministro Carlos Britto, que asseguram às crianças com menos de seis anos de idade o acesso gratuito a creches mantidas pelo Poder Público, bem como, entre outras, uma série significativa de decisões assegurando prestações na área da saúde, relativizando, em favor da vida e da dignidade, limitações de ordem organizacional, orçamentária,[89] sem prejuízo dos demais aspectos que dizem respeito ao — intenso — debate sobre a exigibilidade judicial dos direitos sociais como direitos a prestações, que aqui não será desenvolvido.[90]

Quanto à dimensão positiva (prestacional) da dignidade da pessoa humana, o que se percebe a partir do exame dos julgados selecionados é que, embora a tranquilidade com que o STF reconhece direitos subjetivos na esfera do mínimo existencial e a despeito da igualmente assente vinculação entre dignidade da pessoa humana e os direitos sociais na condição de direitos a prestações, ainda não é possível identificar, com clareza, os critérios que justificam tal relação e, de modo especial, a amplitude da noção de mínimo existencial neste contexto, ou seja, de quais são as prestações que integram este mínimo existencial. Considerada a diversidade e abrangência das prestações (que incluem prestações no âmbito do direito à educação), há como afirmar que o STF tem privilegiado uma exegese extensiva, indo além da noção reducionista de um mínimo vital (ou daquilo que também se designa de um mínimo existencial fisiológico), que guarda sintonia com a concepção de um mínimo existencial destinado a assegurar o pleno desenvolvimento da personalidade, de modo a agregar também o que se

---

[88] Relator Ministro Celso de Mello, julgado em 29.04.2004.
[89] Cf., por exemplo, a decisão proferida no RE nº 573061, julgado em 28.08.2009, Relator Ministro Carlos Britto, onde estava em causa a manutenção do direito ao Programa HUCAN, que prevê acompanhamento clínico e psicológico destinado a aferir a viabilidade de cirurgia de transgenitalização de caráter terapêutico, assegurado pelas instâncias ordinárias, que restou chancelado pelo STF.
[90] Sobre o tema, v., por todos, SARLET, Ingo Wolfgang; TIMM, Luciano Benetti (Org.). *Direitos fundamentais, orçamento e "reserva do possível"*. Porto Alegre: livraria do Advogado, 2008, bem como SOUZA NETO, Cláudio Pereira; SARMENTO, Daniel (Coord.). *Direitos sociais*. Fundamentos, judicialização e direitos sociais em espécie. Rio de Janeiro: Lumen Juris, 2008, obras coletivas contendo diversificada, atualizada e qualificada literatura sobre o tema.

convencionou denominar de um mínimo existencial sociocultural,[91] posição esta que, importa frisar — e os desenvolvimentos anteriores o atestam —, corresponde à concepção advogada, seja na sua produção bibliográfica, seja na judicatura, pelo Ministro Carlos Britto.

3.4 Dignidade como limite e limite aos limites dos direitos fundamentais e como parâmetro interpretativo

A dignidade da pessoa humana, como se verifica também na jurisprudência do STF, seguidamente é invocada como constituindo — de modo geral em combinação com determinado(s) direito(s) fundamental(is) tanto fundamento (critério material) a justificar a legitimidade constitucional da imposição de limites ao exercício de direitos fundamentais. Da mesma forma, registram-se decisões nas quais é o conteúdo em dignidade da pessoa humana dos direitos fundamentais que opera como limite aos limites dos direitos fundamentais, de modo a obstacularizar determinadas medidas que, embora sirvam à proteção ou promoção de outros direitos fundamentais (com maior ou menor relação com a dignidade da pessoa humana). Muito embora não se possa identificar, no âmbito da — também neste campo nem sempre uniforme e clara — jurisprudência do STF, a consolidação de uma doutrina a respeito do tema, percebe-se que a dignidade da pessoa humana guarda relação tanto com a noção do conteúdo essencial dos direitos fundamentais (embora sobre a qualidade da relação em si pouco se possa aferir do exame das decisões) quanto com a aplicação do princípio da proporcionalidade, tudo no contexto mais amplo da problemática dos limites e restrições dos direitos fundamentais, com destaque para as hipóteses de conflitos (colisões) entre direitos fundamentais.

Um dos casos mais citados, neste contexto, é o Habeas Corpus nº 71.374-4, Relatado pelo então Ministro Francisco Rezek,[92] onde estava em causa a legitimidade constitucional da condução coercitiva do suposto pai, réu em ação investigatória de paternidade, para efeitos de realização, em laboratório, de exame de sangue com vistas à apuração da paternidade do investigante, autor da ação. A despeito dos votos vencidos, com destaque para o voto do próprio Relator, que, em síntese, sustentavam o caráter não absoluto do direito ao próprio corpo e do direito à integridade física e corporal, não vislumbrando uma intervenção desproporcional por conta da condução coercitiva, mormente a prioridade do direito ao conhecimento, por parte do autor, da sua descendência biológica e do correlato direito aos alimentos (além das demais consequências), prevaleceu

---

[91] Cf., o nosso *A eficácia dos direitos fundamentais*. Uma teoria geral dos direitos fundamentais na perspectiva constitucional. 10. ed. Porto Alegre: Livraria do Advogado, 2009, p. 320. Confira-se, no que diz com a literatura especializada, BARCELLOS, Ana Paula. O mínimo existencial e algumas fundamentações: John Rawls, Michael Walzer e Robert Alexy. In: TORRES, Ricardo Lobo (Org.). *Legitimação dos direitos humanos*. Rio de Janeiro: Renovar, 2002. TORRES, Ricardo Lobo. *O direito ao mínimo existencial*. Rio de Janeiro: Renovar, 2008; e, por último, BITTENCOURT NETO, Eurico. *O direito ao mínimo para uma existência digna*. Porto Alegre: Livraria do Advogado, 2010.

[92] Cf. Habeas Corpus nº 71.373-4/130-RS, Relator Ministro Francisco Rezek, DJ 22.11.1996.

o entendimento — aqui sintetizado mediante transcrição de trecho do voto do Ministro Marco Aurélio — de que "a recusa do Paciente há de ser resolvida não no campo da violência física, da ofensa à dignidade humana, mas no plano instrumental, reservado ao Juízo competente — ou seja, o da investigação de paternidade — a análise cabível e a definição, sopesadas a prova coligida e a recusa do réu. Assim o é porque a hipótese não é daquelas em que o interesse público sobrepõe-se ao individual, como a das vacinações obrigatórias em época de epidemias, ou mesmo o da busca da preservação da vida humana, naqueles conhecidos casos em que convicções religiosas arraigadas acabam por conduzir à perda da racionalidade". Aderindo ao voto do Ministro Marco Aurélio, cumpre referir os votos do Ministro Moreira Alves, limitando-se a afirmar o caráter disponível do direito do autor em face da indisponibilidade do direito personalíssimo do Paciente, e do Ministro Néri da Silveira, que, além de frisar a inviolabilidade da intimidade e do corpo, apontou para a ausência de fundamento legal para a condução coercitiva. Ainda que também quanto a este caso não se trata de formular um juízo sobre o acerto ou desacerto da decisão ou de sua fundamentação, o que importa enfatizar é a utilização do argumento da dignidade da pessoa humana no contexto da colisão de direitos e dos limites aos limites dos direitos fundamentais, resultando na clara prevalência da dignidade (e do conteúdo em dignidade do direito ao corpo e intimidade) em face do direito ao conhecimento da paternidade biológica, especialmente disponíveis outros meios para assegurar o direito (pelo menos em parte) do autor.

Outra hipótese de crescente relevância no que diz com a utilização da dignidade da pessoa humana como critério para interpretação do ordenamento jurídico envolve tanto a identificação de um conteúdo em dignidade de outros direitos fundamentais, quanto a interpretação "conforme a dignidade" de institutos jurídicos que implicam restrição de direitos, de tal sorte que, em alguns casos, o próprio âmbito de proteção de direitos e garantias fundamentais acaba por ser delimitado de modo mais extensivo, e, portanto, de modo a assegurar um nível mais acentuado de proteção dos direitos.

Um bom exemplo deste tipo de argumentação, onde a eventual violação (a ser demonstrada no caso concreto) da dignidade da pessoa humana implica a relativização de regra jurídica proibitiva de determinado benefício, pode ser extraído do julgamento do HC nº 83.358-6/São Paulo, relatado pelo Ministro Carlos Britto, onde estava em causa a solicitação de concessão da possibilidade de pessoa idosa cumprir a pena privativa de liberdade em regime de prisão domiciliar, a despeito de ter sido condenada pela prática de atentado violento ao pudor, alegando a precariedade do seu estado de saúde. Embora no caso apreciado pelo STF tenha sido negado o pleito, mediante o argumento de que não restou devidamente comprovada a excepcionalidade da situação, o Tribunal reconheceu — a exemplo de outros julgados[93] — "que a condenação

---

[93] Em caráter ilustrativo, v. HC nº 86875, relator Ministro Cezar Peluso, julgado em 07.10.2005; HC nº 84539, relator Ministro Carlos Britto, julgado em 16.12.2004.

por crime tipificado como hediondo não enseja, por si só, uma proibição objetiva incondicional à concessão de prisão domiciliar, pois a dignidade da pessoa humana (e cabe sublinhar tal aspecto!) especialmente a dos idosos, sempre será preponderante, dada a sua condição de princípio fundamental da República". Por outro lado, importa destacar que diversamente de uma série de outros julgados onde não houve qualquer preocupação em examinar, à luz das circunstâncias do caso, a ocorrência de uma violação da dignidade da pessoa humana, no caso ora apresentado restou consignado que o deferimento do benefício (excepcionando a regra legal) se justifica apenas quando a dignidade do condenado (apenado) efetivamente estiver sendo violada ou ameaçada de violação. Com efeito, de acordo com o que se extrai da ementa do julgado, a "dignidade se encontrará ameaçada nas hipóteses excepcionalíssimas em que o apenado idoso estiver acometido de doença grave que exija cuidados especiais, os quais não podem ser fornecidos no local da custódia ou em estabelecimento hospitalar adequado".

4 Considerações finais

Os exemplos colacionados, que representam apenas uma pequena amostra do universo de julgados nos quais o STF, cada vez mais e especialmente após a promulgação da CF de 1988, invoca o princípio (e regra) da dignidade da pessoa humana como fundamento principal ou secundário para a solução de controvérsias que lhe são direcionadas, demonstram claramente uma tendência no sentido de consagrar, também no direito brasileiro, a noção de que na dúvida deverá o intérprete — seja no âmbito de uma "ponderação de interesses",[94] seja em outras hipóteses — optar pela alternativa mais compatível com as exigências da dignidade da pessoa humana (*in dubio pro dignitate*), muito embora quais sejam exatamente tais exigências também no Brasil ainda esteja longe de ser elucidado, precisamente em função da conhecida dificuldade de delimitar o conteúdo em dignidade dos direitos e garantias fundamentais ou identificar — a depender do caso — eventual conteúdo autônomo para o princípio da dignidade da pessoa humana.

De outra parte, o que importa ser destacado, para efeitos deste ensaio, é o quanto o labor fecundo e plural, por isso mesmo humanamente falível e necessariamente sujeito ao crivo da crítica na esfera pública, de um Tribunal encarregado da guarda da Constituição, onde pontificam magistrados da estatura do ora homenageado, Jurista e Ministro Carlos Ayres Britto, pode contribuir positivamente para o desenvolvimento de uma ordem jurídica mais justa, igualitária e

---

[94] Cf., no âmbito da literatura brasileira, por todos, SARMENTO, Daniel, *A ponderação de interesses na constituição federal*. Rio de Janeiro: Lumen Juris, 2000, Luís Roberto BARROSO (Org.). *A nova interpretação constitucional*. Ponderação, direitos fundamentais e relações privadas. Rio de Janeiro: Renovar, 2003; BARCELLOS, Ana Paula de. *Ponderação, racionalidade e atividade jurisdicional*. Rio de Janeiro: Renovar, 2005. Trilhando uma perspectiva crítica em relação à ponderação e a utilização da proporcionalidade neste contexto, confiram-se, especialmente e entre outras, as contribuições de STRECK, Lenio Luiz. *Verdade e Consenso*. Constituição, hermenêutica e teorias discursivas. Da possibilidade à necessidade de respostas corretas em direito. 2. ed. Rio de Janeiro: Lumen Juris, 2007, bem como CRUZ, Álvaro Ricardo Souza. *Hermenêutica jurídica e(m) debate*, Belo Horizonte: Fórum, 2007.

pautada pelos valores superiores consagrados pela nossa CF, com destaque aqui para o da dignidade da pessoa humana, assegurando que esta, na sua condição normativa, alcance uma eficácia e efetividade possível.

Informação bibliográfica deste texto, conforme a NBR 6023:2002 da Associação Brasileira de Normas Técnicas (ABNT):

SARLET, Ingo Wolfgang. Dignidade da pessoa humana e direitos fundamentais na jurisprudência do Supremo Tribunal Federal: uma análise na perspectiva da doutrina e judicatura do Ministro Carlos Ayres Britto. In: BERTOLDI, Márcia Rodrigues; OLIVEIRA, Kátia Cristine Santos de (Coord.). *Direitos fundamentais em construção*: estudos em homenagem ao ministro Carlos Ayres Britto. Belo Horizonte: Fórum, 2010. p. 231-260. ISBN 978-85-7700-367-9.

Princípio Democrático e
Eficácia dos Direitos Fundamentais

Gustavo Ferreira Santos

I

A chamada democracia constitucional busca firmar um compromisso entre constitucionalismo e democracia, no qual os direitos fundamentais funcionem como condição para a decisão democrática, mas também como limite. Esse relacionamento, no entanto, está longe de ter encontrado nessa fórmula abstrata uma solução definitiva de compromisso.

De um lado, reclamam os críticos do majoritarismo que a mera adoção da regra majoritária pode ser um caminho para a legitimação de decisões que isolem e massacrem maiorias. De outro lado, os críticos do constitucionalismo acusam a supremacia constitucional e a jurisdição constitucional de violarem a própria ideia de democracia, criando vedações de decisões às maiorias e transferindo o poder de decidir, em última instância, a um órgão não legitimado diretamente pelo povo, o Poder Judiciário.

Neste texto, iremos dar rápidas pinceladas em temas que estão no centro dessa difícil relação entre constitucionalismo e democracia. Após a caracterização do Estado constitucional e da ideologia que o sustenta, o neoconstitucionalismo, discutiremos a relação entre constitucionalismo e democracia a partir dos chamados direitos políticos, dos direitos fundamentais que condicionam as relações comunicacionais e dos direitos sociais. Ao final, salientaremos o diálogo necessário entre o importante processo na política internacional de afirmação dos direitos humanos e a discussão do direito interno sobre os chamados direitos fundamentais.

II

A atual forma constitucional dominante de Estado resulta do constitucionalismo moderno, que combina soberania popular com direitos humanos. O modelo de Estado de Direito que Gustavo Zagrebelsky chama de "Estado Constitucional" concretiza uma versão forte do constitucionalismo, que superdimensiona o papel da Constituição na regulação da vida social. Esse "constitucionalismo forte" — que tem sido chamado de neoconstitucionalismo — vê a Constituição como uma norma, repleta de valores universais, pronta a ser concretizada por uma Jurisdição Constitucional ativa.

Essa é uma construção pós Segunda Guerra. O modelo de tribunais constitucionais apresentou-se como uma alternativa aos riscos da política, que, sem vigilância, poderia sucumbir a encantos totalitários. A atividade criadora da Jurisdição Constitucional nesse contexto parece evidente. As próprias teorias que tratam da mutação constitucional perdem força descritiva, na medida em que pressupõem uma Constituição antes da Jurisdição, que por ela é alterada, quando, pelo que facilmente podemos constatar, a Constituição resulta da decisão do seu intérprete privilegiado. Antes dela, podem existir tantas expectativas de conteúdo quantas pessoas existem no mundo.

A constatação dessa realidade não pode desconsiderar problemas que dela decorrem ou que são por ela aprofundados. Desde o nascimento do constitucionalismo moderno são denunciadas incompatibilidades ou dificuldades entre ele e o conceito de democracia. O constitucionalismo condiciona a democracia, na medida em que estabelece parâmetros, sob a forma de direitos, que impedem certas decisões (RUIZ MIGUEL, 2004).

A maioria, dessa forma, não pode tudo, como seria justificável na democracia dos clássicos, mas pode tudo que não ultrapasse limites prefixados na Constituição. Essa "dificuldade contramajoritária" foi aprofundada pelo neoconstitucionalismo, já que o poder de dizer a Constituição, em última instancia, foi transferido a um poder não eletivo, o Judiciário, seja por seus órgãos ordinários, seja por tribunais especialmente voltados à tarefa.

Questão antiga que se renova periodicamente. Tribunais militantes pró direitos civis fizeram liberais norte-americanos, quase à unanimidade, defender o *judicial review*. No entanto, tribunais conservadores construídos por decisões políticas conscientes de republicanos fizeram acender a luz amarela.

A polêmica em torno do Programa Nacional de Direitos Humanos demonstra o quanto o conteúdo de tais direitos é, ele mesmo, objeto de discórdia, sendo a determinação desse conteúdo resultado também de uma luta, mais opaca e dissimulada, mas não menos problemática do que as disputas políticas travadas em processos eleitorais ou no seio do Legislativo.

Kelsen — que Michelangelo Bovero chama de "o maior teórico da democracia do século XX" — aproveita uma passagem do evangelho para discutir a democracia e o relativismo de valores. Ele narra a história na qual Pilatos pergunta a Cristo se ele é mesmo o filho de Deus, recebendo a resposta positiva. Mas, como um "cético e relativista" Pilatos age de forma democrática e delega ao povo a decisão, perguntando se as pessoas querem que ele perdoe Jesus. A multidão responde que quer que Barrabás seja solto. Então Kelsen conclui:

> Para os que crêem que o filho de Deus e Rei dos judeus seja testemunha da verdade absoluta, este plebiscito é sem dúvida um forte argumento contra a democracia. E nós, cientistas políticos, temos de aceitar este argumento. Mas com uma condição apenas: que nós tenhamos tanta certeza de nossa verdade política, a ponto de

defendê-la, se necessário, com sangue e lágrimas — que nós tenhamos tanta certeza de nossa verdade quanto tinha, de sua verdade, o filho de Deus

Jeremy Waldron afirma que "uma lição que podemos extrair da experiência constitucional dos Estados Unidos é que as palavras utilizadas em cada dispositivo da carta de direitos tendem a cobrar vida por si mesmas, convertendo-se em um obsessivo *slogan* para expressar qualquer coisa que um queira dizer sobre o direito em questão". Não são poucos os momentos nos quais os resultados da interpretação são questionáveis e que, talvez, em um ambiente político aberto, tivessem respostas mais satisfatórias

Waldron alerta que o constitucionalismo quer nos convencer de que na democracia constitucional a maioria tudo pode, exceto violar a Constituição, quando, na verdade, a fórmula é: a maioria pode tudo, exceto violar aquilo que os tribunais dizem que é a Constituição. A democracia sempre coloca a discussão sobre quem decide.

III

Os direitos políticos estão entre os direitos que, com maior clareza, fazem a mediação entre constitucionalismo e democracia. Em uma democracia, é necessário assegurar previamente a igualdade entre eleitores e vedar condutas no processo eleitoral que já tenham se mostrado destrutivas a esse processo. Não é razoável imaginar que uma democracia sobreviva a um processo eleitoral no qual vale tudo.

A garantia de condições igualitárias de participação nas decisões coletivas é instrumento legitimador do regime político. A participação dos indivíduos em processos políticos em condições equitativas leva à aceitação de decisões, mesmo decisões contrárias aos seus interesses (BOVERO, 2002).

Assim, as condições para a inscrição como eleitor, as condições para a participação política direta e as condições para se apresentar como candidato a cargo de representação cumprem um papel fundamental. A previsão constitucional da forma dos processos eleitorais — com a mais precisa definição de direitos — dá sentido à ideia de representação, que faz parte da própria definição atual de democracia.

Um dos mais sofisticados críticos do constitucionalismo — Jeremy Waldron (2005) — reconhece nesses direitos políticos elementos importantes para a democracia. Faz Waldron uma crítica ao constitucionalismo baseada em direitos, já que vê no conteúdo do constitucionalismo violações daquilo que ele chama de "direito dos direitos": o direito à participação. Para ele, o constitucionalismo transfere a decisão para órgãos não legitimados, violando o direito à participação, que só seria garantido com a adoção da regra majoritária, a única a assegurar que cada um vale um, ou seja, que todos terão o mesmo peso na decisão dos assuntos públicos.

IV

Quando falamos de direitos fundamentais nas relações comunicacionais, alcançamos, ao nosso ver, um dos pontos mais sensíveis dessa relação. Poucos, hoje em dia, chamariam de democracia um sistema plebiscitário no qual um governante, dominando todos os meios de comunicação, chamasse frequentemente o povo ao voto, apenas para ratificar as suas decisões, apresentadas pela imprensa oficial sem oposição.

Nesse campo, incluem-se posições jurídicas protegidas típicas de um período liberal do constitucionalismo, como a liberdades de expressão, mas também exigências de acesso aos meios. A liberdade de expressão é condição para o processo democrático na medida em que permite um compartilhamento de ideias necessário a uma tomada consciente de posição. Onde a palavra é controlada pelo Estado, existindo coisas que podem e coisas que não podem ser ditas, as decisões políticas, mesmo que tomadas por representantes ou diretamente pelo povo, estarão viciadas. A censura não combina como a livre formação da opinião.

Há certas garantias aos meios de comunicação que são necessárias à circulação da informação. O sigilo de fonte e as imunidades tributárias da imprensa também se mostram adequadas à garantia do processo democrático.

No entanto, há outras dimensões nesse campo que precisam ser exploradas pelo Direito. Os meios de comunicação podem também funcionar como instrumentos violadores das bases de um regime democrático. Merece destaque o debate sobre a existência de um direito prestacional ao acesso aos meios, que exige do Estado uma postura ativa. O Direito precisa condenar o monopólio dos meios de comunicação e precisa garantir às diversas posições políticas existentes o acesso aos meios.

V

Mas o conceito de democracia também não parece combinar com diferenças sociais gritantes. A garantia de acesso a certos serviços sociais mostra-se fundamental na redução de desigualdades que comprometem a formação da opinião. Até posições políticas liberais — normalmente preocupadas com o tamanho do Estado — veem um papel importante para a intervenção estatal garantidora da educação. Saúde, previdência e assistência social têm, também, grande importância na garantia de mínimos necessários a uma vida digna e, quando não presentes, comprometem a autonomia para a vida pública.

Os direitos sociais remetem-nos a outro problema na relação entre democracia e constitucionalismo. Quando consagrados em ordenamentos constitucionalizados — que têm jurisdição constitucional ativa — suscitam a questão do seu alcance e da legitimidade do Poder Judiciário — como intérprete da Constituição — para determinar o *quantum* da prestação.

O Brasil vive hoje esse problema no que se refere à constitucionalização do direito à saúde. A Constituição de 1988 é pródiga em regras sobre a saúde, mas é a garantia genérica da saúde como um direito de todos que produz os maiores questionamentos judiciais. Muitos medicamentos não comprados ordinariamente pelo Estado e alguns tratamentos não custeados por ele são cobrados em demandas judiciais. Não há, ainda, teoria suficiente para dar conta desse problema. A Administração introduziu argumentos frágeis no início desse processo de judicialização, apegando-se a ideias como a da separação de poderes, esperando uma autorrestrição judicial incompatível com a intervenção que a Constituição realiza. Depois, houve uma malsucedida introdução do argumento da "reserva do possível", que, também, não foi suficiente para obstar a expansão da intervenção judicial. Hoje, cresce uma preocupação quanto a realização de outros conteúdos constitucionais, como a garantia da igualdade, expressa no objetivo da universalização do atendimento, que podem ser violados quando, diante da impossibilidade fática da universalização do que é pedido, alguns têm acesso a medicamentos e tratamentos desproporcionalmente custosos, enquanto ficam com apenas com a conta.

Para alguns, discutir custos dos direitos sociais não faz parte do rol de problemas especificamente jurídicos. No entanto, a desconsideração do problema dos custos pode significar, em situação de escassez, o reconhecimento de situações não universalizáveis, mais próximas de privilégios do que da noção de direito (SANTOS, 2008).

VI

Vivemos no momento de maior integração da história da humanidade. Outro produto da Segunda Guerra foi o desenvolvimento de toda uma política internacional pautada por princípios que se materializaram em um conjunto de documentos e instituições que dialogam, ou deveriam dialogar, cotidianamente, com o direito interno, especialmente em países abertos e ativos nesse sistema internacional.

Essa integração vai além do que é formalizado nesses documentos e se manifesta, também, pelo intercâmbio de ideias e parâmetros decisórios entre tribunais de diferentes países. O fenômeno está bem retratado na tese de Marcelo Neves sobre o que ele chamou de transconstitucionalismo (NEVES, 2009).

É de se estranhar que em um país tão integrado, signatário de tantos pactos internacionais em matéria de direitos humanos, o discurso de direitos receba tão pouca influência do debate travado nos tribunais internacionais. O diálogo entre as jurisprudências de tribunais nacionais de diferentes países, com influências recíprocas, parece mais comum do que o diálogo entre tribunais nacionais e cortes internacionais.

No entanto, a consagração de direitos no âmbito internacional deve ser tomada a sério, uma vez que o debate político nacional hoje não pode desconhecer necessidades de legitimação externa. A resistência à participação em compromissos quanto a direitos pode levar um país ao isolamento, com graves consequências econômicas. Com isso, cada vez mais os governos nacionais precisam adaptar seus procedimentos a decisões de instâncias internacionais, sendo profícuo um aprofundamento no estudo de padrões decisórios desses organismos.

Informação bibliográfica deste texto, conforme a NBR 6023:2002 da Associação Brasileira de Normas Técnicas (ABNT):

SANTOS, Gustavo Ferreira. Princípio democrático e eficácia dos direitos fundamentais. *In*: BERTOLDI, Márcia Rodrigues; OLIVEIRA, Kátia Cristine Santos de (Coord.). *Direitos fundamentais em construção*: estudos em homenagem ao ministro Carlos Ayres Britto. Belo Horizonte: Fórum, 2010. p. 261-266. ISBN 978-85-7700-367-9.

Democracia e Participação como Direito[*]

Verônica Teixeira Marques

Sumário: 1 Introdução – 2 Crise da democracia ou novo paradigma democrático? – 3 Participação como princípio do novo paradigma democrático – 4 Representação e novo desenho institucional de governança – 5 Algumas considerações que não são finais

1 Introdução

Como requisito indispensável para a democracia, a participação pode ser trabalhada conceitualmente como direito, quando se reflete sobre a inviabilidade da democracia, sem formas de participação. Se a democracia é o processo de participação dos governados na estruturação da vontade dos governantes, é essa participação o princípio da democracia.

Renato Janine Ribeiro[1] discute que na base da democracia moderna o alicerce é formado pelos direitos humanos, que se forjam entre os séculos XVI e XVIII, durante as revoluções inglesas, americana e francesa. É na participação que busca por um controle do poder e na satisfação de direitos que consubstanciam a clássica primeira geração dos chamados direitos fundamentais de primeira geração.

Mas como explicar a participação como um direito, além da percepção de que ela permite a busca e a construção dos direitos? E é instrumento de garantia/manutenção desses direitos?

Para um direito ser considerado como tal precisa ser discutido em um âmbito formal e em outro material. Formalmente precisa estar previsto em lei(s), se sustentar em prerrogativas e seguranças especiais, precisa ser institucionalmente reconhecido e também garantido pelo Estado.

Aqui é realizada uma discussão sobre como os modelos de democracia representativa e participativa proporcionam identificar que processos, como os conselhos gestores, planos diretores, conferências setorizadas[2] e orçamento

---
[*] Esse texto é uma versão de artigo publicado no XVIII Congresso Nacional do Conselho Nacional de Pesquisa e Pós-graduação em Direito (CONPEDI), que ocorreu em junho de 2010 em Fortaleza-CE.
[1] RIBEIRO, Renato Janine. *A Democracia*. São Paulo: Publifolha, 2001.
[2] Chamo de conferências setorizadas as Conferências locais (municipais e/ou estaduais), assim como nacionais, que são organizadas pelo Estado na promoção de um debate com participação da sociedade civil, setores organizados da economia e órgão públicos, para proposição deliberativa de propostas coletivas de políticas públicas em setores como: educação, saúde, meio ambiente, ciência e tecnologia, segurança pública, assistência social etc.

participativo, se caracterizam como novos espaços de deliberação popular e são significativos instrumentos para se refletir a participação como direito.

O texto discute a relação entre crise da democracia representativa, democracia deliberativa e espaço público, refletindo sobre os conceitos de participação e representação como condição precípua para a estruturação de espaços deliberativos. Esses novos espaços deliberativos de participação popular proporcionam que as expectativas da sociedade, antes ameaçadas pelo distanciamento entre as decisões "políticas" e técnicas do Estado em relação às suas consequências, se reconfigurem de forma que esta mesma sociedade tenha chances de interferir e mudar essa relação.

2 Crise da democracia ou novo paradigma democrático?

A democracia representativa passa por uma crise nas últimas décadas, que não pode ser resolvida com a perspectiva inviável de um retorno à democracia direta, tendo em vista as dimensões numéricas da população mundial, para indicar apenas um e talvez o mais simples de vários fatores. Mesmo assim, no contexto da teoria democrática contemporânea, o paradigma da democracia representativa ainda se apresenta como caminho para a convivência pacífica, a governabilidade e a manutenção contraditória[3] da igualdade e da liberdade.

O sistema representativo, atrelado aos novos instrumentos de participação, configura o desenho institucional caracterizado como o novo paradigma de democracia em sociedades complexas. De acordo com Boaventura de Sousa Santos, para quem a renovação da teoria democrática passa, essencialmente, pela articulação entre democracia participativa e representativa, a ideia de representação se constituiu na contemporaneidade como "o máximo de consciência política possível do capitalismo",[4] que se define como relação social e se configura como um modo de convivência de redefinição da democracia, que, se "(...) assenta, antes de mais nada, na formulação de critérios democráticos de participação política que não confinem esta ao ato de votar. Implica, pois, uma articulação entre democracia representativa e democracia participativa".[5]

Há outros textos de Santos[6] que refletem a discussão sobre a imprescindibilidade de uma revisão dos modelos tradicionais de democracia. Em seu

---

[3] TOCQUEVILLE, Aléxis de. *A democracia na América*. 2. ed. São Paulo: Editora USP, 1977. (Coleção ler e pensar, 1).
[4] SANTOS, B. de S. *Pela mão de Alice*. O social e o político na pós-modernidade. 5. ed. São Paulo: Cortez, 1999. p. 270.
[5] *Idem*, p. 271
[6] A Crise dos Paradigmas em Ciências Sociais e os Desafios para o Século XXI: "Num espaço público em que o Estado convive com interesses e organizações não estatais, cuja atuação coordena a democracia redistributiva não se pode confinar à democracia representativa, pois esta foi desenhada apenas para ação política nos marcos do Estado. Aliás, reside aqui o misterioso desaparecimento da tensão entre democracia e capitalismo neste final de século. Nas condições da nova constelação política, a democracia representativa perdeu as parcas virtualidades distributivas que alguma vez teve. Nas novas condições, a democracia redistributiva tem de ser democracia participativa, e a participação democrática tem de incidir tanto na atuação estatal de coordenação como na atuação dos agentes privados, empresas, organizações não governamentais, movimentos sociais cujos interesses e desempenho o Estado coordena. Em outras palavras, não faz sentido democratizar o Estado se, simultaneamente, não se democratizar a esfera não estatal. Só a convergência dos dois processos de democratização garante a reconstituição do espaço público de deliberação democrática" (SANTOS, B. de S. *Pela mão de Alice*. O social e o político na pós-modernidade. 5. ed. São Paulo: Cortez. p. 68-69).

importante livro "Democratizar a Democracia"[7] ao chamar a atenção para a combinação da democracia representativa e democracia participativa, indica duas possíveis maneiras de efetivar essa combinação: de coexistência e de complementaridade.

Para ele a coexistência "(...) implica uma convivência, em níveis diversos, das diferentes formas de procedimentalismo, organização administrativa e variação de desenho institucional".[8] Aqui, Boaventura de Souza Santos demonstra como a democracia representativa em nível nacional — caracterizada pelo domínio exclusivo em nível da constituição de governos se relaciona com a aceitação da forma vertical burocrática como forma exclusiva da administração pública — coexiste com a democracia participativa em nível local.

Já a questão da complementaridade se sustenta no reconhecimento por parte do governo, de que instrumentos participativos, formas públicas de fiscalização e mecanismos de deliberação direta "(...) podem substituir parte do processo de representação e deliberação tais como concebidos no modelo hegemônico de democracia".[9] Para ele surge uma nova institucionalidade política, que é sustentada pelo fortalecimento da democracia local, que ao se atrelar a formas de renovação cultural, recoloca em debate a pluralidade cultural e a inclusão social.[10]

Há outros autores que discutem a correlação entre a democracia representativa e participativa, como Lígia Helena Hahn Lüchmann[11] Bohman, J.;[12] Cohen, J.;[13] Antônio Carlos Wolkmer;[14] Cohen & Arato;[15] Côrtes[16] e que tratam essa correlação como revigoramento da democracia ou como uma nova forma de se fazer política.

É interessante que esses autores, sendo críticos ou defensores da democracia representativa, trabalham a perda de legitimidade, eficácia e credibilidade desse sistema. E, seja analisando novos instrumentos e procedimentos de democracia, seja apontando os limites de problemas desses novos instrumentos e procedimentos, há uma convergência quanto à percepção de que é impossível deixar de lado a participação da sociedade, a representação social e a existência de um novo espaço público de deliberação.

Na perspectiva de Wolkmer, a discussão é pautada na ideia de que esse novo paradigma não exclui a democracia representativa, que apesar de ter regras

---

[7] SANTOS, B. de S. (Org.). *Democratizar a Democracia*. Os caminhos da democracia participativa. 2. ed. Rio de Janeiro: Civilização Brasileira, 2002. p. 75-76.

[8] *Idem*, p. 75

[9] SANTOS, B. de S. (Org.). *Democratizar a Democracia*. Os caminhos da democracia participativa. 2. ed. Rio de Janeiro: Civilização Brasileira, 2002. pp. 75-76

[10] *Idem*, p. 76

[11] LÜCHMANN, Lígia Helena Hahn. A representação no interior das experiências de participação. *Lua Nova*, n. 70, p. 139-170, 2007. Disponível em: <http://www.scielo.br/scielo.php?script=sci_arttext&pid=S0102-64452007000100007&lng=pt&nrm=isso>.

[12] BOHMAN, J. La democracia deliberativa u sus críticos. *Metapolítica*, México, v. 4, n. 14, p. 48-57, abr./jun. 2000.

[13] COHEN, J. Deliberation and democratic legitimacy. *In*: BOHMAN, J; REGH, W. *Deliberative democracy*: essays on reason and politics. Massachusetts: Institute of Tecnology, 1999; COHEN, J. Procedimiento y sustancia en la democracia deliberativa. *Metapolítica*, México, v. 4, n. 14, p. 24-47, abr./jun, 2000.

[14] WOLKMER, Antônio Carlos. Do paradigma político da representação à democracia participativa. *Sequência*, n. 42, 2002.

[15] COHEN, J.; ARATO, A. *Civil society and political theory*. Cambridge: The Mit Press, 1992.

[16] CÔRTES, S. M. V. Participação de usuários nos conselhos municipais de saúde e de assistência social de Porto Alegre. *In*: PERISSINOTTO; FUKS, M. (Org.). *Democracia, teoria e prática*. Rio de Janeiro: Relume Dumará, 2002.

que considera insuficientes — como partidos políticos, votos, decisão da maioria — está avançando ao ampliar as formas de participação direta — como o orçamento participativo, o sistema de conselhos e conferências. Assim, se constitui num processo de convivência pacífica entre representação e participação direta, que viabiliza um maior controle das políticas públicas por parte dos cidadãos "(...) e a representação vinculante dos interesses em um novo espaço público, cujo palco privilegiado é o poder local".[17]

É praticamente ponto pacífico na literatura indicada, que, no Brasil, há uma real perda de legitimidade, de credibilidade e de eficácia do sistema de democracia representativa e que a sociedade brasileira, seus instrumentos jurídicos e seus gestores públicos estão vivenciando um redimensionamento político, ao agregar, de forma complementar, ou de maneira mais efetiva, a dimensão participativa.

Nessa dimensão participativa, um dos vieses de interlocução é o de deliberação, que parte do princípio de que as ações individuais e coletivas favorecem a correlação e também integração dos cidadãos, viabilizando o que os teóricos chamam de "espaço de deliberação".

A ideia é que a interlocução, o debate e a discussão sobre questões e decisões que tratem de questões públicas acabam por influenciar a tomada de decisões políticas, o que vai além da democracia procedimental, ou representativa. Poderia se dizer que se estrutura um "espaço deliberativo" como um processo de ação política, que abre caminhos para o exercício da cidadania, viabilizando a emancipação pela escolha do melhor argumento, dentro de um processo livre e igualitário de discussão.

Esse processo pode ser identificado como muito mais do que participação, já que além das escolhas que se pautam na existência de alternativas, estas vêm acompanhadas de justificativas.

Em sua *Teoria democrática e deliberação pública*, Leonardo Avritzer,[18] identifica Habermas como teórico inovador sobre a dimensão do debate público. Avritzer chama a atenção para o fato de que Habermas,[19] que parte de uma prerrogativa em que a revisão permanente é condição precípua para a atualização, entende a validade da democracia como algo que está "(...) inerentemente ligada ao processo de argumentação através do qual um indivíduo reconhece ao outro enquanto igual na utilização da linguagem".[20] A percepção é que a democracia se valida quando participam argumentativamente, dois ou mais indivíduos num ato coletivo que seja minimamente institucionalizado em procedimentos: Habermas define, assim, que a democracia é "(...) capaz de procedimentalizar a soberania popular ao tornar o sistema político dependente das redes periféricas de comunicação presente na esfera pública".[21]

---

[17] WOLKMER, Antônio Carlos. O paradigma da representação à democracia participativa. *Sequencia*: revista do curso de pós-graduação em direito da UFSC, Florianópolis, v. 22, n. 42, p. 66, jul. 2001.

[18] AVRITZER, Leonardo. Teoria democrática e deliberação pública. *Lua Nova*, São Paulo, n. 50, p. 32, 2000.

[19] *Mudança estrutural da esfera pública*, 1976; *Teoria da ação comunicativa*, 1981; *Consciência moral e agir comunicativo*, 1989; *Direito e democracia*: entre facticidade e validade, 1992, e a *Inclusão do outro*, 2004.

[20] AVRITZER, Leonardo. *A moralidade da democracia*: ensaios em teorias habermasiana e teoria democrática. Belo Horizonte: Ed. UFMG, 1996. p. 122.

[21] *Idem*, p. 123.

O que Avritzer identifica é que, na visão de Habermas, a democracia está fundada em um fluxo de comunicação que se constitui por redes de comunicação que se dão na esfera pública. Quem melhor esclarece essa questão é Freitag[22] e assim o debate aqui suscitado, como crise da democracia ou novo paradigma democrático, passa pelo entendimento da democracia deliberativa habermasiana.

Freitag explica que, para Habermas, o diálogo sustentado em uma argumentação racional, convincente e em busca de um entendimento não pautado em violência, permite que os envolvidos no espaço deliberativo possam convencer seus interlocutores sobre a veracidade de suas falas na medida em que estas reflitam suas ações. Os argumentos "verdadeiros" prevalecem quando as proposições são compreendidas e aceitas e, desta forma, as normas são revalidadas e passam a ser respeitadas pelos integrantes, que as entendem como justas e boas.

Ainda de acordo com o diálogo de Freitag com Habermas, as normas e as leis em uma democracia só têm legitimidade se são garantidos por processos de validação discursiva. Os acordos políticos como resultantes do processo de discussão, geralmente são institucionalizados e assim implementados pela administração pública.

Para Habermas, de acordo com Avritzer, a democracia é dependente das redes de comunicação da esfera pública, pois são elas que indicam o caminho no processo de produção de poder nas sociedades democráticas.[23] Habermas, ao aplicar sua concepção da teoria do discurso à política, operacionaliza essa aplicação a um processo deliberativo de participação e não apenas na vontade da maioria, ponto de discussão da legitimidade democrática rousseauniana.

Nessa argumentação, Habermas propõe o conceito de princípio D (discursivo), em que só podem ser consideradas legitimamente válidas as normas-ações sobre as quais as pessoas afetadas concordem como participantes de um discurso racional. Avritzer pontua que para compreensão de deliberação em Habermas, o princípio D se sustenta na discussão racional, entre indivíduos que fazem uso de suas razões e não apenas na aferição de vontades, para usar uma expressão do elitismo democrático sustentado em Rousseau. Assim, há uma mudança não apenas na forma como as decisões são tomadas, mas também na concepção de maioria, pois não é a aferição do número de votos que muda a relação entre minoria e maioria, mas sim se "(...) chegar a uma posição racional no debate político que a satisfaça".[24]

O modelo discursivo de Habermas, neste sentido, não está baseado em um sistema político e administrativo apenas, ou de responsabilidade exclusiva da sociedade, conforme indica Feres Faria, mas numa relação entre esses dois polos: "(...) as decisões tomadas no nível do sistema político devem ser fundamentadas e justificadas no âmbito da sociedade, através de uma esfera pública vitalizada".[25]

---

[22] FREITAG, Bárbara. *Dialogando com Jurgen Habermas*. Rio de Janeiro: Tempo Brasileiro, 2005.
[23] AVRITZER, Leonardo. *A moralidade da democracia*: ensaios em teorias habermasiana e teoria democrática. Belo Horizonte: Ed. UFMG, 1996. p. 21.
[24] AVRITZER, Leonardo. Teoria democrática e deliberação pública. *Lua Nova*, São Paulo, n. 50, p. 39, 2000.
[25] FARIA, Maria Cláudia Feres. Democracia deliberativa: Habermas, Cohen e Bohman. *Lua Nova*, São Paulo, n. 50, p. 52, 2000.

Feres Faria identifica, ainda, que o sistema político deve estar ligado por meio de um fluxo de comunicação que tenha relações entre redes periféricas de esfera pública — que são informais — e os corpos parlamentares que institucionalizam o próprio fluxo de comunicação e atingem o sistema político ao influenciar a tomada de decisões.

Os conselhos gestores de participação popular, as conferências setorizadas, assim como o orçamento participativo e os processos de estruturação de planos diretores são bons exemplos de novos espaços de participação popular. Aqui, entretanto, é preciso observar que apesar de não serem os parlamentares eleitos, os participantes desses novos espaços deliberativos são representantes da sociedade que se revestem de legitimidade ao deterem o poder em suas deliberações, discussões, fiscalizações e encaminhamentos e de forma discursiva. Eles apresentam, em foros públicos, as razões que justificam suas ações, a participação dos cidadãos.

A legitimidade democrática exige uma ampla discussão pública antes da tomada de decisões e isso se dá em um processo no qual os participantes, cuidadosa e racionalmente, debatam a respeito dos diversos argumentos propostos na ocasião, o que servirá de subsídio para a decisão, já que "(...) o caráter deliberativo corresponde a um processo coletivo de ponderação e análise, permeado pelo discurso, que antecede à razão".[26]

Para Habermas, democracia e discurso são mediados pelo direito, e quando o discurso é institucionalizado de forma jurídica, se converte em princípio democrático. O que se nota é que a relação entre os fatos e normas é intrínseca ao processo deliberativo e este, apesar de se sustentar em bases procedimentais, está calcado no discurso e na deliberação.

> Se, pelo princípio do discurso, as normas que pretendem validade precisam encontrar o assentimento de todos os potencialmente atingidos, o princípio da democracia assegura a formação política racional da opinião e da vontade, através da institucionalização de um sistema de direitos que garante a um igual participação num processo de normatização jurídica.[27]

Partindo daquilo que Habermas identifica como pilares de legitimidade e sustentação do direito, percebe-se um processo de conciliação entre a soberania popular e os direitos humanos, a partir de um nexo interno entre o poder político e o direito.

A ideia desse nexo fica clara quando se identifica o poder político e o direito como elementos que se pressupõe mutuamente e, além disso, se entrelaçam em um movimento contínuo e circular. E da mesma maneira, a soberania popular e os direitos humanos se pressupõem: *os direitos humanos — direitos de participação e comunicação* — regulamentam as condições de comunicação expressas na formação racional da vontade, o que possibilita a soberania popular. Como esta não pode ser imposta, deve ser discutida e definida através da deliberação.[28]

---

[26] VITALE, Denise. Jürgen Habermas, modernidade e democracia deliberativa. *Cadernos do CRH (UFBA)*, v. 19, p. 555, 2006.
[27] *Idem*, p. 555.
[28] *Idem*, p. 557.

Tanto Freitag como Vitale chamam a atenção para o fato de que o conceito de democracia deliberativa de Habermas está sustentado na distinção que estabelece entre democracia liberal e republicana. As autoras indicam como Habermas discute e critica os modelos "liberal" e "republicano", apresentando como alternativa sua democracia deliberativa.

As formas de legitimação que fizeram tanto sucesso no passado, como a religiosa, a afetiva, a tradicional etc., já não têm o mesmo vigor e impõe-se o direito discursivo como alternativa, talvez a única possível.

É preciso salientar que a crítica de Habermas à democracia liberal e à republicana está pautada na concepção americana das mesmas. A democracia liberal defende a ideia de que os interesses coletivos se sobrepõem aos interesses individuais. Além disso, parte do pressuposto de que os atores sociais não têm compromisso político com o sistema, já que estão mais preocupados com o respeito às leis do mercado.

Já a crítica à concepção republicana está pautada no entendimento habermasiano de que o bem comum não é resultado automático do respeito aos interesses individuais de cada ator.

O grande argumento de Habermas contra a democracia liberal e republicana é que prescindem de uma sustentação discursiva, já que, para ele, "(...) a verdade de uma teoria ou a validade de normas somente pode ser assegurada no interior dos processos argumentativos que obedeçam ao princípio D (discursivo)".[29]

A democracia deliberativa é assim uma concepção mediadora, mas que não está isenta de críticas, especialmente a do primado dos direitos civis e políticos em detrimento dos direitos sociais e econômicos. Vitale[30] indica que a teoria deliberativa é pautada em uma atitude defensiva, ao evitar que direitos civis e políticos sejam suprimidos e que a defesa da participação se constitui como fim em si mesmo, independente do resultado, já que essa participação pode ou não viabilizar a redução de desigualdades sociais.

A democracia deliberativa recai em novo procedimentalismo? A participação, o debate, a aceitação das propostas seriam suficientes para que as diferenças econômicas e sociais não interfiram no avanço democrático?

Se, para Habermas, os direitos civis e políticos se tornam prioritários em relação aos direitos econômicos e sociais, Nancy Fraser[31] estaria correta ao indicar o problema da relativização de direitos, colocadas entre parênteses. Mas dizer que a desigualdade não interfere no processo deliberativo é algo não apenas impossível, mas também indesejável. Vitale argumenta que " (...) se essas diferenças e desigualdades não são devidamente consideradas, mas simplesmente ignoradas, o processo de deliberação democrática torna-se ficção, já que grupos dominantes estarão numa posição vantajosa em relação aos demais".[32]

---

[29] FREITAG, Bárbara. *Dialogando com Jurgen Habermas*. Rio de Janeiro: Tempo Brasileiro, 2005. p. 200.
[30] VITALE, Denise. Jurgen Habermas, modernidade e democracia deliberativa. *Cadernos do CRH (UFBA)*, v. 19, p. 551-561, 2006.
[31] NANCY FRASER, *Apud*, VITALE, Denise. Jurgen Habermas, modernidade e democracia deliberativa. *Cadernos do CRH (UFBA)*, v. 19, p. 557-558, 2006.
[32] VITALE, Denise. Jurgen Habermas, modernidade e democracia deliberativa. *Cadernos do CRH (UFBA)*, v. 19, p. 559, 2006.

Ora, não é possível também pensar que apenas em sociedades onde as rendas sejam equivalentes seria possível efetivar uma democracia deliberativa, mas que um mínimo de igualdade fosse garantia para isso. Mas que igualdade é possível quando há desigualdade social e econômica?

Esse é um dos principais problemas quando se tenta aplicar pura e simplesmente a teoria habermasiana de democracia deliberativa em países como o Brasil. O Brasil, como outros países em desenvolvimento, é marcado por altas diferenças econômicas e sociais e não tem suficientes limites normativos, características que em conjunto contribuem para essa problemática.[33]

Se a democracia deliberativa proporciona que os direitos civis e políticos coloquem os direitos sociais e econômicos "(...) numa posição contingente e essencial, inevitavelmente excluirá aqueles que mais necessitam dos benefícios dos direitos econômicos e sociais produzidos pela deliberação política",[34] permitindo a compreensão de que os direitos econômicos e sociais têm posição secundária, já que não constituem com princípios formadores do discurso, mas sim objeto desse discurso.

Utilizando as discussões e conclusões de Cohen e Arato, Vitale reitera que "(...) se um mínimo de conteúdo social e econômico não for verificado em contextos discursivos reais (...) não haverá nem possibilidade de autonomia, nem de livre argumentação, nem de racionalidade comunicativa".[35]

Assim, o processo de participação pode ser uma forma de agilizar mudanças mas está permeado pela desigualdade social que caracteriza a estrutura social brasileira. As desigualdades sociais e econômicas, neste sentido, impõem limites à participação, o que proporciona analisar essa categoria como possibilidade educativa.

A participação enquanto prática educativa permite aos indivíduos uma capacitação para intervenção nas questões em pauta, por meio da qual se formam "cidadãos" interessados nos assuntos coletivos e de política nacional.[36] Como uma das principais análises sobre a falta de participação está fundada no papel que o Estado desempenha na manutenção das desigualdades sociais, a democracia participativa inova ao ampliar os espaços de atuação para além da escolha dos governantes e também ao colocar na agenda política formas de autogestão, sem, entretanto, abrir mão do controle.

Ou seja, cogestão e a participação não rompem com a percepção de que a política é para os especialistas ou de que os indivíduos comuns somente estarão aptos a participar efetivamente se forem adequadamente "educados".

3 Participação como princípio do novo paradigma democrático

Pode-se dizer que a democracia deliberativa se alicerça entre as concepções liberal e republicana, de forma combinada a partir de seus limites e vantagens,

---
[33] *Idem*, p. 559.
[34] *Idem*.
[35] VITALE, Denise. Jurgen Habermas, modernidade e democracia deliberativa. *Cadernos do CRH (UFBA)*, v. 19, p. 551-561, 2006.
[36] PATEMAN, Carole. *Participação e teoria democrática*. Rios de Janeiro: Paz e Terra, 1992.

e, além disso, está sustentada na ideia de espaço público. O espaço público, conceito também habermasiano, se sustenta na compreensão de que é o espaço de entendimento e construção de consensos. Os atores sociais, debatendo publicamente questões de interesse da coletividade, se constituem assim, como atores políticos — reais protagonistas do cenário público e político.

Mas os limites do modelo de representação e as dificuldades de concretizar a democracia participativa trazem um grande desafio, consubstanciado no que diz Tocqueville sobre a suficiência da cultura cívica e política, como resultado da densidade republicana que gera o "interesse bem compreendido".[37]

As diferenças sociais, os diversos interesses políticos, proporcionam a reestruturação nos quadros de políticas públicas que se adequam às novas demandas sociais, culturais e políticas. Essas circunstâncias proporcionam uma aproximação entre a sociedade e o Estado, através de interações discursivas nas quais os atores sociais, os cidadãos comuns, acabam se tornando protagonistas e se configurando como atores políticos ao se envolverem em debates relativos às questões de seus interesses na tentativa de ter acesso a espaços da política oficial.

Essa participação da sociedade em processos de decisão que são característicos do Estado se encontra na contramão das teorias elitistas do modelo de democracia representativa. Se os cidadãos comuns não se restringem mais a apenas eleger seus governantes, isso permite trazer ao debate democrático a discussão sobre a compatibilidade entre descentralização do poder público e a representação política.[38]

A existência de novos canais de diálogo estabelecidos entre a sociedade e o Estado não se opõe ao sistema representativo, mas amplia as possibilidades do regime democrático, indicando as limitações do modelo de democracia liberal representativo, sem que com isso seja caracterizada a sua superação. Assim, a noção de espaço público é entendida como instância de discussão da sociedade, em sua dimensão participativa e comunicativa, viabilizando a operacionalização de experiências pautadas no debate e na discussão de interesses diferenciados. Novos canais de diálogo estabelecidos entre sociedade civil e Estado e entre a sociedade e seus cidadãos não implica o fim do sistema representativo, mas a construção de novos espaços de participação popular numa combinação de modelos participativos, deliberativos. A democracia é assim ampliada, de forma que a participação do cidadão se efetiva enquanto direito, sustentado em uma inclusão do cidadão, que não deixa de ser arbitrado pelas instituições estatais, mas que permite a realização de "(...) práticas comunicativas e discursivas, que se apresentam fundamentais, nos termos de Habermas, para o exercício da autonomia pública conferida pela soberania popular".[39]

Nesse processo de reconfiguração da sociedade, a ideia de que atores sociais tematizam novos problemas e se organizam para representar os interesses dos

---

[37] LEAL, Sayonara de Amorim Gonçalves. *Rádios comunitárias no Brasil e na França*: democracia e esfera pública. São Cristóvão: Ed. UFS, 2008. p. 40.
[38] LEAL, Sayonara de Amorim Gonçalves. *Rádios comunitárias no Brasil e na França*: democracia e esfera pública. São Cristóvão: Ed. UFS, 2008. p. 41-42.
[39] *Idem.*

que são excluídos dos debates e deliberações políticos não apenas constrói, mas amplia a esfera pública, na medida em que a sociedade se articula, ou se constitui em "(...) um núcleo central do conceito de democracia deliberativa".[40]

É importante salientar que as práticas políticas participativas, mesmo aquelas construídas/propostas por gestores, têm caráter educativo, já que o exercício da participação é o que permite aprender a participar[41] e, como regime de administração política, a democracia ainda suscita debates fundamentais e acirrados sobre a sua essência, podendo ser fortemente inclusiva, com poucas limitações relacionadas com os atores sociais. Entretanto, essa inclusão pode ser percebida sob duas esferas: a procedimental e a do interesse bem compreendido.

A esfera procedimental se refere à participação limitada nos processos eleitorais, caracterizada pelo exercício periódico do direito ao voto. De acordo com Avritzer:[42]

> A nova democracia, dessa forma, fundamenta-se, além da observância das regras do jogo, livremente instituídas, na ética discursiva que permite a prevalência do melhor argumento. O que ocorre, nesse paradigma, é um deslocamento da ênfase na dimensão eleitoral, inspirada no ideário do liberalismo, que privilegia a igualdade formal (todos, em tese, estão aptos para competir em igualdade de condições), para a dimensão de escolhas públicas resultantes do debate argumentativo travado entre forças integrantes da sociedade. Assim, dá-se, no interior da teoria democrática, a passagem de um conceito decisionístico de deliberação para um *conceito argumentativo* de deliberação. (grifo nosso)

A proposta identificada aqui é a de manter os procedimentos minimamente necessários para a organização do poder[43] atrelados a processos de decisão governamental sustentados em deliberações efetivadas por indivíduos nos espaços de debate, como os conselhos gestores, conferências setorizadas, os planos diretores e orçamento participativo em geral.

Entretanto, é necessário observar que, para Habermas, a manutenção dos procedimentos indicados deve permitir aos cidadãos participantes dos espaços de deliberação uma efetiva autonomia. Ou seja, esses procedimentos não devem interferir ou talvez seja mais adequado dizer que esses procedimentos devem permitir uma interlocução, sustentada em uma liberdade comunicativa, de forma que não haja regras sobre as formas e maneiras de agir, ou regras sobre quais princípios devam ser seguidos.

De acordo com Habermas, não oportunizar essas circunstâncias pode comprometer a autonomia do cidadão, e essa autonomia é fundamental para o que ele identifica como autorrealização. A grande questão aqui indicada é a de

---

[40] LÜCHMANN, Lígia Helena Hahn. A representação no interior das experiências de participação. *Lua Nova*, n. 70, p. 139-170, 2007. Disponível em: <http://www.scielo.br/scielo.php?script=sci_arttext&pid=S0102-64452007000100007&lng=pt&nrm=isso>.

[41] RAMOS, Silvana Pirillo. O planejamento participativo e a metodologia ZOPP. In: ANDRADE, Ilza Araújo Leão de (Org.). *Metodologia do trabalho social*: a experiência da extensão universitária. Natal, RN: Ed. UFRN, 2006.

[42] AVRITZER, Leonardo. Teoria democrática e deliberação pública, *Lua Nova*, São Paulo, n. 50, p. 27, 2000.

[43] Eleições periódicas, governo definido pela maioria, divisão de poderes e correlação de forças em um imbricamento de controle e fiscalização.

assegurar a autonomia do cidadão na formação de sua vontade e de sua opinião,[44] já que o processo deliberativo vai proporcionar que essa vontade e essa opinião se institucionalizem. Ou seja, *é imprescindível garantir o direito à participação*.

Ao defender de forma decisiva o envolvimento e a participação ativa do cidadão nos fóruns de deliberação pública, Habermas chama a atenção para o papel de racionalização e legitimação que os procedimentos do processo de deliberação pública têm. Essa racionalização e legitimação, da formação da opinião e da vontade, garantem, de forma paralela, *a liberdade do cidadão enquanto indivíduo e as condições necessárias para que se associe a outros cidadãos no debate público*. Há, assim, um sentido de retroalimentação: os cidadãos se associam durante o processo discursivo, que é orientador das ações do sistema político, e que têm por consequência a legitimação de seus resultados, já que os mesmos são racionais por estarem sustentados no debate.

Os procedimentos estão localizados na intermediação daquilo que Habermas define como dois tipos de poderes existentes no sistema político: o poder administrativo e o comunicativo.

Para Habermas o poder deve ser organizado de forma democrática, o que significa dizer que deve existir uma interação entre o poder administrativo — que é gerado pelo Estado — e o poder comunicativo — gerado pela sociedade.

Oliveira chama a atenção para o fato de que o sistema político, no intuito de tomar decisões que têm caráter de obrigatoriedade, depende não só do poder administrativo quanto do poder comunicativo. Enquanto o primeiro é constituído de políticas e leis de forma instrumental, o sistema político, apesar de também ser instrumental e mesmo normativo, "(...) depende também da razão normativa que consiste nos meios através dos quais o poder comunicativo se faz presente"[45] e como a instrumentalização das leis em normas têm impacto no sistema, os procedimentos democráticos precisam institucionalizar as formas de comunicação, de maneira que sustentem a formação racional no processo de deliberação.

Aqui interessa observar que para Habermas, o sistema político pode ser organizado por leis e políticas estruturadas em processos de formação da opinião e da vontade, além de interpretar todos os dados em sua própria linguagem. Assim, como no modelo de democracia deliberativo habermasiano a política se dá entre a sociedade e o Estado, num processo de negociações, argumentações, estratégias e processos de poder, a participação da sociedade na gestão pública sustenta entender que não é lógico democratizar o Estado e não democratizar a esfera não estatal.[46]

---

[44] "A opinião e a vontade política só podem gerar poder comunicativo, na medida em que as decisões da maioria forem constituídas discursivamente. Com isso, o autor oferece uma crítica à estrutura institucional através da qual o processo de legitimação ocorre nas sociedades modernas, especificamente ao modelo do realismo democrático 43, e apresenta uma opção para complementar as estruturas institucionais existentes no sistema político com outras instituições que permitam aos clientes afetados e a esfera pública jurídica exercerem uma pressão mais forte na legitimação dos poderes executivo e judiciário" (OLIVEIRA, Otair Fernandes de. *O Conselho Municipal de Educação no Brasil*: práticas políticas e deliberação pública em Nova Iguaçu. Tese (Doutorado) – Universidade do Estado do Rio de Janeiro, Instituto de Filosofia e Ciências Humanas, 2008. f. 38).

[45] OLIVEIRA, Otair Fernandes de. *O Conselho Municipal de Educação no Brasil*: práticas políticas e deliberação pública em Nova Iguaçu. Tese (Doutorado) – Universidade do Estado do Rio de Janeiro, Instituto de Filosofia e Ciências Humanas, 2008. f. 38

[46] SANTOS, B. de S. (Org.). *Democratizar a democracia*: os caminhos da democracia participativa. 2. ed. Rio de Janeiro: Civilização Brasileira, 2002, p. 372.

A participação da sociedade civil[47] é um indicador fundamental para a democratização e para o seu desenvolvimento. Neste sentido, as estruturas de participação existentes, como os conselhos gestores, conferências setorizadas, planos diretores e orçamento participativo, precisam ser entendidas como processos emancipatórios que abrem caminhos para novos modelos de desenvolvimento social, não como substitutos do Estado, mas como espaços de deliberação que lutem para que ele cumpra seu papel na educação, saúde e demais serviços sociais de qualidade e de acesso a todos.

O Estado precisa ser visto como um dos atores do processo de governança social e não apenas o único ator[48] e nesse processo a alternativa que viabiliza a gestão pública é a adoção de formas colegiadas de participação, sustentadas na representatividade e na interação dos atores envolvidos, oportunizando-se uma interação entre sociedade e Estado.

O planejamento da gestão pública se sustenta nas demandas locais e busca o equilíbrio entre necessidades, oportunidades e recursos disponíveis através da construção de consensos viabilizados pelo debate público que se sustente nos direitos dos cidadãos e interesse coletivo, e não apenas no equacionamento de déficits e busca por uma melhor administração.

Os espaços de interação entre a sociedade e o Estado se configuram como esfera pública constituídos por relações sociopolíticas e culturais de debates, de discussões e negociações, que visam planejar, equacionar, encaminhar e fazer escolhas sobre prioridades do poder público.

Processos como o orçamento participativo, os planos diretores, os conselhos gestores e as conferências setorizadas de forma geral, analisados como partes da e na gestão compartilhada e na ação de governar, permitem efetivar espaços de liberdade, de maior equidade e a elaboração de projetos emancipatórios alicerçados em referenciais substantivos e não em "cenários armados" de forma estratégica. A participação da sociedade, nesses espaços chamados de esferas públicas, se constitui em espaços de controle e de luta em relação ao efetivo exercício da cidadania e de direitos coletivos de qualidade.

Assim, esses espaços públicos não podem ser entendidos como dádivas, mas precisam ser compreendidos como direitos. Além disso, o direito de participação e de controle das políticas sociais necessita ser tratado de forma consciente, em uma percepção de que há limites e barreiras, como a necessidade de capacitação técnica sobre os assuntos discutidos e objeto das tomadas de decisão, bem como a socialização do poder e a autonomia emancipatória.

---

[47] A compreensão sobre a sociedade civil está pautada em Leal: Por sociedade civil entende-se a instância independente do Estado, a base de atuação das associações, sindicatos, comunidades e organizações livres, não estatais e não econômicas, ancoradas nas estruturas de comunicação da esfera pública, cujo comportamento reflexivo do cidadão se constrói e se reproduz. Nesse sentido, a sociedade civil aparece antes como protagonista do que como expectadora na condução de processos de intervenção em instâncias decisórias ou na implementação de experiências originais de protagonismo político e emancipação social. A política aparece como elemento fundamental para alicerçar debates públicos e, sobretudo, oferecer as bases para a revisão, reflexão e atualização do sentido contemporâneo de democracia e suas possíveis configurações sem estar necessariamente atreladas ao modelo liberal hegemônico da representação (LEAL, Sayonara de Amorim Gonçalves. *Rádios comunitárias no Brasil e na França*: democracia e esfera pública. São Cristóvão: Ed. UFS, 2008. p. 42-43)

[48] GOHN, Maria da Glória. Políticas públicas e processos de emancipação: impactos da globalização econômica na realidade brasileira. *Cadernos do CRH (UFBA)*, v. 19, p. 543, 2006.

Aqui, as ideias de emancipação e autonomia se constituem como requisitos básicos para a participação política, já que apenas um indivíduo autônomo é capaz de identificar, selecionar e processar informações, ter o domínio mínimo de conhecimento e tomar decisões e posicionamentos.[49]

De acordo com Leal, é no encadeamento de eventos sociais, políticos e econômicos que a democracia vai se conformando em movimentos de retrocessos e avanços. Os modelos prescritivos contemporâneos de democracia oferecem suas vantagens e limitações frente a situações reais da vida social e política dos cidadãos de hoje. (...) o debate fundamental gira em torno do paradigma democrático que proporcione aos cidadãos os instrumentos necessários para que esses se tornem protagonistas em processos da vida social, para além das eleições, plebiscitos e outras formas de consulta pública. A perspectiva de uma maior inserção do cidadão, em espaços públicos políticos está na base do paradigma da democracia participativa o qual se nutre do potencial dialógico das trocas argumentativas em contextos discursivos. As experiências de democracia direta se apoiam na valorização da comunicação como mecanismo dialógico para formulação de acordos, entendimentos, como também para ressaltar divergências opinativas.[50]

4 Representação e novo desenho institucional de governança

Nos últimos anos, várias foram e são as propostas que discutem a existência de novos desenhos institucionais como alternativa e mecanismo de participação. Seja dando ênfase à governança e seu desenho, seja pontuando a capacidade de participação dos atores sociais, o debate se sustenta na percepção de que novos mecanismos de participação vêm sendo experimentados.

O conceito de participação tem um viés híbrido quando se discute quase que consensualmente sobre o papel central da constituição da esfera pública democrática e da participação social. Essa hibridez é constitutiva da sustentação dada por atores sociais, lideranças, cientistas sociais e técnicos da administração pública para os quais a participação é pré-requisito fundamental para a implementação e avaliação das políticas públicas sociais. Todos eles sustentam, de uma forma ou de outra, que o controle social é primordial para a estabilidade de processos democráticos e que a participação viabiliza uma "humanização" das políticas sociais, colocando os próprios atores no centro do processo.

Não apenas essa participação pode ajudar a democratizar o Estado, mas até mesmo a racionalizá-lo, proporcionando aos grupos que são marginalizados

---

[49] De acordo com Íris Marion Young (*Apud* LEAL, Sayonara de Amorim Gonçalves. *Rádios comunitárias no Brasil e na França*: democracia e esfera pública. São Cristóvão: Ed. UFS, 2008, p. 403), a ideia de democracia se sustenta em um modelo de deliberação, pautado em um equívoco: o de "considerar que processos de discussão que visam o entendimento entre as partes devem partir de um elemento comum de entendimento ou ter como objetivo um bem comum". O modelo democrático de Young chama a atenção para o fato de que as distintas perspectivas sociais, as diferenças culturais e o que ela chama de "perspectiva social comunicativa com o comprometimento particularista", devem ser analisados como instrumentos para compreender a discussão democrática, ao contrário do que poderia se fazer mais apressadamente, analisar essas diferenças como questões que devem ser superadas.

[50] LEAL, Sayonara de Amorim Gonçalves. *Rádios comunitárias no Brasil e na França*: democracia e esfera pública. São Cristóvão: Ed. UFS, 2008, p. 44-45.

politicamente, uma oportunidade de se fazerem presentes e mais do que isso de registrarem suas demandas e propostas.[51]

As reformas do Estado impetradas durante o século XX viabilizaram não apenas a descentralização administrativa e política, mas também acabaram por valorizar institucionalmente o princípio de participação. Foram diversos os instrumentos de inovação democrática propostos para dar conta de uma crise das representações políticas e sociais e de uma insuficiência das próprias políticas públicas em relação às demandas sociais.

Pode-se perceber nessa discussão que a "inovação democrática" permite viabilizar uma aproximação entre "representantes" e "representados" — ou seria melhor dizer, entre administradores e administrados (?) — além de incentivar a cooperação para encontrar soluções de interesses coletivos. Algo como uma divisão de responsabilidades, agilidade no acesso aos serviços públicos e facilitação na comunicação entre administração e sociedade.

A descentralização adquire assim um caráter em que não se dá apenas na divisão vertical de responsabilidades que está calcada nas diversas instâncias do governo — federativo, estadual e municipal — mas a participação também viabiliza o envolvimento e a responsabilização de atores privados, além dos típicos atores públicos e políticos.

As motivações que constituem os defensores do "participacionismo"[52] podem ser discutidas por vieses distintos: a do favorecimento da construção compartilhada de um projeto de sociedade e a do mero discurso retórico sustentado pela esfera pública.

Talvez a primeira questão a ser posta refira-se a separação entre sociedade civil e o Estado, ou em um linguajar propriamente habermasiano, entre os subsistemas econômico e estatal — também chamado de racionalidade instrumental — e o mundo da vida — também identificado como racionalidade comunicativa. Aqui não se quer partir da percepção maniqueísta e redutora da realidade social que enfoca a sociedade civil como ente portadora de atributos positivos e o Estado enquanto domínio de valores corrompidos.[53]

---

[51] HOUTZAGER, Peter P.; GURZA LAVALLE, Adrián. ACHARYA, Arnab. Atores da sociedade civil e atores políticos: participação nas novas políticas democráticas em São Paulo. In: AVRITZER, Leonardo (Org.). A participação em São Paulo. São Paulo: Ed. UNESP, 2004. p. 258.

[52] De acordo com Luchmann, "Visando ao aprimoramento da democracia representativa liberal, os participacionistas incorporam — ou combinam — pressupostos da democracia direta no interior da democracia representativa, dando ênfase à inclusão dos setores excluídos do debate político e à dimensão pedagógica da política. Para Pateman, a participação é educativa e promove, por um processo de capacitação e conscientização (individual e coletiva), o desenvolvimento da cidadania, cujo exercício configura-se como requisito central na ruptura com o ciclo de subordinação e de injustiças sociais. Com efeito, a participação conferiria um outro ciclo (virtuoso) ancorado nas relações entre participação cidadã, mudança da consciência política e redução das desigualdades sociais (Macpherson, 1978)" (LÜCHMANN, Lígia Helena Hahn. A representação no interior das experiências de participação. Lua Nova, n. 70, p. 4, 2007. Disponível em: <http://www.scielo.br/scielo.php?script=sci_arttext&pid=S0102-64452007000100007&lng=pt&nrm=isso>).

[53] Marco Aurélio Costa em sua tese de doutorado chama a atenção para o fato de que alguns teóricos preferem tratar a relação sociedade civil e Estado a partir de um viés teórico alternativo, centrado na polis e não na sociedade civil, na qual se procede a identificação e caracterização dos atores sociais que participam de processos de planejamento e gestão, procedendo, em seguida, à análise histórica e comparativa dos processos concretos de participação, onde se observaria a contingência da participação social (COSTA, Marco Aurélio. Democracia urbana: para uma crítica do planejamento territorial no Brasil. Tese (Doutorado) – Universidade Federal do Rio de Janeiro, Instituto de Pesquisa e Planejamento Urbano e Regional, 2008. f. 106).

Ainda de acordo com Houtzager, Gurza Lavalle, Acharya há uma percepção de que grupos marginalizados e excluídos das instituições de representação clássicas[54] têm a oportunidade de interferir em políticas que afetem diretamente suas vidas. Mas até que ponto ocorrem interações entre a sociedade civil e o Estado, é uma questão que traz outra discussão premente: a compreensão sobre de que formas as diversas interações existentes entre sociedade civil e Estado têm arranjos institucionais que favorecem a governança de modo a viabilizar pela participação, mudanças na distribuição do poder.

Em certo sentido, o debate a respeito da descentralização pode ser associado à participação social em uma perspectiva crítica, que as vê sendo utilizadas de forma instrumental, desvirtuando os valores que inspiraram inicialmente os estudiosos que as propuseram como alternativa de ampliação democrática.

De acordo com Marco Aurélio Costa,

> As associações da sociedade civil constituem "apenas" uma força propulsora de transformações no arcabouço institucional democrático, o qual deve sofrer permanentemente aperfeiçoamentos e adaptações, se pretende atenuar as tensões inevitáveis entre a lei e a ordem, as instituições democráticas e as disposições e reivindicações sociais em mutação.[55] Numa perspectiva que procura averiguar as possibilidades da democracia deliberativa: [...] o foco da política se desloca para o processo argumentativo de formação da opinião e da vontade que deve orientar as decisões políticas. (...) Nesse sentido, reconhecem-se os limites da democracia representativa, conforme apontado anteriormente, e vislumbra-se, no âmbito da esfera pública ampliada, formada por agentes estatais e não-estatais, a possibilidade de ampliação da experiência democrática.[56]

O debate democrático e o fortalecimento dos movimentos sociais durante o século XX proporcionaram que o direito à participação se incorporasse aos direitos civis e à própria concepção de cidadania, algumas vezes até se confundindo as noções de participação com a de cidadania.

A concepção tocquevilleana, sobre a participação cívica do interesse bem compreendido, se sustenta na participação em associações, nas quais cidadãos atuantes se envolvem na gestão pública de forma efetiva.

Mas como esperar que a participação e a descentralização contribuam para a construção de um novo Estado democrático? Expressões da valorização do princípio da comunidade, no quadro sociocultural e político-institucional, caracterizados por processos de exclusão social e de desigualdades socioespaciais,

---

[54] De acordo com Costa, "o fato de organizações civis adquirirem novas atribuições na gestão pública, de acordo com Gurza Lavalle, Houtzager e Castello, traria dilemas para a questão da representatividade, por exemplo, o papel desempenhado pelos partidos políticos e também pelos sindicatos, inclusive porque tais entidades não são constituídas a partir de mecanismos eleitorais ou segundo a lógica de afiliação. Daí que, inclusive pela falta de uma reflexão sobre a construção de representatividade a partir de tais organizações, o que se observa é a construção, ainda que parcial, de diversas noções de representação na sociedade civil, mais ou menos compatíveis com uma perspectiva democrática" (COSTA, Marco Aurélio. *Democracia urbana*: para uma crítica do planejamento territorial no Brasil. Tese (Doutorado) – Universidade Federal do Rio de Janeiro, Instituto de Pesquisa e Planejamento Urbano e Regional, 2008. f. 89).

[55] COSTA, Marco Aurélio. *Democracia urbana*: para uma crítica do planejamento territorial no Brasil. Tese (Doutorado) – Universidade Federal do Rio de Janeiro, Instituto de Pesquisa e Planejamento Urbano e Regional, 2008. f. 61.

[56] *Idem*, p. 110.

além da ruptura de laços socioculturais, deficiências da formação cidadã e fragilidades cívicas das comunidades são indicativos dos problemas intrínsecos ao novo modelo democrático.

Nos casos em que a sociedade participativa se caracteriza pelo embate com a administração pública propondo novas configurações de gestão pública compartilhada, atuando com algum grau de autonomia em relação ao subsistema jurídico-administrativo, no qual a cultura política historicamente formada espelha uma organização social baseada em princípios democráticos e de solidariedade; o que pode surpreender aos mais pessimistas e tradicionalistas é a capacidade que as pessoas têm de realizar uma análise crítica de sua realidade social e elaborarem, de forma coletiva, propostas e projetos potencialmente transformadores dessa realidade — imputando-lhes conteúdos particulares trazidos do mundo da vida.

As experiências de participação e representação no interior dos espaços deliberativos de forma geral estabelecem combinações e articulações que possibilitam, não apenas inovação nos mecanismos de participação, mas também reprodução de práticas e orientações político-institucionais.

Luchmann[57] observa que há dois tipos de participação, a direta — muito restrita a momentos estruturados em fóruns e/ou conferências — assim como a participação fundada em representações dos segmentos da sociedade civil que foram escolhidos por critérios de qualificação.

A representação legítima e inclusiva impõe responsabilidades tanto para os representantes como para os cidadãos. Neste sentido, a representação é mais adequadamente analisada quando se pensa a respeito da qualidade e da legitimidade da representação. Mas como definir essa qualidade e legitimidade? Tanto uma como outra devem ser tratadas pelo grau de articulação e organização da sociedade civil, ou, em outras palavras, pelo grau da participação, da conexão entre representantes e representados.[58]

Essa análise se sustenta em critérios de qualificação que se caracterizam nas ambiguidades da promessa de democracia deliberativa. Isso porque ao apresentar maiores níveis econômicos e culturais, a representação por segmentos pode ser avaliada por um processo de filtragem, operacionalizado pela lógica associativista e que recorta o campo da representação. Assim, "(...) as clivagens no campo da sociedade civil (e do Estado) tensionam o ideal de paridade, estimulando reformulações em direção à maior pluralização dos sujeitos e setores participativos".[59]

No processo de discussão e de definição de políticas, o espaço de deliberação, seja dos conselhos gestores, seja do orçamento participativo, planos diretores e conferências setorizadas, em grande proporção limita a motivação e participação, visto que os resultados da deliberação parecem estar distantes dos interesses da sociedade.

---

[57] LÜCHMANN, Lígia Helena Hahn. A representação no interior das experiências de participação. *Lua Nova*, n. 70, p. 139-170, 2007. Disponível em: <http://www.scielo.br/scielo.php?script=sci_arttext&pid=S0102-64452007000100007&lng=pt&nrm=isso>.

[58] *Idem*, p. 14.

[59] LÜCHMANN, Lígia Helena Hahn. A representação no interior das experiências de participação. *Lua Nova*, n. 70, p. 11, 2007. Disponível em: <http://www.scielo.br/scielo.php?script=sci_arttext&pid=S0102-64452007000100007&lng=pt&nrm=isso>.

A depender das circunscrições dos envolvidos na deliberação, a importância dos mesmos será relativa para os seus membros, quanto mais as dimensões administrativas, os seus recursos financeiros e a complexidade dos serviços se manifestem no contexto da administração municipal. Em outras palavras, a depender da abrangência da atuação dos cidadãos, maior ou menor será a participação. E ainda pode-se indicar que a natureza da população atingida por benefícios e serviços típicos do processo deliberativo em questão afeta a importância relativa da abrangência de sua representação estabelecida por seus participantes — especificamente os representantes da sociedade civil.

Além disso, outros fatores devem ser levados em consideração ao se analisar a questão da participação dos indivíduos. A participação pode significar controlar a qualidade dos serviços prestados, pode significar exprimir prioridades acerca de bens públicos futuros e participar pode ser sinônimo de politizar as relações sociais no processo de constituição de espaços públicos para a formulação de políticas públicas locais.

A mais substancial crítica apresentada à ideia de representação se fundamenta na ausência de mecanismos formais e estáveis de ordenação entre os atores da sociedade civil e suas representações. Além disso, outro aspecto a ser considerado é o que Luchmann aponta ao discutir a representação no interior das experiências de participação:

> (...) a necessidade de focar o olhar para além das relações entre representantes e representados, isto é, para as relações entre os próprios representados. Este ponto — *relações entre os representados* — constitui-se, no meu entender, em um marcador importante nas diferenças entre as teorias democráticas pautadas, por um lado, na representação (R) e, por outro, na participação (P).[60]

A concepção de representação, desta forma, pode ser vinculada para fins dessa análise, à noção de esfera pública. Na medida em que proporciona a efetivação do debate este se constitui no estímulo que viabiliza a expressão das opiniões e, mais do que isso, na formação de opiniões construídas pelo debate. A troca de experiências e opiniões se sustenta na percepção de que a esfera pública vai possibilitar a priorização da dimensão do debate na definição de opiniões e preferências.

5 Algumas considerações que não são finais

As relações entre participação e representação podem ser identificadas como mecanismos que vão além da "dimensão representante e representado", se constituindo como dimensão de reconfiguração da representação e como pressuposto para constituição de novos espaços deliberativos. Ou seja, de uma percepção de que participar é um direito.

---

[60] LÜCHMANN, Lígia Helena Hahn. A representação no interior das experiências de participação. *Lua Nova*, n. 70, p. 14, 2007. Disponível em: <http://www.scielo.br/scielo.php?script=sci_arttext&pid=S0102-64452007000100007&lng=pt&nrm=isso>.

A participação, seja direta, seja através de representação precisa ser pensada e debatida a partir de quadros analíticos mais substanciais, partindo-se do princípio de que há uma nova dimensão de representação e que é intrinsecamente necessária a essa dimensão, a superação dos limites impostos pelos insuficientes e inadequados mecanismos de controle social.

Há então de se retomar o que Boaventura Santos chama de princípios de regulação da modernidade a partir da relação entre Estado, mercado e comunidade. Isso porque há uma novidade que é consequência da crise da democracia representativa: a da valorização da ampliação da representação (que vai além das eleições), pela gestão compartilhada, sustentada em instrumentos jurídicos de participação e descentralização político-administrativa, tais como os planos diretores, os conselhos gestores (municipais e estaduais), as conferências setorizadas e o orçamento participativo.

Esses novos espaços deliberativos de participação popular proporcionam que as expectativas da sociedade, antes ameaçadas pelo distanciamento entre as decisões "políticas" e técnicas do Estado em relação às suas consequências, se reconfigurem de forma que esta mesma sociedade tenha chances de interferir e mudar essa relação.

Práticas de participação, representação e gestão compartilhada abrem espaços para mediação de interesses, promovem a mediação dos princípios de regulação e atenuam os conflitos de interesse em função de negociações e debates, já que viabilizam a descentralização. Além disso, manifestam procedimental e discursivamente o entendimento da participação como direito.

Informação bibliográfica deste texto, conforme a NBR 6023:2002 da Associação Brasileira de Normas Técnicas (ABNT):

MARQUES, Verônica Teixeira. Democracia e participação como direito. *In*: BERTOLDI, Márcia Rodrigues; OLIVEIRA, Kátia Cristine Santos de (Coord.). *Direitos fundamentais em construção*: estudos em homenagem ao ministro Carlos Ayres Britto. Belo Horizonte: Fórum, 2010. p. 267-284. ISBN 978-85-7700-367-9.

A Realização de Audiências Públicas e o Ativismo Judicial do STF – Revisando a Sociedade Aberta dos Intérpretes da Constituição

Maurício Gentil Monteiro

Sumário: 1 Peter Häberle e a sociedade aberta dos intérpretes da Constituição – **2** As inovações na jurisdição constitucional brasileira – abertura procedimental – **3** As audiências públicas realizadas pelo Supremo Tribunal Federal – **4** As audiências públicas do STF como instrumentos de participação democrática da sociedade na interpretação da Constituição – **5** O STF como monopolizador da agenda política nacional – os riscos da proliferação de audiências públicas no contexto do ativismo judicial – **6** Conclusões

1 Peter Häberle e a sociedade aberta dos intérpretes da Constituição

Um dos métodos de interpretação constitucional desenvolvido com inspiração na tópica foi o da "constituição aberta" de Peter Häberle, exposto em sua obra *Hermenêutica Constitucional: a sociedade aberta dos intérpretes da Constituição: contribuição para a interpretação pluralista e "procedimental" da Constituição*.[1]

Esse método tem o mérito inegável de propiciar a abertura da interpretação constitucional, que, nos métodos clássicos, restringe-se aos intérpretes oficiais, concentrando-se na atividade dos juízes e nos procedimentos formalizados, o que Häberle denominou de "sociedade fechada".[2] Seu intento é, portanto, o de democratizar o processo constitucional, postura hermenêutica importante, tendo em vista que as normas constitucionais são normas jurídicas de natureza essencialmente política.

---
[1] HÄBERLE, Peter. *Hermenêutica constitucional*: a sociedade aberta dos intérpretes da Constituição: contribuição para a interpretação pluralista e "procedimental" da Constituição. Tradução de Gilmar Ferreira Mendes. Porto Alegre: Sergio Antônio Fabris, 1997.
[2] *Op. cit.*, p. 12.

Segundo Häberle,

> No processo de interpretação constitucional, estão potencialmente vinculados todos os órgãos estatais, todas as potências públicas, todos os cidadãos e grupos, não sendo possível estabelecer-se um elenco cerrado ou fixado como *numerus clausus* de intérpretes da Constituição. [...] A interpretação constitucional é, em realidade, mais um elenco da sociedade aberta. Todas as potências públicas, participantes materiais do processo social, estão nela envolvidas, sendo ela, a um só tempo, elemento resultante da sociedade aberta e um elemento formador ou constituinte dessa sociedade. Os critérios de interpretação constitucional hão de ser tanto mais abertos quanto mais pluralista for a sociedade.[3]

Assim, não se rejeita o importante papel dos intérpretes oficiais da Constituição, juízes e tribunais em geral, mas reconhece-se a importância da participação dos cidadãos ativos, de grupos sociais, da opinião pública de uma forma geral, da mídia, dos leitores dos jornais, dos partidos políticos, igrejas, teatros editoriais, escolas, entre outros.[4] Afinal, [...] "como não são apenas os intérpretes jurídicos da Constituição que vivem a norma, não detêm eles o monopólio da interpretação da Constituição".[5]

Häberle aponta, por exemplo, que a Corte Constitucional da Alemanha define o conteúdo das normas do artigo 4º, números 1 e 2 ("Será inviolável a liberdade de crença, de consciência e de confissão religiosa ou filosófica", "Será garantido o livre exercício da religião"), com o auxílio da concepção que têm sobre o tema a igreja, os organismos religiosos e da opinião pública.[6] Ou ainda, segundo seu pensamento, um cidadão que interpõe um recurso constitucional (que se pode comparar, guardadas as devidas reservas, ao recurso extraordinário na ordem constitucional brasileira) é um intérprete do conteúdo da Constituição,[7] dando sua forte parcela de contribuição para a hermenêutica constitucional.

Tais considerações são efetuadas tendo em vista que, para Häberle, o processo político está intimamente ligado ao processo jurídico, dele sendo inclusive forte agente, responsável mesmo por variações interpretativas e mudanças de significado dos conteúdos normatizados. Ou seja, a sociedade, ao travar os seus embates políticos, acaba por influenciar a aplicação das normas jurídicas, principalmente das normas constitucionais, renovando o Direito sem necessidade de mudança legislativa.[8]

Um dado interessante é que Häberle fundamenta a sua tese de abertura da hermenêutica constitucional para uma sociedade aberta e pluralista, ampliando o rol dos intérpretes da Constituição, no próprio texto da Constituição alemã,[9]

---

[3] *Op. cit.*, p. 13.
[4] HÄBERLE, Peter. *Hermenêutica constitucional*: a sociedade aberta dos intérpretes da Constituição: contribuição para a interpretação pluralista e "procedimental" da Constituição. Tradução de Gilmar Ferreira Mendes. Porto Alegre: Sergio Antônio Fabris, 1997. p. 22-23.
[5] *Idem, ibidem*, p. 15.
[6] *Idem, Ibidem*, p. 15.
[7] *Idem, ibidem*, p. 23.
[8] *Idem, ibidem*, p. 27.
[9] *Idem, ibidem*, p. 35.

que em seu artigo 5º, inciso III, assegura a liberdade artística, científica, de pesquisa e de ensino, uma vez que a Constituição, enquanto objeto de estudo, é objeto científico, sendo livre aos cidadãos a atividade científica que tem como meta a interpretação constitucional, a interpretação do conteúdo das normas constitucionais.

Semelhante fundamentação para esse método de interpretação constitucional pode ser encontrada na Constituição do Brasil, que prevê, em seu artigo 5º, inciso IX, que "é livre a expressão da atividade intelectual, artística, científica e de comunicação, independentemente de censura ou licença" e coloca a "liberdade de aprender, ensinar, pesquisar e divulgar o pensamento, a arte e o saber" como princípio do ensino (Art. 206, inciso II). Logo, o próprio texto constitucional brasileiro admite o método da "constituição aberta" de interpretação constitucional.[10]

Com esse amparo do próprio texto constitucional, a teoria de Peter Häberle foi utilizada — pela doutrina brasileira e pelo legislador — como fonte de inspiração das inovações por que passou a jurisdição constitucional brasileira nos últimos anos.

2 As inovações na jurisdição constitucional brasileira – Abertura procedimental

Não se pode negar que o pensamento de Peter Häberle influenciou sobremaneira boa parte das importantes novidades introduzidas no modelo brasileiro de jurisdição constitucional nos últimos anos.

Com efeito, diversas previsões inovadoras da Lei nº 9.868/99 e nº 9.882/99 vão na linha de abertura do procedimento de interpretação constitucional, no intuito de modificar o processo de interpretação constitucional "fechada" e adstrita aos órgãos oficiais da jurisdição: a) possibilidade de o relator das ações de controle abstrato de constitucionalidade, considerando a relevância da matéria e a representatividade dos postulantes, admitir a manifestação de outros órgãos ou entidades (§2º do art. 7º da Lei nº 9.868/99), institucionalizando-se a figura do *amicus curiae*; b) extensão dessa mesma possibilidade (admissão do *amicus curiae*) aos relatores de processos subjetivos em apreciação nos tribunais (§3º do art. 482 do Código de Processo Civil, incluído pela Lei nº 9.868/99); c) possibilidade de os legitimados à propositura de ação direta de inconstitucionalidade se manifestarem, por escrito, sobre a questão constitucional objeto de apreciação pelo órgão especial ou pelo tribunal, assegurado o direito de apresentar memoriais ou de pedir a juntada de documentos, tudo isso em processos subjetivos (§2º do art. 482 do Código de Processo Civil, incluído pela Lei nº 9.868/99); d) possibilidade de manifestação de terceiros, nos termos do Regimento Interno do Supremo Tribunal Federal, nos procedimentos de edição, revisão ou cancelamento de enunciado da súmula vinculante (§2º do art. 3º da Lei nº 11.417/06); e) possibilidade de o relator

---

[10] MONTEIRO, Maurício Gentil. *O direito de resistência na ordem jurídica constitucional*. Rio de Janeiro: Renovar, 2003. p. 172.

admitir, na análise da repercussão geral das questões constitucionais discutidas em recurso extraordinário, a manifestação de terceiros, nos termos do regimento interno do STF (§6º do art. 543-A do CPC, introduzido pela Lei nº 11.418/06); f) possibilidade de o relator das ações de controle abstrato de constitucionalidade, em caso de necessidade de esclarecimento de matéria ou situação de fato ou de notória insuficiência das informações existentes nos autos, requisitar informações adicionais (§1º do art. 9º da Lei nº 9.868/99 e §1º do art. 6º da Lei nº 9.882/99); g) possibilidade de o relator das ações de controle abstrato de constitucionalidade, em caso de necessidade de esclarecimento de matéria ou situação de fato ou de notória insuficiência das informações existentes nos autos, designar perito ou comissão de peritos para que emita parecer sobre a questão (§1º do art. 9º da Lei nº 9.868/99 e §1º do art. 6º da Lei nº 9.882/99); h) finalmente, a possibilidade de o relator das ações de controle abstrato de constitucionalidade, em caso de necessidade de esclarecimento de matéria ou situação de fato ou de notória insuficiência das informações existentes nos autos, fixar data para, em audiência pública, ouvir depoimentos de pessoas com experiência e autoridade na matéria (§1º do art. 9º da Lei nº 9.868/99 e §1º do art. 6º da Lei nº 9.882/99).

Essas novidades legislativas foram bem recebidas na doutrina. Cite-se o depoimento intelectual de Gilmar Mendes, Inocêncio Mártires Coelho e Paulo Gustavo Gonet Branco:

> O legislador afastou-se de uma leitura radical do modelo hermenêutico clássico, a qual sugere que o controle de normas há de se fazer com o simples contraste entre a norma questionada e a norma superior. Essa abordagem simplificadora tinha levado o STF a afirmar, às vezes, que fatos controvertidos ou que demandam alguma dilação probatória não poderiam ser apreciados em ação direta de inconstitucionalidade.
>
> Essa abordagem conferia, equivocadamente, maior importância a uma pré-compreensão do instrumento processual do que à própria decisão do constituinte de lhe atribuir competência para dirimir a controvérsia constitucional.
>
> [...]
>
> Resta demonstrado então que até mesmo no chamado controle abstrato de normas não se procede a um simples contraste entre a disposição do direito ordinário e os preceitos constitucionais. Ao revés, também aqui fica evidente que se aprecia a relação entre lei e o problema que se lhe apresenta em face do parâmetro constitucional.
>
> Em outros termos, a aferição dos chamados fatos legislativos constitui parte essencial do controle de constitucionalidade, de modo que a verificação desses fatos relaciona-se íntima e indissociavelmente com o exercício do controle pelo Tribunal.
>
> Tem-se, assim, que os dispositivos legais acima citados geram um novo instituto que, se devidamente explorado pelo STF, servirá para modernizar e racionalizar o processo constitucional brasileiro.[11]

---

[11] BRANCO, Paulo Gustavo Gonet; COELHO, Inocêncio Mártires; MENDES, Gilmar Ferreira. *Curso de Direito Constitucional*. 2. ed. São Paulo: Saraiva, 2008. p. 1.126-1.127.

Impossível não situar tais inovações no contexto maior da mudança de paradigma teórico pela qual o direito brasileiro passou nos últimos anos, com evidente reflexo nas práticas processuais da jurisdição constitucional. A superação do paradigma positivista e a adoção do paradigma "pós-positivista" — cujo reflexo no direito constitucional é conhecido como "neoconstitucionalismo" — também servem para a melhor compreensão da introdução desses novos mecanismos de abertura procedimental. Nesse sentido Daniel Sarmento bem assinala:

> [...] esta mudança de paradigma se reflete vividamente na jurisprudência do STF. São exemplos eloqüentes a alteração da posição da Corte em relação aos direitos sociais, antes tratados como "normas programáticas", e hoje submetidos a uma intensa proteção judicial, o reconhecimento da eficácia horizontal dos direitos fundamentais, a mutação do entendimento do Tribunal em relação às potencialidades do mandado de injunção e a progressiva superação da visão clássica kelseniana da jurisdição constitucional, que a equiparava ao "legislador negativo" com a admissão de técnicas decisórias mais heterodoxas, como as declarações de inconstitucionalidade sem pronúncia de nulidade e as sentenças aditivas. E *para completar o quadro, devem-se acionar as mudanças acarretadas por algumas inovações processuais recentes na nossa jurisdição constitucional, que permitiram a participação dos amici curiae, bem como a realização de audiências públicas, no âmbito do processo constitucional, ampliando a possibilidade de atuação da sociedade civil organizada no STF.*[12] (grifou-se)

Todas essas inovações passaram a ser constantemente utilizadas na jurisdição constitucional pátria. A esse respeito merece registro especial a admissão, em diversas ações diretas de inconstitucionalidade, ações declaratórias de constitucionalidade e arguições de descumprimento de preceito fundamental, de órgãos ou entidades, dada a sua representatividade e a importância da matéria em discussão (a tal ponto que, atualmente, é muito difícil haver alguma ação de controle abstrato de constitucionalidade sem que haja a participação de alguns *amici curiae*).

Nesse mesmo contexto é que se inserem as audiências públicas que passaram a ser realizadas pelo STF, com amparo nas inovações legais e com suporte teórico no pensamento de Peter Häberle.

3 As audiências públicas realizadas pelo Supremo Tribunal Federal

Não obstante a possibilidade de designação de audiências públicas como mecanismos de abertura procedimental dos processos de controle abstrato de constitucionalidade remontar a novembro e dezembro de 1999 (Leis nº 9.868 e nº 9.882), o fato é que o Supremo Tribunal Federal somente realizou a primeira delas no ano de 2007.

Importante mencionar o contexto que levou à sua realização, a partir da propositura, pelo então Procurador-Geral da República, Cláudio Fonteles, da

---

[12] SARMENTO, Daniel. O neoconstitucionalismo no Brasil. *In*: George Salomão Leite e Ingo Wolfgang Sarlet (Org.). *Direitos fundamentais e estado constitucional* – estudos em homenagem a J.J. Gomes Canotilho. São Paulo: Revista dos Tribunais, 2009. p. 30.

ação direta de inconstitucionalidade nº 3.510, na qual pedia a declaração de inconstitucionalidade do art. 5º e parágrafos da Lei nº 11.105/05, conhecida como Lei da Biossegurança. Como bem explica Fabrício Medeiros:

> No dia 30 de maio de 2005, o então Procurador-Geral da República, Dr. Cláudio Lemos Fontes, ajuizou, perante o Supremo Tribunal Federal, a ADI 3510, na qual buscava a declaração de inconstitucionalidade do art. 5º e parágrafos da Lei nº 11.105, de 24 de março de 2005 (Lei de Biossegurança).
>
> Como explicitado pelo próprio autor da referida ação direta de inconstitucionalidade, a tese central da impugnação dirigida ao Supremo Tribunal era a de que "a vida humana acontece na, e a partir da, fecundação" (fls. 02 da petição inicial). Ademais, apoiando-se no testemunho de Damián Garcia-Olmo, Professor Titular de Cirurgia da Universidade Autônoma de Madri, o requerente noticiava que havia "avanços muito mais promissores da pesquisa científica com células-tronco adultas, do que com as embrionárias" (fls. 06 da petição inicial). Daí arrematar o acionante que os dispositivos impugnados eram atentatórios aos postulados constitucionais que asseguram a dignidade pessoa humana e a inviolabilidade do direito à vida (inciso III do art. 1º e art. 5º da CF/88).
>
> De sua parte, em sede de informações, o Presidente da República — na condição de requerido — defendeu o ponto de vista segundo o qual a permissão para utilização de material embrionário, em vias de descarte, para fins de pesquisa e terapia, encontra fundamento em dois valores amparados constitucionalmente: o direito à saúde e o direito de livre expressão da atividade científica. Ponto de vista, esse, que, em linhas gerias, coincide com a manifestação do segundo requerido, a Mesa do Congresso Nacional.
>
> Daqui se infere, pois, que o tema de fundo da impugnação formulada pelo Procurador-Geral da República suscitava inúmeras indagações a respeito da proteção constitucional do direito à vida. Exatamente por esse motivo, o Min. Carlos Ayres Britto atendeu a solicitação do autor da ADI 3510 e designou a realização de audiência pública para o esclarecimento das questões de fato subjacentes ao questionamento da validade constitucional do art. 5º e parágrafos da Lei nº 11.105/05 (§1º do art. 9º da Lei nº 9.868/99).[13]

Designada, a referida audiência pública foi realizada na data de 20 de abril de 2007. Dela participaram diversos especialistas, dentre biólogos, pesquisadores e outras autoridades cientificamente reconhecidas na matéria, indicados pelo proponente, pelos requeridos e pelos *amici curiae*.[14] Foi a primeira audiência pública da história do Supremo Tribunal Federal.

Uma vez realizada a primeira, logo em seguida o STF passou a realizar diversas outras audiências públicas, designadas pelos Ministros relatores de ações de controle abstrato de constitucionalidade e também pelo Presidente da Corte:[15]

---

[13] MEDEIROS, Fabrício Juliano Mendes. *O Supremo Tribunal Federal e a primeira audiência pública de sua história*. Disponível em <http://www.planalto.gov.br/ccivil_03/revista/Rev_84/Artigos/PDF/FabricioJuliano_rev84.pdf>. Acesso em 14.06.2010, p. 41-42.

[14] MEDEIROS, Fabrício Juliano Mendes, *op. cit.*, p. 44.

[15] O Regimento Interno do STF foi alterado para incluir, dentre as atribuições do seu Presidente, a de "convocar audiência pública para ouvir o depoimento de pessoas com experiência e autoridade em determinada matéria, sempre que entender necessário o esclarecimento de questões ou circunstâncias de fato, com repercussão geral e de interesse público relevante, debatidas no âmbito do Tribunal" (art. 13, inciso XVII, atualizado com a emenda regimental nº 29/09).

a) ADPF nº 101 — Relatora Ministra Cármen Lúcia — discussão sobre importação de pneus usados pelo Brasil. A audiência foi realizada na data de 27 de junho de 2008, e foi a segunda audiência pública da história do STF;
b) ADPF nº 54 — Relator Ministro Marco Aurélio — discussão sobre antecipação terapêutica de parto de fetos portadores de anencefalia. A audiência foi realizada nas datas de 26 e 28 de agosto e 04, 16 de setembro de 2008;
c) Saúde Pública e Sistema Único de Saúde (SUS) — Presidente do STF, Ministro Gilmar Mendes — discussão sobre saúde pública e o SUS. A audiência foi realizada nas datas de 27, 28 e 29 de abril e 04, 05, 06 e 07 de maio de 2009;
d) ADPF nº 186 e RE nº 597.285 — Relator Ministro Ricardo Lewandowski — discussão sobre sistema de reserva de vagas em universidades federais por critérios raciais e para egressos de escolas públicas. A audiência foi realizada nas datas de 03 a 05 de março de 2010.

Pode-se afirmar, portanto, que o STF assimilou bem o novo instrumento legal, incorporando-o à sua prática institucional.

4 As audiências públicas do STF como instrumentos de participação democrática da sociedade na interpretação da Constituição

Os Ministros do STF que já determinaram a realização de audiências públicas o fizeram sempre levando em conta não apenas a autorização legal, mas também o fundamento axiológico, qual seja, a necessidade de que a interpretação constitucional seja aquela decorrente da maior abertura possível aos mais diversos pontos de vista e plurais opiniões existentes no seio da sociedade, de modo a melhor legitimar a decisão final a ser tomada.

No despacho em que determinou a realização da primeira audiência pública da história do STF, o Ministro Carlos Britto pontuou:

> [...] a matéria veiculada nesta ação se orna de saliente importância, por suscitar numerosos questionamentos e múltiplos entendimentos a respeito da tutela do direito à vida. Tudo a justificar a realização de audiência pública, a teor do §1º do artigo 9º da Lei nº 9.868/99. Audiência que, além de subsidiar os Ministros deste Supremo Tribunal Federal, também *possibilitará u'a maior participação da sociedade civil no enfrentamento da controvérsia constitucional, o que certamente legitimará ainda mais a decisão a ser tomada pelo Plenário desta nossa colenda Corte.*[16] (grifou-se)

Do mesmo modo a sua entusiasmada manifestação quando do encerramento da audiência pública, oportunidade em que afirmou que a audiência

---

[16] *Apud* MEDEIROS, Fabrício Juliano Mendes, *op. cit.*, p. 42.

"foi um exercício da democracia direta, com a possibilidade do segmento organizado contribuir para a formatação do julgamento que repercutirá na vida da população".[17]

No despacho em que determinou a realização de audiência pública instrumental à ADPF nº 54 (em discussão a antecipação terapêutica de parto de fetos portadores de anencefalia), o Ministro Marco Aurélio também consignou:

> Encontrando-se saneado o processo, devem ocorrer audiências públicas para ouvir entidades e técnicos não só quanto à matéria de fundo, mas também no tocante a conhecimentos específicos a extravasarem os limites do próprio Direito. Antes mesmo de a Procuradoria Geral da República vir a preconizar a realização, havia consignado, na decisão de 28 de setembro de 2004, a conveniência de implementá-las. Eis o trecho respectivo (folha 241): Então, tenho como oportuno ouvir, em audiência pública, não só as entidades que requereram a admissão no processo como amicus curiae, a saber: Conferência Nacional dos Bispos do Brasil, Católicas pelo Direito de Decidir, Associação Nacional Pró-vida e Pró-família e Associação de Desenvolvimento da Família, como também as seguintes entidades: Federação Brasileira de Ginecologia e Obstetrícia, Sociedade Brasileira de Genética Clínica, Sociedade Brasileira de Medicina Fetal, Conselho Federal de Medicina, Rede Nacional Feminista de Saúde, Direitos Sociais e Direitos Representativos, Escola de Gente, Igreja Universal, Instituto de Biotécnica, Direitos Humanos e Gênero bem como o hoje deputado federal José Aristodemo Pinotti, este último em razão da especialização em pediatria, ginecologia, cirurgia e obstetrícia e na qualidade de ex-Reitor da Unicamp, onde fundou e presidiu o Centro de Pesquisas Materno-Infantis de Campinas — CEMICAMP. Já agora incluo, no rol de entidades, a Sociedade Brasileira para o Progresso da Ciência — SBPC. Visando à racionalização dos trabalhos, delimito o tempo de quinze minutos para cada exposição — viabilizada a juntada de memoriais — e designo as seguintes datas das audiências públicas, que serão realizadas no horário matutino, a partir das 9h[18] [...]

Com esse mesmo enfoque, o Ministro Ricardo Lewandowski fundamentou a convocação de audiência pública instrumental à ADPF nº 186 e RE nº 597.285 (em discussão os sistemas de reserva de vagas em universidades federais por critérios raciais e para egressos de escolas públicas):

> O debate em questão consubstancia-se na constitucionalidade do sistema de reserva de vagas, baseado em critérios raciais, como forma de ação afirmativa de inclusão no ensino superior.
>
> A questão constitucional apresenta relevância do ponto de vista jurídico, uma vez que a interpretação a ser firmada por esta Corte poderá autorizar, ou não, o uso de critérios raciais nos programas de admissão das universidades brasileiras.
>
> Além disso, evidencia-se a repercussão social, porquanto a solução da controvérsia em análise poderá ensejar relevante impacto sobre políticas públicas que objetivam,

---

[17] SUPREMO TRIBUNAL FEDERAL. Disponível em <http://www.stf.jus.br/portal/cms/verNoticiaDetalhe.asp?idConteudo=69705&caixaBusca=N>. Acesso em 14.06.2010.
[18] SUPREMO TRIBUNAL FEDERAL. Disponível em <http://www.stf.jus.br/portal/processo/verProcessoAndamento.asp?incidente=2226954>. Acesso em 14.06.2010.

por meio de ações afirmativas, a redução de desigualdades para o acesso ao ensino superior.

Ficam, assim, designados os dias de 3 a 5 de março de 2010, das 9h às 12h, para a realização da audiência pública, nas dependências do Supremo Tribunal Federal.[19]

Na mesma toada foram as declarações do então Presidente da Suprema Corte, Ministro Gilmar Mendes, por ocasião das audiências públicas por ele designadas para discussão sobre saúde pública e o SUS:

> Os senhores sabem que essa é uma das questões mais sensíveis hoje afetas à decisão, não só do STF, mas de todo o Judiciário brasileiro. Saber como decidir essas questões de fornecimento de medicamentos, de determinação sobre vagas em UTI, fila de transplante. Nós temos, inclusive, na presidência do STF muitos casos que aqui chegam e que os estados ou os municípios se rebelam contra essas decisões judiciais, daí a necessidade desses subsídios. Estamos tendo uma participação ampla, das várias esferas de governo, das várias esferas da sociedade e dos segmentos técnicos para que possamos ter um juízo seguro sobre o assunto.
>
> [...]
>
> A audiência serve também para legitimar, para fortalecer o nosso entendimento do ponto de vista técnico, mas ela serve, antes de tudo, para fortalecer, para que nós possamos entender a complexidade desse sistema. Quando um juiz dá uma liminar num determinado caso, ele tem aquele caso, mas isso reflete depois em milhares de casos, e muitas vezes isso pode provocar alguma desorganização no sistema, de modo que nós temos que olhar isso como um todo. E veja, todos nós estamos interessados, membros do Ministério Público, membros da sociedade civil e os próprios juízes.[20]

Na doutrina, não é diferente a visão otimista dessa abertura procedimental via audiências públicas realizadas pelo STF. Fabrício Medeiros afirma que:

> É indiscutível que a realização, pelo Supremo Tribunal Federal, da primeira audiência pública de sua história representou mais um sinal de abertura do procedimento de interpretação constitucional, dado que, mediante a participação dos experts indicados pelo autor, pelos requeridos e pelos amici curiae, a Corte Constitucional brasileira assegurou a efetiva participação da sociedade organizada no processo de fiscalização da higidez constitucional do artigo 5º e parágrafos da Lei de Biossegurança.
>
> [...]
>
> O desenrolar dos trabalhos durou um dia inteiro e, ao final da sessão, percebeu-se que *o objetivo da audiência foi integralmente atingido: por intermédio dos especialistas ali ouvidos, a sociedade civil organizada teve a possibilidade de influir na decisão a ser tomada*

---

[19] SUPREMO TRIBUNAL FEDERAL. Disponível em <http://www.stf.jus.br/portal/processo/verProcessoAndamento.asp?incidente=2226954>. Acesso em 14.06.2010.
[20] SUPREMO TRIBUNAL FEDERAL. Disponível em <http://www.stf.jus.br/portal/cms/verNoticiaDetalhe.asp?idConteudo=106881&caixaBusca=N>. Acesso em 14.06.2010.

pelo Supremo Tribunal Federal. Além disso, o debate público que se instaurou pôde ser assistido por aproximadamente trezentas pessoas que estiveram presentes à sessão pública. Isso sem considerar aqueles que acompanharam a as discussões travadas na audiência pública pela cobertura ao vivo da TV Justiça e da Rádio Justiça.[21] (grifou-se)

Mais adiante, o mesmo autor conclui, otimista:

A realização da audiência pública para a instrução da ADI 3510 é um marco na história do controle de constitucionalidade no Brasil. É que, além de haver sido a primeira sessão pública para oitiva de especialistas da história do Supremo Tribunal Federal, ela teve a virtude de explicitar um processo evolutivo que, ainda que timidamente, já se fazia notar: a mais alta Corte do país caminha, a passos firmes e largos, para uma maior abertura do processo de interpretação constitucional.

Ao permitir que a sociedade civil organizada participasse ativamente do processo de controle abstrato de constitucionalidade, o Supremo Tribunal Federal terminou por ampliar a base de legitimação da sua futura decisão acerca da validade constitucional do art. 5º e parágrafos da Lei de Biossegurança. Sim, porque, tendo assegurado a participação qualitativa de segmentos da sociedade civil, a decisão final a ser tomada pelo Tribunal já não poderá mais ser encarada como um ato isolado dos seus integrantes, porquanto do processo de elaboração desse ato decisório participaram os especialistas ouvidos na tantas vezes referida audiência pública.

À derradeira, impende reconhecer que a realização da audiência pública para o esclarecimento das questões de fato subjacentes à impugnação do artigo 5º e parágrafos da Lei nº 11.105/05 homenageou a democracia direta, a qual, nos dizeres do relator da ADI 3510, "significa tirar o povo da platéia e colocá-lo no palco das decisões que lhe digam respeito. O povo deixando de ser passivo espectador para ser um ativo condutor do seu próprio destino".[22]

5 O STF como monopolizador da agenda política nacional – Os riscos da proliferação de audiências públicas no contexto do ativismo judicial

Não há como negar que a realização de audiências públicas, para discussão de temas constitucionais da mais alta relevância — cujo deslinde pelo STF repercute significativamente no cotidiano da sociedade — é prática que prestigia a transparência, a publicidade, a participação democrática, a cidadania.

Mais ainda, com Peter Häberle, é reconhecer a importância da participação dos cidadãos ativos, de grupos sociais, da opinião pública de uma forma geral, da mídia, dos leitores dos jornais, dos partidos políticos, igrejas, teatros editoriais, escolas, entre outros, na interpretação constitucional. E se essa participação legitima uma atuação mais firme do STF na proteção e efetivação dos direitos fundamentais, notadamente em caso de omissão dos outros Poderes, não pode ser desconsiderada como novidade alvissareira na jurisdição constitucional brasileira.

---

[21] *Op. cit.*, p. 46.
[22] *Op. cit.*, p. 47.

A análise crítica, porém, se impõe, como medida de reflexão. Após a realização de cinco audiências públicas, é preciso examinar o contexto político em que se inseriram.

Isso porque, coincidência ou não, é exatamente a partir do ano de 2007 (ano em que se realizou a primeira audiência pública da história do STF) que começam a se tornar mais intensas e agudas as manifestações de ativismo judicial[23] da Suprema Corte.

Desde então, o STF tem se posicionado enfaticamente sobre temais mais diversos, muitas vezes suprindo omissões dos Poderes Legislativo e Executivo, recebendo, no mais das vezes, o aplauso da sociedade, incomodada com a inércia e com sucessivos escândalos de moralidade pública que se sucedem no palco da política. Assim, atuação firme do STF em temas tão variados como fidelidade partidária, direito de greve dos servidores públicos, proibição do nepotismo, demarcação de terras indígenas, pesquisas científicas em células-tronco embrionárias, aborto em fetos anencéfalos, uniões homoafetivas, uso de algemas em operações policiais, controle de políticas públicas, em especial de saúde e educação, dentre tantos outros, tornaram-se uma constante, integrando-se ao cotidiano social. Toda essa atuação em temas tão diversos se fez acompanhada da mudança de jurisprudência quanto aos métodos de interpretação constitucional e também quanto aos efeitos de diversas decisões processuais, como por exemplo no caso dos efeitos concretos para o mandado de injunção ou ainda da assinalação de prazo para o suprimento de omissão legislativa em ação direta de inconstitucionalidade por omissão.

Um outro capítulo desse ativismo judicial da Suprema Corte é a edição, como política institucional, de Súmulas Vinculantes, mesmo em casos nos quais a jurisprudência sobre a matéria ainda não está inteiramente consolidada ou quando a controvérsia constitucional não é atual.[24]

---

[23] "A idéia de *ativismo judicial* está associada a uma participação mais ampla e intensa do Judiciário na concretização dos valores e fins constitucionais, com maior interferência no espaço de atuação dos outros dois Poderes. A postura ativista se manifesta por meio de diferentes condutas, que incluem: (i) a aplicação direta da Constituição a situações não expressamente contempladas em seu texto e independentemente de manifestação do legislador ordinário; (ii) a declaração de inconstitucionalidade de atos normativos emanados do legislador, com base em critérios menos rígidos que os de patente e ostensiva violação da Constituição; (iii) a imposição de condutas ou de abstenções ao Poder Público, notadamente em matéria de políticas públicas" (BARROSO, 2009, p. 284).

[24] O Supremo Tribunal Federal, ao julgar o *Habeas Corpus* nº 91.952 (Relator Ministro Marco Aurélio), decidiu que o uso de algemas em cidadão durante todo o seu julgamento pelo Tribunal do Júri traduziu abuso de poder e ilegalidade (julgamento efetuado na sessão de 07.08.2008). Isso com base na compreensão de que a utilização de algemas deve ser efetuada apenas em caráter excepcional. No caso, não teria havido fundamentação aceitável para a utilização de algemas, e que tal circunstância, perante os jurados, gerou influência negativa, na medida em que tiveram a suposição de que se tratava de uma pessoa perigosa e, portanto, provavelmente culpada, antes mesmo de apreciar as provas e os argumentos de defesa.
Naquela mesma sessão, também se decidiu que era o caso de ser aprovado o enunciado de mais uma súmula de efeito vinculante, ficando o Ministro Marco Aurélio encarregado de elaborar uma proposta de redação.
Na sessão de 13.08.2008, o STF aprovou o enunciado da Súmula Vinculante mencionada, com a seguinte redação: "SÚMULA VINCULANTE Nº 11 — Só é lícito o uso de algemas em caso de resistência e de fundado receio de fuga ou de perigo à integridade física própria ou alheia, por parte do preso ou de terceiros, justificada a excepcionalidade por escrito, sob pena de responsabilidade disciplinar, civil e penal do agente ou da autoridade e de nulidade da prisão ou do ato processual a que se refere, sem prejuízo da responsabilidade civil do Estado".
A autorização constitucional para o STF editar súmula com efeito vinculante está, porém, submetida a certos pressupostos. Um deles: a edição da Súmula Vinculante pode ser feita "após reiteradas decisões sobre matéria constitucional". Ora, não houve reiteradas decisões do STF sobre a controvérsia constitucional que envolve o uso de algemas. Houve *uma* decisão, e mesmo assim adstrita ao uso de algemas por réu em Tribunal do Júri. No caso do HC nº 91.952, não esteve em julgamento a utilização de algemas quando da realização de prisões (seja em flagrante delito, seja por ordem judicial), ainda que os Ministros tenham debatido a causa também sob essa ótica.

Some-se a tudo isso a maior exposição midiática do STF, sobretudo a partir da própria transmissão ao vivo, pela TV Justiça, dos julgamentos ocorridos em sessão plenária, algo que também já se incorporou à vida nacional. Acompanha-se hoje em dia a atuação do STF e de seus Ministros como antes somente se acompanhava a atuação do Poder Legislativo e do Poder Executivo. Embora seja louvável a maior aproximação social e transparência do Poder Judiciário, a partir da Suprema Corte, o fato é que essa ampla exposição leva a um natural engajamento de seus Ministros em discussões e polêmicas políticas travadas pela mídia, muitas vezes em matérias que ainda serão objeto de apreciação.[25]

Sem deixar de efetuar o registro da importância de certo ativismo judicial na concretização de direitos fundamentais, Daniel Sarmento critica o ativismo judicial excessivo:

> [...] uma ênfase excessiva no espaço judicial pode levar ao esquecimento de outras arenas importantes para a concretização da Constituição e realização de direitos, gerando um resfriamento da mobilização cívica do cidadão. É verdade que o ativismo judicial pode, em certos contextos, atuar em sinergia com a mobilização social na esfera pública. Isto ocorreu, por exemplo, no movimento dos direitos civis nos Estados Unidos dos anos 50 e 60, que foi aquecido pelas respostas positivas obtidas na Suprema Corte, no período da Corte de Warren. Mas nem sempre é assim. A ênfase judicialista pode afastar do cenário de disputa por direitos as pessoas e movimentos que não pertençam nem tenham proximidade com as corporações jurídicas.
>
> Ademais, esta obsessão com a interpretação judicial da Constituição tende a obscurecer o papel central de outras instâncias na definição do sentido da Constituição — como o Legislativo, o Executivo, e a própria esfera pública informal.[26]

É bem verdade que houve, no julgamento, menção a um precedente da própria Suprema Corte. Contudo, esse precedente apontado era da Relatoria do Ministro Francisco Rezek. Ora, o Ministro Francisco Rezek deixou a Corte em 1997. O precedente citado é muito antigo, e a Constituição exige que a controvérsia autorizadora da edição de Súmula Vinculante seja *atual* (art. 103-A, §1º).
Mais ainda: a *controvérsia atual* autorizadora da edição de Súmula Vinculante deve ocorrer entre órgãos judiciários ou entre esses e a Administração Pública. Não foi o que ocorreu, no caso. Não houve controvérsias envolvendo julgamentos com entendimentos diversos por órgãos judiciários, nem tampouco envolvendo atos concretos da Administração Pública. A controvérsia sobre o uso de algemas envolveu debate público, com participação legítima nesse debate do Presidente do STF, do Ministro da Justiça, além de diversas entidades (por exemplo, Conselho Federal da Ordem dos Advogados do Brasil, Associações de Delegados, Associações de Magistrados, Associações de Membros do Ministério Público) e autoridades (por exemplo, o Procurador-Geral da República), em decorrência de recentes (à época do julgamento do HC nº 91.952) prisões efetuadas por ordem judicial, com utilização de algemas, em imagens exibidas pela televisão em rede nacional.

[25] Registre-se algumas dessas intervenções polêmicas do então Presidente do STF, Ministro Gilmar Mendes, no debate público: a) opinião contundente contra o que seria a ilegalidade contumaz de práticas do Movimento dos Trabalhadores Sem-Terra (MST) e, em consequência, a ilegalidade de repasse de recursos públicos a essa entidade; o Presidente da República disse que o Presidente do STF teria falado enquanto cidadão, no que foi imediatamente rebatido pelo Ministro Gilmar Mendes, que disse ter falado enquanto Presidente de um Poder, *Chefe do Poder Judiciário*; b) manifestação rotunda no sentido de que a concessão de refúgio ao italiano Cesare Battisti pelo Ministro da Justiça, Tarso Genro, poderia ser questionada e até mesmo revista pelo STF; c) prévia condenação pública da Agência Brasileira de Inteligência (ABI) — órgão vinculado ao Gabinete de Segurança Institucional da Presidência da República — pela realização de gravação clandestina de conversa telefônica sua mantida com Senador da República; d) reiteradas e sucessivas críticas públicas ao comportamento de magistrados de primeira instância, em especial do Juiz Federal atuante no inquérito policial resultado da *Operação Satiagraha*, assim como ao Delegado inicialmente atuante no caso.

[26] SARMENTO, Daniel. O neoconstitucionalismo no Brasil. *In*: George Salomão Leite e Ingo Wolfgang Sarlet (Org.). *Direitos fundamentais e estado constitucional* – estudos em homenagem a J.J. Gomes Canotilho. São Paulo: Revista dos Tribunais, 2009. p. 36.

Mais adiante, o mesmo autor revela a sua visão de que, em muitos campos, a postura de autocontenção judicial seria mais recomendável:

> [...] em outros campos, pode ser mais recomendável uma postura de autocontenção judicial, seja por respeito às deliberações majoritárias adotadas no espaço político, seja pelo reconhecimento da falta de *expertise* do Judiciário para tomar decisões que promovam eficientemente os valores constitucionais em jogo, em áreas que demandem profundos conhecimentos técnicos fora do direito — como Economia, políticas públicas e regulação. Nestes casos, deve-se reconhecer que outros órgãos do Estado estão mais habilitados para assumir uma posição de protagonismo na implementação da vontade constitucional.[27]

Encontrar o ponto de equilíbrio deve ser a meta a alcançar, tarefa tão difícil quanto necessária, como bem aponta Luís Roberto Barroso:

> O papel do Judiciário e, especialmente, das cortes constitucionais e supremos tribunais deve ser resguardar o processo democrático e promover os valores constitucionais, superando o *déficit* de legitimidade dos demais Poderes, quando seja o caso; sem, contudo, desqualificar sua própria atuação, exercendo preferências políticas de modo voluntarista em lugar de realizar os princípios constitucionais. Além disso, em países de tradição democrática menos enraizada, cabe ao tribunal constitucional funcionar como garantidor da estabilidade institucional, arbitrando conflitos entre Poderes ou entre estes e a sociedade civil. Estes os seus grandes papéis: resguardar os valores fundamentais e os procedimentos democráticos, assim como assegurar a estabilidade institucional.
> *No Brasil, só mais recentemente se começam a produzir estudos acerca do ponto de equilíbrio entre supremacia da Constituição, interpretação constitucional pelo Judiciário e processo político majoritário. O texto prolixo da Constituição, a disfuncionalidade do Judiciário e a crise de legitimidade que envolve o Executivo e o Legislativo tornam a tarefa complexa.*[28] (grifou-se)

É nesse novo contexto de ativismo judicial tão recente quanto intenso que as audiências públicas devem ser melhor estudadas. Isso porque, pode-se afirmar a essa altura, a sua institucionalização e prática incorporada ao cotidiano do STF convertem-nas, voluntária ou involuntariamente, em mais um instrumento do protagonismo político da Suprema Corte.

A interpretação constitucional é, também, uma interpretação política, dada a natureza essencialmente política das normas constitucionais. Por isso mesmo, os temas examinados pelo STF são temas de marcada conotação política. Quando o STF realiza uma audiência pública, concentra todas as atenções da sociedade na discussão política do tema objeto de sua realização.

Diferentes atores sociais passam a investir na sua participação na audiência pública como instância de manifestação dos seus pontos de vista, de suas opiniões.

---

[27] Idem, ibidem, p. 38-39.
[28] BARROSO, Luís Roberto. *Curso de Direito Constitucional Contemporâneo*: os conceitos fundamentais e a construção do novo modelo. São Paulo: Saraiva, 2009. p. 390-391.

O STF se torna, para aquele tema em discussão, um palco de mobilizações antagônicas e plurais, depositário das expectativas mais diversas e legítimas.

Esse grau de movimentação política que a realização de audiências públicas pelo STF proporciona é tão agudo que até mesmo parlamentares — membros do Poder no qual audiências públicas, com outra finalidade, são mais tradicionais e adequadas — são motivados a solicitar, ainda que informalmente, que o STF convoque audiências públicas, tal como ocorreu no caso da discussão sobre importação de pneus usados (STF, 2008).

Ocorre que o STF, como o Poder Judiciário de um modo geral, não é a arena mais apropriada para a concentração do debate político nacional.

Com efeito, o risco que decorre da adoção de audiências públicas como prática institucionalizada e generalizada é o mesmo risco do ativismo judicial como um todo: o de tornar a Suprema Corte a depositária de todas as esperanças e anseios da sociedade,[29] já que os demais poderes, em especial o Legislativo, vêm falhando seriamente no atendimento das demandas coletivas, que o Poder Judiciário e em especial o STF assuma esse papel, em nome do implemento de boa vontade das determinações constitucionais. Desse modo, os grandes temas nacionais, que deveriam necessariamente passar por amplo debate democrático em toda a sociedade e nos locais mais adequados para o exercício da representação política dessa mesma sociedade (Poder Legislativo e Poder Executivo), passam a ser objeto de monopolização pelo Poder Judiciário (leia-se STF).[30]

Desnecessário lembrar que quando os atores sociais se mobilizam para participar do debate público e exercer pressões legítimas sobre o Congresso Nacional, o resultado é a sensibilização política para a concretização de uma vontade que pode ser materializada em lei, aprovada pelos representantes do povo eleitos diretamente. No caso da mobilização dos atores sociais para levar a sua interpretação sobre os temas constitucionais ao Poder Judiciário e em especial ao STF, tal mobilização não necessariamente traduzirá resultado que espelhe uma vontade política majoritária da sociedade, pois a decisão, aqui, é jurídica, não devendo refletir obrigatoriamente a vontade popular majoritária.

Noutras palavras, a legitimação que decorre da sociedade aberta dos intérpretes da constituição é uma legitimação procedimental e não material.

Ao adotar como política institucional a realização de audiências públicas, nesse contexto de intenso ativismo judicial, o STF não está a usurpar o espaço de atuação constitucional e institucional dos demais poderes? É no Poder Legislativo e no Poder Executivo que a sociedade se encontra democraticamente

---

[29] Expectativas que, muitas vezes, não poderão ser atendidas de forma satisfatória (SARMENTO, Daniel. O neoconstitucionalismo no Brasil. *In*: George Salomão Leite e Ingo Wolfgang Sarlet. *Direitos fundamentais e estado constitucional* – estudos em homenagem a J.J. Gomes Canotilho. São Paulo: Revista dos Tribunais, 2009.).

[30] Como bem aponta Daniel Sarmento, "um dos efeitos colaterais desse fenômeno é a disseminação de um discurso, que reputo muito perigoso, de que voto e política não são importantes, pois relevante mesmo é a interpretação dos princípios constitucionais realizada pelo STF. Daí a dizer que o povo não sabe votar é um pulo, e a ditadura de toga pode não ser muito melhor do que a ditadura de farda..." (op. cit., p. 40). Esse ativismo judicial aparece tão perigoso quando se percebe a apatia com que se desenrolou a campanha eleitoral para os cargos eletivos municipais em todo o país no ano de 2008. Algo como se o eleitor tivesse a percepção de que seu voto não vale muito, afinal, os grandes assuntos de relevância social estarão agendados, definidos e decididos mesmo em outras esferas de poder, cujos membros não se submetem a processo de escolha popular. E esse é um caminho muito perigoso para a democracia brasileira, que ainda busca consolidação após vinte anos do apogeu da redemocratização.

representada, eis que seus membros são eleitos pelo povo. Ninguém elege, porém, os Ministros da Suprema Corte. Tem o STF legitimidade para pautar todo o debate político nacional?

É a pergunta que se impõe, como medida de reflexão. O risco da utilização (ainda que involuntária) excessiva das audiências públicas como mais um capítulo do protagonismo político do STF deve ser melhor examinado pela doutrina e pelos próprios Ministros da Suprema Corte.

6 Conclusões

A introdução da audiência pública como mais um dos mecanismos da abertura procedimental na jurisdição constitucional brasileira é novidade que merece aplausos, tendo em vista proporcionar a abertura da interpretação constitucional a todos os atores sociais que podem ser atingidos pela decisão final a ser proferida.

Nesse diapasão, é louvável que a legislação brasileira (Lei nº 9.868/99, Lei nº 9.882/99, Regimento Interno do STF) tenha, com amparo na justificação teórica da sociedade aberta dos intérpretes da Constituição (Peter Häberle), incorporado esse novo mecanismo como instrumento da interpretação constitucional oficial.

Trata-se de assegurar a maior legitimação democrática possível às decisões constitucionais da Suprema Corte.

Contudo, realizadas cinco audiências públicas, é chegada a hora de revisar o seu significado a partir do contexto social e político em que se inseriram.

Em momento de ativismo judicial tão recente quanto intenso, por meio do qual o Supremo Tribunal Federal tem exercido um protagonismo político exagerado e comprometedor do equilíbrio democrático, a realização de audiências públicas pode significar mais um capítulo desse fenômeno.

O risco da utilização (ainda que involuntária) excessiva das audiências públicas como mais um capítulo do protagonismo político do STF deve ser melhor examinado pela doutrina e pelos próprios Ministros da Suprema Corte, sob pena de comprometer as louváveis virtudes que o novo mecanismo processual comporta.

Informação bibliográfica deste texto, conforme a NBR 6023:2002 da Associação Brasileira de Normas Técnicas (ABNT):

MONTEIRO, Maurício Gentil. A realização de audiências públicas e o ativismo judicial do STF: revisando a sociedade aberta dos intérpretes da constituição. In: BERTOLDI, Márcia Rodrigues; OLIVEIRA, Kátia Cristine Santos de (Coord.). Direitos fundamentais em construção: estudos em homenagem ao ministro Carlos Ayres Britto. Belo Horizonte: Fórum, 2010. p. 285-299. ISBN 978-85-7700-367-9.

Interpretação conforme à Constituição: a Lei Fundamental como Vetor Hermenêutico

Julio de Melo Ribeiro

Sumário: 1 Introdução – 2 Interpretação das leis e hermenêutica – 2.1 Conceito de interpretação – 2.2 O mito da lei clara – 2.3 A diferença entre texto e norma – 2.4 Interpretação e aplicação do Direito – 2.5 Outro mito: o da única interpretação correta – 2.6 O papel da hermenêutica: racionalidade e controlabilidade – 2.7 O método sistemático e a constitucionalização do Direito – 3 Fundamentos da interpretação conforme à Constituição – 3.1 Espécie de interpretação sistemática ou técnica de controle de constitucionalidade? – 3.2 Outros fundamentos da interpretação conforme à Constituição – 4 Limites da interpretação conforme à Constituição – 4.1 A letra da lei como duplo limite à interpretação conforme à Constituição – 4.2 A vontade do legislador – Voluntas legis X Voluntas legislatoris – 4.3 Decisões corretivas e modificativas – Conclusão

1 Introdução

Nos últimos anos, tem-se discutido muito acerca do crescente ativismo judicial do Supremo Tribunal Federal. A Suprema Corte brasileira tem assumido papel de destaque na vida política do país, sendo sua a última palavra em questões importantes. Fenômeno não tão perceptível, mas que integra o mesmo processo de expansão informal das competências do Supremo Tribunal Federal é a maneira como se tem lidado com a técnica da interpretação conforme à Constituição.

Desde suas origens americanas e alemãs, a interpretação conforme à Constituição significa uma atitude de deferência ao Poder Legislativo. Isso porque se evita a declaração de inconstitucionalidade da lei, por existir uma interpretação compatível com a Lei Fundamental. Esse respeito ao trabalho do legislador se manifesta pela estrita observância de dois limites: a letra da lei e a vontade do legislador. Sucede que, ao negligenciar esses limites, o Supremo Tribunal Federal acaba, muitas vezes, por elastecer suas competências, em detrimento do Poder Legislativo.

O presente estudo, surgido na ambiência do debate político e acadêmico sobre o ativismo judicial, objetiva lançar olhos mais atentos sobre um pouco discutido instrumento desse ativismo. Daí a necessidade de assentar, previamente, a natureza jurídica da interpretação conforme à Constituição, bem como seus fundamentos. Para só então proceder à análise dos limites da interpretação conforme à Constituição.

2 Interpretação das leis e hermenêutica

2.1 Conceito de interpretação

Para bem se compreender o instituto da interpretação conforme à Constituição, necessário observar alguns aspectos da atividade interpretativa. O primeiro deles é o próprio conceito de interpretação. Em que consiste o ato de interpretar?

Segundo Paulo Bonavides, interpretar é uma "[...] operação lógica, de caráter técnico mediante a qual se investiga o significado exato de uma norma jurídica, nem sempre clara ou precisa".[1] Para Inocêncio Mártires Coelho, "se o direito, como toda criação do homem, é uma forma significativa, um substrato dotado de sentido, então, a tarefa do intérprete, ao fim e ao cabo, será trazer à tona ou revelar o significado que se incorporou a determinado objeto [...]".[2] Nas lições de Carlos Maximiliano:

> As leis positivas são formuladas em termos gerais; fixam regras, consolidam princípios, estabelecem normas, em linguagem clara e precisa, porém ampla, sem descer a minúcias. É tarefa primordial do executor a pesquisa da relação entre o texto abstrato e o caso concreto, entre a norma jurídica e o fato social, isto é, aplicar o Direito. Para o conseguir, se faz mister um trabalho preliminar: descobrir e fixar o sentido verdadeiro da regra positiva; e, logo depois, o respectivo alcance, a sua extensão. Em resumo, o executor extrai da norma tudo o que na mesma se contém: é o que se chama interpretar, isto é, *determinar o sentido e o alcance das expressões do Direito*.[3]

Já para Konrad Hesse,

> El *cometido de la interpretación* es el de hallar el resultado constitucionalmente 'correcto' a través de un procedimiento racional y controlable, el fundamentar este resultado, de modo igualmente racional y controlable, creando, de este modo, certeza y previsibilidad jurídicas, y no, acaso, el de la simple decisión por la decisión.[4]

Interpretar o Direito é, portanto, fixar o sentido e o alcance das normas jurídicas, mediante um processo racional e controlável. Normas que se veiculam, geralmente, por leis escritas. Leis que, a seu turno, valem-se da linguagem para que suas prescrições sejam amplamente conhecidas e respeitadas. Em síntese de Santi Romano, "[...] a interpretação do direito é operação difícil e complexa, que constitui objeto de uma sutil doutrina e de uma delicadíssima arte".[5]

---

[1] BONAVIDES, Paulo. *Curso de direito constitucional.* 21. ed. São Paulo: Malheiros, 2007. p. 437.
[2] COELHO, Inocêncio Mártires. *Interpretação constitucional.* 3. ed. rev. e aument. São Paulo: Saraiva, 2007. p. 3.
[3] MAXIMILIANO, Carlos. *Hermenêutica e aplicação do direito.* 19. ed. Rio de Janeiro: Forense, 2002. p. 1.
[4] HESSE, Konrad. La interpretación constitucional. In: *Escritos de derecho constitucional.* Trad. Pedro Cruz Villalon. 2. ed. Madrid: Centro de Estudios Constitucionales, 1992. p. 35.
[5] ROMANO, Santi *apud* BONAVIDES, Paulo. *Op. cit.*, p. 458.

2.2 O mito da lei clara

Muito bem. A questão que agora se põe é a de saber se toda e qualquer norma jurídica precisa ser interpretada. Em outras palavras, a lei clara demanda um processo hermenêutico para a fixação de seu sentido e alcance?

A resposta é afirmativa. Em primeiro lugar, por mais minudente que seja a lei, será ela formulada em termos gerais e abstratos. Isso para que cumpra sua função de regular uma multifacetada gama de fatos e relações sociais. E a linguagem geral e abstrata, ainda que muito clara, sempre suscitará controvérsia, mormente quanto a seu alcance. São palavras de Carlos Ayres Britto:

> Como de remansoso conhecimento, a lei em sentido material quer valer para todas as ações a que se refere e por isso é que se adorna do atributo da generalidade. Quer valer para todos os sujeitos a que se destina e por esse motivo se confere a característica da impessoalidade. Quer valer para sempre (enquanto não for revogada ou formalmente mexida, lógico) e daí o seu traço de abstratividade. Ora, querendo-se assim genérica, impessoal e abstrata — é dizer, querendo-se, *de um só cajadada*, imperante para tudo, para todos e para sempre, a lei não tem como fugir do discurso esquemático ou *clicherizador* da realidade; que é um discurso inescondivelmente simplista. Donde ter que pagar um preço por esse discurso-rótulo, e esse preço que a lei paga por incidir num tipo de comunicação verbal reducionista é a sua exposição a interpretações polissêmicas e à contínua rebeldia da vida (cambiante por natureza).[6]

Ademais, como anota Carlos Maximiliano, para saber se uma lei é clara, ou seja, se seu sentido corresponde à letra do texto,

> [...] é força procurar conhecer o sentido, isto é, interpretar. A verificação da clareza, portanto, ao invés de dispensar a exegese, implica-a, pressupõe o uso preliminar da mesma. Para se concluir que não existe atrás de um texto claro uma intenção efetiva desnaturada por expressões impróprias, é necessário realizar prévio labor interpretativo.[7]

Segundo historia Carlos Maximiliano, a exegese em Roma não se limitava aos textos obscuros. Graças a essa largueza de visão foi que o Digesto atravessou os séculos e regeu institutos que Papiniano jamais pudera prever. Só que passou a haver um abuso. Apelava-se em demasia para o argumento de autoridade, os pareceres dos doutores substituíam os textos, as glosas tomavam o lugar da lei. Contra isso tudo, reagiu-se com a regra *in claris non fit interpretatio*. Para os grandes males, os remédios violentos.[8]

O brocardo de que a lei clara não necessita de interpretação encontrou ressonância com o advento do Estado liberal. Com a derrocada do absolutismo, a ascensão da liberdade como valor supremo e a primazia do Poder Legislativo,

---
[6] BRITTO, Carlos Ayres. *O humanismo como categoria constitucional*. Belo Horizonte: Fórum, 2007. p. 57-58.
[7] MAXIMILIANO, Carlos. *Op. cit.*, p. 30-31.
[8] MAXIMILIANO, Carlos. *Op. cit.*, p. 27-28.

porta-voz da vontade do povo (leia-se, da burguesia), a tarefa do juiz, que antes era a de repetir a vontade do soberano, passou a ser a de cumprir, rigidamente, a lei emanada do Poder Legislativo. "[...] O perfil neutro do Estado Liberal visava à preservação de um *status quo* social já estabelecido, o que contribuía enormemente para a timidez judicial na interpretação da lei. Cabia ao juiz tão-somente aplicar a lei e fazer valer os contratos celebrados entre 'iguais'".[9]

Esse panorama se alterou após o surgimento do Estado social. Estado cuja concepção é a de atuar positivamente para reduzir as desigualdades sociais. Mais do que garantir uma igualdade formal, passou a incumbir ao Poder Público a adoção de medidas concretas, inspiradas na máxima aristotélica de tratar igualmente os iguais e desigualmente os desiguais. Daí o Poder Judiciário, nesse contexto, "[...] usufruir de uma maior liberdade interpretativa, dada a utilização, pelos novos textos constitucionais, de expressões de baixa densidade semântica. [...]".[10]

Pois bem, a Constituição brasileira de 1988 e o ordenamento jurídico dela derivado se inserem nesse modelo de Estado social. Atualmente, avulta a importância dos princípios e se utilizam cada vez mais os conceitos jurídicos indeterminados. Mais do que nunca se mostra verdadeira a assertiva de que toda norma jurídica, incluída a lei clara, demanda interpretação.

2.3 A diferença entre texto e norma

Fixada a ideia de que toda norma jurídica é de ser interpretada, emerge, quase que logicamente, a conclusão de que texto e norma não se confundem. A segunda é resultado da interpretação do primeiro. Conforme ensina José Joaquim Gomes Canotilho, disposição é parte de um texto ainda não interpretado, enquanto a norma consiste num texto (ou parte dele) já interpretado.[11] Na dicção de Humberto Ávila,

> *Normas* não são textos nem o conjunto deles, mas os sentidos construídos a partir da interpretação sistemática de textos normativos. Daí se afirmar que os dispositivos se constituem no objeto da interpretação; e as normas, no seu resultado. O importante é que não existe correspondência entre norma e dispositivo, no sentido de que sempre que houver um dispositivo haverá uma norma, ou sempre que houver uma norma deverá haver um dispositivo que lhe sirva de suporte.[12]

Ocorre que, conquanto texto e norma não se igualem, um não se desliga do outro, pelo menos no Direito de tradição romano-germânica. Nas palavras de Lenio Luiz Streck, "[...] embora a norma seja sempre o produto da atribuição de sentido a um texto, isto não significa que o intérprete — nem mesmo o Supremo

---

[9] COLNAGO, Cláudio de Oliveira Santos. *Interpretação conforme a constituição*: decisões interpretativas do STF em sede de controle de constitucionalidade. São Paulo: Método, 2007. p. 38.
[10] *Ibid.*, p. 38.
[11] CANOTILHO, J. J. Gomes. *Direito constitucional e teoria da constituição*. 7. ed. Coimbra: Almedina, 2003. p. 1202.
[12] ÁVILA, Humberto. *Teoria dos princípios*: da definição à aplicação dos princípios jurídicos. 7. ed. ampl. e atual. São Paulo: Malheiros, 2007. p. 30.

Tribunal Federal — detenha o poder de atribuir qualquer sentido a um texto jurídico. [...]".[13] Conforme ressalta Cláudio de Oliveira Santos Colnago, "[...] o intérprete não é totalmente livre em sua atividade de formulação normativa: normas e enunciados são duas realidades distintas, mas diretamente dependentes. [...]".[14] É verdade que o intérprete vai além do texto para alcançar a norma. Nessa tarefa, no entanto, não pode desbordar dos limites positivos e negativos do texto.[15]

2.4 Interpretação e aplicação do Direito

Se a norma é resultante do processo interpretativo do texto, não se há de negar a importância do intérprete. Sem ele, o texto não se transforma em norma. Essa função eminente do intérprete no processo hermenêutico é decisiva não apenas para a obtenção do resultado da interpretação. O próprio ponto de partida depende, em larga escala, das pré-compreensões do hermeneuta. Nas palavras de Inocêncio Mártires Coelho, "um dos mais ricos achados da hermenêutica filosófica contemporânea foi a descoberta de que a compreensão do sentido de uma coisa, de um acontecimento ou de uma situação qualquer pressupõe um pré-conhecimento daquilo que se quer compreender. [...]".[16] Pré-conhecimento, este, determinado pela própria personalidade do intérprete, por sua história e experiências de vida. Continua o citado autor:

> Pois bem, se observarmos todos esses "conselhos" também no ensino do direito constitucional, poderemos constatar, desde logo, que a sua compreensão, embora não *determinada*, será inevitavelmente *condicionada* por fatores aparentemente aleatórios, que dirigem e modelam a nossa *visão* inicial sobre a matéria, o mesmo valendo, obviamente, para a compreensão do direito, em geral, enquanto instrumento ordenador de situações existenciais que, de alguma forma, já foram vivenciadas por nós e, precisamente por isso, *guiarão* nossos passos na caminhada da reflexão.[17]

Além de suas pré-compreensões, outros fatores condicionam a atividade do intérprete. O processo hermenêutico opera sempre dentro de um contexto jurídico, social, cultural e econômico.[18] Daí haver, até com certa (e, às vezes, demasiada)

---

[13] STRECK, Lenio Luiz. *Hermenêutica jurídica e(m) crise*: uma exploração hermenêutica da construção do Direito. 7. ed. rev. e atual. Porto Alegre: Livraria do Advogado, 2007. p. 318.
[14] COLNAGO, Cláudio de Oliveira Santos. *Op. cit.*, p. 31.
[15] Como se verá adiante, a letra da lei, ao tempo em que funciona como ponto de partida (e não como ponto de chegada) do processo hermenêutico, limita o campo de atuação do intérprete.
[16] COELHO, Inocêncio Mártires. *Compreensão e pré-compreensão, hermenêutica filosófica e hermenêutica jurídica*. Material da 1ª aula da Disciplina Jurisprudência Constitucional, ministrada no Curso de Especialização TeleVirtual em Direito Constitucional – UNISUL–IDP–REDE LFG.
[17] *Ibid.*
[18] Conforme relata Marcelo Neves (A interpretação jurídica no Estado Democrático de Direito. In: *Direito constitucional: estudos em homenagem a Paulo Bonavides*, São Paulo: Malheiros, 2001. p. 360-361), a Teoria Jurídica Estruturante de Friedrich Müller concebe a norma como uma implicação recíproca entre o programa e o âmbito normativos, sendo este último o "conjunto dos dados reais normativamente relevantes para a concretização individual".

frequência, alteração no sentido das normas, sem modificação do texto.[19] É que as relações fáticas e as peculiaridades do caso concreto, sempre cambiantes, predispõem — não de forma absoluta, esclareça-se — o convencimento do hermeneuta. Segundo Felice Battaglia, "[...] o momento da interpretação vincula a norma geral às conexões concretas, conduz do abstrato ao concreto, insere a realidade no esquema".[20] Para Inocêncio Mártires Coelho, "[...] pode-se dizer que as situações da vida são constitutivas do significado das regras de direito, porque o sentido e o alcance dos enunciados normativos só se revelam, em plenitude, no momento da sua aplicação aos casos concretos".[21]

Como se vê, a interpretação ocorre no bojo do processo de aplicação do Direito. É sua etapa preliminar. Mais do que isso: não tem razão de ser senão dentro desse processo. O juiz, antes de (e para) fixar a norma de decisão numa lide, interpreta o Direito. O administrador público, antes de (e para) executar um comando normativo, procede à sua interpretação. O particular, antes de (e para) cumprir a lei, busca seu sentido e alcance.

> Interpretação e aplicação, assim, se confundiriam, na medida em que não é possível dissociar, temporalmente, a compreensão e interpretação de um texto com a sua aplicação, ainda que o intérprete não esteja a operar com um fato concreto, como observa com agudeza Lenio Streck: "Mesmo quando o Tribunal realiza o controle abstrato de constitucionalidade, terá em vista o campo de aplicação daquela norma".[22]

Daí as palavras de Hans Kelsen, para quem

> [...] A interpretação é, portanto, uma operação mental que acompanha o processo da aplicação do Direito no seu progredir de um escalão superior para um escalão inferior. [...] na hipótese da interpretação da lei, deve responder-se à questão de saber qual o conteúdo que se há de dar à norma individual de uma sentença judicial ou de uma resolução administrativa, norma essa a deduzir da norma geral da lei na sua aplicação a um caso concreto. [...].[23]

---

[19] Essa alteração de sentido da norma, sem modificação do texto, também ocorre com a Constituição. É o que se chama de mutação constitucional. Ela certamente cumpre um importante papel de atualização da Lei Fundamental, de adaptação da norma constitucional à nova realidade fática. É preciso, no entanto, atentar para que a realidade fática não acabe por aniquilar a força normativa da Constituição. Assim adverte Konrad Hesse: "Em outras palavras, uma mudança das relações fáticas pode — ou deve — provocar mudanças na interpretação da Constituição. Ao mesmo tempo, o sentido da proposição jurídica estabelece o limite da interpretação e, por conseguinte, o limite de qualquer mutação normativa. A finalidade (*Telos*) de uma proposição constitucional e sua nítida vontade normativa não devem ser sacrificadas em virtude de uma mudança da situação. Se o sentido de uma proposição normativa não pode mais ser realizado, a revisão constitucional afigura-se inevitável. Do contrário, ter-se-ia a supressão da tensão entre norma e realidade com a supressão do próprio direito. Uma interpretação construtiva é sempre possível e necessária dentro desses limites. A dinâmica existente na interpretação construtiva constitui condição fundamental da força normativa da Constituição e, por conseguinte, de sua estabilidade. Caso ela venha a faltar, tornar-se-á inevitável, cedo ou tarde, a ruptura da situação jurídica vigente". (Cf. HESSE, Konrad. *A força normativa da Constituição*. Trad.: Gilmar Ferreira Mendes. Porto Alegre: Sergio Antonio Fabris, 1991. p. 23) Como se analisará mais à frente, a viagem do intérprete para além do texto não pode ignorar os limites postos pela letra da lei, sob pena de se retirar da própria lei (e da Constituição) sua força normativa.
[20] BATTAGLIA, Felice *apud* BONAVIDES, Paulo. *Op. cit.*, p. 438.
[21] COELHO, Inocêncio Mártires. *Op. cit.*, p. 23.
[22] ANDRADE, André Gustavo Corrêa de. Dimensões da interpretação conforme a Constituição. In: *A constitucionalização do direito*: a Constituição como *locus* da hermenêutica jurídica. Rio de Janeiro: Lumen Juris, 2003. p. 104.
[23] KELSEN, Hans. *Teoria pura do direito*. Trad. João Baptista Machado. 7. ed. São Paulo: Martins Fontes, 2006. p. 387.

Cabe, então, o seguinte questionamento: essa operação mental, que caminha da norma mais genérica até o mandamento individualizado do caso concreto, comporta mais de um resultado correto? Em outras palavras, é possível dizer que a lei tem uma única e verdadeira interpretação?

2.5 Outro mito: o da única interpretação correta

É o próprio Hans Kelsen quem responde à questão. Segundo ele, o ato de aplicação do Direito nem sempre é determinado. Às vezes, a norma superior é intencionalmente genérica, para possibilitar ao aplicador do Direito a escolha de uma solução dentro daquele quadro normativo. Outras vezes, essa indeterminação não é intencional. Ocorre quando o sentido da norma não é unívoco.[24] Assim, frequentemente se colocam à disposição do aplicador do Direito várias possibilidades interpretativas. Daí haver concluído o jurista da Escola de Viena que "[...] o resultado de uma interpretação jurídica somente pode ser a fixação da moldura que representa o Direito a interpretar e, conseqüentemente, o conhecimento das várias possibilidades que dentro desta moldura existem. [...]".[25] Em maior ou menor amplitude, o que se tem é uma moldura que comporta algumas soluções para o caso concreto. Moldura que se determina através de um ato de conhecimento e solução que se identifica mediante um ato de vontade. Ainda conforme Kelsen,

> [...] na aplicação do Direito por um órgão jurídico, a interpretação cognoscitiva (obtida por uma operação de conhecimento) do Direito a aplicar combina-se com um ato de vontade em que o órgão aplicador do Direito efetua uma escolha entre as possibilidades reveladas através daquela mesma interpretação cognoscitiva. [...].[26]

Dito de outro modo, uma lei e, com mais razão, o texto constitucional não possuem única interpretação. Carlos Maximiliano parece divergir dessa assertiva, ao falar que o trabalho do intérprete tem sempre cunho científico e que "[...] procura reconhecer a norma em sua verdade, a fim de aplicá-la, com acerto, à vida real".[27] Segundo ele, não compete ao intérprete "[...] apenas procurar atrás das palavras os pensamentos possíveis, mas também entre os pensamentos possíveis o único apropriado, correto, jurídico".[28] Pois bem, é induvidoso que compete ao intérprete/aplicador do Direito, na resolução do caso concreto, apontar uma única solução. Do contrário, permaneceria sem resposta a questão concreta sob análise. O que defende Hans Kelsen é que essa única solução é escolhida (ato de vontade) pelo intérprete dentre as possibilidades possíveis (ato de conhecimento), não havendo uma resposta correta, apropriada, que se possa encontrar cientificamente. No dizer de Marcelo Neves,

---

[24] KELSEN, Hans. *Op. cit.*, p. 388-389.
[25] *Ibid.*, p. 390.
[26] *Ibid.*, p. 394.
[27] MAXIMILIANO, Carlos. *Op. cit.*, p. 12.
[28] *Ibid.*, p. 13.

[...] na interpretação jurídica não se trata de extrair arbitrariamente de uma infinidade de sentidos dos textos normativos a decisão concretizadora, nos termos de um contextualismo decisionista. Mas também é inaceitável a concepção ilusória de que só há uma solução correta para cada caso, conforme os critérios de um juiz hipotético racionalmente justo. A possibilidade de mais de uma decisão justificável à luz dos princípios e regras constitucionais parece-nos evidente. O problema está exatamente em delimitar as fronteiras entre as interpretações justificáveis e as que não são "atribuíveis" aos textos constitucionais e legais no Estado Democrático de Direito. [...].[29]

Enfim, assim como o pensamento de que não se interpreta a lei clara, a ideia de uma única interpretação correta não passa de um mito. De ordinário, todo texto jurídico suscita, em maior ou menor grau, controvérsia quanto a seu sentido e alcance. Controvérsia para a qual não existe uma resposta cientificamente verdadeira. Pode-se certificar, no máximo, que normas não se contêm num texto (e mesmo essa certeza não é absoluta).

2.6 O papel da hermenêutica: racionalidade e controlabilidade

Conforme se afirmou acima, interpretar o Direito é fixar o sentido e o alcance das normas jurídicas, mediante um processo racional e controlável. Sucede que, como também já se disse, não há como identificar, com rigor científico, a única interpretação correta de uma lei. Isso porque ao ato de conhecimento da moldura legal (várias possibilidades interpretativas) se sucede um ato de escolha voluntária do intérprete (interpretação a ser aplicada ao caso concreto).

Para que a interpretação da lei, no entanto, não descambe para um ato inteiramente de vontade, arbitrário, é que existe a hermenêutica jurídica. Esta descobre e fixa os princípios que regem a interpretação.[30] Nas palavras de Inocêncio Mártires Coelho, "[...] a hermenêutica é uma atividade racional, que se ocupa com processos total ou parcialmente irracionais — como o da aplicação do direito — *da forma mais racional possível*".[31] Daí a importância de se estabelecerem padrões mínimos de racionalidade e controlabilidade da atividade interpretativa.

Com esse objetivo foi que surgiram os métodos tradicionais de interpretação. Enquanto o método literal, gramatical, textual ou filológico propugna pela busca do sentido e alcance da norma através da simples leitura do texto, o método histórico conduz o intérprete aos antecedentes da proposição legislativa. Já pelo método teleológico se analisa o objetivo da lei, a finalidade a que se destina. A interpretação lógica, a seu turno, segundo Paulo Bonavides, tem prolongamentos históricos e teleológicos.[32] Por fim, o método sistemático encara a lei dentro do sistema jurídico, de maneira a que o sentido de uma norma somente se alcance pela análise de todo o ordenamento. Atualmente, e devido às especificidades

---

[29] NEVES, Marcelo. A interpretação jurídica no Estado Democrático de Direito. In: *Direito constitucional*: Estudos em homenagem a Paulo Bonavides, São Paulo: Malheiros, 2001. p. 366.
[30] MAXIMILIANO, Carlos. *Op. cit.*, p. 1.
[31] COELHO, Inocêncio Mártires. *Op. cit.*, p. 6.
[32] BONAVIDES, Paulo. *Op. cit.*, p. 442.

da interpretação constitucional, utilizam-se também outros métodos, como o tópico-problemático, o hermenêutico-concretizador, o científico-espiritual e o normativo-estruturante. Isso sem falar nos cânones hermenêuticos identificados pela doutrina para balizar a interpretação constitucional (postulados da unidade da Constituição, da concordância prática, da correção funcional, da eficácia integradora, da força normativa da Constituição, da máxima efetividade e da interpretação conforme à Constituição).[33]

Todos esses métodos, que interagem e se complementam, visam a conferir racionalidade ao processo de interpretação/aplicação do Direito. Racionalidade, no entanto, que não é absoluta, principalmente por inexistir um método pelo qual se certifique a correção das escolhas metodológicas do intérprete. No dizer de Inocêncio Mártires Coelho,

> Em suma, desprovidos de uma teoria que lhes dê sustentação e consistência na seleção de métodos e princípios que organizem os seus acessos à Constituição — num panorama 'desolador', é a expressão de Raúl Canosa Usera —, os intérpretes e aplicadores acabam por escolher esses instrumentos ao sabor de sentimentos e intuições, critérios que talvez lhes pacifiquem a consciência, mas certamente nada nos dirão sobre a racionalidade dessas opções.[34]

Daí esse autor afirmar a importância do princípio do devido processo legal e das garantias judiciais (máxime o dever de fundamentação das decisões), pois são instrumentos de otimização do debate processual e, consequentemente, de controle e legitimação de seus resultados.[35] Já que não é possível alcançar uma racionalidade absoluta com o simples manejo dos métodos criados pela hermenêutica, que sejam ao menos controláveis os resultados do processo de interpretação/aplicação do Direito.

2.7 O método sistemático e a constitucionalização do Direito

Um dos métodos de interpretação mais utilizados na atualidade é o sistemático. Para se fixar uma adequada exegese da norma, recorre-se às demais proposições jurídicas da própria lei onde se encontra o dispositivo interpretando, bem como a todas as normas do ordenamento jurídico. É nisso que constitui o método sistemático de interpretação: o sentido e o alcance de uma norma são fixados com o auxílio das demais normas do ordenamento jurídico; os textos hão de ser lidos e entendidos no seu conjunto; o conteúdo de uma norma influi, às vezes decisivamente, na tarefa de precisar o próprio conteúdo de outra norma jurídica. Segundo Paulo Bonavides,

---

[33] Sobre os métodos tradicionais e modernos de interpretação, conferir as obras citadas de Paulo Bonavides e Inocêncio Mártires Coelho.
[34] COELHO, Inocêncio Mártires. *Op. cit.*, p. 80.
[35] COELHO, Inocêncio Mártires. *Op. cit.*, p. 35-36.

A interpretação começa naturalmente onde se concebe a norma como parte de um sistema — a ordem jurídica, que compõe um todo ou unidade objetiva, única a emprestar-lhe o verdadeiro sentido, impossível de obter-se se a considerássemos insulada, individualizada, fora, portanto, do contexto das leis e das conexões lógicas do sistema.[36]

A interpretação sistemática põe em relevo o postulado da unidade do ordenamento jurídico. Unidade que tem na Constituição o seu ponto de engate. Daí ser intuitivo afirmar que as normas constitucionais, mais do que quaisquer outras, deverão ser levadas em conta na interpretação do Direito infraconstitucional. Se o método sistemático de interpretação visa a conferir unidade a todo o sistema jurídico, é claro que a Constituição, que funda e sustenta todo o ordenamento, exerce papel de destaque. Por que o intérprete, na busca do sentido e alcance de uma norma, colheria subsídios em toda a ordem jurídica, menos em sua lei fundamental?

A Constituição funciona, assim, não somente como parâmetro para o controle de validade das leis, mas também como vetor hermenêutico.[37] O conteúdo das normas constitucionais é, em muitos casos, decisivo para que se ultime a interpretação de um dispositivo legal. As leis hão de ser interpretadas em consonância com a Constituição. E essa consonância, nas palavras de Konrad Hesse,

> [...] no sólo existe allí donde la ley, sin el recurso a puntos de vista jurídico-constitucionales permite una interpretación compatible con la Constitución; puede tener igualmente lugar cuando un contenido ambíguo o indeterminado de la ley resulta precisado gracias a los contenidos de la Constitución. Así pues, en el marco de la interpretación conforme las normas constitucionales no son solamente "normas-parámetro" (*Prüfungsnormen*) sino también "normas de contenido" (*Sachnormen*) en la determinación del contenido de las leyes ordinarias. [...].[38]

Segundo Jorge Miranda,

> Trata-se, antes de mais, de conceder todo o relevo, dentro do elemento sistemático da interpretação, à referência à Constituição. Com efeito, cada norma legal não tem somente de ser captada no conjunto das normas da mesma lei e no conjunto da ordem legislativa; tem outrossim de se considerar no contexto da ordem constitucional; e isso tanto mais quanto mais se tem dilatado, no século XX, a esfera de acção desta como centro de energias dinamizadoras das demais normas da ordem jurídica positiva.[39]

---

[36] BONAVIDES, Paulo. *Op. cit.*, p. 445.
[37] Rui Medeiros (*A decisão de inconstitucionalidade*: os autores, o conteúdo e os efeitos da decisão de inconstitucionalidade da lei. Lisboa: Universidade Católica, 1999. p. 301) enumera quatro funções do apelo à Constituição em sede hermenêutica: 1) função de apoio ou confirmação de um sentido da norma já sugerido pelos outros métodos de interpretação; 2) função de escolha entre vários sentidos que não se mostrem incompatíveis com a letra da lei; 3) função de correção dos sentidos literais possíveis; 4) função de revisão da lei, dando à Constituição um peso decisivo e superior aos outros elementos tradicionais de interpretação.
[38] HESSE, Konrad. *Op. cit.*, p. 50-51.
[39] MIRANDA, Jorge. *Teoria do Estado e da Constituição*. Coimbra: Coimbra Editora, 2002. p. 659.

Esse fenômeno que coloca a Constituição como "centro de energias dinamizadoras das demais normas da ordem jurídica" é chamado de constitucionalização do Direito. Conforme ensina André Ramos Tavares, uma das formas de constitucionalizar o Direito é prever várias matérias no próprio texto constitucional. A outra, de que cuida este trabalho, é a Constituição se apresentar "[...] como vetor valorativo para qualquer discurso hermenêutico das leis e atos normativos em geral. [...]".[40] Luís Roberto Barroso chama essa última variante de filtragem constitucional. Segundo ele, "a partir da passagem da Constituição para o centro, passou ela a funcionar como a lente, o filtro através do qual se deve olhar para o direito de uma maneira geral. [...] a Constituição condiciona a interpretação de todas as normas do sistema jurídico".[41]

Pronto! Tem-se aí a conhecida interpretação conforme à Constituição. Ela nada mais é do que uma interpretação sistemática da lei. Como assevera Rui Medeiros,

> O reconhecimento de um princípio de interpretação das leis em conformidade com a Constituição não constitui, neste contexto, uma solução estranha ou anômala [à interpretação sistemático-teleológica]. As normas constitucionais, já o sabemos, não se dirigem apenas ao legislador e não existe qualquer espécie de Muro de Berlim entre a ordem constitucional e a ordem jurídica em geral. A tradicional dicotomia constitucionalidade/legalidade encontra-se hoje superada pela ideia de osmose Constituição/lei: os princípios da constitucionalidade e da legalidade são elementos integrantes da juridicidade, fazendo a Constituição parte da própria legalidade. Ora, em sistemas que atribuem à Constituição uma força normativa plena e o estatuto de Lei Fundamental, o elemento sistemático-teleológico não pode, à partida, dispensar o apelo à Constituição. A principal manifestação da preeminência normativa da Constituição consiste, justamente, em que toda a ordem jurídica deve ser *lida à luz dela* e passada pelo seu crivo.[42]

Interpretação conforme à Constituição é, portanto, uma espécie de interpretação sistemática. Interpretação que, na procura do sentido e alcance de dado dispositivo legal, não se limita a olhar para o lado (para as normas infraconstitucionais), mirando também no ápice do ordenamento jurídico (na Constituição).

3 Fundamentos da interpretação conforme à Constituição

Como já se deixou claro, a interpretação conforme à Constituição em nada difere do tão conhecido método sistemático de interpretação das leis. Assim também entende Rui Medeiros, para quem

---

[40] TAVARES, André Ramos. *Fronteiras da hermenêutica constitucional*. São Paulo: Método, 2006. p. 134.
[41] BARROSO, Luís Roberto. O novo direito constitucional e a constitucionalização do direito. In: *Diálogos constitucionais*: Direito, neoliberalismo e desenvolvimento em países periféricos. Rio de Janeiro: Renovar, 2006. p. 324.
[42] MEDEIROS, Rui. *A decisão de inconstitucionalidade*: os autores, o conteúdo e os efeitos da decisão de inconstitucionalidade da lei. Lisboa: Universidade Católica, 1999. p. 297.

[...] o princípio da interpretação conforme à Constituição, que obriga o intérprete a tomar inclusivamente em consideração os princípios constitucionais na tarefa de interpretação de toda e qualquer norma infraconstitucional, material ou procedimental, não constitui um corpo estranho na metodologia jurídica, apresentando-se como simples concretização da *interpretação sistemático-teleológica*. [...].[43] [grifo no original]

Daí concluir esse jurista português, acertadamente, que o fundamento último da interpretação conforme à Constituição se confunde com o próprio fundamento do método de interpretação sistemático-teleológico. Método que, por sua vez, lastreia-se nos postulados da supremacia da Constituição e da unidade do ordenamento jurídico.

3.1 Espécie de interpretação sistemática ou técnica de controle de constitucionalidade?

Não é o que pensa, entretanto, parte da doutrina e da jurisprudência nacional e estrangeira. Aloysio Vilarino dos Santos,[44] André Ramos Tavares,[45] Clèmerson Merlin Clève,[46] Eduardo Fernando Appio,[47] Gerson dos Santos Sicca,[48] Inocêncio Mártires Coelho,[49] Jorge Miranda,[50] Luís Roberto Barroso,[51] Paulo de Oliveira Lanzellotti Baldez,[52] Silvio Luiz Maciel[53] e Zeno Veloso,[54] por exemplo, compreendem a interpretação conforme à Constituição como técnica de controle de constitucionalidade, e não como simples regra de interpretação. O Tribunal Constitucional alemão, segundo relata Cláudio de Oliveira Santos Colnago, enxerga a interpretação conforme à Constituição como uma técnica interpretativa de controle.[55] Também o Supremo Tribunal Federal brasileiro, na Representação nº 1.417, julgada em 09 de dezembro de 1987, sufragou a tese de que "o princípio da interpretação conforme à Constituição (Verfassungskonforme Auslegung) é princípio que se situa no âmbito do controle da constitucionalidade, e não apenas simples regra de interpretação".[56]

---

[43] MEDEIROS, Rui. *Op. cit.*, p. 295-296.
[44] ANTOS, Aloysio Vilarino dos. Atualização constante da interpretação constitucional. *Revista de Direito Constitucional e Internacional*, v. 16, n. 63, p. 7-29, abr./jun. 2008.
[45] TAVARES, André Ramos. *Op. cit.*
[46] CLÈVE, Clèmerson Merlin. *A fiscalização abstrata da constitucionalidade no Direito brasileiro*. 2. ed. rev., atual. e ampl. São Paulo: Revista dos Tribunais, 2000.
[47] APPIO, Eduardo Fernando. *Interpretação conforme a Constituição*: instrumentos de tutela jurisdicional dos direitos fundamentais. Curitiba: Juruá, 2002.
[48] SICCA, Gerson dos Santos. A interpretação conforme à Constituição – *Verfassungskonforme* – no direito brasileiro. *Revista de Informação Legislativa*, Brasília, v. 36, n. 143, p. 19-33, jul./set. 1999.
[49] COELHO, Inocêncio Mártires. *Op. cit.*
[50] MIRANDA, Jorge. *Op. cit.*
[51] BARROSO, Luís Roberto. *O controle de constitucionalidade no Direito brasileiro*. 2. ed. rev. e atual. São Paulo: Saraiva, 2006.
[52] BALDEZ, Paulo de Oliveira Lanzellotti. A imprescindibilidade do uso da Constituição na efetiva e justa solução dos litígios. In: *A constitucionalização do Direito*: a Constituição como *locus* da hermenêutica jurídica. Rio de Janeiro: Lumen Juris, 2003. p. 251-268.
[53] MACIEL, Silvio Luiz. Controle de constitucionalidade e a interpretação conforme a Constituição. *Revista de Direito Constitucional e Internacional*, São Paulo, v. 13, n. 53, p. 55-96, out./dez. 2005.
[54] VELOSO, Zeno. *Controle jurisdicional de constitucionalidade*. 3. ed. rev. atual. ampl. Belo Horizonte: Del Rey, 2003. p. 171.
[55] COLNAGO, Cláudio de Oliveira Santos. *Op. cit.*, p. 93.
[56] BRASIL. Supremo Tribunal Federal. Representação nº 1.417. Relator: Ministro Moreira Alves. Brasília, 09 de dezembro de 1987. *Diário da Justiça*, Brasília, 15 abr. 1988.

Tal entendimento se funda no postulado da supremacia da Constituição. É de ser excluída do ordenamento jurídico a interpretação que afronte a Lei Fundamental. Entre duas interpretações possíveis do texto da lei, deve-se preferir aquela que respeite a Constituição.

Como se vê, do mesmo fundamento (primazia da Constituição) se chega a conclusões diversas. Isso se explica porque o postulado da supremacia da Constituição tem duplo significado: é regra de colisão e critério de interpretação.[57] No primeiro caso, as normas constitucionais impõem sua autoridade invalidando as leis que com elas estejam em desacordo. Na segunda hipótese, a supremacia da Constituição se apresenta na medida em que a Carta Magna influi no sentido e alcance de todas as normas infraconstitucionais.[58] A interpretação conforme à Constituição se fundamenta também no postulado da supremacia da Constituição (e, em decorrência, no da unidade do ordenamento jurídico), mas não em sua vertente de regra de colisão, que justifica o controle de constitucionalidade.[59] A interpretação das leis em conformidade com a Constituição é critério hermenêutico segundo o qual se deve ler o Direito infraconstitucional em consonância com a Lei Maior. É expressão, portanto, do fenômeno já referido da constitucionalização do Direito ou da filtragem constitucional. Assim reconhece André Ramos Tavares, embora conclua de forma diversa:

> Em outras palavras, a Constituição desempenha, nessa linha, um papel de *standard interpretativo*. Quando se fala, portanto, da constitucionalização do Direito, não se está apenas querendo fazer referência à supremacia formal da Constituição. Evidentemente que é ela um pressuposto necessário. Sem se admitir que as leis e todos atos [sic] normativos devem conformação à Constituição (uma das dimensões da supremacia da Constituição), não haveria como falar em constitucionalização do Direito.[60]

Dessarte, importante ter em mente a diferença entre o papel da Lei Fundamental como vetor hermenêutico e sua função de controle de normas. No primeiro caso, a Constituição atua, juntamente com as demais normas do ordenamento jurídico, no processo de interpretação da lei; a Carta Magna auxilia o intérprete a fixar o sentido e o alcance do texto legal. No segundo caso, diferentemente, o sentido e o alcance da norma já foram definidos, funcionando a Constituição como parâmetro de controle; diante da(s) prescrição(ões) normativa(s) do texto legal, verifica-se sua compatibilidade vertical com a lei de hierarquia superior.

Todo processo de controle de normas se desenrola, ainda que involuntária e imperceptivelmente, por etapas. Primeiro se interpretam as normas controladas,

---

[57] MEDEIROS, Rui. *Op. cit.*, p. 289.
[58] Humberto Ávila (*op. cit.*, p. 98), ao tratar da eficácia interna dos princípios, menciona sua função interpretativa. Segundo ele, "[...] O relacionamento vertical entre as normas (normas constitucionais e normas infraconstitucionais, por exemplo) deve ser apresentado de tal forma que o conteúdo de sentido da norma inferior deve ser aquele que 'mais intensamente' corresponder ao conteúdo de sentido da norma superior. [...]" (p. 128).
[59] Cláudio de Oliveira Santos Colnago (*op. cit.*, p. 130) critica o entendimento de que a interpretação conforme à Constituição se funda no postulado da supremacia da Constituição. Isto porque, sob essa ótica, as decisões interpretativas teriam o mesmo fundamento do controle de constitucionalidade, que justifica a declaração de inconstitucionalidade. Ocorre que este autor parece não haver atentado para a dupla significação do postulado da primazia da Lei Maior.
[60] TAVARES, André Ramos. *Op. cit.*, p. 133-134.

fixando-se seu sentido e alcance. Busca-se saber o que a lei regulou, como regulou e em que extensão. Também a Constituição é objeto de atividade interpretativa. Somente após se conhecerem os conteúdos das normas-objeto e das normas-parâmetro é que se verifica a compatibilidade daquelas com estas. Sem antes saber o que a lei diz, não se pode fazer controle de constitucionalidade. Nas palavras de Zeno Veloso, "[...] A interpretação, portanto, é pressuposto, operação prévia do processo em que se pretende investigar se determinado preceito normativo está ou não em harmonia com seu modelo obrigatório e supremo".[61] Segundo Rui Medeiros,

> [...] De facto, o confronto entre a lei e a Constituição exige, sempre, o prévio esclarecimento do sentido do preceito legal objecto de fiscalização. Não se esqueça, com efeito, que o juízo de inconstitucionalidade é sempre (salvo o da inconstitucionalidade por omissão) um juízo de incompatibilidade entre uma norma ou princípio constitucional e uma *norma infraconstitucional* [...]. Isso implica necessariamente uma tarefa de interpretação, não apenas da Constituição, mas também da norma infraconstitucional em causa. [...].[62]

Pois bem, a interpretação conforme à Constituição se dá, por inteiro, na primeira fase. O cotejo que se faz entre o texto constitucional e a lei tem o propósito de precisar o conteúdo desta última. É que, nas palavras de Humberto Ávila, "[...] a direta ou indireta 'recondutibilidade' (*Zurückführbarkeit*) de uma norma a um princípio superior [...] faz com que todas as normas obtidas por meio de uma vinculação sintática ou semântica incorporem o mesmo significado jurídico da norma superior. [...]".[63] A Constituição e todas as normas do sistema jurídico são levadas em conta, numa verdadeira interpretação sistemática. Aqui ainda não se pode falar em controle de constitucionalidade, pois sequer se conhece a norma a ser controlada. Já o confronto posterior entre lei e Constituição, aí sim, visa à checagem da validade do diploma legal.

O pensamento de que a interpretação conforme à Constituição é técnica de controle de constitucionalidade tem uma explicação histórica. É que ela despontou na seara jurídica por meio de decisões de Tribunais Constitucionais, em processos de controle de constitucionalidade. Nos Estados Unidos, por exemplo, as decisões interpretativas da Suprema Corte surgiram com a doutrina da evitação (*avoidance doctrine*), pela qual a Corte deve ser comedida na hora de declarar uma lei inconstitucional. Também na Alemanha, a interpretação conforme à Constituição surgiu para evitar a declaração de inconstitucionalidade. E o Supremo Tribunal Federal brasileiro, sob nítida influência alemã, seguiu o mesmo caminho.[64]

Ocorre que a interpretação da lei em conformidade com a Constituição tem lugar não somente quando em jogo uma declaração de inconstitucionalidade. Como afirma Rui Medeiros, "[...] o recurso à interpretação conforme à Constituição

---
[61] VELOSO, Zeno. *Op. cit.*, p. 169.
[62] MEDEIROS, Rui. *Op. cit.*, p. 335.
[63] ÁVILA, Humberto. *Op. cit.*, p. 131.
[64] COLNAGO, Cláudio de Oliveira Santos. *Op. cit.*

também se justifica nos casos em que nenhuma das interpretações possíveis da lei conduz à sua inconstitucionalidade. Fala-se, por vezes, a este propósito, em *interpretação orientada para a Constituição*. [...]".[65] É que, da polissemia do texto legal, podem resultar uma norma constitucional e outra *mais constitucional*. Noutro dizer, o intérprete do Direito pode estar diante de normas igualmente constitucionais, cabendo-lhe aplicar aquela que, no caso concreto, realiza em maior grau a Constituição.[66]

Ademais, não só o Poder Judiciário interpreta as leis e a Constituição. O administrador público, para desempenhar sua tarefa, procede à interpretação das normas jurídicas, sendo necessário que o faça em conformidade com a Lei Maior.[67] Também os particulares interpretam a lei para cumpri-la. E é salutar que, em caso de dúvida, sigam uma interpretação da lei conforme à Constituição. Como afirma Jorge Miranda, "todo o tribunal e, em geral, todo o operador jurídico fazem interpretação conforme com a Constituição. Quer dizer: acolhem, entre vários sentidos *a priori* configuráveis da norma infraconstitucional, aquele que lhe seja conforme ou mais conforme [...]".[68]

Daí concluir que a interpretação conforme à Constituição, em que pese o respeitável entendimento em contrário, não configura uma técnica de decisão no controle de constitucionalidade, embora com ela se assemelhe, principalmente quando utilizada num processo de controle abstrato de normas.[69]

3.2 Outros fundamentos da interpretação conforme à Constituição

Além dos postulados da supremacia da Constituição e da unidade do ordenamento jurídico, outros fundamentos se colocam a justificar a interpretação conforme à Constituição. Um deles é a *presunção de constitucionalidade das leis*. Na dúvida quanto à interpretação de uma norma, deve-se entender que o legislador não quis afrontar o texto constitucional. Nas palavras de Rui Medeiros, "[...] trata-se de uma espécie de benefício da dúvida que se deve conceder a todo o legislador democraticamente eleito e presumivelmente fiel ao texto fundamental".[70] É o que se chama de *favor legis* ou *favor legislatoris*.

Também o postulado da *conservação de normas* ou *máximo aproveitamento dos atos normativos* é invocado como fundamento da interpretação conforme à Constituição. Segundo ele, sempre que possível, deve-se preferir a manutenção

---

[65] MEDEIROS, Rui. *Op. cit.*, p. 290.
[66] A interpretação conforme à Constituição não é exclusividade dos processos de controle de constitucionalidade em abstrato. Essa técnica de interpretação também é comum na jurisdição ordinária e não implica uma declaração de inconstitucionalidade.
[67] A própria Constituição brasileira de 1988 criou órgão incumbido, entre outras funções, de prestar consultoria jurídica ao Poder Executivo da União (art. 131 da CF). Trata-se da Advocacia-Geral da União, cuja lei orgânica (Lei Complementar nº 73, de 10 de fevereiro de 1993) estabelece, no inciso X de seu art. 4º, ser atribuição do Advogado-Geral da União "fixar a interpretação da Constituição, das leis, dos tratados e demais atos normativos, a ser uniformemente seguida pelos órgãos e entidades da Administração Federal".
[68] MIRANDA, Jorge. Os tipos de decisões na fiscalização da constitucionalidade. *In: Interesse Público*, Belo Horizonte, n. 18, 2003, p. 42.
[69] Essa confusão se dá, principalmente, porque os resultados práticos da interpretação conforme à Constituição e da declaração de inconstitucionalidade parcial sem redução de texto parecem ser os mesmos. Apenas parecem, no entanto.
[70] MEDEIROS, Rui. *Op. cit.*, p. 291.

da norma no ordenamento jurídico, dando-se à lei um sentido compatível com a Constituição. Esse fundamento se conecta com um outro: o da *segurança jurídica*. É salutar que se evite o vazio normativo decorrente da expulsão da norma do ordenamento jurídico, bem como a insegurança gerada pela eficácia retroativa da decisão de inconstitucionalidade.

Há que se referir ainda ao princípio da *harmonia entre os Poderes*. Como constata Cláudio de Oliveira Santos Colnago,

> [...] a pronúncia da inconstitucionalidade de uma lei, ainda que não represente em indevida intervenção de um Poder sobre o outro, traz consigo a aptidão para instalar um tensionamento entre Judiciário e Legislativo, já que o primeiro estará interferindo sobre a atividade primordial do segundo. A questão se agrava com a constatação de que os representantes do Legislativo são democraticamente legitimados pelo voto, o que não ocorre com o Judiciário.[71]

Pois bem, uma decisão interpretativa, em lugar de uma declaração de inconstitucionalidade, constitui uma intervenção menor do Poder Judiciário no trabalho do Poder Legislativo. A interpretação conforme à Constituição funcionaria, portanto, como uma forma de suavizar a tensão entre Poderes.[72]

Esses fundamentos, embora deem resposta satisfatória à maioria dos casos de interpretação conforme à Constituição, deixam algumas situações a descoberto. A presunção de constitucionalidade das leis, por exemplo, não lastreia a interpretação conforme à Constituição das leis pré-constitucionais, já que não se pode presumir que o legislador quis respeitar um texto inexistente à época da edição da lei.[73] Não há que se falar, por sua vez, em conservação de normas quando não esteja em jogo interpretação inconstitucional.

As razões de segurança jurídica também já perderam um pouco de sua utilidade. Sendo possível ao Supremo Tribunal Federal "restringir os efeitos [da] declaração [de inconstitucionalidade] ou decidir que ela só tenha eficácia a partir de seu trânsito em julgado ou de outro momento que venha a ser fixado",[74] desnecessário salvar uma lei inconstitucional, mediante uma forçada decisão interpretativa, apenas para evitar o vazio normativo ou o indesejado desfazimento de atos e situações consolidados. Por fim, a interpretação das leis em conformidade com a Constituição é uma verdadeira *faca de dois gumes* no que concerne ao princípio da harmonia entre os Poderes. Ao mesmo tempo que, se

---

[71] COLNAGO, Cláudio de Oliveira Santos. *Op. cit.*, p. 59.
[72] Segundo Cláudio de Oliveira Santos Colnago, na obra já citada (p. 132), "[...] as decisões interpretativas justificam-se em razão da necessidade de harmonia entre os Poderes e busca pela estabilidade necessária ao Estado de Direito [...]". Diz ele que, "[...] para a obtenção de tais resultados, porém, torna-se imprescindível partir de uma posição de autocontenção judicial para um estágio final em que se aplicam altas doses de ativismo na interpretação dos enunciados legais perante a Constituição, razão pela qual a discricionariedade do Supremo Tribunal Federal também surge como fundamento para a utilização das decisões interpretativas". Não parece adequado o manejo da decisão interpretativa como instrumento de desenfreado ativismo judicial. Como se verá no tópico seguinte, a interpretação conforme à Constituição está adstrita a limites que não se devem ultrapassar.
[73] Perceba-se, a propósito, que o descompasso entre lei anterior e Constituição posterior se resolve na mera revogação daquela por esta. Não há que se falar em inconstitucionalidade superveniente, exatamente porque não se pode exigir do legislador fidelidade a um texto constitucional futuro. Nesse sentido é a jurisprudência pacífica do Supremo Tribunal Federal (ADI nº 2 – Rel. Min. Moreira Alves).
[74] Art. 27 da Lei nº 9.868, de 10 de novembro de 1999.

bem utilizada, arrefece a tensão entre os Poderes Judiciário e Legislativo, pode acirrar ainda mais o embate institucional, caso não se atenha a seus limites.

4 Limites da interpretação conforme à Constituição

Os limites da interpretação conforme à Constituição não diferem, substancialmente, daqueles com que se defronta a interpretação jurídica em geral. A grande questão continua sendo a de precisar os espaços de atuação do legislador e do intérprete. Até que ponto o intérprete pode avançar em sua construção hermenêutica sem se transformar em legislador?

Como já se destacou acima, toda lei demanda interpretação, não se confundindo o texto com a norma. Conforme já se assentou linhas atrás, o intérprete participa criativamente do processo de aplicação do Direito. Isso não faz dele (intérprete), no entanto, um legislador. Há duas importantes balizas a serem conjugadamente observadas: a) o texto da lei; b) a vontade do legislador. A Corte Constitucional alemã, em decisão de 11 de junho de 1958, já identificava como limites evidentes da interpretação conforme à Constituição o sentido claro do texto e o fim contemplado pelo legislador.[75]

4.1 A letra da lei como duplo limite à interpretação conforme à Constituição

É comum se afirmar que a interpretação das leis em conformidade com a Constituição somente tem lugar quando o texto legal é polissêmico, plurissignificativo. Também se diz com frequência que não é dado ao intérprete ignorar o texto, atribuindo-lhe um significado arbitrário e operando malabarismo com as palavras. Segundo Gilmar Ferreira Mendes, a expressão literal assume dupla função: sua plurissignificatividade permite que se proceda à interpretação conforme à Constituição, mas, ao mesmo tempo, constitui um limite à atividade do intérprete.[76] Como explicar esse aparente paradoxo, segundo o qual o texto cuja imprecisão dá ensejo à interpretação conforme à Constituição limita essa mesma interpretação?

A resposta está em que o texto é, concomitantemente, ponto de partida e baliza do processo interpretativo. Como afirma Marcelo Neves, ao comentar a teoria jurídica estruturante de Friedrich Müller, a norma resulta da implicação recíproca de dados primariamente linguísticos (programa normativo) e de dados da realidade (âmbito normativo).[77] Pois bem, toda interpretação jurídica começa pela análise dos dados linguísticos.[78] Dados que já possuem um significado *a*

---

[75] BONAVIDES, Paulo. *Op. cit.*, p. 522.
[76] MENDES, Gilmar Ferreira. A declaração de nulidade da lei inconstitucional, a interpretação conforme à Constituição e a declaração de constitucionalidade da lei na jurisprudência da Corte Constitucional alemã. In: *Revista da Fundação Escola Superior do Ministério Público do Distrito Federal e Territórios*, Brasília, ano 1, n. 2, out/dez 1993, p. 9-39.
[77] NEVES, Marcelo. *Op. cit.*, p. 360.
[78] Assim dispõe José Joaquim Gomes Canotilho (*op. cit.*, p. 1215): "[...] independentemente do sentido que se der ao elemento literal (=gramatical, filológio), o processo concretizador da norma da constituição começa com a *atribuição*

priori, incorporado pelo uso comum e técnico da linguagem. Daí se dizer que a letra da lei é um ponto de partida.

Não é, entretanto, necessariamente, um ponto de chegada. Isso porque ao programa normativo se incorporam elementos empíricos (pré-compreensões do intérprete, contextos jurídico, social, cultural e econômico) que moldam a melhor aplicação do Direito ao caso concreto. Ao final desse processo, tem-se não mais um significado *a priori* da lei, mas a(s) própria(s) norma(s) jurídica(s). Acontece que a incidência do âmbito normativo não pode quebrantar a conexão da(s) norma(s) com o texto. Daí se dizer que a letra da lei funciona como baliza interpretativa.

Em suma, o texto delimita positivamente o espaço de movimentação do intérprete e atua, negativamente, para impedir que se chegue a uma norma sem a mínima recondutibilidade nele (no texto). Ensina José Joaquim Gomes Canotilho que

> O programa normativo tem uma *função de filtro* relativamente ao domínio normativo, sob um duplo ponto de vista: (a) como limite negativo; (b) como determinante positiva do domínio normativo. Esta função de filtro do programa normativo significa ser ele que separa os factos com efeitos normativos dos factos que, por extravazarem desse programa, não pertencem ao sector ou domínio normativo (função positiva do programa normativo). Além disso, como o programa normativo é obtido principalmente a partir da interpretação dos dados linguísticos, deduz-se o *efeito de limite negativo do texto da norma* (TN): prevalência dos elementos de concretização referidos ao texto (gramaticais, sistemáticos) no caso de conflito dos vários elementos de interpretação. Consequentemente, o espaço de interpretação, ou melhor, o *âmbito de liberdade de interpretação* do aplicador-concretizador das normas constitucionais, tem também o texto da norma como limite: só os programas normativos que se consideram compatíveis com o texto da norma constitucional podem ser admitidos como resultados constitucionalmente aceitáveis derivados de interpretação do texto da norma. [...].[79]

A interpretação conforme à Constituição sofre, portanto, essa dupla limitação. Quando o significado preliminar dos signos linguísticos não sejam dúbios, nem surja essa dubiedade com a consideração dos elementos empíricos,[80] inviável o manejo da interpretação conforme à Constituição. Nas lições de

---

de um significado aos enunciados linguísticos do texto constitucional". Também Jorge Miranda (*Teoria do Estado e da Constituição*. Coimbra: Coimbra Editora, 2002. p. 650-651) afirma que "[...] só através dela, a partir da letra, mas sem parar na letra, se encontra a norma ou o sentido da norma. [...]".

[79] CANOTILHO, J. J. Gomes. *Op. cit.*, p. 1220.

[80] A polissemia que dá ensejo à interpretação da lei em conformidade com a Constituição pode resultar da própria generalidade ou equivocidade dos signos linguísticos (princípios e conceitos jurídicos indeterminados, por exemplo). Um texto aparentemente claro, conciso e coerente, no entanto, também pode ensejar dúvida, quando confrontado com os dados da realidade. Um texto unívoco hoje pode não sê-lo amanhã. Exemplo disso se encontra na Arguição de Descumprimento de Preceito Fundamental nº 54, em que o Supremo Tribunal Federal discute se as descrições típicas dos arts. 124 e 126 do Código Penal abrangem a interrupção da gravidez de feto anencefálico. A leitura desses dispositivos legais, na década de 40 do século passado (quando, inclusive, era impossível detectar essa anomalia fetal), certamente não daria ensejo à interpretação conforme à Constituição. Hoje, porém, sob o influxo de uma sociedade moderna, num contexto jurídico em que se privilegia o princípio da dignidade da pessoa humana e os direitos fundamentais (entre eles a liberdade e saúde da gestante), esse mesmo texto gera controvérsia. O Ministro Carlos Ayres Britto, por exemplo, vislumbrou três possibilidades hermenêuticas.

Canotilho, "[...] a interpretação conforme a constituição só é legítima quando existe um *espaço de decisão* (=espaço de interpretação) aberto a várias propostas interpretativas [...]".[81] Foi o que também sufragou o Supremo Tribunal Federal na ADI nº 1.344-MC, ao assentar, no caso, a "impossibilidade [...] de se dar interpretação conforme à Constituição, pois essa técnica só é utilizável quando a norma impugnada admite, dentre as várias interpretações possíveis, uma que a compatibilize com a Carta Magna, e não quando o sentido da norma é unívoco [...]".[82]

Por fim, não cabe ao intérprete forçar uma polissemia que não tenha referência, pelo menos mediata, no texto da lei (princípio da exclusão da interpretação conforme à Constituição *contra legem*[83]). É como ensina Konrad Hesse: "[...] Para una interpretación constitucional que parte de la primacía del texto constituye este último el límite infranqueable de su actuación. Las posibilidades de comprensión del texto delimitan el campo de sus posibilidades tópicas. [...]".[84] Tão equivocado quanto conferir à lei (e ao legislador) uma aura de sacralidade é defender a figura do juiz soberano.

4.2 A vontade do legislador

O outro limite da interpretação conforme à Constituição é a vontade do legislador. Não basta que a letra da lei permita várias interpretações. É mister que não se deturpe a finalidade claramente reconhecível da norma. No dizer de Canotilho,

> [...] a interpretação das leis em conformidade com a constituição deve afastar-se quando, em lugar do resultado querido pelo legislador, se obtém uma regulação nova e distinta, em contradição com o sentido literal ou sentido objectivo claramente recognoscível da lei ou em manifesta dessintonia com os objectivos pretendidos pelo legislador.[85]

Voluntas legis X *Voluntas legislatoris*

Quando se fala em vontade do legislador como limite à interpretação conforme à Constituição, quer-se referir à vontade subjetiva daqueles que participaram do processo legislativo ou à vontade objetiva plasmada na lei?

Essa questão remonta à disputa entre subjetivistas e objetivistas na teoria da interpretação. Conforme sintetiza Paulo Bonavides, para a corrente subjetivista,

---

[81] CANOTILHO, J. J. Gomes. Op. cit., p. 1227. O autor complementa este excerto dizendo que, das propostas interpretativas, umas estão "em conformidade com a constituição e [...] devem ser preferidas, e outras [estão] em desconformidade com ela [...]". Sucede que, embora não seja a hipótese mais comum, a interpretação conforme à Constituição pode envolver apenas interpretações constitucionais.
[82] BRASIL. Supremo Tribunal Federal. Medida Cautelar na Ação Direta de Inconstitucionalidade nº 1.344. Relator: Ministro Moreira Alves. Brasília, 18 de dezembro de 1995. *Diário da Justiça*, Brasília, 19 abr. 1996.
[83] CANOTILHO, J. J. Gomes. Op. cit., p. 1227.
[84] HESSE, Konrad. Op. cit., p. 49.
[85] CANOTILHO, J. J. Gomes. Op. cit., p. 1227.

"[...] a nota interpretativa dominante se voltava sempre para o legislador de preferência à lei. Tratava-se de um agudo esforço por determinar a *mens legis*, entendida como a vontade oculta do autor da proposição normativa, vontade que ao intérprete incumbiria revelar com fidelidade [...]".[86] Por outro lado,

> A tese básica da corrente objetivista gira, no dizer de Karl Engisch, ao redor da lei, do texto, "da palavra que se fez vontade". A lei que se desprende do legislador não só se formula como adquire autonomia para seguir com seu conteúdo um curso autônomo, amoldando-se, na totalidade e unidade do sistema jurídico, àquelas exigências impostas segundo as circunstâncias e as necessidades do processo de evolução do direito.[87]

O Tribunal Constitucional alemão, segundo Konrad Hesse, adota a teoria objetiva da interpretação. Para aquela Corte, o que importa é a vontade objetiva do legislador manifestada através do preceito legal, tal como se deduz do texto e do contexto.[88] No Brasil, o Supremo Tribunal Federal historicamente privilegiou a vontade subjetiva do legislador. Na Representação nº 1.417, julgada em 09 de dezembro de 1987, isso fica bastante claro com as reiteradas remissões aos pronunciamentos dos parlamentares no processo legislativo. Já na ADI nº 3.046, de 15 de abril de 2004, afastou-se a interpretação conforme à Constituição exatamente porque o objetivo da lei era claramente contrário à interpretação que se lhe pretendia conferir. Casos houve, no entanto, — e é, aparentemente, uma tendência atual do Supremo Tribunal Federal — em que se deixou essa vontade de lado, partindo-se para decisões que espelham um questionável ativismo judicial (ADI nº 2.652 – Rel. Min. Maurício Corrêa; ADI nº 2.209 – Rel. Min. Maurício Corrêa; ADI nº 2.596 – Rel. Min. Sepúlveda Pertence, entre outros).

O que importa, então: a *voluntas legis* (teoria objetivista) ou a *voluntas legislatoris* (teoria subjetivista)? Quando se cogita da vontade do legislador como limite à interpretação conforme à Constituição, parece mais correto se tratar da vontade subjetiva. Não se está a dizer (como pregava a Escola francesa da Exegese) que o sentido e o alcance da norma jurídica se revelam, única e exclusivamente, pela vontade subjetiva do legislador, nem que a tarefa principal seja essa. Explique-se:

Não há dúvida de que a lei, uma vez editada, a) adquire autonomia, b) pode regular situações nunca imaginadas pelo legislador, c) adapta-se às transformações da realidade e d) sofre a influência das concepções do intérprete. Afinal de contas, a aplicação do Direito se dá no presente. Ocorre que a pesquisa da vontade objetiva da lei, exatamente por girar em torno do texto, "da palavra que se fez vontade", insere-se quando da análise do programa e âmbito normativos (conceitos já referidos no item anterior). É dizer: o reconhecimento da letra da lei como limite à interpretação conforme à Constituição já contempla a corrente objetivista da interpretação.

---

[86] BONAVIDES, Paulo. *Op. cit.*, p. 452.
[87] BONAVIDES, Paulo. *Op. cit.*, p. 454.
[88] HESSE, Konrad. *Op. cit.*

Por isso que, quando se fala em vontade do legislador como outro limite à interpretação da lei em conformidade com a Constituição, deve-se entender a vontade subjetiva. A questão é a de saber se se respeitará o querer subjetivo do legislador, quando se possa claramente identificá-lo. Helmut Michel bem captou essa problemática:

> Os partidários da teoria subjetiva entram em conflito com o mandamento da interpretação conforme a Constituição na medida em que devem decidir se a despeito — segundo sua concepção — da necessidade de acatar-se a vontade do legislador se permita uma correção do resultado da interpretação, quando essa vontade for anticonstitucional. Os partidários da teoria objetiva, ao contrário, não devem ter dúvidas, se eles, apesar da — segundo sua concepção — omissibilidade da vontade do legislador, admitem (ainda) a interpretação conforme a Constituição, quando a vontade identificável das pessoas que participaram no processo legislativo exigiria uma interpretação contra a Constituição. Em qualquer das hipóteses, trata-se de determinar se mediante a interpretação conforme a Constituição, em virtude da especial problemática jurídico-constitucional, a vontade do legislador excepcionalmente (teoria subjetiva) ou com maior razão (teoria objetiva) pode ser negada. [...].[89]

O aplicador do Direito deve ler o texto, incluí-lo num contexto jurídico e social, buscar sua finalidade e razão de ser atuais (vontade objetiva). Sucede que, não raramente, esse processo conduz a mais de uma possibilidade hermenêutica. Pois bem, nesse caso, a investigação do processo legislativo, dos motivos da lei, dos debates parlamentares, das publicações oficiais, enfim, da *occasio legis*, será de grande importância. Em se identificando o propósito de quem elaborou a lei, inviável se tornará a interpretação em sentido contrário, ainda que a título de conformar a lei com a Constituição (neste caso, restará ao juiz a declaração de inconstitucionalidade da norma). Mesmo às leis pré-constitucionais se aplica esse raciocínio. É certo que, quanto mais o tempo passa, mais peso se atribui aos elementos objetivos. Também verdadeira, porém, é a assertiva de que não cabe ao juiz modificar a lei, mesmo editada sob um regime anterior.

Rui Medeiros reconhece a indispensável vinculação do intérprete às intenções legais e às opções do Poder Legislativo, ao dizer que

> [...] O apelo à Constituição em sede de interpretação em sentido estrito não pode, neste sentido, contrariar a letra e a *intenção claramente reconhecível do legislador* ou, numa versão mais restritiva, a intenção que está subjacente à tendência geral da lei ou às opções fundamentais nela consagradas.[90] [grifo no original]

E não se argumente, como o fazem Carlos Maximiliano,[91] Eduardo Fernando Appio[92] e André Gustavo Corrêa de Andrade,[93] que a vontade subjetiva

---
[89] MICHEL, Helmut *apud* BONAVIDES, Paulo. *Op. cit.*, p. 521.
[90] MEDEIROS, Rui. *Op. cit.*, p. 312.
[91] MAXIMILIANO, Carlos. *Op. cit.*, p. 21-23.
[92] APPIO, Eduardo Fernando. *Op. cit.*, p. 30.
[93] ANDRADE, André Gustavo Corrêa de. *Op. cit.*, p. 110.

do legislador é de difícil precisão. Não se nega que o seja.[94] No entanto, quando essa vontade for claramente perceptível, não pode o juiz dar à lei interpretação conforme à Constituição para sufragar um sentido contrário, sob pena de se transformar em legislador. A interpretação conforme à Constituição somente se coloca quando, após a análise da letra da lei e da vontade do legislador, a dúvida hermenêutica permanece.

Quando não for possível, contudo, fixar, com alto grau de precisão, a intenção do legislador, não fica o juiz impedido de utilizar a interpretação conforme à Constituição (foi o que se deu, por exemplo, no julgamento da ADI nº 1.946 pelo Supremo Tribunal Federal). Assim afirma Cláudio de Oliveira Santos Colnago:

> [...] Se, por um lado, deve-se presumir que o legislador não quis criar uma lei inconstitucional, por outro lado esta presunção é relativa e deve ser possível infirmá-la, *desde que a análise do processo legislativo permita inferir de forma segura que o legislador quis de fato produzir uma norma que seria incompatível com a Constituição.*
>
> De fato, em situações como tal, o Judiciário não tem motivos para se autoconter, pois o legislador trai a confiança a ele conferida ao manifestar uma vontade de ferir a Constituição. Inexistindo dúvidas acerca disso, deve-se pronunciar a inconstitucionalidade da lei, já que adaptá-la para que se apresente em conformidade com a Constituição importaria em criar uma norma não desejada pelo Poder Legislativo e, como tal, usurpar função essencial daquele Poder.
>
> *Por outro lado, esta limitação só tem sentido quando seja possível chegar a uma conclusão uniforme e segura da interpretação do processo legislativo. Caso, todavia, a interpretação dos fatos ocorridos quando da formação da lei permita conclusões díspares acerca da real vontade do legislador, não se deve obstaculizar a decisão interpretativa, visto que neste caso não haverá, em último caso, violação do dogma da Separação de Poderes.*[95] [grifo nosso]

4.3 Decisões corretivas e modificativas

Como já se disse, os limites da interpretação conforme à Constituição visam a precisar os espaços de atuação do legislador e do intérprete. E, como é facilmente perceptível, resolvem a questão em benefício do primeiro. Isso porque há uma preferência do Poder Legislativo como órgão concretizador da Constituição. Segundo Paulo Bonavides,

> [...] na medida em que o método [da interpretação conforme à Constituição] confessadamente se emprega para manter a lei com o máximo de constitucionalidade que for possível nela vislumbrar, em face de situações ou interpretações ambíguas, não resta dúvida de que ele não só preserva o princípio da separação de poderes como reconhece ao legislador uma posição de hegemonia no ato da concretização constitucional, o que está de todo acorde com o princípio democrático encarnado no legislativo.[96]

---

[94] Até porque também a vontade objetiva não é de fácil apreensão.
[95] COLNAGO, Cláudio de Oliveira Santos. *Op. cit.*, p. 143.
[96] BONAVIDES, Paulo. *Op. cit.*, p. 523.

Num Estado Democrático de Direito, em que "todo o poder emana do povo" (parágrafo único do art. 1º da Constituição brasileira de 1988), é natural que a tarefa de concretização da Carta Magna incumba, preferencialmente, ao Poder que mais reflete a diversidade cultural, econômica e ideológica do povo. Em razão dessa primazia do Poder Legislativo, impõe-se enxergar os limites da interpretação conforme à Constituição (letra da lei e vontade do legislador) como um freio a eventuais abusos dos Poderes Executivo e Judiciário. Toda vez que se desrespeitarem esses limites, em xeque se colocará o princípio da separação dos Poderes, cláusula pétrea do sistema constitucional brasileiro (inciso III do §4º do art. 60 da CF).

Questão delicada, no entanto, é a de saber se cabível a interpretação conforme à Constituição quando o texto da lei e a vontade do legislador apontarem em sentidos diversos. Se, por exemplo, o legislador quis, claramente, regular dada matéria de uma forma e o texto, por um erro material, não reflete essa vontade, cabe ao intérprete proceder à correção?

A resposta é de ser positiva. Como dito acima, os limites da interpretação conforme à Constituição devem atuar conjugadamente. Quando houver discrepância entre a vontade do legislador e a expressão verbal da lei, "[...] tem de aceitar-se como possível investigá-la a partir de outras fontes que não a expressão verbal da própria norma, na medida em que possa presumir-se que esta não corresponde à vontade de quem estabeleceu a norma".[97] É o que se dá, sem maiores contestações, na interpretação dos negócios jurídicos, afirmando o art. 112 do Código Civil que "nas declarações de vontade se atenderá mais à intenção nelas consubstanciada do que ao sentido literal da linguagem". Na interpretação da lei em conformidade com a Constituição ocorre o mesmo: se for possível identificar com clareza a vontade do legislador, atender-se-á mais a essa intenção do que ao sentido literal da linguagem.

Rui Medeiros aceita a interpretação corretiva da lei, desde que atendidos pressupostos especiais. Segundo ele,

> [...] Os sentidos literais possíveis não constituem, *de per si*, limites à interpretação *lato sensu* correctiva da lei, porque, nesta sede, à letra se pode preferir o sentido que a letra traiu. A concepção hoje largamente dominante considera, na realidade, que importa mais o fim e a razão de ser do preceito do que o respectivo sentido literal. A interpretação teleológica tem, neste contexto, um lugar de destaque. Assim, e no que toca concretamente à relação entre a interpretação teleológica e a gramatical, é geralmente aceite que o sentido e o escopo da lei devem prevalecer sobre o seu teor. [...].[98]

Isso não quer dizer que a interpretação das leis em conformidade com a Constituição pode contrariar o sentido inequívoco que se extrai da fórmula normativa objetivada no texto, ainda que o elemento teleológico torne mais fluido

---

[97] KELSEN, Hans. *Op. cit.*, p. 389.
[98] MEDEIROS, Rui. *Op. cit.*, p. 305.

esse limite.[99] Muito menos significa que se admite uma interpretação modificativa da vontade do legislador. Ainda Rui Medeiros:

> A interpretação correctiva conforme à Constituição, no sentido restritivo aqui admitido, deve assentar na valoração de elementos que o texto, mesmo que defeituosamente, refere e, sobretudo, não pode ser contrária à posição tomada pelo legislador, ao seu querer e ao escopo que persegue (quebrando apenas os limites do seu sentido literal). [...]
> [...]
> *A correcção da lei significa apenas correcção da letra da lei, não podendo ser realizada quando os sentidos literais correspondem à intenção do legislador ou quando o resultado que se pretende alcançar não se harmonize com a teleologia imanente à lei.* Para além disso, por mais desejável que se apresente uma alteração do sistema normativo, essa alteração pertence às fontes de direito, não ao intérprete [...]. Razões extremamente ponderosas de segurança e de defesa contra o arbítrio alicerçam esta conclusão. Isto já para não falar do princípio da separação de poderes. A interpretação correctiva da lei em conformidade com a Constituição não se traduz, portanto, numa revisão da lei em conformidade com a Lei Fundamental.[100] [grifo no original]

Sendo assim, em hipótese alguma se deve tolerar uma decisão judicial ou interpretação empreendida pelo Poder Executivo que, a título de interpretar a lei em conformidade com a Constituição, modifique seu sentido e alcance, em detrimento da vontade democraticamente retratada no ato legislativo. Não por outro motivo é que a decisão modificativa é amplamente rejeitada pela doutrina nacional e estrangeira. Nesse sentido, ensina Canotilho:

> [...] Se os órgãos aplicadores do direito, sobretudo os tribunais, chegarem à conclusão, por via interpretativa, de que uma lei contraria a constituição, a sua atitude correcta só poderá ser a de desencadear os mecanismos constitucionais tendentes à apreciação da *inconstitucionalidade* da lei. Daqui se conclui também que a interpretação conforme a constituição só permite a escolha entre dois ou mais sentidos possíveis da lei mas nunca uma *revisão do seu conteúdo*. [...].[101]

Konrad Hesse, ao tratar da primazia do legislador como órgão concretizador da Constituição, afirma:

> [...] Al tribunal constitucional le está vedado discutir esta primacía al legislador, pues ello acarrearia un desplazamiento de las funciones constitucionalmente encomendadas. [...] primacía que puede resultar anulada cuando el precio es excesivamente alto, cuando el contenido que, a través de la interpretación conforme, el tribunal da a la ley contiene no ya un *minus* sino un *aliud* frente al contenido original de la ley. En este caso, el tribunal interfiere las competencias del legislador con más intensidad incluso que en el supuesto de una declaración de nulidad, puesto que es él mismo quien conforma positivamente, mientras que

---
[99] *Ibid.*, p. 312.
[100] *Ibid.*, p. 316-317.
[101] CANOTILHO, J. J. Gomes. *Op. cit.*, p. 1311.

en el caso de declaración de nulidad la nueva conformación sigue siendo asunto del legislador. [...].[102]

Também Paulo Bonavides, ao discorrer sobre a interpretação conforme à Constituição, adverte que "urge [...] que o intérprete na adoção desse método não vá tão longe que chegue a 'falsear ou perder de vista num ponto essencial o fim contemplado pelo legislador'".[103] Da mesma forma, Gilmar Ferreira Mendes rechaça a decisão modificativa da lei, ao dizer que

> o princípio da interpretação conforme à Constituição não contém [...] uma delegação ao Tribunal para que proceda à melhoria ou ao aperfeiçoamento da lei. Qualquer alteração do conteúdo da lei mediante pretensa interpretação conforme à Constituição significa uma intervenção mais drástica na esfera de competência do legislador do que a pronúncia de nulidade, uma vez que esta assegura ao ente legiferante a possibilidade de imprimir uma nova conformação à matéria.[104]

A interpretação conforme à Constituição, portanto, como toda interpretação jurídica, não admite um resultado que altere a norma objeto de análise (decisão modificativa), aceitando, no máximo, uma correção de flagrante erro no texto da lei (decisão corretiva). Flagrante porque em confronto com a *evidente* intenção do legislador.

Conclusão

A interpretação das leis e da Constituição é, sem dúvida, tarefa das mais complexas. Se é certo estar ultrapassado o entendimento de que *in claris non fit interpretatio*, não menos verdadeira é a necessidade de aplicar o Direito com o máximo possível de rigor científico, ainda que a hermenêutica e seus métodos de interpretação jurídica não forneçam racionalidade absoluta. A propósito, é conveniente relembrar que o antiquado pensamento de que o juiz é apenas a boca da lei nasceu, no passado, como resposta à exacerbação do voluntarismo dos intérpretes.[105]

Não se pode perder de vista que é o Poder Legislativo o órgão detentor da primazia em concretizar a Constituição. E num Estado Democrático de Direito, é natural que essa tarefa incumba, preferencialmente, ao Poder que mais reflete a diversidade cultural, econômica e ideológica do povo. Este estudo pretendeu resgatar um pouco essa ideia, sem menoscabar, porém, a decisiva contribuição dos agentes dos Poderes Executivo e Judiciário na interpretação das leis.

Por isso o realce que se deu aos limites da interpretação conforme à Constituição. O respeito à letra da lei e à vontade do legislador é essencial para que o manejo da interpretação conforme à Constituição não implique violação ao

---

[102] HESSE, Konrad. *Op. cit.*, p. 52-53.
[103] BONAVIDES, Paulo. *Op. cit.*, p. 519.
[104] MENDES, Gilmar Ferreira. *Op. cit.*, p. 26.
[105] MAXIMILIANO, Carlos. *Op. cit.*, p. 27-28.

princípio constitucional da separação dos Poderes. Limites, no entanto, que não colocam a letra da lei como ponto, ao mesmo tempo, de partida e de chegada da atividade interpretativa, nem transformam a descoberta da vontade do legislador em única — ou na mais importante — tarefa do aplicador do Direito. O que se preconiza é que a interpretação das leis em conformidade com a Constituição não abandone a atitude de deferência ao Poder Legislativo. Para tanto, basta que se rechacem normas jurídicas sem nenhuma recondutibilidade no texto ou que estejam em confronto com a vontade do legislador, quando possível identificá-la.

Não se quis, com este trabalho, inibir o uso da interpretação conforme à Constituição. Tanto que, ao reconhecer a Lei Fundamental como ponto de engate de todo o ordenamento jurídico e caracterizar a interpretação conforme à Constituição como espécie de interpretação sistemático-teleológica (a despeito do entendimento da doutrina brasileira majoritária, que a reputa uma técnica de decisão no controle de constitucionalidade), concluiu-se pela necessidade (mais do que possibilidade) de a lei ser interpretada em conformidade com a Constituição por todos os operadores do Direito, agentes públicos dos três Poderes e particulares. Quanto mais a Constituição servir como vetor hermenêutico da legislação ordinária melhor.

Informação bibliográfica deste texto, conforme a NBR 6023:2002 da Associação Brasileira de Normas Técnicas (ABNT):

RIBEIRO, Julio de Melo. Interpretação conforme à Constituição: a Lei Fundamental como vetor hermenêutico. *In*: BERTOLDI, Márcia Rodrigues; OLIVEIRA, Kátia Cristine Santos de (Coord.). *Direitos fundamentais em construção*: estudos em homenagem ao ministro Carlos Ayres Britto. Belo Horizonte: Fórum, 2010. p. 301-326. ISBN 978-85-7700-367-9.

A (Ir)racional Atuação do Poder Judiciário: entre a Discricionariedade das Políticas Públicas e a Efetivação dos Direitos Fundamentais

Stefania Becattini Vaccaro

Sumário: 1 Introdução – 2 As transformações do Estado Social – 3 Nos passos do Judiciário – 4 O necessário ativismo estatal – 5 Considerações finais

> *Enfim, a presença da Política em nossa existência desafia qualquer tentativa de enumeração. Porque tudo pode — e deve, a depender do caso — ser visto sob um ponto de vista político.*
> (João Ubaldo Ribeiro)
>
> *Ontem um menino que brincava me falou que hoje é semente do amanhã [...]*
> (Gonzaguinha – Semente do amanhã)

1 Introdução

A redemocratização do Estado brasileiro pelo Texto Constitucional de 1988 trouxe consigo, pela constitucionalização abrangente de inúmeros temas da vida em sociedade, as sementes[1] para o protagonismo do Poder Judiciário, que tem contribuído para irradiar positivamente o *sentimento constitucional*,[2] mas também tem assumido um preocupante ativismo no que concerne às

---
[1] Barroso aponta também como possíveis causas da judicialização: o reavivamento da cidadania pelo ambiente democrático e o sistema brasileiro de constitucionalidade de larga amplitude (BARROSO, Luis Roberto. Judicialização, ativismo judicial e legitimidade democrática. *Revista Eletrônica Atualidades Jurídicas do Conselho Federal da OAB*. Brasília, n. 4, p. 1-29, jan./fev. 2009. Disponível em: <http://www.oab.org.br/oabeditora/users/revista/1235066670174218181901.pdf>. Acesso em: 10 de março de 2010).
[2] VERDÚ, Pablo Lucas. *O sentimento constitucional*: aproximação ao estudo do sentir constitucional como integração política. Trad. Agassiz Almeida Filho. Rio de Janeiro: Forense, 2004.

políticas públicas. Dadas as implicações ambíguas deste movimento no processo civilizacional é necessária uma reflexão cuidadosa, sobretudo, em razão da crescente complexidade dos fenômenos socioeconômicos que nos cercam, os quais têm dificultado o papel do Estado como estrutura de integração.

Nesse sentido é que se apresentam a importância de se discutir a razão estrutural da crise do Estado Social e suas consequências na efetivação dos direitos fundamentais, especialmente, os de natureza econômico, social e cultural. Assim, cabe nos questionar: se o déficit de efetivação destes direitos é resultado da mera falta de vontade política[3] dos governos; ou se então, constituem apenas produto da inoperância do Legislativo. Cabe ainda discutir se o combate, pelo Poder Judiciário, a esses modos de agir, mediante a imposição de condutas ou de abstenções ao Poder Público, seria o caminho mais adequado para a construção de uma sociedade mais digna, igualitária e coesa.

2 As transformações do Estado Social

Para pensar e refletir sobre o processo civilizacional em curso é necessário ater-se às bases materiais sobre as quais se constroem as dinâmicas sociais, pois sendo os indivíduos sujeitos relacionais a liberdade de ação, inclusive de governos, se estabelece dentro de limites preexistentes atinentes às relações de produção. Isto, no entanto, não significa que a ação dos indivíduos seja sem importância, eis que inseridos em um movimento reticular em que o indivíduo molda a sociedade e por ela é moldado.[4]

Desse modo, a compreensão da emergência do Estado de Bem-Estar social[5] deve se dar dentro do movimento de "[...] expansão da concorrência cada vez mais imperfeita (processo de monopolização dos capitais), que tendeu a diminuir, ainda mais, a capacidade de autorregulação do mercado a partir de suas próprias forças".[6] Foi dentro desse paradigma que o Estado assumiu[7] o papel de fornecedor de bens e serviços que pudessem minorar as desigualdades socioeconômicas e culturais.

---

[3] Sabe-se que os termos decisão política e política pública não se equivalem, posto que "uma política pública geralmente envolve mais do que uma decisão e requer diversas ações estrategicamente selecionadas para implementar as decisões tomadas. Já uma decisão política corresponde a uma escolha dentre um leque de alternativas, conforme a hierarquia das preferências dos atores envolvidos, expressando — em maior ou menor grau — uma certa adequação entre os fins pretendidos e os meios disponíveis. Assim, embora uma política pública implique decisão política, nem toda decisão política chega a constituir uma política pública". Entretanto, o termo vontade política é aqui utilizado no sentido de alteração do *estado das coisas* e a adoção na prioridade na agenda governamental (RUA, Maria das Graças. *Análise de políticas públicas*: conceitos básicos. Texto inédito utilizado no Mestrado em Administração Pública da Fundação João Pinheiro, 2010, p. 02).

[4] ELIAS, Norbert. *A sociedade dos indivíduos*. Trad. Vera Ribeiro. Rio de Janeiro: Jorge Zahar Editor, 1994.

[5] A análise aqui desenvolvida não ignora que "[...] o Estado de Bem-Estar Social foi uma excepcionalidade das economias que constituem o centro do capitalismo mundial, ou seja, de uma minoria de nações e também de uma parcela relativamente pequena do conjunto da população mundial". Como país da periferia do capitalismo o Brasil nunca materializou substancialmente o Estado Social; ampliou, contudo, sua presença na sociedade a partir da Constituição de 1988, especialmente pela universalização do SUS e do ensino fundamental (POCHMANN, Márcio. *Proteção social na periferia do capitalismo*: considerações sobre o Brasil. 2004. Disponível em: <http://www.scielo.br/pdf/spp/v18n2/a02v18n2.pdf >. Acesso em: 12 de dez. 2009, p. 01).

[6] POCHMANN, M. *Op. cit.* p. 01.

[7] Os direitos sociais, econômicos e culturais são, em nosso entender, dialeticamente fruto de lutas políticas e também instrumento do capital na busca de legitimação de seus atos. Assim, constituíram se como um importante recurso de organização dos gastos advindos da relação capital x trabalho (BEHRING, Elaine Rossetti & BOSCHETTI, Ivonete. *Política social*: fundamentos e história. 2ª ed. São Paulo: Cortez, 2007).

Dá-se, no entanto, que essa intervenção estatal no processo produtivo e reprodutivo é atrelada a recursos advindos da tributação dependentes de fase expansiva da acumulação privada do capital. Justamente por isso é que se afirma que o Estado Social tem suas bases dependentes de certas condições materiais e sociais, que correspondiam a uma forma de produção do capitalismo industrial e de gestão no quadro do Estado-nação.[8] Cenário esse que vem sofrendo profundas alterações.

A partir do fim dos anos 60 o Estado "[...] se deparou com a contraditória demanda pela extensão de sua regulação, por um lado, e com a pressão da super-capitalização fortalecida pela queda da taxa de lucros por outro".[9] Além disso, o ambiente econômico, nos últimos decênios, se viu "[...] marcado pela profunda desregulação da concorrência intercapitalista e por modificações importantes na base tecnológica, em meio ao predomínio das altas finanças [...]".[10]

A revolução informacional[11] em curso "[...] permitiu gigantescas economias de tempo de trabalho na produção material, na gestão, nas comunicações, no comércio atacadista, no conjunto das atividades de escritório"[12] e permitiu que, cada vez mais, se exija menos trabalho para a produção do material trazendo dificuldades na valorização[13] do capital, pois

> Todo o conhecimento passível de formalização pode ser abstraído de seu suporte material e humano, multiplicado quase sem custos na forma de software e utilizado ilimitadamente em máquinas que seguem um padrão universal. Quanto mais se propaga, mais útil ele é à sociedade. Seu valor mercantil, ao contrário, diminui com sua propagação e tende a zero [...].[14]

Afora isso, "[...] as empresas transformam os produtos materiais em vetores de conteúdos imateriais, simbólicos, afetivos, estéticos"[15] e transformaram o conhecimento[16] na principal[17] força produtiva do sistema capitalista. De modo que

---

[8] CASTEL, Robert. *A insegurança social*: o que é ser protegido? Petrópolis: Vozes, 2005.
[9] BEHRING, E. & BOSCHETTI, I. *Op. cit.*, p. 90.
[10] POCHMANN, M. *Op. cit.*, p. 05.
[11] A doutrina é uníssona sobre as mudanças provocadas pelos processos tecnológicos, especialmente, no mundo do trabalho. Todavia, uma parte reputa impróprio o designativo 3ª revolução industrial por entender que não teria o processo produtivo sofrido modificações em todos os setores.
[12] GORZ, André. A crise e o êxodo da sociedade salarial. *Caderno Idéias*. São Leopoldo. Ano 3, n. 31, 2005, p. 12.
[13] O aumento da composição orgânica do capital prevalece, dentro da lei do valor, a queda tendencial da taxa de lucro, a qual só pode ser contrabalanceada pelo aumento da taxa da mais-valia na mesma proporção. Essa, todavia, só é produzida pelo capital variável, não sendo possível reduzir a zero o tempo de trabalho necessário, o que gera um desequilíbrio na equação dos capitais (MANDEL, Ernest. *Iniciação à teoria econômica marxista*. 4ª ed. Lisboa: Antídoto, 1978).
[14] GORZ, A. Idem, p. 10.
[15] GORZ, André. *O imaterial*: conhecimento, valor e capital. Trad. Celso Azzan Júnior. São Paulo: Annablume, 2005.
[16] O capitalismo sempre utilizou o conhecimento na valorização do capital, mas o fazia por intermédio de sua objetivação em máquinas, instalações e processos. Hoje, todavia, está dentro de uma nova fronteira já que visa à apropriação dos conhecimentos não passíveis de formalização, tais como: a experiência, o discernimento, a capacidade de coordenação, de auto-organização e a comunicação (GORZ, Idem).
[17] Esta crescente importância do trabalho imaterial na valorização do capital, no entanto, não deve levar ao equívoco de que o mesmo prescinda do trabalho material que funciona como o vetor do valor, sem o qual, o trabalho imaterial, não pode se concretizar.

O capitalismo moderno, centrado sobre a valorização de grandes massas de capital fixo material, é cada vez mais rapidamente substituído por um capitalismo pós-moderno centrado na valorização de um capital dito imaterial, qualificado também de "capital humano", "capital conhecimento" ou "capital inteligência".[18]

Todas essas transformações em curso atingiram diretamente os mecanismos tributários de constituição dos fundos públicos, pois ao fazer com que as forças produtivas (tirando uma pequena parcela de trabalhadores) passassem a ser entendidas como supérfluas,[19] na dinâmica geral de reprodução do capital, operou-se uma corrosão nas bases da sociedade salarial e, também, nas fontes de custeio dos sistemas de proteção social atreladas a ela. De outro lado, o deslocamento do centro de produção de riqueza trouxe dificuldades à tributação dado a incapacidade dos tributos tradicionais[20] captarem os contornos da riqueza imaterial para transformá-los em hipóteses de incidência. Por conta disso, ampliam-se, cada vez mais, as contradições na disputa dos fundos públicos no interior do Estado.

3 Nos passos do Judiciário

A Constituição de 88 foi responsável pela ampliação do catálogo de direitos, notadamente os de segunda e terceira dimensão,[21] os quais "[...] implicam uma postura ativa do Estado, no sentido de que este se encontra obrigado a colocar à disposição dos indivíduos prestações[22] de natureza jurídica e material".[23]

O advento deste estado intervencionista desencadeou, por sua vez, uma mudança de perspectiva no Direito, que deixou de funcionar exclusivamente como elemento de harmonização de conflitos e de legitimação do poder, para também funcionar como instrumento de desenvolvimento de políticas[24] públicas.[25]

---

[18] GORZ, A. Idem, p. 15.

[19] Esse posicionamento se dá na análise das unidades industriais separadamente e não dentro do sistema capitalista como um todo, pois, dentro do *novo* padrão de organização do trabalho e de valorização do capital, os trabalhadores formais e informais são duas faces indissociáveis de uma mesma realidade. Para aprofundamento do tema, ver a obra de MALAGUTI, Manoel Luiz. *Crítica à razão informal*: a imaterialidade do salariado. São Paulo: Boitempo, 2001.

[20] Não se trata da necessidade de uma mera ampliação da carga tributária, mas de um forçoso redimensionamento. É preciso além de expandir a incidência de tributação para riquezas hoje não captadas pelo Estado um reescalonamento da tributação para conter a regressividade do sistema tributário nacional.

[21] Os direitos de segunda dimensão são os de conteúdo social, cultural e econômico, enquanto os de terceira dimensão traduzem valores atinentes à solidariedade e à fraternidade. Para maior aprofundamento consultar a obra de BONAVIDES, Paulo. *Curso de direito constitucional*. São Paulo: Malheiros Editores, 2005.

[22] A clássica distinção entre direitos negativos e positivos (ou prestacionais) não traduz a completude da ideia subjacente a estes direitos, na medida em que todos eles, em maior ou menor grau, englobam a dualidade dessas dimensões (SARLET, Ingo Woilfgang. *A eficácia dos direitos fundamentais*. 2ª ed. rev. e atual. POA: Livraria do Advogado, 2001).

[23] MENDES, Gilmar Ferreira. Os direitos fundamentais e seus múltiplos significados na ordem constitucional. *Revista Diálogo Jurídico*. Salvador, n. 10, Jan. 2002, p. 15.

[24] As políticas públicas são entendidas como um conjunto de medidas heterogêneas adotadas pelo Estado para atender ou realizar o interesse público, o qual não se confunde com o interesse Estatal. Neste sentido, trata-se de um conceito abrangente que ao envolver toda intervenção estatal irá também englobar a própria atuação do Judiciário. Neste artigo, todavia, irá se restringir a análise apenas aos atos concernentes às prestações de serviços estatais, às suas atividades reguladoras e fomentadoras (MELLO, Celso Antônio Bandeira de Mello. *Curso de direito administrativo*. São Paulo: Malheiros, 2009).

[25] GRAU, Eros Roberto. *A ordem econômica na Constituição de 1988*: interpretação e crítica. 2ª ed. Rio de Janeiro: Revista dos Tribunais, 1991.

Isto converteu situações tradicionalmente consideradas de natureza política em situações jurídicas, acentuando a tensão entre direito e política.[26]

Nesse quadro deu-se, ainda, a emergência de uma nova teoria de sustentação dos direitos fundamentais, que os identifica com a própria noção de dignidade da pessoa humana e entende que o âmbito da proteção de tais direitos deve ser o maior possível, não sendo admissível uma definição, *a priori*, do seu mínimo essencial.[27] Suas limitações,[28] portanto, deverão ser aferidas quando da análise do caso concreto.[29]

Ocorre, todavia, que o Texto Constitucional de 1988 brotou quando as bases materiais do Estado Social já esmoreciam, o que fez evidenciar uma larga distância entre os direitos formalmente concedidos e as práticas sociais realizadas, tornando manifesto um déficit na promoção desses direitos.

A partir desse momento se estabeleceu uma luta pela realização dos programas constitucionais, que conduziu a sociedade às portas do Judiciário, buscando a sua intermediação para o cumprimento das mais diversas pretensões. Esse movimento, contudo, não se restringiu ao Brasil; mundialmente constata-se, desde finais dos anos 80, uma proeminência do sistema judicial frente aos demais Poderes, que em geral,

> [...] está relacionado com o desmantelamento do Estado intervencionista, quer do Estado desenvolvimentista de muitos países da periferia e semi-periferia do sistema mundial, quer do Estado-Providência, o Estado de bem-estar relativamente avançado, que tem vigorado em muitos países da Europa.[30]

Ora, se é verdade que as condições reais de eficácia dos direitos fundamentais dependem inegavelmente de políticas públicas e sociais consolidadas; não é menos verdade que, na esteira da *força normativa da constituição*,[31] não podem ser tais direitos compreendidos como normas de eficácia meramente limitada a depender *exclusivamente* da atuação do Legislativo e do Executivo. Foi justamente associada a esta ideia — de participação mais ampla e intensa na concretização dos valores e fins constitucionais — que se deu a maior interferência pelo Poder Judiciário no espaço de atuação dos outros dois Poderes,[32] sendo que

---

[26] MENDES, G. *Op. cit.*
[27] SILVA, Virgílio Afonso da. O conteúdo essencial dos direitos fundamentais e a eficácia das normas constitucionais. *Revista de Direito do Estado*. Rio de Janeiro, n. 4, p. 23-51, out./dez., 2006.
[28] SILVA, V. (Idem) pontua a incompatibilidade da moderna teoria dos direitos fundamentais com a tradicional classificação de José Afonso da Silva sobre normas constitucionais (normas de eficácia plena, contida e limitada), na medida em que todos os direitos fundamentais são restringíveis, desde que de forma motivada e proporcional.
[29] SILVA, V. (Idem) explica que a expressão caso concreto deve tanto ser compreendida quando da decisão do Judiciário de um caso determinado, quanto da intervenção concreta do legislador na seara dos direitos fundamentais.
[30] SANTOS, Boaventura de Souza. *Para uma revolução democrática da justiça*. São Paulo: Cortez, 2007.
[31] A expressão dá nome a obra de HESSE, na qual o Autor confere relevo à chamada vontade da Constituição como força ativa a orientar as condutas sociais (HESSE, Konrad. *A força normativa da constituição*. Trad. Gilmar Ferreira Mendes. Porto Alegre: Sergio Antonio Fabris Editor, 1991).
[32] BARROSO, L., *Op. cit.*

O binômio ativismo-autocontenção[33] judicial está presente na maior parte dos países que adotam o modelo de supremas cortes ou tribunais constitucionais com competência para exercer o controle de constitucionalidade de leis e atos do Poder Público. O movimento entre as duas posições costuma ser pendular e varia em função do grau de prestígio dos outros dois Poderes.[34]

No Brasil pela disfunção que atinge a democracia brasileira o fenômeno assumiu proporções sem paralelo materializando-se num ativismo de efeitos ambíguos. Pois, se por um lado, o amparo do Poder Judiciário, tem servido para solucionar demandas da população, funcionando como alerta ao Executivo e ao Legislativo, também tem ele trazido sérios riscos à consolidação do Estado Constitucional Democrático.

Barroso[35] nos aponta como objeções à crescente intervenção judicial na vida brasileira os perigos atinentes à legitimidade democrática, à politização[36] indevida da justiça e os limites da capacidade institucional do Judiciário. Barcellos[37] ainda acrescenta os riscos sistêmicos, na medida em que o Judiciário, detendo uma visão parcelar da realidade, não é capaz de dimensionar o impacto no conjunto das medidas.

É exatamente aí, neste último risco, que se quer concentrar a análise, especialmente, no que diz respeito a suas consequências sobre o orçamento público, já que ele constitui um dos principais instrumentos para promoção de maior justiça social, pois é onde são tomadas as decisões sobre as receitas, os gastos e a dívida do Estado, os quais afetam toda a sociedade.

Inobstante a isso, costuma ele ser elemento distante da sociedade que, de maneira geral, adota uma atitude de indiferença em relação à sua elaboração e ao processo de negociação da peça orçamentária entre os Poderes.[38] Deveria, porém, ser o espaço privilegiado para as lutas políticas, vez que "[...] registra e revela, em sua estrutura de gastos e receitas, sobre que classe ou fração de classe que recai o maior ou menor ônus da tributação e as que mais se beneficiam com os seus gastos".[39]

Há tempos o orçamento deixou de ser mera peça contábil de escrituração para assumir um importante e poderoso papel de política econômica, sendo capaz de: influir sobre o nível de investimento e de emprego, combater as oscilações do

---

[33] O Autor explica que a judicialização e o ativismo são ideias próximas que, todavia, não se confundem. A judicialização está ligada à ideia de rematerialização constitucional dentro de um modelo constitucional adotado por expressa vontade política. O ativismo judicial, por sua vez, traduz uma atitude ligada a um modo específico e proativo de interpretar a Constituição expandindo o seu sentido e alcance. Ainda é o Autor quem nos esclarece que a autocontenção judicial é a conduta pela qual o Judiciário procura reduzir sua interferência nas ações dos outros Poderes (BARROSO, L. *Op. cit*).

[34] BARROSO, L., *Op. cit.*, p. 09.

[35] BARROSO, L. *Op. cit.*

[36] Mesmo entendendo que a dimensão política permeia toda e qualquer manifestação de pensamento, não se pode igualar o Direito, especialmente aquele materializado nos tribunais, com a política, que deve ser construída em uma ampla esfera pública estatal.

[37] BARCELLOS, Ana Paula de. Constitucionalização das políticas públicas em matéria de direitos fundamentais: o controle político-social e o controle jurídico no espaço democrático. *Revista de Direito do Estado*. São Paulo. Ano 1, n. 3, p. 17-54, jul./set. de 2006.

[38] OLIVEIRA, Fabrício Augusto de. *Economia e política das finanças públicas no Brasil*. São Paulo: Hucitec, 2009.

[39] OLIVEIRA, F. *Op. cit.*, p. 87.

nível de preço, amortecer flutuações cíclicas da economia e, também, promover melhor distribuição de renda. De modo que, a partir do estado intervencionista, ele se transformou em elemento indispensável para o processo de planejamento, sendo que

> O orçamento afigura-se, assim, *em princípio*, à peça por meio da qual a sociedade decide, por seus representantes políticos, os objetivos de gastos do Estado e a origem dos recursos para financiá-los e, além disso, à peça por meio da qual ela exerce controle sobre a ação do Estado.[40]

Na realidade brasileira são esses papéis, todavia, ficcionais. Primeiro em razão do amplo desconhecimento[41] do processo orçamentário, o que dificulta o estabelecimento da luta política capaz de democratizar o acesso aos fundos públicos; segundo porque a natureza autorizativa do orçamento faz com que durante a execução orçamentária o Executivo altere as prioridades; finalmente, porque a imposição de condutas ou de abstenções ao Poder Público, de forma dispersa, avança nos recursos estatais ocasionando um estreitamento dos espaços de escolha e, consequentemente, um enfraquecimento da capacidade de planejamento estatal.

É claro que "[...] as matérias de gastos públicos não constituem um tema integralmente reservado à deliberação política; ao contrário, o ponto recebe importante incidência de normas jurídicas de estatura constitucional",[42] contudo, em regra, tratam-se de textos de estrutura normativa aberta,[43] os quais permitem ao Poder Público trilhar inúmeros caminhos para consecução dos objetivos constitucionais.[44] Isto, no entanto, não significa a impossibilidade[45] de controle das escolhas pelo Poder Judiciário, que deve ter claro a dimensão política do processo decisório destas escolhas a fim de buscar o necessário equilíbrio institucional que permita a conciliação entre as múltiplas expectativas de efetivação de direitos e a realidade econômica cambiante.

Neste sentido, o primeiro passo deve ser afastar o estigma de neutralidade das escolhas orçamentárias. Ao contrário do que a análise fria dos números possa sugerir o Legislativo desenvolve um papel importante dentro dessas escolhas ao aprovar ou não leis que, em maior ou menor grau, afetam as receitas e as

---

[40] OLIVEIRA, F. *Op. cit*. p. 91, grifos do autor.
[41] Os orçamentos participativos foram uma grande conquista democrática neste campo, todavia, eles estão adstritos à menor parcela de recursos. Além disso, registra-se um baixo envolvimento dos setores populares nesta discussão.
[42] BARCELLOS, A. *Op. cit*, p. 23.
[43] As regras constitucionais que estabelecem percentuais fixos de investimento (arts. 198, §2º e 212 da CF/88) ou que vinculam as receitas das contribuições sociais ao custeio da seguridade social (art. 195 da CF/88) são passíveis de ser objeto de controle sem maiores necessidades argumentativas de justificação.
[44] Art. 3º Constituem objetivos fundamentais da República Federativa do Brasil:
   I – construir uma sociedade livre, justa e solidária;
   II – garantir o desenvolvimento nacional;
   III – erradicar a pobreza e a marginalização e reduzir as desigualdades sociais e regionais;
   IV – promover o bem de todos, sem preconceitos de origem, raça, sexo, cor, idade e quaisquer outras formas de discriminação.
[45] Barcellos adverte, com precisão, que "[...] é importante não transformar o debate em tela em uma falsa escolha entre dois extremos. Não existem apenas duas opções radicais: a colonização total da política pelo direito ou, no caso do objeto deste estudo, a absoluta ausência de controle jurídico em matéria de políticas públicas" (*Op. cit.*, p. 28).

despesas.[46] Como num jogo irá ele decidir pelos influxos da atuação de diversos atores[47] que se movimentam nos bastidores, na busca de influir no processo decisório das escolhas coletivas a fim de, estrategicamente, maximizar seus interesses.

Invariavelmente quanto maior for a organização de determinado grupo, maior será a pressão exercida para possível atendimento de seus pleitos, o que, por sua vez, viabilizará a transferência de renda e/ou riqueza em favor do grupo beneficiado. Neste contexto, o que se verifica é que:

> [...] em decorrência de diretrizes e privilégios concedidos por lei a segmentos mais organizados da sociedade, a magnitude dos benefícios de que se apropriam os mais pobres é menor, em termos absolutos, do que a dos benefícios recebidos pelos domicílios de maior renda. A situação é agravada pelo fato de estes últimos serem os principais beneficiários de direitos assegurados em lei, o que os coloca ao abrigo do contingenciamento de gastos. Já os mais pobres, principais beneficiários de gastos legalmente desprotegidos, estão sujeitos aos efeitos do desempenho da economia sobre a execução do orçamento. Acresce que os programas sociais aos quais a população de mais baixa renda tem acesso são financiados, sobretudo, por tributos[48] que recaem de forma desproporcional sobre ela mesma. Desse modo, anula-se parte importante dos acréscimos de renda decorrentes da recepção de benefícios governamentais.[49]

Na medida em que as decisões orçamentárias afetam a distribuição de receitas e riqueza no interior da sociedade, ela deveria ter claro quais os custos e os benefícios decorrentes do orçamento público, distribuídos entre os distintos grupos especiais. Neste ponto quer se jogar luzes sobre uma prática recorrente do Estado brasileiro.

Uma das formas de intervenção clássica do Estado na economia, utilizada pelos mais diversos países, é a concessão de subsídios, isenções, créditos, compensações e tantas outras formas de incentivo financeiro a grupos empresariais. Essas transferências, em regra, se fazem mediante certos compromissos de ordem socioeconômicos, que figuram a médio e longo prazo, como medidas compensatórias das rendas e riquezas transmitidas. No Brasil, no entanto, está pratica tem sido deturpada pela falta de um planejamento estratégico estatal que coordene[50]

---

[46] SILVA, Fernando Antônio Rezende da; & CUNHA, Armando Moreira da (Coord.). *Contribuintes e cidadãos*: compreendendo o orçamento federal. Rio de Janeiro: FGV, 2002.

[47] SILVA, F. & CUNHA, A. (*Op. cit*) consideram seis classes de participantes típicos neste embate político: os legisladores, os burocratas da alta gerência executiva, o Presidente da República; os juízes; os cidadãos e os grupos de interesse. Quanto a este último os Autores evidenciam a relevância deste movimento para as empresas privadas que adotam, cada vez mais, estratégias de ação coletiva para influir nas decisões produzidas a fim de buscar vantagens competitivas.

[48] "O montante anual de tributos indiretos pagos pelos domicílios de renda mais baixa corresponde, em média, a 74% do total de transferências monetárias recebidas por esses domicílios. Isso significa que esses tributos tendem a anular a maior parte do impacto positivo das transferências governamentais sobre o padrão de vida dos domicílios mais pobres" (SILVA, F. & CUNHA, A. *Op. cit.*, p. 106).

[49] SILVA, F. & CUNHA, A. *Op. cit.*, p. 110.

[50] Exemplo atual está no modo de agir do BNDES nos últimos anos que tem financiado, a taxas subsidiadas, a conglomeração de empresas de origem brasileira (v.g. caso Friboi, Oi telecomunicações, Fibria Celulose, CEG, Bom Gosto e outras) que numa atuação predatória no mercado interno aumentam suas taxas de lucro e ganham impulso para atuar no mercado externo sem, contudo, trazer retorno direto ao coletivo da sociedade. (NASSIF, Luis. *Terceira etapa de desenvolvimento. Eis o desafio brasileiro*. 2010. Disponível em: <http://www.ihuonline.unisinos.br/index.php?option=com_tema_capa&Itemid=23&task=detalhe&id=2021 >. Acesso em: 10 de março de 2010).

os papéis a serem exercidos pelos diferentes agentes econômicos, o que resulta numa gigantesca transferência de recursos da sociedade para grupos específicos, num sentido diametralmente oposto àquele consignado no Texto Constitucional de 88, que propugna pela redução das desigualdades (art. 3º) e pela promoção da justiça social (art. 170).

É sobre este ponto que se pensa devem deitar os olhares mais atentos do Poder Judiciário, pois na medida em que as concessões se estabelecem por meio de atos regulatórios poderão vir a ser objeto de controle, eis que flagrante a inconstitucionalidade material. Essa atuação do Judiciário afastaria transferências dissonantes do interesse público e teriam um efeito fiscalizatório sobre os demais Poderes, fazendo com eles adotassem maior rigor nas futuras concessões de benefícios financeiros numa ampliação da responsabilidade política de seus atos.

Barcellos[51] ainda aponta outras formas possíveis de controle nesta seara orçamentária,[52] dentre as quais destacamos o possível controle do alcance das metas fixadas pelo próprio Poder Público e a eficiência mínima na aplicação dos recursos destinados a determinada finalidade.

Finalmente, cabe uma última nota sobre a possibilidade de controle judicial das políticas públicas por meio das demandas individuais e coletivas. Como nos alerta Barcellos[53] "os indivíduos que vão ao Judiciário postular algum bem ou serviço em matéria de direitos fundamentais nem sempre serão representantes das classes menos favorecidas da sociedade", em regra, são aqueles que detêm maior nível de informação e capacidade de organização. De modo que o juiz ao se ater à microjustiça perde-se, muitas vezes, da estratégia nacional que deve ter um Estado para a realização da macrojustiça. Por conseguinte, o controle jurídico de forma coletiva[54] será sempre capaz de propiciar um resultado mais equânime no seio da sociedade.

4 O necessário ativismo estatal

As transformações recentes do capitalismo mundial desafiam,[55] pelos movimentos internacionais de concentração do capital, a consolidação de uma segunda modernidade[56] que faça avançar o desenvolvimento socioeconômico, sem o qual não se conseguirá a efetivação dos direitos fundamentais. É nesse sentido, portanto, que a globalização coloca em xeque a própria dinâmica do Estado como estrutura de organização da sociedade.

---

[51] BARCELLOS, A. *Op. cit.*
[52] A própria Autora lembra que a tradicional jurisprudência do STF julga incabível ADI em face de lei orçamentária por entender ser esta lei de efeitos concretos, mas também registra a existência de vários Ministros que já assinalam a conveniência de modificar esse entendimento (ver ADIn 2925-DF).
[53] BARCELLOS, A. *Op. cit.*, p. 34.
[54] Para tanto devem a sociedade civil, as organizações não governamentais e as entidades representativas de classe e os órgãos essenciais à justiça, especialmente, a Defensoria Pública e o Ministério Público atuar ativamente neste sentido.
[55] Beck ao discorrer sobre a sociedade global dos riscos aponta cinco desafios: a globalização, a individualização, o desemprego e subemprego, a revolução dos gêneros e a crise ecológica que, dentro de um horizonte transnacional, ameaçam seriamente a aspiração dos Estados nacionais de exercerem um controle territorial e de garantirem a ordem. (BECK, Ulrich *La sociedad del riesgo*: hacia una nueva modernidad. Barcelona: Paidós, 1998).
[56] BECK, U. (Idem) rejeita a visão pós-moderna de renúncia às tradições iluministas, entendendo ser preciso o desenvolvimento de uma nova teoria social que permita a materialização de uma nova modernidade, a qual denomina de "modernização da modernização" ou "modernidade reflexa".

É, pois, imperioso reorganizar a esfera pública, em processos conjuntos de descentralização e de centralização, para além da dimensão espacial de Estados isolados, o que exigirá que o direito funcione como estrutura de coordenação entre ordens jurídicas estatais, transnacionais, internacionais e supranacionais.

É preciso repensar o papel do Estado no começo do Século XXI, o que não significa apenas fazer políticas que mitiguem a desigualdade, mas estabelecer um desenvolvimento nacional capaz de articular trans e intersetorialmente os eixos de ação. Significa, por conseguinte, estabelecer um planejamento que subordine os diversos agentes sociais a uma estratégia nacional promotora, a médio e longo prazo, do meio de realização dos direitos fundamentais.

O desenvolvimento integral exige o resgate da dimensão pública do Estado em que o povo atue como sujeito político e legitimador das decisões coletivas. A questão, portanto, que se confronta é

> [...] criar uma ordem social que permita uma melhor harmonização entre as necessidades e inclinações pessoais dos indivíduos, de um lado, e, de outro, as exigências feitas a cada indivíduo pelo trabalho cooperativo de muitos, pela manutenção e eficiência do todo social.[57]

O debate não deve, portanto, consolidar-se entre esquerda e direita, mas sobre a própria sociedade e seus caminhos. Essa mudança de postura pode produzir um corte estrutural que gere novos padrões e alinhe o pensamento humano a novos objetivos e escolhas existenciais. Afinal, o desenvolvimento social deve ser visto e defendido como um projeto político de escolhas coletivas que irão atrelar a própria sobrevivência individual em razão de nossa interdependência ao corpo social.

Não se trata de defender a estatização,[58] mas a redefinição do Estado centrado no interesse público. O objetivo deve ser a construção de um Estado forte e, não agigantado, capaz de atuar como indutor, promotor e garantidor dos direitos fundamentais. Só, entretanto, por intermédio da pressão legítima, as condições serão alteradas, eis que a efetivação dos direitos perpassa, em larga escala, pela capacidade de organização dos grupos sociais e pela participação da vida política, já que a realização de alguns direitos implica em renúncias recíprocas mediadas por um jogo de forças políticas. Dessa forma, é preciso estar convencido de que aquele valor último guardado por um direito específico é algo desejável para que, então, se possa lutar por sua concretização, pois

> [...] a junção da noção de democracia à de Estado de Direito, muito mais do que estabelecer um qualificativo do modo de ser do Estado, é responsável pela atribuição aos cidadãos *do direito de participação nas decisões estatais*.[59]

---

[57] ELIAS, N. *Op. cit.*, p. 17.
[58] Compartilha-se da visão de Sader que coloca ser antiestatista pelo fato de o estatal representar o autoritário, o monopólio, o burocrático e ser a favor da democratização do Estado graças à expansão da esfera pública, representativa da organização da cidadania (SADER, Emir. *Crisis hegemónicas en tiempos imperiales*: los dilemas del Brasil de Lula. Havana: Centro de Investigación y Desarrollo de la Cultura Cubana Juan Marinello, 2004).
[59] OLIVEIRA, Gustavo Justino de. Administração Pública Democrática e Efetivação de Direitos Fundamentais. In: CLÈVE, Clemerson Merlin; SARLET, Ingo Wolfgang Sarlet & PAGLIARINI, Alexandre Coutinho (Coord.). *Direitos humanos e democracia*. Rio de Janeiro: Forense, 2007, p. 311, grifos do autor.

Se a política é a capacidade de redefinição das escolhas coletivas pelo debate democrático a sua incapacidade de reflexão irá correr lentamente as entranhas sociais espalhando o flagelo pelo mundo, pois o hoje, inevitavelmente, estabelece os limites e as possibilidades individuais e coletivas futuras.

Claro que todos os Poderes devem atuar na promoção dos direitos fundamentais, no entanto, é por intermédio da função administrativa de planejamento estratégico que o Estado propiciará o meio para efetivá-los. Sendo assim, deve competir à esfera política a formulação de políticas públicas, concorrendo, por outro lado, ao Judiciário o importante papel de guardião da Constituição e de pressão fiscalizatória sobre os dois outros Poderes.

5 Considerações finais

Os argumentos alinhavados neste texto podem dar a impressão de estar a defender uma posição conservadora por questionar a viabilidade da concessão de tutelas individuais pelo Judiciário como meio de efetivação dos direitos fundamentais. Contrariamente, o que se propõe é uma mudança de perspectiva nesta atuação.

Sabe-se que a atitude inicial do Judiciário teve um intento inovador, mas que acabou com o passar do tempo, criando uma situação que impede a maior efetivação dos direitos fundamentais por esvaziar a esfera política das lutas sociais.

A ênfase do Poder Judiciário deve estar na fiscalização da partilha dos recursos financeiros e tributários, sendo neste sentido de fundamental importância a atuação das entidades representativas de classe, das organizações não governamentais e, dos órgãos essenciais à justiça, especialmente, a Defensoria Pública e o Ministério Público.

É preciso ter claro que a promoção do desenvolvimento socioeconômico se trata de um complexo desafio em que, evidentemente, todos os Poderes Estatais cumprem um papel importante, mas que compete à esfera política a formulação de políticas públicas e ao Judiciário o papel de guardião da Constituição e dos direitos fundamentais.

O Judiciário, ao debater esta questão de modo aberto, pode contribuir para a vitalidade do processo democrático e para a solução dos problemas que afetam o país resgatando junto à sociedade o poder transformador da ação política. Afinal, não se pode esquecer que a qualidade do dispêndio dos recursos públicos estará condicionada pela atuação dos agentes sociais.

Informação bibliográfica deste texto, conforme a NBR 6023:2002 da Associação Brasileira de Normas Técnicas (ABNT):

VACCARO, Stefania Becattini. A (ir)racional atuação do Poder Judiciário: entre a discricionariedade das políticas públicas e a efetivação dos direitos fundamentais. *In*: BERTOLDI, Márcia Rodrigues; OLIVEIRA, Kátia Cristine Santos de (Coord.). *Direitos fundamentais em construção*: estudos em homenagem ao ministro Carlos Ayres Britto. Belo Horizonte: Fórum, 2010. p. 327-337. ISBN 978-85-7700-367-9.

O Mandado de Injunção na Jurisprudência do Supremo Tribunal Federal

Carlos Augusto Alcântara Machado

Sumário: 1 Considerações preliminares – **2** Objeto de incidência: o direito a ser viabilizado – **3** A norma regulamentadora faltante – **4** O alcance da decisão no julgamento do Mandado de Injunção e a evolução da jurisprudência do Supremo Tribunal Federal – **5** Aspectos processuais outros da ação injuncional definidos no direito pretoriano

1 Considerações preliminares

Promulgada a Carta-Cidadã de 1988, o tema que possivelmente mais polêmica causou no seio da comunidade jurídico-política foi o da *inconstitucionalidade por omissão*.

Pela pena do legislador constituinte originário foram instituídos no sistema jurídico pátrio dois instrumentos processuais voltados ao combate da omissão inconstitucional: a *Ação Direta de Inconstitucionalidade por Omissão* (ou supridora de omissão), com inspiração, à época, no recente direito constitucional lusitano (Constituição de Portugal de 1976),[1] e o *Mandado de Injunção*.

Como restou evidenciado, o primeiro dos instrumentos (*Ação Direta de Inconstitucionalidade por Omissão*) foi concebido como mecanismo vocacionado a realizar o controle concentrado de constitucionalidade (art. 103, §2º — CF),[2] ao lado dos já existentes (Ação Direta de Inconstitucionalidade Genérica e Ação Direta de Inconstitucionalidade Interventiva), tornando sindicável pelo Poder Judiciário o que tradicionalmente se reconhecia como insuscetível de apreciação judicial;

---

[1] O texto original da Carta Constitucional Portuguesa foi aprovado por Decreto de 02 de abril de 1976, publicado no *Diário da República* de 10 de abril de 1976, e o art. 279º, versando sobre a Inconstitucionalidade por omissão, assim disciplinava a matéria: "Quando a Constituição não estiver a ser cumprida por omissão das medidas legislativas necessárias para tornar exeqüíveis as normas constitucionais, o Conselho da Revolução poderá recomendar aos órgãos legislativos competentes que as emitam em tempo razoável". Atualmente, o dispositivo que trata do tema é o art. 283º, com redação do art. 213º da 1ª Revisão Constitucional (Lei Constitucional nº 01, de 30 de setembro de 1982) e do art. 42 da 6ª Revisão Constitucional (Lei Constitucional nº 01, de 24 de julho de 2004), com o seguinte texto: "1. A requerimento do Presidente da República, do Provedor de Justiça ou, com fundamento em violação de direitos das regiões autónomas, dos presidentes das Assembleias Legislativas das regiões autónomas, o Tribunal Constitucional aprecia e verifica o não cumprimento da Constituição por omissão das medidas legislativas necessárias para tornar exeqüíveis as normas constitucionais. 2. Quando o Tribunal Constitucional verificar a existência de inconstitucionalidade por omissão, dará disso conhecimento ao órgão legislativo competente".

[2] "Declarada a inconstitucionalidade por omissão para tornar efetiva norma constitucional, será dada ciência ao Poder competente para adoção das providências necessárias e, em se tratando de órgão administrativo, para fazê-lo em trinta dias".

o segundo (*Mandado de Injunção*), no mesmo passo, idealizado para possibilitar, com êxito, o enfrentamento, até então sem resultado, de situações concretas de inércia estatal — notadamente de responsabilidade do Poder Legislativo — em face do reiterado não cumprimento dos comandos constitucionais inseridos em normas não autoexecutáveis.[3]

Exatamente por ser uma ação com características singulares e um *remedium juris* inédito no direito pátrio, questionamentos vários surgiram, particularmente quanto à aplicação do recém-nascido instituto, gravado no inciso LXXI, do art. 5º da Constituição Federal. Eis o texto que consagrou o Mandado de Injunção:

> Conceder-se-á mandado de injunção sempre que a falta de norma regulamentadora torne inviável o exercício dos direitos e liberdades constitucionais e das prerrogativas inerentes à nacionalidade, à soberania e à cidadania.

O presente estudo, elaborado em homenagem ao eminente magistrado integrante da Corte Suprema brasileira, Min. Ayres Britto, tem o objetivo de abordar aspectos relevantes voltados à aplicação do *writ* em exame, em especial a doutrina construída pelo Excelso Pretório no decorrer de mais de duas décadas de vigência da Carta Magna de 1988. Apresentar-se-ão, assim, os pressupostos de utilização do remédio heroico, bem como serão pontuadas outras questões processuais relevantes referentes à aplicabilidade do instrumento apto a dar efetividade aos direitos consagrados na Carta Magna, mas inviabilizados diante da não regulamentação infraconstitucional. Buscar-se-á, ainda, destacar a evolução do posicionamento adotado pelo STF a partir do seu original *leading case* sobre a matéria (MI nº 107), julgado nos idos de 1989, e a radical mudança de compreensão do instituto quanto ao alcance (natureza) da decisão judicial a ser proferida quando do julgamento do Mandado de Injunção.[4]

Em 03 de junho de 1999, prefaciando, para a honra do autor, a 1ª edição da obra *Mandado de Injunção*: um instrumento de efetividade da Constituição (Editora Atlas), o então advogado e professor, admirável poeta e jurista, Carlos Ayres Britto, não alçado ainda ao exercício do nobilíssimo cargo de Ministro do Supremo Tribunal Federal, exaltou os atributos do remédio constitucional instituído pela Carta-Cidadã, como um instrumento hábil a realizar "um providencial contraponto na inércia do Estado quanto à produção de norma regulamentadora de que dependa o efetivo gozo dos direitos e liberdades constitucionais...".

À época, lamentava a postura adotada pela Suprema Corte relativamente ao alcance do remédio injuntivo.

---

[3] A doutrina adota nomenclatura variada para a indicação de tal categoria de normas constitucionais, destacando-se as seguintes: normas constitucionais não autoaplicáveis; não bastantes em si (Pontes de Miranda); *not self-executing provisions, not self-enforcing provisions* ou *not self-acting* (terminologia utilizada pela doutrina clássica norte-americana); normas constitucionais de eficácia limitada (José Afonso da Silva) ou, ainda, normas constitucionais de eficácia parcial da espécie completáveis (Carlos Britto e Celso Bastos). Para um estudo mais aprofundado sobre a eficácia e aplicabilidade das normas constitucionais indicam-se as obras de SILVA, José Afonso. *Aplicabilidade das normas constitucionais*. 3. ed. São Paulo: Malheiros, 1998; e BRITTO, Carlos Ayres; BASTOS, Celso Ribeiro. *Interpretação e aplicabilidade das normas constitucionais*. São Paulo: Saraiva, 1982.

[4] Para uma compreensão mais ampla do tema, remete-se o leitor ao nosso *Mandado de injunção* – Um instrumento de efetividade da Constituição. 2. ed. São Paulo: Atlas, 2004.

Quis o destino que o Mestre fosse guindado à condição de supremo julgador, integrante da mais alta Corte de Justiça da República Federativa do Brasil, e, assim, contribuísse, para o resgate da grandiosidade do Mandado de Injunção até então com a sua funcionalidade empobrecida (expressão de Sua Excelência) em razão do tímido tratamento que originariamente conferiu o STF à ação injuncional.

Ao eminente Ministro sergipano, natural da cidade ribeirinha de Propriá, dedico esse singelo trabalho.

2 Objeto de incidência: o direito a ser viabilizado

Uma primeira e natural inquietação que se apresenta quando do estudo do Mandado de Injunção diz respeito à delimitação do objeto de incidência do *writ*.

Preceitua o dispositivo constitucional de regência (art. 5º, LXXI — CF) que o Mandado de Injunção deverá ser concedido "quando a falta da norma reguladora tornar inviável o exercício de direitos e liberdades constitucionais e das prerrogativas inerentes à nacionalidade, soberania e cidadania".

Indaga-se: a quais direitos ou liberdades se refere o legislador constituinte? Seria possível o manejo do Mandado de Injunção para tutelar direitos com sede não constitucional? Quaisquer direitos inviabilizados por falta de norma regulamentadora poderiam ser implementados por meio do Mandado de Injunção?

Ao buscar abrigo no magistério da doutrina constata-se que não há consenso. Ao contrário, verifica-se um cipoal de posicionamentos divergentes.

Assim, quanto à extensão dos direitos e liberdades tutelados pela Injunção, três correntes se apresentaram, sendo possível enquadrá-las da seguinte forma: *restritiva, intermediária* e *abrangente*.

A primeira, denominada *restritiva*, é reconhecida como a mais extremada, por reduzir, substancialmente, o campo de incidência do *writ*. Tem como um dos seus defensores o Professor das Arcadas, Manoel Gonçalves Ferreira Filho.[5]

Aduz o festejado constitucionalista que o raio de atuação do Mandado de Injunção alcançará tão somente os direitos que podem ser deduzidos da condição de *nacional* e de *cidadão*, porquanto — a seu juízo — a norma constitucional especifica o objeto de tutela de forma expressa, não comportando exegese diversa.

Escreveu o tratadista:

> ... não alcança outros direitos, por exemplo, os inscritos entre os direitos sociais. Realmente, a parte final — "inerentes à nacionalidade, à soberania e à cidadania" — restringe o alcance desse mandado. Ele serve para garantir direitos, liberdades e prerrogativas diretamente vinculados ao status de nacional (os do art. 5º, cujo *caput* reconhece aos brasileiros determinados direitos fundamentais, ou que possam ser deduzidos do Cap. II do Tít. II, capítulo este relativo à nacionalidade), ao de cidadão, quer dizer, o nacional politicamente ativo que, como integrante do povo, o

---
[5] *Curso de direito constitucional*. 23. ed. São Paulo: Saraiva, 1996. p. 276-277.

soberano na democracia, tem a participação no governo, como o direito de voto e a elegibilidade (são os direitos e liberdades e prerrogativas que podem ser deduzidos do Cap. IV do Tít. II — capítulo sobre os "Direitos Políticos").

A corrente nominada *intermediária* é representada por Celso Ribeiro Bastos e J. J. Calmon de Passos.

Celso Ribeiro Bastos[6] adotou um posicionamento ainda reducionista do âmbito de incidência da ação injuncional. Defendeu, no entanto, que o Mandado de Injunção incidirá sobre um leque maior de direitos, comparativamente à tese dos que patrocinavam a corrente restritiva.

Disse o autor:

> Importante consignar que o propósito da garantia não é colher todo e qualquer direito da Constituição. O Mandado de Injunção só tem cabimento quando a falta de norma regulamentadora impede o exercício dos direitos e liberdades constitucionais e das prerrogativas inerentes à nacionalidade, à soberania e à cidadania. A expressão "direitos e liberdades constitucionais" aponta para as clássicas declarações de direitos individuais. No nosso Texto Constitucional, o tratamento desta matéria é feito de forma moderna, a consagrar não só os direitos e deveres individuais, mas para incluir debaixo do mesmo título "Dos direitos e garantias fundamentais" os coletivos e os sociais.

Para o constitucionalista, como visto, a tutela do Mandado de Injunção alcançará os direitos consagrados no Título II da Constituição (Direitos Individuais e Coletivos, Direitos Sociais, Direitos à Nacionalidade e Direitos Políticos).[7]

Na esteira do seu pensamento e após fazer uma interpretação sistemática do dispositivo destacado, o Mestre J. J. Calmon de Passos[8] averbou:

> O inciso LXXI do art. 5º fala em direitos e liberdades constitucionais, o que, se interpretado de modo literal conduziria ao entendimento de que todo e qualquer direito, cuja matriz originária seja a Constituição, comportaria tutela pelo mandado de injunção, atendidos seus demais pressupostos. Esse entendimento nos parece desacertado.

Em seguida arrematou:

> É que o inciso LXXI do art. 5º defere o mandado de injunção para tutela das prerrogativas pertinentes à nacionalidade, soberania e cidadania, não disciplinadas pelo art. 5º, assim sendo, disso se pode inferir a adequação do *mandamus* para garantia de todos os direitos, liberdades e prerrogativas constantes do Título II da Constituição. E essa nos parece a melhor exegese, lamentada a má técnica legislativa.

---

[6] *Curso de direito constitucional*. 18. ed. São Paulo: Saraiva, 1997. p. 242.
[7] Esse também o posicionamento de SANTOS, Aricê Moacyr Amaral. *Mandado de Injunção*. São Paulo: Revista dos Tribunais (RT), 1989, p. 24, destacando a proteção também aos "direitos pertinentes à Soberania Popular".
[8] *Mandado de segurança coletivo, mandado de injunção, habeas data* – Constituição e processo. Rio de Janeiro: Forense, 1989. p. 110-111.

Por derradeiro, a corrente consignada como *abrangente*. Não acolhe qualquer tipo de restrição, nem identifica elementos limitadores do campo de incidência do instituto, do objeto da sua tutela.

É de se destacar o acerto desta linha doutrinária, por assentar o entendimento a partir da premissa de que as garantias constitucionais — e o Mandado de Injunção é uma das mais relevantes — devem ser interpretadas da forma mais elástica possível: ampliativamente; nunca restritivamente.

Acolhe-se, portanto, a tese defendida por aqueles que sustentam que os direitos tutelados pela Injunção são todos os enunciados na Constituição, em normas que reclamam a *interpositio legislatoris*, como condição de fruição do direito ou da liberdade ali agasalhada.

Como averba Lênio Luiz Streck,[9] sempre preciso, "nenhum direito constitucional pode ser excluído da tutela do mandado de injunção, desde que previsto no bojo da Carta, cujo exercício seja obstaculizado pela falta de norma regulamentadora".

Excluir-se-ão da tutela de ação, por expressa referência constitucional, tão somente os *direitos*, *liberdades* e *prerrogativas* contemplados em normas constitucionais autoaplicáveis, pois, como sabido, não necessitam de complemento adjutório, gerando, de imediato direito subjetivo para os respectivos destinatários.

O fato de ter o dispositivo constitucional destacado a expressão *prerrogativas inerentes à nacionalidade, à soberania e cidadania* não conduz à obtenção uma exegese limitadora do campo de incidência do *mandamus*.

Neste diapasão, o ensinamento de Celso Agrícola Barbi ao asseverar:[10]

> ... deve-se entender que a menção à nacionalidade, cidadania e soberania é apenas exemplificativa, não devendo considerar excluído do campo de proteção do mandado de injunção nenhum direito constitucionalmente garantido e que dependa de norma regulamentadora para sua efetivação.

Analisando o dispositivo constitucional que consagrou o Mandado de Injunção, verifica-se, até por interpretação gramatical, que a conclusão relacionada ao objeto de incidência do remédio constitucional jamais poderá ser alcançada tendo como referência a estrutura de raciocínio daqueles que defendem o seu reduzido campo de atuação.

Estabelece o preceito em tela (art. 5º, LXXI — CF) que será concedido Mandado de Injunção sempre que a falta de norma regulamentadora torne inviável o exercício dos direitos e liberdades constitucionais *e* das prerrogativas

---

[9] *O mandado de injunção no direito brasileiro*. Rio de Janeiro: Edições Trabalhistas, 1991. p. 32. Na mesma linha de raciocínio, OLIVEIRA, Francisco Antônio de. *Mandado de injunção (Da inconstitucionalidade por omissão)*. São Paulo: RT, 1993. p. 75-76; GUIMARÃES, Ylves José de Miranda. *Comentários à Constituição* – Direitos e garantias individuais e coletivas. Rio de Janeiro: Forense, 1989. p. 99; e VELLOSO, Carlos Mário da Silva. Mandado de segurança, mandado de injunção e institutos afins na Constituição. In: *Temas de direito público*. Belo Horizonte: Del Rey, 1994. p. 169.

[10] Mandado de injunção. In: TEIXEIRA, Sálvio Figueiredo (coord.). *Mandado de segurança e de injunção*. São Paulo: Saraiva, 1990. p. 389; Luís Roberto Barroso, com precisão, ao discorrer sobre o tema (Mandado de injunção. Perfil doutrinário e jurisprudencial. *Revista de Direito Administrativo – RDA*, v. 191, jan./mar. 1993), assevera: "A rigor técnico, direitos e liberdades já engloba todas as situações jurídicas ativas ou de vantagem, pelo que se tornou ocioso o acréscimo que se fez para incluírem as prerrogativas". No mesmo sentido, SUNDFELD, Carlos Ari. Mandado de injunção. *Revista de Direito Público (RDP)*, v. 94, p. 148.

inerentes à nacionalidade, à soberania e à cidadania (confira-se a conjunção "e" em destaque).

Ora, percebe-se que o legislador constituinte, ao valer-se dos vocábulos *nacionalidade, soberania* e *cidadania*, assim procedeu para interligá-los ao termo *prerrogativas*. A conjunção aditiva "e" (ressaltada no parágrafo anterior) separa de um lado *direitos e liberdades* e de outro *prerrogativas*. Foi um mero reforço de abrangência.

O seu objetivo, como explicitado, foi assegurar o exercício de qualquer *direito* ou *liberdade* constitucional. Esta, a *voluntas legislatoris* e a real *mens legis*.

Trilhando os mesmos caminhos, porém numa linha muito mais ampliativa daquela neste trabalho adotada, um dos mais notáveis juristas nordestinos, o cearense Willis Santiago Guerra Filho, ressalta que o objeto do Mandado de Injunção não se restringe à tutela de direitos com sede necessariamente constitucional.

Explicita o seu entendimento (sem os grifos no original), reconhecendo que

> a efetividade a ser conferida por meio da injunção se estenderia também, por esse artifício legislativo, aos que se vissem prejudicados em sua condição de brasileiro ("nacionalidade"), de detentor originário do poder político ("soberania") ou de eleitor e elegível ("cidadania") por normas que não aquelas encerradas na Constituição, ou seja, *norma infraconstitucional*, a reclamar regulamentação. Daí a distinção feita, frisando que se trata de meio jurisdicional para defender direitos e liberdades constitucionais — i.e., fundamentais, previstos por todo corpo da Lei Maior, e não apenas no art. 5º, como se insinuou já em interpretação restritiva absurda — como também de prerrogativas inerentes à nacionalidade, à soberania e à cidadania, *não importando que sejam elas oriundas ou não de norma constitucional*, como importa para os direitos e liberdades referidos em separado.[11]

Como síntese conclusiva é de se invocar o magistério de Wander Paulo Marotta Moreira[12] para com ele concluir que "não apenas aqueles direitos expressamente previstos no art. 5º (direitos fundamentais) e arts. 6º a 11 (direitos sociais), mas quaisquer outros que a Constituição expressamente assegure" poderão ter o respectivo exercício viabilizado por meio do Mandado de Injunção. Frise-se: direitos consubstanciados em todo e qualquer dispositivo da Lei das Leis, sem restrição alguma.

---

[11] Anotações sobre institutos de direito processual constitucional no Brasil (Mandado de segurança e mandado de injunção). *Revista da Procuradoria Geral do Estado (RPGE)*, Fortaleza, 6 (8), p. 90-108, 1989, p. 104-105. Tal interpretação superampliativa vem sendo defendida por José Carlos Barbosa Moreira, de forma original, como registram o autor cearense destacado e BARROSO, Luís Roberto, *op. cit.*, p. 148.

[12] Notas sobre o mandado de injunção. In: TEIXEIRA, Sálvio Figueiredo (coord.). *Mandado de segurança e de injunção*. São Paulo: Saraiva, 1990. p. 113. Comungando do entendimento, com precisão, Luís Roberto Barroso, no seu *O direito constitucional e a efetividade das normas constitucionais* (2. ed. Rio de Janeiro: Renovar, 1993. p. 178), referiu: "Como não há cláusula restritiva, estão abrangidos todos os direitos constitucionais, sejam individuais, coletivos, difusos, políticos ou sociais". Este, também, o posicionamento de CARRAZZA, Roque Antônio. A ação direta de inconstitucionalidade por omissão e mandado de injunção. *Justitia*, v. 163, p. 48; de SLAIB FILHO, Nagib. *Anotações à Constituição de 1988 – Aspectos fundamentais*. Rio de Janeiro: Forense, 1989. p. 268 ("qualquer direito ou liberdade previsto em norma constitucional formal"); e DUARTE, Marcelo. Mandado de injunção. *Ciência Jurídica*, v. 34, p. 41, 1990 ("quaisquer direitos constitucionais podem dar impulso ao novo instituto").

Sem embargo da respeitabilidade dos doutrinadores que restringem o campo de atuação do Mandado de Injunção, não foi o que assentou o legislador constituinte ao idealizar o instrumento processual em exame. É dizer: o potencial titular do direito poderá se socorrer do remédio heroico, objetivando a fruição ou exercício de *qualquer direito radicado na Constituição*, na sua mais ampla acepção, desde que inviabilizado por falta de norma regulamentadora.

Vale destacar, ainda, que os posicionamentos restritivos não encontram abrigo, no ponto, na consolidada jurisprudência do Supremo Tribunal Federal.

No julgamento do Mandado de Injunção nº 107 – DF (Liminar – Questão de Ordem), o Ministro-Relator Moreira Alves, ao registrar a divergência doutrinária, com sabedoria, concluiu que

> a mesma razão que justifica a concessão do mandado de injunção aos direitos e garantias previstos nesse art. 5º, existe com relação aos outros direitos e garantias constitucionais (inclusive os sociais) cujo exercício seja inviabilizado pela falta de norma regulamentadora.

Não é demasiando admoestar, para justificar o manejo do Mandado de Injunção, que se constitui em ônus processual do impetrante a demonstração de que a Constituição lhe outorgou o direito subjetivo abstratamente (titularidade de direito, garantia e prerrogativas — nacionalidade, soberania e cidadania) e seu exercício foi obstado em razão da falta de norma regulamentadora (situação de *vacuum juris*).

O direito a ser viabilizado, portanto, deverá estar potencialmente consagrado na Carta Magna, em norma constitucional de eficácia limitada. Se o direito não tiver sede constitucional não poderá ser amparado pela ação injuncional. Como reconhece o STF, "para o cabimento do mandado de injunção, é imprescindível a existência de um direito previsto na Constituição". Nesse passo, a Corte assentou o entendimento de que "o mandado de injunção não é remédio destinado a fazer suprir lacuna ou ausência de regulamentação de direito previsto em *norma infraconstitucional*"[13] (sem o destaque).

Delimitando, igualmente, a sede normativa do direito objeto do instituto, o magistério do Min. Celso de Mello,[14] quando conclui que "eventuais lacunas normativas ou imperfeições de conteúdo material, constantes de *textos meramente legais ou de normas inscritas em tratados internacionais*, não se revelam colmatáveis, nem suscetíveis de correção, por via injuncional". Arremata o eminente Julgador: "o mandado de injunção somente tem pertinência quando destinado a suprir omissões estatais na regulamentação de *cláusulas exclusivamente fundadas na própria Constituição da República*" (sem o destaque no original).

Eis o primeiro pressuposto que justifica a impetração da ação injuncional: a existência de direito potencialmente consagrado — consubstanciado em tese — na Constituição Federal, em norma constitucional de eficácia não autoexecutável. Nela e somente nela, jamais fora dela ou mesmo em norma de outra categoria eficacial.

---

[13] MI nº 766 AgR, Rel. Min. Joaquim Barbosa, Tribunal Pleno, julgado em 21.10.2009, Ement Vol-02320-01, pp. 0001.
[14] MI nº 642, decisão monocrática de 1º.08.2001, publicada no *DJU* de 14 ago. 2001 e noticiada no *Informativo STF*, n. 240.

3 A norma regulamentadora faltante

Para o exercício do Mandado de Injunção dois pressupostos básicos deverão ser observados: o *primeiro*, amplamente debatido no tópico anterior, guarda relação com o direito a ser assegurado. O *segundo*, ligado ao primeiro, diz respeito à falta da norma regulamentadora.

Mas o que significa norma regulamentadora?

Por *norma regulamentadora* entenda-se, de logo e como conclusão preliminar, aquela de qualquer natureza ou hierarquia, como bem assinala Luís Roberto Barroso,[15] podendo ser "lei complementar, ordinária, regulamento, resolução, portaria, decisões administrativas normativas, desde que sua ausência inviabilize um direito constitucional".

Para explicitar o alcance da expressão *norma regulamentadora*, é forçoso reconhecer, que não se traduz em *atos meramente legislativos*, isto é, espécies normativas, integrantes do processo legislativo constitucional, na enumeração do art. 59[16] da *Lex Fundamentalis* (excluindo-se o inciso I — Emenda Constitucional, como é óbvio).[17]

O art. 105, I, *h*, da Constituição de 1988, ao traçar regra de competência para processo e julgamento do Mandado de Injunção, aponta como responsável pela emissão da norma regulamentadora "órgão, entidade ou autoridade federal, da administração direta ou indireta". Tal enunciado normativo comprova a conclusão antes obtida e registrada nos parágrafos anteriores, sem embargo de respeitáveis opiniões contrárias.

Ora, se a Constituição da República admite a presença de órgão, entidade ou mesmo autoridade federal, *v.g.*, como sujeitos passivos da ação, indicados como responsáveis pela reclamada edição da *norma regulamentadora*, evidencia-se que a expressão *norma regulamentadora* não designa somente ato legislativo *stricto sensu*.

Exige-se — isto sim — que a norma faltante reclamada pelo autor injuncional tenha um caráter de *norma geral* (Kelsen) e que encontre seu fundamento de validade material direta ou indiretamente na Constituição Federal. Norma, portanto, caracterizada com os atributos de abstração e generalidade.

Anote-se que o legislador constituinte fez expressa menção, ao construir o dispositivo constitucional em estudo, à locução *norma regulamentadora* e não a *atos administrativos concretos*, como lembrou, em linguagem precisa, o administrativista Carlos Ari Sundfeld, em importante trabalho sobre o instrumento processual em exame.[18]

---

[15] *O direito constitucional e a efetividade de suas normas*. 2. ed. Rio de Janeiro: Renovar, 1993. p. 178. O conteúdo da decisão do STF no MI nº 32-8-DF, Rel. Min. Octávio Galloti, *DJU* de 07 dez. 1990, p. 14.639, deixa implicitamente patenteada a possibilidade de a norma regulamentadora faltante ser também atos regimentais dos tribunais.

[16] Lei Complementar, Lei Ordinária, Lei Delegada, Medida Provisória, Decretos Legislativos e Resoluções.

[17] José Cretella Júnior (*Os Writs na Constituição de 1988*. São Paulo: Forense Universitária, 1989. p. 99) adota uma posição diversa, por entender que o legislador constituinte utilizou a expressão "norma regulamentadora" significando regra jurídica constitucional, nunca no sentido de regulamento do Poder Executivo. Para o autor trata-se de "lei", no sentido de ato proveniente do Poder Legislativo.

[18] *Op. cit.*, p. 147. O Prof. Michel Temer (Mandado de injunção e seus limites. *Revista de Direito Público – RDP*, 98/30) perfilha o mesmo entendimento ao registrar "que apenas a ausência de norma regulamentadora enseja o Mandado de Injunção. Não é a falta de atuação administrativa que o permite".

A falta de norma regulamentadora como pressuposto essencial ao regular processamento do *mandamus* já foi atestada pela jurisprudência. O Supremo Tribunal Federal, no julgamento do Mandado de Injunção nº 257-6-DF, em 10.11.93, acórdão publicado no *DJU* de 1º jul. 1994, reconheceu que é condição inafastável para o conhecimento da ação a inexistência de norma regulamentadora.

Eis o trecho da decisão que consagra a necessidade imperiosa da identificação do pressuposto: "Mandado de Injunção não conhecido, dado que o exercício do direito dos pensionistas não necessita, para ser viabilizado, de lei regulamentadora".

Justifica-se perfeitamente a conclusão pois, se o direito reclamado encontrar amparo em norma de eficácia plena ou autoaplicável,[19] o Mandado de Injunção não se revelará instrumento processual apto a reparar eventual lesão a direito.

De maneira muito mais clara e desenvolvida de forma extremamente didática, invoca-se a manifestação do Excelso Pretório pátrio no julgamento do MI nº 81-6-DF (*DJU* de 25 maio 1990). A compreensão pretoriana, materializada por meio do voto do eminente Min. Celso de Mello, restou vazada nos seguintes termos:

> A estrutura constitucional do mandado de injunção impõe, como um dos pressupostos essenciais de sua admissibilidade, a ausência de norma regulamentadora. Essa situação de lacuna técnica — que se traduz na existência de um nexo causal entre *vacuum juris* e a impossibilidade do exercício dos direitos e liberdades constitucionais e das prerrogativas inerentes à nacionalidade, à soberania e à cidadania — constitui requisito que condiciona a própria impetrabilidade desse novo remédio instituído pela Constituição de 1988.

Para demonstrar presente o requisito processual, torna-se necessário, inclusive, como já assentado na jurisprudência do Superior Tribunal de Justiça, que o impetrante aponte o dispositivo constitucional carecedor de regulamentação (MI nº 67-CE-9190700, Rel. Min. Pedro Acioli, unânime, *DJU*, 21 out. 1991, p. 14.723, e MI nº 169/DF, Rel. Min. Felix Fischer, *DJU*, 25 mar. 2002, p. 156).

Assim não procedendo, ou caso se constate que o exercício do direito reclamado independe de norma regulamentadora (previsto em norma constitucional autoaplicável),[20] ou, ainda, se a norma regulamentadora já existir, disciplinando suficientemente o direito, padecerá o Mandado de Injunção de um pressuposto essencial, falando-lhe uma das condições de processamento.

Ressalte-se que o STF também já manifestou o entendimento de que a superveniência do ato normativo primário faltante e expressamente reclamado

---

[19] Reconhecendo não caber Mandado de Injunção contra situação prevista em norma constitucional autoexecutável, também os seguintes acórdãos: STF-MI nº 97-2-MG, Rel. Min. Sydney Sanches, *DJU*, 23 mar. 1990, p. 2084, STF-MI nº 152-9-DF, Rel Min. Célio Borja, *DJU*, 20 abr. 1990, p. 3047, STF-MI nº 182-1-DF, Rel. Min. Sydney Sanches, *DJU*, 22 mar. 1991, p. 3.054, STF-MI nº 261-1-DF, Rel. Min. Carlos Velloso, d. em 10.11.1993, e STF-MI nº 79-4 – Ag. Reg., Rel. Min. Octávio Galloti, d. em 02.08.1998.

[20] Já decidiu o STF (MI nº 59 AgR, Rel. Min. Octavio Gallotti, j. em 31.10.1996) que não cabe Mandado de Injunção para reclamar a regulamentação de dispositivo constitucional dotado de eficácia imediata nem para reivindicar a declaração de inconstitucionalidade de lei existente que se alega contrariar o mesmo dispositivo. No julgamento do RE nº 211010, Rel. Min. Sydney Sanches, 1ª T., j. em 29.04.1997, o STF não conheceu dos MIs nºs 211 e 263, pois visavam os impetrantes a elaboração de lei a que se referia determinado artigo da Constituição considerado pela Corte autoaplicável.

pela Constituição, como requisito essencial à plena eficácia jurídica do preceito tido como não autoaplicável, gera, na perspectiva das consequências de ordem processual que lhe são inerentes, uma situação de prejudicialidade que afeta o próprio prosseguimento da ação injuncional (MI nº 288-6-DF, Rel. Min. Celso de Mello, *DJU*, 03 maio 1995, p. 11.629). É típica situação de perda de objeto.[21]

Idêntico raciocínio deverá ser adotado diante da superveniente revogação de dispositivo constitucional que se pretende regulamentar (MI nº 646 AgR, Rel. Min. Sepúlveda Pertence, j. em 04.08.2005).

Ainda em relação à *norma regulamentadora*, uma derradeira observação complementar parece oportuna.

O pressuposto que justifica o ajuizamento do Mandado de Injunção não é somente a ausência de norma, no sentido de absoluta falta (inexistência) material.

As situações de inércia parcial ou, na linguagem de Canotilho,[22] *omissão legislativa parcial*, também autorizam o manejo do remédio heroico. O constitucionalista português, com precisão, sustenta que "a omissão legislativa existe quando o legislador não cumpre ou cumpre incompletamente o dever constitucional de emanar normas destinadas a atuar as imposições permanentes e concretas".

A possibilidade de utilização do *writ*, diante dessa circunstância (falta de regulamentação parcial), também é entendimento de Willis Santiago Guerra Filho,[23] pois, como adverte, o remédio processual seria condenado ao completo desuso quando fossem editadas todas as normas regulamentadoras reclamadas pela Carta Constitucional.

Seria perfeitamente possível deparar-se com uma situação em que, apesar da existência da norma regulamentadora, o direito do eventual titular ainda não se encontre suficientemente viabilizado, por deficiência da norma (regramento parcial), impedindo o exercício do direito potencialmente previsto na norma constitucional.

Somente a constatação da omissão total ou parcial não é garantia de êxito na impetração.

Como adverte Carlos Ari Sundfeld,[24] "não é a simples falta de norma que autoriza o mandado de injunção". É mister que haja nexo de causalidade com a inviabilização de exercício do direito reclamado. Vale dizer: o que importa é que a reclamada norma seja condição suficiente "à operatividade do comando constitucional".

Sem a identificação dos pressupostos referidos (direito potencialmente assegurado em norma com sede constitucional; falta de norma regulamentadora e nexo de causalidade), o Mandado de Injunção será fadado ao insucesso, visto que padecerá do vício insanável de ausência das condições da ação especificamente consideradas.

---

[21] No mesmo sentido o julgamento do MI nº 202/PE, rel. para o acórdão Min. Carlos Velloso, j. em 12.02.1998, *Informativo STF*, n. 99.

[22] *Direito constitucional*. 5. ed. Coimbra: Livraria Almedina, 1992. p. 1.102. O mestre de Coimbra define a *omissão legislativa parcial*, como sendo aquela derivada de atos legislativos concretizadores de imposições legiferantes, favorecendo certos grupos ou situações, esquecendo outros grupos e outras situações que preenchem os mesmos pressupostos de fato.

[23] *Op. cit.*, p. 107-108. Carlos Ari Sundfeld também partilha desse entendimento (*op. cit.*, p. 148). O STF no julgamento do MI nº 107/DF, Rel. Min. Moreira Alves, *DJ*, 21 set. 1990, reconheceu expressamente a possibilidade do manejo do Mandado de Injunção diante de omissão parcial.

[24] *Op. cit.*, p. 147.

4 O alcance da decisão no julgamento do Mandado de Injunção e a evolução da jurisprudência do Supremo Tribunal Federal

Qual o alcance e o conteúdo da decisão judicial que julga procedente — ou acolhe — o pedido na ação injuncional? Deverá o órgão judiciário competente elaborar a norma regulamentadora reclamada? Ou tão somente possibilitar a fruição do direito consagrado na Constituição? E os efeitos da decisão? O provimento judicial vinculará exclusivamente o caso *sub judice* ou poderá ser invocado por todos aqueles que estejam em situação equivalente, também titulares dos mesmos direitos?

Tais questionamentos — e outros — objeto de profunda discussão doutrinária ocuparam o meio acadêmico, suscitando calorosos debates.

Logo após as pioneiras decisões da Suprema Corte nacional como resultado da apreciação de impetrações de mandados de injunção, percebia-se, a contragosto do sentimento da doutrina especializada, que o STF iria adotar uma postura nitidamente conservadora.

Nesse passo, como admoesta Alexandre de Moraes,[25] o Supremo Tribunal Federal firmou entendimento "no sentido de atribuir ao mandado de injunção a finalidade específica de ensejar [tão somente] o reconhecimento formal da inércia do Poder Público". Concluiu, assim, que, em face do acanhado posicionamento, o STF não deixou espaço para

> falar em medidas jurisdicionais que estabeleçam, desde logo, condições viabilizadoras do exercício do direito, da liberdade ou da prerrogativa constitucionalmente prevista, mas, tão somente, deverá ser dado ciência ao poder competente para que edite a norma faltante.

Patrocinou a Corte, inicialmente, uma linha depois denominada de *não concretista*, por identificar o alcance da decisão injuncional com a natureza do provimento judicial proferido em sede de controle abstrato da omissão inconstitucional.

Ora, como no julgamento da Ação Direta de Inconstitucionalidade por Omissão caberá ao STF somente atestar a mora e comunicar ao Poder omisso o reconhecimento judicial da sua inércia (art. 103, §2º — CF), o Excelso Pretório, durante quase duas décadas, transformou o Mandado de Injunção em instrumento processual inócuo.

No julgamento do MI nº 708 (25.10.2007) o Min. Gilmar Mendes, de forma extremamente didática, resumiu o posicionamento clássico da Corte:

> 1.1. No julgamento do MI nº 107/DF, Rel. Min. Moreira Alves, DJ 21.9.1990, o Plenário do STF consolidou entendimento que conferiu ao mandado de injunção os seguintes elementos operacionais: i) os direitos constitucionalmente garantidos por meio de mandado de injunção apresentam-se como direitos à expedição de um ato normativo, os quais, via de regra, não poderiam ser diretamente satisfeitos por meio de provimento jurisdicional do STF; ii) a decisão judicial que declara a existência

---

[25] *Constituição do Brasil interpretada e legislação constitucional*. 6. ed. São Paulo: Atlas. p. 430-431.

de uma omissão inconstitucional constata, igualmente, a mora do órgão ou poder legiferante, insta-o a editar a norma requerida; iii) a omissão inconstitucional tanto pode referir-se a uma omissão total do legislador quanto a uma omissão parcial; iv) a decisão proferida em sede do controle abstrato de normas acerca da existência, ou não, de omissão é dotada de eficácia *erga omnes*, e não apresenta diferença significativa em relação a atos decisórios proferidos no contexto de mandado de injunção; iv) o STF possui competência constitucional para, na ação de mandado de injunção, determinar a suspensão de processos administrativos ou judiciais, com o intuito de assegurar ao interessado a possibilidade de ser contemplado por norma mais benéfica, ou que lhe assegure o direito constitucional invocado; v) por fim, esse plexo de poderes institucionais legitima que o STF determine a edição de outras medidas que garantam a posição do impetrante até a oportuna expedição de normas pelo legislador.

Como visto, o direito pretoriano, forjado a partir das decisões proferidas sob os auspícios dos julgadores que, naquela oportunidade, integravam a mais alta Corte de Justiça, explicitou os contornos processuais do Mandado de Injunção, com lastro no julgamento do MI nº 107 QO/DF (j. em 23.11.1989, *DJU*, 21 set. 1990), indicando conclusões que balizaram a compreensão do *writ*, bem como definindo o alcance do provimento judicial a ser proferido no exame da ação constitucional.

A ementa do acórdão — à época *leading case* da matéria — restou assim redigida (sem os destaques):

> Mandado de Injunção. Questão de ordem sobre sua auto-aplicabilidade, ou não. - Em face dos textos da Constituição Federal relativos ao Mandado de Injunção, é ele ação outorgada ao titular de direito, garantia ou prerrogativa a que alude o artigo 5º, LXXI, dos quais o exercício esta inviabilizado pela falta de norma regulamentadora, é ação que visa a obter do Poder Judiciário a declaração de inconstitucionalidade dessa omissão se estiver caracterizada a mora em regulamentar por parte do poder, órgão, entidade ou autoridade de que ela dependa, com a finalidade de que se lhe dê ciência dessa declaração, *para que adote as providências necessárias, a semelhança do que ocorre com a ação direta de inconstitucionalidade por omissão* (artigo 103, par-2º, da Carta Magna), e de que se determine, se se tratar de direito constitucional oponível contra o Estado, a suspensão dos processos judiciais ou administrativos de que possa advir para o impetrante dano que não ocorreria se não houvesse a omissão inconstitucional. Assim fixada a natureza desse mandado, é ele, no âmbito da competência desta Corte — que está devidamente definida pelo artigo 102, I, 'q' —, auto-executável, uma vez que, para ser utilizado, não depende de norma jurídica que o regulamente, inclusive quanto ao procedimento, aplicável que lhe é analogicamente o procedimento do Mandado de Segurança, no que couber. Questão de ordem que se resolve no sentido da auto-aplicabilidade do mandado de injunção, nos termos do voto do relator. (MI nº 107 QO, Relator Min. Moreira Alves, Tribunal Pleno, julgado em 23.11.1989, *DJ*, 21 set. 1990, pp-09782, Ement Vol-01595-01, pp-00001)

O julgamento do MI nº 107 QO/DF, portanto, indicado como paradigma para as futuras apreciações da mesma ação, delimitou o alcance das decisões que posteriormente foram editadas. Limitava-se o STF, em casos como tais, a constatar a mora, declarando-a expressamente, e a comunicar a decisão ao Poder, órgão ou autoridade de quem se reconhecia a conduta omissiva, a postura inercial. Os acórdãos adiante indicados representam a primeira fase — da postura não concretista — por consagrarem, pelas suas próprias conclusões, um alcance extremamente limitado do instituto (sem os destaques em itálico no original):

> Mandado de injunção: ausência de regulamentação do direito ao aviso prévio proporcional previsto no art. 7º, XXI, da Constituição da República. Mora legislativa: critério objetivo de sua verificação: *procedência, para declarar a mora e comunicar a decisão ao Congresso Nacional para que a supra*. (MI nº 695, Relator Min. Sepúlveda Pertence, Tribunal Pleno, julgado em 1º.03.2007, *DJ*, 20 abr. 2007, pp-00087, Ement Vol-02272-01, pp-00001, *LEXSTF*, v. 29, n. 341, p. 90-94, 2007, *RDECTRAB*, v. 14, n. 155, p. 118-133, 2007)

> Direito Constitucional. Mandado de Injunção. Taxa de juros reais: limite de 12% ao ano. Artigos 5º, inciso LXXI, e 192, §3º, da Constituição Federal. 1. Em face do que ficou decidido pelo Supremo Tribunal Federal, ao julgar a ADI nº 4, o limite de 12% ao ano, previsto, para os juros reais, pelo §3º do art. 192 da Constituição Federal, depende da aprovação da Lei regulamentadora do Sistema Financeiro Nacional, a que se refere o "caput" do mesmo dispositivo. 2. *Estando caracterizada a mora do Poder Legislativo, defere-se, em parte, o Mandado de Injunção, para se determinar ao Congresso Nacional que elabore tal Lei*. 3. O deferimento é parcial porque não pode esta Corte impor, em ato próprio, a adoção de tal taxa, nos contratos de interesse dos impetrantes ou de quaisquer outros interessados, que se encontrem na mesma situação. 4. Precedentes. (MI nº 611, Relator Min. Sydney Sanches, Tribunal Pleno, julgado em 21.08.2002, *DJ*, 29 nov. 2002, pp-00018, Ement Vol-02093-01, pp-00058)

> Mandado de Injunção. Direito de greve dos servidores públicos. Artigo 37, VII, da Constituição Federal. *Configurada a mora do Congresso Nacional na regulamentação do direito sob enfoque, impõe-se o parcial deferimento do writ para que tal situação seja comunicada ao referido órgão.* (MI nº 585, Relator: Min. Ilmar Galvão, Tribunal Pleno, julgado em 15.05.2002, *DJ*, 02 ago. 2002, pp-00059, Ement Vol-02076-01, pp-00030)

> Mandado de Injunção. Direito de greve do servidor público. Artigo 37, VII, da Constituição Federal. Necessidade de integração legislativa. Omissão do Congresso Nacional. 1. Servidor público. Exercício do direito público subjetivo de greve. Necessidade de integralização da norma prevista no artigo 37, VII, da Constituição Federal, mediante edição de lei complementar, para definir os termos e os limites do exercício do direito de greve no serviço público. Precedentes. 2. *Observância às disposições da Lei 7.783/89, ante a ausência de lei complementar, para regular o exercício do direito de greve dos serviços públicos. Aplicação dos métodos de integração da norma, em face da lacuna legislativa. Impossibilidade. A hipótese não é de existência de lei omissa, mas de ausência de norma reguladora específica. Mandado de injunção conhecido em parte e, nessa parte, deferido, para declarar a omissão legislativa.* (MI nº 485, Relator Min. Maurício Corrêa, Tribunal Pleno, julgado em 25.04.2002, *DJ*, 23 ago. 2002, pp-00071, Ement Vol-02079-01, pp-00001)

Mandado de injunção. Juros reais. Parágrafo 3º do artigo 192 da Constituição Federal. - Esta Corte, ao julgar a ADIN nº 4, entendeu, por maioria de votos, que o disposto no §3º do artigo 192 da Constituição Federal não era auto-aplicável, razão por que necessita de regulamentação. - Passados mais de doze anos da promulgação da Constituição, sem que o Congresso Nacional haja regulamentado o referido dispositivo constitucional, e sendo certo que a simples tramitação de projetos nesse sentido não é capaz de elidir a mora legislativa, não há dúvida de que esta, no caso, ocorre. *Mandado de injunção deferido em parte, para que se comunique ao Poder Legislativo a mora em que se encontra, a fim de que adote as providências necessárias para suprir a omissão, deixando-se de fixar prazo para o suprimento dessa omissão constitucional em face da orientação firmada por esta Corte (MI 361).* (MI nº 584, Relator Min. Moreira Alves, Tribunal Pleno, julgado em 29.11.2001, *DJ*, 22 fev. 2002, pp-00036, Ement Vol-02058-01, pp-00019)

Juros reais: limitação constitucional (art. 192, §3º) de eficácia pendente de lei complementar, conforme decisão majoritária do STF: *procedência parcial do mandado de injunção, na linha dos numerosos e improfícuos precedentes a respeito para declarar a mora legislativa e comunicá-la ao Congresso Nacional.* (MI nº 587, Relator Min. Sepúlveda Pertence, Tribunal Pleno, julgado em 03.10.2001, *DJ*, 31 out. 2001, pp-00006, Ement Vol-02050-02, pp-00235)

Mandado de Injunção. Regulamentação do disposto no art. 7º, incisos I e XXI da Constituição Federal. Relação de emprego protegida contra despedida arbitrária ou sem justa causa. Aviso prévio proporcional ao tempo de serviço. Pedido não conhecido em relação ao art. 7º, I da CF, diante do que decidiu esta Corte no MI nº 114/SP. Pedido deferido em parte no que toca à regulamentação do art. 7º, XXI da CF, *para declarar a mora do Congresso Nacional, que deverá ser comunicado para supri-la.* (MI nº 278, Relator Min. Carlos Velloso, Relatora p/ Acórdão: Min. Ellen Gracie, Tribunal Pleno, julgado em 03.10.2001, *DJ*, 14 dez. 2001, pp-00028, Ement Vol-02053-01, pp-00001)

O tempo passou e numa segunda etapa constata-se relativo avanço na jurisprudência do Supremo Tribunal. Trecho do voto do Min. Gilmar Mendes proferido no julgamento do MI nº 718, já referido anteriormente, indica a nova posição assumida pela Corte Suprema:

... o STF flexibilizou a interpretação constitucional primeiramente fixada para conferir uma compreensão mais abrangente à garantia fundamental do mandado de injunção. A partir de uma série de precedentes, o Tribunal passou a admitir soluções "normativas" para a decisão judicial como alternativa legítima de tornar a proteção judicial efetiva (CF, art. 5º, XXXV). Precedentes: MI nº 283, Rel. Min. Sepúlveda Pertence, DJ 14.11.1991; MI nº 232/RJ, Rel. Min. Moreira Alves, DJ 27.3.1992; MI nº 284, Rel. Min. Marco Aurélio, Red. para o acórdão Min. Celso de Mello, DJ 26.6.1992; MI nº 543/DF, Rel. Min. Octavio Gallotti, DJ 24.5.2002; MI nº 679/DF, Rel. Min. Celso de Mello, DJ 17.12.2002; e MI nº 562/DF, Rel. Min. Ellen Gracie, DJ 20.6.2003.

Colhem-se alguns acórdãos que cristalizam a nova orientação da Corte (sem os registros em itálico no original):

Constitucional art. 8º, §3º do ADCT Anístia. Reparação econômica àqueles que foram impedidos de exercerem, na vida civil, atividade profissional. Portarias reservadas do Ministério da Aeronáutica. Mora do Congresso Nacional. Projetos de lei vetados pelo Chefe do Poder Executivo. Writ pretende a mudança de orientação deste Tribunal, para que este fixe os limites da reparação e acompanhe a execução do acórdão. *O Tribunal decidiu assegurar, de plano, o direito à indenização, sem constituir em mora o Congresso Nacional, para, mediante ação de liquidação, independentemente de sentença de condenação, a fixar o valor da indenização. Mandado de injunção deferido em parte.* (MI nº 543, Relator Min. Octavio Gallotti, Tribunal Pleno, julgado em 26.10.2000, DJ, 24 maio 2002, pp-00055, Ement Vol-02070-01, pp-00035)

O novo "writ" constitucional, consagrado pelo art. 5., LXXI, da Carta Federal, não se destina a constituir direito novo, nem a ensejar ao Poder Judiciário o anômalo desempenho de funções normativas que lhe são institucionalmente estranhas. O mandado de injunção não e o sucedâneo constitucional das funções político-jurídicas atribuídas aos órgãos estatais inadimplentes. A própria excepcionalidade desse novo instrumento jurídico "impõe" ao Judiciário o dever de estrita observância do princípio constitucional da divisão funcional do poder. - Reconhecido o estado de mora inconstitucional do Congresso Nacional — único destinatário do comando para satisfazer, no caso, a prestação legislativa reclamada — e considerando que, embora previamente cientificado no Mandado de Injunção n. 283, rel. Min. SEPÚLVEDA PERTENCE, absteve-se de adimplir a obrigação que lhe foi constitucionalmente imposta, torna-se "prescindível nova comunicação a instituição parlamentar, *assegurando-se aos impetrantes, "desde logo", a possibilidade de ajuizarem, "imediatamente", nos termos do direito comum ou ordinário, a ação de reparação de natureza econômica instituída em seu favor pelo preceito transitório.* (MI nº 284, Relator Min. Marco Aurélio, Relator(a) p/ Acórdão Min. Celso de Mello, Tribunal Pleno, julgado em 22.11.1992, DJ, 26 jun. 1992, pp-10103, Ement Vol-01667-01, pp-00001, RTJ Vol-00139-03, pp-00712 – Ementa com transcrição parcial)

Mandado de injunção. - Legitimidade ativa da requerente para impetrar mandado de injunção por falta de regulamentação do disposto no par. 7. do artigo 195 da Constituição Federal. - Ocorrência, no caso, em face do disposto no artigo 59 do ADCT, de mora, por parte do Congresso, na regulamentação daquele preceito constitucional. *Mandado de injunção conhecido, em parte, e, nessa parte, deferido para declarar-se o estado de mora em que se encontra o Congresso Nacional, a fim de que, no prazo de seis meses, adote ele as providencias legislativas que se impõem para o cumprimento da obrigação de legislar decorrente do artigo 195, par. 7., da Constituição, sob pena de, vencido esse prazo sem que essa obrigação se cumpra, passar o requerente a gozar da imunidade requerida.* (MI nº 232, Relator Min. Moreira Alves, Tribunal Pleno, julgado em 02.08.1991, DJ, 27 mar. 1992, pp-03800, Ement Vol-01655-01, pp-00018, RTJ Vol-00137-03, pp-00965)

Mandado de injunção. Omissão do Congresso Nacional no tocante a regulamentação do parágrafo 3º. do artigo 8. do ADCT. - Alcance do mandado de injunção segundo o julgamento do Mandado de Injunção n. 107 com possibilidade de aplicação de providências adicionais nele genericamente admitidas, e concretizadas no julgamento do Mandado de Injunção n. 283. - O prazo fixado, no julgamento do

Mandado de Injunção n. 283, para o cumprimento do dever constitucional de editar essa regulamentação de há muito se escoou sem que a omissão tenha sido suprida. *Não há, pois, razão para se conceder novo prazo ao Congresso Nacional para o adimplemento desse seu dever constitucional, impondo-se, desde logo, que se assegure aos impetrantes a possibilidade de ajuizarem, com base no direito comum, ação de perdas e danos para se ressarcirem do prejuízo que tenha sofrido.* Mandado de injunção conhecido em parte, e nela deferido. (MI nº 447, Relator Min. Moreira Alves, Tribunal Pleno, julgado em 05.05.1994, *DJ*, 1º jul. 1994, pp-17495, Ement Vol-01751-01, pp-00038)

A norma constitucional invocada (ADCT, art. 8º, par. 3. - "Aos cidadãos que foram impedidos de exercer, na vida civil, atividade profissional especifica, em decorrência das Portarias Reservadas do Ministério da Aeronáutica n. S-50-GM5, de 19 de junho de 1964, e n. S-285-GM5 será concedida reparação econômica, na forma que dispuser lei de iniciativa do Congresso Nacional e a entrar em vigor no prazo de doze meses a contar da promulgação da Constituição" — vencido o prazo nela previsto, legitima o beneficiário da reparação mandada conceder a impetrar mandado de injunção, dada a existência, no caso, de um direito subjetivo constitucional de exercício obstado pela omissão legislativa denunciada. 3. Se o sujeito passivo do direito constitucional obstado e a entidade estatal a qual igualmente se deva imputar a mora legislativa que obsta ao seu exercício, e dado ao Judiciário, ao deferir a injunção, somar, aos seus efeitos mandamentais típicos, o provimento necessário a acautelar o interessado contra a eventualidade de não se ultimar o processo legislativo, no prazo razoável que fixar, de modo a facultar-lhe, quanto possível, a satisfação provisória do seu direito. 4. *Premissas, de que resultam, na espécie, o deferimento do mandado de injunção para: a) declarar em mora o legislador com relação a ordem de legislar contida no art. 8., par. 3., ADCT, comunicando-o ao Congresso Nacional e a Presidência da Republica; b) assinar o prazo de 45 dias, mais 15 dias para a sanção presidencial, a fim de que se ultime o processo legislativo da lei reclamada; c) se ultrapassado o prazo acima, sem que esteja promulgada a lei, reconhecer ao impetrante a faculdade de obter, contra a União, pela via processual adequada, sentença liquida de condenação a reparação constitucional devida, pelas perdas e danos que se arbitrem; d) declarar que, prolatada a condenação, a superveniência de lei não prejudicara a coisa julgada, que, entretanto, não impedira o impetrante de obter os benefícios da lei posterior, nos pontos em que lhe for mais favorável.* (MI nº 283, Relator Min. Sepúlveda Pertence, Tribunal Pleno, julgado em 20.03.1991, *DJ*, 14 nov. 1991, pp-16355, Ement Vol-01642-01, pp-00001, RTJ Vol-00135-03, pp-00882)

Mandado de Injunção. Artigo 8º, §3º do ADCT. Direito à reparação econômica aos cidadãos alcançados pelas portarias reservadas do Ministério da Aeronáutica. Mora legislativa do Congresso Nacional. 1 – Na marcha do delineamento pretoriano do instituto do Mandado de Injunção, assentou este Supremo Tribunal que "a mera superação dos prazos constitucionalmente assinalados é bastante para qualificar, como omissão juridicamente relevante, a inércia estatal, apta a ensejar, como ordinário efeito conseqüencial, o reconhecimento, "hic et nunc", de uma situação de inatividade inconstitucional." (MI 543, voto do Ministro Celso de Mello, in DJ 24.05.2002). Logo, desnecessária a renovação de notificação ao órgão legislativo que, no caso, não apenas incidiu objetivamente na omissão do dever de legislar, passados quase quatorze anos da promulgação da regra que lhe criava tal obrigação, mas que, também, já foi anteriormente cientificado por esta Corte, como resultado da decisão de outros mandados de injunção. 2 – Neste mesmo precedente, acolheu esta Corte proposição do eminente Ministro Nelson Jobim, e assegurou "aos impetrantes o imediato exercício do direito a esta indenização, nos termos do direito comum e assegurado pelo §3º do art. 8º do ADCT, mediante ação de liquidação, independentemente de sentença de condenação, para a fixação do valor da indenização. 3 – *Reconhecimento da mora legislativa do Congresso Nacional em editar a norma prevista no parágrafo 3º do art. 8º do ADCT, assegurando-se, aos impetrantes, o exercício da ação de reparação patrimonial, nos termos do direito comum ou ordinário, sem prejuízo de que se venham, no futuro, a beneficiar de tudo quanto, na lei a ser editada, lhes possa ser mais favorável que o disposto na decisão judicial. O pleito deverá ser veiculado diretamente mediante ação de liquidação, dando-se como certos os fatos constitutivos do direito, limitada, portanto, a atividade judicial à fixação do "quantum" devido.* 4 – Mandado de injunção deferido em parte. (MI nº 562, Relator Min. Carlos Velloso, Relatora p/ Acórdão Min. Ellen Gracie, Tribunal Pleno, julgado em 20.02.2003, *DJ*, 20 jun. 2003, pp-00058, Ement Vol-02115-02, pp-00260)

Percebe-se nessa nova fase, de fato, uma certa ampliação dos efeitos da decisão injuncional. No entanto, apesar de o STF possibilitar, em alguns casos, a incidência de efeitos concretos, mantinha incólume o tradicional entendimento da Corte, sob o argumento de que ao Poder Judiciário não caberia, em nenhuma hipótese, implementar o direito reclamado, criando norma supletiva.

No segundo semestre do ano de 2007, uma nova aurora se apresentava. A mais alta Corte de Justiça brasileira anunciou uma radical mudança de entendimento, o que já se esperava tendo em vista a completa renovação dos membros que compunham aquela Casa da Justiça antes do início do Governo titularizado pelo Presidente Lula.

Especificamente em 25 de outubro de 2007, o STF foi protagonista de um momento histórico relativamente à compreensão do alcance do Mandado de Injunção. De instrumento que somente testificava a mora legislativa sem nenhum (ou quase nenhum) reflexo prático, passou o remédio constitucional a possibilitar a fruição — o exercício efetivo — de direitos consagrados potencialmente na Carta Magna, mas inviabilizados pela falta de norma regulamentadora.

No julgamento do MI nº 712 (Rel. Min. Eros Grau, j. em 25.10.2007), onde se pleiteava a garantia do exercício do direito de greve de servidores públicos, a Corte assentou um novo posicionamento.

Sentenciou:

> diante de mora legislativa, cumpre ao Supremo Tribunal Federal decidir no sentido de suprir omissão dessa ordem. Esta Corte não se presta, quando se trate da apreciação de mandados de injunção, a emitir decisões desnutridas de eficácia.

Resolveu, enfim, possibilitar ao Mandado de Injunção o cumprimento do seu real e verdadeiro papel constitucional: ser instrumento de implementação do direito reclamado. Nesse passo, refutou, de pronto, eventuais críticas com lastro em entendimento pretoriano agora ultrapassado (trecho da ementa do acórdão no julgamento do MI nº 712):

o argumento de que a Corte estaria então a legislar — o que se afiguraria inconcebível, por ferir a independência e harmonia entre os poderes [art. 2º da Constituição do Brasil] e a separação dos poderes [art. 60, §4º, III] — é insubsistente. O Poder Judiciário está vinculado pelo dever-poder de, no mandado de injunção, formular supletivamente a norma regulamentadora de que carece o ordenamento jurídico. No mandado de injunção o Poder Judiciário não define norma de decisão, mas enuncia o texto normativo que faltava para, no caso, tornar viável o exercício do direito de greve dos servidores públicos.

Para justificar o acerto da decisão, no julgamento do MI nº 708, o Ministro-Relator Gilmar Mendes invocou a experiência do direito comparado, em especial na Alemanha e na Itália, para também admitir que "o Poder Judiciário adote medidas normativas como alternativa legítima de superação de omissões inconstitucionais, sem que a proteção efetiva a direitos fundamentais se configure como ofensa ao modelo de separação de poderes (CF, art. 2º)".

Nessa novel linha de compreensão, deliberou o STF julgar procedente o Mandado de Injunção para remover o obstáculo decorrente da omissão legislativa e, supletivamente, tornar viável o exercício do direito reclamado.

Inaugurava-se, assim, uma nova fase na jurisprudência do Supremo Tribunal Federal e um alvorecer do remédio constitucional até então incompreendido.

Seguindo a nova orientação, outras decisões foram proferidas (sem o destaque em itálico):

Mandado de Injunção. Aposentadoria especial do servidor público. Artigo 40, §4º, da Constituição da República. Ausência de lei complementar a disciplinar a matéria. Necessidade de integração legislativa. 1. Servidor público. Investigador da polícia civil do Estado de São Paulo. Alegado exercício de atividade sob condições de periculosidade e insalubridade. 2. Reconhecida a omissão legislativa em razão da ausência de lei complementar a definir as condições para o implemento da aposentadoria especial. 3. *Mandado de injunção conhecido e concedido para comunicar a mora à autoridade competente e determinar a aplicação, no que couber, do art. 57 da Lei nº 8.213/91.* (MI nº 795, Relator Min. Cármen Lúcia, Tribunal Pleno, julgado em 15.04.2009, DJe-094, Divulg 21.05.2009, Public 22.05.2009, Ement Vol-02361-01, pp-00078)

Mandado de Injunção – Natureza. Conforme disposto no inciso LXXI do artigo 5º da Constituição Federal, conceder-se-á mandado de injunção quando necessário ao exercício dos direitos e liberdades constitucionais e das prerrogativas inerentes à nacionalidade, à soberania e à cidadania. Há ação mandamental e não simplesmente declaratória de omissão. A carga de declaração não é objeto da impetração, mas premissa da ordem a ser formalizada. Mandado de Injunção – Decisão – Balizas. Tratando-se de processo subjetivo, a decisão possui eficácia considerada a relação jurídica nele revelada. Aposentadoria – Trabalho em condições especiais – Prejuízo à saúde do servidor – Inexistência de lei complementar – Artigo 40, §4º, da Constituição Federal. *Inexistente a disciplina específica da aposentadoria especial do servidor, impõe-se a adoção, via pronunciamento judicial, daquela própria aos trabalhadores em geral — artigo 57, §1º, da Lei nº 8.213/91.* (MI nº 758, Relator Min. Marco Aurélio, Tribunal Pleno, julgado em 1º.07.2008, DJe-182, Divulg 25.09.2008, Public 26.09.2008, Ement Vol-02334-01, pp-00037, *RDECTRAB*, v. 15, n. 174, p. 157-167, 2009)

Observa-se que, nessa atual fase, o Supremo Tribunal Federal migrou da já ultrapassada posição *não concretista* para alcançar uma típica postura *concretista*. O provimento judicial editado não se prestava mais a reconhecer a mora legislativa e comunicar ao Poder omisso a sua falta. Necessitava avançar.

Ao conhecer e conceder o Mandado de Injunção, o STF, sob nova orientação, possibilitará a implementação do direito do impetrante (*postura concretista individual*). Em outras situações (direito de greve de servidor público, *v.g.*), definirá as condições de exercício do direito reclamado pelo impetrante, estendendo até os efeitos da decisão a outros interessados que se encontrem em situação equivalente (*concretista geral*). Digna de nota a conclusão do Min. Eros Grau (25.10.2007), no julgamento do MI nº 712/PA: "nada obsta a que, no que tange a hipóteses de outras impetrações, no futuro, que versem situações análogas, a elas seja estendida, por despacho monocrático do relator, essa mesma regulação, nos termos do disposto no artigo 21 do Regimento interno desta Corte".

Encontrou a Suprema Corte, merecendo todos os encômios de grande parte dos constitucionalistas pátrios, um novo rumo de atuação para, enfim, assegurar o cumprimento da verdadeira missão do Mandado de Injunção: instrumento de efetividade da Constituição.

5 Aspectos processuais outros da ação injuncional definidos no direito pretoriano

A seguir, de forma sintética e sistemática, serão apresentados acórdãos do Supremo Tribunal que definem outros aspectos processuais específicos aplicados ao Mandado de Injunção.

a) Capacidade postulatória: exige-se no processamento do Mandado de Injunção.

Mandado de Injunção – Ajuizamento – Ausência de capacidade postulatória – Pressuposto processual subjetivo – Incognoscibilidade da ação injuncional – Agravo regimental não conhecido. Direito de petição e a questão da capacidade postulatória. - A posse da capacidade postulatória constitui pressuposto processual subjetivo referente à parte. Sem que esta titularize o "jus postulandi", torna-se inviável a válida constituição da própria relação processual, o que faz incidir a norma inscrita no art. 267, IV, do CPC, gerando, em conseqüência, como necessário efeito de ordem jurídica, a extinção do processo, sem resolução de mérito. (MI nº 772 AgR, Relator Min. Celso de Mello, Tribunal Pleno, julgado em 24.10.2007, *DJe*-053, Divulg 19.03.2009, Public 20.03.2009, Ement Vol-02353-01, pp-00057 – transcrição parcial da ementa)

b) Pedido de desistência no curso do julgamento: impossibilidade.

É incabível o pedido de desistência formulado após o início do julgamento por esta Corte, quando a maioria dos Ministros já havia se manifestado favoravelmente à concessão da medida. (MI nº 712 QO, Relator Min. Eros Grau, Tribunal Pleno, julgado em 15.10.2007, *DJe*-147, Divulg 22.11.2007, Public 23.11.2007, *DJ*, 23.11.2007, pp-00030, Ement Vol-02300-01, pp-00010, RTJ Vol-00205-03, pp-01029 – ementa com transcrição parcial)

c) Mandado de Injunção coletivo: impetração possível, mesmo sem referência expressa na Constituição Federal.

Entidades sindicais dispõem de legitimidade ativa para a impetração do mandado de injunção coletivo, que constitui instrumento de atuação processual destinado a viabilizar, em favor dos integrantes das categorias que essas instituições representam, o exercício de liberdades, prerrogativas e direitos assegurados pelo ordenamento constitucional. Precedentes sobre a admissibilidade do mandado de injunção coletivo: MI 20, Rel. Min. Celso de Mello; MI 342, Rel. Min. Moreira Alves, e MI 361, Rel. p/ o acórdão Min. Sepúlveda Pertence. Inércia do Congresso Nacional e desprestígio da Constituição. ... (Ementa com transcrição parcial). (MI nº 472, Relator: Min. Celso de Mello, Tribunal Pleno, julgado em 06.09.1995, *DJ*, 02 mar. 2001, pp-00003, Ement Vol-02021-01, pp-00001)
A jurisprudência do Supremo Tribunal Federal admite legitimidade ativa *ad causam* aos sindicatos para a instauração, em favor de seus membros ou associados, do mandado de injunção coletivo. II. – Precedentes: MMII 20, 73, 342, 361 e 363. (MI nº 102, Relator Min. Marco Aurélio, Relator p/ Acórdão Min. Carlos Velloso, Tribunal Pleno, julgado em 12.02.1998, *DJ*, 25 out. 2002, pp-00025, Ement Vol-02088-01, pp-00001 – ementa com transcrição parcial)

d) Medida Liminar: impossibilidade.

Mandado de Injunção – Liminar. Os pronunciamentos da Corte são reiterados sobre a impossibilidade de se implementar liminar em mandado de injunção – Mandados de Injunção nºs 283, 542, 631, 636, 652 e 694, relatados pelos ministros Sepúlveda Pertence, Celso de Mello, Ilmar Galvão, Maurício Corrêa, Ellen Gracie e por mim, respectivamente. Ação Cautelar – Liminar. Descabe o ajuizamento de ação cautelar para ter-se, relativamente a mandado de injunção, a concessão de medida acauteladora. (AC nº 124 AgR, Relator Min. Marco Aurélio, Tribunal Pleno, julgado em 23.09.2004, *DJ*, 12 nov. 2004, pp-00006, Ement Vol-02172-01, pp-00001, *RT*, v. 94, n. 832, p. 153-154, 2005, *RJADCOAS*, v. 6, n. 63, p. 35-36, 2005)

e) Legitimidade Ativa: somente dispõe o titular do direito reclamado.

Somente tem legitimidade ativa para a ação o titular do direito ou liberdade constitucional, ou de prerrogativa inerente à nacionalidade, à soberania e à cidadania, cujo exercício esteja inviabilizado pela ausência da norma infraconstitucional regulamentadora. IV. – Negativa de seguimento do pedido. Agravo não provido. (MI nº 595 AgR, Relator Min. Carlos Velloso, Tribunal Pleno, julgado em 17.03.1999, *DJ*, 23 abr. 1999, pp-00015, Ement Vol-01947-01, pp-00001, RTJ Vol-00169-02, pp-445 – ementa com transcrição parcial)

f) Legitimidade Passiva: somente Poder, órgão ou autoridade (pessoas estatais) que tenham o dever de regulamentar a norma constitucional.

Mandado de injunção. Agravo regimental contra despacho que não admitiu litisconsórcio passivo e indeferiu liminar. - Já se firmou o entendimento desta Corte, no sentido de que, em mandado de injunção, não cabe agravo regimental contra despacho que indefere pedido de concessão de liminar. - Por outro lado, na

Sessão Plenária do dia 8.8.91, ao julgar este Plenário agravo regimental interposto no mandado de injunção 335, decidiu ele, por maioria de votos, que, em face da natureza mandamental do mandado de injunção, como já afirmado por este Tribunal, ele se dirige as autoridades ou órgãos públicos que se pretendem omissos quanto a regulamentação que viabilize o exercício dos direitos e liberdades constitucionais e das prerrogativas inerentes a nacionalidade, a soberania e a cidadania, não se configurando, assim, hipótese de cabimento de litisconsórcio passivo entre essas autoridades e órgãos públicos que deverão, se for o caso, elaborar a regulamentação necessária, e particulares que, em favor do impetrante do mandado de injunção, vierem a ser obrigados ao cumprimento da norma regulamentadora, quando vier esta, em decorrência de sua elaboração, a entrar em vigor. Agravo que se conhece em parte, e nela se lhe nega provimento. (MI nº 323 AgR, Relator Min. Moreira Alves, Tribunal Pleno, julgado em 31.10.1991, *DJ*, 14 fev. 1992, pp-01164, Ement Vol-01649-01, pp-00123, RTJ Vol-00138-01, pp-00034)

Mandado de Injunção. Aviso prévio proporcional. Constituição, art. 7º, inciso XXI. Mandado de injunção ajuizado por empregado despedido, exclusivamente, contra a ex-empregadora. Natureza do mandado de injunção. Firmou-se, no STF, o entendimento segundo o qual o mandado de injunção há de dirigir-se contra o Poder, órgão, entidade ou autoridade que tem o dever de regulamentar a norma constitucional, não se legitimando "ad causam", passivamente, em princípio, quem não estiver obrigado a editar a regulamentação respectiva. Não é viável dar curso a mandado de injunção, por ilegitimidade passiva "ad causam", da ex-empregadora do requerente, única que se indica como demandada, na inicial. Mandado de injunção não conhecido. (MI nº 352 QO, Relator Min. Néri da Silveira, Tribunal Pleno, julgado em 04.09.1991, *DJ*, 12 dez. 1997, pp-65569, Ement Vol-01895-01, pp-00028, RTJ Vol-00165-02, pp-00429)

g) Coisa Julgada: incidência dos naturais efeitos.

Mandado de Injunção. Coisa julgada. - Tendo o mandado de injunção a natureza de ação, e ocorrendo, no caso, a hipótese de que esta Corte já julgou anteriormente mandado de injunção — o MI 513, de que foi relator o eminente Ministro Maurício Corrêa — idêntico entre as mesmas partes, com a mesma causa de pedir e o mesmo pedido, há coisa julgada, que se dá quando se repete ação que já foi decidida por sentença, de que não cabe recurso (artigo 301, §3º, in fine, do C.P.C.). Mandado de injunção cujo processo se extingue sem julgamento do mérito. (MI nº 516, Relator Min. Moreira Alves, Tribunal Pleno, julgado em 24.04.1997, *DJ*, 06 jun. 1997, pp-24871, Ement Vol-01872-01, pp-00036)

Informação bibliográfica deste texto, conforme a NBR 6023:2002 da Associação Brasileira de Normas Técnicas (ABNT):

MACHADO, Carlos Augusto Alcântara. O mandado de injunção na jurisprudência do Supremo Tribunal Federal. *In*: BERTOLDI, Márcia Rodrigues; OLIVEIRA, Kátia Cristine Santos de (Coord.). *Direitos fundamentais em construção*: estudos em homenagem ao ministro Carlos Ayres Britto. Belo Horizonte: Fórum, 2010. p. 339-359. ISBN 978-85-7700-367-9.

A Justiça Restaurativa e o Acesso à Justiça: em busca da Efetivação dos Direitos Fundamentais

Raffaella da Porciuncula Pallamolla

Sumário: 1 Introdução: direitos fundamentais, cidadania e acesso à justiça — 2 Algumas considerações sobre o contexto brasileiro: a falta de legitimidade do sistema de justiça criminal, a violência e a justiça restaurativa — 3 A justiça restaurativa e o risco de extensão da rede de controle penal — 4 A justiça restaurativa, o acesso à justiça e algumas considerações finais

1 Introdução: direitos fundamentais, cidadania e acesso à justiça

Na esteira do pensamento de Arendt, entende-se que o primeiro direito humano é o *direito a ter direitos*, o que significa reconhecer de antemão a condição fictícia dos direitos humanos, enquanto algo construído e fruto de conquista histórica e política. Ou seja, não se pode falar de direitos humanos sem se pressupor a existência da cidadania.[1]

A respeito da concepção de Arendt de direitos humanos e sua vinculação necessária com a cidadania, explica Lafer:

> O que ela [Arendt] afirma é que os direitos humanos pressupõem a cidadania não apenas como um fato e um meio, mas sim como um princípio, pois a privação da cidadania afeta substantivamente a condição humana, uma vez que o ser humano privado de suas qualidades acidentais – o seu estatuto político – vê-se privado de sua substância, vale dizer: tornado pura substância, perde a sua qualidade substancial, que é de ser tratado pelos *outros* como um *semelhante*.[2]

Da mesma forma, os direitos fundamentais, como sendo "os direitos humanos consagrados pelo Estado como regras constitucionais escritas",[3] necessitam da cidadania para serem efetivados, o que equivale dizer que os cidadãos precisam ter efetivo acesso à justiça para que possam reivindicar seus direitos fundamentais.

---

[1] LAFER, Celso. *A reconstrução dos direitos humanos*: um diálogo com o pensamento de Hannah Arendt. São Paulo: Companhia das Letras, 1988, p. 147, 153-4.
[2] LAFER, Celso. *A reconstrução dos direitos humanos*: um diálogo com o pensamento de Hannah Arendt. São Paulo: Companhia das Letras, 1988, p. 151.
[3] COMPARATO, Fábio Konder. *A afirmação histórica dos direitos humanos*. São Paulo: Saraiva, 2003, p. 224.

Indo além, a respeito do conceito de cidadania, cabe destacar o conceito de cidadania plena de Marshall tratado por Mendes.[4] Esta autora explica que Marshall subdivide tal conceito em três elementos, quais sejam, cidadania civil, política e social. Importa aqui apenas salientar o elemento civil da cidadania, uma vez que este tem como conteúdo justamente a *possibilidade do exercício dos direitos que compõe a liberdade individual*, encontrando-se entre estes direitos, o direito à justiça.

Por este motivo, refere Mendes[5] que "a garantia constitucional de acesso à justiça assegura a defesa e o exercício de todos os outros direitos e, por isso, torna-se especialmente relevante". Não por outro motivo o Poder Judiciário assume lugar de destaque quando se trata de assegurar os direitos civis da cidadania.

Partindo-se destas breves ideias sobre direitos fundamentais, cidadania e acesso à justiça, buscar-se-á demonstrar que a justiça restaurativa pode ser tida como uma forma alternativa de resolução de conflitos capaz de aumentar o acesso à justiça e desta forma contribuir para o desenvolvimento da cidadania e da democracia brasileiras.

Para tanto, será necessário abordar alguns aspectos do contexto atual brasileiro no que tange à crise de legitimidade do sistema de justiça criminal e à violência, para então analisar a justiça restaurativa como uma modalidade de resolução não violenta de conflitos que possibilita aumentar o acesso à justiça.

2 Algumas considerações sobre o contexto brasileiro: a falta de legitimidade do sistema de justiça criminal, a violência e a justiça restaurativa

A justiça restaurativa se destaca no cenário internacional contemporâneo como uma forma de resolução de conflitos diversa do modelo penal tradicional. Inspirada em diversas teorias e movimentos, a exemplo do abolicionismo penal, do movimento vitimológico e das críticas ao sistema de justiça criminal produzidas pela criminologia da Reação Social e Crítica, a justiça restaurativa surge como uma resposta à pequena atenção dada às vítimas no processo penal e em razão do fracasso da pena privativa de liberdade para promover a ressocialização do apenado.

O modelo de justiça restaurativa possui princípios diversos do modelo de justiça criminal e propõe, dentre outras coisas, a participação da vítima na resolução dos conflitos, a reparação do dano e a responsabilização do ofensor de maneira não estigmatizante e excludente. Visa a reduzir a imposição de penas (principalmente a privativa de liberdade), com a inclusão de formas não violentas

---

[4] MENDES, Regina Lúcia Teixeira. Igualdade à brasileira: cidadania como instituto jurídico no Brasil. *In*: AMORIM, KANT DE LIMA e MENDES. *Ensaios sobre a igualdade jurídica*: acesso à justiça criminal e direitos de cidadania no Brasil. Rio de Janeiro: Lumen Juris, 2005, p. 12.

[5] MENDES, Regina Lúcia Teixeira. Igualdade à brasileira: cidadania como Instituto jurídico no Brasil. *In*: AMORIM, KANT DE LIMA e MENDES. *Ensaios sobre a igualdade jurídica*: acesso à justiça criminal e direitos de cidadania no Brasil. Rio de Janeiro: Lumen Juris, 2005, p. 12.

de resolução de conflitos que privilegiam o diálogo entre as partes implicadas no delito.[6]

Com estas breves noções de justiça restaurativa, passa-se à análise dos motivos que impulsionaram sua expansão em diversos países. Nesse sentido, pode-se citar uma série de motivos comuns, como a crise de legitimidade do sistema penal, a busca de abordagens alternativas do delito (ou conflito), as reivindicações das vítimas, etc.

Ao tratar da expansão da justiça restaurativa na Espanha, Larrauri[7] faz referência a fatores similares que são de duas ordens: jurídica e sociológica. Os primeiros envolvem a existência de legislação europeia que incentiva o uso da justiça restaurativa e experiências de diversos países que a utilizam; dentre os segundos encontra-se a crise de legitimidade do sistema penal, o impacto da vítima, suas reivindicações e a nova concepção do delito (como um conflito que causa dano a alguém e não é somente uma violação da lei) e a mudança do papel do Estado.

Observando o cenário brasileiro, pode-se dizer que, dentre os fatores sociológicos mencionados pela criminóloga espanhola, a crise de legitimidade do sistema penal tem lugar de destaque e conecta-se à crise das modalidades de regulação social, manifestada na "falta de credibilidade e eficiência do sistema judiciário, ao fracasso das políticas públicas de contenção da violência, ao esgotamento do modelo repressivo de gestão do crime, *déficits* de comunicação e de participação agravados pelas práticas autoritárias das agências judiciais, etc.".[8]

Este panorama pode ser ao menos parcialmente compreendido como fruto da tendência moderna de vincular a "imposição da lei" ao "controle do delito", o que demonstra o quanto nos acostumamos a acreditar no Estado como o portador do mecanismo fundamental e único para enfrentar o delito[9] e, mais amplamente, a conflitualidade social.

Ao analisar um dos sintomas da cultura do controle da contemporaneidade apontados por Garland, Boutellier afirma que a proteção dos cidadãos tornou-se tema dominante de política criminal. Os cidadãos não reivindicam mais a garantia de seus direitos contra possíveis ilegalidades advindas do poder estatal, mas demandam proteção do estado contra outros cidadãos.[10]

No âmbito da justiça criminal, o antigo Estado Leviatã dá lugar ao Estado que protege seus cidadãos de outros (não)cidadãos. O direito penal é chamado a desempenhar as tarefas de combate ao crime e defesa da sociedade, e legitima sua atuação em um dos mitos da sociedade moderna: "el mito de que el Estado soberano es capaz de generar 'ley y orden' y controlar el delito dentro de los límites de su territorio".[11]

---

[6] Para uma diferenciação detalhada dos modelos, conferir: PALLAMOLLA, Raffaella da Porciuncula. *Justiça restaurativa*: da teoria à prática. São Paulo: IBCCRIM, 2009 (Monografias, 52).
[7] LARRAURI, *Tendencias actuales en la justicia restauradora*, p. 461-462.
[8] SICA, *Justiça restaurativa e mediação penal*: o novo modelo de justiça criminal e de gestão do crime, p. 1.
[9] GARLAND, David. *La cultura del control*: crimen y orden social en la sociedad contemporánea. Barcelona: Editorial Gedisa, 2005, p. 74.
[10] BOUTELLIER, Hans. The Vital Context of Restorative Justice. *In*: AERTSEN, Ivo; DAEMS, Tom and ROBERT, Luc. *Institutionalizing Restorative Justice*. Portland, Oregon, USA: Willan Publishing, 2006, p. 27.
[11] GARLAND, *La cultura del control*: crimen y orden social en la sociedad contemporánea, p. 188.

Esta passagem do Estado liberal para o Estado protetor é diagnosticada por Ost como responsável por uma grande mudança:

> No século 19 esta proteção assumirá a forma mínima da garantia generalizada da sobrevivência, com o Estado liberal deixando para a esfera privada a gestão das condições materiais de existência. No século 20, em contrapartida, as missões do Estado ampliam-se, assim que assume o encargo para além da simples sobrevivência, a garantia de uma determinada qualidade de vida: falamos então, de Estado-providência ou Estado social. Cioso de uma realização efetiva das promessas de liberdade e de igualdade para todos, o Estado social entende dominar os principais riscos sociais, impondo a segurança generalizada.[12]

Como observa Carvalho, o Estado passa a ser responsável pela segurança e prevenção dos riscos, o que também atinge o direito penal, que deve modificar-se para atender a tais exigências: "Ao ser chamado a operar políticas preventivas (...), o controle penal (direito penal, processo penal, criminologia e política criminal) foi instigado a ampliar seu espectro de incidência, adaptando-se aos novos bens jurídicos".[13] O crime passa a ser, portanto, outro risco da sociedade do risco.[14]

Esta primeira expansão do direito penal que absorve os 'novos' bens jurídicos sociais além dos bens jurídicos individuais tradicionais serve como "solo ideal para florescer uma crise de legitimidade"[15] do direito penal.

Com a crise do *welfare state* nos países centrais nos anos oitenta, inviabilizou-se "nos países periféricos nos quais o Estado social foi um simulacro, a possibilidade de atingirem relativo grau de justiça social".[16] Como consequência, disseminaram-se formas de exclusão, e os cidadãos que, segundo a lógica do mercado, não têm valor, tornam-se um problema. A 'solução' encontrada foi a "maximização do poder policialesco de coação direta".[17]

Nos países periféricos, a exemplo do Brasil, o inexpressivo Estado social cede espaço, cada vez mais, ao Estado penal, que apresenta "uma política de exacerbação e ampliação dos meios de combate à criminalidade, como solução de todos os problemas sociais, políticos e econômicos que afligem a sociedade".[18]

Relata Zaffaroni que, durante os anos sessenta, com a criminologia da Reação Social (*labelling approach*), povoada pelas correntes do interacionismo simbólico, da fenomenologia e da etnometodologia, foram desmitificados os fins manifestos da pena e a assepsia do sistema penal. Procedeu-se, então, a "uma severa deslegitimação da função que a razão instrumental concedia ao

---

[12] OST, François. *O tempo do direito*. Bauru, SP: Edusc, 2005, p. 317.
[13] CARVALHO, Salo de. A ferida Narcísica do Direito Penal (primeiras observações sobre as (dis)funções do controle penal na sociedade contemporânea). *In*: GAUER, Ruth M. Chittó (Org.). *A qualidade do tempo*: para além das aparências históricas. Rio de Janeiro: Lumen Juris, 2004, p. 184.
[14] BOUTELLIER, The Vital Context of Restorative Justice, p. 30.
[15] CARVALHO, *A ferida narcísica do direito penal (primeiras observações sobre as (dis)funções do controle penal na sociedade contemporânea)*, p. 186.
[16] CARVALHO, *A ferida narcísica do direito penal (primeiras observações sobre as (dis)funções do controle penal na sociedade contemporânea)*, p. 190.
[17] CARVALHO, *A ferida narcísica do direito penal (primeiras observações sobre as (dis)funções do controle penal na sociedade contemporânea)*, p. 193.
[18] BITENCOURT, Cesar Roberto. Princípios garantistas e a delinquência do colarinho branco. *Revista Brasileira de Ciências Criminais*. n. 11, p. 118.

poder punitivo, que colocou em crise os próprios argumentos instrumentais"[19] de prevenção e contenção da criminalidade.

Tais constatações, que expuseram a cifra negra da criminalidade (assim como já havia feito Sutherland) e demonstraram o descompasso da atuação do sistema penal em relação ao discurso sustentado, desvelando a seletividade do sistema e os processos de criminalização primária e secundária, produziram, conforme Carvalho, a 'primeira ferida narcísica do Direito Penal' e abalaram "o 'discurso eficientista' que tradicionalmente entendeu serem os aparelhos repressivos capazes de controlar as condutas humanas através da criminalização de todos os fatos sociais considerados intoleráveis".[20]

A esse respeito, Zaffaroni pontua que "o poder estatal concede às suas instituições *funções manifestas*, que são expressas, declaradas e públicas".[21] Esta atribuição decorre da necessidade republicana do poder ter que justificar seu exercício, sob pena de não poder ser submetido a um juízo de racionalidade. Todavia, normalmente, há uma disparidade entre estas funções manifestas e o que é realizado pela instituição na sociedade, ou seja, suas funções latentes ou reais. Ocorre que "o poder estatal com função manifesta não-punitiva e funções latentes punitivas (ou seja, que não exprime discursivamente suas funções reais) é muito mais amplo do que aquele que ostensivamente tem a seu cargo as funções punitivas manifestas".[22]

Nesse sentido, ainda conforme Zaffaroni,[23] um sistema penal somente será legítimo quando esta característica lhe for outorgada por sua racionalidade. O autor entende racionalidade como a "coerência interna do discurso jurídico-penal" e o seu "valor de verdade quanto à nova operatividade social". Para explicar-se como um exercício de poder racionalmente planejado, o sistema penal faz uso de uma construção teórica ou discursiva, ou seja, o discurso jurídico-penal. Assim, o sistema penal será legítimo se seu discurso for racional e sua atuação estiver de acordo com o discurso.

No entanto, ao analisar os sistemas penais latino-americanos, Zaffaroni observa que o "discurso é esquizofrênico frente à realidade operativa dos sistemas penais",[24] sendo, pois "absolutamente insustentável a racionalidade do discurso jurídico-penal que de forma muito mais evidente do que nos países centrais, não cumpre nenhum dos requisitos de legitimidade".[25]

Somada e conectada à crise de legitimidade do sistema penal, Azevedo aponta, desde uma perspectiva mais ampla do sistema de justiça, os fatores que desencadearam a crise da administração da justiça e de legitimidade do sistema e levaram à busca de formas alternativas de resolução de conflitos:

---

[19] ZAFFARONI, Eugenio Raúl; Batista, Nilo; ALAGIA, Alejandro; SLOKAR, Alejandro. *Direito penal brasileiro*: teoria geral do direito penal. Rio de Janeiro: Revan, 2003, v. 1, p. 641.
[20] CARVALHO, *A ferida narcísica do direito penal (primeiras observações sobre as (dis)funções do controle penal na sociedade contemporânea)*, p. 203.
[21] ZAFFARONI, et al, *Direito penal brasileiro: teoria geral do direito penal*, p. 88.
[22] ZAFFARONI, et al, *Direito penal brasileiro: teoria geral do direito penal*, p. 88.
[23] ZAFFARONI, *Em busca das penas perdidas*: a perda da legitimidade do sistema penal, p. 16.
[24] ZAFFARONI, *Globalização e sistema penal na América Latina*: da segurança nacional à urbana, p. 26.
[25] ZAFFARONI, *Em busca das penas perdidas*: a perda da legitimidade do sistema penal, p. 19.

Com a explosão de litigiosidade, a judicialização dos novos direitos sociais, e o aumento da demanda de intervenção do judiciário em áreas antes obscurecidas por relações tradicionais de hierarquia e autoridade (...), o sistema de justiça mostra-se cada vez mais incapaz de dar conta de forma satisfatória desse conjunto de demandas, tanto pelo aumento da morosidade e dos custos quanto pela inadequação do tratamento dispensado a essa conflitualidade social emergente.[26]

Particularmente no âmbito penal, a "paralisação" do sistema de justiça e a inadequação do tratamento dispensado ao conflito fazem com que o sistema perca legitimidade. A atuação seletiva e estigmatizante do sistema de justiça criminal ao mesmo tempo que expõe sua incapacidade para desempenhar a função (declarada) de prevenção e contenção da criminalidade, demonstra seu êxito em cumprir a função (real) de excluir e marginalizar parcela da população social e economicamente mais vulnerável.

De outra parte, o que também compõe o cenário nacional, estando intimamente ligada à crise (ou falta) de legitimidade do sistema penal, é a crescente violência social. A desintegração social e a destruição dos laços comunitários visíveis na sociedade brasileira podem ser vistos, sem hesitação, como expressões "de um sistema que erigiu a privação de liberdade como reposta principal à criminalidade".[27] Nesse sentido, refere Schuch:

> A violência social é tomada como um sintoma e expressão de relações não harmônicas e, sobretudo, desintegradas. O perigo da anomia, da não existência de valores que fundamentem uma existência social comum, é chave para instaurar a procura de novas práticas que substituam o modelo conflitivo. (...) Do risco, ou seja, do diagnóstico de uma violência constante e difusa, viria a necessidade de uma restauração de laços, de relacionamentos.[28]

O aumento da violência não só é símbolo de uma sociedade com laços sociais enfraquecidos, como também é fruto de diversos fatores que são encontrados na recente redemocratização brasileira. Caldeira, ao analisar o aumento da violência na cidade de São Paulo (pelo menos nas últimas duas décadas), aponta alguns dos fatores que contribuíram para seu incremento e que, sem dúvida, podem ser estendidos aos demais grandes centros urbanos do país:

> O aumento da violência é resultado de um ciclo complexo que envolve fatores como o padrão violento de ação da polícia; descrença no sistema judiciário como mediador público e legítimo de conflitos e provedor de justa reparação; respostas violentas e privadas ao crime; resistência à democratização; e a débil percepção de direitos individuais e o apoio a formas violentas de punição por parte da população.[29]

---

[26] AZEVEDO, *O paradigma emergente em seu labirinto*: notas para o aperfeiçoamento dos Juizados Especiais Criminais, p. 111.
[27] SICA, *Justiça restaurativa e mediação penal*: o novo modelo de justiça criminal e de gestão do crime, p. 4.
[28] SCHUCH, Patrice. *Direitos e afetos*: análise etnográfica da "justiça restaurativa" no Brasil. 30º Encontro Anual da ANPOCS, 2006.
[29] CALDEIRA, Teresa Pires do Rio. *Cidade de muros*: crime, segregação e cidadania em São Paulo. São Paulo: Editora 34/Edusp, 2003, 2ª ed., p. 101.

Explica Caldeira[30] que o universo do crime, composto pela fala do crime, o medo, o crescimento da violência, o fracasso das instituições da ordem (principalmente polícia e judiciário), a privatização da segurança e da justiça e o contínuo cercamento e segregação das cidades, revela o caráter disjuntivo da democracia brasileira, ou seja, a existência de processos contraditórios de desenvolvimento na sociedade. Assim, o universo do crime indica este caráter disjuntivo em dois sentidos:

> em primeiro lugar, porque o crescimento da violência em si deteriora os direitos dos cidadãos; e em segundo, porque ele oferece um campo no qual as reações à violência tornam-se não apenas violentas e desrespeitadoras dos direitos, mas ajudam a deteriorar o espaço público, a segregar grupos sociais e a desestabilizar o estado de direito.[31]

Frente a este quadro de crescimento da violência, desrespeito aos direitos civis e incapacidade do sistema de justiça criminal para administrar a conflitualidade social, impõe-se o desafio de reestruturar este sistema e buscar alternativas capazes de reduzir a violência e os danos causados pelo sistema criminal. Nesse sentido, pode-se afirmar que o projeto da justiça restaurativa vincula-se ao processo de reformulação judicial que vem sendo desenvolvido no Brasil com o objetivo de adequar tanto a legislação quanto as estruturas judiciais ao contexto democrático.[32]

Segundo Oxhorn e Slakmon, a justiça restaurativa é uma alternativa para qualificar a administração da justiça, contribui para o incremento da democracia e, por conseguinte, torna a justiça mais democrática, pois funciona por meio da sociedade civil, mas nunca é independente do Estado:

> ao ceder ativamente a jurisdição sobre alguns aspectos do sistema de justiça para organizações sociais, um Estado com baixos níveis de legitimidade social e eficácia pode fortalecer a sociedade civil de modos que ajudarão a melhorar não apenas a sua capacidade de assegurar os direitos de cidadania fundamentais, mas também, de um modo mais geral, a qualidade da democracia.[33]

Os mesmos autores lembram acertadamente que "em democracias altamente desiguais como o Brasil, o sistema de justiça tende a refletir e perpetuar as desigualdade sócio-econômicas existentes".[34] Reduzir as desigualdades perpetuadas e reproduzidas pelo sistema de justiça criminal e torná-lo mais democrático e acessível aos menos favorecidos social e economicamente passa a ser, portanto, o projeto no qual a justiça restaurativa se insere.

---

[30] CALDEIRA, *Cidade de muros*: crime, segregação e cidadania em São Paulo, p. 55.
[31] CALDEIRA, *Cidade de muros*: crime, segregação e cidadania em São Paulo, p. 56.
[32] SCHUCH, *Direitos e afetos*: análise etnográfica da "justiça restaurativa" no Brasil.
[33] OXHORN, Philip; SLAKMON, Catherine. Micro-justiça, desigualdade e cidadania democrática. A construção da sociedade civil através da justiça restaurativa no Brasil. *In*: SLAKMON, C.; DE VITTO, R.; PINTO, R. Gomes (Org.). *Justiça restaurativa*. Brasília, DF: Ministério da Justiça e Programa das Nações Unidas para o Desenvolvimento/PNUD, 2005. p. 188.
[34] OXHORN; SLAKMON, Micro-justiça, Desigualdade e cidadania democrática. A construção da sociedade civil através da justiça restaurativa no Brasil, p. 196.

3 A justiça restaurativa e o risco de extensão da rede de controle penal

Há que se salientar, ainda que de forma breve, uma das mais frequentes críticas criminológicas quando de fala no uso da justiça restaurativa para resolução de conflitos criminais. A crítica refere-se ao risco da extensão da rede de controle (*netwidening*) que poderia advir caso a justiça restaurativa não conseguisse reduzir o número de pessoas que ingressam no sistema de justiça criminal tradicional, somente fazendo com que outras pessoas também fossem atraídas para o novo sistema.[35]

A utilização da justiça restaurativa com a pretensão de reduzir o uso do sistema penal poderia ter um efeito perverso, na medida em que suas práticas fossem aplicadas a situações e clientelas que de outra forma não teriam ingressado no sistema penal.[36] Tais casos, que normalmente receberiam apenas uma advertência policial ou seriam redirecionados a outros setores que não o criminal,[37] ao serem direcionados à justiça restaurativa, correriam o risco de ingressar no sistema criminal nas hipóteses de não ser alcançado acordo no processo restaurativo ou do acordo não ser cumprido pelo ofensor.[38]

Inicialmente, cabe salientar que as críticas à extensão da rede de controle formal já haviam sido feitas às penas alternativas (como se analisou no primeiro capítulo deste trabalho), com fundamentos bem semelhantes: com a pretensa intenção de reduzir o uso da pena de prisão, as alternativas se propunham a ser uma resposta mais 'benevolente' ao delito. Todavia, o que se percebeu na prática é que não eram menos rigorosas e não foram capazes de reduzir o uso da prisão contribuindo, com isso, para o aumento da rede de controle formal.

A importância de recordar tais críticas está em alertar a justiça restaurativa para que não incorra nos mesmos equívocos das penas alternativas e termine por inflar o sistema criminal com novos processo que resultarão na imposição de penas e não na efetivação de um acordo restaurador. Assim, vale destacar a conclusão de Griffin, compartilhada por inúmeros outros teóricos, a respeito da adequada utilização das alternativas: a "prova da efetividade das alternativas deveria refletir numa redução no uso das sanções e instituições criminais tradicionais".[39]

Adverte Larrauri[40] que o risco de extensão da rede, no caso da justiça restaurativa, está conectado à ideia de que esta justiça represente um processo mais brando e que não comporte ônus para o infrator, o que autorizaria o envio de casos pequenos (de pouca ou nenhuma gravidade) para ela. Todavia, tal ideia ignora que o processo restaurativo não é simples, mas implica grandes esforços tanto por parte da vítima quanto do infrator. Tampouco representa

---

[35] LARRAURI, Tendencias actuales en la justicia restauradora, p.455.
[36] JACCOUD, Princípios, tendências e procedimentos que cercam a justiça restaurativa, p. 178.
[37] MORRIS, *Criticando os críticos*: uma breve resposta aos críticos da justiça restaurativa, p. 446.
[38] JACCOUD, Princípios, tendências e procedimentos que cercam a justiça restaurativa, p. 178.
[39] GRIFFIN, Diarmuid. *Restorative Justice, Diversion and Social Control:* Potential Problems. National University of Ireland, Galway, 2005, p. 4. Disponível em: <http://www.restorativejustice.org/resources/docs/griffInDiarmuid>. Acessado em: 2.09.2008.
[40] LARRAURI, *Tendencias actuales en la justicia restauradora*, p.455.

forma mais rápida de justiça, como salienta Gimenez-Salinas,[41] pois o processo de conciliação-mediação-reparação pode desenrolar-se de forma mais trabalhosa do que o processo de imposição da pena.

O risco de extensão da rede pode também ser provocado por outros fatores: a) pela prioridade concedida ao sistema penal de decidir sobre quais casos estão aptos para ingressar num processo restaurador; b) em razão dos acordos alcançados nas conferências restaurativas não serem valorados pelo juiz no momento de fixar a pena; c) devido ao fato de que os processos restaurativos não se constituam como alternativa à pena de prisão, se o âmbito escolhido para sua aplicação for a execução da pena privativa de liberdade.[42]

Contudo, existem formas de se conter a extensão da rede e a indevida utilização da justiça restaurativa, como, por exemplo, a adoção de critérios claros de derivação de casos aos programas restaurativos[43] e o evitamento do uso da justiça restaurativa em casos de pouca gravidade (casos bagatelares).[44] [45]

Conforme adverte Larrauri, se a justiça restaurativa não for capaz de reduzir a utilização da pena de prisão, em razão de ser aplicada apenas após a condenação e durante a execução da pena, ou apenas em delitos apenados com multa,[46] por exemplo, o risco de ampliação do controle penal é grande. Por isso deve-se privilegiar programas que sejam aplicados logo no início do processo penal, ou até mesmo antes dele, e evitar aqueles aplicados no momento da fixação da sentença ou durante a execução da pena privativa de liberdade.

Apesar dos problemas levantados pelos críticos serem evitáveis, ainda assim é necessário proceder a permanentes avaliações da justiça restaurativa que destaquem, dentre outras coisas, o êxito de seu uso pelo número de pessoas que se tenha conseguido afastar do sistema de justiça criminal (redução do número de processos e redução do uso de medidas penais).[47]

4 A justiça restaurativa, o acesso à justiça e algumas considerações finais

A justiça restaurativa aparece como outra resposta possível para o delito ao invés do tradicional processo penal; não tenciona sobrepor-se ao modelo punitivo, e sim trabalhar em conjunto com ele, atendendo a casos que antes pouca ou nenhuma atenção recebia do sistema de justiça ou, ainda, cuja resposta vinha em forma de punição (contraproducente para vítima e ofensor).

É sabido que o Estado não é o único a receber as demandas dos cidadãos que buscam resolver um conflito. Tanto a criminologia de viés crítico quanto a sociologia já expuseram tal realidade: a primeira, ao revelar a cifra negra de

---

[41] GIMENEZ-SALINAS, Esther. La justicia reparadora. *Prevenció. Quaderns d'estudi i documentació*. Barcelona, 1996, p.40.
[42] LARRAURI, *Tendencias actuales en la justicia restauradora*, p. 462.
[43] LARRAURI, *Tendencias actuales en la justicia restauradora*, p. 455.
[44] MORRIS, Criticando os críticos: uma breve resposta aos críticos da justiça restaurativa, p. 446-447.
[45] Para uma análise mais detida do risco de extensão da rede de controle penal com o uso da justiça restaurativa e as estratégias para evitá-lo, conferir: PALLAMOLLA, Raffaella da Porciuncula. *Justiça restaurativa*: da teoria à prática. São Paulo: IBCCRIM, 2009. (Monografias, 52), p. 139-145.
[46] LARRAURI, *La reparación*, p. 187.
[47] LARRAURI, *Tendencias actuales en la justicia restauradora*, p.455-456.

delitos (primeiramente com Sutherland e depois com a criminologia da reação social e crítica), e a segunda, ao constatar a existência de meios alternativos e informais de resolução de conflitos nas sociedades contemporâneas (pluralismo jurídico). A esse respeito, leciona Santos:

> De um ponto de vista sociológico, o Estado contemporâneo não tem o monopólio da produção e distribuição do direito. Sendo embora o direito estatal o modo de juridicidade dominante, ele coexiste na sociedade com outros modos de juridicidade, outros direitos que com ele se articulam de modos diversos.[48]

Tendo em vista esta pluralidade, quando não são dirimidos pelas vias formais (no caso de conflitos penais, através do sistema de justiça criminal), os conflitos tendem a ser administrados "de forma privada, onde o recurso à violência ilegal, a supressão do oponente, podem ter lugar".[49]

Desta forma, através dos critérios de derivação a seus programas, a justiça restaurativa pode, além de desenvolver mecanismos de combate ao perigo de extensão da rede de controle penal e evitar que respostas violentas ganhem cada vez mais espaço — sejam elas provenientes de formas privadas de administrar conflitos ou do próprio sistema penal que responde de maneira violenta ao conflito —, pode, ao mesmo tempo, aumentar o acesso à justiça.

Com relação às práticas de justiça alternativa ilegais, Oxhorn e Slakomn referem que o acesso efetivo à justiça restaurativa — entendida como uma forma de micro-justiça — possibilita que os cidadãos tenham "uma opção concreta à retribuição privada".[50]

Nesse passo, para melhor avaliar o papel da justiça restaurativa no incremento do acesso à justiça, cumpre analisar o que significa o acesso à justiça em um estado democrático de direito e quais são os obstáculos a tal acesso.

Assim como Arendt, Capelletti e Garth referem que o acesso à justiça pode "ser encarado como o requisito fundamental — o mais básico dos direitos humanos — de um sistema jurídico moderno e igualitário que pretenda garantir, e não apenas proclamar os direitos de todos".[51] Garantir o acesso à justiça de forma igualitária a todos, portanto, implica dotar de concretude os direitos assegurados pela Constituição.

Para esses autores, os principais obstáculos ao acesso à justiça e que se podem relacionar à justiça criminal, são os relativos às "possibilidades das partes", ou seja, as vantagens e desvantagens que possuem alguns litigantes, como (1) disponibilidade maior de recursos financeiros, o que possibilita que a

---

[48] SANTOS, Boaventura de Souza. *Pela mão de Alice*: o social e o político na pós-modernidade. São Paulo: Cortez, 1995, p. 175-176.
[49] SINHORETTO, Jacqueline. *Ir aonde o povo está*: etnografia de uma reforma da justiça. Tese de doutorado. São Paulo: USP, 2006, p. 87.
[50] OXHORN, SLAKMON, Micro-justiça, desigualdade e cidadania democrática. A construção da sociedade civil através da justiça restaurativa no Brasil, p. 202.
[51] CAPELLETTI, Mauro; GARTH, Bryant. *Acesso à justiça*. Porto Alegre: Sergio Antonio Fabris Editor, 1998, p. 12.

parte possivelmente apresente seus argumentos de maneira mais eficiente; (2) aptidão para reconhecer um direito e propor uma ação (o que, no caso do sistema criminal, significaria reconhecer-se como vítima de um delito e recorrer ao sistema penal);[52] (3) falta de disposição psicológica para recorrer a processos judiciais, que pode ocorrer por uma comum desconfiança dos advogados — especialmente nas classes menos favorecidas — ou em razão de outros motivos como procedimentos complicados, formalismos, ambientes intimidatórios (como tribunais), figuras consideradas opressoras (como juízes e advogados) que fazem com que aquele que poderia ou deveria procurar o sistema jurídico sinta-se perdido, imerso em um mundo estranho.[53]

Santos[54] também faz referência a diversas investigações sociológicas (dentre elas a de Cappelletii e Garth) que contribuíram para identificar os obstáculos ao acesso efetivo à justiça por parte das classes populares, classificando-os como econômicos, sociais e culturais. Dentre os econômicos, Santos inclui, por exemplo, a lentidão dos processos, pois esta agravaria os custos. Todavia, os fatores considerados mais significativos são os sociais e culturais, pois, segundo Santos, os estudos salientam que quanto mais baixo o estrato social, maior é a distância do cidadão em relação à administração da justiça, pois, segundo demonstram os estudos, cidadãos com poucos recursos tentem a conhecer pouco os seus direitos e, mesmo os conhecendo, tendem a hesitar muito em recorrer aos tribunais. Esta desconfiança ou resignação pode ser explicada por dois fatores: experiências anteriores negativas com a justiça e a dependência e insegurança de recorrer aos tribunais e sofrer represálias. Igualmente contribui para a não procura o fato de que estes cidadãos dificilmente conhecem ou possuem amigos que conheçam um advogado, ou sequer sabem onde e como encontrar algum.

Conclui Santos referindo que

> o conjunto destes estudos revelou que a discriminação social no acesso à justiça é um fenômeno muito mais complexo do que à primeira vista pode parecer, já que, para além das condicionantes econômicas, sempre mais óbvias, envolve condicionantes sociais e culturais resultantes de processos de socialização e de interiorização de valores dominantes muito difíceis de transformar.[55]

O estudo de Capelletti e Garth, além de identificar as barreiras ao acesso à justiça, apresenta as medidas adotadas por países ocidentais (desde 1965) no intuito de superar tais obstáculos, que sucederam praticamente em ordem cronológica: a primeira onda de reformas deu-se com a criação da assistência judiciária gratuita para os pobres; a segunda, com a representação jurídica para os interesses difusos (principalmente nas áreas ambiental e do consumidor);

---

[52] É importante referir, conforme Santos, que o acesso à justiça criminal se dá de forma diferente ao da justiça civil. Isto porque, da parte do réu, a procura da justiça é 'forçada'. Todavia, pode-se dizer, mesmo assim, que há uma procura social da justiça penal (SANTOS, *Pela mão de Alice*: o social e o político na pós-modernidade, p. 167).

[53] CAPELLETTI ; GARTH, *Acesso à justiça*, p. 21-24.

[54] SANTOS, *Pela mão de Alice*: o social e o político na pós-modernidade, p. 168-170.

[55] SANTOS, *Pela mão de Alice*: o social e o político na pós-modernidade, p. 170-171.

a terceira e última propõe um novo enfoque ao acesso à justiça, discutindo o sistema judiciário de forma ampla. É nesta última onda que se insere a questão da informalização da justiça.[56] Assim, segundo Capelletti e Garth

> esse enfoque encoraja a exploração de uma *ampla variedade de reformas*, incluindo alterações nas formas de procedimento, mudanças na estrutura dos tribunais ou a criação de novos tribunais, o uso de pessoas leigas ou paraprofissionais, tanto como juízes quanto como defensores, modificações no direito substantivo destinadas a evitar litígios ou facilitar sua solução e a utilização de mecanismos privados ou informais de solução de litígios.[57]

Esta terceira onda, conforme esclarece Sinhoretto, foi a primeira a se preocupar em garantir o acesso individual à justiça aos segmentos sociais menos favorecidos social e economicamente: "é o momento de criar alternativas de resolução de conflitos não apenas mais baratas e rápidas, mas também mais compreensíveis e próximas da realidade cotidiana dos atores sociais envolvidos nos conflitos".[58]

Em se tratando da realidade brasileira, as três ondas mencionadas não ocorreram da mesma forma que nos países centrais. A terceira onda ocorreu "sem que a política de assistência judiciária individual estivesse universalizada, e sem que a postulação de demandas coletivas tivesse demonstrado efeitos concretos, conferindo singularidade à experiência nacional".[59] Explica Sinhoretto que

> A assistência judiciária gratuita foi, até os anos 80, praticamente a única política pública compensatória nessa área. Após a abertura democrática e, sobretudo, após a edição da Lei 9.099/95 (...) iniciativas de ampliação da oferta de serviços judiciais vêm se multiplicando, ao espírito da "terceira onda".[60]

Assim, frente à mencionada crise de legitimidade do sistema penal, o crescimento da violência na sociedade brasileira e a crise da administração da justiça, as formas alternativas de administração de conflitos se multiplicam e procuram aumentar o acesso à justiça e, desta forma, promover a equidade econômica e social de modo a fortalecer a democracia. Tais objetivos encontram-se, inclusive, dentre os proclamados pelo Ministério da Justiça em seu programa, que procurou mapear os meios alternativos de resolução de conflitos tanto públicos quanto privados existentes no país, a fim de promover o desenvolvimento e aperfeiçoamento destes programas.[61]

Conforme pesquisa realizada por Azevedo nos dois primeiros anos de sua implementação em Porto Alegre (1996 e 1997), os juizados pretendiam desobrigar as Varas Criminais das ações de menor potencial ofensivo, para que

---

[56] CAPELLETTI ; GARTH, *Acesso à justiça*, p. 31.
[57] CAPELLETTI ; GARTH, *Acesso à justiça*, p. 71.
[58] SINHORETTO, *Ir aonde o povo está*: etnografia de uma reforma da justiça, p. 88-9.
[59] SINHORETTO, *Ir aonde o povo está*: etnografia de uma reforma da justiça, p. 114.
[60] SINHORETTO, *Ir aonde o povo está*: etnografia de uma reforma da justiça, p. 88-9.
[61] Acesso à justiça por sistemas alternativos de administração de conflitos. Mapeamento nacional de programas públicos e não governamentais. Brasília, Ministério da Justiça, 2005, p. 9.

estas pudessem conferir maior atenção aos casos de maior gravidade, todavia, este objetivo não foi alcançado. Os juizados, de fato, não foram capazes de reduzir o número de processos nas Varas Criminais Comuns. No entanto, o que aconteceu foi que eles "passaram a dar conta de um tipo de delituosidade que não chegava às Varas Judiciais, sendo resolvido através de processos informais de 'mediação' nas Delegacias de Polícia ou pelo puro e simples 'engavetamento'".[62]

Concluiu o sociólogo, por meio de extensa pesquisa de campo, que apesar de o pretendido deslocamento de casos não ter se concretizado, houve a inclusão no judiciário de casos que antes não chegavam até ele. Todavia, tal aumento no número de casos, não deve ser entendido como incremento do controle formal, uma vez que antes estes eram "resolvidos" nas delegacias. Os juizados especiais, ainda que de forma precária, foram capazes de reduzir a discricionariedade dos delegados — que acabavam atuando como mediadores informais e descriminalizando delitos na prática — e aumentar o acesso à justiça de uma parcela da população que antes não tinha seus conflitos apreciados pelo judiciário. Assim,

> enquanto a mediação policial, informal e arbitrária era freqüentemente combinada com mecanismos de intimidação da vítima (sobrevitimização) e do acusado, a mediação judicial tende a ampliar o espaço para a explicitação do conflito e a adoção de uma solução de consenso entre as partes, reduzindo a impunidade.[63]

Nesse sentido, pode-se relacionar a justiça restaurativa com os juizados criminais ao menos na intenção manifestada na Lei nº 9.099/95 de introduzir mecanismos informais de resolução de conflitos no sistema de justiça criminal. Todavia, as diferenças entre as duas propostas são inúmeras (e não caberia aqui analisá-las). O fundamental é que a justiça restaurativa pretende incrementar não o exercício do poder punitivo, mas sim o acesso à justiça de qualidade. Isto se faz possível, segundo leciona Sica, pela cisão do sistema penal

> num quadro de dupla entrada (mediação e punição), o qual poderá, em tese, diminuir tanto o número de castigos impostos, quanto a cifra negra, oferecendo resposta institucional mais acessível e viável para uma série de conflitos que ficaram marginalizados ou não encontraram respostas satisfatórias dentro de um sistema de mão única, fechado e inflexível.[64]

Apesar da justiça restaurativa não negar o conceito de delito (criminalização primária) em sua atuação em conjunto com o sistema de justiça criminal, ela assume grande importância ao colocar ênfase diversa à do sistema penal tradicional na

---

[62] AZEVEDO, Rodrigo Ghiringhelli de. Juizados Especiais Criminais. Uma abordagem sociológica sobre a informalização da justiça penal no Brasil. *Revista Brasileira de Ciências Sociais*, 2001, vol.16, n. 47, p. 103. Disponível em: <http://www.scielo.br/pdf/rbcsoc/v16n47/7722.pdf. Acessado em: 10/11/2007>.
[63] AZEVEDO, Juizados Especiais Criminais. Uma abordagem sociológica sobre a informalização da justiça penal no Brasil, p. 107.
[64] SICA, *Justiça Restaurativa e Mediação Penal*: o novo modelo de justiça criminal e de gestão do crime, p. 153.

reação ao delito,[65] atuando na esfera da criminalização secundária. Salienta Sica que a desjudiciarização do acesso à justiça pelo uso de práticas restaurativas como a mediação — que pode acarretar, inclusive, a "descriminalização na prática", na medida em que possibilita que casos sejam resolvidos pelos programas restaurativos sem (re)ingressarem no sistema penal —, proporciona

> um acesso mais livre à justiça para grupos sociais marginalizados, para quem o funcionamento do sistema de justiça é só mais uma maneira de prestar serviços aos "ricos" e penalizar os "pobres" e, ainda, a informalização possibilita um abatimento do nível de estigmatização e coerção inerentes à justiça formal.[66]

Corroborando com estas ideias, o estudo feito pelo *Smith Institute* da Inglaterra sobre a justiça restaurativa em diversos países (dentre eles Reino Unido, Estados Unidos e Austrália), constatou que a mesma é capaz de trazer mais crimes à justiça, atuando de forma a ampliar o acesso à justiça ao proporcionar uma forma diferente de lidar com o delito. Segundo o estudo, a maior barreira é a relutância da vítima e das testemunhas, que temem retaliações, bem como a falta de tempo destas para envolverem-se nas formalidades legais. Concorre, igualmente, a descrença ou o medo no/do sistema, contribuindo para que um grande número de crimes não seja resolvido,[67] integrando, assim, a cifra negra da criminalidade. Nota-se, portanto, que os achados deste estudo não diferem daqueles anteriormente mencionados e expõem as verdadeiras barreiras ao acesso à justiça.

Frente aos argumentos expostos, parece inegável que se deve conferir maior espaço à justiça restaurativa, pois isso significa

> encorajar mais pessoas a participar num processo que seria mais previsível e conveniente que ir para ao Tribunal. Se os ofensores aceitarem a responsabilidade em maior escala porque eles se familiarizam com o processo de justiça restaurativa, isto também colaboraria a solucionar mais crimes. A evidência que a justiça restaurativa pode melhorar a confiança na justiça é significativa. (...) Essa confiança traduzir-se-ia em colocar mais crimes nas mãos da justiça, porque essas mãos seriam vistas como úteis e não danosas.[68]

Portanto, frente à situação de falta de legitimidade que se encontra o sistema de justiça criminal brasileiro, as cifras de violência brasileiras e a consequente necessidade do Sistema de Justiça abrir espaço às novas formas de resolução de conflitos, a justiça restaurativa desponta como um modelo capaz de (re)legitimar o sistema de justiça criminal, mediante a qualificação da administração da justiça e a introdução da possibilidade de resolver o conflito de forma não violenta.

---

[65] LARRAURI, *Tendencias actuales en la justicia restauradora*, p.455.
[66] SICA, *Justiça Restaurativa e Mediação Penal*: o novo modelo de justiça criminal e de gestão do crime, pp. 154-5.
[67] SHERMAN,; STRANG, *Restorative Justice*: the Evidence, p. 78.
[68] SHERMAN; STRANG, *Restorative Justice*: the Evidence, p. 78.

Ao mesmo tempo, a justiça restaurativa, como um mecanismo alternativo de justiça, não só possibilita que seja fortalecida a base dos direitos de cidadania e democracia, mas também contribui para o empoderamento da sociedade civil e proporciona a grupos desfavorecidos as habilidades[69] que impulsionam a efetivação dos direitos fundamentais.

Informação bibliográfica deste texto, conforme a NBR 6023:2002 da Associação Brasileira de Normas Técnicas (ABNT):

PALLAMOLLA, Raffaella da Porciuncula. A justiça restaurativa e o acesso à justiça: em busca da efetivação dos direitos fundamentais. In: BERTOLDI, Márcia Rodrigues; OLIVEIRA, Kátia Cristine Santos de (Coord.). *Direitos fundamentais em construção*: estudos em homenagem ao ministro Carlos Ayres Britto. Belo Horizonte: Fórum, 2010. p. 361-375. ISBN 978-85-7700-367-9.

---

[69] OXHORN;SLAKMON, Micro-justiça, desigualdade e cidadania democrática. A construção da sociedade civil através da justiça restaurativa no Brasil, p. 206.

A Construção de Novos Cenários para o Direito: Reflexões sobre o Acesso à Justiça

Gabriela Maia Rebouças

Sumário: 1 Os desafios do acesso à justiça no estado contemporâneo – **2** Ampliando o cenário para receber novos atores: perspectivas do conflito – **3** O espaço da arbitragem – **4** O espaço da negociação – **5** Ampliando o espaço da conciliação – **6** Múltiplos cenários para a mediação – **7** Considerações finais

1 Os desafios do acesso à justiça no estado contemporâneo

Quando a estabilização dos espaços políticos e sociais foi necessária ao desenvolvimento da economia, na consolidação dos Estados de bem-estar do séc. XX, assistimos a movimentos diversos, em lugares diversos, de ampliação do acesso à justiça. Mauro Cappelletti e Bryant Garth[1] podem nos fornecer um apanhado significativo de iniciativas que contribuíram para que se pudesse identificar uma problemática, uma preocupação em desenvolvimento sobre caminhos para fazer do Judiciário um protagonista na construção de uma sociedade menos desigual e não, como ficou de certo modo evidente e ainda o é, um elemento de diferenciação de classes sociais, de fomento de desigualdades de oportunidades e de reconhecimento de direitos a uns tão restritos que não havia como não compará-los como privilégios.

Massificar a justiça seria um passo importante não só para a consolidação de um modelo liberal de Estado, ainda que em sua versão mais protetora, como para a estabilização das tensões e conflitos próprios das sociedades contemporâneas, plurais, diversas e em transformação.

O conceito teórico de acesso à justiça evoluiu de uma perspectiva privatista para uma outra publicista no decurso de desenvolvimento do Estado de direito, sobretudo com o incremento dos direitos sociais no *welfare state*. Se o século XIX foi embalado por uma perspectiva contratualista (ou quase contratualista) da natureza jurídica do processo, que identificava o direito de ação como um direito acessório decorrente do próprio direito subjetivo material, preservando ainda a noção de

---

[1] CAPPELLETTI, Mauro e GARTH, Bryant. *Acesso à justiça*. Porto Alegre: Fabris, 1988. Os autores relatam experiências colhidas na cultura americana, francesa, alemã, sueca, italiana, inglesa, australiana, entre outras. Como se vê, a questão não diz respeito apenas aos países considerados economicamente em desenvolvimento, mas a todo o mundo ocidental, que se colocou, a partir do liberalismo e da construção de uma ordem constitucional democrática, no desafio de levar prestação jurisdicional a toda a sua população.

litiscontestatio romana, o séc. XX acompanhou a construção de uma teoria publicista sobre a natureza jurídica do processo, seja na perspectiva de uma relação jurídica (Oskar von Bülow), de uma situação jurídica (Goldschmidt), de uma instituição jurídica (Jaime Guasp) ou mesmo como serviço público (Gaston Jèze).[2]

De uma maneira geral, o direito de ação passa a significar, cada vez mais, o direito de acesso efetivo a mecanismos de resolução de conflitos, sobretudo proporcionados pelo Estado e configurados no sistema judicial. Para se passar de uma perspectiva normativa do acesso à justiça para uma outra efetiva, é preciso, com Cappelletti e Garth, pensar "como opera a lei substantiva — com que frequência ela é executada, em benefício de quem e com que impacto social".[3]

Por isso, faz-se necessário enfrentar os obstáculos que obliteram tal acesso, a começar pelas desigualdades econômicas das partes ou parcelas da sociedade, refletidas na questão das custas judiciais que envolvem não apenas as taxas judiciárias, como também os honorários advocatícios e inclusive o tempo de espera da resolução que sempre têm um reflexo patrimonial sobre a vida dos envolvidos.

É preciso reconhecer também que as diferenças de instrução e de conhecimento de direitos podem significar um grau diferenciado de "aptidão para reconhecer um direito e propor uma ação e sua defesa"[4] e que litigantes habituais, familiarizados com a engenharia complexa dos procedimentos e tribunais, acabam por adquirir uma habilidade especial para gerenciar os litígios, planejá-los e conduzi-los que os notívagos não possuem.

Se considerarmos ainda que a ampliação das esferas de atuação do Estado significou como contrapartida uma ampliação da cidadania e seus direitos, como se pode exemplificar com os direitos fundamentais de segunda e terceira dimensões, percebemos como a questão do acesso à justiça está colocada por contingências quer qualitativas quer quantitativas de demandas.

Os esforços de enfrentar a questão do acesso à justiça refletiram em três ondas renovatórias.[5] A primeira onda concentrou-se em enfrentar as barreiras colocadas pela desigualdade econômica das partes envolvidas, provendo com assistência judiciária financiada pelo Estado aos que não poderiam, com suas próprias custas, prové-la. No Brasil, a Lei nº 1.060 de 1950 foi um marco regulatório importante para a concessão de assistência judiciária aos necessitados. Além desta, a criação de varas de assistência judiciária especializadas, embora bastante polêmica quanto ao respeito ao princípio da igualdade, contribuiu para que a realidade brasileira acompanhasse as iniciativas experimentadas em outros países do ocidente.

A segunda onda renovatória cuidou de garantir um tratamento diferenciado aos direitos difusos, através de representações que pleiteassem coletivamente a titularidade de direitos como a saúde ou o meio ambiente. Neste caso, a ação civil

---

[2] Para uma breve explicação sobre as teorias citadas, Cf. ALVIM, J. E. Carreira. *Teoria geral do processo*, 2009, p. 151-169.
[3] CAPPELLETTI, Mauro e GARTH, Bryant. *Acesso à justiça*, 1988, p. 12-13.
[4] CAPPELLETTI, Mauro e GARTH, Bryant. *Acesso à justiça*, 1988, p. 22 e s.
[5] CAPPELLETTI, Mauro e GARTH, Bryant. *Acesso à justiça*, 1988, p. 31.

pública[6] brasileira é um exemplo deste movimento que inclui, não só a indicação de representantes e legitimados a acionarem em nome da coletividade, mas também, a criação de instituições e órgãos de controle e promoção de tais direitos.

A terceira onda renovatória, na qual estamos surfando, busca dar efetividade ao processo, e preocupa-se com seu modo de ser. Ela alinha-se com a fase instrumentalista do direito processual, superadora de uma visão radicalmente autonomista típica da primeira metade do século passado por uma outra mais crítica, focando as implicações sociais e econômicas do processo.[7] Se o processo não se impõe por si mesmo, como o exercício de um direito em si, mas busca atender aos escopos de uma ordem justa, livre e solidária, estabilizando atritos ou harmonizando diferenças, percebe-se que o acento da fase instrumentalista dialoga com a teoria constitucional contemporânea e com as estruturas da ordem jurídica democrática.

Neste cenário, é compreensível que a questão do acesso à justiça encontra-se ligada ao desenvolvimento dos direitos humanos, sendo por vezes eleito como "o mais básico"[8] de todos eles. Se o Estado monopoliza o uso da força e passa a ser o guardião e o gestor dos direitos fundamentais, ter acesso ao Estado, à justiça é condição *sine qua non* para acessar qualquer outro direito.

De qualquer sorte, é também no seio desta onda que busca dar efetividade ao processo que se reintroduziu ou gestou outros sistemas de resolução de conflitos, que se apresentaram, inicialmente, como uma alternativa ao sistema judicial. Por um lado, os outros sistemas de resolução servem como procedimentos incorporados ao sistema judicial, como se pode verificar com a conciliação, no caso da realidade brasileira. Por outro lado, a criação de espaços extrajudiciais de resolução, incrementando notadamente a esfera privada, permite um alívio na demanda por justiça direcionada ao poder Judiciário.

É certo que há outros motivos muito contundentes que levarão o mundo privado a fomentar espaços de autogestão de seus conflitos, nas ondas do neoliberalismo de mercado, para além das limitações impostas pelos contingentes Estados nacionais. Mas, por outro lado, o reconhecimento de uma certa crise no modelo judicial de resolução de conflitos vai obrigar a se pensar em mecanismos de modernização da máquina, em uma certa reengenharia dos poderes e uma rediscussão do próprio papel do juiz.

A percepção de que o Judiciário havia saído de um papel apenas reativo de violação da ordem jurídica para um outro de protagonista de direitos e políticas públicas acende o debate em torno de um controle externo deste poder.[9] É nesta

---

[6] Significativa foi a recente mudança introduzida pela Lei nº 11.448 de 2007 na lei da ação civil pública para incluir entre os legitimados ativos a defensoria pública.
[7] CINTRA *et al*. *Teoria geral do processo*, 2008, p. 48-9.
[8] MORAIS, José L. Bolzan de e SPENGLER, Fabiana M. *Mediação e arbitragem*: alternativas à jurisdição!. 2. ed. Porto Alegre: Livraria do Advogado, 2008. p. 30.
[9] Na experiência brasileira, na criação do Conselho Nacional de Justiça (CNJ), cuja missão constitucional destina-se, mediante ações de planejamento, coordenação e controle administrativo, a aperfeiçoar o serviço público de prestação da Justiça. No bojo da reforma do Judiciário empreendida pela Emenda Constitucional nº 45/04, além do CNJ, destaca-se igualmente a inserção no artigo 5º da Carta Constitucional, como direito fundamental, do inciso LXXVIII que assegura a todos, no âmbito judicial e administrativo, a razoável duração do processo e os meios que garantam a celeridade de sua tramitação. São exemplos significativos desta terceira onda renovatória citada, com ênfase na instrumentalidade do processo.

perspectiva que as tentativas de renovação do processo acabam por enfrentar a questão do papel do juiz, a forma de atuação e a qualidade das decisões, sem olvidar, aqui, que este debate é um reflexo, talvez, da virada linguístico-pragmática na filosofia contemporânea,[10] com implicações diretas na hermenêutica jurídica e sua tarefa de discutir a interpretação no direito.

Assim, esse movimento criou uma onda de otimismo em torno da capacidade de se construir, junto com o Estado democrático de direito, as noções de cidadania e Judiciário independente e, com isso, acreditou-se na capacidade dos juízes de serem os protagonistas desta fase amadurecida de realização do direito. Mas é preciso alertar para os paradoxos de um modelo de decisão que credita ao juiz um poder hercúleo, como o pensou Dworkin, sobretudo em seus *déficits* de democracia.

Por outro lado, o debate nas últimas duas décadas acerca da crise do Judiciário,[11] exige que se pense no futuro desta instituição, "num contexto marcado por fortes desigualdades sociais e culturais, graves limitações fiscais e transformações radicais nos modos de funcionamento da economia".[12]

Eduardo Faria[13] aponta para o descompasso entre a concepção arquitetônica dos tribunais brasileiros e a realidade socioeconômica em que atuam, ao lado de um processo de "judicialização" da vida administrativa, política e econômica que, ao revés, tornou os tribunais vulneráveis a críticas de legitimidade.

Antoine Garapon[14] analisa com muita propriedade as características desse modelo neoliberal de justiça, focado na ideia de eficácia, atuação estratégica e segurança. Garapon parte da ideia de neoliberalismo como uma extensão do paradigma econômico a todos os domínios da sociedade e da vida individual, para evidenciar um tal juiz-objeto, como uma tecnologia a serviço do mercado, a permitir julgamentos úteis, eficientes e seguros.

Somam-se também, no corpo dos elementos desta crise, os impactos que as transformações do capitalismo trouxeram para o próprio Judiciário, através da construção de arenas diversas de resolução de conflitos, menos burocratizadas e mais adaptáveis aos interesses de um mercado econômico, que não deseja se submeter à burocracia dos Estados.

Assim, o Judiciário como espaço hegemônico de resolução de conflitos vai perdendo força em um modelo de economia calcada na minimização de gastos públicos e na maximização da liberdade. Em sociedades complexas, multiplicam-se

---

[10] "Isto significa dizer que a pergunta pelas condições de possibilidade do conhecimento confiável, que caracterizou toda a filosofia moderna, se transformou na pergunta pelas condições de possibilidade de sentenças intersubjetivamente válidas a respeito do mundo. [...] A reviravolta linguística do pensamento filosófico do século XX se centraliza, então, na tese fundamental de que é impossível filosofar sobre algo sem filosofar sobre a linguagem, uma vez que esta é momento necessário constitutivo de todo e qualquer saber humano". OLIVEIRA, Manfredo de A. *Reviravolta linguístico-pragmática na filosofia contemporânea*. São Paulo: Loyola, 1996. p. 13.
[11] Que impulsionou inclusive uma Emenda Constitucional (EC nº 45/04) para contemplar um órgão de fiscalização e controle, materializado no Conselho Nacional da Justiça.
[12] FARIA, José Eduardo. Direito e justiça no século XXI: a crise da justiça no Brasil. Disponível em <www2.oabsp.org.br/asp/esa/comunicacao/artigos/artigo70.pdf>. Acesso em 22.09.2009, p. 2.
[13] FARIA, José Eduardo. Direito e justiça no século XXI, 2009, p. 2-3.
[14] GARAPON, Antoine. Um nouveau modele de justice: efficacité, acteur stratégique, sécurité. *In*: Dans la tourmente (1). Aux sources de la crise financière. *Revue Esprit*. Novembre, 2008, p. 98-122.

as potencialidades de conflitos. A tendência é sempre um aumento da demanda por resolução, onerando substancialmente o sistema judicial, o próprio Estado. E, ao mesmo tempo, agravando as condições anacrônicas de um direito esvaziado em seu potencial transformador e amplamente reduzido a questões apenas processuais, "o Judiciário acaba sendo indigente na produção de respostas para seus problemas".[15]

O apelo, portanto, aos sistemas privados é propagandeado como recurso para desafogar o Judiciário. E, nos últimos anos, ouvimos esse bordão em uníssono. Mas, é evidente que a preocupação em otimizar o sistema judicial não pertence àquele que busca outros sistemas de resolução. O raciocínio "devo procurar um outro meio de resolução para não sobrecarregar mais o juiz" não faz sentido algum, a não ser se provém do próprio sistema, que emite um comando para que a sua procura seja comedida ou ponderada por alternativas. Quando Auerbach[16] analisa as possibilidades de uma justiça sem direito, diagnostica com precisão este paradoxo de um discurso que o próprio sistema judicial encampa em prol de sistemas mais informais e menos onerosos como exercício de uma autonomia dos sujeitos, apontando como um certo cinismo do Estado e uma visível tendência de elitização do litígio, submetendo as causas de pequeno valor a procedimentos menos rigorosos.

A celeridade é o argumento que, de tão contrastante, acaba por confundir finalidade e consequência. Se pensarmos em acesso à justiça, a finalidade não seria desafogar, mas garantir direitos, resolver conflitos, harmonizando e pacificando a sociedade. Se o Judiciário consegue dar respostas com qualidade em um tempo adequado, um tempo em que cada vez mais se otimiza a prestação jurisdicional, a celeridade faz do desafogar uma consequência. Mas parece que na ânsia de atingir números, desafogar torna-se a própria finalidade. Para aumentar ainda mais a complexidade e os paradoxos desta questão, não podemos perder de vista que o acesso à justiça, no movimento das ondas renovatórias, ainda está em vias de ampliação, tanto qualitativa quanto quantitativa.

A complexidade da sociedade contemporânea, suas diferenciações e especificidades acusam logo as limitações do sistema judicial, inadequado para a resolução de muitos conflitos. Com isso, criam-se espaços decorrentes não só das insuficiências do sistema judicial como também das suscetibilidades individuais dos envolvidos, que percebem o conflito não como disputa, os interesses nem sempre como negócios, estimulando a busca de meios mais pacíficos, menos litigiosos. Outros sistemas de resolução de conflitos procuram ocupar estes espaços.[17]

---

[15] FARIA, José Eduardo. Direito e justiça no século XXI, 2009, p. 7.
[16] AUERBACH, Jerold. S. Justiça sem direito? In: AZEVEDO, André Gomma e BARBOSA, Ivan Machado (Org.). Estudos em arbitragem, mediação e negociação. Brasília: Grupos de Pesquisa, 2007. p. 59, v. 4.
[17] Relatando uma experiência particular de ser mediada antes de adotar a via da mediação como sistema de resolução de conflitos, Célia Zapparolli destaca a relação de complementaridade que deve haver entre os sistemas: "Não quero afastar a importância da atuação jurídica, visto que as pessoas só têm a liberdade de transigir quando devidamente informadas e conscientes de seus direitos, bem como asseguradas pela existência de um sistema jurídico e judicial eficazes". ZAPPAROLLI, Célia Regina. A experiência pacificadora da mediação: uma alternativa contemporânea para a implementação da cidadania e da justiça. In: MUSZKAT, Malvina Ester (Org.). Mediação de conflitos. São Paulo: Summus, 2003. p. 75.

2 Ampliando o cenário para receber novos atores: perspectivas do conflito

Antes de apreciarmos os novos atores que interagem nos procedimentos jurídicos, importa superar a noção tradicional de lide, que está relacionada ao conflito de interesses sobre um bem comum, viés muitíssimo patrimonialista e individualista do próprio termo.

Em uma perspectiva muito larga, conflito é dissenso. A complexidade e diversidade de arranjos sociais, com seus encontros e desencontros, a pluralidade de valores, a possibilidade de exercitar em graus diferentes a própria liberdade, gozando de oportunidades sempre contingentes, irão multiplicar em demasia as formas, objetos e maneiras de relações, que poderão assumir uma tensão conflituosa. Por outro lado, equiparar o conflito a uma disputa é também reduzir suas potencialidades. "Uma das percepções fundamentais é a de que a disputa não é o conflito, mas uma decorrência do conflito. Portanto, resolver a disputa não põe fim ao conflito subjacente".[18]

Quanto às questões que ensejam conflitos, basicamente Morton Deutsch[19] sintetiza: (i) controle sobre recursos, como propriedade, poder, bens de consumo, ou espaço; (ii) preferências e incômodos, que implicam em uma exposição da sensibilidade, das suscetibilidades, do próprio modo de agir cotidiano; (iii) valores, ou conflitos sobre o que deveria ser, marcando os conflitos de natureza política, ética, ideológica, cada vez mais abundante em contextos de sociedades diversificadas, plurais e democráticas; e (iv) crenças, ou sejam, conflitos sobre as percepções da realidade, sobre fatos, informações, conhecimentos.

Na visão de Morton Deutsch, o conflito estaria caracterizado fundamentalmente por uma ou várias ações incompatíveis, intra ou entre pessoas, grupos, coletividades, nações. Não se trata simplesmente de competição, pois "apesar de toda competição produzir um conflito, nem todo conflito reflete uma competição".[20] A distinção importa na medida em que é possível identificar dois grupos de conflitos, marcados distintamente por contextos cooperativos ou competitivos.

A partir da noção de interdependência, em uma situação cooperativa pura "os objetivos dos participantes estão tão ligados que qualquer participante os alcançará se, e somente se, os outros com quem está ligado também o podem fazer".[21] Tem-se neste caso uma interdependência promovedora. É ilustrativa a dinâmica do jogo de frescobol, ainda que não jurídica. Ambos ganham ou perdem juntos. Apesar de dispostos um frente ao outro, lançando a bola um para o outro, quanto melhor um lançar a bola, melhor o outro rebaterá e, juntos, ambos permanecem jogando.

---

[18] COSTA, Alexandre Araújo. Cartografia dos métodos de composição de conflitos. *In*: AZEVEDO, André Gomma (Org.). *Estudos em arbitragem, mediação e negociação*. Brasília: Grupos de Pesquisa, 2004. p. 163, v. 3.

[19] DEUTSCH, Morton. A resolução do conflito. *In*: AZEVEDO, André Gomma (Org.). *Estudos em arbitragem, mediação e negociação*. Brasília: Grupos de Pesquisa, 2004. p. 39-40, v. 3.

[20] Idem, p. 35. Também Morais e Spengler vão trabalhar esta diferença, a partir da obra de Georg Simmel. Cf. MORAIS, José L. Bolzan de e SPENGLER, Fabiana M. *Mediação e arbitragem*, 2008, p. 49.

[21] DEUTSCH, Morton. A resolução do conflito. *In*: AZEVEDO, André Gomma (Org.). *Estudos em arbitragem, mediação e negociação*, 2004, p. 43.

Mas, "no caso limite de pura competição, um participante pode alcançar seu objetivo se, e somente se, os outros com quem está ligado não o podem fazer".[22] Ocorre interdependência inversa, e em um exercício de analogia, o jogo de tênis que, embora pareça semelhante àquele de frescobol, "dispostos um frente ao outro, lançando a bola um para o outro", para que um ganhe o outro precisa perder e, portanto, a competitividade implica em derrubar, anular o outro, levando-o ao erro.

De toda sorte, situações de pura competição ou cooperação são menos frequentes do que aquelas que entrecruzam as posições extremas. E é possível imaginar que situações cooperativas estão ligadas a conflitos produtivos enquanto situações competitivas tendem a conflitos destrutivos.[23]

Procurando identificar os efeitos competitivos que tendem a perpetuar e intensificar o conflito, Deutsch enumera a comunicação não confiante e empobrecida; imposição de uma solução por meio de força superior, fraude ou esperteza e; atitude hostil que diminui a percepção de similaridades. Por outro lado, é possível identificar que relações cooperativas levam a resoluções produtivas do conflito, já que se pautam por uma comunicação honesta, encorajam a escuta, a confiança, na construção de uma situação de convergência de crenças e valores.[24]

Pode ser útil à análise aqui empreendida a diferenciação entre um agir comprometido e um agir estratégico-indiferente. Quando "a satisfação dos interesses do outro mostra-se como um dos objetivos relevantes das partes",[25] estamos diante de um agir comprometido. Um agir estratégico-indiferente busca maximizar os próprios interesses, a partir de uma matriz individualista e utilitária. Assim, perfilaríamos um agir comprometido com uma situação de cooperação na configuração de conflitos produtivos. Inversamente, um agir estratégico-indiferente gera competição, produzindo conflitos destrutivos.

As observações acima permitem perceber que sendo tipicamente adversarial, o sistema judicial acirra a competição, levando a resoluções de conflitos que implicam, de maneira significativa, em perdas.

É mais ou menos concorde entre os autores, apesar de partir de matizes teóricos diferentes, e.g. sociológicas,[26] psicológicas,[27] que conflitos são dinâmicos, oscilando entre uma dimensão produtiva e destrutiva. As sociedades democráticas não podem eliminar definitivamente os conflitos, mas precisam inventar as melhores formas de lidar com eles, aproveitando ou convertendo suas forças em produtivas.

---

[22] DEUTSCH, Morton. A resolução do conflito. *In*: AZEVEDO, André Gomma (Org.). *Estudos em arbitragem, mediação e negociação*, 2004, p. 35.
[23] DEUTSCH, Morton. A resolução do conflito. *In*: AZEVEDO, André Gomma (Org.). *Estudos em arbitragem, mediação e negociação*, 2004, p. 53.
[24] DEUTSCH, Morton. A resolução do conflito. *In*: AZEVEDO, André Gomma (Org.). *Estudos em arbitragem, mediação e negociação*, 2004, p. 54-63.
[25] COSTA, Alexandre Araújo. Cartografia dos métodos de composição de conflitos. *In*: AZEVEDO, André Gomma (Org.). *Estudos em arbitragem, mediação e negociação*. 2004, p. 167.
[26] Cf. MORAIS, José L. Bolzan de e SPENGLER, Fabiana M. *Mediação e arbitragem*, 2008, p. 45-56.
[27] Cf. DEUTSCH, Morton. A resolução do conflito. *In*: AZEVEDO, André Gomma (Org.). *Estudos em arbitragem, mediação e negociação*, 2004, p. 33; SLAIKEU, Karl A. *No final das contas*: um manual prático para a mediação de conflitos. Brasília: Brasília Jurídica, 2004.

A dinamicidade dos conflitos também implica em um reconhecimento, mais ou menos geral, de que não há um meio de resolução que seja preferível aos demais, em absoluto. Diversidade de atores, de pessoas envolvidas, de interesses, bens, contextos sociais, instrução, personalidade, enfim, diversidade de subjetivação requer um leque igualmente diversificado de procedimentos, sistemas de resolução, com nuanças, flexibilidade e adaptabilidade.

3 O espaço da arbitragem

É consenso o reconhecimento da arbitragem como um dos rituais de resolução de conflitos mais antigos registrados. Ao mesmo tempo, parece não haver outro argumento tão forte que justifique seu apagamento ao longo dos últimos séculos como aquele que indica a centralização hegemônica nas mãos do Estado dos meios de resolução de conflitos. O império da lei afastou o juízo de equidade, típico da arbitragem, do ideal de segurança jurídica, apoiando-se, quase que exclusivamente, na construção de um ordenamento autossuficiente. O próprio Estado, em um movimento de fortalecimento, chamou para si a função jurisdicional e se fez exclusivo nesta empreitada. E neste contexto histórico, a medida da liberdade permitida pelo Estado é justamente aquela que nos faz sujeitos de direito, submetidos a suas normas.[28]

Apesar de previsão legal, pois tanto a Constituição de 1824 quanto o Código Comercial de 1850 previam a possibilidade do juízo arbitral, sendo pelo Código de 1850 obrigatório no caso de disputa entre comerciantes, inexpressiva foi a atividade arbitral no Brasil antes da promulgação da Lei nº 9.307 de 1996, e no resto do mundo, antes da década de cinquenta do século passado.[29]

A arbitragem, como meio de resolução de disputas, acompanha o movimento de internacionalização e globalização do comércio, assim como atende ao apelo de desestatização do neoliberalismo. Seu campo de atuação vai além das relações comerciais, mas é neste espaço o seu maior impulso, sobretudo aliado ao movimento de internacionalização das relações econômicas.

No espaço de uma economia globalizada, de áreas de livre comércio, blocos de proporções continentais como o Mercosul ou a Comunidade Europeia, as dificuldades de se submeter às legislações nacionais ou ainda, a uma estrutura burocratizada e formal como o Judiciário, parecem constituir grande obstáculo ao desenvolvimento das atividades privadas.

Retirando os excessos de ideologização neoliberal, a arbitragem maneja com instrumentos bem direcionados e eficazes de resolução de disputas. A doutrina[30] especializada aponta como impulso efetivo para que a arbitragem

---

[28] "Está sujeito a" e não "é sujeito de", como registrou Alexandre da Maia. Racionalidade e progresso nas teorias jurídicas: o problema do planejamento do futuro na história do direito pela legalidade e pelo conceito de direito subjetivo. In: BRANDÃO, Cláudio et al. (Coord.), *Princípio da legalidade*, 2009, p. 5.
[29] MAGALHÃES, José Carlos. A arbitragem como forma de atuação da sociedade civil. In: *Revista de arbitragem e mediação*. Ano 3. n. 9, abr./jun. de 2006, p. 165-172. Para uma referência mais completa do histórico da arbitragem, cf. MORAIS, José L. Bolzan de e SPENGLER, Fabiana M. *Mediação e arbitragem*, 2008.
[30] FONSECA, Rodrigo Garcia da. O princípio competência-competência na arbitragem: uma perspectiva brasileira. In: *Revista de arbitragem e mediação*. Ano 3. n. 9, abr./jun. de 2006, p. 277-303.

pudesse ser plenamente usada o reconhecimento da compulsoriedade da cláusula compromissória e a executoriedade da sentença arbitral independentemente de homologação judicial. Na prática, estas duas questões, porque entendidas de modo oposto pelo Judiciário, tornavam a arbitragem um meio dependente do próprio Judiciário, o que era um contrassenso para quem desejava recorrer a outros meios de resolução de conflitos.

A arbitragem pressupõe igualmente uma concepção mais forte de contrato, posto que na autonomia e reflexão das partes está incluído o consenso sobre a forma futura de resolução de conflitos por ventura advindos daquela relação. Há quem veja, no entanto, não exatamente um acento na possibilidade contratual, que equivaleria a reduzir a arbitragem a uma vontade, mas sim um acento na característica negocial da arbitragem, como negócio jurídico.[31]

De qualquer sorte, seja como contrato ou negócio jurídico, a força da cláusula compromissória como manifestação da vontade é um acento significativo no espaço de gestão das partes, que escolhem a maneira como resolverão seus conflitos.

É possível perceber um maior alinhamento da arbitragem nas culturas jurídicas de *common law* e uma postura arredia naquelas de *civil law*, como no Brasil. A perspectiva de uma maior confiança nas partes e atores jurídicos, aliado a uma horizontalidade nas relações intersubjetivas permitem um espaço mais fecundo para a arbitragem nos países de *common law*, enquanto a nossa desconfiança em relação à idoneidade do ato de julgar, junto com uma cultura excessivamente arraigada à lei, ao código, ao próprio poder sancionador do Estado, creditam à arbitragem uma resolução frágil e talvez vulnerável.[32]

A arbitragem, no quadro geral de suas características, desponta como um sistema que alia especialização técnica, rapidez, sigilo, e preserva as partes de uma disputa que atinja as relações pessoais e institucionais.

A característica da especialização tem sido crucial para a escolha da arbitragem nos contratos complexos. Estes geram demandas altamente especializadas, exigindo não propriamente um conhecimento em leis e procedimentos, mas, sobretudo, na matéria ou área própria do caso, especialização que o juiz não cumpre e se vê obrigado a recorrer a peritos. O árbitro pode cumprir estes dois papéis se o escolhido for alguém que, além de manejo como o procedimento arbitral, possa ser um grande conhecedor da área.

Os contratos internacionais, por exemplo, na área de petróleo, têxtil, energia, que se submetem a regras dos países pactuantes, além de se submeterem a regras de organismos internacionais próprios, como a OLP ou OMC, são exemplos de demandas que buscam o juízo arbitral.

O sigilo é garantido pelo próprio espaço de resolução, já que a arbitragem se realiza em câmaras privadas. E é uma característica bastante atrativa,

---

[31] LORCA NAVARRETE, Antonio María. La naturaleza jurídica del arbitraje. *Revista Iberoamericana de Arbitraje y Mediación*. 18 de Enero de 2006. Disponível em <http://www.servilex.com/arbitraje/colaboraciones/naturaleza_arbitraje.php>. Acesso em 11.10.2009.
[32] Este descrédito também é apontado por MORAIS, José L. Bolzan de e SPENGLER, Fabiana M. *Mediação e arbitragem*, 2008, p. 172.

permitindo um controle do conflito que evita desdobramentos negativos. Evita-se, por exemplo, expor aos demais concorrentes e consumidores a disputa com um fornecedor. Não se pode esquecer que, em certas áreas, as informações são realmente sigilosas, implicam fórmulas, patentes, parcerias, etc., sobretudo em tempos de mercados altamente competitivos.

A celeridade é das qualidades mais acentuadas na arbitragem, sobretudo em contraste com o sistema judicial. O excesso de etapas, atos, prazos e procedimentos no modelo judicial, aliado ao impacto que uma reabertura democrática proporciona em termos de acesso à justiça, sobretudo em função de uma Constituição que garante direitos fundamentais, implicam um aporte significativo de ações no Judiciário, cuja modernização de sua estrutura não está suficientemente consolidada.

Outra característica da arbitragem diz respeito ao seu ritual e ao envolvimento das partes no conflito. Decerto que as diferenças entre um ritual arbitral e o ritual judicial levam-nos a pensar na arbitragem como um sistema autocompositivo de resolução. Há, de início, um acordo sobre o próprio sistema a ser usado, e este pacto inclui também convencionar sobre o direito a ser aplicado e sobre a espécie de juízo a ser proferido, de direito ou de equidade. Por outro lado, como a decisão não é fruto de um consenso entre as partes (consenso diz respeito à escolha do arbitro e dos demais elementos acima enumerados), restaria mais acentuado o caráter heterocompositivo da arbitragem, já que a decisão cabe exclusivamente ao árbitro, que impõe a solução do conflito, sem possibilidade de rediscussão.[33] Uma solução híbrida, e a que adotamos aqui, seria aquela que reconhece a natureza preponderante da arbitragem como heterocomposição, sem olvidar elementos fundamentais de autocomposição na construção de seus pressupostos eletivos.[34]

Neste ponto, o maior contato entre as partes se faz para a definição da convenção de arbitragem, a escolha dos árbitros e do procedimento a ser seguido. Reunindo a documentação necessária para analisar o caso, incluindo a possibilidade de o árbitro solicitar provas, ouvir testemunhas, a decisão é então tomada pelo árbitro, sem o envolvimento das partes.

Por outro lado, sempre que os tribunais definem judicialmente os limites da lei de arbitragem, paradoxalmente, diminuem as diferenciações que poderiam enriquecer os dois sistemas. O temor de um espaço não governado pelo império da justiça pública permite um mimetismo entre os sistemas, já que à arbitragem vai sendo imposta uma configuração aproximativa do próprio sistema judicial.

É preciso, então, divulgar, fortalecer e desenvolver a arbitragem como um meio de resolução extrajudicial de conflitos.

---

[33] A respeito da natureza heterocompositiva da arbitragem, cf. NAVARRETE, Antonio María Lorca. La naturaleza jurídica del arbitraje. *Revista Iberoamericana de Arbitraje y Mediación*. 18 de Enero de 2006. Disponível em <http://www.servilex.com/arbitraje/colaboraciones/naturaleza_arbitraje.php>. Acesso em 11.10.2009.
[34] É a solução apresentada por MORAIS, José L. Bolzan de e SPENGLER, Fabiana M. *Mediação e arbitragem*, 2008, p. 177.

4 O espaço da negociação

Talvez porque esteja inserida na prática cotidiana do sistema judicial através da atividade de advogados e procuradores não se pense na negociação como um sistema de resolução de conflitos. Talvez porque seja o que mais diretamente expõe o direito a um jogo de estratégias e, por isso mesmo, aquele que menos pretenda encobrir a busca pela satisfação de interesses pessoais. A negociação, como forma de resolução de conflitos, sem entrar em disputas sobre a origem longínqua, é de todos os sistemas o único em que os terceiros, quando intervêm, não se colocam como imparciais, mas assumem um assento marcado ao lado de uma das partes.

No campo jurídico, o modelo judicial incorporou a negociação com muita evidência no direito processual do trabalho.[35] O reconhecimento jurídico da negociação coletiva, como procedimento para a discussão e formação de acordos coletivos e/ou convenções, tem amparo não só constitucional, mas também como prática entre sindicatos e empresas. Tendo em vista um ambiente frequentemente flexível de relações de trabalho, a negociação também é um procedimento difundido para o estabelecimento de condições individuais de trabalho.

De toda sorte, a questão da representatividade e da força sindical ainda estimulam composições heterônomas no direito do trabalho, em muitos setores dependentes do modelo judicial de resolução.

Há que se ressaltar aspectos da negociação também na resolução de conflitos na esfera do consumidor, quando as empresas chamam seus clientes devedores para negociar as dívidas. Com a oferta de crédito e a estabilização da economia, o estímulo ao consumo tem criado uma grande rede de cobranças não judiciais de dívidas, com a multiplicação de créditos, cadastros, financeiras, cartões. A morosidade e baixa efetividade do sistema judicial nos casos de execução forçada de títulos obrigam o mundo empresarial a encontrar mecanismos de adimplemento ou recuperação do crédito sem obstar o estímulo ao consumo. Escritórios e empresas especializadas em negociação de dívidas têm possibilitado um desenvolvimento grande da negociação como sistema de resolução para o direito do consumidor, sobretudo pela característica de seus conflitos, acentuadamente relacionados a bens.

Avaliando suas características, a negociação implica em assumir os riscos de um procedimento mais direto. O sistema judicial impõe sempre o risco da demora, do esvaziamento da demanda em questões processuais (fugindo ou obstando o mérito), da decisão de um juiz cujo exercício do julgamento não elimina, mesmo nas perspectivas mais racionais (dentre as aceitáveis, é claro), uma boa dose de arbitrariedade, ou contingência, ou diferença. A negociação, por seu turno, lança as partes em um espaço de discussão e debate, de possibilidades sempre menos previsíveis. É preciso estar pronto, com argumentos e propostas, a buscar a resolução mais favorável. Mas, igualmente, é preciso estar disposto a transigir, a avaliar e a ceder além do previsto.

---

[35] Os exemplos são preponderantemente fruto da observação livre da realidade brasileira.

Por outro lado, é preciso explorar as estratégias de persuasão e oportunidade, perceber o custo do conflito para a outra parte, identificar os pontos a serem explorados deste conflito específico cujo acordo poderá representar uma posição mais vantajosa para as partes envolvidas, e não somente para o seu representado, sob pena de não ver consolidada a negociação em uma resolução. Na visão de Alexandre A. Costa,[36] a negociação envolve tipicamente um jogo estratégico, classificando-a como um sistema autocompositivo direto e estratégico.

Uma sistematização consistente sobre a negociação como um sistema de resolução de conflitos pode ser encontrada na obra de Roger Fisher, William Ury e Bruce Patton, fruto do desenvolvimento de um projeto de negociação da *Harvard Law School*. Identificando várias formas de negociação, os autores diferenciam duas abordagens básicas: negociação por posições ou negociação por princípios. Na negociação por posições, muitas vezes encampada intuitivamente, a parte assume uma posição no conflito, estabelece um objetivo individual a ser alcançado num acordo e passa a defender, unilateralmente, esta como a única posição possível, esperando que o outro ceda ou aceite a sua posição. "A tarefa de conceber conjuntamente uma solução aceitável tende a se transformar numa batalha".[37] É preciso alertar para o fato de que a barganha de posições estimula a paralisação da negociação, sobretudo quando as posições tomadas pelas partes são extremada, do tipo "tudo ou nada".

Os autores propõem, então, a negociação por princípios ou negociação dos méritos, que evitaria a tomada de posições e seus inconvenientes, produzindo acordos "sensatos, eficientes e amigáveis".[38] A negociação por princípios estaria alicerçada em quatro pontos fundamentais: (i) separar as pessoas dos problemas, (ii) concentrar-se nos interesses, não nas posições, (iii) criar uma variedade de possibilidades antes de decidir o que fazer; e (iv) insistir na criação de um padrão objetivo para basear o resultado. O desenrolar passaria por uma fase de análise, diagnosticando a situação; seguida por uma fase de desenvolvimento, na qual se criariam possibilidades de resolução a partir da identificação de critérios objetivos, seguido por uma discussão das possibilidades, tendo em vista a construção do acordo.

Os autores não descuidam que pode ser necessário interromper negociações, em função do desvio, do insucesso, das tensões criadas no decorrer do procedimento. Como todos os atores envolvidos, os negociadores (para si ou para terceiros) também são sujeitos emocionais, estão influenciados por questões de contexto e contingentes, como questões econômicas ou sociais.

É preciso estar atento também para o desequilíbrio acentuado nas relações de força e poder entre as partes envolvidas no conflito e às voltas com a negociação. "Em qualquer negociação, há dados de realidade que são difíceis de alterar".[39]

---

[36] COSTA, Alexandre Araújo. Cartografia dos métodos de composição de conflitos. *In*: AZEVEDO, André Gomma (Org.). *Estudos em arbitragem, mediação e negociação*, 2004, p. 172.
[37] FISHER, R.; URY, W.; PATTON, B. *Como chegar ao sim*: a negociação de acordos sem concessões. Tradução de Vera Ribeiro e Ana Luiza Borges. 2. ed. Rio de Janeiro: Imago, 2005. p. 24.
[38] Neste caso, a confirmação das promessas do método está fora da análise desta tese. Tomamos apenas a sua proposição como um modo possível de resolver conflitos.
[39] FISHER, R.; URY, W.; PATTON, B. *Como chegar ao sim*: a negociação de acordos sem concessões, 2005, p. 117.

Diante de um adversário com maior poder de barganha, os autores sugerem que o negociador desenvolva sua MAANA[40] (Melhor Alternativa à Negociação de um Acordo), como um padrão ou parâmetro de solução que serve de baliza para avaliar a oportunidade de uma oferta ou o grau de satisfação de um acordo, tendo em vista tanto as expectativas de resolução, quanto as oportunidades e alternativas imaginadas.

De todos os aspectos analisados sobre negociação, as forças desiguais de barganha são uma tensão sempre presente que exigem um cuidado maior. A despeito de se imaginar um campo horizontal de argumentos e contra argumentos, de relações e interações entre interesses e solicitações, se não se vai idealizar uma racionalidade comunicativa que permita às partes colocarem-se em posição de igualdade, é preciso não perder de vista que este é um campo desigual de forças. Através de instrumentos retóricos, argumentativos e do apelo aos ideais comuns de uma sociedade, impõe-se vontades e interesses particulares, quando não dissonantes em relação aos mesmos discursos que tentam legitimar o pacto.

Neste cenário, é importante acatar as contundentes assertivas de Laura Nader, quando analisa a harmonia coercitiva dos modelos jurídicos: "Em todos os casos que examinei, a regra é que a parte mais fraca vá em busca da lei e a mais forte prefira negociar".[41]

5 Ampliando o espaço da conciliação

Pretende-se neste tópico sinalizar para a conciliação como um espaço de resolução de conflitos que prescinde do poder judiciário, apesar de sua larga utilização dentro dos processos, como já foi pontuado. A conciliação e a mediação estão entre os sistemas de resolução de conflitos em que a participação das partes cresce à medida que o poder de imposição do terceiro envolvido enfraquece, almejando a mediação um ator neutro ao ponto de sequer elaborar uma solução. Na conciliação, o terceiro que intervém ainda pode propor um termo, ponderar soluções com as partes, embora a ação destas já tenha saltado para a ordem do principal. O mediador, por sua vez, sequer pode fazê-lo. Ele está restrito, em relação ao acordo, à tarefa de criar o canal de comunicação e permitir que as partes transformem o conflito.

Na perspectiva de Christopher Moore, "a conciliação é essencialmente uma tática psicológica aplicada que visa corrigir as percepções, reduzir medos irracionais e melhorar a comunicação a tal ponto que permita a ocorrência de uma discussão razoável e, na verdade, possibilita a negociação racional".[42]

---

[40] "A geração de possíveis MANNAs exige três operações distintas: (1) inventar uma lista de providências que você poderia tomar caso não se chegue a um acordo; (2) aperfeiçoar alguma das ideias mais promissoras e convertê-las em opções práticas; e (3) escolher provisoriamente a opção que se afigura como a melhor". FISHER, R.; URY, W.; PATTON, B. *Como chegar ao sim*: a negociação de acordos sem concessões, 2005, p. 123.

[41] NADER, Laura. Harmonia Coercitiva. A economia política dos modelos jurídicos. *Revista Brasileira de Ciências Sociais*, n. 26, ano 9, outubro de 1994, p. 25. Esta afirmativa a autora faz a respeito, especialmente, das controvérsias sobre rios no cenário internacional.

[42] MOORE, Christopher W. *O processo de mediação*: estratégias práticas para a resolução de conflitos. Tradução de Magda França Lopes. São Paulo: Artmed, 1998. p. 168.

Nesta perspectiva não se trabalha mais com a ideia de vencedores e vencidos, ou outros maniqueísmos decorrentes (vítima/agressor, certo/errado, culpado/inocente). Assim, sobressai o caráter pacifista do método que se baseia na ideia de complementaridade [...] "que pressupõe, em todo conflito, a presença *ativa* de dois opositores *responsáveis* pela sua manifestação e manutenção. Ativa aqui não é sinônimo de violência, como passiva tampouco é sinônimo de vitimização".[43]

O campo generalista de definições em torno da conciliação e também da mediação sugere a Riskin[44] a organização de um quadro de intensidade tanto das metas quanto das posições que o terceiro ocupa em relação ao conflito. Quanto às metas, ou ao foco em relação aos conflitos, a resolução pode ser restrita ou ampla. Quanto ao terceiro que intervém, é possível variar entre um papel avaliativo ou facilitador.

O cruzamento destes parâmetros permite identificar a conciliação a partir de uma postura avaliativa, seja restrita ou ampla. "O mediador avaliador, ao prover avaliações, prognósticos e rumos, retira a responsabilidade sobre a tomada de decisões das partes e seus advogados. Em alguns casos, isso facilita o alcance do acordo".[45]

Uma outra abordagem[46] que diferencia mediação e conciliação é aquela que associa: (i) quanto aos vínculos, a conciliação à atividade judicial, portanto, seria um momento consensual no seio de um processo adversarial, deixando a mediação para as tentativas espontâneas; (ii) quanto à finalidade, a conciliação focada no conflito conforme as disposições apresentadas pelas partes envolvidas, assumindo a mediação uma tarefa mais abrangente; e (iii) quanto ao método, aquela de uma participação mais ativa e propositiva do conciliador, deixando ao mediador um papel de comunicação, de facilitação e gestão da resolução do conflito.

O foco no acordo, a possibilidade de propor, opinar e avaliar a qualidade de uma resolução como parte do processo mesmo de composição de conflitos já delineiam elementos próprios para a conciliação. Assim, apresenta-se como útil a diferenciação de uma mediação ativa e passiva, atribuindo neste trabalho, respectivamente, a denominação de conciliação e mediação.

Para aqueles que não distinguem a conciliação da mediação,[47] realçando que a legislação brasileira incorporou com o nome de conciliação o que os norte-americanos chamam de *mediation*, todas as características de uma poderiam ser aproveitadas para a outra, fundindo-se aqui os comentários deste com o ponto seguinte. No entanto, ressaltamos a necessidade de uma diferenciação mínima, que diversifique os sistemas de resolução.

---

[43] MUSZKAT, Malvina Ester (Org.). *Mediação de conflitos*: pacificando e prevenindo a violência, São Paulo: Summus, 2003. p. 35.

[44] RISKIN, Leonard. Compreendendo as orientações, estratégias e técnicas do mediador: um padrão para perplexos. In: AZEVEDO, André Gomma (org). *Estudos em arbitragem, mediação e negociação*. Vol.1, Brasília: Grupos de Pesquisa, 2002, p. 31.

[45] RISKIN, Leonard. Compreendendo as orientações, estratégias e técnicas do mediador: um padrão para perplexos. *In*: *Estudos em arbitragem, mediação e negociação*. 2002, p. 50.

[46] Cf. PINHO, Humberto Dalla Bernardina de. Disposições finais. *In*: PINHO, Humberto Dalla Bernardina de (Coord.). *Teoria geral da mediação*. Rio de Janeiro: Lumen Iuris, 2008. p. 256-257.

[47] AZEVEDO, André Gomma de. Perspectivas metodológicas do processo de mediação: apontamentos sobre a autocomposição no direito processual. *In*: AZEVEDO, André Gomma (Org.). *Estudos em arbitragem, mediação e negociação*, 2003, p. 153.

Estando direcionada para o acordo, a conciliação tem que se preocupar com os desvios estratégicos que a imposição de um acordo pode representar. Ela não pode perder a sua legitimação de sistema autocompositivo e desejar impor um acordo a qualquer custo. A imposição de uma solução é próprio dos sistemas heterocompositivos, como visto no sistema judicial e na arbitragem.

Portanto, o foco no acordo não pode reduzir a ação do conciliador a um agir meramente estratégico e descomprometido com a autonomia das partes e a satisfação de uma resolução conflitiva. Também destacamos a conciliação como apropriada a gerir conflitos cujo cumprimento de disposições legais vincule mais a escolha das partes, porque poderia o conciliador intervir mais diretamente na construção do acordo, sugerindo adequações. Além do mais, destaca-se a conciliação quando o conflito não interferir substancialmente na subjetivação dos envolvidos, quando a mediação transformadora poderá dar um tratamento mais completo.

6 Múltiplos cenários para a mediação

Há muitas atividades ou procedimentos que são nomeados como mediação. Já se viu que a própria mediação, quando direcionada para o acordo, se confunde com a conciliação. Como prática de intervenção, a mediação ressurge nos Estados Unidos[48] e na Grã-Bretanha no início dos anos setenta, e no Canadá nos anos oitenta. Tais práticas logo ganharam destaque por serem extremamente bem-sucedidas quanto à qualidade e quantidade das resoluções de conflitos.[49]

A doutrina especializada[50] costuma classificar a mediação a partir da postura do mediador e do resultado que poderá atingir. Assim, identifica uma mediação facilitadora e uma mediação avaliativa, eventualmente um misto das duas. Na mediação facilitadora, o terceiro neutro funciona como um elo entre as partes, viabilizando a comunicação, ajudando as partes a identificarem os pontos a serem trabalhados, o foco dos conflitos, as questões emocionais, perdas e ganhos. A postura é de fato aquela de facilitar, mas não de construir o acordo. Na mediação avaliativa, o mediador é chamado a "emitir um parecer ou uma recomendação quanto ao valor do acerto ou quanto a alguma outra solução".[51]

Mas a diversificação da atividade mediadora não se restringe a essa taxonomia dicotômica, podendo multiplicar-se em papéis que se adaptam às contingências de cada conflito. Cooley[52] enumera, entre os exemplos desses papéis: (i) a abertura de canais de comunicação; (ii) a legitimação, que envolve o

---

[48] Nos Estados Unidos, a consolidação dos mecanismos paraprocessuais encontra no *Alternative Dispute Resolution Act* de 1988 um documento legislativo substancial. O texto, na íntegra, encontra-se disponível em <http://www.epa.gov/adr/adra_1998.pdf>. Acesso em 01.02.2010.
[49] ÁVILA, E. Mattos. *Mediação familiar*: formação de base. Tribunal de Justiça de Santa Catarina. Florianópolis, 2004, p. 25.
[50] Cf. COOLEY, John W. *A advocacia na mediação*. Tradução de René Locan. Brasília: Editora Universidade de Brasília, 2001. p. 43-45.
[51] COOLEY, A advocacia na mediação, 2001, p. 44.
[52] COOLEY, *A advocacia na mediação*, 2001, p. 44-45. Acrescenta o autor que "o mediador facilitativo pode confortavelmente assumir qualquer um dos nove papéis. O mediador avaliativo pode recorrer a algum desses papéis, mas normalmente se concentra nos papéis de líder e de agente da realidade".

reconhecimento dos direitos de si próprio e das demais partes; (iii) a facilitação de processos; (iv) o treinador, na formação de novas lideranças ou negociadores; (v) o aumento dos recursos, funcionando como um assessor técnico em questões relacionadas à necessidade de peritos, outros bens, tendo em vista o aumento de possibilidades de acordo; (vi) a exploração de problemas, onde assume um papel terapeuta; (vii) o bode expiatório, que se compromete com os resultados atingidos pelas partes, assumindo eventualmente responsabilidades e culpas, solidarizando-se com as partes; (viii) o agente da realidade, que ajuda a construir um acordo satisfatório e realizável; e (ix) a liderança, transmitindo segurança e tomando a iniciativa por meio de sugestões procedimentais ou substantivas.

Fica perceptível que as tentativas de sistematização e classificação do tema esbarram na dificuldade de identificar com exatidão o alcance da atividade mediadora, diferenciá-la de negociações ou conciliações, sobretudo a partir do referencial teórico norte-americano.[53] Não se pode ignorar que a flexibilização da mediação como procedimento e a abertura para a compreensão do problema para além dos limites do que se pode juridicamente decidir acabam por impedir a identificação da mediação em um conceito fechado, uniformizar uma classificação, totalizá-la em um *a priori*. Ademais, o reconhecimento de legitimidade quanto à flexibilização dos procedimentos permite também um certo hibridismo entre os sistemas, na tentativa de adequar-se contingencialmente ao conflito. É extremamente importante preservar, diante da possibilidade de hibridismos, a consciência das partes envolvidas em relação às mutações. Assim, resgatamos a necessidade de uma diferenciação mínima, que permita ao agente perceber e enunciar o acento ou o solo sob o qual se põe na resolução do conflito.

É desejável, portanto, reconhecer duas maneiras de mediar: uma mais técnica, mais focada no acordo e outra transformadora, focada na aprendizagem, na subjetividade dos envolvidos. Tomo aqui a linha da mediação transformadora, aquela trabalhada por Warat entre outros.[54]

Nesta perspectiva, o mediador é um ator social cujo caminho de transformação do outro o obriga a transformar-se a si mesmo.[55] Não concilia, não propõe, não decide: o mediador escuta, incita o falar das partes, conecta, articula e quanto menos sua intervenção for solicitada, mais eficiente ela terá sido.[56] Isto não significa que a sua função é dispensável. Ao contrário, pois se as partes por si só tivessem este canal aberto, já teriam sozinhas chegado a um termo, quiçá sequer chegado ao conflito.

---

[53] Avalio que a tradição prática dos norte-americanos, como de resto dos países de *Common Law*, coloca com muita ênfase a questão do raciocínio pelo exemplo, com seus textos recheados pela narrativa dos casos. Neste sentido, a percepção da multiplicidade de procedimentos e de rumos possíveis para a resolução de um conflito fica ainda mais evidente, já que, junto com a tentativa de exemplificar um dado aporte teórico, aparecem também as singularidades dos casos, o universo particular do conflito.

[54] Entre os estrangeiros, cf. SLAIKEU, Karl A. *No final das contas*: um manual prático para a mediação de conflitos. Brasília: Brasília Jurídica, 2004. Entre os nacionais, cf. MORAIS, José L. Bolzan de e SPENGLER, Fabiana M. *mediação e arbitragem*, 2008.

[55] "Também quero falar preliminarmente sobre o fato de que ninguém pode desempenhar-se eficazmente como mediador se previamente não harmoniza a intimidade de sua própria alma. WARAT, Luis Alberto. O ofício do mediador". In: *Surfando na Pororoca*, 2004, p. 213.

[56] Igualmente, quem pensa na mediação como uma negociação assistida também dosa a intervenção do mediador como inversamente proporcional à fluidez da comunicação entre os envolvidos. Cf. SLAIKEU, Karl A. *No final das contas*, 2004, p. 64.

A mediação está tentando resgatar a delicadeza da relação, fragilizada pelo conflito. É por isso que Warat[57] aproxima o ofício do mediador do amor e o desatrela exclusivamente dos saberes técnicos. Um ofício que requer uma autenticidade, um agir e uma sensibilidade que o aproxime do respeito pelo outro,[58] numa relação horizontalizada de vontades, desejos, subjetividades.

Pela mediação, seriam abertas fissuras que deslocariam a ideia de humano que a modernidade inventou, o humano da razão, da técnica, inundando-o com o amor, com a sensibilidade, numa reinvenção do próprio humano. E vai além: propõe a mediação como um processo de comunicação que pode ser visto como uma modalidade das relações de ajuda, cujo objetivo é a transformação do conflito ao introduzir-lhe o diálogo. E a partir desta configuração mais ampla, é possível falar em mediações preventivas e reparadoras, jurídicas, comunitárias, institucionais ou privadas. "Também a mediação pode ser vista como política cultural e como paradigma superador das visões de mundo produzidas pela condição moderna".[59]

O caráter transdisciplinar é uma marca essencial da mediação. Não existindo uma teoria geral que possa fundá-la, e exatamente por romper com a lógica racional da modernidade, em suas exigências procedimentais, técnicas e objetivas, a mediação acaba por receber todas as críticas de um momento de ruptura de *episteme*. Sem dúvida que a nossa formação, com o olhar da modernidade, tende a desqualificar todo conhecimento que não possa ser enquadrado em sua fórmula de racionalidade. O risco de um direito líquido, os riscos da sociedade de risco, enfim, exigem uma postura completamente diferente dos sujeitos, dos atores sociais. Reconfigura o próprio direito, alojando a discussão não mais numa perspectiva abstrata e normativa de busca de segurança e estabilidade, mas no seio das relações mesmas das gentes, nas quais irrompem elementos irracionais, subjetivos, emotivos, em que a sensibilidade ocupa a ordem do dia, com ou sem romantismo.

Mais que técnica, procedimento ou teoria: a mediação é uma postura, é uma maneira de interagir com pessoas em conflito e com isso, a mediação exige (se já não for) uma reflexão ética. Um terceiro mediador é aquele que procura, em sua ação, em sua configuração institucional, colocar-se numa postura comunicadora, aumentando o respeito pelas partes e a escuta, mas uma escuta nem tão psicanalítica, nem confessional. A escuta tem um sentido analítico, construtivo e não inquisitorial. "A procura crítica da autonomia passa por um *entre-nós* participativo do diálogo com o outro. Um saber escutar o outro".[60] A divergência é mais produtiva, portanto, que a convergência de ideias. Mas a

---

[57] WARAT, Luis Alberto. O ofício do mediador *In*: *Surfando na Pororoca*, 2004.
[58] "Como colocar-se nos sapatos do outro". É esta a metáfora utilizada por Malvina Muszkat que acrescenta: [...] "numa situação de conflito, caracterizada por desejos excludentes entre as partes, o reconhecimento do Outro como diferente de Mim é a condição básica para a proposição de um diálogo, o meio mais eficiente para a preservação da individualidade na intersubjetividade". MUSZKAT, Malvina Ester (Org.). *Mediação de conflitos*, 2003, p. 35.
[59] WARAT, Luis Alberto. Mediación, derecho, ciudadanía, ética y autonomía en el humanismo de la alteridad. *In*: *Surfando na Pororoca*, 2004, p. 383-4. No original: "También la mediación puede ser vista como política cultural y como paradigma superador de las visiones de mundo producidas por la condición moderna".
[60] WARAT, Luis Alberto. O ofício do mediador. *In*: *Surfando na Pororoca*: o ofício do mediador. Florianópolis: Fundação Boiteux, 2004. p. 195

divergência crítica[61] é uma tomada de posição ética que inclui o outro e o faz indispensável. Ela permite que as partes se coloquem no conflito e se movam, atuem, joguem.

Na construção de seus alicerces e saberes, a mediação aproveita, transversalmente, diversos campos de saber, o que a faz necessariamente transdisciplinar. Esta é a razão pela qual diversos profissionais e pessoas experientes podem e devem estar envolvidos como mediador, a exemplo de psicólogos, assistentes sociais, líderes comunitários, educadores, entre outros. A mediação, portanto, é mais que um procedimento para o direito, é uma forma mais flexível de resolução de conflitos, que não ignora, por certo, os limites do jurídico. Este compromisso do mediador com a lei não o faz atrelado, como o juiz, ao direito vigente. Mas, por outro lado, ele não pode ignorá-lo, sendo extremamente necessário que o conheça. Isto não significa dizer que o mediador tenha necessariamente que ser um advogado, porque ele precisará de habilidades inter/transdisciplinares e, do mesmo modo que um advogado mediador precisa se inteirar, estudar e saber lidar com questões e problemas psicológicos ou sociais, o psicólogo ou o assistente social também podem adquirir um conhecimento suficientemente aprofundado da lei.

Estabelecidos os fundamentos filosóficos do que consideramos pertinente para o delineamento de uma mediação comprometida com a democracia e com uma visão mais plural e emancipadora das subjetividades, é possível aproveitar a sistematização do pragmatismo de vertente norte-americana, cujo acúmulo de experiências é enorme em matéria de mediação e outros sistemas de resolução de conflito. Conforme Stulberg e Montgomery,

> As principais funções do mediador incluem: presidir a discussão; esclarecer as comunicações; educar as partes; traduzir as propostas e discussões em termos não polarizados; expandir recursos disponíveis para o acordo; testar a realidade das soluções propostas; garantir que as soluções propostas sejam capazes de serem anuídas; servir como um bode expiatório para a veemência e frustração das partes; e assegurar a integridade do processo de mediação. A fim de desempenhar estas responsabilidades com eficácia, um mediador deve ser neutro, imparcial, objetivo, flexível, inteligente, paciente, persistente, enfático, ouvinte eficaz, imaginativo, respeitado na sua comunidade, honesto, confiável, não superprotetor, perseverante, persuasivo, energético e otimista. Ao mesmo tempo em que estas parecem ser as características de um santo, muitas pessoas, de fato, possuem a maioria dessas características em um nível suficiente para serem mediadores capazes.[62]

A partir desta configuração teórica, percebemos quais conflitos exigiriam uma resolução baseada na mediação. Entenda-se bem, não é uma questão de

---

[61] Para Warat, "criticar não é exercer um pensamento negativo, é por em crise um modo de entender o mundo (um paradigma) para tomar decisões que permitam uma mudança, abandonar-se; desprender-se do que já está morto em nós ou na sociedade, ou em nossas relações com os outros". WARAT, Luis Alberto. O ofício do mediado. *In: Surfando na Pororoca*, 2004, p. 196.

[62] TULBERG, Joseph B. e MONTGOMERY, B. Ruth. Requisitos de planejamento para programas de formação de mediadores. *In:* AZEVEDO, André Gomma (Org.). *Estudos em arbitragem, mediação e negociação.* Vol.2, Brasília: Grupos de Pesquisa, 2003. p. 115.

exclusividade, é uma possibilidade de escolha. Mas a diversificação de sistemas aponta também para uma certa afinidade entre conflito e resolução, uma certa atração por um modo de resolver, tendo em vista as características do próprio conflito. Não descartaria a mediação como uma forma de resolução muito adaptável a diversos conflitos, mas é preciso medir a possibilidade dos conflitos serem mediados.

Para não construir outros conflitos, agora com a lei ou o próprio direito, sobre a mediação é dito, por exemplo, que não deve versar sobre direitos indisponíveis,[63] dada a possibilidade de movimentação de um processo judicial para reverter seus termos. Neste ponto, sustentamos um posicionamento diferente. Como os direitos indisponíveis estão protegidos pelo Estado como bens ou valores que a sociedade não pode abrir mão, entendo que a vedação não se dirige à impossibilidade das partes decidirem sobre direitos indisponíveis, mas que, esta indisponibilidade exigiria a homologação da justiça pública para que estivesse garantido o acordo contra desmandos. Quando um casal que tem filhos menores entra com uma ação judicial de separação consensual e disciplina na petição sobre a guarda dos filhos ou a pensão alimentícia, está lidando com direitos indisponíveis, que serão averiguados quanto à adequação, pela Justiça. Para a construção dos termos desta petição conjunta, eles podem ter sido auxiliados por um mediador. Portanto, a indisponibilidade do direito não veda a mediação sobre ele, mas condiciona a aceitação a uma homologação pelo poder Judiciário.

Um dos espaços privilegiados para o desenvolvimento da mediação se situa na zona dos conflitos de família. Especialmente, a mediação familiar lida com conflitos que jogam com a subjetividade dos atores envolvidos. Conflitos conjugais, relações de pais e filhos, guardas e pensões, o próprio nome e sua condição civil estão diretamente envolvidos nos conflitos familiares. Certa dose de sofrimento, ansiedade, sentimento está presente e se mistura às questões patrimoniais. Não há como isolar os fatores psicológicos, sociais, morais, das questões jurídicas.

Com o desenvolvimento da mediação, a cada dia outros conflitos vão sendo testados sob seus procedimentos. E destacamos na sua utilização múltiplos espaços, como escolares, empresas, comunidades e suas relações de vizinhança.

Do ponto de vista do ordenamento brasileiro, a ausência de uma lei[64] sobre mediação não é obstáculo para que ela seja desenvolvida. Dentro do espaço de licitude do direito, a autonomia do sujeito permite que ele possa solucionar seus conflitos. A ideia processual de vedação da autotutela objetiva evitar o

---

[63] Esta afirmativa, pela impossibilidade de mediar sobre direitos indisponíveis está em PANTOJA, Fernanda Medina. Mediação incidental. In: PINHO, Humberto Dalla Bernardina de (Coord). *Teoria geral da mediação*. Rio de Janeiro: Lumen Iuris, 2008, p. 206-7.
[64] Há em tramitação no Congresso Nacional, desde 1998, projeto de Lei que institui e disciplina a mediação como método consensual paraprocessual de resolução de conflitos na esfera civil. O projeto de lei, inicialmente de autoria da Deputada Zulaiê Cobra, foi apresentado na Câmara em 1998 (sob o numero PL nº 4.827/98) e ao seguir para o Senado em 2002, sofreu modificações pela emenda substitutiva proposta pelo Senador Pedro Simon. Atualmente, o projeto encontra-se novamente na Câmara, aguardando trâmites. Há igualmente em trâmites outros projetos relativos à mediação, com alterações mais pontuais no CPC ou em legislação especial. Cf. Projeto de Lei nº 505/07. Disponível em <http://www.camara.gov.br/sileg/integras/444215.pdf>. Acesso em 05.01.2010.

uso particular da força, e não a resolução autônoma e ética de nossos próprios conflitos, sendo esta exatamente a proposta da mediação.

7 Considerações finais

Entender que os conflitos surgem, se multiplicam infinitamente não por uma pulsão social ao ilícito, por pura desobediência ao direito, mas porque as pessoas vivem, divergem, agem, relacionam-se, criam vínculos, mudam e tornam a mudar é uma consciência fundamental para reforçar a necessidade de diversificação de cenários de composição de conflitos em culturas de paz e democracias.

A problemática do acesso à justiça passa, portanto, não só por uma reestruturação do poder Judiciário e dos espaços estatais de resolução, mas também pelo incremento junto à sociedade civil das arenas de autocomposição de conflitos. É signo de uma sociedade pluralista o exercício de diferenças, de alteridade, arranjos e rearranjos de relações intersubjetivas. Nas redes interpessoais, vão se costurando novos cenários que devem guardar o devido comprometimento com a justiça, com a ética e com os outros.

O acesso à justiça deve significar, fundamentalmente, acesso com qualidade e respeito a direitos, e em contextos de democracias liberais, incremento da autonomia dos sujeitos envolvidos. Em última análise, ao construir novos cenários para o direito, não podemos perder de vista o compromisso com a democracia e com a emancipação de nós mesmos.

Informação bibliográfica deste texto, conforme a NBR 6023:2002 da Associação Brasileira de Normas Técnicas (ABNT):

REBOUÇAS, Gabriela Maia. A construção de novos cenários para o direito: reflexões sobre o acesso à justiça. *In*: BERTOLDI, Márcia Rodrigues; OLIVEIRA, Kátia Cristine Santos de (Coord.). *Direitos fundamentais em construção*: estudos em homenagem ao ministro Carlos Ayres Britto. Belo Horizonte: Fórum, 2010. p. 377-396. ISBN 978-85-7700-367-9.

Criminalização do Preconceito: das Limitações do Poder Punitivo na Efetivação da Tutela da Igualdade

Eliane Peres Degani

Sumário: 1 Introdução – 2 Da tutela penal da igualdade como fruto do expansionismo punitivo – 3 "A Justiça e o Mal": a violência do preconceito *versus* a violência da punição – 4 Da difícil tarefa de "Bem Julgar" os crimes de preconceito no Brasil

1 Introdução

O preconceito e as suas mais diversas manifestações violentas por motivações raciais, étnicas, religiosas e xenófobas é temática das mais discutidas em todo o mundo, impulsionando a busca de soluções aos conflitos sociais daí gerados nas mais diversas áreas do conhecimento humano. Nesse sentido, o surgimento desses novos conflitos, ainda pouco conhecidos em suas causas e efeitos, passou a instar a atuação do Direito Penal como mecanismo de coibição às consequências nocivas produzidas pelo preconceito e de proteção à igualdade de todos, sem distinção.

No Brasil, visando efetivar o preconizado pela Constituição Federal de 1988 no tocante à instituição de um Estado Democrático, destinado a assegurar a igualdade e a justiça como valores supremos de uma sociedade fraterna, pluralista e sem preconceitos (Preâmbulo), à promoção do bem de todos, sem preconceitos de origem, raça, sexo, cor, idade e quaisquer outras formas de discriminação (artigo 3º, inciso IV), à punição de qualquer discriminação atentatória aos direitos e liberdades fundamentais (artigo 5º, inciso XLI), e ao repúdio e à punição da prática de racismo (artigo 4º, inciso VIII, e artigo 5º, inciso XLII), o legislador penal ordinário, sequioso pela produção de uma "legislação-total", capaz de assegurar a igualdade e a justiça necessárias a uma sociedade fraterna, pluralista e sem preconceitos, entendeu por bem adaptar tais preceitos constitucionais a uma base legislativa contravencional já existente, a Lei nº 1.390, de 03 de julho de 1951, denominada Lei Afonso Arinos, que incluiu, no rol das contravenções penais, a prática de atos resultantes de preconceitos de raça ou de cor.[1]

---

[1] Para Jorge da Silva (*Direitos civis e relações raciais no Brasil*. Rio de Janeiro: Luam, 1994, p. 157), "É a partir da Lei Afonso Arinos que começaram a ser desenvolvidos outros mecanismos para escamotear a discriminação". Expõe o autor

Criou-se, assim, a Lei Penal Antipreconceito — Lei nº 7.716, de 05 de janeiro de 1989 —, a qual passou a definir os crimes resultantes de preconceito de raça ou de cor, punindo, outrossim, as condutas decorrentes de discriminação ou preconceito também em relação à etnia, à religião ou à procedência nacional.[2]

Nessa ordem de ideias, a lei penal brasileira contra o preconceito foi apresentada como uma panaceia, dando início a uma verdadeira confusão jurídico-penal no trato do preconceito, da discriminação, do racismo e, ainda, da injúria preconceituosa, mostrando-se, no mais das vezes, inócua, onde deveria ser eficaz, e inadequada, onde acaba por geralmente incidir.[3]

A partir de uma abordagem crítica, portanto, acerca das razões e das consequências desse "estado confusional legal", evidenciam-se pelo menos duas disfunções da utilização do Direito Penal como mecanismo de promoção da igualdade e de proibição do preconceito, de forma simultânea: a disfunção em se tutelar penalmente a igualdade, em decorrência do expansionismo penal e a partir dos modelos punitivos propostos, e a disfunção do uso da justiça penal, para promover a tolerância e combater o preconceito.

---

que, com o advento da Carta Constitucional de 1988, bem como da Lei nº 7.716/89, a chamada Lei Caó, "Diante da euforia de importantes setores progressistas e da apreensão de não menos importantes setores conservadores brancos, as atenções voltaram-se para o que, na prática, representaria a nova ordem em relação à anterior, ou seja, a que considerava o racismo como uma mera contravenção. Nada mudou. A realidade é que a Lei Afonso Arinos se esgotara no sentido de os discriminadores passarem a procurar sutilezas para praticar o racismo, como as alegações evasivas tão conhecidas: de que o negro não teria vaga em hotel porque estaria lotado; todas as mesas vazias do restaurante estariam 'reservadas'; o apartamento vago 'acabara' de ser alugado; o clube social não estaria admitindo novos sócios; a escola não 'teria' mais vagas; a vaga no emprego já 'teria' sido preenchida. O que a Lei Afonso Arinos implantou foi a hipocrisia, que se vai cristalizar com a Lei CAÓ. Ora, quem vai admitir publicamente que o negro não conseguiu o emprego pretendido, e para o qual estava qualificado, porque a empresa prefere brancos? É evidente, repita-se e repita-se, que, ao fazer a opção de tratar o problema social sob a ótica penal, a elite brasileira não quis enfrentar o problema" (Jorge da Silva, op. cit., p. 157-8).

[2] Convém observar que, mesmo com a criminalização da discriminação e do preconceito por etnia, religião ou procedência nacional, acrescida pela Lei nº 9.459/97, a ementa da Lei nº 7.716/89 — que sintetiza seu conteúdo de maneira a permitir, de forma imediata, o conhecimento da matéria legislada — manteve-se como determinando "os crimes resultantes de preconceito de raça ou de cor". Por isso, tem-se o embasamento da Lei em fatores intimamente relacionados ao contexto histórico do negro no Brasil a abarcar a proteção também contra discriminações e preconceitos outros, como a procedência nacional e a religião, que, per si e isoladamente, demandariam fundamentos específicos. No caso do preconceito/discriminação por motivos religiosos, aliás, sequer está clara a inclusão, ou não, do ateísmo, no conceito de religião para fins penais. Entende-se, contudo, que a resposta negativa a tal indagação — a julgar pelos critérios de seletividade do legislador penal, sem embargo dos debates teológicos e filosóficos inerentes ao tema — configuraria efetiva discriminação advinda da própria lei.

[3] Com efeito, Antônio Sérgio Alfredo Guimarães (Preconceito e discriminação. São Paulo: Fundação de Apoio à Universidade de São Paulo: Editora 34, 2004, p. 37), em pesquisa realizada entre os anos de 1989 e 1998, embasada em boletins de ocorrência policiais e matérias jornalísticas publicadas nos principais periódicos do Brasil, elenca as três situações mais rotineiras em que é verificável a prática de potencial crime de discriminação racial, sem incidência, contudo, da Lei nº 7.716/89, a saber: 1) a discriminação de alguém em razão de que a sua cor de pele ou aparência o tornam suspeito de crimes ou de comportamentos antissociais sequer realizáveis, como, por exemplo, furtos em estabelecimentos comerciais, roubos em bancos ou condomínios etc. Em tais casos, a cor da pessoa a torna suspeita de ser um criminoso, dando lugar a uma série de constrangimentos, em diversas esferas da vida social, limitando sensivelmente sua liberdade de ir e vir; 2) o não reconhecimento da posição social de alguém em razão da sua cor, limitando o desempenho dessa pessoa mais diversas áreas da vida; 3) atos de desmoralização, decorrentes de uma diminuição da autoridade de que uma pessoa está investida, por força de sua ocupação profissional dada a cor da sua pele. Consoante destaca o autor, apenas as duas últimas situações são passíveis de registro e, bem assim, enquadráveis como injúria racial, vale dizer, crime em tese praticado contra a honra, na forma disposta no artigo 140, parágrafo 3º, do Código Penal.

2 Da tutela penal da igualdade como fruto do expansionismo punitivo

Os primeiros delineamentos da secularização — assentada, mais tarde, pelo pensamento iluminista — inscrevem-se em duas grandes descobertas: a teoria heliocêntrica de Copérnico (contrariando a, até então vigente, teoria geocêntrica, segundo a qual a Terra era o centro do Sistema Solar), e, posteriormente, o encontro de novas civilizações (e, por conseguinte, de um "novo Outro"), com a descoberta do Novo Mundo.

Como elucida Salo de Carvalho,[4] o descentramento da Terra, operado por Copérnico, considerada a primeira ferida narcísica da cultura ocidental, revelou, em verdade, o descentramento do homem e o inexorável questionamento de Deus — uma vez que, "[...] se o homem é feito à Sua imagem e semelhança, deveria ocupar papel privilegiado na geografia universal". Já o processo de conhecimento, decorrente da experiência do Novo Mundo, além de roborar, a teoria copernicana, denotou a existência de outras culturas, estranhas ao eurocentrismo dominante, com povos em pleno estado de natureza "Alheios à servidão tirânica imposta pela ordem medieval [...]".

Esses fatores provocaram uma efetiva ruptura às "sólidas bases nas quais a estrutura do poder estava alicerçada",[5] pois que o homem, visto até então como centro de todas as coisas e como mero servo do Senhor, fora realocado à sua condição natural de um ser livre, fosse essa natureza tendencialmente má (como em Hobbes) ou intrinsecamente pacífica e igualitária (como em Locke).

Estabelecida a ideia de indivíduo, a autonomia conferida ao homem permitiu-lhe um reconhecimento "pactuado" da impossibilidade de gozar ilimitadamente dessa liberdade, inerente ao estado de natureza. Surge, pois, o estado civil, um novo ente, livre de quaisquer paixões — portanto, racional —, que assume a responsabilidade pela resolução dos conflitos, sem prejuízo da manutenção do "direito à perversidade", devidamente resguardado na esfera íntima da liberdade de pensamento outorgada a cada indivíduo. Disso decorre, como destaca Salo de Carvalho,[6] "[...] uma das teses fundamentais do pensamento político da história da humanidade: a tolerância identificada com a secularização — ruptura entre os juízos individuais internos (moral) e externos (direito).

Não obstante, o Estado Moderno iniciou-se centralizando o poder de dominação racional, inerente à sua estrutura, na figura do monarca, cuja autoridade estava atrelada à ideia de um poder de origem divina. Como asseveram Streck e Morais,[7] "[...] o rei seria o representante de Deus na Terra, o que lhe permitia desvincular-se de qualquer vínculo limitativo de sua autoridade".

Estruturado, porém, o jusnaturalismo racionalista, os regramentos a que deviam se submeter os indivíduos se dissociam dos fundamentos ontológicos

---

[4] CARVALHO, Salo de. *Penas e garantias*. Rio de Janeiro: Lumen Juris, 2003, p. 22-3.
[5] CARVALHO, Salo de. *Penas e garantias*, op. cit., p. 22.
[6] CARVALHO, Salo de. *Penas e garantias*, op. cit., p. 35.
[7] STRECK, Lênio; MORAIS, José Luis Bolzan de. *Ciência política & teoria do Estado*. Porto Alegre: Livraria do Advogado, 2006, p. 45.

e teológicos, firmando suas bases na natureza racional do homem: o homem moderno, sendo racional e livre, é plenamente capaz de estabelecer as regras direcionadoras de suas condutas, constituindo-se a lei como o resultado dessa autoconsciência; o direito, por sua vez, só existe porque os homens convencionaram viver segundo determinadas regras.[8]

Após a Revolução Francesa, os valores de justiça, então elaborados pelo jusnaturalismo racionalista, foram incorporados pelo positivismo jurídico. Assim, direitos como a igualdade e a dignidade da pessoa humana passaram a ser largamente corroborados pelas modernas Constituições ocidentais, sob a forma de princípios normativos fundamentais. Da mesma forma, o assentamento dos pressupostos a um Direito Penal e processual-penal de garantias, como os princípios da legalidade, da fragmentariedade, da lesividade, da materialidade, do contraditório, entre outros, fundaram suas origens sobre idênticas bases.

Nesse passo, no campo do Direito Penal, foi o contratualismo utilitarista[9] que, efetivamente, abriu caminho para que o direito e a moral se desvinculassem. Recepcionada pelo positivismo jurídico, tal desvinculação passou a servir de fundamento à ausência de quaisquer conteúdos ou finalidades morais, relacionados à sanção penal. Dissociam-se, pois, os conceitos de pecado e crime, passando este a ser entendido como todo fato danoso à sociedade. Portanto, não há mais que confundir os pensamentos com as ações humanas exteriorizadas, cumprindo ao Direito, tão somente, se ocupar destas últimas, porque nenhum homem pode ser punido pelo mero ato de pensar. Ou, para usar as palavras de Ferrajoli:[10]

> [...] ni la previsión legal ni la aplicación judicial de la pena deben servir ni para sancionar ni para determinar la inmoralidad, así tampoco debe tender su ejecución a la transformación moral del condenado. El estado, que no tiene derecho a forzar a los ciudadanos a no ser malvados, sino sólo a impedir que se dañen entre si, tampoco tiene derecho a alterar – reeducar, redimir, recuperar, resocializar y otras ideas semejantes – la personalidad de los reos. Y el ciudadano, si bien tiene el deber jurídico de no cometer hechos delictivos, tiene el derecho de ser interiormente malvado y de seguir siendo lo que es.

Diante desses contornos, o ilícito penal passa a ser associado à noção de direito subjetivo, cuja lógica subjaz à substituição da matriz divina do Estado pelo contrato social. Nas didáticas linhas de Fabio Roberto D'Avila:[11]

---

[8] REALE, Miguel. *Filosofia do direito*. São Paulo: Saraiva, 2002.
[9] É Ferrajoli quem melhor sintetiza a definição da teoria utilitarista, desde um ponto de vista de legitimação externa do Direito Penal, ou seja, da justificação política e/ou justa da autonomia das normas jurídicas em relação às normas morais. Nesse sentido, de acordo com o doutrinador garantista, a teoria utilitarista parte de um princípio político do liberalismo moderno, segundo o qual não compete ao direito e ao Estado (essencialmente laico) encarnarem valores, morais desvinculados dos interesses dos cidadãos, mas senão, e tão somente, perseguirem fins de utilidade concreta, em favor dos cidadãos, garantindo seus direitos e sua segurança. Dito de outro modo, o utilitarismo jurídico "[...] *exige que la inmoralidad pueda ser considerada como condición necesaria, pero nunca como condición por sí sola suficiente para justificar políticamente la intervención coactiva del estado en la vida de los ciudadanos*" (FERRAJOLI, Luigi. *Derecho y razón*: teoría del garantismo penal. Madrid: Editorial Trotta. 2001, p. 222).
[10] FERRAJOLI, Luigi, *op. cit.*, p. 223.
[11] D'AVILA, Fábio Roberto. O modelo de crime como ofensa ao bem jurídico. Elementos para a legitimação do direito penal secundário. In: D'AVILA, Fábio Roberto; SPORLEDER DE SOUZA, Paulo Vinicius (Coord.). *Direito penal secundário*: estudos sobre crimes econômicos, ambientais, informáticos e outras questões. São Paulo: Editora Revista dos Tribunais, 2006. p. 71-96.

[...] o direito subjetivo surge como eixo central, capaz de sustentar e promover os princípios de liberdade e igualdade, para além de outros princípios estruturantes da visão de mundo liberal, de modo a propiciar as condições de vida em sociedade. A consideração do direito subjetivo de cada um diante do direito dos demais permite traçar simultaneamente os limites de liberdade garantidos pela ordem jurídica e o início de seu exercício arbitrário, violador de direitos alheios, o que, considerado em conjunto, confere a cada indivíduo um determinado *Lebenskreis* (âmbito de vida), demarcador da fronteira entre o lícito e o ilícito, entre a violação e a não-violação de direitos subjetivos alheios, de modo que, neste preciso cenário, outra não poderia ser a essência do crime, senão a violação do *Lebenskreis*, *ipso facto*, a violação de um direito subjetivo [...]

Nessa ordem dos fatos, em fins do século XVIII e começo do século XIX, exsurge um novo aparato, em termos de justiça punitiva, o qual em muito se diferencia das cerimônias de espetáculo punitivo, típicas do medievo.[12] E não poderia ser diferente, pois que, no adentrar das "Luzes", os suplícios públicos mostram-se pouco gloriosos. A justiça, assim, passa a ser feita à distância, com a monopolização por parte do Estado da atividade policial, dos julgamentos e da aplicação das penas, num contexto em que verdadeiros clãs técnicos formados por juízes, guardas, médicos, psicólogos, enfim, substituem a figura do carrasco. Tem-se um novo modelo punitivo que, embora sob o auspício de regras rígidas, visa não mais a castigar, mas a corrigir, reeducar, curar o homem desviado.

Desse modo, determinadas condutas outrora definidas como criminosas — em razão do mero cunho religioso, por exemplo — deixam de ser consideradas como tais. Sob a ótica de Foucault, o objeto crime, "[...] aquilo a que se refere a prática penal", modifica-se profundamente, porquanto "A relativa estabilidade da lei obrigou um jogo de substituições sutis e rápidas". A nova ordem punitiva determina que crimes e delitos são apenas os objetos jurídicos definidos pelo "Código", os quais, em vista dessa positivação, são "sempre julgados corretamente".[13]

A concepção de crime relacionada à violação de um direito subjetivo, entretanto, na medida em que a ideia de danosidade social se amplia para abarcar também as condutas atentatórias de direitos atribuídos ao Estado, como pessoa moral — pouco a pouco deixa de satisfazer aos novos anseios da sociedade Moderna, precipuamente, no que tange à necessidade de proteção de "direitos subjetivos sem sujeito", decorrentes da potencialização dos valores sociais e coletivos.[14]

Disso decorre uma nova compreensão acerca do conteúdo do crime, com enfoque, agora, na ofensa a bens-valores juridicamente protegidos.[15]

Frente a esse quadro, como assinala Ferrajoli,[16] eis que advém uma relatividade dos juízos éticos, paralela ao princípio teórico da separação entre

---

[12] FOUCAULT, Michel. *Vigiar e punir*. Petrópolis: Vozes, 2000, p. 12.
[13] FOUCAULT, Michel, *op. cit.*, p. 19.
[14] D'AVILA, Fábio Roberto, *op. cit.*, p. 78.
[15] D'AVILA, Fábio Roberto, *op. cit.*
[16] FERRAJOLI, Luigi, *op. cit.*

direito e moral, uma vez que as causas de justificação ou de deslegitimação de determinados crimes passaram a se assentar em razões políticas ou morais.[17]

Assim, a partir de meados do século XIX, a cultura jurídico-penal do estado liberal — mais preocupada em defender o Estado do que os cidadãos — encarregou-se de reaproximar a moral do direito. Valeu-se, para tanto, de justificativas punitivas retribucionistas, que, embora revestidas de laicidade, objetivavam essencialmente o retorno a um paradigma de vingança e expiação; ou, dito de outro modo, a um reequilíbrio entre pena e delito. É o caso do modelo de pena como retribuição ética (aos moldes de Kant, o castigo correspondente à ofensa ao valor moral da lei penal infringida) e da punição como retribuição jurídica, tão violenta quanto o ato que violou o direito a ser restabelecido (inspirada em Hegel).[18]

Essa regressão nos fundamentos punitivos — cujos reflexos perduram até os dias atuais — constituiu, na expressão de Silva Sánchez,[19] o marco do que se consolidou como fenômeno expansionista do Direito Penal.

Sob a ótica de Hassemer,[20] inaugura-se uma era de profundas transformações no campo penal, notadamente quanto aos critérios de seleção do bem jurídico tutelado, ao caráter preponderantemente preventivo das penas e à predominância do uso pedagógico do Direito Penal, como forma de resposta às exigências de segmentos diversos da sociedade (ativistas ecológicos, grupos feministas, homossexuais, étnicos, entre outros).

Nas palavras do jurista alemão, com a reformulação do critério de seletividade do bem jurídico, a sedimentação de um direito penal voltado para as consequências passou a se apresentar como o meio de solução dos problemas sociais. Do Direito Penal, espera-se o aprimoramento da sociedade, na esperança de que os indivíduos voltados "ao ilícito" possam ser persuadidos a se comportarem em conformidade com o Direito.[21]

Ocorre que a tese do direito penal, como um direito igualitário, e da pena, como prevenção integradora do consenso, é insustentável, porquanto o próprio direito penal não protege de forma igualitária todos os bens sobre os quais recaem os interesses dos cidadãos.[22]

> Contudo, como pertinentemente expõe Silva Sánchez, "Quando uma sociedade perde pontos de referência, quando os valores compartilhados — e sobretudo uma definição elementar do bem e do mal — se desvanecem, é o Código penal que os substitui".[23]

---

[17] Por conta desse giro, observam Zaffaroni et al, que o reducionismo da moral ao direito, como justificativa ético-política do Direito Penal, elaborado por um Estado máximo, indiferente aos direitos dos cidadãos, acabou embasando as doutrinas penais nazistas, cujo discurso nacionalista, alicerçado na *comunidade de sangue e solo*, propôs-se a defender a pureza racial contra a contaminação das camadas geneticamente inferiores. (ZAFFARONI, Eugenio Raúl; BATISTA, Nilo; ALAGIA, Alejandro; SLOKAR, Alejandro. *Direito penal Brasileiro*: primeiro volume. Teoria Geral do Direito Penal. Rio de Janeiro: Revan, 2003).

[18] FERRAJOLI, Luigi, op. cit., p. 254.

[19] SILVA SÁNCHEZ, Jesús-María. *A expansão do direito penal*: aspectos da política criminal nas sociedades pós-industriais. São Paulo: Revista dos Tribunais, 2002.

[20] HASSEMER, Winfried. *Direito penal libertário*. Belo Horizonte: Del Rey, 2007.

[21] HASSEMER, Winfried. *Três temas de direito penal*. Porto Alegre: Escola Superior do Ministério Público, 1993, p. 33-4.

[22] MUÑOZ CONDE, Francisco. *Direito penal e controle social*. Rio de Janeiro: Forense Jurídica, 2005.

[23] SILVA SÁNCHEZ, Jesús-María. *A expansão do direito penal*: aspectos da política criminal nas sociedades pós-industriais. São Paulo: Revista dos Tribunais, 2002, p. 59.

Passa-se, então, a priorizar a tutela penal em detrimento da utilização de outros mecanismos de controle social dissociados do viés punitivo; pois, como bem sustenta Andrei Schmidt, embora seja insofismável que o Direito Penal não venha demonstrando qualquer indício de aptidão para combater a criminalidade, em qualquer uma de suas formas, o fato é que o mundo atual, mesmo reconhecendo a impotência do Direito Penal, não está disposto a renunciar a esta modalidade de intervenção estatal em busca de novos mecanismos formais ou informais de prevenção da criminalidade.[24]

Dito de outro modo, os processos de criminalização deslocam para o Direito Penal, como medida de urgência, o trato das mazelas sociais que a sociedade não consegue regular de outra forma.

Até porque, como lembra Casteignede, na medida em que o objeto de estudo consiste em atitudes que um país não pode aceitar — como o são as práticas racistas e discriminatórias em geral —, o papel do Direito Penal parece primordial: a definição das incriminações e a determinação das correspondentes penas, a busca e o julgamento dos autores de atos de conotação discriminatória ou racista, constituem a base da repressão, e também a base da prevenção, a segunda face do Direito penal que mostra, assim, sua preeminência na luta contra a violência discriminatória.[25]

Esquece-se, todavia, que o direito penal "[...] não comanda e, muito menos, impulsiona as transformações sociais".[26]

3 "A Justiça e o Mal": a violência do preconceito *versus* a violência da punição

Para fins de se explicitar o quão incoerente é a pretensão de se tratar a violência do preconceito com a violência intrínseca à pena, Olivier Abel, partindo das ideias de Paul Ricœur sobre "o mal" e as instituições, afirma ser impossível o equilíbrio que a Justiça se propõe a restabelecer: a retribuição do mal sofrido pelo mal infligido, cujo sentido diz mais respeito à necessidade de distribuição dos papéis da responsabilidade (imputável) e da fragilidade (a proteger) do que à correspondência entre delito e punição.[27]

Em Nietzsche, a origem da responsabilidade que o homem moderno atribui a si está na conscientização de uma moralidade racional, que nada permite esquecer, realizando-se por meio de técnicas mnemônicas, que reclamam pela violência da dor:

---

[24] SCHMIDT, Andrei Zenkner. Considerações sobre um modelo teleológico-garantista a partir do viés funcional-normativista. *In*: WUNDERLICH, Alexandre; SCHMIDT, Andrei Zenkner *et al.* (Coord.). *Política criminal contemporânea*: criminologia, direito penal e direito processual penal — homenagem do departamento de Direito Penal e Processual Penal aos 60 anos da Faculdade de Direito da PUCRS. Porto Alegre: Livraria do Advogado, 2008, p. 87-118.
[25] CASTAIGNEDE, Jocelyne. *Eguzkilore. Cuaderno Del Instituto Vasco de Criminologia*, San Sebastián, n. 11, p. 93-104, Extraordinário/Diciembre 1997.
[26] FRANCO, Alberto Silva. Do princípio da intervenção mínima ao princípio da máxima intervenção. *Separata da Revista Portuguesa de Ciência Criminal*, Coimbra, Fasc. 2, a. 6, p. 175-187, abr/jun. 1996, p. 181.
[27] ABEL, Olivier. Justiça e Mal. *In*: GARAPON, Antoine; SALAS, Denis (Coord.). *A Justiça e o Mal*. Lisboa: Instituto Piaget, 1997, p. 101-129.

Apenas o que não cessa de causar dor fica na memória. [...] Quanto pior de 'memória' a humanidade, tanto mais terrível o aspecto de seus costumes; em especial a dureza das leis penais nos dá uma medida do esforço que lhes custou vencer o esquecimento e manter presentes, nesses escravos momentâneos do afeto e da cobiça, algumas elementares exigências do convívio social. Pelos suplícios e procedimentos afins, chegou-se finalmente à 'razão'.[28]

Na visão do filósofo, o conceito moral de culpa está atrelado à noção de dívida, sendo o castigo, pois, uma forma de compensação. Assim, estabelece-se a relação indivíduos-devedores X sociedade-credora, cumprindo a esta não permitir que a dívida se faça esquecer.[29]

Nesse passo, somente uma sociedade com consciência de poder pode se permitir o mais nobre luxo: deixar impunes os seus ofensores, porquanto para Nietzsche, um singelo olhar sobre os efeitos da punição permite perceber a sua inutilidade na produção de um efetivo sentimento de culpa relacionado ao ato cometido. E conclui:

[...] se consideramos os milênios anteriores à história do homem, sem hesitação poderemos afirmar que o desenvolvimento do sentimento de culpa foi detido, mais do que tudo precisamente pelo castigo ao menos quanto às vítimas da violência punitiva. Não subestimemos em que medida a visão dos procedimentos judiciais e executivos impede o criminoso de sentir seu ato, seu gênero de ação, como repreensível em si: pois ele vê o mesmo gênero de ações praticado a serviço da justiça, aprovado e praticado com boa consciência [...].[30]

Há, porém, outro elemento justificador à punição: a necessidade de contenção do mal, donde exsurge a indagação de Olivier Abel: "[...] poder-se-á agir contra o mal sem fazer mal?".[31]

Segundo a filosofia de Pierre Bayle,[32] do início do século XVIII, todo homem prefere fazer mal a si, se isso significar fazer mal ao seu inimigo. Isso se contrapõe à ideia de que o homem tende para o bem, e, segundo a qual, o mal não deveria existir, devendo-se fazer todo o necessário para que, de fato, não exista.[33]

Nessa lógica, a lei, como norma igual para todos, dispõe-se como uma barreira ao cometimento do mal, ou seja, contra esse agir incoerente para com a disposição inata para o bem. A lei, entretanto, faz obscurecer outro aspecto do mal realizado: o "fazer mal a", a envolver não apenas uma transgressão à regra, mas outra pessoa a quem se fez sofrer. Sob esse prisma, o fazer mal diz com a total incapacidade de se perceber que outra pessoa sofre em razão do "meu" ato — sem se olvidar, ainda, da "preferência do homem pelo mal" a que alude Bayle. Segundo Abel:

---

[28] NIETZSCHE, Friedrich. *Genealogia da moral*. São Paulo: Brasiliense, 1988, p. 58.
[29] NIETZSCHE, Friedrich, *op. cit.*
[30] NIETZSCHE, Friedrich, *op. cit.*, p. 86-7.
[31] ABEL, Olivier. *op. cit.*, p. 102.
[32] *Apud* ABEL, Olivier. *op. cit.*
[33] Abel (*op. cit.*) alude a um dos grandes debates filosóficos do século XVIII, acerca do mal travado entre a descrença religiosa de Bayle e o otimismo divino de Leibniz.

[...] esse frente-a-frente, essa promessa, não marcam unicamente a relação entre aquele que comete o mal e aquele que o sofre: é preciso em primeiro lugar pensá-los mais obliquamente como aquilo que caracteriza a relação do outro (a vítima) com outra pessoa qualquer; foi sobre esta promessa que não lhe diz respeito que o violento levantou a mão...[34]

Por outro lado, a atuação da Justiça se justifica como forma de equilibrar o binômio mal infligido x mal sofrido, o que não deixa de ser um exercício de violência. Isso se verifica porque, no esquema retribucionista do "fazei o bem e sereis feliz" (ou devolver o mal com outro mal, o que dá no mesmo) e da reparação do direito violado por meio de uma violência contrária, a autoridade da justiça somente "se exerce" via aplicação da sanção penal (o que não deixa de ser uma forma de fazer o mal: o mal enquanto retribuição do mal). O poder de coação é, por si, a violência fundante.

A Justiça Penal, nesses termos, adere à "preferência do homem pelo mal" ao mesmo tempo em que vincula o mal à punição pela transgressão, perpetuando, assim, a incapacidade de sentir o fazer sofrer do Outro. É da Justiça, porém, a distribuição dos papéis de responsável e de vulnerável, pois que, sem isso, o monopólio do poder legítimo perde o sentido.

A punição, todavia, é incapaz de gerar tolerância.

Porém, na efetivação da promessa de igualdade de todos, sem distinção de qualquer natureza, a violência da pena aplicada justifica-se. O exercício da tolerância, o convívio harmônico com as diferenças, a preservação das identidades ficam em segundo plano (certamente, virão com o cunho intimidatório das condenações!). Por ora, não há tempo para debates ou políticas de inclusão sem intentos punitivos: é preciso castigar exemplarmente a intolerância de que se reveste o preconceito, sem, sequer, se oportunizar a compreensão do verdadeiro sentido do que é tolerar.

De outra parte, conforme adverte Ruth Gauer, vive-se hoje em uma "civilização legal", fruto do processo de racionalização iluminista, em que "A língua geral da lei parece não ecoar na violência da sociedade contemporânea. É como se fosse uma visitante recém-chegada a uma cidade que desconhece totalmente o seu significado", não alcançando, por isso, os objetivos a que se propôs.[35]

Em definitivo, depositadas as expectativas da igualdade prometida na positivação do punir, desloca-se inevitavelmente para a Justiça Penal a tarefa de fazer valer o bem universal. Na expressão de Antoine Garapon, "A justiça é suposta tudo reparar, indemnizar todos os danos e prejuízos e consolar todas as vítimas".[36]

---

[34] ABEL, Olivier. *op. cit.*, p. 113.
[35] GAUER, Ruth Maria Chittó. Alguns aspectos da fenomenologia da violência. *In*: GAUER, Gabriel J. Chittó; GAUER, Ruth M. Chittó (Org.). *A fenomenologia da violência*. Curitiba: Juruá, 1999. p. 13-35.
[36] É o mesmo Garapon quem aduz a tradição judaico-cristão do Juízo Final, como o cerne da projeção de ideal, nas Instituições: "O sujeito, para dar um sentido aos seus sofrimentos actuais muitas vezes sentidos como imerecidos, conseguir arcar com as frustrações que a vida em sociedade lhe impõe e justificar o recalcamento dos seus impulsos anti-sociais, é levado a acreditar num outro mundo em que as injustiças seriam redefinidas e os papéis invertidos, em que o rico mau seria atormentado pela miséria e o mendigo inundado de conforto" (GARAPON, Antoine. *Bem Julgar*: ensaio sobre o ritual judiciário. Lisboa: Instituto Piaget, 1997, p. 323-4).

4 Da difícil tarefa de "Bem Julgar" os crimes de preconceito no Brasil

Tomados todos esses aspectos em associação com o modelo penal escolhido pelo legislador pátrio para "banir o preconceito", é no teor das decisões judiciais que se percebe a real limitação do direito penal em tutelar a igualdade de todos sem distinção.

Da análise das decisões judiciais envolvendo a aplicação da Lei nº 7.716/89, o que comumente se verifica é a transmutação da tutela penal da igualdade em proteção da honra — cujo bem jurídico tutelado, a honra subjetiva da vítima, não se confunde com o bem jurídico tutelado pela Lei dos Crimes de Preconceito (a igualdade conferida à pessoa que não poderá sofrer preconceito ou discriminação por conta de sua raça, sua cor, sua etnia, religião ou procedência nacional).

Outra incongruência que permeia a análise dos casos judiciais envolvendo os crimes de preconceito é a imprescritibilidade, prevista constitucionalmente ao crime de racismo, e a indefinição acerca de tal conceito na Lei nº 7.716/89. Note-se que a Lei nº 7.716/89 (com as alterações posteriores) não faz referência ao crime de racismo, cingindo-se a punir os crimes de discriminação ou preconceito de raça, cor, etnia, religião ou procedência nacional, cujas condutas restam descritas nos artigos 3º a 20.[37]

Como o advento da Lei nº 7.716/89 pretendeu, simultaneamente, manter a essência da legislação contravencional, acerca das discriminações cotidianas praticadas no país, além de regular os incisos IV do artigo 3º (que trata da promoção do bem de todos, sem preconceitos de origem, raça, sexo, cor, idade ou quaisquer outras formas de discriminação), XLI ("a lei punirá qualquer discriminação atentatória dos direitos e liberdades fundamentais") e XLII ("a prática de racismo constitui crime inafiançável e imprescritível, sujeito à pena de reclusão nos termos da lei"), ambos do artigo 5º da Constituição Federal de 1988, a solução original foi dada pelo artigo 2º da Lei, que previa serem imprescritíveis, inafiançáveis e insuscetíveis de suspensão condicional da pena os crimes nela previstos. Certo era, portanto, que a essência da Lei 7.716 contemplava em todos os tipos o crime de racismo.

O epigrafado artigo 2º, contudo, restou vetado pelo Poder Executivo, ao argumento de contrariedade ao interesse público. Segundo a Mensagem Presidencial nº 38, de 1989, apesar de o crime de racismo ser um ato repulsivo, merecedor de sanção penal, a admissão das exceções de imprescritibilidade, de inafiançabilidade e de proibição de suspensão da pena constuir-se-iam medida extremada, "[...] que não aconselha a ignorância do preceito geral imposto pela

---

[37] No ponto, a crítica de Kátia Elenise Oliveira da Silva: "Pelo artigo 5º, inciso XLII, da Carta Magna vigente, o legislador constituinte estabeleceu que a 'prática do racismo' deveria ser considerada crime. No entanto, não disse o que entendia por racismo, que é um termo não neutro, uma vez que é carregado de significados ideológicos, políticos, históricos e emotivos [...] Assim, o primeiro parâmetro para a criminalização da discriminação racial não foi preciso, sendo que isto já teve reflexos na legislação ordinária que, no texto original da Lei nº 7.716/89, não trouxe mais o termo racismo, mas 'crimes resultantes de preconceitos de raça ou de cor'" (SILVA, Kátia Elenise Oliveira da. *O papel do direito penal no enfrentamento da discriminação*. Porto Alegre: Livraria do Advogado. 2001, p. 102-3).

lei penal, o qual o julgador deve saber dosar da forma judiciosa que se espera de todos aqueles que devem aplicar a lei".[38]

Pelo que se depreende do teor da vedação, restou a cargo do julgador, frente ao caso concreto, estabelecer se determinada conduta está a caracterizar injúria racial, preconceito de raça, discriminação racial ou racismo, para, assim, somente no último caso, fazer valer as restrições impostas no inciso XLII do artigo 5º da Carta Magna.[39]

Vê-se, pois, o quão adversa se tornou a tarefa dos julgadores pátrios na aplicação da lei penal contra o preconceito.

A par de tal assertiva, importa registrar que, segundo levantamento oficial, realizado pelo Ministério das Relações Exteriores para a 3ª Conferência Mundial da ONU contra o Racismo, a Discriminação, a Xenofobia e a Intolerância Correlata, realizada em Durban, África do Sul, passados cerca de dez anos do advento da Lei Caó, havia menos de 150 (cento e cinquenta) ocorrências policiais e processos judiciais, em todo o Brasil, por crime de preconceito ou discriminação.[40]

Dito isso, questiona-se: seria o Brasil um país cordial, considerado o paraíso da pluralidade e do "sim" às diferenças, em que as manifestações de intolerância se restringem a ofensas pontuais, devidamente apreciadas pelo Judiciário?

---

[38] A propósito, assim esclareceu o então Ministro do Supremo Tribunal Federal, Moreira Alves, quando da prolação de seu voto no julgamento no *Habeas Corpus* nº 82.424/RS: "Há de se observar que a redação originária da Lei 7.716/89 somente tipificava os crimes resultantes de preconceito de raça e cor. Somente a inserção posterior do artigo 20 da Lei 8.081/90, estendeu a tipificação à etnia, religião ou procedência nacional. Este novo tipo silenciou sobre a imprescritibilidade que por força de disposição constitucional ficou restrita à prática do racismo e não às outras práticas constantes do novo tipo penal [...] Além de o crime de racismo, como previsto no artigo 5º, XLII, não abarcar toda e qualquer forma de preconceito ou de discriminação, porquanto por mais amplo que seja o sentido de racismo, não abrange ele, evidentemente, por exemplo, a discriminação e o preconceito quanto à idade ou ao sexo, deve essa expressão ser interpretada estritamente, porque a imprescritibilidade nele prevista não alcança sequer os crimes considerados constitucionalmente hediondos, como a prática da tortura, o tráfico ilícito de entorpecentes e drogas afins e o terrorismo, aos quais os inciso XLIII do mencionado artigo 5º apenas determina que a lei considerará inafiançáveis e insuscetíveis de graça e anistia [...]" (SUPREMO TRIBUNAL FEDERAL. *Crime de racismo e anti-semitismo*: um julgamento histórico no STF. Hábeas Corpus nº. 82.424/RS. Brasília: Brasília Jurídica, 2004, p. 13-9).

[39] Com essa orientação, o Supremo Tribunal Federal, com base no voto do então Ministro Maurício Corrêa, no julgamento do já mencionado *Habeas Corpus* nº 82.424/RS, ocorrido em 17.09.2003, firmou entendimento no sentido de que o crime previsto no artigo 20 da Lei nº 7.716/89, quando praticado em "[...] apologia de idéias preconceituosas e discriminatórias contra a comunidade judaica [...] constitui crime de racismo, sujeito às cláusulas de inafiançabilidade e imprescritibilidade (CF, artigo 5º, XLII)". Insta referir, aqui, que não obstante a notória relevância jurídica do inteiro teor desse julgado no que diz respeito às diversas acepções do conceito de racismo para fins de aplicação da legislação pátria, entende-se que a modesta dimensão deste trabalho não comportaria maiores detalhamentos, acerca dos didáticos votos proferidos na ocasião pelos Ministros da Corte Máxima do País. Sendo assim, mas sem olvidar a pertinência e o valor histórico-jurídico do julgamento, remete-se o leitor à página eletrônica do Supremo Tribunal Federal (www.stf.gov.br.portal/jurisprudencia), em que está disponível o inteiro teor das 230 páginas que o compõem.

[40] "No Brasil, 142 respondem nos tribunais por ações racistas" (Fonte: Folha de São Paulo de 13 de outubro de 2001). Discrepando frontalmente desses números, pesquisa realizada por Cristiano Jorge dos Santos entre os anos de 1995 e 2000 em 23 Estados brasileiros, além do Distrito Federal, registrou o número de 2.137 (duas mil, cento e trinta e sete) ocorrências policiais pela prática, em potencial, de crimes envolvendo preconceito, discriminação, e injúria racial, exsurgindo daí apenas 386 (trezentos e oitenta e seis) inquéritos policiais. Considerando que apenas 19 Estados forneceram dados específicos acerca dos processos judiciais envolvendo tais crimes (excluídos desse rol os Estados da Bahia, Rio de Janeiro, Rio Grande do Sul e Santa Catarina, que forneceram números gerais apenas sobre ocorrências e inquéritos policiais), foram computados, no período, 438 ações penais, sendo 351 em Minas Gerais e apenas 36 em São Paulo; Estados como Acre, Roraima, Tocantins, Amazonas, Pará, Pernambuco, Rio Grande do Norte e Paraná não apresentaram registro de nenhum processo judicial. Entretanto, como bem salientado pelo autor, as informações compiladas — fornecidas, basicamente, pelas Secretarias de Segurança Pública, Ministério Público e Tribunais de Justiça dos Estados (a exceção de Minas Gerais, cujos dados foram fornecidos pela organização não governamental S.O.S. Racismo) — apresentam expressivas discrepâncias no que tange à realidade que retratam, seja por não existir um sistema de coleta de dados unificado ou comum a todos, seja pela falta de presteza em responder à pesquisa. (SANTOS, Cristiano Jorge dos. *Crimes de preconceito e de discriminação*: análise jurídico-penal da Lei n. 7.716/89 e aspectos correlatos. São Paulo: Max Limonad, 2001, p. 217-221).

Definitivamente, tem-se que a resposta é não.

Ora, há muito a ilusão de que o Brasil é um país sem preconceitos já foi derrubada.[41] As manifestações de violência, em todos os níveis, decorrentes da intolerância com "o diferente"[42] estão aí para demonstrar que, em mais de vinte anos de criminalização do preconceito no Brasil, o uso demagógico da sanção penal com o objetivo de promover uma igualdade distante do cenário da realidade não tem se prestado a outra função, se não a de fomentar o esvaziamento e a banalização não só do já tão simbólico Direito Penal, mas também, e sobretudo, de direitos tão caros quanto o são o da dignidade da pessoa humana e o de ser respeitado na e pela sua diferença.

E não poderia ser diferente, já que na avaliação de Salo de Carvalho:

---

[41] Que o diga a profusão de pesquisas e estudos realizados sobre o tema. Eis alguns resultados: pesquisa encomendada pela UNESCO no ano de 2006 revelou que 47% dos jovens brasileiros com idade entre 15 e 29 anos não desejariam ter um homossexual como vizinho (Fonte: Folha de São Paulo de 25 de julho de 2006). Mais recentemente, o IBOPE, em pesquisa divulgada em março de 2008, revelou que 21% dos entrevistados se sentiriam incomodados com um casamento inter-racial de um familiar próximo. Entretanto, segundo o IBOPE, "quase a totalidade desses respondentes declara que respeita e valoriza pessoas de raças diferentes da sua. A incongruência, nesse caso, alcança 18% dos brasileiros e está mais evidente em pessoas mais velhas ou com escolaridade mais baixa (até a 4ª série)" (Disponível em: <www.ibope.com.br>. Acesso em: 19 maio 2008). No tocante ao preconceito de cor, Alberto Carlos Almeida refere que cerca de 45% da população do País tende a atribuir mais aspectos positivos quanto mais branca for a cor da pele da pessoa ("31% dos brasileiros, na média, preferem pessoas de cor branca quando se trata de escolher o marido para a filha, o colega do trabalho, chefe ou subordinado, e o vizinho"). Não obstante, o autor constatou que à população parda foram atribuídas mais qualidades negativas que à população negra, tendo sido mais vinculada a aqueles a figura do "sujeito criminoso". De outra parte, atributos como "ser malandro", "ter menos oportunidade" e "pobreza" foram relacionados, em igual proporção, a pardos e negros. Em suma, na observação do autor, mais do que os extremos — brancos e negros — são os pardos os maiores vitimados pelo preconceito de cor no Brasil (ALMEIDA, Alberto Carlos. *A cabeça do brasileiro*. Rio de Janeiro: Record, 2007, p. 228-248).

[42] A assertiva pode ser roborada nos três exemplos que seguem: 1) conforme revela Maria Luiza Tucci Carneiro (*O Anti-semitismo nas Américas*. São Paulo: EDUSP, 2008), ocorre hoje no Brasil um revigoramento e uma reorganização de grupos neonazistas, atuantes no Paraná, no Rio Grande do Sul e, sobretudo, em São Paulo, que, na visão da historiadora, retomam, com nova roupagem (a exemplo dos *skinheads*), o antissemitismo moderno; 2) segundo relatório divulgado pelo CIMI (Conselho Indigenista Missionário), no ano de 2007 cresceu em 61% os casos de assassinatos de índios no Brasil (Disponível em: <www.cimi.org.br>. Acesso em: 04 jun. 2008). A propósito, em visita ao Brasil no ano de 2005, o relator especial da Comissão de Direitos Humanos da ONU para Formas Contemporâneas de Racismo Discriminação, Xenofobia e Intolerância, Doudou Diéne, afirmou ter ficado estarrecido com a violência e o preconceito racial sofridos pelos índios e jovens negros do país. Entre as medidas recomendadas pelo relatório ao governo brasileiro (nenhuma articulando o uso da criminalização) inseriram-se a adoção de um sistema de controle conjunto entre os Poderes a fim de monitorar a violência racialmente motivada, a criação de grupos de trabalho especializados em racismo e discriminação racial junto às Advocacias Públicas e o treinamento regular de juízes e promotores acerca dessas temáticas. Em 2008, porém, a Revisão Periódica Universal (UPR) da ONU divulgou relatório oficial alertando que o Brasil não cumpriu as recomendações feitas em 2005 — as quais a entidade conferiu o prazo de um ano para que fossem adotadas. O novo relatório reiterou a "[...] generalizada e profunda discriminação contra afro-brasileiros e indígenas", destacando o estabelecimento cada vez mais marcante do racismo no país (Ambos os relatórios estão disponíveis no endereço eletrônico das Nações Unidas: <http://www.ohchr.org>.); 3) por fim, mas sem que se esgote o rol das inúmeras manifestações violentas de intolerância na atualidade, cresce a passos largos o uso da rede mundial de computadores (Internet) na propagação das mais diversas formas de preconceito. Comunidades virtuais lançadas sob títulos como "Traveco is na Facada", "Foda-se vizinho de merda" (cujo mote de discussão girava entre o que seria pior: ter um vizinho "crente" ou admirador de funk — no registro de um dos fóruns de discussão da comunidade constava a seguinte referência atribuída por um dos usuários a outro participante: "agora tem um preto safado, macaco fedorento...pedreiro!!! Presidiário...fugitivo"), além de outras que explicitam a associação do povo judeu com a ameaça da economia mundial e a adoção de crianças negras ou a casamento inter-racial com o "genocídio da raça humana" ("Mal.com: o lado sombrio da internet". Revista Galileu. Edição 201. Abril/2008, p. 40-9) desafiam a efetividade de todas as políticas punitivas adotadas até então com o intuito de banir o preconceito no Brasil. De acordo com Adriana Abreu Magalhães Dias (*Os anacronautas do teutonismo virtual*: uma etnografia do neo-nazismo na Internet. 311 fls. Dissertação de Mestrado em Antropologia Social — Universidade de Campinas, Campinas, 2007) e Fani Hisgail (*A pedofilia na mídia sob a ótica da psicanálise*. 159 fls. Tese de Doutorado em Comunicação e Semiótica) — Pontifícia Universidade Católica de São Paulo, São Paulo, 2001) o anonimato propiciado pela Rede elimina a intimidação usual existente no contato pessoal e, bem assim, o temor da punição decorrente de um comportamento à margem de quaisquer códigos sociais e morais.

[...] a (i) legitimidade do direito penal no terceiro milênio estará vinculada à sua capacidade de abertura e tolerância. Abertura como *aceitação do desconhecido, do inesperado e do imprevisível*. E tolerância como *reconhecimento do direito às idéias e verdades contrárias às nossas*. Todavia, para que esta percepção seja possível, fundamental que os operadores das ciências criminais tenham (cons) ciência de que os riscos da sociedade pós industrial (riscos catastróficos e imensuráveis) estão para além da capacidade de controle penal, e que a era da segurança (jurídica) foi soterrada pelo próprio projeto que a construiu: a Modernidade.[43]

Em última análise, a prevalecer o raciocínio de que é possível banir o preconceito pela via da criminalização — e dada à efetiva inviabilidade dessa hipótese — todos perdem: perde o Direito Penal, que se descredita como instrumento de garantias fundamentais; perdem os discriminados de toda ordem, que assistem o esvanecimento da sua dignidade, por conta de uma forma de inclusão distorcida e falaciosa, a qual se mostra incapaz de promover o respeito às diferenças.

Concordando-se com Norberto Bobbio, o preconceito, ao contrário, deve ser combatido no seu nascedouro, ou seja, na cabeça dos homens, "com a educação, mediante a luta incessante contra toda forma de sectarismo":

[...] não é uma panacéia, mas creio que a democracia pode servir também para isto: a democracia, vale dizer, uma sociedade em que as opiniões são livres e portanto são forçadas a se chocar e, ao se chocarem, acabam por se depurar. Para se libertarem dos preconceitos, os homens precisam antes de tudo viver numa sociedade livre.[44]

Pois, nas sempre lúcidas palavras de Ricardo Timm Souza:

[...] o crime do preconceituoso, obcecado pelo sentido único, é um crime de lesa humanidade e como tal será julgado pela vida propriamente dita, a vida da Alteridade, a vida que, sempre recorrente, propõe sempre de novo à Totalidade a oportunidade preciosa de sua autodestruição e da descoberta do infinito dos sentidos e dos sentidos do infinito [...].[45]

Informação bibliográfica deste texto, conforme a NBR 6023:2002 da Associação Brasileira de Normas Técnicas (ABNT):

DEGANI, Eliane Peres. Criminalização do preconceito: das limitações do poder punitivo na efetivação da tutela da igualdade. *In*: BERTOLDI, Márcia Rodrigues; OLIVEIRA, Kátia Cristine Santos de (Coord.). *Direitos fundamentais em construção*: estudos em homenagem ao ministro Carlos Ayres Britto. Belo Horizonte: Fórum, 2010. p. 397-409. ISBN 978-85-7700-367-9.

---

[43] CARVALHO, Salo de. *A ferida narcísica do direito penal (primeiras observações sobre as (dis)funções do controle penal na sociedade contemporânea)*. *In*: GAUER, Ruth Maria Chittó (Org.). *A qualidade do tempo*: para além das aparências históricas. Rio de Janeiro: Lumen Juris, 2004, p. 179-211.
[44] BOBBIO, Norberto. *Elogio da serenidade e outros escritos morais*. São Paulo: Editora UNESP, 2002, p. 117-8.
[45] SOUZA, Ricardo Timm de. *Ainda além do medo*: Filosofia e Antropologia do preconceito. Porto Alegre: Dacasa, 2002, p. 73.

A Proteção Penal Internacional dos Direitos Humanos

Marcos Zilli

Sumário: 1 Introdução – 2 A reação ao horror. A hora e a vez do Direito Penal Internacional – 3 Crimes internacionais e a tutela da paz e da segurança mundial – 3.1 Genocídio – 3.2 Crimes contra a humanidade – 3.3 Crimes de guerra – 4 O Tribunal Penal Internacional como instrumento de proteção dos bens jurídicos internacionais – 4.1 A complementaridade como fator de incremento da proteção dos bens jurídicos internacionais no plano interno – 5 A revalorização do papel processual das vítimas – 6 Conclusão

> *There can be no peace without justice, no justice without law, and no meaningful law without a court to decide what is just and lawful under any given circunstance*
> (Benjamim Ferencz)

1 Introdução

A submissão do Brasil à jurisdição do TPI, afirmada no terreno dos direitos e das garantias individuais,[1] não representa qualquer renúncia à soberania nacional. Em realidade, é ela expressão do alinhamento do país ao sistema internacional de direitos humanos, à ordem penal internacional e aos valores e princípios que lhes são próprios.

É certo que a transposição das barreiras impostas pelo monopólio das jurisdições domésticas, com o reconhecimento da força de um órgão jurisdicional internacional, assegura maior efetividade à proteção dos bens jurídicos internacionais e também aos valores individuais e coletivos que os compõem. Afinal, os crimes internacionais se caracterizam não só pela gravidade das ações praticadas, mas também pela intensidade dos desastres humanitários provocados. Natural, portanto, a aversão da comunidade internacional a qualquer manifestação de impunidade. E ela soa, de fato, intolerável. Isso porque muitos dos crimes praticados contam com o incentivo, senão a direta participação, dos Estados nacionais e de seus respectivos órgãos. Constituem, assim, um conjunto de ataques maciços, reiterados e generalizados aos direitos fundamentais mais

---

[1] Conforme disposto no art. 5º, §4º, da CF, acrescentado pela EC nº 45 de 8 de dezembro de 2004.

essenciais, tais como a integridade de grupos étnicos, raciais políticos e culturais. Enfim, qualquer omissão nessa seara seria um estímulo direto à reiteração dos ataques, o que poderia representar, inclusive, um perigo à manutenção da paz e da segurança mundial.

Mas, se por um lado a ordem penal internacional é expressão manifesta da existência de um poder-dever punitivo supranacional, por outro, a sua regulamentação, com a previsão de instrumentos e mecanismos para efetivá-la, são claros sinais do alinhamento do processo penal internacional ao *due process of law* e às normas de direitos humanos internacionalmente reconhecidas. Estão proscritas, assim, as ações e reações descontroladas e que são tão próprias da espiral de contínua violência.

Não obstante, a complementaridade da jurisdição do TPI, longe de enfraquecer a eficiência da ordem penal internacional, é fator de incentivo à implementação, pelos Estados nacionais, de mecanismos que confiram maior eficácia à proteção dos direitos humanos. Tanto é verdade que as omissões, provocadas por falta de vontade política na deflagração das persecuções penais ou mesmo em face do desmantelamento das instituições domésticas, levam à atuação compulsória do TPI e perante a qual todos os Estados estarão obrigados a acatá-la.

2 A reação ao horror. A hora e a vez do Direito Penal Internacional

Qualquer análise que se proceda relativamente ao processo histórico de afirmação e de proteção dos direitos humanos indicará um caminhar tortuoso, permeado por avanços e por graves retrocessos. É o que ilustram os inúmeros exemplos de absoluta desconsideração e aniquilamento dos bens mais elementares da dignidade humana verificados no último século. De fato, a experiência totalitarista e as sucessivas perseguições raciais expuseram tanto a superficialidade e a banalização do valor vida[2] quanto as dificuldades de se lidar com aquelas novas realidades para as quais os consagrados padrões jurídicos não conferiam respostas adequadas.[3]

É certo que as graves atrocidades cometidas durante a Segunda Grande Guerra reforçaram a consciência mundial quanto à ineficácia de um sistema protetivo de direitos humanos calcado, exclusivamente, nas jurisdições nacionais.[4]

---

[2] Nesse sentido, examinando a obra de Hannah Arendt, observa LAFER, Celso. *Hannah Arendt: pensamento, persuasão e poder*. 2 ed. rev. e ampl. São Paulo: Paz e Terra, 2003, p. 110: "O 'tudo é possível' levou pessoas a serem tratadas, de jure e de facto, como supérfluas e descartáveis. Este fato contrariou frontalmente os valores consagrados da Justiça e do Direito — valores voltados a evitar a punição desproporcional; a distribuição não eqüitativa de bens e situações e o descumprimento das promessas e compromissos (*pacta sunt servanda*). Disso resultou o esfacelamento dos padrões e categorias que, com base na idéia de um Direito Natural, constituíam o conjunto da tradição ocidental a qual havia historicamente feita da pessoa humana um 'valor-fonte' da experiência ético-jurídica. Disso adveio, também, conseqüentemente, o hiato entre o passado e o futuro."

[3] Como anota Celso Lafer, esta profunda ruptura na trajetória de construção dos direitos humanos trazida pelo totalitarismo e fundada na dominação do terror estatal não foi captada pelas categorias clássicas do pensamento político de modo que os crimes não poderiam "ser julgados pelos padrões morais usuais, nem punidos dentro do quadro de referência dos sistemas jurídicos tradicionais". (LAFER, Celso. *A reconstrução..., op. cit.*, p. 80).

[4] Nesse sentido, destaca PIOVESAN, Flávia. *Direitos humanos e o direito constitucional internacional*. 2. ed. São Paulo: Max Limonad, 1997. p. 141: "Nasce a certeza de que a proteção dos direitos humanos não deve se reduzir no âmbito

Nessa perspectiva, o reconhecimento generalizado quanto à indispensabilidade de construção de um sistema internacional de afirmação, controle e de fiscalização dos direitos humanos não foi obra do acaso sendo, na verdade, decorrência da própria dimensão dos atos praticados e da conscientização mundial por eles gerada. Foi, portanto, uma reação — coerente e natural — a uma impunidade absolutamente intolerável sobre a qual a humanidade não poderia fixar qualquer base de convívio.

Nesse quadro, a criação das Nações Unidas, a elaboração de sua carta e a promulgação da Declaração Universal dos Direitos Humanos em 10 de dezembro de 1948 traduzem o resgate da trajetória de construção dos direitos humanos.[5] A Declaração, é certo, representa um manifesto meramente recomendatório[6] com força ética superior à coercitiva. No entanto, guarda ela o grande mérito de fixar um parâmetro universal protetivo dos direitos humanos,[7] servindo como paradigma ético para as constituições nacionais e para os demais documentos internacionais. Supera, assim, as resistências opostas pelos relativistas ao reconhecimento da existência de valores comuns mínimos e inerentes a qualquer grupo social e cultural.[8] Nos anos que se seguem, os obstáculos causados pela polarização ideológica,[9] ainda que tenham freado o ritmo do processo de reconstrução, não impediram que o sistema internacional de proteção dos direitos humanos ganhasse em envergadura e eficiência. É o momento da elaboração dos Pactos Internacionais de Direitos Civis[10] e de Direitos Econômicos Sociais

---

reservado de um Estado, porque revela tema de legítimo interesse internacional. Sob este prisma, a violação dos direitos humanos não pode ser concebida como uma questão doméstica do Estado, mas deve ser concebida como um problema de relevância internacional, como legítima preocupação da comunidade internacional."

[5] Nesse sentido: "A criação das Nações Unidas, com suas agências especializadas, demarca o surgimento de uma nova ordem internacional que instaura um novo modelo de conduta nas relações internacionais, com preocupações que incluem a manutenção da paz e segurança internacional, o desenvolvimento de relações amistosas entre os Estados (...). A Carta das Nações Unidas de 1945 consolida o movimento de internacionalização dos direitos humanos, a partir do consenso de Estados que elevam a promoção desses direitos a propósito e finalidade das Nações Unidas (...). A Declaração se impõe como um código de atuação e de conduta para os Estados integrantes da comunidade internacional. Seu principal significado é consagrar o reconhecimento universal dos direitos humanos pelos Estados, consolidando um padrão internacional para a proteção desses direitos." (PIOVESAN, Flávia. *Direitos...*, op. cit., p. 150-166. Aliás, a ideia de restauração da trajetória histórica de respeito e proteção dos direitos do homem é projetada no preâmbulo da Declaração Universal dos Direitos Humanos, no qual se destaca: "... Considerando que o desprezo e o desrespeito pelos direitos da pessoa resultaram em atos bárbaros que ultrajaram a consciência da Humanidade e que o advento de um mundo em que as pessoas gozem de liberdade de palavra, de crença e de liberdade de viverem a salvo do temor e da necessidade foi proclamado como a mais alta aspiração do homem comum; ..."

[6] ALVES, J. A. Lindgren. A declaração dos direitos humanos na pós-modernidade. *Cidadania e justiça*, São Paulo, p. 7, ano 2, n. 5, 2º sem., 1998.

[7] PIOVESAN, Flávia. *Direitos...*, op. cit., p. 166.

[8] Não se propõe, obviamente, uma renúncia aos padrões culturais de cada grupo, no entanto, a afirmação internacional dos direitos humanos consagra um padrão mínimo e indispensável para o resguardo da dignidade humana. É o que conclui Antonio Cassesse: "L'universalità, dunque, rimane una meta non remotissima, ma raggiungibile attraverso mille percorsi, tavolta tortuosi e certo non agevoli. Questi percorsi gli Stati e altri organismi li stanno per fortuna utilizzando, non per arrivare a uma assurda e deprecabile uniformità, ma per conseguire un mínimo di precetti comuni, in virtù dei quali possa essere assicurato almeno il rispetto dei fondamenti essenziali della dignità umana, dovunque nel mondo" (*I diritti umani oggi*. Roma: Laterza, 2005. p. 74).

[9] Que como é sabido, dificultou sobremaneira uma integração mais rápida e eficaz da comunidade internacional. Nesse sentido, observa RÉMOND, René. *O século XX*: de 1914 aos nossos dias. Tradução de Octavio Mendes Cajado. São Paulo: Cultrix, 1974. p. 151: "A guerra fria transborda da Europa; ganha os outros continentes, o mundo inteiro; paralisa o funcionamento da Organização das Nações Unidas, em que a União Soviética, minoritária apesar do apoio das democracias populares, usa sistematicamente o direito de veto (...) A estrutura das relações internacionais é doravante 'bipolar': tudo se reduz ao enfrentamento de dois blocos, tudo se ordena em relação a um ou outro dos dois pólos."

[10] Aprovado em 1966, entrou em vigor em 23.3.1976, congregando os direitos de caráter individual e oponíveis contra o Estado.

e Culturais,[11] os quais transformam as afirmações da Declaração em previsões jurídicas obrigatórias.[12]

Mas, é certo que para além de um sistema global de proteção dos direitos humanos, voltado para toda a comunidade internacional, formaram-se os sistemas regionalizados, figurando a Europa como a precursora[13] e os continentes americano[14] e africano[15] como experiências subsequentes. Embora cuidem-se de sistemas autônomos com seus próprios aparatos jurídico e institucional, os ideais que os alimentam defluem da própria Declaração de 1948,[16] não estando dela dissociado. Nessa perspectiva, atuam como importante mecanismo de controle quanto à efetividade dos direitos humanos em nível regional fixando sanções e obrigações aos Estados quando desrespeitados os direitos ali afirmados.

Em realidade, este arcabouço jurídico, resultante de um gradual processo de internacionalização dos direitos humanos, e que se complexifica com a contínua proliferação dos tratados internacionais, dirige-se, precipuamente, aos Estados nacionais, compelindo-os ao contínuo respeito e à implementação daqueles, sob pena de imposição de sanções. Não são, dessa forma, sistemas calcados no ideal da responsabilização individual, mas sim na tradicional concepção da responsabilidade internacional do Estado. De qualquer modo, outorgam ao indivíduo o poder e a legitimidade de provocarem a atuação dos mecanismos de controle internacional dos direitos humanos o que, sem dúvida, confere maior efetividade ao próprio sistema.

No entanto, essa é apenas uma vertente do processo de implementação dos direitos humanos em escala mundial, qual seja, aquela que compromete, vincula e obriga, moral e juridicamente, os Estados nacionais perante a comunidade internacional. A outra é concretizada com a quebra do ideal de monopólio das jurisdições penais domésticas, mediante a instituição de mecanismos de punição de todos aqueles indivíduos responsáveis pelo desrespeito dos valores mais caros à humanidade. É o momento do Direito Penal Internacional.[17]

---

[11] Aprovado em 1966, entrou em vigor em 3.1.1976, congregando os direitos de caráter social e econômico exigíveis do Estado.

[12] PIOVESAN, Flávia. *Direitos...*, *op. cit.*, p. 176. Ver da mesma autora: A jurisdicionalização dos direitos humanos. *Revista da Escola Paulista da Magistratura*, São Paulo, v. 3, n. 2, p. 59-72, jul/dez. 2002. Para um exame igualmente detalhado sobre o processo de formação legislativa do direito internacional dos direitos humanos, ver: CANÇADO TRINDADE, Antônio Augusto. *Tratado de direito internacional dos direitos humanos*. 2. ed. rev. e atual. Porto Alegre: Sergio Antonio Fabris, 2003. v. 1, p. 51-87.

[13] Representado pela Convenção Europeia para a Proteção dos Direitos do Homem e das Liberdades Fundamentais de 04 de novembro de1950 que entrou em vigor em 1º de maio de 1978.

[14] Convenção Americana sobre Direitos do Homem de 22 de novembro de 1969 que entrou em vigor em 18 de julho de 1978.

[15] Carta Africana dos Direitos do Homem e dos Povos, de 28 de junho de 1981, adotada na mesma data pela Conferência dos Chefes de Estado e de Governo da Organização de Unidade Africana.

[16] Para um exame mais aprofundado dos sistemas global e regional de proteção dos direitos humanos, ver: BURGENTHAL, Thomas. *International human rights*. St. Paul: West, 1988; CANÇADO TRINDADE, Antônio Augusto. *Tratado...*, *op. cit.*, 2 v.; HITTERS, Juan Carlos. *Derecho internacional de los derechos humanos*. Buenos Aires: Ediar, 1991. 2 v; PIOVESAN, Flávia. *Direitos...*, *op. cit.*

[17] E não "Direito Internacional Penal" como afirmam alguns. Com efeito, esta expressão revela uma realidade distinta, qual seja, um conjunto de normas e princípios regulatórios do conflito espacial de leis penais, da extradição e da eficácia da sentença penal estrangeira, ou seja, um direito penal de caráter nacional que, contudo, tem implicações internacionais. Nesse sentido: GIL GIL, Alicia. *Derecho penal internacional*. Madrid: Tecnos, 1999, p. 23. Questionando o uso da expressão Direito Penal Internacional para a indicação deste conjunto de normas que regulamentam a aplicação internacional do direito interno, pontua Heleno Cláudio Fragoso: "tal designação é imprópria. Essas normas pertencem ao direito público interno, não perdendo tal caráter pelo fato de algumas de suas disposições envolverem o compromisso internacional do Estado, de punir determinados crimes independentemente do lugar em que foram

Trata-se de um novo ramo da ciência jurídica que traduz, por sua vez, uma nova realidade e cuja existência é reforçada com a implementação de um Tribunal Penal Internacional. Nesse sentido, compreende um sistema jurídico-penal supranacional, representado por um conjunto de princípios e regras — positivadas e consuetudinárias — descritivo das infrações penais internacionais e impositivo das respectivas sanções. Delimita, dessa forma, uma responsabilidade individual, em nível internacional, independente, a princípio, da nacionalidade do agente, bem como do local da consumação do evento.[18] Nessa linha de raciocínio, ao se falar em uma ordem jurídico-penal internacional, pensa-se em uma transposição equilibrada de elementos do direito penal — representados pelo ideal de proteção de bens jurídicos relevantes mediante a definição de tipos criminais e a imposição das respectivas sanções — e, obviamente, do direito internacional público — identificáveis pela materialização do mandamento proibitivo em regras internacionais, costumeiras e positivadas de validade e abrangência mundial.[19]

3 Crimes internacionais e a tutela da paz e da segurança mundial

O resgate do processo de reconstrução dos direitos humanos encontra na fixação da responsabilidade penal internacional do indivíduo um grande mecanismo para a proteção dos bens jurídicos individuais mais essenciais, sempre que os ataques a estes assumirem uma dimensão sistemática, maciça e suficiente

---

praticados, ou pelo fato da aplicação da lei penal sofrer certas limitações que derivam do Direito Internacional. Um Direito Penal Internacional só poderia ser o que estabelecesse preceitos e sanções destinados às diversas nações, projetando-se, assim, no campo do Direito das Gentes. Esse Direito Penal internacional está em curso de longa e laboriosa elaboração histórica." (*Lições de direito penal*: a nova parte geral. 10. ed. Rio de Janeiro: Forense, 1987. p. 112).

[18] Não se trata de conceituação nova. Veja-se, a propósito, o magistério de Vespasien Pella: "De ce qui précede il résulte qu'on pourrait considérer le droit pénal international nouveau comme la discipline juridique qui, en vue de la défense de lórdre international, détermine les crimes contre la paix et la sécurité de l'humanité, prévoit les sanctions et fixe les conditions de la responsabilité des individus, des Etats et des autres persones juridiques." (La codification du droit pénal international. *Revue Générale de Droit International Public*, Paris, t. XXIII, 1952, p. 347). No mesmo sentido é o magistério de AMBOS, Kai. *La parte general Del derecho penal internacional. Bases para una elaboración dogmática*. Tradução de Ezequiel Malarino. Montivideo: Fundación Konrad-Adenauer, 2005, p. 34-35: "Por derecho penal internacional (Völkerstrafrecht) se entiende, tradicionalmente, el conjunto de todas las normas de derecho internacional que establecen consecuencias jurídico-penales. Se trata de una combinación de principios de derecho penal y de derecho internacional. La idea central de la responsabilidad individual y de la reprochabilidad de una determinada conducta (macrocriminal) proviene del derecho penal, mientras que las clásicas figuras penales (de Núremberg), en su calidad de normas internacionales, se deben clasificar formalmente como derecho internacional, sometiendo de este modo la conducta en cuestión a una punibilidad autónoma de derecho internacional)." Em outra obra, tomando por base a lição de Triffterer, observa o mesmo autor : "El derecho penal internacional (muchos hablan también de un derecho penal internacional material) busca establecer esa responsabilidad y especificar sus requisitos; por tal razón, en la literatura científica se entiende por derecho penal internacional la totalidad de las normas de derecho internacional público que regulan las consecuencias de carácter penal. A la vez, el derecho penal internacional vincula los conceptos de aplicabilidad universal de las normas (derecho internacional público), con los conceptos de responsabilidad individual (derecho penal), de manera que la conducta respectiva queda sujeta a una punibilidad internacional autónoma (principio de responsabilidad penal directa del individuo según el derecho internacional público). Los desarrollos más recientes que culminaron en la aprobación del ECPI no sólo consolidan al derecho penal internacional como sistema de derecho penal de la comunidad internacional, sino que amplían su ámbito de regulación más allá de sus fundamentos jurídico-materiales a otras zonas accesorias del derecho penal" (*Impunidad y derecho penal internacional*. 2. ed. Buenos Aires: Ad-Hoc, 1999, p. 49). Há de ser destacada, ainda, a lição de GIL GIL, Alicia. *Derecho...*, *op. cit.*, p. 27-52, que assumindo como válida a expressão "Direito Penal Internacional", delimita o seu conteúdo com base na precisão do bem jurídico protegido de abrangência internacional.

[19] É por isso que AMBOS, Kai. *La parte... op. cit.*, p. 35, afirma que o direito penal internacional é, ao mesmo tempo, parte do direito internacional público formal.

a ponto de abalar o desejado estado de paz e segurança mundial.[20] A insuficiência da responsabilização internacional do Estado[21] e a consagração gradativa do viés repressivo, mediante a tipificação dos crimes internacionais, revelam a esperança mundial de que o Direito Penal assuma, perante a arena internacional, um papel semelhante àquele para ele desenhado nos planos nacionais, qual seja: a retribuição necessária e proporcional ao mal praticado e a prevenção geral e individual representada pela perspectiva de freio às reiterações criminosas.[22]

---

[20] É o que revela o próprio preâmbulo do Estatuto de Roma: "Tendo presente que, no decurso deste século, milhões de crianças, homens e mulheres têm sido vítimas de atrocidades inimagináveis que chocam profundamente a consciência da humanidade; Reconhecendo que crimes de uma tal gravidade constituem uma ameaça à paz, à segurança e ao bem-estar da humanidade...".

[21] Nesse sentido, esclarecedor é o magistério de JESCHECK, Hans-Heirich. *Tratado de derecho penal*: parte general. Tradução de PUIG, S. Mir e de CONDE, F. Muñoz. Barcelona: Bosch, 1993, p. 161: "El Derecho internacional clásico no conocía la responsabilidad de las personas individuales. No concedía al individuo derecho algun, pero tampoco le imponía deberes. (...) Solamente el Derecho Penal estatal podía proteger con sus propias normas el Derecho Internacional, transformando los deberes jurídicos impuestos al Estado en deberes del individuo sancionables penalmente. (...) Pero desde finales de la Primera Guerra Mundial se ha modificado esta imagen. Dentro de ciertos limites el individuo será considerado como sujeto de derechos y deberes del Derecho Internacional y de acuerdo con ello será imaginable que graves infracciones de determinadas normas centrales del Derecho Internacional puedan ser contempladas como delitos internacionales que, en consecuencia, pueden ser castigados directamente por el Derecho Internacional." Estudando os antecedentes do conceito de crime internacional, ALTEMIR, Antonio Blanc. *La violación de los derechos humanos fundamentales como crimen internacional*. Barcelona: Bosch, 1990, p. 6-17, esclarece que a concepção clássica do direito internacional enxergava, na reparação do dano causado por um Estado, a forma mais coerente de se restabelecer a harmonia internacional. Tomava por base um regime único de responsabilidade internacional, ou seja, não variável, pouco importando a natureza do descumprimento da obrigação. As guerras mundiais, que tão pesadamente marcaram o homem da primeira metade do século XX, contribuíram para o fortalecimento de posturas doutrinárias partidárias de uma responsabilidade repressiva, e não meramente reparatória, na arena internacional. Nesse sentido, a experiência do Tribunal Militar de Nuremberg, sobretudo por conta da dinâmica de punição dos principais artífices das atrocidades cometidas é um marco representativo na caminhada rumo à sedimentação da responsabilidade individual penal internacional que acabou sendo reconhecida posteriormente pela Comissão de Direito Internacional criada pela Resolução nº 177 (II) aprovada por ocasião da 123ª Sessão da Assembleia Geral das Nações Unidas celebrada no dia 21 de novembro de 1947.

[22] Esta finalidade dúplice da sanção penal no plano internacional é, note-se, amplamente referida pela jurisprudência dos Tribunais Internacionais, merecendo destaque o trabalho do ICTY. Com efeito, no caso Kupreskic (IT-95-16-T), a Câmara de Julgamento do ICTY assinalou: "The Trial Chamber is of the view that, in general, retribution and deterrence are the main purposes to be considered when imposing sentences before the The International Tribunal" (par. 848). No mesmo sentido foi a sentença proferida no caso Naletilic (IT-98-34-T). Em Todorovic (IT-95-9/1-S), a Câmara de Julgamento reafirmou a importância da prevenção geral na punição dos autores de crimes internacionais: "The Chamber understands this to mean that deterrence is one of the principles underlying the determination of sentences, in that the penalties imposed by the International Tribunal must, in general, have sufficient deterrent value to ensure that those who would consider commiting similar crimes will be dissuaded from doing so" (par. 29). Em Stakic (IT-97-24-T), a Câmara de Julgamento esclareceu que a punição dos responsáveis também teria como efeito reintegrar os potenciais criminosos na sociedade global, evitando que eles executassem condutas semelhantes: "In the context of combating international crimes, deterrence refers to the attempt to integrate or to reintegrate those persons who believe themselves to be beyond the reach of international criminal law. Such persons must be warned that they have to respect the fundamental global norms of substantive criminal law or face not only prosecution but also sanctions imposed by international tribunals. In modern criminal law this approach to general deterrence is more accurately described as reintegrating aiming at reintegrating potencial perpetrators into the global society" (par. 902). Em Aleksoviski (IT-95-14/1-A), a Câmara de Apelações deixou claro o distanciamento necessário entre o princípio retributivo e a mera vingança: "An equally important factor is retribution. This is not to be understood as fulfilling a desire for revenge but as duly expressing the outrage of the international community at these crimes" (par. 185). Todos os casos disponíveis em <http//www.icty.org/x/cases>. Acesso em 16 abr. 2010. De fato, o papel do Direito Penal, tanto na ordem interna quanto na internacional, é o de proteção dos bens jurídicos. Busca-se, portanto, com o mecanismo a ele inerente — definição de condutas indesejáveis e a previsão de graves sanções — reprimir não só a prática de tais comportamentos, como também, coibir a sua profusão e o esfacelamento de uma ordem internacional consensualmente eleita. Os tipos penais e o mandamento proibitivo voltam-se, então, para a preservação de bens jurídicos essenciais para a manutenção de um estado de ordem e paz mundial. Valem aqui, salvaguardados os reparos relativos à órbita de atuação internacional, as lições analíticas da finalidade do Direito Penal. Nesse sentido, afirma WELZEL, Hans. *Derecho penal aleman*. Tradução de Juan Bustos Ramírez e Sergio Yánez Perez. 4. ed. Santiago de Chile: Jurídica de Chile, 1997, p. 2: "Esta protección de los bienes jurídicos la cumple en cuanto prohíbe y castiga las acciones dirigidas a la lesión de bienes jurídicos. Luego, se impide el desvalor material o el resultado mediante la punición del desvalor de acto. Así asegura la vigencia de los valores de acto ético-sociales de carácter positivo, como el respeto a la vida ajena, a la salud, a la libertad, a la propriedad, etc...". A questão relativa à preservação da ordem é, portanto, fundamental no Direito Penal. Como observa JESCHECK, Hans-Heirich. *Tratado...*, *op. cit.*, p. 4: "El Derecho

A premissa, portanto, é de que a manutenção de um estado de paz e de segurança na comunidade internacional constitui o ponto crucial para a própria subsistência da humanidade. Dessa forma, é mediante a proteção internacional de bens jurídicos individuais — tais como a vida, a liberdade, a integridade física e psicológica — contra as agressões maciças perpetradas, via de regra, por um poder político central, que se resguarda um estado de paz e de equilíbrio mundial.[23] Este é, portanto, o fim último de uma ordem jurídica penal internacional. E é sob essa perspectiva que ela é construída.

Em uma primeira etapa, a ordem penal internacional materializa-se com o reconhecimento da força e da efetividade do direito costumeiro e que, em outras palavras, corresponde ao reconhecimento universal quanto a inafastabilidade da repressão jurídico-penal dos ataques mais graves à humanidade. A partir de então, o processo de positivação torna-se caminho natural. De qualquer modo, a premissa é de que o exercício do poder-dever punitivo não pode ficar restrito ao âmbito das jurisdições domésticas. Isso se deve não só ao fato de os interesses tutelados extravasarem esse limite, mas também porque os ataques são perpetrados com a conivência, senão direto incentivo, dos próprios Estados nacionais por suas autoridades, órgãos, representantes e instituições.[24] É, pois, nessa perspectiva que se reconhece uma categoria própria de delitos e que são denominados de crimes internacionais.[25]

Tais crimes compreendem as agressões aos direitos fundamentais executadas em uma dimensão generalizada, de forma sistemática e em grau suficientemente capaz de pôr em risco a paz e a integridade da comunidade internacional.[26] Não se confundem, portanto, com os chamados crimes transnacionais. Nestes, embora o

---

Penal asegura la inquebrantalidad del orden jurídico por medio de la coacción estatal. (...) Cuando otras medidas y posibilidades fracasan, el Derecho Penal asegura, en última instancia, la coercibilidad del orden jurídico positivo." Deve-se entender por bem jurídico, por sua vez, na esteira do ensinamento de ROXIN, Claus. *Derecho penal. Parte general. Tomo I. Fundamentos. La estructura de la teoría del delito*. Tradução de Diego-Manuel Luzón Peña, Miguel Díaz y Garcia Conlledo e Javier de Vicente Remesal. Madrid: Civitas, 1997, p. 56: "... circunstancias dadas o finalidades que son útiles para el individuo y su libre desarrollo en el marco de un sistema social global estructurado sobre la base de esa concepción de los fines o para el funcionamiento del propio sistema."

[23] Nesse sentido, aponta GIL GIL, Alicia. *Derecho...*, op. cit., p. 37-38: "Hay una evidente interrelación entre los bienes jurídicos individuales y el bien jurídico paz internacional, pero no una dependencia o subordinación de los unos respecto del otro que nos hiciera pensar que la tipificación de los delitos contra los primeros supone un adelantamiento de las barreras de protección del segundo. Tal interrelación existe siempre y de forma natural entre todos los bienes jurídicos que constituyen un orden social y no hay que buscarle otra explicación que la de que todos ellos forman un auténtico 'sistema'. (...) Por outra parte, el concepto paz internacional es demasiado amplio y abstracto como para además erigirlo en bien jurídico protegido por todos los tipos del Derecho penal internacional. La paz internacional puede ser considerada como el bien jurídico protegido directamente en el tipo de agresión, pero en el resto de los tipos internacionales, cuando se hace referencia a su transcendencia para la paz y seguridad internacionales, estas últimas se están manejando como conceptos mucho más genéricos y abstractos, que en el fondo vienen a identificarse con el de 'orden internacional'; de este modo las citadas relaciones vienen únicamente argumentar la nocividad de determinadas conductas para el orden internacional y la necesidad de su sanción por el Derecho penal internacional." Observa JAPIASSU, Carlos Eduardo Adriano. *O tribunal penal internacional: a internacionalização do direito penal*. Rio de Janeiro: Lúmen Júris, 2004, p. 30: "De toda maneira, pode-se afirmar que os crimes caracterizam-se pela violação do bem jurídico paz e segurança internacional, ainda que de forma reflexa, mesmo quando ocorrem ataques a bens jurídicos individuais. Nesses casos, somente estará legitimada a intervenção internacional quando puserem em risco a paz internacional, devendo haver, pois, uma interrelação entre eles.".

[24] Ver, no mesmo sentido: WERLE, Gerhard. *Tratado de derecho penal internacional*. Valência: Tirant lo blanch, 2005. p. 81.

[25] De acordo com a Comissão Internacional de Direito, criada pela Assembleia Geral das Nações Unidas pela Resolução nº 177 (II), a expressão adequada seria delito de direito internacional que foi novamente empregada pelo Projeto de Código de Crimes contra a paz e segurança da humanidade.

[26] É o que dispõe o art. 5.1 do ER: "A competência do Tribunal restringir-se-á aos crimes mais graves, que afetam a comunidade internacional no seu conjunto..."

interesse punitivo extravase o âmbito exclusivo de um Estado nacional, o exercício do poder punitivo fica restrito ao plano das jurisdições domésticas ainda que, para tanto, sejam postos em prática mecanismos de cooperação internacional.[27] São os exemplos da pirataria, do tráfico de escravos e do comércio internacional de entorpecentes.[28] Já os crimes internacionais — também denominados de *core crimes* —, compreendem hoje o genocídio, os crimes contra a humanidade, os crimes de guerra e o crime de agressão.[29]

3.1 Genocídio

O extermínio organizado e planificado de pessoas não é realidade nova na história. No entanto, foi somente por força da perseguição e extermínio dos judeus durante a Segunda Guerra Mundial que se construiu a noção jurídico-penal de genocídio, qual seja: a destruição de uma nação ou de um grupo étnico mediante a execução de ações coordenadas para tal fim.[30] O conceito, que posteriormente foi encampado pela Convenção da ONU de 1948,[31] foi adotado, em sua plenitude, pelo art. 6º do ER. Busca-se incriminar, assim, diversas ações motivadas pelo desejo de extinguir, total ou parcialmente, um grupo nacional étnico, racial ou religioso.[32]

As várias ações tipificadas atingem, é claro, os bens jurídicos individuais. Mas, a tutela destes é realizada por meios indiretos, até mesmo porque a intenção dos agentes é a de atingir a integridade física ou social do grupo, este sim o verdadeiro bem jurídico protegido. Dito de outra forma, ainda que o

---

[27] Uma das formas de se obter maior efetividade na persecução de tais crimes é realizada mediante a ampliação das competências jurisdicionais nacionais, mediante a aplicação de regras da extraterritorialidade e da justiça penal universal

[28] TRIFFTERER, O. Commentaire du colloque tenu a Hammamet, Tunisie, 6/8 juin 1987. *Revue international de droit penal*. Toulouse, v. 60, 1989. Distingue os crimes internacionais em sentido amplo e estrito. Enquanto os primeiros compreenderiam aqueles puníveis pelo ordenamento interno cuja eficácia repressiva, todavia, ficaria dependente de uma ação conjunta entre os vários Estados, aqueles em sentido estrito, seriam os que ameaçariam a paz e a integridade da comunidade internacional de modo que a responsabilidade deveria vir fundada diretamente pela ordem internacional. No mesmo sentido: FERNÁNDEZ, Cassilda Rueda. *Delitos de derecho internacional*: tipificación y represión internacional. Barcelona: Bosch, 2001, p. 31-33; e LEGIDO, Angel Sánchez. *Jurisdicción universal penal y derecho internacional*. Valencia: Tirant lo blanch, 2004, p. 118. Entendemos como inapropriada, todavia, a inserção dos crimes transnacionais na categoria de delitos internacionais, ainda que se adote uma acepção mais ampla. Isso porque, além da fonte punitiva provir do direito interno, o exercício do poder-dever punitivo estará circunscrito ao âmbito de um Estado determinado. O que há, na verdade, é um interesse comum por parte de vários Estados em implementar ações preventivas, investigativas e punitivas mais eficazes de modo a fazer frente a condutas que extravasam o limite territorial de um único Estado. Alicia Gil Gil reforça a natureza diversa dos crimes transnacionais ao assinalar: "En estos delitos que amenazan el orden público o los intereses de varios Estados, o que, por el desarrollo de las técnicas criminales y la internacionalización del crimen necesitan para su represión de la unión de los esfuerzos de varios países interesados en la lucha contra los mismos, el bien jurídico protegido por la toma de medidas comunes, no deviene en objeto de una protección penal directa por el Derecho internacional, sino que los Estados se comprometen a reprimir ciertas infracciones de la forma más eficaz posible" (*Derecho..., op. cit.*, p. 45).

[29] Conforme art. 5.1 do ER. Vale lembrar não ter sido possível atingir-se um acordo durante a Convenção de Roma quanto à definição legal do crime de agressão, razão pela qual deixou-se tal tarefa para os anos posteriores.

[30] A construção do conceito é atribuída a Raphael Lemkin. *Axis rule in occupied Europe. Laws of occupation, analysis of government. Proposals for Redress*. Carnegoe Endowment for International Peace. Washington, 1944.

[31] Conforme art. 2º, tanto o Estatuto do Tribunal de Nuremberg quanto do Tribunal de Tóquio não fizeram referência expressa ao genocídio como modalidade criminosa autônoma, mas, sim, como uma subespécie de crime contra a humanidade.

[32] Não estão englobados no campo de tutela do genocídio os grupos políticos ou culturais, os quais, na verdade, são abarcados pelos crimes contra a humanidade. AMBOS, Kai. *Los crímenes del nuevo derecho penal internacional*. Bogotá: Gustavo Ibañez, 2004. p. 23.

grupo sobreviva, a consumação terá se operado com a prática da ação ou das ações contra os seus respectivos integrantes, o que torna estreita a relação entre o elemento subjetivo do tipo e o bem jurídico no crime de genocídio.[33] Como leciona Alicia Gil Gil:[34]

> ...en el tipo de genocidio el elemento subjetivo caracteriza la dirección de la acción hacia la lesión del bien jurídico protegido — la existencia de determinados grupos — pero el tipo anticipa el momento de la consumación conformándose con la realización de un acto dirigido a la consecución del resultado valorativo — la destrucción del grupo — que queda ya fuera del tipo.

Dessa forma, as diversas ações penais típicas — assassinato ou a lesão física ou psicológica de membros do grupo, a submissão do grupo a condições de existência que possam levar a sua destruição total ou parcial, a adoção ou implementação de medidas que impeçam os nascimentos no grupo e a transferência forçada de crianças para um outro grupo[35] — constituem o meio para a realização do especial fim de agir, qual seja, o extermínio ou aniquilamento do grupo. É este o campo de tutela da norma incriminadora.

3.2 Crimes contra a humanidade

Não constituem realidade nova como lamentavelmente ilustra a história.[36] De qualquer forma, hoje, após contínua evolução doutrinária e jurisprudencial, já se reconhece, no contexto de tal criminalidade, um conjunto consideravelmente amplo de agressões, executadas de forma sistemática[37] e generalizada[38] e que, via de regra, são expressões de uma política[39] inspirada ou incentivada pelo próprio Estado, por grupos paraestatais ou organizados.[40] São, portanto, ações absolutamente eficazes no contexto de um sistema oficialmente instituído para

---

[33] Aliás, o especial fim de agir que caracteriza o genocídio é o principal traço distintivo entre este delito e os crimes contra a humanidade. É o que anota Giovani Carlo Bruno: "C'est l'intention spécifique d'exterminer un groupe protegé (en tout ou en partie) qui doit être constatée pour que soit constitué um génocide..." (Le crime de génocide dans la jurisprudence des tribunaux pénaux internationaux pour l'ex Yougoslavie et pour le Rwanda. In. FRONZA, Emanuela; MANACORDA, Stefano (Org.) *La justice pénale internationale dans le décisions des tribunaux ad hoc*. Milano: Giuffre, 2003, p. 99.

[34] *Derecho...*, op. cit., p. 179. No mesmo sentido, ver: Munõz Conde, *Derecho penal, parte especial*, 11. ed., Valencia: Tirant lo Blanch, 1996, p. 656. Werle, por sua vez, afirma que o bem jurídico primário seria a existência do grupo sendo certo que a dignidade da vítima constituiria o interesse protegido de forma adicional (*Tratado...*, op. cit., p. 316).

[35] Conforme art. 6º do ER.

[36] Na verdade, as origens da expressão remontam ao massacre do povo armênio provocada pelo Império Otomano no início do Século XX e contra a qual os governos francês, britânico e russo expressaram a sua formal condenação por declaração firmada em 28 de maio de 1915. O Acordo de Londres firmado em 08 de agosto de 1945, por sua vez, previu, expressamente, a competência do Tribunal de Nuremberg para o julgamento, dentre outros, dos crimes contra a humanidade. Nesse sentido: CASSESE, Antonio. *International criminal law*. Oxford: New York, 2003. p. 67-69.

[37] Aspecto qualitativo e que envolve a forma organizada e estruturada do emprego de violência. Via de regra, está associada a uma política. (WERLE, Gerhard. *Tratado...*, op. cit., p. 362).

[38] Aspecto quantitativo dado, principalmente, pela quantidade de vítimas. Ver: AMBOS, Kai. *Los crímens...*, op. cit., p. 54.

[39] O elemento político não deve ser interpretado como indicativo de uma política programática, mas sim à forma de execução das ações e que revela um certo nível de organização e de integração de vontades dirigidas a um fim comum.

[40] Conforme decidido no caso Vasiljevic, julgado pelo ICTY em 29 de novembro de 2002. Kai Ambos observa: "...los crímenes cometidos de forma generalizada deben estar vinculados de una u outra forma a uma autoridad estatal u organizativa: deben ser por lo menos tolerados por ésta" (*Los crímenes...*, op. cit., p. 55).

disseminar o terror e o medo, a qualquer população civil[41] e que podem ser cometidas tanto em tempo de guerra, quanto de paz.

São, portanto, condutas puníveis no plano internacional, desde que sistematicamente executadas, ainda que por diferentes agentes:[42] o homicídio, o extermínio,[43] a escravidão,[44] a deportação ou transferência forçada de uma população,[45] a prisão ou outras formas de privações da liberdade em desrespeito às normas fundamentais de direito internacional,[46] a tortura,[47] as violências de natureza sexual,[48] a perseguição de um grupo por motivação política, racial, nacional étnica, cultural, religiosa ou de gênero,[49] o desaparecimento forçado de pessoas[50] e o *apartheid*.[51]

3.3 Crimes de guerra

A preocupação com os abusos nos conflitos bélicos, embora antiga, ganhou impulso no Século XIX, sobretudo após a fundação do Comitê Internacional da

---

[41] Não se exige, portanto, que as vítimas pertençam a um grupo social, racial ou étnico determinado. Se assim o fosse, a questão esbarraria no genocídio. Na verdade, a abrangência desenhada para os crimes contra a humanidade se justifica em face da própria natureza de tal criminalidade, qual seja, a de proteger os direitos humanos de todos os seres humanos. Ver AMBOS, Kai. *Los crímenes...*, op. cit., p. 58. Não se exige, igualmente, que toda a população de um Estado ou território tenha sido vítima das barbáries. A bem da verdade, o que se pretende é punir mais severamente os atos que estão ligados a uma prática coletiva distinguindo-os da ação puramente isolada e individual. Veja-se, a propósito, o decidido no caso Tadic: "population does not mean that the entire population of a given State or territory must be victimised by these acts in order for the acts to constitute a crime against humanity. Instead the 'population' element is intended to imply crimes of a collective nature and thus exclude single or isolated acts." Não obstante, a população civil, vítima de tal criminalidade, é aquela que não integra o grupo de onde provém a violência organizada. É o que restou decidido no caso Blaskic

[42] É possível, portanto, que um único ato cometido por uma pessoa possa se subsumir ao tipo penal do crime contra a humanidade desde que este ato esteja inserido em um contexto maior de ataques sistemáticos e generalizados. Obviamente, a punição do agente depende também da convergência do aspecto subjetivo representado pela ciência e pela vontade de integrar aquele contexto, emprestando a sua colaboração. É o que se infere da leitura do art. 7.1 do ER: "Para os efeitos do presente 'Estatuto' entende-se por 'crime contra a humanidade', qualquer um dos atos seguintes, quando cometido no quadro de um ataque, generalizado ou sistemático, contra qualquer população civil, havendo conhecimento desse ataque".

[43] Que compreende uma série de ações que sujeitam a vítima a graves condições de vida, tais como a privação de alimentos ou medicamentos capazes de assim destruírem uma parte da população civil. É importante observar que o extermínio como expressão do crime contra a humanidade é aquele que atinge grupos diversos do genocídio, tais como opositores políticos, grupos econômicos e culturais, etc.

[44] Que envolve uma relação de domínio entre pessoas e que se materializa de diferentes formas dentre as quais o tráfico de pessoas.

[45] Compreende, dentre outros, os casos de expulsão maciça de pessoas de um Estado para outro ou mesmo de uma região a outra dentro do próprio Estado.

[46] São as hipóteses de detenções arbitrárias, praticadas em caráter maciço, e sem qualquer amparo no devido processo legal.

[47] Representada por todos os atos capazes de infligirem graves sofrimentos físicos ou mentais à pessoa, cuja custódia ou o domínio estejam em mãos do próprio algoz. É realizada, ora como método para obtenção de confissão, ora para imposição de castigo, intimidação ou coação sobre a vítima.

[48] E que envolvem, segundo o art. 7.1 (g) do ER: a agressão e a escravidão sexual, a prostituição ou a gravidez ou a esterilização forçadas, ou ainda qualquer violência de natureza sexual que possa ser a estas comparada.

[49] De acordo com o art. 7.2 (g) do ER: Compreendem um campo razoavelmente vasto de ações, mas que são expressão de uma política de discriminação, envolvendo a restrições de direitos fundamentais.

[50] Prática comum em Estados que enfrentam regimes de exceção. Ver, para tanto, o caso Velásquez Rodríguez em que a Corte Interamericana de Direitos Humanos condenou o Estado de Honduras pelo desaparecimento forçado de pessoas.

[51] Compreende todos os atos anteriormente indicados, desde que cometidos em um regime institucionalizado de dominação e de opressão de um grupo racial frente a outro. Mesmo antes do ER, outros documentos internacionais já previam o *apartheid* como crime contra a humanidade. É o caso da Convenção sobre Imprescritibilidade dos Crimes de Guerra e dos Crimes contra a Humanidade (1968) e a Convenção Internacional sobre Repressão e Castigo do Crime de Apartheid (1973).

Cruz Vermelha, em face dos horrores praticados durante a batalha de Solferino.[52] Atualmente, a regulamentação é dada pelo chamado Direito de Genebra, composto por quatro Convenções que agregam dispositivos que procuram melhorar as condições dos feridos, enfermos e os prisioneiros de guerra durante os respectivos conflitos.[53] Paralelamente ao Direito de Genebra, desenvolveu-se o chamado Direito de Haia que reúne um conjunto de normas internacionais proibitivas do emprego de meios cruéis nos combates.[54] Estas somadas a outros dispositivos compreendem o Direito Internacional Humanitário.

Ao tipificar os crimes de guerra, o ER expôs um rol exaustivo de condutas[55] as quais podem ser praticadas durante um conflito interno ou internacional. A intenção é clara: mediante a proteção dos bens jurídicos essenciais daquelas pessoas que se veem mais expostas aos perigos durante um conflito armado, busca-se impedir o abalo ao estado de segurança e da paz mundial. Resulta daí a punição, dentre outras condutas, da destruição ou apropriação de bens em larga escala, da tomada de reféns, do uso de experiências biológicas e do ataque à população civil que não tiver tomado parte, diretamente, nas hostilidades, apenas para citar alguns exemplos.

4 O Tribunal Penal Internacional como instrumento de proteção dos bens jurídicos internacionais

A formação e a estruturação de uma corte penal internacional permanente representou o clímax de um longo processo histórico rumo ao estabelecimento de um sistema internacional de justiça penal. Constitui, efetivamente, o ponto de chegada do ideal de fixação de um direito penal supranacional e dos meios e dos instrumentos indispensáveis para assegurar a sua aplicação.[56] A viabilização de uma ordem penal internacional, no entanto, é tarefa por demais complexa. Afinal, exige a convergência de esforços políticos e a superação de obstáculos jurídicos. Do confronto entre o interesse de proteger, em escala mundial, os valores assumidos como essenciais para a preservação de um estado de segurança internacional e a tradicional concepção de soberania, a solução recaiu pela instituição de uma jurisdição supranacional permanente, automática e vinculatória, porém, ao mesmo tempo complementar e dependente da cooperação dos Estados nacionais.[57]

---

[52] WERLE, Gerhard. Tratado..., op. cit., p. 428.

[53] São quatro as convenções: Convenção de Genebra para a Melhoria das Condições dos Feridos e dos Enfermos das Forças Armadas em Campanha; Convenção de Genebra para Melhoria das Condições dos Feridos, Enfermos e Náufragos das Forças Armadas no Mar; Convenção de Genebra Relativa ao Tratamento dos Prisioneiros de Guerra e Convenção de Genebra Relativa à Proteção dos Civis em Tempo de Guerra, todas de 1949.

[54] Podem ser citados: Tratado para a Proscrição de Armas Nucleares na América Latina e Caribe (México, 1967), Tratado de Não Proliferação de Armas Nucleares (1968), Tratado de Proibição Completa dos Testes Nucleares (1996).

[55] Art. 8.2.

[56] ZILLI, Marcos. O último tango? In: SOARES, Inês Virgínia Prado; KISHI, Sandra Akemi Shimada (Coord.) *Memória e verdade*: a justiça de transição no Estado Democrático brasileiro. Belo Horizonte: Fórum, 2009, p. 93-117.

[57] A solução, obviamente, não foi atingida de maneira tão fácil. A bem da verdade, foi resultante de um longo período de estudos e de amadurecimento da comunidade internacional. Conforme observado por CRAWFORD, James. The drafting of the Rome Statute. In: SANDS, Philippe. *From Nuremberg to the Hague*: the future of international criminal justice. New York: Cambridge, 2003, p. 137-138, o Projeto de Estatuto do Tribunal Internacional produzido em 1994

4.1 A complementaridade como fator de incremento da proteção dos bens jurídicos internacionais no plano interno

A atuação do TPI não é exclusiva e se assim o fosse a sua tarefa seria absolutamente inviável. De fato, não é possível depositar em um único órgão jurisdicional a expectativa de solução de todos os conflitos penais internacionais. Um ideal de tal magnitude não se mostra factível. Daí a construção do princípio da complementaridade.

A ordem penal internacional se estrutura em uma imensa cadeia de agentes. A todos incumbe a tarefa de perseguir e de punir os responsáveis pelos ataques mais graves à dignidade humana. Trata-se de uma atuação complementar. De um lado postam-se, em caráter preferencial, os Estados nacionais que são originariamente competentes para promoverem a persecução penal. Afinal, o desejo é que estes operem eficazmente os seus respectivos sistemas punitivos, implementando todos os mecanismos e instrumentos necessários para a punição dos responsáveis pelos crimes internacionais. Aliás, é nas comunidades locais que os efeitos de tais condutas são sentidos mais diretamente, de modo que os processos instaurados e os respectivos julgamentos teriam um considerável efeito profilático. Nessa dimensão, a complementaridade, longe de enfraquecer a atuação do TPI, reforça os valores ínsitos ao Direito Penal Internacional e que estão relacionados com o cumprimento, pelos Estados, dos compromissos assumidos perante a comunidade internacional na defesa e proteção de valores humanos e humanitários. Dessa forma, somente na hipótese de inércia dos sistemas nacionais, motivada por desídia política ou por impossibilidade prática, é que a jurisdição internacional seria exercida.[58]

O fato é que uma vez reputada admissível a jurisdição do TPI, nenhum Estado poderia dela se subtrair. Há, portanto, uma relação vertical[59] que impõe o cumprimento de uma série de deveres de cooperação sinalizados pela entrega dos acusados — o que não se confunde com a extradição —, pelo cumprimento das medidas de cooperação probatória e pela execução das condenações. A submissão,

---

pela Comissão de Direito Internacional das Nações Unidas e que serviu de base para as negociações que se seguiram propunha, inicialmente, uma solução processual, consistente na transferência do acusado e da jurisdição por parte do Estado nacional. Aplicar-se-iam, portanto, as regras do direito internacional vigentes, assim como do Estado nacional cedente, de modo que um documento jurídico pormenorizado de instituição do tribunal internacional com especificação de todas as condutas criminosas seria desnecessário. As negociações que se seguiram e que culminaram, anos depois, com o Estatuto de Roma, levaram à adoção de uma outra solução marcada pela instituição de um órgão jurisdicional autônomo. Nesse sentido, aponta o autor: "The ILC's approach was to create an international criminal court which would in essence do for states what they could have done for themselves, having jurisdiction over an accused in respect of some grave crime under international law. If a particular state party to the Geneva Conventions of 1949 or to some other international criminal law convention had both custody of and jurisdiction over the accused, that custodial state could transfer the accused to the ICC — and at the same time in effect transfer its jurisdiction over the accused. Only then the ICC proceed independently, although probably with the assistance of the ceding state. (...) This meant it was not necessary for the Statute of the Court to set out in detail all the elements of the crimes within its jurisdiction. It was sufficient to identify those crimes and to leave it to substantive international law, in conjunction with the applicable national law where international law was silent on some matter, to deal with the substance. The ICC in this conception was an essentially procedural or remedial device. It did not require the creation of a new international criminal justice system, with all that that entailed."

[58] Conforme disposto pelo art. 17 do ER.
[59] Sobre esta atuação vertical que se estabelece entre o TPI e os Estados nacionais e a sua distinção com a chamada cooperação horizontal que é encontrada na relação estabelecida entre os Estados nacionais, ver: MÉRGER, Frédéric. In search of the 'vertical': towards an institutional theory of international criminal justice's core. In: STAHN, Carsten; HERIK, Larissa van den. (Ed.) *Future perspectives on international criminal justice*. The Hague: TMC Asser Press, 2010, p. 178-224.

portanto, não indica renúncia à soberania por parte do Estado, até mesmo porque foi justamente o descumprimento dos deveres que lhe eram impostos que abriu caminho para o exercício inafastável da jurisdição do TPI.[60] Ou seja, a adesão expressada, além de não poder ser limitada a qualquer condição, impõe um dever de cooperação que se manifesta em várias frentes. Tal mecanismo, note-se, é de todo imprescindível para o bom andamento da persecução penal internacional, sobretudo, por não dispor o Tribunal, ou mesmo o órgão acusador, de qualquer força policial própria.[61]

A verticalidade em dimensão complementar foi expressamente abraçada pelo legislador constituinte que, inclusive, a previu no campo dos direitos e das garantias fundamentais. A mensagem indica um claro reconhecimento da importância do TPI no processo de proteção dos bens jurídicos internacionais, além de expressar um compromisso do Estado brasileiro com tais ideais. Em tal perspectiva, a jurisdição penal internacional atua como verdadeira garantia que assegura o respeito aos valores jurídicos internacionais mais importantes para a humanidade. Longe de indicar qualquer renúncia à soberania nacional, o Brasil se filia à rede de proteção internacional penal dos direitos humanos. Deve, portanto, fiel adesão aos princípios e às regras que a alimentam, além de obrigar-se, sem quaisquer reservas, ao cumprimento dos deveres de cooperação. Eventuais omissões, causadas por falta de vontade política em promover a punição dos criminosos ou mesmo decorrente da incapacidade operacional da máquina persecutória, conduzirão à atuação jurisdicional do TPI.

5 A revalorização do papel processual das vítimas

O reconhecimento dos direitos das vítimas[62] representa um dos maiores avanços da justiça penal internacional.[63] Com efeito, esse novo sistema processual não restringe o interesse das vítimas a uma dimensão puramente patrimonial representada pela expectativa de futura reparação e indenização. Em realidade, a necessidade de combate à impunidade e a busca por uma solução ampla dos graves conflitos mediante a sedimentação dos valores ligados à paz são as metas desejadas por tal justiça. Nessa dimensão, o desejável envolvimento das vítimas constitui importante elemento legitimador da atividade jurisdicional penal internacional e da aceitabilidade do julgamento que venha a ser proferido.[64]

---

[60] Art. 12: "1- O Estado que se torne Parte no presente Estatuto aceitará a jurisdição do Tribunal relativamente aos crimes a que se refere o artigo 5º." Conforme estabelece, ainda, o art. 120 do Estatuto de Roma, não são admitidas quaisquer reservas pelos Estados Parte.
[61] Art. 86: "Os Estados Partes deverão, em conformidade com o disposto no presente Estatuto, cooperar plenamente com o Tribunal no inquérito e no procedimento contra crimes da competência deste."
[62] As vítimas são tanto as pessoas físicas diretamente atingidas pelos crimes internacionais, como também as entidades e as instituições de finalidade religiosa, educacional, artística ou científica cujos bens tiverem sido atingidos pelas ações criminosas. Para tanto, ver art. 85 das Regras de Procedimento e de Provas do TPI.
[63] Para um exame mais aprofundado sobre o papel das vítimas no processo penal internacional ver: GONZÁLEZ, Paulina Vega. O papel das vítimas nos procedimentos perante o tribunal penal internacional: seus direitos e as primeiras decisões do tribunal. *Revista internacional de direitos humanos*, [s.l.], n. 5, ano 3, 2006, p. 19-41.
[64] Jamie O'Connell faz interessante análise sobre os efeitos psicológicos causados às vítimas pelos processos penais relacionados com os crimes internacionais (Gambling with de psyche: does prosecuting human rights violators console their victims? *Harvard international law journal*, Cambridge, v. 46, n. 2, 2005, p. 295-345).

Os conflitos, como se sabe, são graves, profundos e complexos. Se assim não fossem, dificilmente estariam inseridos no contexto da admissibilidade da jurisdição internacional. Não serão raras, portanto, as dificuldades na composição dos diferentes interesses das vítimas. Nesse sentido, a dramática situação das crianças-soldado é ilustrativa dos possíveis dilemas que se apresentarão. De fato, independentemente da inegável condição de vítimas, o alinhamento delas nas frentes de batalha produz uma nova categoria de vítimas, representadas por aqueles diretamente atingidos pelos ataques executados. Caberá, então, aos diferentes sujeitos envolvidos na relação processual, especialmente ao Procurador e aos juízes internacionais, o adequado equacionamento dos múltiplos interesses a fim de que a eficiência e a efetividade da ordem penal internacional sejam alcançadas. Afinal, a confiança no funcionamento desse sistema é fator crucial para que a esfera de contínua violência seja desconstruída, abrindo-se, assim, a perspectiva para a paz.

De qualquer forma, dentre os vários direitos reconhecidos às vítimas destaca-se o direito à participação processual o qual é representado pelo direito de apresentar e de ver consideradas as opiniões e observações ao longo de toda a persecução penal.[65] Trata-se de direito de maior grandeza e que encontra expressão em diferentes frentes. Daí a posssibilidade outorgada às vítimas de provocarem a instauração de inquérito, apresentando à Procuradoria, para tanto, informações e dados sobre os crimes praticados. Mas não é só. Podem, ainda, apresentar as suas considerações quando questionada a admissibilidade da jurisdição do TPI, como também, podem interpor recurso de apelação contra a decisão que fixa o âmbito da reparação dos danos causados.

Mas, como em toda e qualquer intervenção, é indispensável que as vítimas demonstrem a sua legitimidade.[66] Dadas as especiais características dos crimes internacionais, é natural que muitos se apresentem, motivo pelo qual buscou-se incentivar a atuação de um único representante legal ou, do contrário, o agrupamento das vítimas de acordo com os interesses comuns.[67] Mas, não são estes os únicos obstáculos. Como se sabe, por conta de suas peculiaridades os processos internacionais envolvem grandes despesas, o que poderia inviabilizar o exercício do direito à participação. Nesse quadro, para além da existência de numerosos organismos internacionais voltados ao apoio das vítimas, o sistema processual previsto para o TPI prevê a possibilidade de assistência judiciária às vítimas.[68]

Na dimensão intraprocessual, há de se destacar a preocupação em viabilizar o exercício da participação processual mediante o reconhecimento da garantia da publicidade dos atos processuais às vítimas legalmente representadas. A legitimidade política do julgamento está diretamente relacionada com a maior

---

[65] Ou seja, na fase preliminar da investigação, na confirmação da acusação, no julgamento, na fase de apelação ou ainda quando da reparação dos danos causados.
[66] E que estão delineados no próprio art. 85 das Regras de Provas e de Procedimento.
[67] Art. 90.1 das Regras de Provas e de Procedimento. Nesse aspecto e, se necessário, a Secretaria do Tribunal poderá promover a eleição de um representante comum.
[68] Arts. 83/85 do Regulamento do TPI.

publicidade que se empreste ao processo penal internacional. Sem este controle, a fiscalização e a participação restariam inviabilizadas. Surge daí a obrigação de constante intimação e notificação dos atos praticados e das decisões proferidas. Não foram outras as razões que levaram ao dever do Procurador em notificar as vítimas das decisões por ele tomadas no rumo das investigações.

Por fim, porém não menos relevante, hão de se destacar os aspectos estruturais do TPI e que estão dirigidos à concretização dos interesses das vítimas. Assim é que a Unidade de Vítimas e Testemunhas[69] tem por função velar pela segurança das vítimas e das testemunhas mediante a adoção de medidas que possam diminuir os riscos causados pela maior exposição durante a persecução penal. Já a Seção de Participação e de Reparação[70] foi criada justamente para assegurar o exercício do direito de participação processual das vítimas, cabendo-lhe, portanto, receber e processar os requerimentos e as observações formuladas.

6 Conclusão

Não há direitos efetivos onde não forem previstos mecanismos e instrumentos tendentes a protegê-los. É nessa dimensão que se posta a nova ordem penal internacional. Afinal, a proteção dos bens jurídicos mais caros à humanidade não se coaduna com a impunidade dos responsáveis pelos ataques maciços e sistemáticas em escala internacional. A impunidade é, de fato, altamente nociva justamente por aniquilar as esperanças de qualquer Justiça. Nessa dimensão, o TPI é, sem dúvida, importante mecanismo na complexa máquina que constitui a ordem penal internacional. Não é ele exclusivo. Com efeito, os Estados nacionais continuam desempenhando papel protagonista na punição dos principais autores dos crimes internacionais. Mas, a inércia ou mesmo a atividade processual fraudulenta abrem espaço para a atuação do TPI e sobre a qual os Estados-partes devem obrigação de cooperação. A submissão à jurisdição do TPI e o respeito ao *due process* são, enfim, fatores que tornam concreta a mensagem de supremacia dos valores mais caros à humanidade.

Informação bibliográfica deste texto, conforme a NBR 6023:2002 da Associação Brasileira de Normas Técnicas (ABNT):

ZILLI, Marcos. A proteção penal internacional dos direitos humanos. *In*: BERTOLDI, Márcia Rodrigues; OLIVEIRA, Kátia Cristine Santos de (Coord.). *Direitos fundamentais em construção*: estudos em homenagem ao ministro Carlos Ayres Britto. Belo Horizonte: Fórum, 2010. p. 413-425. ISBN 978-85-7700-367-9.

---

[69] Ver art. 43.6 do ER.
[70] Vert art. 86.9 do Regulamento do TPI.

Os Tratados Internacionais de Direitos Humanos e o Novo Posicionamento do Supremo Tribunal Federal

Flávio Crocce Caetano

Sumário: **1** Introdução – **2** Regime jurídico dos tratados internacionais – **3** Tratados internacionais e a Constituição Federal de 1988 – **4** Tratados internacionais e a EC nº 45/04 – **5** O atual posicionamento adotado pelo Supremo Tribunal Federal – **6** Conclusão

1 Introdução

O presente artigo tem como tema central o atual posicionamento do Supremo Tribunal Federal sobre o impacto dos tratados internacionais dos direitos humanos em nosso ordenamento jurídico.

Para tanto, analisaremos o conceito de tratado internacional, as etapas de sua produção, as relações com o direito interno, o ordenamento jurídico-constitucional brasileiro pré e pós Emenda Constitucional nº 45/04 e os mais recentes julgados proferidos pelo Supremo Tribunal Federal.

2 Regime jurídico dos tratados internacionais

Os tratados internacionais são considerados a principal fonte de Direito Internacional Público.

São ajustes negociais celebrados entre Estados e/ou organizações internacionais, podendo ser bilaterais ou multilaterais, disciplinando direitos e obrigações às partes, na esfera pública internacional.

O traço distintivo é o vínculo jurídico decorrente de um tratado internacional: sua observância é obrigatória, imperativa e cogente. Em suma: faz lei entre as partes. É comum que receba sinônimos como Pacto, Convenção, Acordo ou Protocolo, mas jamais Declaração ou Recomendação.

Para que um tratado internacional seja validamente produzido é necessário que sejam observadas as suas etapas de produção válida. São elas, em regra, ao menos três: negociação, assinatura e ratificação.

Por negociação, compreende-se a etapa em que representantes dos Estados e Organizações Internacionais, com domínio técnico, debatem o tema central do tratado e definem o seu texto final. Nesta etapa, não há vinculação jurídica das partes.

A etapa seguinte é da assinatura. Neste momento procedimental, após a elaboração do texto final, representantes legais dos Estados (e/ou Organizações Internacionais) manifestam sua intenção de participar do tratado internacional, firmando sua assinatura. Não há vinculação jurídica, há mera manifestação da intenção de participar.

A fase posterior e mais importante é a ratificação. Nesta fase, o Estado (e/ou Organização Internacional) confirmará sua intenção de participar do tratado internacional e criar o vínculo jurídico entre as partes.

Em geral, na maioria dos ordenamentos jurídicos vigentes, o ato de ratificação tem natureza complexa, decorrendo da união de vontades entre Poder Executivo e Poder Legislativo, como, p. ex., no Brasil. Em alguns casos, pode-se, inclusive, submeter a intenção de ratificação ao prévio controle do Poder Judiciário.

Fato é que, após a ratificação, forma-se o vínculo jurídico entre as partes signatárias do tratado internacional.

Surge, então, o questionamento fundamental: e se houver conflito entre o tratado internacional e o direito interno? Como resolver?

A questão é tormentosa e há muito enseja debates candentes entre os estudiosos.

A grosso modo, a doutrina clássica dividiu-se em duas grandes correntes de pensamento: dualismo e monismo.

A juízo dos dualistas, como Triepel (Alemanha) e Anzillotti (Itália),[1] jamais seria possível o conflito entre tratado internacional e direito interno. Isto porque são normas existentes em mundos paralelos, o direito interno e o direito internacional. Se coexistem em realidades jurídicas paralelas, não há conflito.

Somente seria possível o conflito se o tratado internacional ingressasse no ordenamento jurídico interno. Para tanto, deveria ser transformado em ato normativo típico. E, se isto ocorresse, não se falaria mais em tratado internacional, mas apenas em um ato jurídico interno.

Por outro lado, para os monistas o conflito entre direito interno e tratado internacional sempre será possível. Segundo o monismo, tratado internacional e direito interno compõem um único ordenamento jurídico, ou seja, a ratificação do tratado internacional sempre implicará em seu ingresso no ordenamento jurídico pátrio.

E, se é assim para os monistas, o conflito será inevitável. Como resolvê-lo?

Há uma divisão entre os monistas: os monistas nacionalistas, como Wenzel, sustentam que deverá haver a prevalência do direito interno, ao passo que os monistas internacionalistas, como Kelsen e Duguit, defendem a supremacia do tratado internacional.[2]

---

[1] HUSEK, Carlos Roberto. *Elementos de direito internacional público*. 1. ed. São Paulo: Malheiros. 1995. p. 23.
[2] HUSEK, Carlos Roberto. *Elementos de direito internacional público*. 1. ed. São Paulo: Malheiros. 1995. p. 24.

Apresentado este breve panorama geral, resta-nos examinar a situação em nosso sistema jurídico-constitucional.

3 Tratados internacionais e a Constituição Federal de 1988

Com o advento do Estado Democrático de Direito consagrado pela Constituição Federal de 1988, o texto constitucional em sua redação original dedicou especial ênfase aos tratados internacionais.

Atribuiu competência privativa ao Presidente da República para assinar e ratificar tratados internacionais, desde que admitido pelo Congresso Nacional. É o que se extrai do art. 84, inciso VIII:

> Art. 84 – Compete privativamente ao Presidente da República:
> (...)
> VIII – celebrar tratados, convenções e atos internacionais, sujeitos a referendo do Congresso Nacional.

Definiu competência exclusiva ao Congresso Nacional para autorizar a participação do Estado brasileiro em tratados internacionais:

> Art. 49 – É da competência exclusiva do Congresso Nacional:
> I – resolver definitivamente sobre tratados, acordos ou atos internacionais que acarretem encargos ou compromissos gravosos ao patrimônio nacional;

Assim, estabeleceu a Constituição Federal que após a assinatura pelo Presidente da República, o tratado internacional será submetido ao Congresso Nacional, reunido em sessão única e maioria simples, que decidirá pela aprovação ou autorização por meio de decreto legislativo.

Somente com a edição do decreto legislativo, o Presidente da República estará autorizado a depositar o ato de ratificação do tratado internacional. Após o depósito do ato de ratificação, o Presidente da República editará decreto presidencial dando publicidade ao texto traduzido do tratado internacional e definindo o marco inicial de sua vigência em território nacional.

No tocante aos tratados internacionais sobre direitos humanos, a Constituição Federal de 1988, em seu artigo 5º, §2º, conferiu-lhes especial atenção ao prescrever que:

> Parágrafo 2º – Os direitos e garantias expressos nesta Constituição não excluem outros decorrentes do regime e dos princípios por ela adotados, ou dos tratados internacionais em que a República Federativa do Brasil seja parte.

Com a promulgação do texto constitucional e o restabelecimento do regime democrático em nosso país, no início dos anos 90 o Estado brasileiro ingressou definitivamente no sistema internacional dos direitos humanos, ratificando documentos fundamentais como os Pactos Internacionais de Direitos Civis e Políticos e de Direitos Econômicos, Sociais e Culturais, no âmbito da ONU, e a

Convenção Americana de Direitos Humanos (Pacto de San Jose da Costa Rica), na esfera da OEA.

Sob a incidência de novos instrumentos de proteção dos direitos humanos na seara internacional, pululuaram debates doutrinários e judiciais sobre o impacto destes tratados internacionais de direitos humanos no ordenamento jurídico pátrio.

Embora louvassem o avanço do texto constitucional, sustentaram alguns, como Pedro Dallari,[3] que os tratados internacionais de direitos humanos ingressariam no sistema nacional como os demais tratados internacionais, ou seja, no patamar da legislação ordinária.

Outros doutrinadores do escol de Antonio Augusto Cançado Trindade[4] e Flávia Piovesan,[5] ao revés, defenderam a tese que os tratados internacionais de direitos humanos gozavam de "*status* de norma constitucional", conferido pelo artigo 5º, §2º, da CF, e por isso, eram materialmente constitucionais. Sua aplicabilidade era imediata, porque versavam sobre direitos e garantias fundamentais, à luz do art. 5º, §1º, da CF. E, sendo assim, com "*status* de norma constitucional" prevaleciam sobre a legislação infraconstitucional.

E, se houvesse conflito com o texto constitucional? A juízo de Piovesan e Cançado Trindade, teria preferência a solução mais protetiva da pessoa humana.

Também merece registro o dissenso jurisprudencial.

Embora ainda prevalecesse o entendimento consagrado desde 1977, quando o Supremo Tribunal Federal decidiu que os tratados internacionais seriam recepcionados com força de lei ordinária, alguns Ministros passaram a defender que os tratados internacionais de direitos humanos deveriam receber tratamento diferenciado, reconhecendo-lhes o *status* de norma constitucional.

Diante da polêmica vigente, em 2004 foi promulgada a Emenda Constitucional nº 45 com a intenção de solucionar os questionamentos.

4 Tratados internacionais e a EC nº 45/04

De fato, após longa tramitação no Congresso Nacional, aprovou-se a comumente denominada "Reforma do Judiciário" veiculada pela Emenda Constitucional nº 45/04.

A Emenda Constitucional nº 45/04 introduziu o §3º ao artigo 5º, com os seguintes termos:

> Parágrafo 3º – Os tratados e convenções internacionais sobre direitos humanos que forem aprovados, em cada Casa do Congresso Nacional, em dois turnos, por três quintos dos votos dos respectivos membros, serão equivalentes às emendas constitucionais.

---

[3] Dallari, Pedro Bohomoletz de Abreu. *Constituição e Tratados Internacionais*. 1. ed. São Paulo: Ed. Saraiva. 2003.
[4] TRINDADE, Antônio Augusto Cançado. *A proteção internacional dos direitos humanos*. 1. ed. São Paulo: Ed. Saraiva. 1991.
[5] PIOVESAN, Flávia. *Direitos humanos e o direito constitucional internacional*. 2. ed. São Paulo: Max Limonad. 1996.

Embora a EC nº 45/04 tenha definido que os tratados de direitos humanos aprovados com *"quorum* qualificado" de emenda constitucional serão a elas equivalentes, não trouxe qualquer regra de transição, silenciando sobre os tratados internacionais de direitos humanos celebrados em momento anterior.

Vale dizer que a maioria dos tratados internacionais sobre direitos humanos são anteriores à EC nº 45/04, e mais, poder-se-ia chegar ao absurdo de termos um Protocolo Adicional ratificado em data posterior à emenda, enquanto que o Pacto principal tenha sido firmado em momento pre-emenda.

Em outras palavras: seria possível que o acessório tivesse força de emenda constitucional ao passo que o principal seria mera legislação ordinária? Como solucionar o imbróglio?

Flávia Piovesan,[6] ao estudar o tema, passou a sustentar a existência de duas espécies de tratados internacionais sobre direitos humanos: (i) os materialmente constitucionais, aqueles ratificados antes da EC nº 45/04 e (ii) os material e formalmente constitucionais firmados após a EC nº 45/04 e com observância do art. 5º, §3º, da CF.

Para Piovesan, apenas os tratados internacionais materialmente constitucionais podem ser objeto de denúncia pelo Estado brasileiro, pois os demais, por serem formalmente emendas constitucionais, não podem ser abolidos:

> Já os tratados materialmente e formalmente constitucionais não podem ser objeto de denúncia. Isto porque os direitos neles enunciados receberam acento no texto constitucional, não apenas pela matéria que veiculam, mas pelo grau de legitimidade popular contemplado pelo especial e dificultoso processo de sua aprovação, concernente à maioria de três quintos dos votos dos membros, em cada Casa do Congresso Nacional, em dois turnos de votação. Ora, se tais direitos internacionais passaram a compor o quadro constitucional, não só no campo material, mas também formal, não há como admitir que um ato isolado e solitário do Poder Executivo subtraia tais direitos do patrimônio popular — ainda que a possibilidade de denúncia esteja prevista nos próprios tratados de direitos humanos ratificados, como já apontado. É como se o Estado houvesse renunciado a esta prerrogativa de denúncia, em virtude da "constitucionalização formal" do tratado no âmbito jurídico interno.
>
> Em suma: os tratados de direitos humanos materialmente constitucionais são suscetíveis de denúncia, em virtude das peculiaridades do regime de direito internacional público, sendo de rigor a democratização do processo de denúncia com a necessária participação do Legislativo. Já os tratados de direitos humanos materialmente e formalmente constitucionais são insuscetíveis de denúncia.

Pedro Dallari[7] assevera que a EC nº 45/04 veio confirmar o posicionamento anteriormente defendido, ou seja, somente após a emenda e desde que atendido

---

[6] PIOVESAN, Flávia. Reforma do judiciário e direitos humanos. *In*: TAVARES, André Ramos; LENZA, Pedro; ALARCÓN, Pietro de Jesús Lora. *Reforma do Judiciário*. 1. ed. São Paulo: Ed. Método. 2005, p. 67-81.

[7] DALLARI, Pedro Bohomoletz de Abreu. Tratados internacionais na Emenda Constitucional 45. *In*: TAVARES, André Ramos; LENZA, Pedro; ALARCÓN, Pietro de Jesús Lora. *Reforma do Judiciário*. 1. ed. São Paulo: Ed. Método. 2005, p. 83-98.

o *quorum* estabelecido pelo art. 5º, §3º, da CF, é que os tratados internacionais adquirem a natureza jurídica de norma constitucional:

> Portanto, se, relativamente ao passado, o texto do §3º do art. 5º revela-se contraproducente como instrumento de promoção efetiva dos direitos humanos, no que concerne ao futuro — em que a possibilidade de se viabilizar o almejado nivelamento constitucional poderia justificá-lo —, a perspectiva de que um número relativamente menor de tratados nessa matéria venha a ser objeto de apreciação pelo Congresso Nacional fará com que seja pouco freqüente a hipótese de utilização do novo dispositivo constitucional.

José Carlos Francisco[8] sustenta que os tratados internacionais ratificados antes da EC nº 45/04 devem ser considerados norma constitucional.

Invoca duas razões principais:

i) recepção constitucional – aduz que como a EC nº 45/04 estabeleceu "*quorum* diferenciado", os tratados internacionais anteriores devem ser recepcionados pelo novo texto constitucional como se tivessem sido celebrados com este "*quorum* qualificado". Utiliza como analogia, o exemplo do Código Tributário Nacional que, embora fosse lei ordinária, foi recepcionado pela Constituição Federal de 1988 como lei complementar, e

ii) interpretação sistemática da própria EC nº 45/04 – defende que, a partir da interpretação sistemática da EC nº 45/04, constata-se não haver necessidade de submeter os anteriores tratados internacionais a nova aprovação. Para tanto, indica que em relação à Súmula Vinculante, a EC nº 45/04 foi expressa ao determinar que as anteriores Súmulas deveriam ser novamente aprovadas, para receberem o caráter vinculante. Sendo assim, o silêncio em relação aos tratados internacionais, significa a desnecessidade de reaprovação.

Em suas próprias palavras, "a interpretação sistemática da Emenda Constitucional 45 surge como último argumento que nos ocorre, a este tempo, para defender que os tratados internacionais sobre direitos humanos, validamente editados antes de 8 de dezembro de 2004 (sob o aspecto formal e material), devem ser recepcionados como regras constitucionais equivalentes às emendas. Isso porque em situação similar, dispondo sobre as súmulas vinculantes, o art. 8º da mencionada Emenda teve o cuidado de prever expressamente que 'as atuais súmulas do Supremo Tribunal Federal somente produzirão efeito vinculante após sua confirmação por dois terços de seus integrantes e publicação na imprensa oficial', regra que não foi estendida (até o presente momento) para os tratados internacionais anteriores à Emenda Constitucional 45, reafirmando o cabimento da possibilidade da recepção desses diplomas sobre direitos humanos como regras constitucionais."

---

[8] FRANCISCO, José Carlos. Bloco de constitucionalidade e recepção dos tratados internacionais. *In*: TAVARES, André Ramos; LENZA, Pedro; ALARCÓN, Pietro de Jesús Lora. *Reforma do Judiciário*. 1. ed. São Paulo: Ed. Método. 2005, p. 99- 105.

Examinados os principais entendimentos doutrinários, resta analisar como o Supremo Tribunal Federal tem se manifestado sobre o tema.

5 O atual posicionamento adotado pelo Supremo Tribunal Federal

O tema foi frontalmente enfrentado pelo Supremo Tribunal Federal, que firmou posicionamento sobre a matéria, no julgamento dos Recursos Extraordinários (RE) nºs 349.703 e 466.343, além dos *Habeas Corpus* (HC) nºs 72.131 e 87.585, alterando, de forma radical, a posição até então pacificada.

O entendimento predominante firmado pelo Supremo Tribunal Federal é que os tratados internacionais de direitos humanos celebrados em momento anterior à vigência da EC nº 45/04 têm caráter supralegal, ou seja, em posição de submissão ao texto constitucional, porém de primazia sobre a legislação infraconstitucional.

Neste diapasão, cumpre registrar o raciocínio jurídico sustentado pelo eminente Ministro Carlos Ayres Brito:[9]

> ...os tratados celebrados antes da Emenda n. 45 se incorporam ao Direito brasileiro com o qualificativo da supralegalidade, atendem à dogmática constitucional porque não se pode esquecer de que o fundamento de validade dos tratados é a Constituição Federal. Eles se incorporarão ao nosso Direito nos termos da Constituição Federal.
>
> O fato é que o art. 60 com seus incisos I, II e III, versantes sobre a reforma da Constituição, não falam do tratado como norma exatamente igual à Constituição, com a mesma hierarquia. Foi preciso uma emenda à Constituição, a Emenda n. 45, para dizer que os tratados internacionais sobre direitos humanos que viessem a ter um processo legislativo exatamente igual ao de emenda, porque seriam objeto de deliberação em dois turnos de votação, e mediante o quórum para ser aprovados de três quintos em cada Casa do Congresso, aí, sim, esses tratados valeriam como emenda à Constituição. (...)
>
> Afinal, a nossa Constituição, o nosso Direito só é de supra-infra-ordenação, kelsenianamente falando, porque temos uma Constituição rígida, uma Constituição que mantém a sua própria supremacia pela irrestrita observância das suas normas de reforma.

Posicionamento idêntico foi defendido pelo Ministro Gilmar Mendes:[10]

> Em termos práticos, trata-se de uma declaração eloquente de que os tratados já ratificados pelo Brasil, anteriormente à mudança constitucional, e não submetidos ao processo legislativo especial de aprovação no Congresso Nacional, não podem ser comparados às normas constitucionais.

---

[9] Voto proferido em julgamento do RE nº 466.343/SP, Rel. Min. Cezar Peluso, votação unânime, *DJE* 05.06.2009.
[10] Voto proferido em julgamento do RE nº 466.343/SP

Não se pode negar por outro lado que a reforma também acabou por ressaltar o caráter especial dos tratados de direitos humanos em relação aos demais tratados de reciprocidade entre os Estados pactuantes, conferindo-lhes lugar privilegiado no ordenamento jurídico.

Em outros termos, solucionando a questão para o futuro — em que os tratados de direitos humanos, para ingressarem no ordenamento jurídico na qualidade de emendas constitucionais terão que ser aprovados em quorum especial nas duas Casas do Congresso Nacional —, a mudança constitucional ao menos acena para a insuficiência da tese da legalidade ordinária dos tratados e convenções internacionais já ratificados pelo Brasil, a qual tem sido preconizada pela jurisprudência do Supremo Tribunal Federal desde o remoto julgamento do RE nº 80.004/SE, de relatoria do Ministro Xavier de Albuquerque (julgado em 1º.6.1997; *DJ* 29.12.1997) e encontra respaldo em um largo repertório de casos julgados após o advento da Constituição de 1988.

Por outro lado, o eminente Ministro Celso de Mello[11] sustenta entendimento distinto, asseverando que aqueles tratados internacionais de direitos humanos celebrados anteriormente à EC nº 45/04 são dotados de natureza constitucional:

> Após muita reflexão sobre esse tema, e não obstante anteriores julgamentos desta Corte de que participei como Relator (RTJ 174/463-465 – RTJ 179/493-496), inclino-me a acolher esta orientação, que atribui natureza constitucional às convenções internacionais de direitos humanos, reconhecendo, para efeito de outorga dessa especial qualificação jurídica, tal como observa CELSO LAFER, a existência de três distintas situações concernentes a referidos tratados internacionais:
>
> 1. tratados internacionais de direitos humanos celebrados pelo Brasil (ou aos quais o nosso país aderiu), e regularmente incorporados à ordem interna, em momento anterior ao da promulgação da Constituição de 1988 (tais convenções internacionais revestem-se de índole constitucional, porque formalmente recebidas, nessa condição, pelo §2º do art. 5º da Constituição);
>
> 2. tratados internacionais de direitos humanos que venham a ser celebrados pelo Brasil (ou aos quais o nosso país venha a aderir) em data posterior à da promulgação da EC nº 45/2004 (essas convenções internacionais, para se impregnarem de natureza constitucional, deverão observar o "iter" procedimental estabelecido pelo §3º do art. 5º da Constituição; e
>
> 3. tratados internacionais de direitos humanos celebrados pelo Brasil (ou aos quais nosso país aderiu) entre a promulgação da Constituição de 1988 e a superveniência da EC nº 45/2004 (referidos tratados assumem caráter materialmente constitucional, porque essa qualificada hierarquia jurídica lhes é transmitida por efeito de sua inclusão no bloco de constitucionalidade, que é "a somatória daquilo que se adiciona à Constituição escrita, em função dos valores e princípios nela consagrados").

Vale referir que, em julgamento anterior à EC nº 45/04, o então Ministro Sepúlveda Pertence[12] já havia exposto seu posicionamento sobre a supralegalidade dos tratados internacionais de direitos humanos:

---

[11] Voto proferido em julgamento do RE nº 466.343/SP, Rel. Min. Cezar Peluso, votação unânime, *DJE* 05.06.2009.
[12] Voto proferido em julgamento do RHC nº 79.785/RJ, Rel. Min. Sepúlveda Pertence, votação unânime, *DJ* 23.05.2003.

(...) Tendo, assim, (...), a aceitar a outorga de força supra-legal às convenções de direitos humanos de moda a dar aplicação direta às suas normas — sempre que, sem ferir a Constituição, a complementem, especificando ou ampliando os direitos e garantias dela constantes.

6 Conclusão

À luz dos votos ora examinados, sem sombra de dúvidas o Supremo Tribunal Federal deu um grande salto na interpretação constitucional sobre o impacto dos tratados internacionais de direitos humanos.

A partir destes julgados é possível afirmar que no Brasil, respeitando-se a prevalência dos direitos humanos, consagrado como um dos princípios da República Federativa do Brasil em suas relações internacionais, não há que se cogitar mais de que os tratados internacionais sejam equiparados à legislação ordinária.

Decorridos trinta e um anos, o Supremo Tribunal Federal finalmente modificou o seu posicionamento e reconheceu que os tratados internacionais de direitos humanos gozam de um regime jurídico diferenciado e, portanto, devem ser recepcionados em um caráter de supralegalidade, ou seja, acima da legislação infraconstitucional, porém devendo obediência à Constituição Federal.

Trata-se de momento histórico do Supremo Tribunal Federal, ao consagrar a primazia dos direitos humanos, e como bem salientou o eminente Ministro Carlos Ayres Britto, não se admite qualquer retrocesso quando se está diante do tema direitos humanos e direitos fundamentais:[13]

> (...) Quando uma lei ordinária vem para proteger um tema tratado pela Constituição como o direito fundamental, essa lei se torna bifronte ou de dupla natureza. Ela é ordinária formalmente, porém é constitucional materialmente, daí a teoria da proibição de retrocesso. Quando se versa tutelarmente um direito fundamental, mediante lei ordinária, faz-se uma viagem legislativa sem volta, porque já não se admite retrocesso.

Informação bibliográfica deste texto, conforme a NBR 6023:2002 da Associação Brasileira de Normas Técnicas (ABNT):

CAETANO, Flávio Crocce. Os tratados internacionais de direitos humanos e o novo posicionamento do Supremo Tribunal Federal. In: BERTOLDI, Márcia Rodrigues; OLIVEIRA, Kátia Cristine Santos de (Coord.). *Direitos fundamentais em construção*: estudos em homenagem ao ministro Carlos Ayres Britto. Belo Horizonte: Fórum, 2010. p. 427-435. ISBN 978-85-7700-369-7.

---

[13] Voto proferido em julgamento do RE nº 466.343/SP, Rel. Min. Cezar Peluso, votação unânime, *DJE* 05.06.2009.

Sobre os Autores

Carlos Augusto Alcântara Machado
Promotor de Justiça em Aracaju (SE). Mestre em Direito (UFC). Professor de Direito Constitucional e Direito Constitucional Processual do Departamento de Direito da Universidade Federal de Sergipe (UFS) e do curso de Direito da Universidade Tiradentes (UNIT) em Aracaju, da Escola Superior da Magistratura do Estado de Sergipe (ESMESE) e da Escola Superior do Ministério Público do Estado de Sergipe (ESMP).

Eliane Peres Degani
Servidora pública federal do Tribunal Regional Federal da 4ª Região. Pós-graduada em Ciências Penais pela Pontifícia Universidade Católica do Rio Grande do Sul. Mestre em Ciências Criminais pela Pontifícia Universidade Católica do Rio Grande do Sul.

Flávia Piovesan
Professora doutora em Direito Constitucional e Direitos Humanos da PUC-SP. Professora de Direitos Humanos dos Programas de pós-graduação da PUC-SP, da Pontifícia Universidade Católica do Paraná e da Universidade Pablo de Olavide (Sevilha, Espanha). Visiting fellow do Human Rights Program da Harvard Law School (1995 e 2000). Visiting fellow do Centre for Brazilian Studies da University of Oxford (2005). Visiting fellow do Max Planck Institute for Comparative Public Law and International Law (Heidelberg, 2007 e 2008), sendo atualmente Humboldt Foundation Georg Forster Research Fellow no Max Planck Institute (Heidelberg, 2009-2011). Procuradora do Estado de São Paulo. Membro do CLADEM (Comitê Latino-Americano e do Caribe para a Defesa dos Direitos da Mulher). Membro do Conselho Nacional de Defesa dos Direitos da Pessoa Humana, e da SUR (Human Rights University Network).

Flávio Crocce Caetano
Advogado. Mestre e doutorando em Direito do Estado pela PUC-SP. Chefe do Departamento de Direitos Difusos e Coletivos da Faculdade de Direito da PUC-SP. Professor de Direitos Humanos e Direito Administrativo da PUC-SP. Autor de obras sobre Direito Eleitoral, CPI, Improbidade Administrativa e Reforma do Poder Judiciário.

Gabriela Maia Rebouças
Doutora em Filosofia e Teoria do Direito pela UFPE. Professora da Universidade Tiradentes (UNIT/SE). Membro do Núcleo de Pós-Graduação em Direito da UNIT. Coordenadora do Curso de Graduação em Direito da UNIT. Advogada.

Gustavo Ferreira Santos
Doutor em Direito pela Universidade Federal de Pernambuco. Mestre em Direito pela Universidade Federal de Santa Catarina e bacharel em Direito pela Universidade Federal do Rio Grande do Norte. Professor Adjunto da Universidade Federal de Pernambuco e da Universidade Católica de Pernambuco. Atua nos programas de pós-graduação em Direito das duas instituições. É coordenador adjunto da área de Direito na Coordenação de Aperfeiçoamento de Pessoal de Nível Superior (CAPES, 2008-2010).

Inês Virgínia Prado Soares
Mestre e doutora em Direito pela PUC-SP. Pós-doutoranda no Núcleo de Estudos da Violência da USP (NEV/USP). Procuradora da República em São Paulo. Autora do livro *Direito ao (do) patrimônio cultural brasileiro*, Fórum, 2009.

Ingo Wolfgang Sarlet
Doutor e pós-doutor em Direito pela Universidade de Munique, Alemanha. Professor Titular da Faculdade de Direito e dos programas de pós-graduação (mestrado e doutorado) em Direito e em Ciências Criminais da PUCRS. Professor da Escola Superior da Magistratura (AJURIS) do RS e Juiz de Direito no RS.

Julio de Melo Ribeiro
Bacharel em Direito pela Universidade Federal de Sergipe (UFS). Especialista em Direito Constitucional pela Universidade do Sul de Santa Catarina (UNISUL). Foi Procurador do Banco Central do Brasil e é Advogado da União. Atualmente ocupa o cargo de assessor de Ministro do Supremo Tribunal Federal.

Karyna Sposato
Mestre em Direito Penal pela Universidade de São Paulo (USP). Doutoranda em Direito pela Universidade Federal da Bahia (UFBA) e pela Universidad Pablo de Olavide (UPO) em Sevilha, Espanha. Atua como consultora do UNICEF em matéria de criança e adolescente. Professora da UNIT. Advogada.

Kátia Cristine Santos de Oliveira
Advogada. Pesquisadora do Núcleo de Pós-Graduação em Direito (NPGD) da Universidade Tiradentes. Mestre e doutoranda em Direito Previdenciário pela PUC-SP. Professora da graduação e pós-graduação da Universidade Tiradentes. Professora da pós-graduação da ESMATRA/PE e UNIME/SSA.

Liziane Paixão Silva Oliveira
Bacharel em Direito pela Universidade Tiradentes. Mestre em Direito Público pela Universidade de Brasília. Doutoranda em Direito Internacional pela Université de Aix-Marseille III (França). Pesquisadora associada da UNIT.

Luciano Oliveira
Doutor em Sociologia pela Escola de Altos Estudos em Ciências Sociais, Paris. Autor, entre outros, dos livros *Do nunca mais ao eterno retorno – uma reflexão sobre a tortura* (São Paulo, Brasiliense) e *Sua excelência o comissário e outros ensaios de sociologia jurídica* (Rio de Janeiro, Letra Legal). Professor de Sociologia Jurídica na Faculdade de Direito do Recife.

Luis Gustavo Grandinetti Castanho de Carvalho
Juiz de Direito no Estado do Rio de Janeiro. Pós-doutor pela Universidade de Coimbra. Doutor pela UERJ. Mestre pela PUC-Rio. Coordenador acadêmico e Professor Titular do programa de pós-graduação em Direito da Universidade Estácio de Sá.

Marcelo Figueiredo
Advogado. Consultor jurídico. Professor Associado de Direito Constitucional da PUC-SP. Presidente da ABCD (Associação Brasileira de Constitucionalistas Democratas). Membro do conselho diretor da AIDC e diretor da Faculdade de Direito da PUC-SP.

Márcia Rodrigues Bertoldi
Doutora em Direito pela Universidade de Girona (UdG) com título revalidado pela UFSC. Professora e pesquisadora na Universidade Tiradentes (UNIT/SE). Coordenadora do Núcleo de Pós-Graduação em Direito da UNIT.

Marcos Zilli
Juiz de Direito. Professor doutor nos cursos de graduação pós-graduação da Faculdade de Direito da Universidade de São Paulo (USP). Mestre e doutor em Direito Processual pela Faculdade de Direito da Universidade de São Paulo. Especialista em Direito Penal Econômico e Europeu pela Universidade de Coimbra, em parceria com o Instituto Brasileiro de Ciências Criminais (IBCCrim). Coordenador do Departamento de Relações Internacionais do IBCCrim. Membro do Conselho Consultivo do Forum for International Criminal and Humanitarian Law (FICHL), sediado na Noruega.

Maria Edelvacy Pinto Marinho
Advogada. Doutora em Direito pela Universidade Paris 1, Panthéon Sorbonne. Mestre em Direito das Relações Internacionais pelo UNICEUB. Coordenadora do grupo de pesquisa Propriedade Intelectual e Desenvolvimento.

Maurício Gentil Monteiro
Mestre em Direito Constitucional pela Universidade Federal do Ceará. Professor de Direito Constitucional da Universidade Tiradentes (SE) (graduação e pós-graduação) e advogado militante em direito público.

Raffaella da Porciuncula Pallamolla
Advogada criminalista. Mestre em Ciências Criminais (PUCRS). Mestre em Criminologia e Execução Penal e doutoranda em Direito Público (Universidade Autônoma de Barcelona). Professora de Direito Penal e Criminologia na FACENSA. Conselheira do Instituto de Criminologia e Alteridade (ICA). Membro da Comissão Especial de Práticas Restaurativas e Mediação da OAB/RS.

Ricardo Maurício Freire Soares
Doutor e Mestre em Direito pela Universidade Federal da Bahia. Pós-doutor pela Università degli Studi di Roma. Pesquisador vinculado ao CNPQ. Professor dos cursos de graduação e pós-graduação em Direito da Universidade Federal da Bahia (especialização, mestrado e doutorado). Professor e coordenador do Núcleo de Estudos Fundamentais da Faculdade Baiana de Direito. Professor do Curso Juspodivm e da Rede Telepresencial LFG. Membro do Instituto dos Advogados Brasileiros e do Instituto dos Advogados da Bahia.

Roberto Dias
Advogado. Doutor em Direito do Estado pela PUC-SP. Professor de Direito Constitucional na mesma Universidade. Coordenador do curso de Direito da PUC-SP e coordenador acadêmico do curso de pós-graduação *lato sensu* em Direito Constitucional da PUC-SP (Cogeae). Coordenador jurídico do CEPAM (Centro de Estudos e Pesquisas de Administração Municipal – Fundação Prefeito Faria Lima).

Sandra Akemi Shimada Kishi
Procuradora Regional da República na 3ª Região (São Paulo). Mestre em Direito Ambiental (2003). Professora convidada nos cursos de especialização em Direito Ambiental na UNIMEP, Piracicaba-SP. Coordenadora do GT-Águas da 4ª Câmara de Coordenação e Revisão do Ministério Público Federal. Pesquisadora no tema "Acesso à diversidade biológica e ao conhecimento tradicional", com apoio do Deutsche Forschungsgemeinschaft na Universidade de Bremen, Alemanha (2007-2009). Professora orientadora no Ecoprogram-Green Mountain College e UNIMEP (2009). É presidente do IEDC (Instituto Estudos Direito e Cidadania) e editora da *Revista Internacional de Direito e Cidadania* (REID).

Stefania Becattini Vaccaro
Advogada. Professora de ensino superior. Especialista em Bioética pela PUC Minas. Mestre em Política Social, Estado e Sociedade pela UFES.

Verônica Marques
Doutora em Ciências Sociais pela UFBA. Mestre em Ciências Políticas pela UFPE. Pesquisadora do Instituto de Tecnologia e Pesquisa (ITP) e do Observatório de Gestão Pública Participativa da UFS. Professora Adjunta do Curso de Direito e do Núcleo de pós-graduação em Direito da UNIT.

Esta obra foi composta em fonte Palatino Linotype, corpo 10,5/12,5
e impressa em papel Offset 75g (miolo) e Supremo 250g (capa)
pela Gráfica e Editora O Lutador.
Belo Horizonte/MG, setembro de 2010.